Joy Fielding lebt mit ihrer Familie teils in Toronto und teils in Palm Beach, Florida. Schon während ihrer High-School- und College-Zeit hatte sie den Vorsatz, Schriftstellerin zu werden, wurde jedoch zunächst durch eine Karriere beim Theater und Fernsehen davon abgelenkt. Ehrgeiz trieb sie nach Hollywood, Frustration zurück nach Toronto, wo sie sich wieder aufs Schreiben besann. Mit Erfolg veröffentlichte sie eine Vielzahl von Romanen.

Die beiden Titel sind auch als Einzelbände erhältlich:

Ich will Ihren Mann (Band 01667)
Verworrene Verhältnisse (Band 03100)

Vollständige Taschenbuchausgabe Februar 1998
Copyright © 1998 für die deutschsprachige Ausgabe by
Droemersche Verlagsanstalt Th. Knaur Nachf., München
Das Werk einschließlich aller seiner Teile ist urheberrechtlich geschützt.
Jede Verwertung außerhalb der engen Grenzen des Urheberrechts-
gesetzes ist ohne Zustimmung des Verlages unzulässig und strafbar.
Das gilt insbesondere für Vervielfältigungen, Übersetzungen,
Mikroverfilmungen und die Einspeicherung und Verarbeitung
in elektronischen Systemen.
Umschlaggestaltung: Agentur Zero, München
Umschlagfoto: Bavaria Bildagentur, Gauting
Druck und Bindung: Ebner Ulm
Printed in Germany
ISBN 3-426-60771-9

Joy Fielding

Verworrene Verhältnisse

Ich will Ihren Mann

Zwei Romane

Knaur

JOY FIELDING

Verworrene Verhältnisse

Roman

Aus dem Amerikanischen
von Michaela Grabinger

1

Sie sah ihn und wußte, daß es Schwierigkeiten geben würde.

»Lynn Schuster?« fragte er, während sie zaghaft die Haustür öffnete.

»Marc Cameron?« fragte sie zurück. Sie nickten sich zu. Gut, dachte sich Lynn, tat einen Schritt nach hinten und ließ ihn eintreten. Wir wissen ja, wer wir sind. »Kommen Sie rein.« Sie führte ihn ins Wohnzimmer.

Er ließ keine einzige der Höflichkeitsfloskeln aus, die bei einem ersten Besuch angebracht sind: Nett hatte sie es hier! Und es war so nett von ihr, ihn zu empfangen, besonders in Anbetracht der Umstände! Hoffentlich störte er nicht allzusehr! Worauf sie jeweils antwortete: Danke. Keine Ursache. Aber er störe wirklich überhaupt nicht. Ob er merkte, daß sie log?

»Möchten Sie eine Tasse Kaffee?« fragte sie. Sie hatte nicht vorgehabt, ihm etwas anzubieten; aber er sagte nein, danke, setzte sich auf den grün-weiß gestreiften Sessel gegenüber dem Sofa, dessen geblümter Bezugsstoff in ähnlichen Farbtönen gehalten war, und sah Lynn einige Sekunden schweigend an.

Warum war er gekommen? Warum hatte sie sich auf seinen Besuch eingelassen?

»Ist irgendwas?« fragte sie schließlich. Sie bemühte sich, seinem Blick auszuweichen, nicht in diese blauen, ernsthaft dreinschauenden Augen zu sehen. Ernsthaft blaue Augen, schoß es ihr durch den Kopf. Ihre Knie zitterten. Wie ein dummes kleines Schulmädchen, dachte sie und setzte sich aufs Sofa. Sie fragte sich, ob die Anziehungskraft, die er auf sie ausübte, wohl auf Gegenseitigkeit beruhte.

»Entschuldigen Sie bitte«, sagte er. Seine Stimme klang tief, er sprach in leicht spöttischem Ton. »Ich hatte geglaubt, ich wäre schon darüber hinweg.«

»Über was hinweg?« fragte sie. Plötzlich kam in ihr die Hoffnung auf, er würde wieder gehen, ohne es ausgesprochen zu haben. Die Verwirrung, die er in ihr hervorrief, hatte sie völlig unvorbereitet erwischt. Von allen Reaktionen, auf die sie sich seit seiner telefonischen Ankündigung eingestellt hatte, war sie auf diese am allerwenigsten gefaßt gewesen – daß der Mann sie körperlich reizen würde! Das geht ganz einfach nicht, dachte sie, den Blick haarscharf an ihm vorbei auf das Fensterbrett gerichtet, wo das Foto im Silberrahmen stand: sie und ihr Mann und die beiden Kinder.

Marc Cameron war groß, genauso groß wie der Mann auf dem Foto, und genau wie bei Gary, mit dem sie seit vierzehn Jahren verheiratet war, begann sich auch bei ihm das Haar vorne ein wenig zu lichten. Anders als bei Gary jedoch war bei Marc Cameron das Haar an den Seiten noch ziemlich dicht und lang und ging in einen gepflegten rötlichen Bart über. Und während Gary schlank war, konnte man diesen Mann als kräftig, fast als bullig bezeichnen. Er war ganz und gar anders als jeder andere, zu dem sie sich jemals auch nur vage hingezogen gefühlt hatte. Es ist sicher nur eine vorübergehende Verwirrtheit, dachte sie nervös, eine unangenehme und unpassende körperliche Reaktion auf einige ziemlich unangenehme Ereignisse.

»Eine peinliche Situation.«

»Ja.«

Stille. Ein tiefer Atemzug. Dann noch einer. Den ersten tat er, den zweiten sie.

»Sie sagten, es gebe Dinge, die ich wissen sollte«, warf Lynn ein und verfluchte sich schon im selben Moment dafür. Nicht einmal jetzt kam sie aus dem Gesprächsmuster heraus, das sie von ihrem Beruf her gewohnt war.

»Das klang wahrscheinlich ziemlich melodramatisch.« Lynn zuckte die Achseln, als wollte sie sagen: Was soll man machen? – und wartete, daß er weitersprach. Sie hatte Angst, ihre Stimme könnte zittern.

»Die ganze Sache hat mich ziemlich mitgenommen«, sagte er endlich. »Haben Sie etwas zu trinken da?«

Die Art, wie er das Wort »trinken« betonte, signalisierte eindeutig, daß er nicht auf den Kaffee anspielte, den sie ihm gerade angeboten hatte. »Ich habe Bier im Kühlschrank«, antwortete sie und wurde sofort von ihm unterbrochen.

»Bier wäre wunderbar. Wenn es Ihnen nichts ausmacht.« Es machte ihr etwas aus, aber sie sagte nein, überhaupt nicht, entschuldigte sich und ging in die Küche, um es zu holen. Sie hoffte, dadurch eine gewisse innere Distanz zu ihm zu bekommen, die wenigen Sekunden zu nützen, um die Unbefangenheit wiederzuerlangen, die sie brauchen würde, um dieses Gespräch durchzustehen. Aber er war schon hinter ihr.

»Wie heißt denn der Künstler?« fragte er und deutete auf die vielen bunten Zeichnungen, die an der Kühlschranktür klebten.

»Meine beiden Kinder malen sehr gerne«, antwortete Lynn knapp.

»Ob jemand kleine Kinder hat oder nicht, erkennt man immer sofort an der Kühlschranktür.« Marc Cameron lächelte. »Ich habe zwei Jungs. Zwillinge. Jake und Teddy. Fünf sind sie jetzt. Im Augenblick sind sie ganz wild auf Fingerfarben. Mein Kühlschrank ist fast genauso bunt.«

»Hat es etwas mit Ihren Kindern zu tun?« fragte Lynn unvermittelt. Sie war jetzt entschlossen, diesen Besuch so schnell wie möglich über die Bühne zu bringen.

»Was?«

»Daß Sie hier sind. Was Sie mir erzählen wollen. Hat es irgend etwas mit unseren Kindern zu tun?«

»Nein.« Er nahm ihr die Bierflasche ab, die sie ihm mit ausgestrecktem Arm hingehalten hatte.

»Ach, Entschuldigung, wollen Sie vielleicht ein Glas? Gary hat Bier nie aus dem Glas getrunken.« Sie glaubte gesehen zu haben, daß er beim Klang dieses Namens zusammengezuckt war. »Er mochte es am liebsten gleich aus der Flasche.«

»Dann hätte ich gerne ein Glas.«

Lynn lächelte, obwohl sie sich nichts sehnlicher wünschte, als es nicht zu tun, langte in den Geschirrschrank und nahm eines von den hohen, bauchigen Gläsern heraus, die sie Gary zum Vatertag geschenkt hatte – Gläser, die mitzunehmen er sich nicht die Mühe gemacht hatte, als er auszog.

»Trinken Sie keins?« fragte Marc Cameron.

»Bier schmeckt mir nicht.«

»Überrascht mich nicht«, sagte er. »Suzette mag es auch nicht.«

Lynn versuchte zu lächeln, so wie sie es nur wenige Sekunden vorher mühelos getan hatte, aber als der Name seiner Frau gefallen war, fühlte sie, daß ihre Lippen sich zu einer Reihe häßlicher Falten kräuselten, als hätte sie gerade an einem Stück Zitrone gelutscht. Sie bemühte sich, so zu wirken, als stehe sie über der ganzen Sache, aber er machte es ihr nicht gerade leicht.

Sein Anruf war für sie völlig überraschend gekommen. »Hier spricht Marc Cameron«, hatte er sich vorgestellt. »Ich würde gerne zu Ihnen kommen und mit Ihnen reden. Ich glaube, es gibt da einige Dinge, die Sie wissen sollten.«

Zuerst wußte sie gar nicht, wer er war und wovon er überhaupt sprach, während er dieses Wissen bei ihr ganz offensichtlich vorausgesetzt hatte. Sein Name – ein schöner Name, fand sie – sagte ihr überhaupt nichts.

»Entschuldigen Sie bitte«, warf sie ein, »aber ich weiß nicht, wer...«

»Suzettes Mann«, erklärte er und schwieg dann.

Lynn war allein im Wohnzimmer des kleinen Vierzimmer-Bungalows gestanden und hatte versucht, sich diesen Mann, den sie noch nie gesehen hatte, vorzustellen. Was genau wollte er ihr wohl erzählen? Sie wußte aus Erfahrung, daß Informationen, von denen andere glaubten, sie müsse sie kennen, meistens das allerletzte waren, was sie hören wollte.

»Ich glaube nicht, daß das gut wäre...« erklärte sie ihm. Ihre Kehle war plötzlich trocken, und sie hatte das Gefühl, die Worte blieben ihr am Gaumen kleben.

»Es ist aber wichtig.«

»Ich wüßte nicht, was...«

»Bitte!« sagte er und fügte hinzu, von seiner Wohnung in Palm Beach zu ihrem Haus in Delray Beach brauche er mit dem Auto ja nur fünfzehn Minuten.

»Na gut.« Sie stimmte nur widerwillig zu und wußte sofort, daß es wahrscheinlich ein Fehler gewesen war. »In einer Stunde. Ich möchte vorher noch meine Kinder ins Bett bringen.«

»In einer Stunde«, wiederholte er. »Ach ja – und ich glaube, es ist das beste, wenn niemand etwas von meinem Besuch erfährt.«

»Wem sollte ich davon schon erzählen?« fragte sie noch. Da hatte er bereits aufgelegt.

Sofort danach rief sie ihre Anwältin unter deren Privatnummer an. »Renee«, sprach sie betont deutlich in den Hörer hinein und ließ dabei ihren Ärger über den eingeschalteten Anrufbeantworter nur ganz leicht durchklingen, »hier spricht Lynn Schuster, bitte entschuldigen Sie, daß ich Sie privat störe, aber ich glaube, es handelt sich um eine ziemlich interessante Sache. Es ist jetzt zehn nach acht, und ich habe gerade einen recht interessanten Anruf erhalten. Wenn Sie innerhalb der nächsten Stunde wieder zu Hause sind, rufen Sie mich doch bitte an. Wenn nicht, versuche ich Sie morgen vormittag zu erreichen.« Dann ordnete sie die

Berichte, an denen sie gerade gearbeitet hatte – großformatige weiße Blätter, die über die Glasplatte des Wohnzimmertisches ausgebreitet waren wie ein schönes Leinentischtuch, nur daß jemand dieses Tischtuch über und über beschrieben hatte –, stapelte sie aufeinander und stopfte den Packen in ihre bereits prall gefüllte Lederaktentasche. Mindestens eine Stunde früher würde sie morgen aufstehen müssen, um die Berichte fertigzuschreiben, überlegte sie, aber sie wußte genau, daß es ganz unmöglich war, sich jetzt noch auf die Arbeit zu konzentrieren – jetzt, da sich für die nächste Stunde ein Mann angekündigt hatte, der sich als »Suzettes Mann« bezeichnete und sie in ihrem Haus mit seinem Besuch beehren würde, um ihr etwas zu sagen, was sie seiner Meinung nach wissen sollte.

Was denn bloß? hatte sie sich gefragt, genau wie sie es sich auch jetzt fragte. Und als was hätte er sich denn bezeichnen sollen, wenn nicht als Suzettes Mann? Genau das war er doch. Zumindest bis zur Scheidung. Noch war sie doch wohl Garys Frau, oder? Zumindest bis zur Scheidung.

Die Situation war verwirrend, obwohl sie eigentlich ganz simpel war, wenn man sie in ihre Bestandteile zerlegte. Ihr Mann hatte sie wegen einer anderen Frau verlassen. Wegen einer verheirateten Frau. Der Mann dieser Frau hatte sie vor ungefähr einer Stunde angerufen und gefragt, ob er zu ihr kommen dürfe; es gebe Dinge, die sie seiner Ansicht nach wissen sollte.

Die Stunde zwischen diesem Anruf und seiner Ankunft hatte Lynn wie in Trance verbracht. Sie erinnerte sich, daß sie noch einige Minuten lang vor dem Telefon gestanden und dann ganz unvermittelt hektische Betriebsamkeit entwickelt hatte. Sie war durch den langen Flur gelaufen, an dessen Ende, hinter den Zimmern ihres Sohnes und ihrer Tochter, ihr eigenes Zimmer lag. Der siebenjährige Nicholas schlief bereits. Lynn trat an sein Bett und zog die Decke, die hinabgeglitten war, zu seinen Schultern hinauf; dann strich sie ihm sanft ein paar strohblonde Haare aus dem runden kleinen Gesicht und küßte ihn auf die Stirn. Er bewegte sich nicht. Etwa eine Minute lang stand Lynn so da und betrachtete ihr jüngstes Kind, überrascht, es so ruhig vorzufinden. Normalerweise gehörte Nicholas zu den Kindern, die sich sogar noch im Schlaf unaufhörlich bewegen. Lynn beugte sich über ihn, bis ihr Gesicht nur mehr Zentimeter von seinen Lippen entfernt war und sie die Wärme seines Atems spürte und wußte, daß er noch atmete. Das hatte sie nicht mehr getan, seit er ein Baby gewesen war. Plötzlich seufzte er auf, drehte sich zur Seite und erwischte dabei mit seiner locker geballten Faust fast Lynns Nase. Lynn lächelte, gab ihm noch einen Kuß und ging aus dem Zimmer.

Die zehnjährige Megan saß in ihrem Zimmer auf dem Fußboden, vertieft in den neuesten Roman von Nancy Drew. Lynn empfand das als seltsam tröstlich. Es gab ihr das Gefühl einer gewissen Kontinuität – die sie ansonsten in ihrem Leben seit einiger Zeit vermißte. Sie selbst hatte als kleines Mädchen Nancy Drew gelesen, und sie freute sich darüber, wenigstens diese eine Gemeinsamkeit mit ihrem ältesten Kind zu haben, das in jeder anderen Hinsicht seinem Vater ähnelte. Genau wie Gary war auch seine Tochter ruhig und sehr gefühlsbetont. Sie hatte den gleichen Mund wie ihr Vater und denselben ausgeprägten Sinn für Zahlen. (Wenn Lynn einen Apfel hat, schoß es ihr auf dem Weg durch den Gang zu ihrem Zimmer durch den Kopf, und Suzette nimmt ihr diesen Apfel weg, wie viele Äpfel hat Lynn dann noch?)

Widerwillig schritt sie auf den Spiegel zu, der gegenüber ihrem breiten, ungemachten Bett an der Wand hing, und fuhr sich ein paarmal mit der Bürste durch das naturgelockte, schulterlange braune Haar. Dann schminkte sie sich rasch den vollippigen Mund mit rosarotem Lippenstift und die blassen Wangen mit ein wenig Rouge. Sie hatte ihr ganzes Leben in Florida verbracht, aber sie gehörte zu den Menschen, die nie braun werden. Schon nach wenigen Minuten in der Sonne war sie knallrot wie eine Tomate – ganz im Gegensatz zu Gary und den Kindern, deren Haut von Natur aus bronzefarben war. (Wenn Lynn eine Tomate hat und Suzette nimmt ihr diese Tomate weg...) Sonnenstrahlen sind sowieso schädlich, überlegte sie, während sie sich leicht die Wimpern tuschte. Dann fiel ihr ein, daß ihre Mutter immer gesagt hatte, Wimperntusche sei das einzige, was eine Frau an Make-up wirklich brauche. Sie fragte sich, warum sie sich die ganze Mühe überhaupt machte – für einen Menschen, von dem sie überzeugt war, sie werde ihn auf den ersten Blick hassen.

»Gehst du weg?« wollte Megan, die plötzlich in der Tür stand, wissen. Der leicht schleppende Südstaaten-Tonfall verdeckte die Angst, die hinter dieser scheinbar einfachen Frage stand.

»Nein, mein Schatz«, antwortete Lynn dem Kind, das mit seinen 157 Zentimetern nur sieben Zentimeter kleiner war als sie selbst. »Ich bekomme Besuch.«

»Wer kommt denn?«

»Ein Klient«, log Lynn. Sie fühlte, daß sie rot wurde.

»Ein Mann?« bohrte Megan weiter. Ihre weiche Stimme klang plötzlich härter, und sie hatte die Schultern gestrafft.

»Ja«, sagte Lynn und versuchte, das Zittern in ihrer Stimme zu unterdrücken. »Er klang ziemlich durcheinander, als er mich anrief. Deshalb möchte ich, daß du in deinem Zimmer bleibst, falls er kommt, bevor du im Bett bist.«

»Warum kommt er denn nicht zu dir ins Büro?«

»Weil... das kann er eben nicht. Bist du fertig zum Schlafengehen?«

»Sehe ich so aus?« fragte Megan erstaunt. Ihr Kinderkörper in dem einteiligen Baumwollanzug wirkte auf Lynn, als würde er sich jeden Augenblick zu voller Reife entfalten.

»Dann schlage ich vor, daß du dich jetzt fertigmachst fürs Bett«, sagte Lynn so freundlich wie möglich.

Die schlanke Megan mit dem blonden Haar, der bronzenen

Haut und den braunen Augen mit den winzigen goldenen Sprenkeln starrte ihre Mutter an. In diesem Schuldgefühle weckenden Blick hatte sie es in letzter Zeit zu großer Kunstfertigkeit gebracht. Bildete Lynn sich das nur ein, oder kamen die Kinder heutzutage wirklich schon früher in die Pubertät?

»Hast du Parfüm dran?« fragte das Kind in anklagendem Ton und fügte, noch bevor Lynn antworten konnte, hinzu: »Ziehst du dich noch um?«

Lynn sah auf ihre weißen Jeans und die rotgestreifte Strickjacke hinunter, die sie angezogen hatte, nachdem sie von der Arbeit heimgekommen war. »Ich trage kein Parfüm«, antwortete sie ganz ruhig, »und was ist gegen die Sachen, die ich anhabe, einzuwenden?«

»Es sind keine Bürokleider«, antwortete Megan knapp.

»Die hier werden's auch tun. Hast *du* dich etwa schon umgezogen?« fragte Lynn spitz.

Wieder dieser Blick, der ganze Städte in Schutt und Asche legen konnte. Plötzlich fühlte Lynn sich verloren. Warum nur hatte sie dem Besuch dieses Menschen zugestimmt? War es nicht schon schlimm genug, daß ihr Mann sie wegen einer anderen Frau verlassen hatte? War es nicht, wenn man in einer kleinen Stadt wie Delray Beach lebte, demütigend genug, daß die Frau, deretwegen er sie verlassen hatte, nach allem, was man hörte, weder auffallend jung noch besonders hübsch war? Sollte sie sich jetzt auch noch durch den Mann dieser Frau Leid zufügen lassen? Bedeutete die Tatsache, daß der jeweilige Ehepartner sie wegen des jeweils anderen verlassen hatte, daß sie und dieser Mann in einer pervers anmutenden Beziehung zueinander standen?

Sie hatte ihr Bett mit großer Sorgfalt gemacht – sie haßte kaum etwas so sehr, wie in ein ungemachtes Bett steigen zu müssen –, hatte das Wohnzimmer aufgeräumt und schließlich Megan, die das Schlafengehen ungewöhnlich lange hinausgezögert hatte, in ihr Messingbett mit den vier Bettpfosten gesteckt. Nur wenige Sekunden später hatte es geklingelt.

»Da ist jemand an der Tür«, rief Megan, immer noch beängstigend munter, aus ihrem Zimmer.

»Ich weiß, mein Liebling«, sagte Lynn, als sie an Megans Zimmer vorbeiging, mit gesenkter Stimme, um deutlich zu machen, daß das Kind nun schlafen sollte, und ging in die Diele. Auf dem Weg dorthin hatte sie sich noch ein wenig das Haar zurechtgezupft und versucht, ihre Lippen zu einem Lächeln zu verziehen. Dann hatte sie dreimal rasch hintereinander Luft geholt und vorsichtig die Haustür geöffnet.

»Lynn Schuster?« hatte der Mann, der ihr gegenüberstand, gefragt.

So seltsam war es nun auch wieder nicht, sagte sie sich jetzt, während sie mit ihm ins Wohnzimmer zurückging, daß dieser Mann einen so starken körperlichen Reiz auf sie ausübte. Sie und Suzette (der Name blieb ihr in der Kehle stekken) hatten ja ganz offensichtlich denselben Geschmack, was Männer betraf. Ob Marc Cameron wohl auch Rechtsanwalt war?

»Sind Sie Rechtsanwalt?« fragte sie und ließ sich wieder auf dem Sofa nieder. Wenn sie die Fragen stellte, konnte sie wenigstens den Anschein von Selbstbeherrschung aufrechterhalten.

Marc Cameron ging auf das breite Fenster des gemütlichen, vorwiegend in Grün gehaltenen Wohnzimmers zu und starrte in die sternlose Nacht hinaus. »Man kann fast das Meer hören«, sagte er, mehr zu sich selbst als zu ihr. Und dann: »Nein, ich bin Schriftsteller.«

»Wirklich? Was schreiben Sie denn?« Sie biß sich auf die Unterlippe. Das hatte zu neugierig, zu interessiert geklungen. Jetzt würde er ihr lang und breit erklären, was er alles verfaßte, und sie würde keine Möglichkeit haben, ihn zu stoppen.

»Bücher«, sagte er lakonisch. »Nach den Titeln brauchen Sie mich gar nicht erst zu fragen. Sie haben sie bestimmt nicht gelesen, und mein Selbstbewußtsein ist sowieso schon auf Null.« Er bemühte sich zu lächeln, brach den Versuch aber gleich wieder ab. »Außerdem schreibe ich gelegentlich Short stories für verschiedene New Yorker Hochglanzmagazine und jede Menge alberne Artikel für hiesige Lokalblätter – Porträts von bekannten Persönlichkeiten, die sich gerade in Florida aufhalten, lauter solche Sachen. Interessiert Sie das denn wirklich?«

»Also, ich...« Sie merkte, daß es sie tatsächlich interessierte, aber sie wollte es nicht sagen.

»Und Sie sind also Sozialarbeiterin?«

Lynn nickte. »Seit zwölf Jahren.«

»Macht es Ihnen Spaß?«

»Sie glauben gar nicht, was alles Spaß machen kann. Armut, Gewalt, Verwahrlosung, Mißhandlung – von alldem habe ich jeden Tag reichlich.«

»Ich könnte mir vorstellen, daß es als ständige Kost leicht deprimierend sein kann.«

»Also, um ehrlich zu sein« – warum wollte sie denn ehrlich sein? – »bevor all das passierte, hatte ich mit dem Gedanken gespielt, etwas anderes anzufangen. Aber jetzt, na ja... Ich glaube, zwei große Veränderungen wären ein bißchen viel auf einmal.« Sie räusperte sich, obwohl es eigentlich nicht nötig war, und sprach zu ihrer eigenen Überraschung weiter. »Der Trick ist, daß man sich nicht emotional hineinziehen lassen darf. Man muß sich und die Dinge voneinander scheiden... Entschuldigen Sie, das war eine ziemlich unglückliche Wortwahl.«

»Dieses Foto wurde vor ein paar Jahren aufgenommen«, bemerkte Marc Cameron, um das Thema zu wechseln, und nahm die kleine Fotografie im Silberrahmen, die Lynns einst glückliche Familie zeigte, in seine großen Hände.

»Ja, stimmt. Vor drei Jahren genau. Sehe ich jetzt soviel älter aus?« Warum hatte sie das bloß gesagt?

»Sie nicht«, sagte er und stellte das Bild wieder an seinen Platz auf dem Fenstersims. »Aber Gary.« Er sprach das Wort sehr deutlich aus und verlieh ihm dadurch eine übertriebene Klangfülle, wodurch es irgendwie obszön wirkte.

»Ach ja«, sagte sie. Sie zupfte kleine Fetzchen ihres bereits abblätternden weißen Nagellacks ab. »Ich hatte ganz vergessen, daß Sie und er sich einmal begegnet sind.«

»Begegnet? Ich habe die beiden miteinander bekannt gemacht. ›Gary Schuster, ich möchte Ihnen meine Frau Suzette vorstellen. Suzette, darf ich dich mit Gary Schuster bekanntmachen? Er ist der Anwalt, der den Kauf unseres neuen Hauses unter Dach und Fach bringen wird.‹« Er lachte. »Bei einem Schriftsteller setzt man voraus, daß er Ironie zu schätzen weiß.« Er nahm einen großen Schluck Bier und sah dann wieder zum Fenster hinaus. »Es ist schön, so nahe am Meer zu wohnen«, fügte er völlig zusammenhangslos an.

»Ich gehe sehr gerne am Strand spazieren«, vertraute sie ihm an. Sie hielt das für ein wesentlich unverfänglicheres Thema und verlor einen Augenblick lang ihre Wachsamkeit. »Das hilft mir, die Dinge in die richtige Perspektive zu rücken.«

»Dann sagen Sie mir doch bitte mal, wie Sie es anstellen, *das* in die richtige Perspektive zu rücken!«

»Ich weiß nicht genau, was Sie meinen.«

»Nun, Ihr Mann kommt eines Tages von der Kanzlei nach Hause und erzählt Ihnen, daß er Sie wegen einer anderen Frau verlassen wird. Wie gehen Sie denn damit um?«

»Auf private Art und Weise«, sagte sie. Jetzt funktionierte ihr Verteidigungsmechanismus wieder.

Er lächelte. Die Falten um seine blauen Augen wurden tiefer. »Entschuldigung. Die natürliche Neugier eines Schriftstellers.«

»Klang mir mehr nach der Neugier des verschmähten Ehemanns«, sagte Lynn und bereute es sofort. Welchen Sinn hatte es, grausam zu sein? Dieser Mann war offensichtlich schon genug gekränkt worden. Seine Frage war nicht unnormal, ja nicht einmal unerwartet gewesen. Aber wie hätte sie ihm sagen sollen, daß ihr das alles selbst jetzt noch – beinahe sechs volle Monate, nachdem ihr Mann angekündigt hatte, er werde sie wegen einer anderen Frau verlassen, sechs Monate, nachdem er die Koffer und seine juristischen Fachbücher gepackt hatte (als er seine Bücher einpackte, hatte sie gewußt, daß er es ernst meinte) und ausgezogen war –, daß ihr das alles selbst jetzt noch völlig irreal vorkam? Als er ihr geradeheraus gesagt hatte: »Ich habe mich in eine andere Frau verliebt; ich verlasse dich« – da hatte sie sich auf ganz sonderbare Weise wie von der Realität abgeschnitten gefühlt: Nichts von alldem passierte wirklich, sie war beim Lesen eingeschlafen und lag jetzt gemütlich in das Wohnzimmersofa gekuschelt, und das Ganze war nur ein häßlicher Traum. Erst während des Sprechens – sie hatte nur deshalb zu sprechen begonnen, weil er dies offensichtlich von ihr erwartet hatte – war ihr bewußt geworden, daß sie noch immer in allen drei Dimensionen anwesend war und daß der Mann, mit dem sie seit vierzehn Jahren in einer Ehe lebte, der Vater ihrer beiden kleinen Kinder, sie wirklich und wahrhaftig zu verlassen gedachte.

»Das meinst du nicht ernst«, hatte sie damals zu ihm gesagt, obwohl völlig klar war, daß er es ernst meinte. Er hatte diese Armesündermiene, die er immer dann aufsetzte, wenn er etwas Wichtiges zu sagen glaubte, und sein sonst so hübscher Mund zuckte vor Anspannung, als hätte er seine Gegenrede in Gedanken schon formuliert, bevor Lynn auch nur ein Wort geäußert hatte.

»Ich meine es«, erklärte er ganz langsam, »sehr, sehr ernst. Du weißt selbst, daß wir seit einiger Zeit nicht mehr richtig glücklich miteinander sind...«

»Was soll das heißen?« unterbrach sie ihn, wohlwissend, daß er es haßte, wenn man ihn nicht ausreden ließ. »Es ist mir neu, daß wir nicht glücklich sind. *Ich* bin glücklich. Wovon sprichst du eigentlich?«

Genau an diesem Punkt, als er mit seiner detaillierten Erklärung begann, hatte bei ihr das Gefühl eingesetzt, all das erlebe in Wirklichkeit nicht sie, sondern jemand anderer. Sie hatte die Vorstellung, hinter ihrem Schreibtisch in der Sozialberatungsstelle von Delray zu sitzen und einem Menschen zuzuhören, der diese Angelegenheit, die er vom Hörensagen kannte, ihr jetzt erzählte. Sie sah sich dort sitzen, wo sie immer saß, wenn traurige Geschichten berichtet wurden, nämlich an der Seite des Schreibtisches, die frei war von solchem Kummer, auf der Seite der professionellen Helferin, auf der *sicheren* Seite, auf der sie gerührt sein konnte, manchmal zu Tränen gerührt (besonders in den ersten Jahren war es so gewesen), aber nie wirklich *betroffen* und noch weniger selbst in Mitleidenschaft gezogen. Regelmäßig hörte sie sich Berichte über auseinandergerissene Familien an, über Ehen, die durch einen Hagel von Faustschlägen zerstört worden waren, über vernachlässigte und geschlagene Kinder, über emotionale Erpressung, über verlorene Seelen, die nur in wenigen Fällen wiedergefunden wurden. Es gehörte zu ihrem Job, zuzuhören, Anteilnahme zu zeigen, die Situation zu analysieren und, wenn möglich, Lösungen aufzuzeigen. Und wenn sie damit fertig war, wenn sie den Leuten zugehört und mögliche Lösungen gefunden hatte, dann schrieb sie ihre Berichte und versuchte, dem Wahnsinn, der ihr erzählt worden war, irgendeinen Sinn aufzuzwingen. Schmerz gehörte zu ihrer Tätigkeit als Sozialarbeiterin in der Sozialberatungsstelle von Delray Beach, Florida, aber er gehörte nicht zu ihrem Leben.

Und erst nachdem der Mann, der seit vierzehn Jahren ihr Ehemann war, seine Koffer und seine Jurabücher zusammengepackt hatte und ausgezogen war, begann ihr die bittere Wahrheit zu dämmern, und ihr wurde klar, daß sie, so wie Tausende anderer Frauen im ganzen Land, ohne große Umstände wegen einer anderen Frau abgeschoben worden war. Und jetzt stand der Mann dieser Frau in ihrem Wohnzimmer. Aber warum? Er hatte es ihr immer noch nicht gesagt.

»Könnten wir jetzt bitte zum Anlaß Ihres Besuchs kommen,

Mr. Cameron?« Lynn hörte die Ungeduld, die in ihrer Stimme mitschwang, und erkannte an den einfallenden Schultern Marc Camerons, daß auch er sie wahrgenommen hatte. »Gibt es denn einen solchen Anlaß überhaupt?«

»Ich bin mir nicht ganz sicher«, gab er zu und ließ seinen massigen Körper wieder in den grün-weiß gestreiften Sessel sinken, für den er plötzlich viel zu groß wirkte. »Als ich Sie anrief, glaubte ich es noch.« Er unterbrach sich, und langsam breitete sich ein Lächeln auf seinem Gesicht aus. »Ich hatte die besten Absichten. Zumindest hielt ich sie für die besten.«

»Sie sagten, es gäbe Dinge, die ich wissen sollte.«

Er zuckte die Achseln. »Es gibt Dinge, die ich Ihnen erzählen könnte, Dinge, die Ihnen helfen könnten, das von Ihnen gewünschte Scheidungsarrangement zu erreichen, Dinge, also, ich weiß nicht, irgendwelche Dinge. Aber in dem Augenblick, als ich hier zur Tür reinkam, wußte ich, daß keines dieser Dinge der wahre Grund meines Hierseins ist.« Er machte eine Sprechpause, was sein Gespür für den dramatischen Aufbau einer Rede bewies. »In Wahrheit war ich einfach neugierig. Schon wieder dieses Wort. Der verschmähte Ehemann war neugierig«, erklärte er, »wie Sie wohl aussehen. Wissen Sie eigentlich, daß Sie hübscher sind als sie?«

»Erwarten Sie, daß ich darauf etwas sage?« fragte Lynn nach einer langen Pause, in der sie verzweifelt nach einer witzigen Erwiderung gesucht hatte.

»Ich glaube, ich hatte die Hoffnung, Sie wären genauso wütend wie ich und würden mir alles über die Sache erzählen. Die ganzen miesen kleinen Einzelheiten – wann Sie es herausgefunden haben, was Gary genau zu Ihnen gesagt hat, was *Sie* daraufhin sagten, wie Sie sich fühlten, ob Gary Ihnen irgend etwas über Suzette erzählt hat oder irgend etwas über *mich*. Ob er gesagt hat, daß *sie* irgend etwas über mich gesagt hat. Daß ich ein miserabler Ehemann, ein miserabler Vater gewesen sei oder – Gott bewahre, das Schlimmste von allem – ein miserabler Liebhaber. Details, Details. Mahlgut für die Mühle des Schriftstellers.«

»Ich bin keine große Rednerin«, erklärte sie ihm wahrheitsgetreu. Sie verspürte nicht den Wunsch, sich auf den Seiten seines nächsten Buches seziert zu finden. »Dafür bin ich eine gute Zuhörerin.« Sie war selbst überrascht, sich weiterreden zu hören. »Wenn *Sie* gerne darüber sprechen wollen . . .«

»Die Wahrheit ist«, sagte er und stand abrupt auf; er sprach jetzt schneller und mit zunehmender Überzeugungskraft, »daß ich tatsächlich gerne darüber sprechen würde. Die Wahrheit ist, daß ich mir nichts lieber wünsche, als dazusitzen und Erfahrungen mit Ihnen auszutauschen, einen pikanten Leckerbissen nach dem anderen durchzusprechen, bis wir beide der Sache so überdrüssig sind, daß sie uns gleichgültig wird, und dann würde ich gerne mit Ihnen in ein Motel fahren, am liebsten in das Motel, in dem sie damals beim erstenmal waren, ja, es müßte auf jeden Fall dieses Motel sein, und am liebsten würde ich mit Ihnen in dasselbe Zimmer gehen, in dem dasselbe verdammte Bett steht, und dann würde ich . . .« Er unterbach sich abrupt. »Vielleicht waren meine Absichten doch nicht so gut.«

Es entstand eine lange Pause. Keiner von beiden schien auch nur zu atmen.

»Da haben Sie ja eine richtige Ansprache gehalten«, sagte Lynn nach mehreren Sekunden. Sie bemühte sich, nicht schockiert oder aufgeregt zu klingen, obwohl sie schockiert und aufgeregt war.

»Sie können ja mal während eines Strandspaziergangs darüber nachdenken.« Er trank sein Bier aus und stellte das Glas mit einer heftigen Bewegung auf dem Rattan-Couchtisch ab, der zwischen ihnen stand. »Sagen Sie mir mal, Sie Sozialarbeiterin, wie Sie diesen Vorschlag in die richtige Perspektive rücken!«

»Sie erwähnten es ja selbst bereits – Sie sind im Augenblick sehr wütend«, erwiderte sie. Sie wußte nicht, was sie sonst sagen sollte; angesichts der Leidenschaft, mit der er gesprochen hatte, fühlte sie Scham in sich aufsteigen und hoffte, daß man ihrem Gesicht die Gefühle, die er in ihr wachgerufen hatte, nicht ansah. Sie war hin und her gerissen zwischen dem Wunsch, diesem Mann die Tür zu weisen, und dem Verlangen, sich in seine Arme zu werfen.

»Und Sie sind *nicht* wütend?« fragte er, als sie den Blick von ihm abwandte. »Ach, jetzt hatte ich es schon wieder vergessen. Sie lösen Ihre Probleme ja ganz privat.« Er hob beide Arme in einer hilflos wirkenden Geste. »Bitte – es tut mir leid, wenn ich Sie damit beleidigt habe.«

»Es tut Ihnen überhaupt nicht leid.«

»Stimmt, es tut mir überhaupt nicht leid. Sie haben recht. Wahrscheinlich bin ich genau deshalb hierhergekommen, um Ihnen *das* zu sagen.«

»Und? Fühlen Sie sich jetzt besser?«

»Kommt auf die Antwort an.«

Sie konnte sich ein Lächeln nicht verbeißen. »Die Antwort lautet nein.«

»Trotzdem fühle ich mich jetzt besser.«

»Gut. Dann können Sie ja jetzt gehen.«

Er nickte, bewegte sich jedoch nicht vom Fleck. »Im Augenblick komme ich mir ziemlich idiotisch vor…«

»Wenn es Ihnen hilft – ich fühle mich auch nicht gerade super.« Sie stand auf, ging an ihm vorbei zur Haustür, öffnete sie und sah in die Sommernacht hinaus. Eine Hitzewelle schlug ihr entgegen. »Es war ein ungewöhnliches Vergnügen, Sie kennenzulernen, Mr. Cameron. Da haben Sie gleich noch ein bißchen Ironie, die Sie ja so zu schätzen wissen«, fügte sie fast gegen ihren Willen hinzu.

»Ich möchte Sie wiedersehen«, sagte er. Er stand mitten vor der Tür, so daß sie sie nicht schließen konnte. Lynn spürte die Wärme der Sommernacht auf ihrem Gesicht und die Kühle der Klimaanlage im Rücken. »Wissen Sie, ich führe mich nicht immer so idiotisch auf«, sagte er. »Und als ich hierherkam, merkte ich – also, ich *glaubte* zu merken, daß wir die gleiche Wellenlänge haben. Vielleicht irre ich mich. Aber ich mag Sie wirklich, und ich möchte Sie wirklich gerne wiedersehen. Ich glaube, daß wir sehr viele Gemeinsamkeiten haben – von der einen, offensichtlichen, ganz abgesehen. Und« – er zögerte – »vielleicht möchte ich doch mit Ihnen reden. Ich komme mit der Sache nicht so gut klar, wie es bei Ihnen den Anschein hat. Ich habe das Ganze wohl noch nicht in die ›richtige Perspektive‹ gerückt.« Sie lächelte. »Vielleicht könnte ich Sie bei Ihrem nächsten Strandspaziergang begleiten.«

»Das halte ich für eine weniger gute Idee.«

»Ich glaube, ich werde Sie trotzdem wieder anrufen.«

Lynn zuckte die Achseln und behielt ihre ausdruckslose Miene entschlossen bei. Er trat von der Tür zurück und ging langsam zur Straße, wo sein Auto stand. Sie sah zu, wie er in den Wagen stieg, aber bevor er einen Blick zurückwerfen und sie beim Beobachten ertappen konnte, hatte sie die Tür geschlossen. Als sie ihn wegfahren hörte, ging sie ins Wohnzimmer und war geradezu überrascht, es heil und ganz vorzufinden. Sie hatte ein Gefühl, als wäre gerade eben ein Hurrikan darüber hinweggefegt. Mit zitternden Fingern nahm sie das Bierglas vom Couchtisch und trug es in die Küche. Sie wusch es rasch aus und stellte es in den Geschirrschrank zurück. Alle Spuren Marc Camerons waren mit einemmal verschwunden. Sie holte zweimal tief Luft, warf einen Blick auf die Uhr am Mikrowellenherd, um zu sehen, ob es nicht schon zu spät war, und rief noch einmal ihre Anwältin an.

2

Drei Nachrichten fand Renee Bower vor, als sie und ihr Mann Philip kurz nach ein Uhr nachts heimkamen. Eine stammte von Renees Schwester Kathryn aus New York, die beiden anderen hatte eine Klientin hinterlassen, Lynn Schuster; ihr Mann hatte sie vor kurzem verlassen und ihr ziemlich großzügige Scheidungsmodalitäten angeboten, um die schon seit vielen Jahren bestehende Ehe zu beenden.

»Ich würde zu gern wissen, um was es sich da handelt«, sagte Renee. Sie saß auf der Kante des Ehebetts und zog sich gerade die silberfarbenen Schuhe aus, die sie den ganzen Abend hindurch gedrückt hatten. Wurden jetzt auch ihre Füße dicker? Konnte man an den Zehen zunehmen?

»Du weißt doch genau, um was es sich handelt«, rief ihr Mann vom anderen Ende des ganz in Weiß gehaltenen Zimmers. »Sie braucht einfach jemanden, mit dem sie reden kann.«

»Ich meine doch nicht meine Schwester. Ich meine Lynn Schuster. Meiner Ansicht nach war der Fall praktisch abgeschlossen. Komisch, daß sie mich zu Hause anruft.«

»Egal, was es ist, es wird bis morgen warten müssen. Komm jetzt ins Bett«, drängte er. Er war schon ausgezogen und hatte sich zugedeckt.

»Ich verstehe einfach nicht, wie du so schnell im Bett sein kannst«, wunderte sich Renee, betrat den großen, in peinli-

cher Ordnung gehaltenen begehbaren Kleiderschrank, zog
den schwarzen Pullover und die schwarze Hose aus und ließ
beides am Boden liegen, wo es hingefallen war. Sie schlüpfte
in ein langes Nachthemd und lief über den dicken weißen
Teppichboden in das angrenzende, mit weißem Marmor
ausgelegte Badezimmer.
»Ich verbringe eben nachts um eins keine zwanzig Minuten
am Telefon, um meinen Anrufbeantworter abzuhören«, erklärte er milde.
»Ich auch nicht.« Renee starrte ihr Bild im grellen Licht des
Badezimmerspiegels an. Sogar unter all dem Make-up
wirkte ihre Haut fahl. »Bitte, gib nicht mir die Schuld, wenn
dein Freund beschließt, mitten in der Woche eine Überraschungsparty für seine Frau zu veranstalten!« Sie schmierte
einen großen Batzen Cold Cream auf jede Wange und einen
auf die Spitze ihrer kleinen Stupsnase.
»Ist er nicht auch dein Freund?«
»Ich habe keine Freunde«, witzelte sie und dachte plötzlich,
daß es eigentlich stimmte. Alle ihre Freunde waren in Wirklichkeit seine Freunde und erst durch eine Art Osmose zu
den ihren geworden. Sie hatte sie geerbt, als sie Philip vor
sechs Jahren heiratete. Alle ihre alten Freunde – einige davon hatte sie seit ihrer Kindheit gekannt – waren irgendwie
verschwunden. Sie hatte sie an miteinander unvereinbare
Terminpläne und an den Zeitmangel verloren. Sie dachte
kaum mehr an sie. Sie gehörten einer anderen Epoche an,
einer Welt vor Philip.
»Beeil dich und komm endlich ins Bett!« rief er aus dem Nebenzimmer. Er hatte behauptet, müde zu sein, aber in seiner
Stimme schwang die Lust auf Sex mit.
Ob er wohl mit mir schlafen will? überlegte Renee und
wünschte, die allnächtliche Prozedur vor dem Zubettgehen
ließe sich beschleunigen – ein vergeblicher Wunsch, wie sie
wußte. Sie war auf alle diese Hilfsmittel angewiesen. Sie
konnte es sich nicht leisten, in diesen Dingen nachlässig zu
sein. Bewußt langsam massierte sie die Cold Cream in die

Haut ein; rund um die Augen rieb sie nur ganz sanft. Sie wäre so gerne von Natur aus attraktiver gewesen – wenn schon nicht für sich selbst, dann wenigstens für Philip. Sie war erst vierunddreißig, aber bei der Party heute abend hatte sie den Eindruck gehabt, ihre Augenfalten wären tiefer als die der meisten anderen anwesenden Frauen einschließlich des Geburtstagskindes, das von seinem Vierzigsten überrumpelt worden und nicht gerade glücklich darüber gewesen war. Renee zog ein Kosmetiktuch aus dem marmorumkleideten Behälter und begann mit leichten, regelmäßigen Handbewegungen vorsichtig die dicke Cremeschicht vom Gesicht zu entfernen. Aus müden braunen Augen betrachtete sie ihre Poren. »Warum habe ich bloß keine grünen Augen wie Kathryn?« fragte sie sich leise, und ihr fiel wieder ein, daß die Stimme ihrer Schwester auf dem Tonband des Anrufbeantworters diesmal noch verzweifelter geklungen hatte als sonst. Seit dem plötzlichen Tod ihres Mannes nach einem Herzinfarkt vor drei Monaten war Verzweiflung etwas ganz Normales bei Kathryn. Die Zahl der Telefongespräche war enorm gestiegen, und doch weigerte sich Kathryn, New York auch nur für eine kurze Reise nach Florida zu verlassen.

Renee betrachtete ihr Spiegelbild und versuchte, in ihrem Gesicht Ähnlichkeiten mit ihrer Schwester zu finden. Aber da waren keine. Kathryn ist die Hübsche in der Familie, schoß es Renee wieder durch den Kopf, während sie vorsichtig die dicke Schicht Wimperntusche abschminkte, die sie am frühen Abend sorgfältig aufgetragen hatte. Gut, sie hatte etwas von Vaters Verstand abbekommen, aber wie Vater selbst des öfteren betont hatte, war Kathryn das Glück beschieden gewesen, die dunkelgrünen Augen und die schöngeformten, hochliegenden Wangenknochen ihrer Mutter zu erben. Was immer sie selbst vielleicht früher an Wangenknochen besessen hatte, dachte Renee jetzt, während sie mit kleinen, ärgerlichen Klapsen die Nachtcreme in die Backen einmassierte, war schon lange unter mindestens zehn überflüssigen Pfunden verschwunden – Pfunden, die sie nicht brauchte und trotzdem seit über einem Jahr mit sich herumschleppte. Wohl eher seit zwei Jahren, wenn sie ehrlich war. Wohl auch eher fünfzehn Pfund, wenn sie *ganz* ehrlich war. Sie schielte hinüber zur Waage – dem Feind –, auf die sie seit Wochen nicht mehr gestiegen war, und kam zu dem Schluß, daß angesichts ihrer dürftigen 1,60 Meter nicht ihr Gewicht das Problem war, sondern ihre Größe.

»Nicht schon wieder!« sagte sie wütend zu sich selbst. Sie war immer wieder erstaunt darüber, daß eine Frau in ihrer Position – mit allem, was sie sich zugute halten konnte, mit allem, was sie bereits in einem relativ jugendlichen Alter erreicht hatte, und mit ihrer angeblich so großen Intelligenz – zwanghaft hinter das von der Frauenbewegung Erreichte zurückfiel, wenn es um Aussehen und Gewicht ging. Sie war eine erfolgreiche Anwältin, sagte sie sich, und eine sehr gute noch dazu. Alle ihre Klienten hielten sie für kompetent und scharfsinnig, geradezu für gewieft. Ihnen schien es nichts auszumachen, daß sie ein paar Pfund Übergewicht hatte. Warum sollte es auch wichtig sein, wieviel sie wog? Sie begann sich energisch die Zähne zu putzen. Wenn sie in Begleitung von Philip war, beachtete man sie sowieso nie. Wie oft hatte sie sich anhören müssen, auch heute nacht wieder, sogar von ihren sogenannten Freunden: »Du bist vielleicht ein Glückspilz! Er ist ja so ein Prachtstück! Wie hast du dir den bloß geangelt?« Sie hatte es sich abgewöhnt, von der Ernsthaftigkeit derartiger Bemerkungen überrascht zu sein. Sie hatte sich daran gewöhnt nach fast sechs Jahren Ehe mit einem Mann, der nicht nur gut aussah, erfolgreich und elegant war, sondern obendrein ewig jungenhaft blieb – eine interessante Kombination mit sechsundvierzig Jahren.

Was machte es schon, wenn alle ihre Freunde, alle ihre *gemeinsamen* Freunde, ihr andauernd sagten, wie wunderbar sie aussähe, wenn sie nur ein paar Kilo abnehmen würde? Diese Frau heute auf der Party beispielsweise, diese Alicia-aber-Sie-können-mich-Ali-nennen, die schlanke Rothaarige im Minikleid, die irgendwie immer neben Philip stand und die ihr erklärt hatte, erfolgreiche Diät sei nur eine Sache der Willenskraft. Diese dürre Zicke hatte noch nie im Leben eine Abmagerungskur durchstehen müssen. Sie zählte Ehemänner, wie andere Frauen Kalorien zählten, und wenn diese Ehemänner dazugehörige Ehefrauen hatten, was machte das schon? Ein Imbiß befriedigte oft mehr als ein dreigängiges Menü! »Finden Sie nicht auch, Renee?« hatte sie gefragt – aber auf was sich das bezogen hatte, daran konnte Renee sich jetzt nicht mehr erinnern. Hatte diese Frau vielleicht einen Imbiß namens Philip zu sich genommen?

Mißmutig ertappte Renee sich dabei, daß sie den festlichen Abend in Gedanken Revue passieren ließ. Sie hatte beobachtet, wie ihr Mann einer attraktiven Blondine aufreizende Komplimente ins Ohr flüsterte, hatte zugesehen, als er auf ziemlich zweideutige Weise mit dem Geburtstagskind tanzte, hatte sich synchron mit ihm bewegt, als er sich neckisch vorbeugte, um dem mageren Rotschopf im Minikleid Vertrauliches mitzuteilen. Renee war allein in der Ecke gestanden, hatte an ihrem Champagner genippt und sich ebensowenig von ihrem Platz auf dem mexikanischen Fliesenboden bewegt wie die Topfpalme, die neben ihr stand. Sie hatte sich verdammte Mühe gegeben, nicht eifersüchtig zu werden und den Eindruck zu erwecken, sie amüsiere sich prächtig. Philip hatte sie schon mehr als einmal wegen ihrer Eifersucht ermahnt. Es gäbe nicht den geringsten Grund, eifersüchtig zu sein, hatte er ihr immer wieder gesagt, aber es hatte eher wie eine Warnung geklungen.

Diese Phase seines Lebens sei vorbei, hatte er ihr versichert. Sie sei die einzige, die er brauche, die einzige, die er liebe. Die anderen hätten ihm nichts bedeutet. Sie gehörten der Vergangenheit an. Das wisse sie selbst. Habe sie nicht schon oft genug miterlebt, daß eine Ehe wegen einer völlig banalen, bedeutungslosen Stichelei in die Brüche gegangen sei?

Wolle sie etwa, daß dasselbe mit ihrer eigenen Ehe passiere? »Treib mich nicht zu etwas, was ich gar nicht will«, hatte er zu ihr gesagt, und sie fragte sich – wenn auch nur einen Augenblick zu lang –, wie sie dazu kam, Verantwortung für seine Handlungen zu tragen.

Dennoch, die Reihe gutaussehender Frauen, die er kannte – *dünner* gutaussehender Frauen –, schien endlos zu sein. Die meisten von ihnen hatten Ehemänner, die um mindestens einige Jahrzehnte älter waren als sie selbst. Florida war geradezu überlaufen von schönen jungen Frauen, die reiche alte Männer geheiratet hatten – Männer, die sich einbildeten, in ihrem Charme und keineswegs in ihrer Brieftasche sei die Unwiderstehlichkeit ihrer Beziehung begründet. Wenn aber das Ende der Ehe noch vor dem Ende des Mannes gekommen war, stand die junge Frau oft im Regen. Der Geldadel Floridas wußte seinen Besitz durchaus zu schützen. Renee fragte sich, ob sie es je überleben könnte, wenn Philip sie verlassen würde, und wie sie das Leben gemeistert hatte, bevor sie einander begegnet waren.

»Mein Gott, Renee, was machst du eigentlich da drin?«

Aus irgendeinem Grund sinnierte sie im Anblick des runden Gesichts, das aus dem Spiegel zurückstarrte, und entfernte ein paar Kleckse Cold Cream, die seitlich von dem blonden, strähnchengetönten Haar klebten – aus irgendeinem Grund hat er *mich* genommen. Aus irgendeinem unbekannten, unbegreiflichen Grund bin ich die Frau, die er zur Frau haben will. »*Ich* bin die Glückliche«, sagte sie laut, und sie glaubte es.

»Was hast du denn so lange da drin gemacht?« fragte er, als sie sich neben ihn ins Bett legte.

»Meinst du, daß ich zwanzig Pfund abnehmen sollte?« fragte sie. Er hatte ihr den Rücken zugewandt, und sie kuschelte sich eng an ihn.

»Mit einem Bein würdest du mir nicht gefallen«, sagte er.

»Herzlichen Dank.«

»Können wir jetzt endlich schlafen?«

»Meinst du, ich sollte diese Wassermelonendiät machen?«

»Zähl doch einfach Wassermelonen statt Schäfchen. Damit erzielst du wahrscheinlich genau dasselbe Resultat.«

»Philip, ich stecke gerade in einer Krise, falls du es noch nicht bemerkt haben solltest«, erwiderte sie, nur halb im Scherz. »Du bist hier der Psychotherapeut. Sag mir, was ich tun soll!«

»Sprechstunde ist jeden Werktag von acht bis sechzehn Uhr.«

»Bitte!«

Er drehte sich ruckartig auf den Rücken und stützte sich auf einen Ellbogen, um ihr ins Gesicht sehen zu können. »Was war los im Bad? Zu wem hast du da drin gesprochen?«

»Findest du mich attraktiv?«

»Ich finde dich genau richtig.«

»›Genau richtig‹ ist nicht gerade das, was ich hören wollte.«

»Renee!« Es klang freundlich, aber sie hörte einen Anflug von Ungeduld heraus. »Du bist eine intelligente, tüchtige Frau...«

»Ich weiß. Ich weiß, daß ich eine intelligente, tüchtige Frau bin.«

»Du bist Anwältin.«

»Ich weiß, daß ich Anwältin bin. Du brauchst mir nicht zu sagen, daß ich Anwältin bin.«

»Du hast einen Mann, der dich liebt.«

»Wirklich? Habe ich wirklich einen Mann, der mich liebt?«

»Was denkst du denn?«

»Sprechstunde ist von acht bis sechzehn Uhr«, gab sie ihm mit seinen eigenen Worten zurück. »Frag mich bitte nicht, was ich denke. Spar dir das für deine Patienten auf. Sag mir, daß du mich liebst. Sag mir, daß ich für dich die schönste Sache der Welt bin.«

»Ich liebe dich. Du bist für mich die schönste Sache der Welt.«

31

»Warum nur glaube ich dir nicht?«

»Weil du nicht nur eine intelligente, tüchtige Frau und eine sehr erfolgreiche Anwältin bist, sondern zufällig auch ein hysterisches Weib, und wenn ich jetzt nicht bald zum Schlafen komme, bin ich morgen ein hysterischer Psychotherapeut, und das macht die Patienten meistens ziemlich nervös.«

Er wollte sich gerade wieder zur Seite drehen, aber ihre Stimme hielt ihn zurück. »Möchtest du mit mir schlafen?«

»Jetzt? Es ist ein Uhr nachts!«

»Ich habe dich nicht gefragt, wie spät es ist. Mir ist, weiß Gott, bekannt, wie spät es ist. Du hast es mir nun schon oft genug gesagt. Ich habe dich gefragt, ob du mit mir schlafen willst.«

»Ich kenne keine Frau, die einen rasender machen kann als du«, sagte er, aber gleichzeitig zog er sie zu sich und legte ein angewinkeltes Bein über ihren massigen Schenkel.

Es klopfte an der Schlafzimmertür. »Daddy?« erklang zaghaft eine Stimme.

Renee zog die Arme, mit denen sie gerade die immer noch schmalen Hüften ihres Mannes umfassen wollte, wieder zurück. Sie fielen nach hinten auf das Kissen, als wären schwere Gewichte an den Handgelenken befestigt. Sofort rückte Philip von ihr weg, setzte sich auf und starrte in die Dunkelheit, während Debbie, seine Tochter, sich zögerlich dem Bett näherte.

»Baby?« fragte er mit so sanfter Stimme, daß Renee sich augenblicklich fehl am Platz fühlte, so als hätte sie sich ins falsche Bett verirrt. »Ist irgendwas, Liebling? Warum schläfst du denn nicht?«

»Ich habe etwas Schlimmes geträumt«, sagte die zittrige Stimme. Einen Moment lang war Renee versucht, das angsterfüllte Mädchen zu sich ins Bett zu ziehen und zu trösten und ihm zu sagen, daß jetzt alles wieder gut sei. Aber dann sah sie das angedeutete Grinsen, das Debbie, das halbe

Kind, nicht verstecken konnte, und sie erstarrte. Selbst in der Dunkelheit erkannte Renee die wilde Entschlossenheit in den Augen der Tochter ihres Mannes.

»Möchtest du mir den Traum erzählen?« fragte derselbe Mann, der nur wenige Minuten zuvor Renee erklärt hatte, seine Sprechstunde beschränke sich auf die Zeit von acht bis sechzehn Uhr.

»Es war ein schrecklicher Traum«, erzählte das sechzehnjährige Mädchen, das wie vierzehn aussah, ihrem Vater, während der seine nackten Arme um ihren zitternden Körper legte. »Ich habe geträumt, daß ihr einen Autounfall hattet, du und Renee.«

Debbie sprach, wie sie es immer tat, das Doppel-*e* in Renees Namen französisch aus. (»Es heißt Renee, es reimt sich auf Bikini«, verbesserte Renee sie jedes Jahr wieder, wenn Debbie aus Boston kam, um den Sommer bei ihnen zu verbringen, und auch nach der Ankunft des Mädchens vor zwei Wochen hatte sie es wieder getan. »Renee – es reimt sich auf Bikini, *nicht* auf Soufflé.«)

»Du bist ganz schnell und ganz leichtsinnig gefahren...« erzählte Debbie, die von Renees innerem Monolog natürlich nichts mitbekommen hatte. »Das heißt, nicht du bist gefahren, sondern Renee.«

»Ist ja klar«, sagte Renee fast unhörbar.

»Überall standen Verkehrsschilder an der Straße, das waren Warnungen vor gefährlichen Kurven«, fuhr Debbie fort.

»Verkehrsschilder, die auf gefährliche Kurven hinweisen, ignoriere ich immer«, sagte Renee. »Irgend etwas an diesen gebogenen Dingern gefällt mir einfach nicht.«

Debbie preßte die Lippen aufeinander, so daß sie fast verschwanden. »Ich bin froh, daß du das so lustig findest«, sagte sie, die Schultern straffend, mit stoischer Ruhe. »Es tut mir leid, daß ich dich gestört habe, Renee. Ich gehe jetzt wieder in mein Zimmer.«

»Quatsch!« warf Philip sofort ein, zog seine Tochter wieder an sich und warf Renee einen vernichtenden Blick zu, der selbst in der Dunkelheit seine einschüchternde Wirkung nicht verfehlte. »Du störst uns nie. Das hier ist doch dein Zuhause.«

Und das hier ist mein Alptraum, dachte Renee, während sie zuhörte, wie ihr Mann seine Tochter zum Weitererzählen überredete.

»Also«, sagte Debbie, nachdem ihr Vater ihr lange genug zugeredet hatte, »ich habe die Gefahr gesehen, in der ihr wart. Ich wußte, wenn sie nicht abbremst« – »sie« heißt das jetzt, dachte Renee, »sie«, die Frau ohne Namen –, »dann würdet ihr beide über eine Klippe ins Meer stürzen . . .«

»Und? Hat sie abgebremst?« fragte Renee.

»Renee!« sagte ihr Mann mit tadelndem Unterton.

»Ich habe versucht, dich zu warnen. Ich habe geschrien: ›Renee, Renee!‹ . . .«

»Ich habe wahrscheinlich gedacht, du meinst jemand anderen.«

»Wahrscheinlich konntest du mich nicht hören«, berichtete das Kind weiter, ohne Renees Worten die geringste Beachtung zu schenken. »Das Auto fuhr immer schneller. Und dann ist es die Klippe hinuntergestürzt. Ich mußte hilflos mit ansehen, wie es gegen die Felsen krachte. Ich habe geschrien.«

»Mein armes Baby«, tröstete sie ihr Vater.

»Ich bin hingelaufen, so schnell ich konnte, und habe euch in Sicherheit gebracht.« Renee sah erstaunt, daß Debbie tatsächlich Tränen in den Augen hatte. »Renee ist gestorben«, fügte Debbie hinzu. Es klang fast wie ein nachträglicher Einfall.

»Na, dann war's ja doch kein so schlimmer Alptraum«, erklärte Renee in heiterem Tonfall.

»Renee, ich weiß wirklich nicht, warum du so gehässig bist.«

»Ich bin immer gehässig, wenn ich gerade von einer Klippe in den Tod gestürzt bin.«

»Es war doch nur ein Traum«, sagte das Mädchen.

»Ja«, erwiderte Renee. Sie sah Debbie jetzt so deutlich, als wären gerade alle Lampen angeschaltet worden. »Ich fürchte, es war wohl wirklich nur ein Traum.«

»Geht es dir jetzt besser?« fragte Philip.

Debbie zuckte die Achseln und barg ihr Gesicht an der behaarten Brust ihres Vaters. »Ich hatte solche Angst um dich. Ich konnte ja nichts tun. Ich habe mich so hilflos gefühlt. Ich habe versucht, euch zu warnen. Aber sie wollte ja nicht auf mich hören.« Jetzt weinte das Kind tatsächlich.

»Ich mache uns jetzt eine heiße Schokolade«, sagte Philip energisch, als ob es heller Tag wäre. Sofort leuchtete Debbies Gesicht auf. Sie hob den Kopf und lächelte über die Schulter ihres Vaters hinweg zur bösen Stiefmutter hinüber, die bewegungslos und mit offenem Mund dasaß. »Erinnerst du dich noch, als du ein kleines Kind warst, da sind wir, wenn du einen bösen Traum hattest, auch immer in die Küche gegangen und haben uns heiße Schokolade gemacht...«

»Und du bist so lange bei mir gesessen, bis ich den letzten Schluck getrunken hatte. Ich kann mich gut daran erinnern. Ich hätte nicht gedacht, daß du dich auch daran erinnern kannst.«

»Hey, ich weiß noch alles aus deiner Kindheit. Jeden bösen Traum, jedes einzelne Niesen. Wenn du erst eine Tasse von Daddys heißer Spezial-Schokolade getrunken hast, wird es dir wieder gut gehen. Wer ist denn hier der Arzt, hm? Renee, bringst du mir bitte meinen Morgenmantel?«

Renee sagte nichts. Sie wußte, wann eine Situation aussichtslos war. Sie ging zum Schrank und holte den dunkelblauen Seidenmantel ihres Mannes hervor.

»Du willst sicher keine heiße Schokolade, oder?« fragte Debbie Renee, nachdem Philip in die Küche gegangen war und die beiden Frauen – die eine, vierunddreißig Jahre alt, die einsah, daß es keinen Sinn hatte, sich auf einen solchen Machtkampf einzulassen, und die andere, sechzehn, die das genau wußte – allein zurückblieben. »Ich meine, du machst doch gerade eine Diät, oder?«

»Im Augenblick nicht. Aber ich habe keinen Durst, danke.«

»Du siehst wirklich müde aus, Renee«, sagte Debbie sanft. »Geht es dir auch gut?«

»Ich fühle mich sehr gut, danke. Und mein Name ist Renee, er reimt sich auf Bikini. Nicht Renée.«

»Mir ist Renée lieber«, sagte das Mädchen eigensinnig. »Renee klingt wie, ich weiß nicht, wie das dicke Kind in der Grundschule, mit dem nie einer spielen wollte.«

Debbie war weg, bevor Renee es geschafft hatte, aus dem Bett zu springen und das Kind aus dem sechsten Stock des direkt am Meer gelegenen Wohnhauses zu werfen, in das sie nach der Hochzeit mit Philip eingezogen war. Einen ernsthaften Schaden hätte Debbie dabei nicht davongetragen, dachte Renee und ließ den Kopf aufs Kissen fallen. Das Mädchen war unverwüstlich.

Aus der Küche klangen Philips beruhigende Stimme und Debbies unschuldiges, mädchenhaftes Kichern zu ihr herüber. Renee wunderte sich, wie es dem Mädchen gelang, der Welt zwei so unterschiedliche Gesichter zu zeigen. Und wie war es möglich, daß ein kultivierter und intelligenter Mann wie Philip – von seiner Berufsausbildung ganz zu schweigen – so blind war, wenn es um die eigene Tochter ging? Wie konnte er sich nur so manipulieren lassen?

Jeden Sommer passierte das gleiche. Debbie verließ die Eastern-Airlines-Maschine aus Boston und ging einfach über ihre Stiefmutter hinweg, die am Anfang nur zu bereit gewesen war, ihre Freundin zu sein. Jetzt mußte Renee lachen, wenn sie daran dachte, wie ungeduldig sie die Ankunft von Philips einzigem Kind herbeigesehnt hatte, wie aufregend es für sie gewesen war, als sie das Mädchen, das damals zehn Jahre zählte, zum erstenmal sah. Debbie war zwar für ihr Alter recht klein gewesen, aber schon damals hatte sie sich so selbstbeherrscht gegeben, daß man sie für wesentlich älter hielt. Ihr langes, hellbraunes Haar hatte sie sich aus dem schmalen ovalen Gesicht gekämmt und zu einem hohen Pferdeschwanz gebunden; ihre Beine waren im Verhältnis zu ihrem Oberkörper unproportioniert lang und sehr knochig gewesen, was den Eindruck von Zerbrechlichkeit noch gesteigert hatte. Wie ein hübscher rosaroter Flamingo, hatte sich Renee damals gedacht. Mehr wie ein Geier – das hatte sie in der Zwischenzeit gelernt, nachdem das Mädchen jeder Annäherung immer wieder mit großer Geschicklichkeit aus dem Weg gegangen war, das Ganze jedoch so hatte aussehen lassen, als wäre immer nur Renee kurz angebunden gewesen. »Sie mag mich nicht«, hatte Renee Philip unter Tränen anvertraut, aber Philip hatte ihr versichert, das Kind sei nur schüchtern und zudem Opfer eines Loyalitätskonflikts. Es sei ganz natürlich, daß seine Tochter einem Menschen gegenüber, der den Platz ihrer Mutter eingenommen habe, einen gewissen Groll hege, besonders in Anbetracht der Tatsache, daß die Scheidung alles andere als freundschaftlich über die Bühne gegangen sei, erklärte er ihr, und sie hatte sich seinem überlegenen Wissen auf diesem Gebiet gebeugt, obwohl sie instinktiv gewußt hatte, daß er sich irrte. »Was soll ich denn tun, damit sie mich liebt?« hatte sie ihn gefragt, und er hatte ihr geraten, einfach sie selbst zu sein. Als das nichts geholfen hatte – und es war selbst Philip schon sehr schnell deutlich geworden, daß es nichts half –, hatte er gesagt, sie solle gute Miene zum bösen Spiel machen und es durchstehen, es handle sich ja nur um zwei Monate im Jahr, das werde sie ihm zuliebe doch sicherlich aushalten können. Zuerst hatte sie das auch geglaubt. Aber dann waren ihr die zwei Monate von Jahr zu Jahr länger erschienen. Das Kind war in die Pubertät gekommen, und die subtilen Machenschaften hatten an Raffinesse gewonnen, die gegen sie gerichteten Sticheleien waren immer abgefeimter geworden und hatten immer besser getroffen.

Philip war ihr überhaupt keine Hilfe. Das Schuldgefühl, das er empfand, weil er sein einziges Kind einer Frau überlassen hatte, die er wegen ihrer Labilität ablehnte, machte ihn zur

Zielscheibe von Debbies Manipulationen. Wenn er sie durchschaute – und Renee war sich dessen sicher (mein Gott, der größte Idiot konnte sie durchschauen!) –, dann war er jedenfalls außerstande, anders als auf die naheliegendste Art und Weise darauf zu reagieren. Er erfüllte jeden einzelnen der Ansprüche, die Debbie auf seine Zeit, sein Geld, seine Psyche erhob. Bei jedem Streit stellte er sich auf ihre Seite; er zeigte Verständnis für ihre Haltung, für ihre Ängste und ihren Kummer. Debbie fürchte, ihn zu verlieren, erklärte er Renee und schien nicht wahrzunehmen, daß sie, Renee, unter genau der gleichen Angst litt.

»Du bist sehr schroff zu ihr gewesen«, sagte er, als er wieder ins Schlafzimmer zurückkam. Sein Atem roch nach Schokolade. »Sie ist noch ein Kind, das darfst du nie vergessen. Sie glaubt, du haßt sie.«

»Aber das ist doch lächerlich, Philip. Du weißt, daß ich alles versucht habe.«

»Streng dich noch mehr an. Bitte. Tu es für mich. Sie hat gerade geweint. Sie sagte, vielleicht sollte sie den Sommer nicht mehr bei uns verbringen, weil sie merkt, daß du sie nicht magst, und sie will nicht, daß wir ihretwegen Schwierigkeiten miteinander haben.«

»O mein Gott, Philip!« sagte Renee. Das ging über ihre Kraft. »Ich weiß wirklich nicht, was ich noch alles tun soll, damit sie glücklich wird – abgesehen davon, daß ich meinen Namen ändere oder eine Klippe hinunterstürze!«

Sie hoffte, er würde lachen, aber er tat es nicht. »Du bist die Èrwachsene. Sie ist das Kind. du mußt ihr zeigen, wo es langgeht. So, und jetzt brauche ich meinen Schlaf.«

»Daß wir miteinander schlafen, steht jetzt wohl nicht mehr zur Debatte?« fragte sie. Im selben Moment klingelte das Telefon.

»*Jetzt* nicht mehr«, sagte er, und sie hörte die Erleichterung, die in seiner Stimme mitschwang, obwohl er sie als Ärger auszugeben versuchte.

Renee griff nach dem Hörer des Telefons, das neben ihrem Bett stand. »Es könnte ja auch für dich sein.«

»Bestimmt nicht«, sagte er und hatte recht, wie meistens.

»Ja, hier spricht Renee Bower«, bestätigte Renee der unbekannten Stimme am anderen Ende der Leitung. Ganz plötzlich verspürte sie eine leichte Übelkeit in der Magengrube. »Ja, Kathryn Wright ist meine Schwester. Wer spricht denn da?... Was? Was reden Sie denn da? Wer sind Sie?« Sie merkte, daß Philip sich neben ihr im Bett aufgerichtet hatte; trotz seiner Verstimmung war seine Neugierde geweckt. Renee lauschte dem Wortschwall der aufgebrachten Anruferin, deren Namen sie schon wieder vergessen hatte, und war eine Zeitlang unfähig, irgend etwas zu erwidern. Dann fuhr sie sich mit zitternder Hand über die Stirn. »O mein Gott!« sagte sie, und dann noch einmal: »O mein Gott!«

3

»Wir werden uns leider kurz fassen müssen«, sagte Renee Bower, als Lynn Schuster ihr Büro betrat und sich auf den Stuhl vor dem Schreibtisch setzte. »Ich muß nach Lauderdale fahren. Meine Schwester kommt um vierzehn Uhr mit dem Flugzeug aus New York.« Renee warf einen nervösen Blick auf ihre Armbanduhr. Automatisch tat Lynn dasselbe.

»Wie geht es ihr denn?« fragte Lynn.

Die Frage schien Renee zu verblüffen. »Ach, das vergesse ich immer wieder, Sie sind ja zusammen zur Schule gegangen. Es geht ihr nicht besonders«, erklärte sie ohne weitere Erläuterungen. »Also, was kann ich für Sie tun? Sie sagten, es sei wichtig.«

»Ich weiß nicht, ob es wichtig ist«, schränkte Lynn sofort ein, und Renee sah sie fragend an. »Ich habe gestern abend Besuch bekommen. Marc Cameron, der Mann von Suzette Cameron.«

»Interessant«, sagte Renee, aber ihr Gesicht blieb ausdruckslos. »Und?«

»Und?« Lynn dachte kurz an die Ereignisse des vergangenen Abends zurück, senkte den Kopf und begann das, was von ihrem weißen Nagellack noch übrig war, abzuzupfen. »Und... er möchte mich wiedersehen.«

»Ich glaube, ich komme nicht ganz mit«, sagte Renee Bower ruhig. »Haben Sie vielleicht irgend etwas ausgelassen?«

»Eigentlich nicht«, antwortete Lynn. »Er rief mich an und sagte, daß er mich besuchen wolle, weil es bestimmte Dinge gibt, die ich seiner Ansicht nach erfahren sollte.«

»Zum Beispiel?«

»Na ja, ich glaube, er kam letztendlich nicht dazu, sie mir zu erzählen.«

»Aha. Und ist er dazu gekommen, irgend etwas anderes zu erzählen?«

Lynn schüttelte den Kopf. »Es ist alles sehr verwirrend.«

»Das merke ich. Lynn, was hat der Mann denn nun genau gesagt?«

»Er sagte, daß er neugierig auf mich ist und wissen will, wie ich aussehe. Er sagte, ich sei hübscher als Suzette. Er sagte, daß er große Schwierigkeiten hat, das, was geschehen ist, zu verarbeiten. Er meinte, wir hätten viele Gemeinsamkeiten. Er sagte, daß er mich wiedersehen will.«

»Und was haben Sie gesagt?«

»Ich sagte nein.«

»Gut.«

»Was heißt ›gut‹? Warum sagen Sie das?«

»Was soll das heißen – ›Warum sagen Sie das?‹ Was soll ich denn sonst sagen? Würden Sie ihn denn wiedersehen *wollen?*«

»Ich weiß nicht.«

Renee faltete die Hände und legte sie auf die Schreibtischplatte. »Lynn, was ist eigentlich los?«

»Ich weiß es nicht«, gab Lynn zu. Sie kam sich unendlich albern vor. Warum saß sie überhaupt hier? Die Situation begann allmählich einem Traum – beinahe einem Alptraum – zu gleichen. Sie hatte völlig die Orientierung verloren.

»Entschuldigen Sie mich einen Augenblick«, sagte Renee, stand auf und ging auf ihre Sekretärin zu, eine junge Brünette, die gerade ihren sorgfältig frisierten Kopf zur Tür hereingesteckt hatte. »Ich bin gleich zurück«, erklärte Renee, nachdem sie sich mit der jungen Frau besprochen hatte, verließ den Raum und schloß die Tür hinter sich.

Lynn sah sich in dem kleinen Büro um, dessen Fenster nach Süden auf den Innenhof des Atlantic Plaza gingen, eines relativ neuen, knallig rosaroten Einkaufszentrums, das zwischen der Siebten und der Achten Straße an der Hauptverkehrsader von Delray, der Atlantic Avenue, lag. Sie ertappte sich dabei, daß sie den riesigen Ficus benjamini anstarrte, der aus dem offenen Mittelhof emporragte und dessen Äste über den leeren Sitzbänken schwebten, die in dem rosafarbenen Ziegelpatio aufgestellt waren. Soweit Lynn sehen konnte, befand sich kein einziger Mensch in der Einkaufspassage, abgesehen von denen, die für ihre Anwesenheit bezahlt wurden – die müden Aushilfsverkäuferinnen in den leeren Geschäften und die gelangweilten Kellner in den kleinen, schummrigen Restaurants. Es war Sommer in Delray Beach.

In Delray war der Sommer eine ruhige Jahreszeit. Wie die meisten Küstenorte wurde Delray erst in den Wintermonaten lebendig, wenn die »Schneehasen«, wie die Saisongäste von denen genannt wurden, die das ganze Jahr über hier lebten, und die »Schneeflocken« – Touristen, die sich nur kurz hier aufhielten – die Strände bevölkerten und die Geschäfte füllten. In der »Saison« war die Atlantic Avenue eine völlig andere Straße. Dann standen die Autos zu jeder Tageszeit Stoßstange an Stoßstange vom Highway bis zum Meer, und die Stadt vibrierte vom Brummen ihrer Motoren.

Die Stille, die jetzt herrschte, hatte, zusammen mit der gänzlichen Bewegungslosigkeit, eine fast beängstigende Intensität. Vor dem Sommer in Florida war Lynn schon immer ganz besonders auf der Hut gewesen. Oft stieg die Temperatur bei völliger Windstille auf vierzig Grad, und für die, die nicht das Glück hatten, in Gebäuden mit Klimaanlage zu arbeiten und in klimatisierten Häusern zu leben, war es unerträglich. Da brannte bei manchen sehr schnell die Sicherung durch, und die Gereiztheit wich nur langsam. Viel zu oft hatte Lynn die Auswirkung der Sommerhitze auf den verletzten Gesichtern schon seit langem verletzter Seelen gesehen. Viel zu oft standen Menschen mit gebrochenen Knochen und geplatzten Träumen vor ihrem Schreibtisch, und sie sollte das dann mit ein paar geschickt gewählten Sätzen wieder in Ordnung bringen. (»Bitte schlagen Sie Ihre Frau nicht noch einmal, Mr. Smith, sonst sind wir gezwungen, Maßnahmen gegen Sie zu ergreifen.«) Lynn haßte den Sommer.

In diesen Monaten hielt man es eigentlich nur am Meer aus, wo gewöhnlich eine leichte Brise ging. Normalerweise wäre Lynn jetzt dort gewesen. Sie hatte Mittagspause, und meistens fuhr sie für diese eine Stunde sofort an den breiten öffentlichen Strand, wo sich eine Badehütte an die andere reihte, stellte ihren Wagen am Rand des leeren Küsten-Highways ab, zog ihre Strumpfhose und die Sandalen aus und spazierte dann barfuß am Wasser entlang, beobachtete die Teenager, die mit ihren Surfboards auf die perfekte Welle warteten und Lynn ebensowenig Beachtung schenkten wie ihrer eigenen Sterblichkeit.

Megan und Nicholas waren zum Glück im Tagescamp untergebracht. Jeden Werktag wurden sie um acht Uhr früh mit dem Bus abgeholt und um siebzehn Uhr nach Hause gefahren. In der Zeit dazwischen spielten sie Tennis, malten, bastelten und schwammen in einem der drei riesigen Swimming-pools. Es war Lynn sehr wichtig, am Wochenende mit den Kindern am Meer zu sein. Vor der Trennung hatte sie es hin und wieder geschafft, Gary von der Arbeit loszueisen, so daß die ganze Familie sonntags nachmittags beim Strandpicknick zusammensitzen konnte. Jetzt holte Gary die Kinder am Sonntagmorgen ab und war dann den größten Teil des Tages mit ihnen verschwunden. Nur ganz selten ging er mit ihnen an den Strand. Gary hatte das Meer nie soviel bedeutet wie Lynn, aber darüber hatte sie bis jetzt eigentlich noch nie nachgedacht.

Im Sommer war das Meer warm wie Badewasser, und der leichte Wind, der vom Ozean herwehte, war angenehm und erfrischend. »Wenn du das Gefühl hast, die ganze Welt ist gegen dich«, hatte ihr Vater ihr gesagt, als sie kurz nach Mutters Tod einmal Hand in Hand am Meer entlangspaziert waren, »dann schau dir das hier an!« Und dabei hatte er eine Handbewegung über das phantastische, blauglitzernde Panorama aus Brandung und Himmel hinweg gemacht. Vor neun Jahren war das gewesen, wurde ihr mit einem Schlag bewußt. Sofort war sie wieder in der Gegenwart und betrachtete das, was sie in einem ihrer Berichte sicherlich als »schön möblierten« Raum bezeichnet hätte.

Renees Büro hatte hellgraue Wände mit einer weißen Hochglanz-Einfassung am oberen Rand; die Möbel waren in feinabgestuften Pfirsichtönen gehalten. Das einzige, was nicht so recht in diese Umgebung paßte, waren die vielen herumliegenden Papiere; es sah aus, als hätte man sie einfach quer über Renees Schreibtischplatte abgeladen. Irgendwo in diesem Tohuwabohu, dachte Lynn, stecken die Reste meiner Ehe.

Lynn schloß die Augen und vergrub das Gesicht in den Händen. Was hatte sie hier eigentlich verloren? Warum hatte sie Marc Cameron nicht einfach gesagt, er solle mit seinen guten Absichten zur Hölle gehen, wo dergleichen Absichten ja unweigerlich endeten? Und warum hatte sie sich überhaupt erst auf das Treffen eingelassen?

Eine so leichtsinnige und schlecht durchdachte Handlungsweise kannte sie gar nicht an sich. In den ersten Monaten, nachdem ihr Mann sie verlassen hatte, war Lynn Schuster kein einziges Mal übereilt vorgegangen, sondern durch und durch professionell, nüchtern und vernünftig geblieben, ohne je die Fassung zu verlieren. Alle ihre Arbeitskollegen hatten sich bewundernd darüber geäußert, wie phantastisch sie mit der Sache zu Rande kam, und sie hatte nicht einen einzigen ihrer vielen Gesprächstermine ausfallen lassen. Auch ihre Aufgaben als berufstätige Mutter hatte sie mit der für sie typischen Gelassenheit angepackt, hatte sich darum gekümmert, daß die Kinder Plätze im Tagescamp bekamen, und war auch für die Kosten aufgekommen, ohne erst Gary um das Geld zu bitten. Wenn Gary anrief, um mit ihr über die Kinder zu sprechen, wenn er sie besuchen kam oder sonntags etwas mit ihnen unternahm, begegnete sie ihm mit nie versiegender Freundlichkeit. Nur ein einziges Mal – als sie erfuhr, daß die Frau, wegen der ihr Mann sie verlassen hatte, nicht irgendeine geistlose Zweiundzwanzigjährige war, sondern eine verheiratete Frau fast im selben Alter wie sie selbst – war sie dem Zusammenbruch nahe gewesen.

War dies die Art von Details, hinter denen Marc Cameron her war? »Erzählen Sie mir alles«, hatte er gesagt. »Erzählen Sie mir ganz genau, was Gary zu Ihnen gesagt hat, wann Sie es herausgefunden haben, wie Sie sich gefühlt haben. Details, Details. Mahlgut für die Mühle des Schriftstellers.«

Wie sollte ich dir denn erzählen, was ich gefühlt habe? dachte sie jetzt, da sie auf der falschen Seite des unaufgeräumten Schreibtisches saß, auf der Seite, wo Schmerz mehr war als etwas, was man sich rasch mal anhörte. Ich habe doch so viel Verschiedenes gefühlt, so daß ich durch diese Anhäufung von Emotionen am Ende wie betäubt war. Und warum hatte sie erst dann geweint, als irgendeine Frau – sie wußte nicht mehr, wer, das hatte sie wohl verdrängt – ihr erzählte, sie habe die beiden zusammen gesehen – ihren Mann und die Frau, deretwegen er sie verlassen hatte –, in irgendeiner Kunstgalerie in der Worth Avenue, und daß sie sich geküßt hätten, geküßt in aller Öffentlichkeit neben einer riesigen modernen Skulptur, und daß die Frau weder übermäßig attraktiv noch skandalträchtig jung war? Warum hatte es dieser Information bedurft, damit sie plötzlich bittere Tränen weinen konnte, Tränen, die sie nur in ihrer privaten Umgebung, in ihrem Haus, vergossen hatte, als sie sich im Badezimmer einschloß und ihr wütendes Schluchzen mit einem großen gelben Strandtuch dämpfte, damit die Kinder nichts hörten?

Diese Tatsache erstaunte sie am allermeisten, auch wenn sie

es nur sehr ungern zugab, und ganz bestimmt hätte sie niemals mit irgend jemandem darüber gesprochen, nicht einmal mit ihrer Anwältin. Ihrem Gefühl nach wäre die Sache leichter zu verdauen gewesen – man hätte ihr weniger Mitschuld geben können –, wenn die Frau, deretwegen ihr Mann, ein ruhiger, nachdenklicher, attraktiver Vierzigjähriger, sie verlassen hatte, eine vollbusige, hirnlose Lolita gewesen wäre. Jugendlichkeit und Dummheit konnte sie verstehen, ja sogar tolerieren. Am Ende eines aufreibenden Tages hatten diese beiden Eigenschaften durchaus etwas Anziehendes. Zu einer Frau heimzukommen, die ebenso unkompliziert wie faltenlos war, stellte wohl ein Aphrodisiakum dar, dessen Wirkung sie nachempfinden und sogar entschuldigen konnte. Beispiele dafür hatte sie schon genug gesehen: ein Mann ließ sich nach vielen Jahren Ehe von seiner Frau scheiden, weil er mit einer zusammensein wollte, die genauso aussah wie seine Ehefrau auf alten Fotos. Oft klangen sogar die Namen der beiden Damen ganz ähnlich. Aus Caroline wurde Carol; Joanne wurde durch eine Joanna ersetzt. Und wenn Gary *das* hätte haben wollen, dann hätte sie unmöglich irgend etwas anders machen können, um ihn davon abzuhalten. Aber diese Frau, diese Suzette (deren Name dem ihren nicht im geringsten ähnelte), war, wie man hörte, keine große Schönheit – sogar ihr eigener Mann hatte Lynn erzählt, sie, Lynn, sei die Hübschere von beiden –, und außerdem war sie mit ihren siebenunddreißig Jahren nur zwei Jahre jünger als sie. Warum hatte Gary sie nur verlassen?

Sie hatten vierzehn Jahre (fünfzehn Jahre, wenn man die Verlobungszeit mitrechnete) miteinander gelebt, Jahre, die relativ streitfrei verstrichen und aus denen zwei Kinder und zwei erfolgreiche berufliche Karrieren hervorgegangen waren. Vierzehn Jahre lang hatten Lynn und Gary denselben Geschmack und dieselben Interessen geteilt und Wert darauf gelegt, sich gegenseitig bei der Arbeit zu unterstützen und auf die Bedürfnisse des jeweils anderen einzugehen.

Ihre Ehe war ausgesprochen problemfrei gewesen. Beide waren sie gesund, und beide hatten gutbezahlte Jobs, wenn auch Garys Einkommen ihren Verdienst weit übertraf. Trotzdem hatten sie sich nie um Geld gestritten und waren sich auch niemals über Politik, Religion, die angeheiratete Verwandtschaft oder Sex in die Haare geraten. Was die Außenwelt betraf – und was Lynn selbst betraf –, war ihre Ehe genauso annähernd perfekt gewesen wie die meisten modernen Ehen. Lynn und Gary, Gary und Lynn. Sie paßten ebensogut zusammen wie ihre Namen. Lynn war immer überzeugt gewesen, an ihrer Ehe gäbe es nichts zu verändern. Gary hatte da offensichtlich eine andere Ansicht vertreten. Aber warum hatte er ihr seine Gefühle nicht mitgeteilt, bevor die Meinungsverschiedenheiten so groß geworden waren, daß sie, in der Sprache der Juristen, eine unheilbare Zerrüttung der Ehe bewirkten? Warum hatte er so lange gewartet, bis die Worte, die aus seinem Mund kamen, nur mehr »Ich habe mich in eine andere Frau verliebt, ich verlasse dich« gelautet hatten?

Anfangs hatte sie geglaubt, er werde zurückkommen. In ein paar Tagen, hatte sie sich gesagt, dann: in ein paar Wochen. Von ihrer Anwältin war ihr geraten worden, keine voreiligen Schritte zu unternehmen, was Lynn, die nur selten überhastet vorging, sehr recht gewesen war. Für sie stand fest, daß es sich um eine typische Midlife-crisis handelte, wie aus dem Bilderbuch. Wenn sie Klientinnen in solchen Dingen beraten mußte, empfahl sie, zu vergeben und zu vergessen, wenn die Affäre den üblichen Verlauf genommen hatte, was bei Affären dieser Art meist der Fall war. Aber als aus der ersten Woche ein Monat, dann zwei, schließlich drei und jetzt sechs Monate geworden waren, ohne daß sich eine Veränderung abzeichnete – ganz im Gegenteil –, war Lynn gezwungenermaßen zu dem Schluß gekommen, daß ihr Mann es tatsächlich ernst meinte mit seiner allerneuesten Absicht, sich scheiden zu lassen, um diese andere Frau zu heiraten.

47

Er hatte ihr ein faires Angebot unterbreitet. Sie könne den hübschen Bungalow am Crestwood Drive behalten, hatte er ihr durch die Anwälte mitteilen lassen, sowie das gesamte Mobiliar mit Ausnahme des Queen-Anne-Stuhls, eines alten Stücks aus seiner Familie, das ihr sowieso nie besonders gefallen hatte. Er wollte die Hälfte der Kunstgegenstände, die sie im Lauf der Jahre gesammelt hatten, und seine ganze Sammlung alter Rock-and-Roll-Platten. Er hatte ihr keine Alimente angeboten, dafür aber großzügige Unterhaltszahlungen für die Kinder; außerdem war er bereit, weitere fünf Jahre für die Hypothek aufzukommen. Renee Bower hatte Lynn erklärt, sie werde ihn wohl dazu überreden können, diesen Zeitraum um einige weitere Jahre auszudehnen; auch bei ein paar weniger wichtigen Punkten hatte sie in typischer Juristenmanier verhandelt, aber im großen und ganzen stand fest, daß Lynn und Gary Schuster sich auf dem besten Weg zu einer fairen, in gegenseitigem Einvernehmen beschlossenen Auflösung ihrer Ehe befanden. Man konnte ihr gratulieren. Sie verhielt sich wie ein reifer, verantwortungsbewußter erwachsener Mensch. »Sie können sich glücklich schätzen«, hatte Renee ihr gesagt, als das erste Abfindungsangebot auf dem Tisch lag. »Offenbar heiratet er Geld.«

Aus irgendeinem Grund hatte diese Neuigkeit sie ein wenig getröstet. Gary hatte es nie zugelassen, daß der allmächtige Dollar sein Leben oder seine Libido beherrschte. Er war ein vielbeschäftigter Anwalt in einer gutgehenden, renommierten Kanzlei und seit kurzem auch Teilhaber. Er verdiente eine Menge. Die Arbeit machte ihm Spaß. Er hatte nicht den Ehrgeiz, in die High-Society aufzusteigen. Die Tatsache, daß diese Frau Geld besaß, war – das wußte Lynn – im Vergleich zu den wie auch immer gearteten anderen Qualitäten, die den Ausschlag für sein Interesse an ihr gegeben hatten, von untergeordneter Bedeutung. Immer wenn Lynn sich vorzustellen versuchte, welche Qualitäten das sein könnten, traten ihr die Tränen in die Augen, und sie begann unangenehm flach zu atmen; deshalb hatte sie sich gezwungen, nicht mehr daran zu denken, sondern sich statt dessen auf ihren Beruf und die Kinder zu konzentrieren. Und dann hatte Marc Cameron angerufen und war zu ihr gekommen und hatte sie ganz in Verwirrung gestürzt mit seinen völlig unerwarteten Worten und seinem interessanten Gesicht und seinem massigen Teddybär-Körper – und jetzt dachte sie schon wieder über all diese Dinge nach, all diese Dinge, über die sie doch nicht nachdenken wollte.

»Also, Sie haben es mir immer noch nicht erzählt«, sagte Renee Bower. Erst jetzt wurde Lynn bewußt, daß ihre Anwältin wieder im Zimmer war. »Warum, um alles in der Welt, wollen Sie Marc Cameron wiedersehen?«

»Ich bin neugierig«, hörte Lynn sich sagen. Dasselbe Wort hatte Marc am Abend zuvor benützt.

»Auf was denn? Darauf, wie weit Sie es treiben können, bis Ihr Leben wirklich zerstört ist?«

Einige Sekunden lang sagte Lynn gar nichts, sondern starrte nur in das Dunkelrosa ihres Faltenrocks. »Auf seine Frau«, sagte sie leise. »Ich glaube, wenn ich ehrlich bin, muß ich zugeben, daß ich genauso neugierig auf sie bin, wie Marc Cameron es auf mich war.«

»Und Sie glauben, er wird Ihnen sagen, was Sie wissen wollten?«

»Ich glaube, er brennt geradezu darauf.«

»Und warum?«

»Ich weiß nicht. Vielleicht einfach, um es loszuwerden.«

»Nein, nicht warum *er* über *sie* reden will, sondern warum *Sie* es wissen wollen.«

»Würden Sie es nicht wissen wollen?«

Lynn sah einen Anflug von Unschlüssigkeit in Renees sanften Augen. »Ich weiß es nicht. Vielleicht. Ich glaube, eher nicht. Nein«, erklärte Renee schließlich mit Bestimmtheit. »Was würde es denn bringen?«

Lynn zuckte die Achseln. »Es könnten sich dadurch einige Dinge aufklären.«

»Viel wahrscheinlicher ist, daß es Sie völlig konfus machen wird. Was gibt es noch? Sie haben mir nicht alles gesagt.«

Lynn sah sich im Zimmer um und tat so, als betrachtete sie die zarten Farben eines Bildes mit zwei Ballettänzerinnen, das links neben Renees Kopf hing. »Ich finde ihn sehr attraktiv«, sagte sie schließlich so leise, daß man es kaum hören konnte.

Renee ließ die Hände in den Schoß sinken und lehnte sich auf ihrem Stuhl zurück. »Na endlich«, sagte sie. »Das ist ein Grund, den man nachvollziehen kann.«

Lynns Blick richtete sich sofort auf die Augen ihrer Anwältin.

»Was ist gestern nacht ganz genau passiert, Lynn?« fragte Renee vorsichtig.

»Gar nichts«, erklärte Lynn hastig. »Ehrlich. Absolut nichts. Aber die ... die Chemie stimmte, wenn man so will ...«

»Das werden Sie nicht tun.«

»Wie bitte?«

»Das werden Sie nicht tun«, wiederholte Renee. »Diese Chemie. Sie werden sich nicht auf irgendwelche ... Experimente einlassen.«

»Aber dazu ist die Chemie doch da!« Lynn versuchte zu lächeln, aber sie erkannte, wie ernst es Renee war. »Warum denn nicht? Was wäre denn so falsch daran?«

»Was wäre richtig daran? Mein Gott, Lynn, Sie wissen ganz genau, was so falsch daran wäre, sonst säßen Sie jetzt nicht hier. Sie brauchen nicht meine Erlaubnis, wenn Sie etwas mit einem Mann anfangen wollen. Sie sind ein großes Mädchen. Sie sind hierhergekommen, Sie haben mich privat angerufen – *zweimal*, möchte ich betonen –, weil Sie genau wissen, daß es ein großer Fehler wäre, sich mit diesem Mann einzulassen, und Sie wollten, daß ich Ihnen das bestätige. Hiermit bestätige ich es Ihnen, und das kostet Sie mehr als zweihundert Dollar die Stunde. Also noch mal und in aller Deutlichkeit: Gehen Sie nicht mit diesem Mann aus;

schlafen Sie nicht mit ihm; reden Sie nicht mit ihm; am besten denken Sie nicht mal an ihn.«

»Ich verstehe nicht, warum ich nicht...«

»Weil er der Ehemann der Frau ist, mit der Ihr Mann abgehauen ist. Das mal vorneweg. Ein bißchen mehr auf die Praxis bezogen: Überlegen Sie doch nur mal, welche Auswirkungen das auf Ihre Kinder haben könnte. Denken Sie daran, daß wir hier in einer Kleinstadt leben und daß die Leute reden würden, ganz besonders, wenn es sich um etwas derart Delikates handelt. Deshalb machen Sie sich besser einmal Gedanken über Ihren guten Ruf und Ihre berufliche Stellung. Am allermeisten sollten Sie aber die Scheidungsvereinbarungen im Blick behalten, denn es sind gute Vereinbarungen, und Sie würden die ganze Sache vermasseln, wenn Sie etwas täten, was Garys Zorn weckt, bevor nicht alles unterschrieben, besiegelt und rechtsgültig ist.«

»Warum sollte Gary wütend werden, wenn ich mich mit Marc Cameron treffe?«

»Denken Sie darüber nach, Lynn. Nehmen Sie sich ein paar Tage Zeit – oder ein paar Monate –, und denken Sie darüber nach. Der territoriale Imperativ, oder wie man das nennt. Wenn die Situation umgekehrt wäre, was glauben Sie, wie Sie die Sache dann sehen würden? Allermindestens würde Gary Ihre Motive erahnen. Und er hätte ja auch recht.« Lynn öffnete den Mund, um etwas zu erwidern, aber Renee überging es. »Lynn, Marc Cameron ist sehr gekränkt. Er ist verwirrt. Ehrlich gesagt, scheint er mir ziemlich daneben zu sein. Welcher Mann in seiner Position nimmt schon den Telefonhörer ab und ruft die Frau des Mannes an, mit dem ihm seine Frau davongelaufen ist? Und *warum* will er Sie wiedersehen? Denken Sie darüber nach. Er ist wie vor den Kopf gestoßen. Und besser könnte er sich seine Phantasien doch gar nicht erfüllen, als wenn er sich an dem Mann, der ihn so vor den Kopf gestoßen hat, rächt, indem er ganz wörtlich dessen Frau stößt. Lynn«, sagte sie mit gesenkter Stimme, nachdem sie tief Luft geholt hatte, »er ist sehr wütend. Vielleicht ist ihm gar nicht bewußt, was er da macht. Wahrscheinlich hat er gar nicht die Absicht, Ihnen weh zu tun, aber was zählt das schon, wenn er es dann doch tut? Können Sie das denn jetzt brauchen?«

»Und Sie glauben nicht, daß die winzige Möglichkeit besteht, daß Marc ... daß dieser Mann mich einfach attraktiv findet?«

»Ich glaube, daß sogar eine *große* Möglichkeit besteht, daß er Sie attraktiv findet. Warum auch nicht? Sie sind eine hübsche, kluge Frau, und er müßte blind sein, wenn er Sie nicht attraktiv fände. Aber, Lynn, *Sie* haben mit der ganzen Sache im Grunde nichts zu tun.« Renee schob ihren Stuhl zurück und ging um den Schreibtisch herum auf Lynn zu. In diesem Augenblick dachte Lynn, wie hübsch ihre Anwältin wäre, wenn sie ein paar Pfund abnehmen würde.

»Lynn«, begann Renee noch einmal und zwang ihre Gesprächspartnerin, ihrem Blick standzuhalten, »eines Tages werden Sie einen Mann kennenlernen, der Sie aus den richtigen Gründen attraktiv findet. Aber *der* ist es nicht.« Aufmerksam betrachtete Renee Bower die klaren grauen Augen ihrer Klientin. »Sie werden wahrscheinlich nicht auf mich hören, stimmt's?« In ihrer Stimme schwangen Skepsis und Resignation mit.

»Ich weiß nicht«, erwiderte Lynn nach einer kurzen Pause wahrheitsgetreu.

»Können Sie wenigstens so lange warten, bis wir die Scheidungsvereinbarungen unterzeichnet haben?«

»Ich werde mir Mühe geben.«

»Bitte geben Sie sich große Mühe!« Renee schwieg, und Lynn merkte, daß es noch immer nicht ganz ausgestanden war.

»Was?« fragte Lynn.

»Ich finde, Sie sollten mit jemandem reden.«

»Mit jemandem? Was meinen Sie damit?«

»Jemandem, dessen Beruf das ist.«

»Ich rede doch mit jemandem, dessen Beruf das ist. Ich rede mit Ihnen.«

»Mit einem Psychologen«, sagte Renee unumwunden. »Und sagen Sie jetzt nicht, ich würde übertreiben«, fuhr sie fort, als Lynn genau dazu ansetzte. »Lynn, Sie haben diese Scheidung bisher sehr gut verkraftet, vielleicht sogar zu gut. In Ihnen hat sich eine ganze Menge Emotionen aufgestaut. Was könnte es schaden, wenn Sie über das alles einmal mit jemandem sprechen?«

»Ihr Mann braucht wohl neue Patienten, was?«

»Im Augenblick gilt meine Sorge nicht Philip. Es geht ihm sehr gut, danke der Nachfrage. Wie wäre es mit jemandem aus Ihrer Beratungsstelle?«

»Wollten Sie nicht zum Flughafen fahren?« fragte Lynn und sah auf ihre Uhr. Renee Bower tat es ihr nach. Sie hatte verstanden, daß das Gespräch hiermit an sein Ende gekommen war.

»Mein Gott, ja, ich muß mich beeilen.« Sie rührte sich nicht vom Fleck.

»Ist irgendwas?«

Renee hob die Hände. »Ach, zum Teufel! Sie haben die Verrücktheit nicht für sich gepachtet. Meine Schwester hat letzte Nacht versucht, sich das Leben zu nehmen.«

»Was? O mein Gott!«

»Ja, das habe ich auch gesagt.« Einige Sekunden lang stand Renee völlig bewegungslos da. »Kathryn hat schon immer gewußt, wie sie meine Aufmerksamkeit erregen kann.«

4

Renee musterte die eintreffenden Passagiere, die durch die Schwingtüren in die Ankunftshalle des Flughafens Fort Lauderdale traten, und fragte sich, ob Kathryn unter ihnen sein würde. Die Frau, die in der vergangenen Nacht angerufen hatte – Renee konnte sich des Namens immer noch nicht entsinnen –, hatte versprochen, sie werde Kathryn zum Flughafen fahren und dafür sorgen, daß sie die Maschine bestieg. Aber was hätte sie tun sollen, wenn Kathryn sich einfach geweigert hätte, hierherzufliegen?

Renees Blick folgte einem langsam gehenden Mann mittleren Alters, der jetzt seine besorgt wirkende Frau mit einer halbherzigen Umarmung begrüßte, und ertappte sich dabei, wie sie über ein junges Mädchen schmunzelte, das sich in die Arme seiner erwartungsfroh dreinschauenden Großeltern stürzte. Renee beobachtete gern fremde Menschen, es machte ihr Spaß, sich auszumalen, in welcher Beziehung sie jeweils zueinander standen. Sie stellte sich vor, daß der ziemlich abwesend wirkende Mann gerade von einem Kongreß in New York zurückgekommen war, zu dem er auch seine Geliebte mitgenommen hatte – die Frau nämlich, die direkt vor ihm durch die Schwingtüren gerauscht war und kein einziges Mal zurückgeblickt hatte. Der Mann lächelte seine Frau vage an, während sie ihn mit Fragen über die Reise bombardierte; die Fassade ihrer Ehe aufrechtzuerhalten, war ihr genauso wichtig wie ihm. Renee überlegte, wie lange es wohl dauern werde, bis sie in einer Anwaltskanzlei wie der ihren saßen, möglicherweise auf der anderen Seite ihres eigenen Schreibtisches. Ob sie die beiden dann wohl wiedererkennen würde?

Was das junge Mädchen betraf, das sich in der schützenden Umarmung seiner Großeltern auskicherte, so vermutete Renee, daß es aus einer zerrütteten Ehe stammte. Die Großeltern, wahrscheinlich väterlicherseits, hatten das Mädchen schon mehrere Jahre lang nicht gesehen. Schließlich hatte die Mutter dem Treffen zähneknirschend zugestimmt, und jetzt waren das Mädchen und seine Großeltern fast außer sich vor Freude.

Renee merkte, daß sie die Leute angestarrt hatte, und wandte den Blick ab. Philip hatte wahrscheinlich recht, dachte sie, wenn er sagte, daß ihr Beruf auf ihre Lebenseinstellung abzufärben beginne. Als er diese Beobachtung zum erstenmal machte, hatte Renee es von sich gewiesen, ja, sie war sogar beleidigt gewesen. »Trifft das auf deinen Beruf vielleicht nicht zu?« hatte sie verärgert gefragt.

Aber vielleicht hatte er recht, dachte Renee jetzt. Es stimmte, daß in ihrer Welt jeder Mensch entweder kurz vor der Scheidung stand oder sich gerade von einer Scheidung erholte. Bis in meine Phantasien hinein, dachte sie, während sie das Paar mittleren Alters beobachtete, das jetzt an dem Mädchen und seinen Großeltern vorbei die Ankunftshalle durchquerte. Warum konnte das Leben nicht einfach sein? Warum konnten nicht alle bis ans Ende ihrer Tage gut miteinander auskommen, so wie die Märchenbücher es verhießen? Wer wußte schon mit der Realität etwas anzufangen, wenn diese Realität fast immer so verdammt unangenehm war?

Meine Realität nicht, versicherte sie sich hastig. Ich habe den Märchenprinzen geheiratet. Ich lebe meine Phantasie. Ein paar Pfund hin oder her!

Drei Menschen stürmten durch die Tür in die Ankunftshalle, zwei Frauen und ein mürrisch dreinblickender Junge, nicht älter als zehn. Schwestern, schloß Renee sofort. Die eine hatte nie geheiratet, die andere lebte seit kurzem von ihrem Mann getrennt und unternahm jetzt mit ihrem mißmutigen Sohn einen kurzen Urlaub in Florida, bevor die Kämpfe um das elterliche Sorgerecht begannen. Möglicherweise ein Bestechungsgeschenk. »Schau mal, Schätzchen, ist Florida nicht wunderschön? Wenn du bei Mommy bleibst, machen wir ganz viele solche Reisen.« Renee wandte sich ab. Philip hatte auf jeden Fall recht.

Sie überlegte, was Philip jetzt wohl gerade machte. Am Morgen hatte er ihr gesagt, er wolle sie, wenn möglich, zum Flughafen begleiten, sie solle ihn anrufen, bevor sie wegfahre. Aber als sie anrief, hatte seine Sekretärin ihr in ihrem englischen, die Vokale verschluckenden Akzent, mitgeteilt, Mr. Bower sei gerade mit einem Patienten beschäftigt, sie solle es bitte in fünf Minuten noch einmal versuchen. Renee hatte gewartet, hatte ein zweites Mal angerufen, war mit derselben Information abgespeist worden, und hatte dann so lange gewartet, daß sie zu spät zum Flughafen gekommen wäre, wenn sie sich noch länger geduldet hätte. Noch ein allerletztes Mal hatte sie die Nummer ihres Mannes gewählt, aber es war besetzt gewesen. Da war sie losgefahren. Sie war fast zwanzig Minuten zu spät am Flughafen angekommen, aber Kathryns Maschine hatte zum Glück dieselbe Verspätung gehabt. Renee warf einen Blick auf die Reihe öffentlicher Telefone an der gegenüberliegenden Wand und spielte mit dem Gedanken, noch einmal bei Philip anzurufen. Hoffentlich war er nicht sauer, weil sie nicht gewartet hatte. Es schoß ihr durch den Kopf, daß eigentlich sie Grund hatte, sauer zu sein, aber sie schob den Gedanken rasch beiseite.

Sie sah wieder zur Schwingtür hin. Eine Frau, die einige Jahre älter und einige Zentimeter größer war als sie selbst, betrat gerade die Ankunftshalle und blieb stehen. Die Frau war sehr blaß, ihre Haut hatte die Farbe und Konsistenz entrahmter Milch. Ihr dünnes blondes Haar hing schwunglos an den Seiten ihres eingefallenen Gesichts herunter. Diese

Frau hat vor kurzem eine Tragödie durchlebt, dachte Renee und ging näher heran. Sie war fast zwei Jahrzehnte lang mit einem Mann verheiratet gewesen, den sie sehr liebte, mit einem Mann, der sie vor kurzem verlassen hat, nicht durch Scheidung, sondern durch den Tod. Sie hat keine Kinder (aber mindestens drei Fehlgeburten erlitten), keinen Beruf (ihr Mann war ihr Beruf gewesen) und jetzt ihrer Meinung nach keinen Grund mehr zu leben. Und deshalb hat sie letzte Nacht ihre Schwester und ein paar Freunde angerufen, um sich zu verabschieden – ihre Freunde nahmen an, sie wolle ihre Schwester in Florida besuchen; ihre Schwester nahm an, sie könne sie auch am nächsten Morgen zurückrufen –, und dann legte sie sich ins schöne heiße Badewasser und schnitt sich in aller Ruhe die Pulsadern auf. Ihre Freunde fanden sie kurz vor Mitternacht und brachten sie sofort ins Krankenhaus, wo man sie verband, tadelte und entließ. Die Schnitte seien nicht sehr tief, hatte der Arzt ihr trocken mitgeteilt. Er hatte gesagt, sie leide unter Depressionen, hatte ihr Valium verschrieben und sie nach Hause geschickt.

Renee betrachtete die Verbände an den schlanken Handgelenken und mußte plötzlich gegen einen Brechreiz ankämpfen.

»Kathryn«, sagte sie leise und schloß ihre Schwester zärtlich in die Arme.

Renee hatte das Gefühl, ein Gespenst zu umarmen. Der Mensch, den sie da umfangen hielt, besaß überhaupt kein Gewicht. Überhaupt keine Körperlichkeit. Kathryn löste sich langsam von Renee und blickte ihr starr in das angstverzerrte Gesicht. Renee sagte nichts, sah nur zu, wie sich in den immer noch erstaunlich grünen Augen ihrer Schwester Tränen bildeten. Erst jetzt bemerkte sie, daß auch sie selbst weinte.

»Du bist ja so dünn«, sagte Renee mit brechender Stimme, als ihre Schwester ein Lächeln versuchte, während an ihrer Oberlippe eine Träne entlangrollte und in ihrem Mund verschwand. »Wie war der Flug?« fragte sie. Sie wollte die wichtigen Fragen nicht voreilig stellen.

»Wir sind in ein paar Turbulenzen geraten«, flüsterte Kathryn. Offensichtlich kostete sie das Sprechen Mühe. »Ich bin immer noch ein bißchen zittrig.«

»Wenn wir zu Hause sind, legst du dich gleich hin.« Renee faßte ihre Schwester am Ellbogen in der Hoffnung, sie zum Gepäckband bugsieren zu können, aber Kathryns Körper verweigerte jede Bewegung. Ihre Augen starrten mit leerem Blick auf irgendeinen Punkt in der Ferne.

Renee betrachtete das feingeschnittene Gesicht ihrer Schwester, während sie überlegte, was sie jetzt tun sollte. Die grünen Augen waren noch immer das Schönste, Auffälligste an diesem Gesicht, auch wenn sie im Augenblick rot unterlaufen waren. Kathryns hochliegende Wangenknochen waren immer noch perfekt wie die eines Fotomodells und fielen jetzt um so mehr auf, als sie deutlich abgenommen hatte. Aber auch ganz ohne Make-up, sogar mit diesem zerstreuten, starren Blick, war Kathryn unbestreitbar eine Schönheit. Arnies Tod war ein grausamer Schock für sie gewesen. Wieder wanderte Renees Blick die zerbrechlich wirkenden Arme ihrer Schwester bis zu den einbandagierten Handgelenken hinab. Warum nur? hätte sie gerne gefragt, aber sie sagte bloß: »Kathryn, wir müssen dein Gepäck holen.« Und dann projizierte sie ihre eigene Übelkeit auf ihre Schwester: »Ist alles in Ordnung? Wird dir schlecht?«

Kathryns Blick heftete sich mit solcher Eindringlichkeit auf Renee, daß diese einen Schritt zurücktrat und ihre Schwester losließ. »Du hast doch Mom und Dad nichts davon erzählt, oder?«

Renee schüttelte den Kopf. »Nein. Ich habe mir gedacht, daß du sie ja später anrufen kannst.«

»Nein!«

»Wenn du ein bißchen zur Ruhe gekommen bist.«

»Nein!«

»Nur damit sie wissen, wo du bist.«

»Ich will nicht, daß sie wissen, daß ich hier bin. Ich will nicht, daß sie erfahren, was passiert ist.«

»Sie sind unsere Eltern, Kathryn!«

»Bitte!« Kathryns Stimme klang schon fast hysterisch. Renee bemerkte, daß einige der umstehenden Leute sich zu ihnen umgedreht hatten.

»Okay, okay«, gab Renee klein bei. »Wie du willst.«

»Ich will nicht, daß sie es erfahren. Du weißt doch, wie Mutter sich aufregen würde. Du weißt doch, wie enttäuscht Daddy wäre.«

Renee nickte und zog ihre Schwester mit sich zum Gepäckband. Wie sehr sich Mutter aufregen würde, dachte sie, hing ganz davon ab, wie sehr Kathryns Selbstmordversuch Vater aufregen würde, und Vaters Enttäuschung würde sich in einem wortlosen, starren Blick äußern, so als hätte er ja schon immer gewußt, daß es soweit kommen werde, so als ob ihre Depression eine gegen ihn persönlich gerichtete Beleidigung wäre, als ob ... als ob ... Dieses stumme Starren hatte ihre ganze Kindheit hindurch Bände gesprochen. Es schleuderte einem ein Enttäuschtsein von fast alttestamentarischen Dimensionen entgegen. Renee konnte verstehen, warum Kathryn so darauf bedacht war, diesem Blick zu entgehen, auch wenn sie wußte, daß ihre Schwester sich ihm früher oder später würde stellen müssen.

»Welche Farbe hat dein Koffer?« fragte Renee, während sie die Gepäckstücke betrachtete, die auf dem Band vorüberzogen.

Kathryn sah sie erstaunt an; dann wurde ihr Blick wieder leer. »Ich weiß nicht mehr«, sagte sie schließlich. »Ich habe nicht gepackt. Marsha hat alles gepackt. Sie hat dich auch angerufen und mich zum Flughafen gefahren. Ich weiß nicht mehr, welche Farbe mein Koffer hat«, wiederholte sie und hob die verbundenen Handgelenke zu den Augen, um die Tränen zu verbergen.

»Macht nichts. Wir werden ihn schon finden.«

Kathryn wischte sich die Tränen aus den Augen. »Der Arzt

war nicht gerade beeindruckt von meinen Verletzungen«, sagte sie plötzlich ziemlich ruhig. »Er sagte, er glaube nicht, daß ich wirklich sterben wollte.«

»Na, Gott sei Dank.« Renee wandte den Blick immer nur so lange von ihrer Schwester ab, wie sie brauchte, um die neu auf das Band fallenden Koffer zu registrieren. »Ist er das?« Sie ging mit ihrer Schwester auf einen alten Leinenkoffer in den Farben Dunkelblau und Braun zu, der ihr irgendwie bekannt vorkam. »Kathryn, ist das hier dein Koffer?« fragte sie noch einmal, bückte sich, zog ihn zu sich hinunter und las das Namensschild. »Kathryn Metcalfe Wright«, stand darauf. »Hattest du noch welche dabei? Kannst du dich erinnern, wie viele Koffer deine Freundin gepackt hat?«

Kathryn schüttelte den Kopf. »Nur einen, glaube ich.«

Den schweren Koffer halb tragend, halb ziehend, mit dem anderen Arm die Taille ihrer Schwester fest umfassend, verließ Renee das Flughafengebäude. Als sie bei dem weißen Mercedes angekommen waren – ein Geschenk von Philip zu ihrem letzten Hochzeitstag –, warf sie das Gepäckstück in den Kofferraum und führte Kathryn zur Beifahrertür. »Steig ein«, sagte sie freundlich.

Renee fuhr zur Flughafenausfahrt und bog in die Zubringerstraße zur I-95 ein. Zärtlich tätschelte sie Kathryn die Hand, als berührte sie einen zerbrechlichen Gegenstand aus Porzellan, und sah, daß ihre Schwester die Augen schloß. Ein paar Minuten später hörte sie ihre leichten, regelmäßigen Atemzüge und stellte erleichtert fest, daß sie eingeschlafen war.

»Hallo? Ist irgend jemand zu Hause?« rief Renee, als sie zusammen mit ihrer Schwester die verspiegelte Diele ihrer Wohnung betrat. Sie sah, daß Kathryn beim Anblick ihres Spiegelbildes zusammenzuckte, und führte sie schnell durch den Gang ins Wohnzimmer. Sofort kam das Meer in den Blick. »Debbie ist wahrscheinlich zum Strand gegangen«, sagte Renee und bugsierte ihre Schwester zu dem weißen Sofa gegenüber dem großen Fenster, das vom Fußboden bis zur Decke reichte. Sie hoffte, daß ihre Stimme nicht verraten hatte, wie erleichtert sie war, die Wohnung leer vorzufinden.

»Das habe ich dir ja zum schlechtestmöglichen Zeitpunkt angetan«, sagte Kathryn.

»Was soll das heißen?«

»Du hast doch schon Debbie bei dir wohnen. Deine verrückte Schwester war da doch das Allerletzte, was du hättest brauchen können.«

»Hat dir noch niemand gesagt, daß die Wohnungen in Florida genau zu diesem Zweck da sind? Hey, das war ein kleiner Scherz. Du mußt jetzt lachen!«

Kathryn brachte ein mattes Lächeln zustande. »Ich hätte wahnsinnig gern ein Glas Wasser.«

»Bleib sitzen, ich hole es dir.« Renee ging sofort in die Küche, füllte ein großes Glas mit Wasser, öffnete die Kühlschranktür und warf einen Blick hinein. »Willst du was essen?«

»Nein, danke. Das Wasser reicht mir.«

Renee tastete nach einer Tüte mit Mini-Schokoriegeln, die ganz hinten im Kühlschrank lag, und steckte sich hastig einen in den Mund. Dann ging sie ins Wohnzimmer zurück. »Du solltest etwas essen«, sagte sie zu ihrer Schwester. »Du mußt zu Kräften kommen.«

»Ich habe keinen Hunger, danke. Später vielleicht.« Kathryns Blick schweifte durch den Raum. »Weißt du eigentlich, daß ich noch nie in deiner Wohnung gewesen bin?«

»Das liegt daran, daß du nie aus New York wegfährst.«

»Arnie verreist eben nicht gern.«

»Na, und was meinst du?« fragte Renee, ohne auf die Bemerkung einzugehen, die Kathryn über ihren Mann gemacht hatte, als würde er noch leben. »Gefällt's dir?«

Kathryn schwieg eine Weile. Renee überlegte schon, ob sie die Frage überhaupt gehört hatte und noch antworten würde, da begann Kathryn zu reden. »Es sieht dir nicht ähnlich«, erklärte sie, als spräche sie über ein Foto.

»Na ja, das stimmt. Ich meine, es stimmt nicht, aber es stimmt«, stotterte Renee. Sie kam sich idiotisch vor. »Es war Philips Wohnung, aber sie ist so perfekt, daß wir keinen Grund zum Umziehen sahen. Sie ist direkt am Meer und reicht für unsere Bedürfnisse völlig aus. Wir haben ja drei Schlafzimmer. Sie ist einfach perfekt«, wiederholte sie.

»Sie ist so weiß.«

Renee versuchte, die Wohnung mit Kathryns Augen zu sehen und sich zu erinnern, wie sie reagiert hatte, als Philip sie vor sechseinhalb Jahren zum erstenmal hierher mitgenommen hatte. »Philip mag kein Chaos. Er sagt, davon hat er schon tagsüber in der Praxis genug, da will er es nicht auch noch abends daheim haben. Er mag es aufgeräumt und sauber.«

»Und wie magst du es?«

»Wie meinst du das?«

Kathryn schwieg.

Renee sah zu, wie sie vorsichtig an ihrem Wasser nippte. »Ich mag es genau so, wie es ist.« Sie folgte Kathryns Blick, der über die Wohnzimmerwände schweifte und die galerieartig arrangierten modernen, abstrakten Bilder begutachtete. »In einer weißen Umgebung kommen die Kunstwerke besser zur Geltung.«

»Bist du glücklich?« fragte Kathryn.

»Ja, sehr.«

»Das freut mich.«

Renee setzte sich neben ihre Schwester. Sie fürchtete sich vor der nächsten Frage, aber sie wußte, daß sie nicht darum herumkam.

»Warum hast du das getan, Kathy? Ich weiß, wie sehr du Arnie geliebt hast, aber...«

»Du weißt es überhaupt nicht«, sagte Kathryn mit gepreßter Stimme.

»Wie meinst du das?« Diese Frage hatte sie nun schon zum zweitenmal gestellt.

Plötzlich sprach Panik aus Kathryns Augen. »Du weißt

nicht, wie sehr ich ihn geliebt habe«, sagte sie. Sie hatte sich schnell wieder gefangen. »Er war mein Leben.«

»Er war ein großer Teil deines Lebens, aber er war nicht alles.«

»Er *war* alles«, verbesserte Kathryn sie. »Ich war gerade achtzehn, als ich Arnie heiratete. Ich war noch ein Kind. Er war beinahe alt genug, um mein Vater sein zu können. Erinnerst du dich, wie wütend Vater damals war?«

Renee nickte. Vaters Wut vergaß man nicht so leicht.

»Arnie war mein ganzes Leben. Er tat alles für mich. Er kümmerte sich um alles. Ich mußte nie eine Entscheidung treffen. Ich mußte nie irgend etwas organisieren. Arnie sorgte dafür, daß alles bestens lief. Und wir machten alles zusammen. Fast zwanzig Jahre lang. Zwanzig Jahre! Und dann stand er eines Abends beim Essen vom Tisch auf. Ich hatte einen scharfen Hackbraten für ihn gekocht. Er schmeckte Arnie nicht, weil er keine scharfen Sachen mochte, aber ich hatte mir gedacht, dieses Rezept ist nicht besonders schwierig, und dann habe ich es eben mal probiert. Und es schmeckte ihm wirklich nicht besonders, aber er aß es. Und dann stand er auf, und plötzlich fiel er auf die Knie. So ist es passiert. Er fiel einfach zu Boden. Ich schrie. Ich lief zu ihm. Zuerst dachte ich, er macht einen Witz, weißt du, albert ein bißchen rum, weil ich den Hackbraten zu scharf gewürzt habe, aber dann drehte ich ihn auf den Rücken und sah sein Gesicht, und da wußte ich sofort, daß er tot war.«

»Kathy, das ist jetzt drei Monate her. Darüber haben wir doch schon so oft gesprochen. Ich glaube nicht, daß es gut für dich ist, wenn du darüber so lange nachgrübelst.«

»Was soll ich denn sonst tun, Renee? Was soll ich denn sonst mit meinem Leben anfangen?«

»Du mußt weiterleben. Du bist jung, du bist schön. Das Leben kann so herrlich sein. Du mußt dem Leben eine zweite Chance geben. Das hätte sich auch Arnie gewünscht.«

»Arnie wünscht sich, daß ich bei ihm bin.«

»Nein«, sagte Renee resolut. Sie faßte ihre Schwester bei den Händen und sah, daß sie zusammenzuckte. »Entschuldige«, murmelte sie hastig und ließ Kathryns zitternde Hände wieder los. »Aber das würde Arnie gar nicht wollen. Er würde wollen, daß du glücklich bist und aus deinem restlichen Leben soviel wie möglich herausholst...«

»Nein.« Kathryn schüttelte den Kopf und schloß die Augen.

Renee überkam einen Augenblick lang dasselbe Gefühl, das sie schon am frühen Nachmittag während der Unterhaltung mit Lynn Schuster gehabt hatte – das Gefühl, Teile des Gesprächs fehlten einfach, wichtige Fakten würden zurückgehalten. »Kathryn«, sagte sie ganz langsam, »verschweigst du mir irgend etwas?«

Kathryn schlug die Augen auf; einen Moment lang war ihr Blick angsterfüllt. »Nein, natürlich nicht.«

»Warum piesackst du sie denn so?« fragte jemand hinter ihnen. Sofort war Kathryn am ganzen Körper angespannt und drehte sich nach der Sprecherin um. Renee blieb vornübergebeugt auf dem Sofa sitzen. Sie brauchte sich nicht umzudrehen, um zu erfahren, wer es war.

»Kathryn«, sagte sie leise, »das ist Philips Tochter, Debbie. Debbie – meine Schwester Kathryn.«

»Die Hand geben wir uns wohl besser nicht«, sagte Debbie, trat in die Mitte des Raums und stierte auf Kathryns Verbände.

»Ich dachte, du wärst nicht da. Ich habe gerufen, als ich reinkam. Wahrscheinlich hast du mich nicht gehört.«

»Doch, ich habe dich gehört. Aber ich wußte nicht, daß das eine Vorladung sein sollte.«

»Natürlich sollte das keine Vorladung sein«, setzte Renee an, unterbrach sich dann aber. Was brachte es schon?

»Na, was ist das denn für ein Gefühl, wenn man sich die Handgelenke aufschlitzt?« fragte Debbie.

»Debbie!«

»Nein, ist schon gut«, sagte Kathryn rasch. »Es macht mir nichts aus, darüber zu sprechen.«

»Sie will darüber sprechen«, sagte Debbie mit Genugtuung, ließ sich in der Mitte des weißen Teppichs zwischen dem weißen Sofa und dem weißen Sessel im Schneidersitz nieder. »Also, wie war es denn?«

»Es hat weh getan.« Kathryn starrte auf die Mullbinden, als könne sie durch sie hindurchschauen. »Es hat sehr weh getan. Deshalb habe ich wahrscheinlich auch nicht sehr tief geschnitten.«

»War es viel Blut?«

»Um alles in der Welt...«

»Ja«, antwortete Kathryn, ohne dem Ausruf ihrer Schwester Beachtung zu schenken. »Es sah aus, als würde ich in Tomatensaft baden.«

Debbie kicherte, und erstaunlicherweise fiel Kathryn in ihr Lachen ein.

»Wie hast du die Schnitte denn gemacht?« wollte Debbie wissen und beugte sich interessiert vor.

»So.« Kathryn fuhr mit einem zitternden Finger die Breite ihres Handgelenks entlang.

»Wenn du dich umbringen willst, mußt du der Länge nach schneiden«, erklärte Debbie sachlich. »Das habe ich mal in einem Film gesehen. Die haben gesagt, wenn man nur ins Krankenhaus will, schneidet man der Breite nach. Wenn man wirklich sterben will, schneidet man in derselben Richtung, in der die Venen verlaufen, dann kann man nämlich nicht mehr genäht werden. Am schnellsten geht es natürlich wohl mit einem Revolver. Mein Dad hat einen Revolver. Er liegt im Nachttisch neben seinem Bett.«

»Können wir jetzt bitte über etwas anderes sprechen?« bettelte Renee. Sie spürte schon wieder eine aufkommende Übelkeit.

»Ich finde das sehr interessant«, erklärte Debbie ihrer Stiefmutter.

»Das war keine Bitte!« informierte Renee sie barsch. Sie beschloß, den Revolver bei der erstbesten Gelegenheit anderswo zu verstauen. Sie war schon immer dagegen gewesen, daß das Ding überhaupt in der Wohnung herumlag. Warum hatte Debbie es bloß erwähnt? Hatte das Mädchen denn überhaupt kein Gefühl?

Debbie hob die Hand zu einem schneidigen Gruß: »Aye, aye, Captain!«

Renee wandte sich ihrer Schwester zu. »Ich denke einfach, wir sollten ein anderes Gesprächsthema finden.«

»Meine Mutter hat auch mal versucht, sich umzubringen«, verkündete Debbie. »Hast du das eigentlich gewußt, Renee?«

»Nein«, gestand Renee, zu verblüfft, um irgend etwas hinzuzufügen.

»Als mein Vater sie verlassen hatte, war sie völlig fertig. Ich war damals natürlich noch ein Kind, aber ich glaube, sie hat sich damals ganz ähnlich gefühlt wie du jetzt.« Debbie lächelte Kathryn an, die sie aufmerksam betrachtete. »Sie begann zu trinken und nahm Schlaftabletten, um die Nacht durchzustehen. Eines Nachts hatte sie zuviel getrunken und zu viele Tabletten geschluckt. Wir haben sie sofort ins Krankenhaus gebracht. Die haben ihr den Magen auspumpen müssen. Es war ganz schön eklig.«

»Entschuldigt mich.« Renee lief in die Küche, goß sich ein Glas Wasser ein, trank es rasch aus, langte dann in den Kühlschrank, nahm sich noch einen Schokoriegel aus der Plastiktüte und verschlang ihn mit drei hastigen Bissen. Im Wohnzimmer plapperte Debbie weiter über ihre Mutter, erzählte Kathryn, wie schön sie gewesen sei, wie dünn sie gewesen sei, ganz ähnlich wie Kathryn. Ganz anders als Renee.

Es stimmte. Renee hatte Fotos von Philips früherer Frau Wendy gesehen. Sie war *wirklich* schön. Und dünn. Und schrecklich labil. Jedesmal wenn Renee an Debbies Mutter dachte, fiel ihr wieder die Geschichte ein, die Philip ihr am Anfang ihrer Beziehung anvertraut hatte. Wendy hatte offensichtlich einmal kurz vor dem Zubettgehen einen Streit provoziert, und als Philip hartnäckig bei seinem Entschluß blieb, die Nacht lieber in einem Hotel zu verbringen, als sich ihre Beschimpfungen weiter anzuhören, war sie doch tatsächlich auf die Straße gerannt und hinter seinem Wagen hergelaufen – und das splitternackt. War hinter seinem Wagen hergelaufen wie ein Hund, hatte er damals weinend erzählt und Renee dann gestanden, er habe diese Geschichte bisher noch keinem einzigen Menschen erzählt, so sehr schäme er sich der Sache.

»Ich denke, Kathryn sollte sich jetzt hinlegen«, sagte Renee, als sie das Wohnzimmer wieder betrat. Debbie saß neben Kathryn auf dem Sofa. Kathryn lag in die Arme des Mädchens gekuschelt, hatte die Augen geschlossen und schlief.

»Mach dir keine Sorgen um Kathryn«, sagte Debbie im allersüßesten Ton. »Ich kümmere mich schon um sie.«

»Das ist sehr nett von dir, Debbie«, sagte Renee leicht gerührt. Ganz plötzlich war sie dankbar für die Anwesenheit ihrer Stieftochter.

»Und danach kümmere ich mich um dich«, sagte Debbie, wandte den Kopf zum Fenster und sah gelassen aufs Meer hinaus.

5

Den ganzen frühen Vormittag hindurch hatte das Telefon geklingelt. Lynn Schuster hob den Blick von ihrem papierübersäten Schreibtisch und richtete ihn auf die gepflegte junge Frau, die in der Tür zu ihrem kleinen, ordentlich aufgeräumten Büro stand. »Für Sie. Leitung eins«, sagte ihre Sekretärin, die Hände unter einem Stapel säuberlich aufeinandergeschichteter Aktenmappen vergraben. »Ich ordne schnell mal diese Berichte hier ein.«

Lynn nickte und nahm den Telefonhörer ab. Sie haßte die Freitage. Freitags war es immer am schlimmsten. Kurz vor dem Wochenende waren die Menschen offenbar verzweifelter als sonst, was sie nie verstanden hatte – bis Gary sie verließ. Bis dahin war der Freitag immer ein Tag gewesen, auf den sie sich gefreut hatte, weil er – zumindest in der Theorie – bedeutete, daß die Familie die folgenden zwei Tage hindurch ausspannen und zusammensein konnte. In der Praxis allerdings hatte Gary an den Wochenenden meistens gearbeitet, die Kinder waren bei irgendwelchen Freunden zum Spielen gewesen oder hatten zu Hause miteinander gestritten, und sie hatte sich abgerackert, um Berichte abzuschließen, die scheinbar nie termingerecht fertig wurden. Trotzdem, die Illusion hatte damals Bestand gehabt. Die Möglichkeiten hatten existiert. Als Gary vor sechs Monaten ausgezogen war, hatte er alle Möglichkeiten mit sich genommen. Jetzt freute Lynn sich nicht mehr auf die Wochenenden, was noch offensichtlicher machte, wie unglücklich sie geworden war. »Lynn Schuster«, sagte sie in die Sprechmuschel hinein.

»Marc Cameron«, kam sofort die Erwiderung. »Und bevor Sie auflegen«, fuhr er fort – aber das hatte sie gar nicht vorgehabt –, »möchte ich mich bei Ihnen für mein Benehmen von neulich abend entschuldigen.«

»Entschuldigung angenommen«, erklärte Lynn hastig. »Danke für den Anruf.«

»Legen Sie nicht auf!« wiederholte er. Diesmal hatte sie es vorgehabt.

Lynn schielte nervös zur Bürotür hinüber. Ihre Sekretärin stand am anderen Ende des Gangs und legte Berichte ab. Ein paar Minuten würde das wohl noch dauern. »Was kann ich für Sie tun, Mr. Cameron?«

»Als erstes können Sie mich Marc nennen. Und dann können Sie heute mit mir zu Abend essen.«

Lynn holte tief Luft, atmete ganz langsam aus und blies dabei versehentlich mehrere Blätter von der Schreibtischplatte. »Ich glaube nicht, daß das gut wäre«, sagte sie und sah zu, wie die Papiere auf den beigen Teppichboden zu ihren Füßen schwebten.

»Aber warum denn?« Er klang provozierend hartnäckig.

»Das dürfte doch wohl offensichtlich sein.«

»Ist es wegen dem, was ich gesagt habe?«

»Nein, wegen dem, was Sie sind.«

»Schriftsteller?«

Sie lachte. »Suzettes Mann.«

»Können wir nicht einfach vergessen, wer wir sind? Ich korrigiere mich«, fügte er im selben Atemzug hinzu: »Wer wir *waren*.«

Lynn spielte nervös an dem breiten goldenen Ring herum, der am Ringfinger ihrer linken Hand steckte. »Ich glaube, das dürfte sich als schwierig erweisen.«

»Nicht, wenn wir etwas dagegen unternehmen.«

»Ich habe für heute abend schon etwas vor«, sagte sie und

sprach, als er nichts erwiderte, weiter. »Mein Vater und seine Frau kommen zum Essen. Wirklich.«

»Was ist mit morgen abend?«

»Ich kann nicht.«

»Wieder Ihr Vater?«

»Nein, mein besseres Wissen. Es tut mir leid. Ich glaube ganz einfach nicht, daß es gut wäre.«

»Das haben Sie schon mal gesagt.«

»Es tut mir wirklich leid, daß wir uns unter diesen Umständen kennenlernen mußten...«

»Klingt wie bei einem Begräbnis.« Er lachte. »Was soll's – ich bin Schriftsteller. Ich bin an Absagen gewöhnt. Hören Sie mal, würden Sie mir einen Gefallen tun?«

»Wenn ich kann.«

»Nehmen Sie ein Stück Papier«, befahl er. Lynn griff nach ihrem Notizbuch; in diesem Augenblick erschien die Sekretärin wieder in der Tür. »Schreiben Sie!« Er diktierte eine Nummer, die Lynn gehorsam notierte und laut wiederholte, nachdem er sie dazu aufgefordert hatte. »Meine Telefonnummer«, erklärte er. »Ich habe mir eine Wohnung gemietet, bis die ganze Sache über die Bühne ist. Falls Sie Ihre Meinung bezüglich eines Treffens mit mir ändern sollten, was ich von tiefstem Herzen hoffe, dann rufen Sie mich an!«

»Mach ich«, sagte Lynn und gab ihrer Sekretärin durch eine Geste zu verstehen, sie solle eintreten und sich setzen. »Danke für Ihren Anruf.«

»Es war mir, wie immer, ein Vergnügen«, sagte er und hängte ein. Lynn legte den Hörer auf die Gabel und lächelte – vielleicht etwas zu krampfhaft – die junge blonde Frau mit dem Pferdeschwanz an, die jetzt vor ihr saß.

»Stimmt etwas nicht?« fragte die Sekretärin und beugte sich vor, um ihre Bereitschaft zum Zuhören zu bekunden. »Sie sehen aus, als hätten Sie Schmerzen.« Lynn zwang sich, die Lippen zu lockern. Ihre Sekretärin, die Arlene hieß und etwa Ende Zwanzig war, nahm eine dünne Aktenmappe von ihrem Schoß und reichte sie Lynn über den Schreibtisch hinweg.

»Was ist das?« Lynn schob Marc Cameron in die hinterste Ecke ihres Bewußtseins und konzentrierte sich auf die Aktenmappe, die ihre Sekretärin ihr in die Hand gedrückt hatte.

»Es ist von McVee«, sagte Arlene und stand auf, um an ihren eigenen Schreibtisch zurückzukehren, der im Gang, gleich vor Lynns Bürotür, stand. »Verdacht auf Kindesmißhandlung. Er will, daß Sie der Sache sehr vorsichtig nachgehen. Alle Unterlagen sind in seinem Büro. Streng vertraulich. Offensichtlich könnten wir da jemandem auf sehr große Zehen treten. Sie sollen mal hinfahren.«

Lynn öffnete die Mappe und überflog die wenigen getippten Zeilen auf dem ersten und einzigen Blatt. Sie wußte, daß bei Abschluß ihrer Recherchen viele Blätter in dieser Mappe liegen würden. Viel zu viele. Keith und Patty Foster, las sie; die Namen sagten ihr nichts; Tochter Ashleigh, sieben Jahre.

Automatisch fiel Lynns Blick auf die gerahmten Fotografien ihrer eigenen beiden Kinder, die hinter den Papierstapeln auf ihrem Schreibtisch fast versteckt waren. Ungehalten verschob sie die Stapel, bis der Blick auf die beiden lächelnden Kinder frei war, die sie das letzte Mal gesehen hatte, als sie morgens den Bus zum Feriencamp bestiegen und sich dabei mit kaum verhohlener Wut über die jüngste Missetat des jeweils anderen angestarrt hatten. Megan, die zur Zeit der Aufnahme neun Jahre alt gewesen war, wirkte scheu und strahlte eine ruhige Schönheit aus, die bereits die Frau hinter den feinen Gesichtszügen des Kindes erahnen ließ, während Nicholas' Foto, das ihn an seinem siebten Geburtstag zeigte, ein einziges Dokument gewaltiger, zahnlückiger Selbstbeglückwünschung darstellte.

Lynn schloß die Aktenmappe und stützte den Kopf in die Hände. Sie hatte keine Lust, irgend etwas über siebenjährige Kinder zu lesen, die möglicherweise Opfer elterlicher

Mißhandlungen geworden waren. In den zwölf Jahren, die sie nun schon an vorderster Front für die Sozialberatung von Delray Beach arbeitete, war dies der einzige Aspekt ihrer Tätigkeit geblieben, an den sie sich nie hatte gewöhnen können. Mißmutig öffnete sie die Mappe wieder und sah, der Aufforderung ihrer Sekretärin entsprechend, nach, um welche Adresse es sich handelte. Harborside Villas, las sie und schüttelte den Kopf. Nicht gerade eine gängige Adresse für Vorfälle dieser Art, aber sie wußte schon seit langem, daß Geld und soziales Prestige nur geringen Einfluß auf Vorfälle dieser Art hatten, wenn sie auch sicherlich in engem Zusammenhang mit der Behutsamkeit standen, die in diesem Fall angeordnet worden war.

Die mutmaßliche Mißhandlung war von einer Nachbarin gemeldet worden, einer Mrs. Davia Messenger, die im Haus neben dem der Fosters wohnte. Lynn war klar, daß sie zu den Harborside Villas hinausfahren mußte, um die Frau so schnell wie möglich zu befragen. Sie sah sich nach ihrem Terminkalender um, fand aber nur den Notizblock, auf den sie mit dicken Strichen Marc Camerons Telefonnummer gekritzelt hatte. »Arlene, wie sieht mein Terminplan für heute aus?«

»Sie haben einen Termin um vierzehn Uhr.«

»Und was ist heute vormittag noch?«

»Nichts, was nicht warten könnte.«

Wenige Minuten später saß Lynn in ihrem Auto und fuhr auf dem Federal Highway nach Süden, zu den Harborside Villas, zu einer Mrs. Davia Messenger und zu einer Geschichte, von der sie eigentlich gar nichts wissen wollte.

Die Harborside Villas waren Teil eines hufeisenförmigen Häuserkomplexes am Inland Waterway, der mit einem eigenen kleinen Jachthafen, zwei großen Swimming-pools und vier Tennisplätzen aufwartete. Die Preise begannen bei einer Viertelmillion Dollar für ein Apartment und stiegen dann steil an bis zu den teuersten Unterkünften, einer Reihe von acht identischen, weißen, zweistöckigen Häusern, die dem Hauptgebäude gegenüber standen und freien Blick auf den Inland Waterway boten.

Davia Messenger wohnte im vorletzten dieser Häuser, gleich neben dem Eckhaus, das den Fosters gehörte. Lynn marschierte den gewundenen roten Ziegelweg entlang zur Haustür der Messengers und betrachtete im Vorbeigehen den Luxus, der hier überall ins Auge stach. Sie hatte kaum den bronzenen Türklopfer in Form eines Delphins gehoben, da wurde die Tür bereits von einer großen, dünnen, leicht gebeugt dastehenden Frau geöffnet, deren scharfe, unregelmäßige Gesichtszüge schon seit langem zu einem kummervollen Ausdruck erstarrt waren.

»Sie hat Sie nicht kommen sehen, oder?« begrüßte die Frau Lynn nervös in der Diele ihres durchgestylten Hauses. Lynn notierte sich im Geist das Alter der Frau – Ende Fünfzig – und ihr leuchtend rotes, geometrisch geschnittenes Haar, erwiderte jedoch nichts. Die Frau schloß die Tür hinter ihr und führte sie in das peinlich saubere, von leuchtend gelben und grauen Farbnuancen durchflutete Wohnzimmer. Zaghaft ging Lynn auf die beiden blaßgelben Zweiersofas zu, die in der Mitte des großen Raums mit der phantastischen Aussicht über den Inland Waterway standen. Sie hatte das deutliche Gefühl, daß dieses Zimmer noch nicht viele Besucher gesehen hatte.

»Entschuldigen Sie die kleine Verspätung. Ich bin im Verkehr steckengeblieben. Sie haben ein wunderschönes Haus«, sagte Lynn fast in einem Atemzug. Als sie sich setzte und Notizbuch und Filzstift hervorholte, sah sie Mrs. Messenger zusammenzucken.

»Sie sind vorsichtig mit diesem Stift, ja?« Es war mehr eine Erklärung als eine Bitte.

»Selbstverständlich«, sagte Lynn und bemühte sich um einen aufmunternden Gesichtsausdruck, obwohl sie sich so fühlte, wie ihre Kinder sich fühlen mußten, wenn man ihnen befahl, mit den Buntstiften aus dem Wohnzimmer zu verschwinden. »Wie lange wohnen Sie schon hier, Mrs. Messenger?«

»Sechs Jahre«, antwortete die Frau hastig. »Wir sind die ersten Besitzer. Wir haben gekauft, als die Häuser noch im Bau waren. Wir wußten, wie schön sie werden würden. Wir haben einen Blick für das Schöne, mein Mann und ich.« Sie bemühte sich zu lächeln, aber ihre Mundwinkel zuckten nur, und sie gab den Versuch wieder auf. »Wissen Sie, es macht mir keinen Spaß, so etwas zu tun«, sagte sie. »Sie werden doch meinen Namen aus dem Spiel lassen, oder? Der Mann, mit dem ich gesprochen habe, hat mir versichert, daß mein Name aus dem Spiel bleibt.«

»Ihre Identität wird streng geheim gehalten, Mrs. Messenger.« Lynn beobachtete, daß die Frau ununterbrochen unsichtbare Fussel in Kreisform von dem offenbar teuren Bezugsstoff des zweiten Sofas zupfte.

»Die Fosters sind wichtige Leute. Er arbeitet bei Data Base International. Ziemlich hohes Tier.« Davia Messengers Blick schweifte nervös durch den Raum. Sie bückte sich und entfernte einen vermuteten Schmutzfleck von dem hellen Drury-Teppich zu Lynns Füßen. Zuvorkommend hob Lynn die Fersen vom Boden und ließ sie erst sinken, als die Frau ihre Aufmerksamkeit anderswohin gerichtet hatte.

Lynn machte sich rasch eine Notiz über den hochgradig nervösen Zustand der Frau, der ihrer Ansicht nach durch ihren Besuch zwar verschlimmert, nicht jedoch verursacht worden war. Die Fahrigkeit dieser Frau wirkte allmählich ansteckend auf sie.

»Erzählen Sie mir doch mal, was Sie zu Ihrem Anruf bei uns veranlaßt hat, Mrs. Messenger.«

Die Frage schien Davia Messenger zu überraschen. »Na, das kleine Mädchen natürlich. Ashleigh. Sie ist der Grund für meinen Anruf. Es gibt ja heute so viele Ashleighs, finden Sie nicht auch?«

»Sie haben den Verdacht, daß ihre Eltern sie mißhandeln?«

»Ich habe keinen Verdacht, ich *weiß* es.« Davia Messenger näherte sich Lynn mit einer raubvogelartigen Bewegung; ihre langen Finger waren weit gespreizt und zitterten. »Wie erklären Sie sich denn sonst, daß das arme kleine Ding ständig mit Blutergüssen übersät ist? Letzte Woche hatte sie ein blaues Auge. Und ein paar Wochen davor war es ein gebrochener Arm.«

»Kinder haben oft mal einen Unfall, Mrs. Messenger.« Lynn bemerkte, daß Davia Messenger den Blick von ihrem Gesicht gewandt und auf eine Stelle links von ihrer Wange, direkt über der Schulter gelenkt hatte. Bevor sie überlegen konnte, was genau Davia Messenger da anstarrte, beugte die Frau sich vor und strich Lynn ein einzelnes Haar zurück, das ihren ausgeprägten Sinn für Ästhetik offensichtlich gestört hatte.

»Nichts da Unfall! Patty Foster mißhandelt ihre Tochter.«

»Waren Sie Zeugin dieser Mißhandlungen?« Es fiel Lynn zunehmend schwer, sich zu konzentrieren. Sie hatte den Wunsch, Davia Messenger solle sich, verdammt noch mal, endlich hinsetzen.

»Ich bin Zeugin der Ergebnisse. Ich höre das Kind zu jeder Tages- und Nachtzeit weinen.«

»Aber Sie waren nie persönlich anwesend, als Patty Foster Ashleigh körperlich mißhandelte?«

»Diese Frage habe ich bereits beantwortet«, fuhr die Frau sie an.

»Was genau war der Anlaß für Ihren Anruf, Mrs. Messenger?«

»Ich verstehe nicht. Ich habe Ihnen doch gesagt...«

»Sie haben angedeutet, daß dies schon seit einigen Monaten so geht, trotzdem haben Sie uns erst jetzt angerufen. Ist gestern nacht irgend etwas vorgefallen?«

»Wenn Sie das Kind weinen gehört hätten, bräuchten Sie diese Frage nicht zu stellen. Ich habe es einfach nicht mehr ertragen, das mit anzuhören.«

»Hat Ihr Mann das Weinen auch gehört?«

»Ja, natürlich.«

»Kann ich mal mit ihm sprechen?«

»O nein, nein, nein«, kreischte Mrs. Messenger mit wild fuchtelnden Händen. »Lassen Sie ihn aus dem Spiel. Er will mit der Sache nichts zu tun haben. Er hat gesagt, ich soll Sie nicht anrufen. Niemand wird dir glauben, hat er gesagt. Dieser Mr. Foster ist ein wichtiger Mann in dieser Gegend. Nein, nein, nein. Lassen Sie meinen Mann aus dem Spiel!«

Lynn ließ den Filzstift sinken; sie bemerkte, daß Mrs. Messenger den Atem anhielt. »Warum sind Sie so sicher, daß *Mrs.* Foster ihre Tochter mißhandelt und nicht Mr. Foster?«

»O nein, nein, nein«, wiederholte die Frau, diesmal im Brustton der Überzeugung. »Mr. Foster ist ein Gentleman. Er würde nie einem Kind weh tun. Es ist seine Frau. Sie ist viel jünger als er. So jung, daß sie seine Tochter sein könnte. Seine Enkelin sogar. Ziemlich hübsch wohl. Sie tut nicht viel. Sitzt den ganzen Tag im Bikini am Pool. Weiß gar nicht, warum die überhaupt Kinder hat. Das darf man hier eigentlich gar nicht, wissen Sie. Zumindest hatte ich diesen Eindruck, als wir das Haus hier kauften, als es noch im Bau war. Wir haben wirklich einen Blick für das Schöne, mein Mann und ich. Haben es selbst eingerichtet. Bitte passen Sie mit diesem Stift auf, ja?«

Lynn steckte die Kappe auf den schwarzen Filzschreiber, klappte ihr Notizbuch zu und legte beides in ihre Aktentasche zurück. Es war offensichtlich, daß sie bereits alle verwertbaren Informationen bekommen hatte, die Mrs. Davia Messenger zu geben bereit war, und sie befürchtete, daß die Frau einen Ausschlag bekommen würde, wenn sie noch länger blieb. »Danke, Mrs. Messenger. Ich denke, ich werde mich jetzt mal mit den Fosters unterhalten.«

»Das dürfen Sie nicht!«

»Wie bitte?«

»Verstehen Sie denn nicht? Sie wird sehen, daß Sie aus meinem Haus kommen, und sofort wissen, daß ich die Sache gemeldet habe. Sie ist ein sehr rachsüchtiger Mensch.«

Lynn Schuster sah der Frau, die sie nervös anblinzelte, tief in die Augen. Sie beobachtete, daß diese Augen immer schmaler wurden. Sie wußte, daß sie es hier nicht gerade mit der glaubwürdigsten Zeugin zu tun hatte, aber sie wußte auch, daß jedem Hinweis auf Kindesmißhandlung nachgegangen werden mußte.

»Ich versichere Ihnen, daß Ihre Identität geheimgehalten wird.«

»Sie wird natürlich versuchen, Sie zu täuschen. Sie kann sehr überzeugend wirken. Sie dürfen sie nicht unterschätzen«, fuhr Mrs. Messenger fort, während sie Lynn zur Haustür folgte, hinter der sie sich, als Lynn in den heißen Sonnenschein hinaustrat, regelrecht versteckte.

Davia Messenger ist eine unangenehme, möglicherweise sogar psychisch labile Frau, dachte Lynn, während sie quer über den schmalen Rasenstreifen zur nächsten Haustür ging. Vor Gericht würde sie eine höchst unzuverlässige Zeugin abgeben. Mit diesen Gedanken klopfte Lynn zaghaft an die Tür der Fosters. Als sie feststellte, daß niemand daheim war, fühlte sie sich erleichtert.

Wenige Minuten später steckte sie mit ihrem Wagen im größten Stau. Es war extrem heiß, und bei einigen Autos auf dem überfüllten Highway kochte bereits das Kühlwasser. Fahrer, deren Wagen am Straßenrand liegengeblieben waren, standen mit schweißglänzenden Gesichtern und vor Aufregung verzerrten Mündern neben aufgeklappten Motorhauben, unter denen Dampf aus den heißgelaufenen Motoren hervorschoß. Lynn beobachtete sie gelassen, beugte sich vor, schaltete ihre Klimaanlage aus, um diesem Schicksal zu entgehen, und kurbelte statt dessen das Fenster hinunter. Sofort drang die heiße Luft in den Wagen, als suchte auch sie sich einen Ort zum Verkriechen. Lynn stützte den Ellbogen auf die Wagentür, zog ihn aber sofort wieder zurück. Ihre Haut schmerzte, als wäre sie mit einer brennenden Fackel in Berührung gekommen.

Sie lugte durch die Windschutzscheibe und versuchte die Ursache des Staus zu ergründen, aber ein großer gelber Lieferwagen, auf dessen Rückfenster bunte Blumen gemalt waren, versperrte ihr die Sicht. In dem Auto rechts neben ihr stritten sich ein Mann und eine Frau. Sie konnte nicht hören, was sie zueinander sagten, aber die schmalen, verzerrten Gesichter ließen die Annahme zu, daß sie sich gegenseitig die Schuld für die augenblickliche Situation zuschoben. »Ich habe dir gesagt, du sollst nicht diese Strecke fahren«, glaubte sie den Mann sagen zu hören, »aber nein, du wußtest es ja besser!«

Lynn sah über den Mittelstreifen hinweg, und ihr Blick fing das zynische Grinsen eines jungen Mannes in einem Sportwagen auf, der ungehindert in die Gegenrichtung fuhr. Er erinnerte sie an Marc Cameron, und einen Augenblick lang überlegte sie, ob er es nicht tatsächlich gewesen war. Aber nein – ihr fiel ein, daß Marc Cameron ja einen Bart hatte. Der Mann in dem Sportwagen war glattrasiert gewesen. Und er war mindestens fünfundzwanzig Jahre jünger als der Mann, der sie Anfang der Woche besucht hatte. Er war Marc Cameron überhaupt nicht ähnlich gewesen. Was war nur los mit ihr? Was für Gedanken gingen ihr da durch den Kopf?

Sie hörte den Wagen hinter ihr hupen und sah, daß der Lieferwagen vor ihr ein fast unmerklich kleines Stück weitergefahren war. Dankbar für diese Ablenkung, folgte sie ihm die wenigen Zentimeter, hielt an und legte den Leerlauf ein. Sie konnte es sich nicht leisten, wertvolle Zeit an Gedanken über Männer wie Marc Cameron zu verschwenden. Sie fand ihn anziehend – na und? Er war der erste Mann, seit Gary sie verlassen hatte – der erste Mann seit Gary, Punktum –, der solche Gefühle in ihr geweckt hatte – na und? Seit über sechs Monaten hatte sie mit keinem Mann geschlafen. Solche Gefühle waren für sie jetzt ungefähr so nützlich wie ein Loch im Kopf. Was brachten denn solche Gefühle – Gefühle, die einen nervös und zappelig und schlaflos machten? Besonders angesichts der Tatsache, daß sie keine Lust hatte, ihnen nachzugeben. Oder hatte sie Lust, ihnen nachzugeben? Sie hatte seine Telefonnummer. Wenn sie wieder im Büro war, brauchte sie nur den Hörer abzunehmen und zu wählen. »Hallo, Marc Cameron? Hier ist Lynn Schuster. Ich kenne da ein tolles Motel, wo man gut zu Abend essen kann.«

»Sei nicht albern«, sagte sie laut. Du bist schon zum Abendessen verabredet. Mit deinem Vater und seiner charmanten Frau Barbara, die er vor drei Jahren geheiratet hat, die ihm seine Jugend wiedergegeben hat und ein neues Leben und all die anderen großartigen Gemeinplätze, die sie einem unermüdlich auftischt. Jeder ist seines Glückes Schmied; wenn der liebe Gott dir eine Zitrone gibt, dann mach Limonade daraus; wenn du glaubst, es geht nicht mehr, kommt von irgendwo ein Lichtlein her. Die Frau war eine wandelnde Enzyklopädie oberflächlicher »kluger« Sprüche. Lynn hatte nie verstanden, wie ihr Vater, ein intelligenter, belesener Mann, sich je mit einer solchen Frau hatte einlassen können. Nicht daß irgend etwas mit ihr nicht gestimmt hätte. Barbara war attraktiv und hatte gute Manieren, aber ihre Lektüre beschränkte sich auf Lebenshilfe- und Diätbücher, und Gespräche begann sie mit Leo-Buscaglia-Zitaten und schloß sie mit Worten von Rollo May. Dazwischen bekam man Ratschläge aller möglichen Leute von Richard Simmons bis hin zu Dr. Ruth zu hören. Lynn bezweifelte, daß diese Frau jemals einen eigenen Gedanken gehabt hatte. Und dennoch hing ihr Vater bei jeder dummen Silbe, die sie aussprach, an ihren Lippen.

Auch nach drei Jahren lächelte er noch gütig zu den Aussprüchen seiner Frau, fügte ein paar wohlgewählte eigene Beobachtungen hinzu und machte liebevolle Bemerkungen über Barbaras jüngste Großtaten. Immer hieß es »Barbara dies« und »Barbara das« und »Hast du kürzlich Barbaras Namen in der Zeitung gelesen? Sie leitet diese neue Wohltätigkeitsaktion.« »Die Nächstenliebe beginnt zu Hause«, sagte Barbara dann. Eigener Herd ist Goldes wert. Morgenstund' hat Gold im Mund. Reden ist Silber, Schweigen ist Gold.

Ihre Mutter hätte beim bloßen Gedanken an eine solche Frau das große Würgen bekommen. Gegen eine zweite Ehe ihres Mannes hätte sie zwar nichts einzuwenden gehabt – auch Lynn hatte nichts dagegen –, aber er hätte bestimmt eine passendere Frau finden können – wenn schon nicht *seinem* Geschmack entsprechend, nun, dann wenigstens *ihrem*.

War es das, was sie an dieser Frau so störte? Daß ihr Vater, der ihr im ersten Jahr nach dem Tod seiner Frau so großes Vertrauen geschenkt hatte, nicht zu ihr gekommen war, als er eine neue Partnerin gefunden hatte? Daß er sie seinem einzigen Kind stolz als vollendete Tatsache präsentiert hatte? Und die Frau, klein, dunkelhaarig, ganz anders als ihre Mutter, hatte ihr freundlich die Hand gedrückt und gesagt, wie entzückt sie sei, jetzt zur Familie zu gehören. Du verlierst nicht den Vater, sondern gewinnst eine Freundin. Wann immer du mich brauchst, werde ich zur Stelle sein. Die Liebe ist stark wie der Tod. All you need is love. She loves you, yeah, yeah, yeah.

Die Liste war endlos. Ihre Mutter hätte gekotzt.

Lynn krümmte den Rücken und strich sich eine Haarsträhne aus dem Gesicht. Sie bekam ein schlechtes Gewissen, weil sie so gemeine Dinge dachte. Das war das einzige, was man Barbara lassen mußte: Die Frau war zu keiner Gemeinheit fähig. Alle Gemeinheit hatte sie mit ihrer Sammlung erbaulicher Aphorismen förmlich weggeliebt. In einer so schonungslos munteren Umgebung hatten Gemeinheiten keine Chance. Sie brachen zusammen unter dem Druck all dieses Frohsinns. Und ihr Vater saugte ihn geradezu in sich auf.

Seit Jahren hatte er nicht so gut ausgesehen. Das lag wahrscheinlich an der neuen fettarmen, salz- und zuckerfreien Diät, auf die Barbara ihn gesetzt hatte. Kein Fett, kein Salz, kein Zucker, keine negativen Gefühle. Es trug allerdings nicht gerade dazu bei, eine Abendeinladung interessant werden zu lassen. Und sie sollte sich eine Liebesnacht mit möglicherweise herrlich schmutzigem Sex entgehen lassen, nur um mit Miss Sympathie zu Abend zu essen?

Es würde nicht das erste Mal sein, daß sie Sicherheit und Geborgenheit einem hohen Risiko vorzog, auch wenn dieses Risiko die Möglichkeit in sich barg, die entsprechenden Investitionen in vielfacher Höhe zurückzubekommen. Aber sie war einfach keine Spielernatur. Sie blieb immer dort, wo sie ihrer Meinung nach hingehörte. Sie ging keine unnötigen Risiken ein. Aus demselben Grund hatte sie wohl auch den Job abgelehnt, den man ihr beim Bezirksschulamt in Palm Beach angeboten hatte. Es wäre eindeutig ein Karrieresprung gewesen – sie hätte praktisch das Sozialressort des Schulamtes für den gesamten Bezirk geleitet –, aber dann hätte sie nicht mehr, wie gewohnt, an vorderster Front arbeiten können, und es hätte eine viel größere Verantwortung mit sich gebracht; eine solche Verantwortung in dieser Phase ihres Lebens noch zu übernehmen, hatte sie sich nicht zugetraut. Im letzten halben Jahr hatte es schon genug Umbrüche für sie gegeben. Sie brauchte keinen neuen Job. Sie brauchte keinen neuen Mann. Und Marc Cameron schon gleich gar nicht. Oder Sex. Oder auch nur den Gedanken an Sex. Alles, was sie jetzt brauchte, war, aus diesem Stau herauszukommen und zurück ins Büro fahren zu können. Eine Tasse Kaffee konnte sie brauchen. Und eine Idee, was sie zum Abendessen kochen sollte.

Wieder hupte der Wagen hinter ihr; nicht einmal, sondern kurz hintereinander immer wieder. Es klang wie ein Schluckauf oder ein Hustenanfall. Lynn blickte rasch auf die Autoschlange vor ihr und sah, daß sie sich bewegte. Hastig legte sie den Gang ein und warf einen Blick in den Rückspie-

gel; der Mann im Wagen hinter ihr zeigte ihr gerade wut-
entbrannt den gestreckten Mittelfinger seiner rechten
Hand. Genau das, was ich jetzt brauche, dachte sie. Sofort
sah sie Barbara, die Frau ihres Vaters, vor sich. Ich wünsch'
dir einen schönen Tag, sagte sie.

6

Renee träumte. In ihrem Traum saß sie in dem edlen neuen, weißen Pratesi-Morgenmantel, den Philip ihr zu Weihnachten geschenkt hatte, am Küchentisch, versuchte das Kreuzworträtsel der *New York Times* zu lösen und trank schon die achte Tasse Kaffee. Sie wußte, daß es die achte war, weil sie all die anderen Tassen kreisförmig auf dem Tisch gruppiert hatte, so daß es aussah wie das Zifferblatt einer Uhr. Das Telefon klingelte; es hatte den ganzen Morgen hindurch geklingelt. Renee wandte langsam den Kopf in Richtung des Apparats und rang mit sich, ob sie abnehmen sollte oder nicht.

Das Klingeln hörte nicht auf, und schließlich gab sie nach. Sie beugte sich vor, ohne vom Stuhl aufzustehen, und hob den weißen Hörer ans Ohr. Noch bevor sie Hallo sagen konnte, hörte sie eine Stimme. »Hier ist Marsha von der Partnervermittlung ›Heiliges Ehrenwort‹«, sagte die Frau mit hartem New Yorker Akzent. »Wir rufen Sie an, um Ihnen alles über Ihre tolle Party zu erzählen.«

Plötzlich hatte die Stimme ein Gesicht. Marsha von der Partnervermittlung »Heiliges Ehrenwort« tauchte vor Renee auf, schwarzhaarig, unglaublich dick – die Cheshire-Katze hinter dem furchterregenden Grinsen.

»Wie Sie wissen, führt die Partnervermittlung ›Heiliges Ehrenwort‹ seit zehn Jahren Menschen zusammen, Menschen wie Sie und Ihren Mann.«

»Nein«, unterbrach Renee die Stimme. Die Wirklichkeit drang in ihren Traum ein und versuchte ihr Recht geltend zu machen. Sie und Philip waren einander in einem Restaurant durch einen gemeinsamen Bekannten vorgestellt worden, der sich über ihre knapp fünf Monate später stattfindende Hochzeit höchst überrascht, ja geradezu verblüfft gezeigt hatte. Eine Partnervermittlung hatten sie nicht nötig gehabt. »Sie müssen sich verwählt haben.«

»Die Party, die wir veranstalten«, fuhr die Frau fort, ohne Renees Einwand zu beachten, »ist also zur Hälfte *unsere* Feier und zur Hälfte *Ihre*. Wir lassen alle unsere glücklichen Paare bei einer ganz großen Jubiläumsfete zusammenkommen, und da Sie und Ihr Mann einer unserer schönsten Erfolge sind, nehmen wir an, daß auch Sie an dieser Festivität sicherlich teilnehmen werden. Haben Sie einen Stift bei der Hand? Können Sie die Informationen mitschreiben?«

Die Frau verwandelte sich. Aus der dunkelhaarigen Dicken wurde eine zierliche Blondine. Ihre Handgelenke waren dick einbandagiert.

Die Kugelschreiber steckten in einem Marmeladenglas, das hinter dem Telefon stand; um an sie heranzukommen, mußte Renee über die Leiche ihres Mannes gehen, die vor ihr auf dem weiß gefliesten Fußboden lag. Ein Schlachtermesser mit Holzgriff stak in seinem Herz. Da hatte jemand saubere Arbeit geleistet. Rein technisch betrachtet, wußte Renee natürlich, daß sie das Messer von ihrem Platz aus eigentlich gar nicht sehen konnte, aber sie sah es trotzdem.

Philip lag auf dem Bauch, und wenn man von der ziemlich großen Blutlache absah, wirkte er erstaunlich unbeeinträchtigt – so als hätte er sich lediglich entschlossen, ein kleines Nickerchen auf dem Küchenboden zu machen. Er hat in seinem Leben schon verrücktere Dinge angestellt, dachte Renee, schritt über ihn hinweg und zog einen Kugelschreiber aus dem Glas. Sie teilte der Frau mit, daß sie jetzt bereit sei, hörte konzentriert zu, während die Frau ihr Ort und Zeit der anstehenden Festlichkeiten diktierte, notierte alles gehorsam und unterbrach sie nur einmal, um sich den Namen der angegebenen Straße buchstabieren zu lassen.

Plötzlich waren Polizisten da und warteten geduldig, bis sie all die sinnlosen Informationen aufgeschrieben hatte. Sie erklärte ihnen, sie sei ein braves Mädchen, sei schon immer ein braves Mädchen gewesen. Sie fesselten sie mit Handschellen und steckten ihr einen Knebel in den Mund. Trotz des Knebels konnte Renee ihnen sagen, daß sie ihre Rechte kenne und ihren Anwalt sprechen wolle. Die Polizisten wiesen sie darauf hin, daß sie selbst Anwältin sei. Der Tote auf dem Boden drehte sich um und lächelte. Er streckte den Arm aus und packte Renee am Fußgelenk. »Hab' ich dich!« sagte er.

Renee fuhr aus dem Schlaf auf. Ihr Atem ging in kurzen, heftigen Stößen.

»Was ist denn?« fragte Philip und setzte sich, offenbar ziemlich verwirrt, ebenfalls auf. »Was war denn?«

Renee zog die Beine an die Brust, umfaßte ihre Unterschenkel mit den Armen und legte die Stirn auf die Knie. »Ich habe etwas Schreckliches geträumt.«

»Puh!« sagte Philip und ließ sich ins Kissen zurückfallen, als hätte ihn jemand nach hinten geschubst. »Du hast mich fast zu Tode erschreckt.«

»Entschuldige.« Sie versuchte das Traumbild von Philip, der tot auf dem Küchenboden lag, aus ihren Gedanken zu vertreiben. »Es war ein grauenhafter Traum.«

Philip schwieg.

»Soll ich ihn erzählen?«

»Nein.«

Renee spürte einen kurzen Stich – etwa an derselben Stelle, an der in ihrem Traum das Messer durch Philips Brust gestoßen war. Debbies Traum hast du dir ohne jede Klage angehört, hätte sie am liebsten gesagt, aber sie unterließ es, weil sie wußte, wie kindisch es klingen würde, ja wie kindisch es *war*. »Ich habe geträumt, daß du tot bist«, sagte sie dann aber doch.

Philip drehte sich von ihr weg. »Das ist unter den gegebenen Umständen doch ganz natürlich.«

»Wirklich? Unter was für Umständen?«

»Der Mann deiner Schwester ist vor drei Monaten gestorben. Deine Schwester wohnt bei uns. Du fühlst dich in deine Schwester ein. Ganz simple Übertragung.«

»Ich habe geträumt, daß *ich* dich umgebracht habe! Ich habe geträumt, daß ich dir ein Messer ins Herz gestoßen habe!«

»Wie lieb von dir.«

»Es war entsetzlich. Ich fühle mich schrecklich.«

»Solltest du auch. Jetzt hör schon auf, Renee. Wir können noch zehn Minuten schlafen.«

Renee starrte durch die Dunkelheit auf das Leuchtzifferblatt des Weckers, dachte wieder an die letzten Sekunden ihres Traums und sah plötzlich Philips teuflisches Grinsen, das sich im Wecker spiegelte. »Wie spät ist es?« Ihre Stimme überschlug sich vor Aufregung. »Ist es schon zehn vor sieben?«

»Die Uhr lesen kann sie auch«, sagte Philip und vergrub den Kopf unter dem Kissen.

»Ich muß aufstehen. Ich komme sonst zu spät.« Renee schlug die Decke zurück und wollte gerade aus dem Bett springen, als Philips Hand sie davon abhielt.

»Was ist denn los?« fragte er ruhig.

»Ich habe in einer Stunde eine Besprechung mit den Partnern unserer Kanzlei! Das schaffe ich nie! Ich verstehe nicht, wie das passieren konnte. Ich hatte den Wecker auf halb sieben gestellt.«

»Und ich habe ihn dann auf sieben gestellt«, sagte Philip seelenruhig.

»Was?«

»Ich habe ihn auf sieben gestellt«, wiederholte er. »Ich dachte, es wäre ein Versehen. Mach dir keine Sorgen – warum solltest du es nicht in einer Stunde schaffen?«

»Philip, du weißt doch, wie lange ich immer brauche. Ich

muß duschen und mich frisieren und mich schminken...«

»Und deinen Mann küssen...«

Renee beugte sich vor, um Philip neben den Mund zu küssen, aber zu ihrer Überraschung drehte er den Kopf blitzschnell so, daß ihr Kuß direkt auf seinen Lippen landete. Noch überraschter war sie, als dieser Kuß sich zu einer leidenschaftlichen Umarmung ausweitete. Sanft und sehr widerwillig löste sie sich aus seinen Armen. »Philip, ich muß jetzt raus.«

»Hast du nicht mal ein paar Minuten Zeit, um deinem Mann zu sagen, daß du ihn liebst?«

Renee lächelte. »Ich liebe dich.«

»Kann dich nicht hören.«

»Ich liebe dich«, wiederholte Renee ein bißchen lauter und kichernd. Sie kam sich vor wie ein Schulmädchen.

»Beweis es!«

»Philip, das geht nicht. Ich muß aufstehen.«

»Ich liebe dich«, sagte er und küßte sie wieder, diesmal noch drängender.

Renee fühlte seine Zunge in ihrem Mund, fühlte, wie seine Hände sanft ihre Arme entlang bis zu den Schultern glitten und seine Finger die Träger ihres Nachthemds nach unten schoben. »Das ist nicht fair!«

»Was ist nicht fair?«

»Ich bin spät dran«, flüsterte sie. Das Nachthemd glitt zu ihren Hüften hinab. Sie spürte seine Hände auf ihren Brüsten; seine Lippen gruben sich seitlich in ihren Hals.

Renee wich zurück, zog sich das Nachthemd wieder hoch und schob die Träger über die Schultern. »Ich müßte schon seit einer Stunde auf sein.«

»Na und? Du hast eben verschlafen.«

»Ich habe nicht verschlafen. Du hast den Wecker verstellt. Das hättest du nicht tun dürfen.«

»Also gut, ich habe einen Fehler gemacht. Aber der zusätzliche Schlaf würde dir, ehrlich gesagt, ganz gut tun. Du siehst in letzter Zeit etwas müde aus. Du kannst mir nicht erzählen, daß die Anwesenheit deiner Schwester keinen Streß für dich bedeutet. Ein bißchen zusätzlicher Schlaf würde sich auf dein Äußeres besser auswirken als eine Tonne Make-up. Renee, du hast immer noch viel Zeit, um dich herzurichten. Gib nach! Schlaf mit deinem Mann!«

Renee wollte etwas dagegen sagen, aber sie spürte seine Finger auf ihrem Mund.

»Wir haben kaum mehr Zeit, miteinander zu schlafen. Ich kann mich erinnern, daß du es nach der Hochzeit nie abwarten konntest, mit mir zu schlafen.«

»Es geht mir immer noch so.«

»Wirklich?«

Wieder spürte Renee Philips Hände auf ihren Schultern und seinen Atem dicht an ihrem Gesicht.

»Sag mir, was du willst, Renee«, bat er. »Ich werde nichts tun, wenn du nicht völlig einverstanden damit bist. Wenn dir diese Besprechung wirklich so wichtig ist, dann kann ich dafür Verständnis aufbringen.«

»Nichts ist mir wichtiger als du.«

»Also, was willst du?« fragte er noch einmal. Seine Lippen liebkosten ihren Hals. »Sag mir, was ich tun soll. Willst du, daß ich einen Rückzieher mache? Willst du, daß ich dich in Ruhe lasse? Damit du dich anziehen kannst?«

»Ich will, daß du mit mir schläfst«, hörte Renee sich selbst sagen.

»Wirklich?«

Renee nickte. Sie atmete schneller.

»Willst du das hier?«

Renee spürte, daß er sich wieder an ihrem Nachthemd zu schaffen machte.

»Ja? Sag's mir!«

»Ja.«

»Und was willst du weiter?«

»Philip...«

»Ich mache nichts, was du nicht willst.«

»Bitte...«

88

»Bitte was? Willst du das?« Sie spürte, wie seine Hände ihr Nachthemd von unten hoben, fühlte, daß er sie ins Bett zurückschubste und das Nachthemd bis zur Taille hinaufschob. »Sag mir, was ich machen soll.«

»Ich kann nicht. Es ist mir peinlich.« Sie spürte seine Hände zwischen ihren Beinen.

»Willst du, daß ich dich berühre?«

»Ja.«

»Dann sag es.«

»Ich will, daß du mich berührst.«

»Wo?«

»O Gott, bitte...«

»Wo soll ich dich berühren? Da?«

Renee stöhnte auf.

»Willst du, daß ich es mit dem Mund mache?«

»Philip...«

»Sag es!«

»Ich will, daß du es mit dem Mund machst.«

»Ich mache alles, was du willst«, sagte er.

Renee schloß die Augen und griff nach dem Kissen, das neben ihrem Kopf lag. Sie spürte Philips Zunge zwischen ihren Beinen und hörte sich durch den geöffneten Mund keuchen. Sie hatte Angst und war den Tränen gefährlich nahe, ohne zu wissen, warum.

»Was soll ich jetzt tun?« fragte er mit heiserer Stimme.

»Was du willst«, sagte sie. Sie wollte nicht sprechen. »Mach, was du willst.«

»Nein, wir machen das, was du willst. Willst du, daß ich in dich komme?«

Renee versuchte zu antworten, aber sie brachte keinen Ton heraus.

»Sag es!« forderte Philip sie auf. Er war irgendwo über ihr. »Sag mir, daß du mich in dir haben willst.«

»Bitte... ich will dich in mir haben.«

Sie spürte, wie er mit beiden Händen ihren Hintern hob und dann grob mehrere Male in sie stieß. Sie öffnete die Augen und sah ihn auf sich herabstarren. Er lächelte.

Als es vorbei war, setzte Philip sich im Bett auf und bat um ein Papiertaschentuch. »Tut mir leid, daß es so lange gedauert hat«, sagte er mit einer Kopfbewegung zum Wecker. »Aber daran bist du schuld. Du hast mich heiß gemacht.«

Renee befühlte ihr schweißnasses Haar. »Ich muß in der Kanzlei anrufen und Bescheid geben, daß ich an der Besprechung nicht teilnehmen kann.«

»Die können dich doch alle mal am Arsch lecken!« Er grinste. »Na ja, das habe ich ja wohl gerade eben erledigt.«

»Philip«, setzte Renee langsam an. Sie wußte nicht genau, ob dies der geeignete Augenblick für ein solches Thema war, konnte sich aber auch keinen besseren vorstellen. »Hast du mal über das nachgedacht, worüber wir vor ein paar Wochen gesprochen haben?«

»Was soll das denn gewesen sein?«

»Ob wir ein Baby wollen«, sagte Renee leise. Noch immer spürte sie Philip in sich.

»Ich glaube nicht, daß das eine gute Idee ist«, sagte er zärtlich und legte ihr kurz die Hand auf die Schulter. Dann verschwand er im begehbaren Kleiderschrank, tauchte, den Morgenmantel über der Schulter, wieder auf und betrachtete sich im Spiegel gegenüber dem Bett.

»Warum denn nicht?«

»Ich versuche nur, ein bißchen realistisch zu sein, Schatz. Wie viele Dinge kann ein Mensch gleichzeitig tun, und zwar gut tun? Du bist doch schon jetzt völlig überlastet.« Er blickte von Renee zu dem Wecker auf dem Nachtschränkchen und wieder zurück. »Du hast nicht mal Zeit zum Duschen. Wie willst du da Zeit für ein Baby haben?«

»Ich nehme sie mir einfach.«

»Genausoviel Zeit, wie du dir für Debbie nimmst?«

»Das ist gemein!«

»Nein, gemein wäre es, wenn du noch ein Kind auf diese bereits übervölkerte Welt bringen würdest, ohne dich hundertprozentig um dieses Kind kümmern zu können. Ich will nicht, daß irgendeine Haushälterin, die nicht einmal Englisch spricht, mein Kind aufzieht.«

»Viele Frauen arbeiten und haben Kinder, Philip.«

»Du bist nicht viele Frauen. Du bist du. Und im Augenblick ist das Wichtigste in deinem Leben die Karriere.« Er lachte. »Ich muß ja schon fast einen Termin vereinbaren, um mit meiner Frau schlafen zu können.«

»Ich würde alles ein bißchen langsamer angehen.«

Philip schlenderte zu ihrer Seite des Betts hinüber, beugte sich hinunter und küßte Renee auf die Stirn. »Du kannst nichts langsamer angehen. Du bist voll und ganz auf deine Arbeit fixiert. Sogar als wir miteinander schliefen, hast du dir Gedanken darüber gemacht, wie spät es wohl ist. Stimmt's? Sag jetzt nicht, es wäre anders gewesen. Ich weiß immer, was du fühlst.« Er warf ihr einen gedankenverlorenen Blick voller Resignation zu. »Ich hätte gerne Eier und Speck zum Frühstück«, sagte er auf dem Weg ins Badezimmer.

Renee blieb einige Minuten auf der Bettkante sitzen. Dann nahm sie den Hörer vom Telefon. Sie wählte rasch, ohne auf das Zittern ihrer Finger zu achten. »Hi, Dan. Hier spricht Renee. Ich schaffe es nicht zu der Besprechung. Ich fühle mich nicht besonders heute morgen. Nein, ich habe wohl nur irgend etwas Falsches gegessen. Ich versuche, um neun da zu sein. Danke. Tut mir wirklich leid.«

Sie legte den Hörer auf und ging auf ihr Spiegelbild zu. »O Gott«, sagte sie und schüttelte sich beim Anblick ihres nackten Körpers. »Wie erträgt er es nur, dich anzusehen?« Sie drehte sich um und starrte auf den rosaroten Striemen, der sich quer über ihre linke Pobacke zog.

Seit einiger Zeit schlug Philip sie jedesmal, wenn sie miteinander schliefen, zweimal kräftig auf den Hintern. Das hatte vor mehreren Monaten begonnen, vielleicht war es auch schon länger her, überlegte sie und versuchte sich an das erste Mal zu erinnern. Sie waren eines Nachts von einer Party heimgekommen und hatten so ziemlich wie immer miteinander geschlafen, da drehte Philip sie plötzlich auf den Bauch und schlug sie zweimal hart auf den Hintern. Schon der erste Schlag war wie ein Strafhieb gewesen – stechend, schnell, scharf. Den zweiten hatte er ihr mit noch größerer Entschiedenheit verabreicht. Er hatte einen Abdruck hinterlassen, und der Schmerz war lange geblieben.

Renee betrachtete den langsam verblassenden roten Streifen auf ihrer blassen Haut. Sie mochte diese Angewohnheit nicht. Trotzdem zögerte sie, dies Philip gegenüber zu erwähnen. Vielleicht würde er sie dann der Einfallslosigkeit zeihen, ihr vorwerfen, sie habe keine Lust, etwas Neues auszuprobieren. Renee schlug die Augen nieder, sorgsam darauf bedacht, nicht noch einmal in den Spiegel zu sehen.

Sie fand ihr Nachthemd mitten in dem Chaos aus Decken und Kissen, zog es über den Kopf, holte ihren weißen Frotteemorgenmantel – den weißen Pratesi-Mantel, den sie im Traum angehabt hatte – aus dem Schrank und zog ihn an. Als sie an der Badezimmertür vorbeiging, hörte sie Philip unter der Dusche singen.

Debbie war in der Küche. Sie stand am Spülbecken und trank ein Glas Orangensaft.

Renee holte tief Luft. »Du bist aber früh auf.«

»Du bist aber spät dran«, erwiderte Debbie und betrachtete sie mit seltsamem Blick. »Deine Frisur ist Klasse.«

Renee wurde rot, wandte sich ab und schob sich verlegen das Haar hinter die Ohren.

»Schläft Kathryn noch?«

»Sie schläft meistens bis gegen zehn.«

Renee langte in den Kühlschrank und holte eine Schachtel Eier und eine Packung Frühstücksspeck heraus.

»Frühstück ist die wichtigste Mahlzeit des Tages, sagt man«, erklärte Debbie. Sie versuchte nicht einmal, die Verachtung zu verbergen, die in ihrer Stimme mitschwang.

»Das hier ist für deinen Vater.«

Debbie nickte und schwieg, während Renee den Speck in die Pfanne legte.

»Ich möchte mich bei dir dafür bedanken, daß du die ganze Woche hindurch so lieb zu Kathryn warst«, sagte Renee zu

Debbie, überrascht, daß ihr im Zusammenhang mit ihrer Stieftochter das Wort »lieb« über die Lippen gekommen war. »Ich glaube, es war gut für sie, daß sich jemand um sie gekümmert hat.«

Debbie zuckte die Achseln. »Du brauchst mir nicht zu danken. Ich mag sie.«

»Na ja, ich fand es nett von dir, daß du dir die Zeit genommen hast...«

»Irgend jemand muß es ja tun«, sagte Debbie spitz. Renee fragte sich, ob es möglich war, daß das Mädchen und sein Vater im Schlaf miteinander kommunizierten.

»Hier riecht es aber gut«, sagte Philip einige Minuten später und blieb vor der geöffneten Küchentür stehen.

»Es ist fertig«, erklärte Renee und hielt ihm den Teller zur Begutachtung hin.

»Sieht köstlich aus, aber ich muß jetzt wirklich los. Ich habe gar nicht gemerkt, daß es schon so spät ist.« Er legte die Finger an den Mund und warf seiner Frau und seiner Tochter eine Kußhand zu. »Bis später!«

Einige Sekunden stand Renee da, den Teller mit dem Speck und den Eiern in der Hand. Sie sah zu, wie Debbie das leere Glas ins Spülbecken stellte, ohne sich die Mühe zu machen, es auch auszuwaschen.

»Entschuldige mich«, sagte Debbie, drückte sich an ihrer Stiefmutter vorbei und verschwand in ihrem Zimmer.

Renee trug den Teller mit dem Speck und den Eiern zum Küchentisch und setzte sich. Wieder sah sie im Geist ihren Mann auf dem weißen Fliesenboden liegen und fühlte seine kalte Hand um ihr Fußgelenk. Sie stopfte sich ein Stück Speck in den Mund. »Hab' ich dich«, sagte sie.

7

Lynn saß allein an ihrem Küchentisch und betrachtete stirnrunzelnd die halbvollen Schüsseln mit Cornflakes und die noch ganz gefüllten Saftgläser. Nicholas hatte die Rinde seines Toasts so verformt auf dem Tisch liegen gelassen, daß sie wie ein Gesicht aussah, das ihr spöttisch die Zunge herausstreckte. Megans Vier-Minuten-Ei stand unangetastet in seinem Becher. »Megan!« rief sie ihre Tochter. »Du hast dein Ei nicht mal angerührt!«

»Ich bin im Bad«, kam als Erwiderung vom anderen Ende der Diele.

Lynn warf einen Blick auf die Uhr am Mikrowellenherd. Es war schon nach neun. Gary hatte sich verspätet. Normalerweise holte er samstags morgens als allererstes die Kinder ab. Heute war er schon fünfzehn Minuten zu spät dran. Auch gut, dachte Lynn, weil sie wußte, wie lange Megan manchmal im Bad brauchte. Sie begann, den Tisch abzuräumen, und nahm sich vor, die beiden nicht mehr zu zwingen, mehr zu essen. Es war sinnlos. Seit der Trennung aßen sie einfach samstags morgens nur sehr wenig. Lynn nahm an, daß sie nervös und aufgeregt waren, weil sie an diesem Tag ihren Vater sahen. Heute waren sie ganz besonders ungeduldig. Ihr Vater nahm sie das ganze Wochenende über zu sich. Lynn hatte Megan in der Nacht dreimal aufs Klo gehen hören. Megans Tasche, die so vollgepackt war, daß man den Reißverschluß nicht zumachen konnte, stand schon seit zwei Tagen vor der Tür ihres Zimmers.

»Was glaubst du, wohin Daddy mit uns fahren wird?«
fragte Nicholas. Er war in die Küche zurückgekommen und
sah zu, wie seine Mutter das Geschirr im Spülwasser ver-
senkte.

»Ich weiß es nicht, mein Liebling.« Dein Vater bespricht
solche Dinge nicht mehr mit mir, fügte sie in Gedanken
hinzu.

»Glaubst du, daß er mit uns nach Disney World fährt?«

»Wir waren doch erst in Disney World«, erinnerte Lynn
ihn. Zwei Monate bevor dein Vater mich verließ, dachte
sie.

»Ich weiß. Aber da sind wir nicht überall gewesen. Und
Daddy hat gesagt, daß wir noch mal hinfahren dürfen.«

»Also, das müßt ihr mit Daddy besprechen.« Würde sie dieses seltsame Gefühl je loswerden, immer dann, wenn die
Rede von ihrem Mann war, aus dem Leben ihrer Kinder
ausgeschlossen zu sein?

»Ich wette, er fährt mit uns nach Disney World«, sagte Nicholas zuversichtlich.

»Mach dir lieber nicht so viele Hoffnungen, Schätzchen.
Aber ich bin sicher, ihr werdet überall viel Spaß haben, egal,
wohin Daddy mit euch fährt.« Warum sagte sie so etwas?
Sie war sich dessen überhaupt nicht sicher.

Es klingelte an der Tür.

»Daddy!«

»Mach auf!« sagte Lynn, aber Nicholas war schon zur
Haustür gerannt. »Ich warte hier in der Küche mit dem übrigen Personal«, murmelte Lynn, als sie die Stimme ihres
Mannes hörte. Im Geiste sah sie ihn, wie er sich zu ihrem
gemeinsamen kleinen Sohn hinunterbeugte. Sie sah die
Grübchen in seinem gutgeschnittenen Gesicht vor sich und
mußte sich an der Küchentheke festhalten. »Wann wird
dieses Gefühl endlich aufhören?« fragte sie ihr Spiegelbild
im getönten Glas des Mikrowellenherds.

Nicholas kam hüpfend und springend in die Küche gelaufen. »Daddy will mit dir sprechen.«

Lynn zwang sich zu einem Lächeln. »Schau doch mal nach, ob du auch alles dabei hast«, schlug sie Nicholas vor. Wieder war ihr Sohn verschwunden, bevor sie den Satz zu Ende gesprochen hatte.

Gary stand im Wohnzimmer und starrte durch das große Fenster aufs Meer hinaus – in einer ganz ähnlichen Haltung wie Marc Cameron eine Woche zuvor. Er trug ein neues Sportsacco – ein sicheres Zeichen dafür, schloß Lynn, daß Disney World nicht auf dem Programm stand.

»Hi, Gary.« Lynn räusperte sich verlegen und bemühte sich, weiterhin zu lächeln.

»Lynn«, sagte er freundlich und wandte sich zu ihr, ohne sich vom Fleck zu bewegen. »Du siehst großartig aus.«

»Danke. Wie geht es dir?«

»Gut. Ausgezeichnet«, verbesserte er sich, wobei er das letzte Wort unnötig betonte. »Und dir?«

»Ganz gut. Die Kinder freuen sich wirklich unheimlich auf dieses Wochenende.«

Schuldbewußtsein, gemischt mit einem ganz unerwarteten Trotz, stand Gary plötzlich ins Gesicht geschrieben. Seine Lippen zitterten zwischen einem Lächeln und einer unwirschen Miene. »Genau darüber wollte ich mit dir sprechen«, sagte er langsam. »Mir ist etwas dazwischengekommen. Ich kann die Kinder leider nicht, wie geplant, das ganze Wochenende zu mir nehmen.«

»Was sagst du da? Wir haben das schon vor Wochen beschlossen! Und es war deine Idee!« Die Sätze purzelten nur so heraus, bevor Lynn überhaupt nachdenken konnte.

»Ich weiß das, und es tut mir ja auch leid.«

»Es tut dir leid.« Lynn dachte an Megans Reisetasche, die erwartungsvoll vor ihrem Zimmer stand. »Die Kinder haben fest damit gerechnet...«

»Ich weiß das doch. Aber was bringt das denn jetzt? Versuchst du, mir Schuldgefühle zu machen?«

»Ich versuche, das alles zu verstehen«, erwiderte sie.

»Was gibt es da zu verstehen? Es ist doch ganz simpel. Ich

96

kann die Kinder nicht übers Wochenende zu mir nehmen. Ich hole es beim nächstenmal nach. Ich sage ja nicht, daß ich sie nicht mitnehmen kann. Es geht nur nicht, daß sie bei mir übernachten, das ist alles.«

Das ist alles, wiederholte Lynn in Gedanken. »Und was ist mit *meinen* Plänen?« wollte sie wissen. Sie fragte sich, warum sie dieses offensichtlich völlig sinnlose Gespräch überhaupt weiterführte.

Gary wirkte ehrlich überrascht bei dem Gedanken, sie könnte irgendwelche eigenen Pläne haben. »Also, wenn du wirklich ausgehen willst, bezahle ich natürlich einen Baby-sitter.«

»Und wenn ich übers Wochenende wegfahren will?«

»Hast du das denn wirklich vor?« Sein Gesichtsausdruck wurde weich, neugierig.

Wieder dieses Wort, dachte Lynn und gab nach einer kurzen Pause zu: »Nein, ich bleibe das Wochenende über hier.«

Gary hob die Hände, wie um zu fragen, was das Ganze dann eigentlich solle. »Sagst du es ihnen, bitte?«

Lynn überlegte, was sie alles sagen könnte, dachte an die stichelnden Bemerkungen, die sie machen könnte, die Pfeile, die sie losschicken könnte, fand dann aber, daß all dies keinen Sinn hatte. Letztlich würde sie nur sich selbst weh tun. »Möchtest du, daß ich ihnen etwas Bestimmtes sage?« fragte sie. Es gelang ihr sogar, ihre Stimme von jedem sarkastischen Anklang freizuhalten.

»Sag ihnen, ich führe sie schick zum Essen aus. Sag ihnen, sie sollen sich schön anziehen.«

Sie werden begeistert sein, dachte Lynn, schwieg jedoch.

Megan saß in ihrem Zimmer auf der Bettkante; ihre Reisetasche war ausgepackt, der Inhalt lag auf dem Boden verstreut. »Hast du mitgehört?« fragte Lynn, obwohl die Frage unnötig war. Sie setzte sich neben ihre Tochter aufs Bett und legte ihr den Arm um die Schulter.

»Macht nichts«, sagte Megan und schob den Arm ihrer Mutter weg.

»Es gibt ja noch mehr Wochenenden.«

»Macht nichts«, wiederholte Megan. Sie starrte geradeaus, weigerte sich, ihre Mutter anzusehen.

»Ich liebe dich«, sagte Lynn.

»Daddy liebt mich auch«, erwiderte Megan hastig.

»Natürlich«, sagte Lynn, zog aber in diesem Moment innerlich eine Grenze: Seine Handlungsweise auch noch zu rechtfertigen war sie nicht bereit.

Nicholas steckte den Kopf zur Tür herein. »Also los«, sagte er. »Daddy wartet.« Sein Blick schweifte durchs Zimmer und blieb schließlich auf Megans ausgepackter Tasche stehen. »Was ist denn hier los?«

»Ihr könnt nicht das ganze Wochenende bei Daddy bleiben. Dafür führt er euch in ein ganz besonderes Restaurant zum Mittagessen aus. Er möchte, daß ihr euch umzieht und euch ganz schick macht«, sagte Lynn in einem Atemzug. Nicholas verzog das Gesicht, seine Augen füllten sich mit Tränen. »Er sagt, daß es ja noch viele Wochenenden gibt«, fügte sie hinzu, als ihr Sohn langsam aus dem Zimmer ging. In diesem Augenblick haßte sie ihren Mann.

»Gary Schuster, du verdammtes Arschloch!« sagte sie laut, als er mit den Kindern weg war und sie sich daranmachte, Megans Sachen wieder einzuräumen. »Geh doch zum Teufel, du Arschloch!«

Es klingelte an der Tür.

»Was? So schnell mit dem Essen fertig?« Sie sah auf ihre Armbanduhr. Es war erst eine halbe Stunde her, daß sie das Haus verlassen hatten. Lynn ging rasch an die Tür und öffnete sie, ohne zu fragen, wer draußen sei. Vor ihr stand grinsend Marc Cameron.

»Ich dachte mir, vielleicht haben Sie Lust auf einen Spaziergang am Meer«, sagte er.

»Es ist ein sehr komisches Gefühl«, sagte Lynn, während sie neben Marc Cameron den überlaufenen Strand entlangspazierte, »wenn du deine Küche betrittst, und dein zukünftiger Ex-Ehemann geht gerade deine Post durch, nimmt sich etwas aus dem Kühlschrank und verhält sich überhaupt so, als wäre es immer noch sein Haus.« Sie versuchte zu lächeln. »Solange er die Hypothek abzahlt, findet er das wohl nur recht und billig. Ich kann nicht viel dagegen unternehmen.«

»Sie könnten ihm sagen, er soll sich zum Teufel scheren.«

»Nicht, solange ich will, daß er die Hypothek abzahlt«, erwiderte **Lynn** wahrheitsgemäß. Sie fragte sich, was sie eigentlich hier am Strand mit diesem Mann verloren hatte.

»Das mit heute abend ist wahrscheinlich meine Schuld«, sagte Marc.

»Was? Wie meinen Sie das?«

»Dieser Typ, dieser Catcher, den ich vor ein paar Tagen interviewt habe, hat mir Eintrittskarten für den Kampf im Auditorium heute abend geschickt und mir gesagt, ich solle meine Jungs mitnehmen. Als ich die Karten hatte, rief ich Suzette an und fragte, ob es in Ordnung wäre, wenn ich die beiden mitnähme. Sie sagte ja, das ginge in Ordnung. Also ist Suzette heute abend frei. Suzette verbringt ihre Samstagabende nicht gern allein.«

Lynn schluckte die plötzlich wieder in ihr aufsteigende Wut hinunter. »Wo sind Ihre Jungs denn jetzt?«

»Bei einer Geburtstagsparty im Safari-Park. Um vier hole ich sie ab.«

Lynn merkte, daß er sie anstarrte, aber sie weigerte sich, seinen Blick zu erwidern.

»Sie mußten also für heute abend alles absagen, was Sie geplant hatten?« fragte er.

»Ach, ich wollte nur mit einer Freundin ins Kino gehen.« Macht nichts, hörte sie Megan sagen.

»Es ist einfach nicht fair«, sagte Marc trocken und wich einem großen blauen Fregattvogel aus, der ihm im Weg lag.

»Ja, das stimmt wohl. Aber so ist das nun mal.«

»Ihnen wird zugemutet, alle Probleme auf sich zu nehmen, und was ist mit ihm?«

»Ihm wird zugemutet, verliebt zu sein«, sagte Lynn mit zittriger Stimme.

»Passen Sie auf!« warnte Marc Cameron und schubste Lynn gerade rechtzeitig zur Seite, bevor sie auf einen Fregattvogel trat, den die Flut angeschwemmt hatte. »Noch dazu ein so schöner, großer«, sagte er und packte sie am Arm, um sie zu stützen. »Entschuldigung, ich wollte Sie nicht so fest stoßen. Alles in Ordnung?«

Lynn warf einen raschen Blick auf den Sand zu ihren Füßen. »Ich stehe ja noch«, sagte sie und ertappte sich dabei, daß sie Marc direkt in die Augen starrte. Und dann küßte er sie plötzlich. Sie wußte nicht, wie es dazu gekommen war, und konnte sich auch später nicht genau erinnern, was zu diesem Kuß geführt hatte. Weder hatte Marc vielsagend den Kopf zu ihr hinabgebeugt noch sich langsam ihrem Gesicht genähert, er hatte überhaupt nichts getan, was die Vermutung zugelassen hätte, daß er sie küssen würde. Plötzlich war sein Mund einfach auf ihrem, seine Arme waren um ihre Taille geschlungen, und sein weicher Bart preßte sich an ihr Kinn. Ihr fiel ein, daß sie noch nie zuvor einen bärtigen Mann geküßt hatte, und dann merkte sie, daß sie den Kuß erwiderte. Sofort riß sie sich los. Auf dem Gesicht einer vorbeigehenden Frau im Badeanzug erschien plötzlich der entsetzte Gesichtsausdruck ihrer Anwältin. »Das war keine sehr gute Idee.«

»Es tut mir leid«, sagte er hastig.

»Nein, es tut Ihnen überhaupt nicht leid.«

»Stimmt. Und Ihnen?«

»Das darf nicht wieder vorkommen«, sagte Lynn, um seiner Frage auszuweichen. Sie sah sich verlegen um und hatte das Gefühl, alle starrten sie an. Sie wartete ab, was Marc als nächstes sagen würde.

Ihr kam es vor, als wären sämtliche Bewohner der Stadt am Strand, dabei hatte der Kuß in Wirklichkeit nur die Aufmerksamkeit sehr weniger Menschen erregt. Weiter unten am Strand, näher am Wasser, ließen Teenager Frisbee-

Scheiben über die Körper der Sonnenanbeter segeln. Die vorsichtigeren Strandgäste hatten sich in den Schatten der bunten, zum Meer hin offenen Badehütten zurückgezogen. Einige vergruben ihre sonnenverbrannten Nasen in Büchern, andere beaufsichtigten ihre unternehmungslustigen Kleinkinder, die sich in regelmäßigen Abständen selbständig machten, um in die Freiheit zu entweichen. SCHWIMMER NACH RECHTS, SURFER NACH LINKS gebot ein großes Schild unter dem Aussichtsturm des Bademeisters, aber heute waren nur wenige Surfer da und noch weniger Wellen. Erleichtert stellte Lynn fest, daß, wenn überhaupt jemand den Kuß beobachtet hatte, er ein bereits vergessenes Ereignis war.

Sie faßte sich ans Kinn, wo sein Bart an ihrer Haut gerieben hatte. Sie ertappte sich bei dem Wunsch, er möge sie noch einmal küssen, und begann schneller zu gehen, um einen klaren Kopf zu bekommen. Was hatte sie eigentlich an einem Samstag vormittag zu suchen hier draußen mit dem einzigen Mann, mit dem sie jeden Umgang vermieden hätte, wenn es nach ihrem gesunden Menschenverstand – von ihrer Anwältin ganz zu schweigen – gegangen wäre?

»Sie haben also immer schon in Florida gelebt?« fragte Marc. Er mußte fast laufen, um mit ihr Schritt zu halten.

»Ja, mein ganzes Leben lang«, antwortete sie knapp und hielt ihr Tempo.

»Leben Ihre Eltern noch hier?«

»Mein Vater. Meine Mutter ist vor neun Jahren gestorben.« Sie blieb unvermittelt stehen. »Machen wir hier Konversation? Sind wir hier mit Small talk beschäftigt, oder was?«

»Hätten Sie es lieber, wenn ich Sie noch mal küssen würde?«

»Also doch Small talk«, sagte Lynn und fiel wieder in ihre schnelle Gangart zurück. Sie waren schon mehrere Kilometer von ihrem Ausgangspunkt entfernt. Jetzt konnte sie genausogut versuchen, das Beste aus der Situation zu machen, auch wenn sich der Strand an diesem Vormittag nicht gerade zum Spazierengehen eignete. Der Sand war zu weich und zu naß, ihre Füße sanken ständig ein.

»Was macht denn Ihr Vater?« fragte Marc. Er hatte den richtigen Gehrhythmus gefunden und hielt jetzt problemlos mit ihr Schritt.

»Er ist Rentner. Er war Imprägnator, aber nach dem Tod meiner Mutter hat er die Firma verkauft.«

»Und was macht er jetzt?«

»Spielt viel Golf. Vor ein paar Jahren hat er wieder geheiratet.«

»Sie mögen sie nicht«, behauptete Marc. Wieder blieb Lynn stehen. Sie sah ihn erstaunt an.

»Woher wissen Sie das?«

»Einfach von der Art, wie Sie das sagten, daß er wieder geheiratet hat. Was ist denn mit ihr?«

»Gar nichts. Sie ist eine sehr nette Frau.«

»Warum können Sie sie dann nicht ausstehen?«

Lynn wollte schon eine schnippische Antwort geben, aber die Ernsthaftigkeit in seinen blauen Augen hielt sie davon ab. Er muß ein erstklassiger Interviewer sein, dachte sie und wünschte, sie hätte eine gute Antwort auf seine Frage parat.

»Ich weiß auch nicht. Sie ist eine sehr nette Frau. Sie ist höflich, sie kocht gut, und sie kann den ganzen lieben Tag über ihre Wohnzimmermöblierung sprechen. Fröhlich ist sie auch, weiß Gott. Ich habe keine Ahnung, warum ich sie nicht mag. Ich hätte sie mir einfach nicht ausgesucht, das ist alles.«

»Darum hat Sie ja auch niemand gebeten.«

»Vielleicht besteht gerade darin das Problem.« Sie gingen weiter, aber bedeutend langsamer als vorher. »Sie ist nicht meine Mutter«, fuhr Lynn nach kurzem Schweigen fort. »Das ist wohl die ehrlichste Antwort, die ich Ihnen geben kann, und ich weiß, daß es nicht fair von mir ist, sie aus diesem Grund nicht zu mögen, aber...«

»So ist das nun mal«, sagte Marc mit denselben Worten, die Lynn vorhin gebraucht hatte. »Erzählen Sie mir von Ihrer Mutter.«

Lynn spürte Tränen in ihre Augen steigen. Selbst jetzt noch, nach neun Jahren, waren die Tränen immer nur ein paar gut gewählte Worte entfernt. »Sie war eine bemerkenswerte Frau. Anders als die anderen. Sie war ihr ganzes Leben lang Hausfrau, aber als sie fünfzig wurde, ging sie zurück an die Universität und machte ihren geisteswissenschaftlichen Abschluß. Ausgerechnet in mittelalterlicher Geschichte. Sie las ständig. Immer wenn ich an meine Mutter denke, sehe ich sie mit einem Buch in der Hand vor mir.«

»Schon mag ich sie.«

Lynn lächelte. »Sie war es, die darauf bestand, daß ich das College besuchte, einen Beruf erlernte, etwas aus meinem Leben machte. Sie hat mir immer gesagt, ich solle nicht darauf warten, daß irgend jemand daherkommt und alles für mich erledigt.«

»Wie ist sie gestorben?«

»Alzheimer-Krankheit«, sagte Lynn. Eine ungebetene Träne verriet mehr als ihre plötzlich gepreßt klingende Stimme. »Sie verlor einfach kleine Teile ihrer Identität, bis nichts mehr da war. Am Ende hatte sie nicht mehr die geringste Kontrolle über sich. Weder über ihre Körperfunktionen noch über ihren Verstand. Sie wußte nicht einmal mehr, wer ich war.«

»Das muß sehr schlimm für Sie gewesen sein.«

Lynn hob die Schultern. »So ist das nun mal«, sagte sie, womit das Thema unmißverständlich abgeschlossen war.

»Wie haben Sie Gary kennengelernt?« fragte Marc, nachdem sie eine ganze Weile schweigend nebeneinander hergegangen waren.

»Ist das ein Interview?«

»Ich möchte einfach mehr über Sie herausfinden.«

»Und was haben Sie bisher herausgefunden?«

»Daß Sie schön sind«, begann er, »sensibel, fürsorglich. Daß Sie sich gerne unter Kontrolle haben. Daß Sie schnell gehen«, sagte er, und sie lachte, ohne es zu wollen. »Daß Sie gut küssen.«

»Ich habe Gary hier am Strand kennengelernt«, sagte Lynn rasch, um seine Worte mit ihren eigenen wegzuschieben. »Ich war mit ein paar Freundinnen hier. Er hatte auch Freunde dabei. Aus irgendeinem Grund sind alle diese Freunde verschwunden, und zum Schluß saßen Gary und ich nebeneinander auf einer Decke.« Lynn bemühte sich, es sehr beiläufig klingen zu lassen, aber selbst jetzt noch spürte sie die leichte Brise jenes Nachmittags auf der Haut und sah das Fleckenmuster der bunten, orangeroten und gelben Decke, auf der sie gesessen waren. Sie erinnerte sich an die Grübchen in Garys Wangen, rechts und links der Mundwinkel, und sie entsann sich, wie bitter das Bier geschmeckt hatte, das Gary ihr anbot, die Flasche vertrauensvoll von seinen Lippen an die ihren setzend. »Er strahlte so eine Ruhe aus. Er drängte mich nicht. Er konnte gut zuhören, das gefiel mir, denn damals glaubte ich eine Menge zu sagen zu haben. Ich hatte gerade meinen Magister gemacht und war sehr darauf aus, aller Welt zu zeigen, was ich wußte. Ich habe wirklich geglaubt, ich hätte den Mann kennengelernt, mit dem ich den Rest meines Lebens verbringen würde.« Wieder fühlte sie ungebetene Tränen aufsteigen. Wie ließen sich nur ihre momentanen Gefühle für Gary mit dem vereinen, was sie noch vor wenigen Stunden für ihn empfunden hatte? »Ich glaube, ich habe mich leergeredet«, sagte Lynn und war dankbar, als Marc keine weiteren Fragen stellte. Den Rest des Weges legten sie schweigend zurück.

Als sie den Strand verließen und die Straße zu ihrem Haus entlanggingen, überlegte Lynn, was sie tun sollte, wenn er sie bat, hineinkommen zu dürfen, wenn er sie zu küssen versuchte, wenn er vorschlug, sie sollten sich wiedersehen. Sie rief sich ins Gedächtnis zurück, was Renee ihr geraten hatte, dachte an die Gründe, aus denen jeder Gedanke an eine Beziehung mit diesem Mann außer Frage stand. Sie dachte auch daran zurück, wie wütend sie auf Gary gewesen war, welches Gefühl der Machtlosigkeit er ihr gegeben hatte, wie schön Marcs Kuß gewesen war, wie sehr er sie erregt hatte. Würde er versuchen, sie noch einmal zu küssen? Würde er seinen Vorschlag wiederholen, die Beziehung im nächstgelegenen Motel fortzuführen?

Sie standen vor seinem Auto. »Meine Nummer haben Sie ja«, sagte er.

8

»Wir möchten diese Sache möglichst reibungslos über die Bühne bringen«, erklärte der Anwalt und warf Renee, die ihm an dem runden Konferenztisch gegenübersaß, ein affektiertes Lächeln zu.

Renee erwiderte Herbert Tarnowers Grinsen, wandte den Blick von dem kleinen, rundlichen Anwalt ab und betrachtete seine großgewachsene Klientin mit dem ausgeprägten Sex-Appeal. Penny Linkletter war fünfundzwanzig, über einen Meter achtzig groß und sah aus, als wäre sie gerade von der Bühne eines Nachtclubs in Las Vegas herabgestiegen. Fehlt nur noch das entsprechende gewagte Kostüm, dachte Renee und lächelte dem schon reichlich betagten Ehemann der Dame zu. Warum, überlegte sie, stand die Größe der Brieftasche, die ein Mann besaß, so häufig in umgekehrter Relation zur Größe seines Gehirns? Warum wurden die Menschen immer nur älter, aber nie klüger?

»Wir halten das, was Mrs. Linkletter zum Zwecke einer gütlichen Einigung fordert, in keiner Weise für unverhältnismäßig«, fuhr der Anwalt in seinen Ausführungen fort; er wollte noch etwas hinzufügen, aber Renee unterbrach ihn.

»Sie halten also die einmalige Summe von zwei Millionen Dollar plus zwanzigtausend Dollar Unterhalt monatlich nicht für ein klitzekleines bißchen überzogen?« Sie machte gar nicht den Versuch, ihren sarkastischen Unterton zu verbergen.

»Mr. Linkletter ist ein sehr wohlhabender Mann. Seine Frau hat Anspruch auf einen Teil seines Einkommens.«

»Mrs. Linkletter war alles in allem ganze sechzehn Monate lang Mrs. Linkletter...«

»Und war Mr. Linkletter in diesen sechzehn Monaten eine vorbildliche Ehefrau.«

»Und hat in diesen sechzehn Monaten ungefähr mit der Hälfte der Einwohnerschaft des Bezirks Dade geschlafen«, fiel Renee ihm ins Wort. Sie ließ einen Aktenordner über den Konferenztisch gleiten; an den Spitzen der schön manikürten Anwaltsfinger kam er zum Stillstand. »Hier drin werden Sie eidesstattliche Erklärungen einer ganzen Reihe von Männern und Frauen finden – das reicht vom japanischen Gärtner bis zum kubanischen Dienstmädchen. Mrs. Linkletter war eine Arbeitgeberin, die ungemein viel auf Chancengleichheit hielt.« Sie lächelte Penny Linkletter an, die seltsamerweise zurücklächelte. »Wir haben auch Fotos«, fügte Renee hinzu.

»Kann ich die mal sehen?« fragte Penny Linkletter, zog die Frage aber sofort zurück, als sie den vernichtenden Blick ihres Anwalts bemerkte. Sie rückte die Schulterpolster ihres weißen Baumwollpullovers zurecht, zupfte am Saum ihres Minirocks und sagte nichts mehr.

Herbert Tarnower schwieg einen Augenblick, um seinen normalen Gesichtsausdruck wiederaufzubauen. »Offensichtlich sind wir jetzt so weit, daß wir mit den Verhandlungen beginnen können«, sagte er.

»Aber *wir* nicht«, erklärte Renee ohne Umschweife. »Wir halten die von Mr. Linkletter vorgeschlagene Vereinbarung für mehr als fair.«

»Fünfzigtausend Dollar? Mein Gott, allein letztes Jahr hat der Mann über fünf Millionen verdient!«

»Sie sollten vielleicht doch mal einen Blick auf diese Fotos werfen, Mr. Tarnower«, empfahl Renee ihm.

»Sehen Sie«, sagte Herbert Tarnower hastig – nun nicht mehr entrüstet, sondern im Tonfall väterlicher Besorgnis –,

»wir sind nicht daran interessiert, vor Gericht zu gehen. Und ich bin sicher, daß es auch nicht in Mr. Linkletters Interesse liegt. Enthüllungen dieser Art sind letztendlich doch immer für beide Seiten peinlich, und ein Mann von Mr. Linkletters Alter und Ruf...«

»Mr. Linkletter ist achtundsiebzig Jahre alt und insgesamt fünfmal geschieden. Seine letzten drei Ehefrauen waren allesamt große Blondinen zwischen zwanzig und dreißig; zwei davon haben Mr. Linkletter vor Gericht gebracht und nicht das geringste zugesprochen bekommen. Ich gebe Ihnen, Mr. Tarnower, zu bedenken, daß Mr. Linkletter Ihre Klientin gar nicht erst geheiratet hätte, wenn ihm leicht etwas peinlich wäre.« Renee ging auf die Tür des Konferenzraums zu und gab damit zu verstehen, daß die Besprechung beendet war. »Denken Sie darüber nach«, riet sie Penny Linkletter und deren Anwalt. Dann half sie dem schweigenden, aber lächelnden Mr. Linkletter vom Stuhl auf und führte ihn aus dem Raum. »Und lassen Sie mich wissen, wie Sie sich entschieden haben.«

»Den ganzen Vormittag hindurch haben ständig Leute für Sie angerufen«, teilte die Sekretärin mit, als Renee in ihr Büro zurückkam.

»Hat Philip zurückgerufen?«

»Nein, noch nicht. Soll ich es noch mal versuchen?«

»Nein, ich mache das schon.«

»Fiona Stapleton hat dreimal angerufen.«

Renee verzog mißmutig das Gesicht. »Na gut. Ich rede wohl besser mal mit ihr. Warten Sie kurz, bis ich Philip angerufen habe, und dann legen Sie sie auf meine Leitung.«

Renee ging rasch in ihr Büro. Als sie sich zur untersten Schublade bückte, um einen Mini-Schokoriegel herauszuholen, stieß sie sich die Hüfte an der spitzen Ecke ihres Schreibtisches an. »Geschieht mir ganz recht«, sagte sie, wickelte eilig den Schokoriegel aus und aß ihn, während sie die Nummer von Philips Praxis wählte. Sie wartete darauf, daß seine Sekretärin sich meldete – eine magersüchtige Frau mit einer gleichermaßen dünnen Stimme und dem Namen Samantha. Vor einigen Jahren hatte sie einen Sommer in England verbracht und kultivierte seither einen leichten britischen Akzent. »Kann ich mit meinem Mann sprechen?« fragte Renee, als Samantha sich mit blecherner Stimme gemeldet hatte.

»Hat er denn nicht zurückgerufen?« fragte die Sekretärin, obwohl sie es genau wußte. »Na ja, er ist heute vormittag wirklich schrecklich beschäftigt. Ist es dringend?«

»Nein, nein, es kann warten.« Renee langte in die unterste Schublade und zog noch einen Schokoriegel hervor. Philip hatte davon gesprochen, daß sie möglicherweise zusammen zu Mittag essen würden, deshalb hatte sie mit niemand anderem etwas vereinbart; jetzt aber war es fast zwölf Uhr, und es sah nicht so aus, als würde das Treffen noch zustande kommen. »Ich rufe später noch mal an. Danke schön«, fügte sie hinzu, ohne eigentlich zu wissen, für was. Hastig aß sie den zweiten Schokoriegel und schloß die Schublade, bevor sie in Versuchung kam, sich noch einen dritten herauszuholen.

Ihr Telefon summte.

»Mrs. Stapleton ist auf Leitung eins«, sagte ihre Sekretärin.

»Danke.« Renee drückte den entsprechenden Knopf.

»Sie haben auf meine Anrufe überhaupt nicht reagiert!« beschwerte sich die Frau am anderen Ende der Leitung.

»Wir haben das doch alles bereits besprochen«, erklärte Renee geduldig. »Ich habe Ihnen gesagt, daß ich mich um Ihre Scheidungsangelegenheiten erst dann wieder kümmern kann, wenn Sie Ihre Rechnungen bezahlt haben.«

»Woher soll ich fünftausend Dollar nehmen?«

»Mrs. Stapleton, ich habe sehr großes Mitgefühl mit Ihnen – wirklich«, fügte sie hinzu, als die Frau höhnisch auflachte. »Aber Sie kannten meine Gebührensätze, als Sie sich an mich wandten, und Sie waren mit den vereinbarten Zahlungsterminen einverstanden. Es ist ein komplizierter Fall.

Ich habe bereits sehr viele Stunden daran gearbeitet, und Sie können von mir nicht erwarten, daß ich das kostenlos tue. Ich habe Ihnen Ihre Zahlungsfristen schon mehrmals verlängert, aber wie gesagt, bei der letzten Besprechung unserer Anwaltspartner wurde beschlossen, daß wir an Ihrem Fall unmöglich weiterarbeiten können, bevor Sie nicht alle fälligen Rechnungen beglichen haben. Es tut mir leid, aber so ist das nun mal.« Sie hörte, daß eingehängt wurde. »Und danke für den Anruf«, rief sie, als sie den Hörer auf die Gabel legte.

Plötzlich wurde die Bürotür aufgerissen. Debbie kam, selbstsicher ausschreitend, auf Renee zu. Sie trug mehrere Einkaufstüten im Arm. Dicht hinter ihr ging, lammfromm lächelnd und genauso bepackt, Kathryn. Renees Sekretärin war beiden aufgeregt gefolgt. »Deine Schwester ist da!« verkündete Debbie in dem Augenblick, als Renees Sekretärin die große Neuigkeit mitteilen wollte. »Und deine böse Stieftochter.« Debbie lachte, ließ die Tüten auf einen der Stühle an der anderen Seite von Renees Schreibtisch fallen und forderte Kathryn mit einer Geste auf, das gleiche zu tun.

»Schon gut, Marilyn«, sagte Renee zu der ziemlich verwirrten jungen Frau, deren Frisur mindestens fünf Zentimeter zu ihrer Größe beitrug. »Ich glaube, Sie kennen meine Schwester Kathryn noch nicht. Sie ist aus New York zu Besuch gekommen. Und das hier ist die Tochter meines Mannes, Debbie. Sie verbringt den Sommer bei uns.«

»Aus Boston«, sagte Debbie in süßlichem Tonfall. »Ich lebe dort bei meiner Mutter.«

»Was verschafft mir die Ehre eures Besuchs?« fragte Renee, als ihre Sekretärin den Raum verlassen hatte, und warf einen beunruhigten Blick auf die zahlreichen Tüten.

»Debbie ist mit mir ins Boca Town Center gefahren«, erklärte Kathryn ruhig.

»Bloomie's«, sagte Debbie. Ihr Lächeln verwandelte sich in ein boshaftes Grinsen. »Ich habe alles auf Daddys Rechnung gekauft.«

»Ich zahle es ihm schon zurück«, erklärte Kathryn rasch. »Debbie meinte, das ginge in Ordnung.«

»Ich habe Kathryn zu einem Badeanzug überredet, der wahnsinnig sexy ist. Dad wird ganz aus dem Häuschen sein, wenn er den sieht. Kathryn hat eine süße Figur, findest du nicht auch, Renee?«

»Was habt ihr hier verloren?« fragte Renee und versuchte, ihre Jacke über die ausladenden Hüften zu ziehen. Es lag ihr sehr daran, Debbie so schnell wie möglich loszuwerden.

»Wir wollten dich zum Mittagessen abholen«, sagte Kathryn und warf Debbie einen beifallheischenden Blick zu. Renee war zwar dankbar dafür, daß Debbie Kathryn aus der Wohnung entführt hatte, und freute sich darüber, daß es dem Mädchen gelungen war, sie zu einem Einkaufsbummel zu überreden, aber was Debbies wahre Motive betraf, so hatte sie große Bedenken. Debbie war nicht der Typ, der anderen half, wenn es ihnen schlechtging.

»Ich glaube nicht...« stammelte Renee. Wenn sie doch nur Philip erreicht hätte!

»Du mußt etwas essen«, erklärte ihre Schwester in freundlich bittendem Ton. »Na komm schon, Renee, es wird dir guttun. Genauso wie der Einkaufsbummel heute vormittag mir gutgetan hat.«

»Wir gehen ins Troubadour«, stimmte Debbie ein.

»Ins Troubadour? Das ist aber ziemlich teuer, Debbie.«

»Na und? Geht doch auf Daddys Rechnung.« Sie langte in ihre Leinentasche und holte eine funkelnde goldene Kreditkarte heraus. »Daddy hat mal gesagt, das Troubadour ist das beste Restaurant in Delray.«

»Komm schon«, drängte Kathryn mit dem Anflug eines Lächelns. »Zum Schluß gibst du ja doch nach.«

»Gehen wir doch einfach zu Erny's.«

»Ins Troubadour!« erklärte Debbie ihrer Stiefmutter unerbittlich und steckte die Kreditkarte in ihre Handtasche zurück. »Komm schon, Renee, ich will dich mal verwöhnen.«

Ein Kellner führte sie in das schummrig beleuchtete Restaurant und wies ihnen einen runden, mit einem Leinentuch bedeckten Tisch im hinteren Teil des eleganten, in Rosa und Violett gehaltenen Raums zu. Sofort wurden ihnen ein Korb mit Brötchen und die Weinkarte gereicht. Kellner schwebten mit hilfreichen Empfehlungen und der Tageskarte herbei. Sie brauchten nicht lange für ihre Bestellung. Renee sprach sich gegen den von Debbie geäußerten Wunsch nach einer Flasche Champagner aus und bestellte statt dessen drei Gläser Grapefruitsaft.

»Du bist eine Spielverderberin«, sagte Debbie.

»Du bist noch nicht volljährig«, brachte Renee ihr in Erinnerung zurück. Es war an der Zeit, daß Debbie das mal von jemandem gesagt bekam, fand sie. »Und ich muß noch arbeiten.«

»Viel zu tun heute?« fragte ihre Schwester.

»Sehr viel.«

»Als wir reinkamen, sah es aber nicht so aus, als ob du im Streß gewesen wärst«, sagte Debbie und ließ ihren Blick prüfend über den Raum schweifen.

»Das ist ja gerade der Trick«, erklärte Renee freundlich. »Im Streß zu sein, aber entspannt zu wirken.«

»Ich habe nicht gesagt, daß du entspannt gewirkt hast. Es sah nur nicht so aus, als ob du im Streß gewesen wärst.«

Renee griff nach einem Brötchen.

»Wer wird heute also geschieden? Leute, die wir kennen?« fragte Kathryn. Ihr Blick wanderte vorsichtig zwischen ihren beiden Begleiterinnen hin und her.

Renee schüttelte den Kopf und biß in das Brötchen, das zu ihrer Überraschung warm war.

»Renee darf nicht über ihre Fälle sprechen«, sagte Debbie altklug. »Ich habe sie schon ein paarmal gefragt«, fuhr sie in gekränktem Ton fort, »aber sie sagt nichts.«

»Das sind streng vertrauliche Dinge, Debbie«, sagte Renee, um Geduld bemüht. »Das verstehst du doch. Dein Vater hat genau das gleiche Problem.«

»Mein Vater hat überhaupt keine Probleme.«

»Na, dann nennen wir es eben Situation. Er darf nicht über seine Patienten sprechen.«

»Tut er aber«, sagte Debbie. Sie versuchte gleichzeitig raffiniert und unschuldig zu wirken. »Und zwar mit mir.«

Renee schwieg. Ihre Augen hatten sich noch immer nicht ganz an das schummrige Licht angepaßt. »Hier war ich noch nie. Es ist sehr hübsch.«

»Dad war schon hier«, sagte Debbie, den Blick auf den fast völlig dunklen vorderen Teil des Restaurants gerichtet. »Ich habe gehört, wie er mal am Telefon davon gesprochen hat. Er hat gesagt, daß es sein Lieblingslokal ist.«

»Wirklich?« hörte Renee sich sagen. Sie bereute es sofort.

»Du mußt dir das weiße Kleid ansehen, das Kathryn gekauft hat«, sagte Debbie. Themenwechsel bereiteten ihr keinerlei Schwierigkeiten. »Sehr sexy. Mit freiem Rücken.«

»Ich kann immer noch nicht glauben, daß ich es wirklich gekauft habe. Es ist so anders als alles, was ich bisher getragen habe.«

»Es steht dir toll!«

»An Debbie ist wirklich eine Verkäuferin verlorengegangen.«

»Das glaube ich auch.«

»Kathryn hat einen so schönen Körper«, wiederholte Debbie. »Ich finde, sie sollte ihn ruhig zeigen.« Ihr Blick wanderte von Kathryn zu Renee. »Es ist wirklich kaum zu glauben, daß sie deine ältere Schwester ist.«

»Fast fünf Jahre älter«, betonte Kathryn.

»Man könnte schwören, es wäre umgekehrt.« Debbie lächelte süßlich. Renees Finger krampften sich um die untere Kante ihres Stuhls.

»*Bon appétit*«, sagte Debbie, als etwa zwanzig Minuten später das Essen serviert wurde. Sie warf einen langen, kritischen Blick auf Renees Teller. »Willst du wirklich alle diese

Pommes frites essen, Renee? Was ist denn? Diesmal habe ich deinen Namen doch richtig ausgesprochen.«

Renee begann ihr Steak und die Pommes frites mit kleinen, regelmäßigen Bissen zu essen. Sie sprach nur dann, wenn sie nicht anders konnte, und aß absichtlich alles auf. Dann bestand sie auf einem Nachtisch, während die beiden anderen nichts mehr wollten. »Wenn schon, denn schon«, sagte sie. Sie fügte ihrem Kaffee einen Löffel voll Zucker und einen Schlag Sahne hinzu und trank dann noch eine zweite Tasse.

»Ist das nicht mein Vater?« fragte Debbie plötzlich und starrte auf den Eingang des Lokals. Renee hatte bemerkt, wie Debbie den Blick während des Essens mehrere Male dorthin gewandt hatte, aber sie hatte es für das beste gehalten, sich nicht umzudrehen. Jetzt schnellte ihr Kopf in diese Richtung. »Er *ist* es. Wen hat er denn dabei?« Renee konnte nur den Hinterkopf der Frau sehen, aber trotz des Halbdunkels und der Entfernung von etwa zwölf Metern war ihr klar, daß es sich um die ihr wohlvertrauten roten Locken der Frau handelte, die sich ihr damals als Alicia-aber-Sie-können-mich-Ali-nennen Henderson vorgestellt hatte. »Kennst du sie, Renee? Ich glaube nicht, daß ich sie schon mal gesehen habe. Daddy!« schrie Debbie plötzlich, sprang von ihrem Stuhl auf und winkte wild drauflos.

Renee wandte sich genau in dem Augenblick wieder um, als sich Alicia-aber-Sie-können-mich-Ali-nennen auf ihrem Stuhl umdrehte. Aus den Augenwinkeln heraus sah sie widerwillig gerade noch das klassische Profil und den üppigen Busen der Frau; dann schloß sie ganz fest die Augen. Sie mußte gar nicht hinsehen, um zu wissen, daß Philip schon aufgestanden war und jetzt zu ihnen herüberkam. Sie brauchte seine Stimme gar nicht zu hören, um zu wissen, was er sagen würde, und genausogut wußte sie jetzt, daß ihre Anwesenheit in diesem Restaurant kein Zufall war, daß nicht das Schicksal dieses unerwartete Zusammentreffen arrangiert hatte, sondern daß dies die Art ihrer Stieftochter war, sie zu »verwöhnen«. Wahrscheinlich hatte Debbie mitgehört, als Philip das Rendezvous am Telefon vereinbarte. Philips Leichtfertigkeit war ebenso groß wie die Hellhörigkeit seiner Tochter.

»Renee«, sagte Philip betont fröhlich, bückte sich und küßte sie auf die Wange. »Was für eine wundervolle Überraschung! Hallo, Kathryn! Na, wie geht es dir denn heute?«

»Schon viel besser.« Kathryn lächelte und faßte sich unbewußt an die Handgelenke. Sie hatte nicht die geringste Ahnung von dem Drama, dessen Zeugin sie soeben wurde.

»Tut mir leid, daß ich nicht dazu kam, dich zurückzurufen. Aber du weißt ja, wie die Zeit manchmal davonfliegt. War es denn etwas Wichtiges?«

Renee schüttelte den Kopf. Offensichtlich hatte er ihre vagen Pläne für einen gemeinsamen Restaurantbesuch völlig vergessen. Jedenfalls hatte es keinen Sinn, die Sache jetzt aufzuwärmen. »Ich wollte nur mal Hallo sagen.«

Er lächelte freundlich. »Hat es euch geschmeckt?« fragte er.

»Das Essen hier ist köstlich. Wenn ich eher gekommen wäre, hätte ich euch den Schwertfisch empfohlen. Eigentlich sind hier alle Fisch- und Nudelgerichte erstklassig.«

»Ich habe Pasta gegessen«, sagte Debbie stolz, »Kathryn hatte Rotbarsch. Und Renee«, fügte sie lakonisch an, »Steak und Pommes frites.«

»Ach, das ist aber schade«, meinte Philip. »Steak schmeckt doch überall gleich.«

»Das nächste Mal weiß ich es dann«, sagte Renee. Sie hatte keine Ahnung, was sie damit eigentlich sagen wollte.

»Mit wem bist du denn hier, Dad?« fragte Debbie.

»Du kannst dich doch noch an Alicia Henderson erinnern, die du auf Bennetts Party kennengelernt hast«, flüsterte Philip Renee ins Ohr. »Sie hat Schwierigkeiten mit ihrem Mann. Sagt, er sei schizophren, aber er will sich nicht helfen lassen, und sie weiß nicht mehr, was sie machen soll. Sie wollte sich beraten lassen, aber ohne daß man sie in meine Praxis gehen sieht, deshalb haben wir uns hier getroffen. Es ist ihr ein bißchen peinlich, deshalb will sie nicht zu euch rüberkommen, aber sie hat mich gebeten, schöne Grüße auszurichten.«

Renee nickte schweigend und reckte den Hals, um ihren Mann auf den Mund zu küssen.

»Also, dann bis später.« Philip umarmte seine Tochter herzlich. »Schön, daß ich euch hier getroffen habe«, sagte er, und es gelang ihm, so zu klingen, als meinte er es ernst. »Es ist schön, wenn ich sehe, daß meine drei Mädels zusammen ausgehen und Spaß haben!«

»Sie ist hinreißend«, sagte Debbie, als Philip an seinen Tisch zurückgekehrt war. »Dieses wunderschöne rote Haar – und was für eine Figur!« Renee warf dem Kellner einen Blick zu und gab ihm zu verstehen, er solle die Rechnung bringen. Sie überlegte, wie lange sie wohl brauchen würde, um Debbies Körper zu zerstückeln, und welche Orte sich als Versteck für die einzelnen Teile eignen würden.

»Lynn Schuster auf Leitung zwei«, verkündete Renees Sekretärin am späten Nachmittag über die Sprechanlage.

»Lynn – gerade habe ich an Sie gedacht.« Renee zwang sich zu einem fröhlichen Tonfall, obwohl sie alles andere als fröhlich war. Das Mittagessen – sowohl das Essen selbst als auch seine Begleitumstände – waren ihr den ganzen Nachmittag über immer wieder sauer aufgestoßen. Sie hoffte nur, daß Debbie nicht gemerkt hatte, wie bestürzt sie gewesen war. Sie hatte einfach die Zähne zusammengebissen, dem Beispiel ihres Mannes folgend, gelächelt und dem Mädchen versichert, wie sehr sie diesen kleinen Ausflug genossen habe. Aber die ganze Zeit über hatte sie gegen eine große und ständig wachsende Angst ankämpfen müssen. Das Lügen war ihr noch nie leichtgefallen. Sie wunderte sich darüber, daß es Philip so mühelos gelungen war. Aber vielleicht hatte er ja gar nicht gelogen, versuchte sie sich einzureden. Vielleicht war das Mittagessen mit Alicia Henderson ja genauso spontan und harmlos gewesen, wie er behauptet hatte. Und vielleicht würde man sie ja zur Richterin am Obersten Bundesgericht ernennen. Und vielleicht bestand der Mond ja wirklich aus Käse.

Was machte sie nur falsch? Was an ihr trieb Philip in die Arme sämtlicher Alicias-aber-Sie-können-mich-Ali-nennen der Welt? Was ließ sie denn vermissen? Renee betrachtete die Knöpfe an ihrer Bluse, die jeden Moment abzuspringen drohten. Davon, daß sie etwas vermissen ließ, konnte nicht die Rede sein, dachte sie. Genau das Gegenteil war der Fall. Es gab einfach zuviel von ihr. Sie mußte wieder eine Diät machen. Sie mußte ihr Gewicht in den Griff bekommen. »Entschuldigen Sie«, stammelte sie, als ihr bewußt wurde, daß sie kein einziges von Lynns Worten mitbekommen hatte und daß Lynn sehr aufgeregt klang. »Was? Sagen Sie das noch mal... Was hat er? Blumen hat er Ihnen geschickt? Wer hat Ihnen Blumen geschickt? ... Das ist ja nicht zu glauben... Gut, gut, jetzt beruhigen Sie sich mal. Werfen Sie die Blumen weg, wenn Ihnen das hilft – ich habe den starken Verdacht, daß es Ihnen helfen wird –, und dann machen Sie sich einen ordentlichen Drink. Lynn, hören Sie mir überhaupt zu? ... Gut. Ich hatte heute selbst keinen besonders guten Tag. Das erzähle ich Ihnen ein andermal. Aber jetzt schmeißen Sie erst mal die Blumen in den Müll, trinken etwas und versuchen sich zu entspannen.« Sie verabschiedeten sich voneinander, und Renee legte kopfschüttelnd den Hörer auf. »Männer«, sagte sie mehrmals hintereinander, so lange, bis das Wort jede Bedeutung verloren hatte.

9

Nur wenige Minuten nachdem Lynn am Ende eines frustrierenden Tages ihr Haus betreten hatte, waren die Blumen geliefert worden. In der Arbeit hatte sie Stunden am Telefon verbracht, ohne irgend etwas erreicht zu haben, und ähnlich deprimierend waren die Stunden gewesen, in denen sie sich um eine Familie gekümmert hatte, die durch den Drogenmißbrauch des Sohns zerstört worden war. Das Tüpfelchen auf dem i war dann ein langatmiger Vortrag eines Rechtsanwalts namens Stephen Hendrix gewesen, der den aufgebrachten Keith Foster vertrat, den Vater des angeblich mißhandelten Kindes. Hendrix hatte klipp und klar gesagt, wenn sie seinen Klienten weiterhin belästige, bleibe ihm keine andere Wahl, als rechtliche Schritte gegen sie einzuleiten. Gegen sie *persönlich*, wie er betonte.

»Wir haben einen Hinweis auf eine mutmaßliche Kindesmißhandlung erhalten«, hatte Lynn ihm mit möglichst ruhiger Stimme erklärt, »und wie Ihnen, Mr. Hendrix, bekannt sein dürfte, müssen wir jedem derartigen Hinweis nachgehen. Ich habe wiederholt versucht, mit Mr. und Mrs. Foster einen Termin zu vereinbaren, und bin jedesmal auf heftigsten Widerstand gestoßen. Das letztemal, als ich zu den Harborside Villas hinausfuhr, weigerte sich Patty Foster, mir die Tür zu öffnen. Ich belästige Ihre Klienten keineswegs. Ich will nur ein Gespräch mit ihnen und ihrer Tochter Ashleigh führen. Dazu habe ich nicht nur das

Recht, sondern geradezu die Pflicht. Falls es nötig werden sollte«, hatte sie dann hinzugefügt und dem Mann, der gute dreißig Zentimeter größer als sie war, fest in die Augen geblickt, ohne sich einschüchtern zu lassen, »werde ich bei meinem nächsten Besuch Beamte der Polizei von Delray Beach mitbringen. Die können Sie dann ja auch belangen. Aber das liegt ganz bei Ihren Klienten.«

»Ich beabsichtige, ebenfalls anwesend zu sein«, hatte Stephen Hendrix an dieser Stelle eingeworfen. Es war eine Kapitulation gewesen, aber er hatte es so hingestellt, als habe er die Oberhand behalten. »Ich möchte das Gespräch überwachen.«

»Ganz wie Sie wünschen.« Sie hatte ihre Sekretärin beauftragt, einen Termin für die nächste Woche zu vereinbaren. Die Fosters hielten sich gerade außerhalb der Stadt auf und waren zu einem früheren Zeitpunkt nicht erreichbar. Schließlich sei Mr. Foster ein sehr beschäftigter und sehr wichtiger Mann, hatte Stephen Hendrix – nicht zum erstenmal – erklärt.

»Beschäftigt sind wir alle«, hatte sie trocken erwidert. »Hier geht es um das Kind.«

So ungern Lynn es auch zugab, aber solche Szenen zerrten an ihren Kräften. Sie haßte heftige Wortwechsel und wütend erhobene Stimmen. Mein Gott, du hast dir wirklich den falschen Beruf ausgesucht, dachte sie, als sie nach der Arbeit heimgekommen und sofort in die Küche gegangen war, um sich frischen Saft aus Orangen von den Bäumen in ihrem Garten zu pressen. Megan und Nicholas würden auch bald kommen. Es blieb ihr gerade noch Zeit für ein schönes, entspannendes Bad. Und dann hatte es an der Tür geklopft, und vor ihr war, kaum sichtbar hinter der großen Blumenschachtel, ein Botenjunge gestanden.

»Lynn Schuster?« fragte er und drückte ihr die Blumen in die Hand, bevor sie ihre Identität bestätigen oder leugnen konnte. Wie in Trance, mit leerem Blick, sah sie ihm nach, die Schachtel nur mit Mühe im Arm balancierend. Das konnte doch nicht wahr sein, dachte sie. So weit würde er nicht gehen.

Behutsam streckte sie, ohne den Oberkörper zu bewegen, das rechte Bein aus und schloß die Tür mit einem leichten Tritt. Ganz still stand sie da. Nein, dachte sie noch einmal, so weit würde er nicht gehen.

Sie wußte nicht, wie lange sie so dagestanden war, barfuß in der Diele mit einer langen, rechteckigen Blumenschachtel in den ausgestreckten Armen, aber plötzlich spürte sie das Gewicht der Schachtel. Sie gab sich einen Ruck und ging ins Wohnzimmer, setzte sich aufs Sofa und riß die Schachtel auf, zunächst ohne die beiliegende Karte zu beachten. So weit würde er nicht gehen, schoß es ihr wieder durch den Kopf, als sie das Dutzend wunderschöner, langstieliger gelber Rosen anstarrte.

Sie ließ die Rosen in der Schachtel und beobachtete, wie sich ihre Finger widerwillig dem kleinen Kuvert näherten. Sie rang mit sich, ob sie es öffnen oder einfach wegschmeißen sollte. »Kinder, seht mal, irgend jemand hat uns Blumen geschickt!« begann sie schon zu üben. Im Geist hörte sie bereits den Schwall von Fragen, der unweigerlich folgen würde, riß endlich den Umschlag auf und zog die Karte heraus.

»Ich danke Dir für die vielen wunderbaren Jahre«, las sie laut. Ihr Blick verschleierte sich. »In der Hoffnung, daß wir noch viele weitere Jahre Freunde bleiben werden.« Sie ließ die Karte auf den Rattan-Couchtisch vor ihr fallen. »Alles Liebe, Dein Gary.« Sie wollte den Deckel der Blumenschachtel durch das Zimmer werfen, aber er war an einer Stelle noch mit einem Klebestreifen befestigt und flatterte nur kurz in der Luft, um dann wie an einem Faden über den Tischrand herabzubaumeln. »Gary Schuster, du verdammtes Arschloch!« schrie sie und brach in bittere Tränen aus.

Seit sie am Morgen aufgewacht war, hatte sie die Bedeutung dieses Tages verdrängt. 16. Juli. Ihr Hochzeitstag. Sie hatte

den Kalender ignoriert und das Datum in ihrem Termin-
büchlein einfach überschlagen. Sie hatte sich auf den Ak-
tenberg auf ihrem Schreibtisch gestürzt, hatte unglaublich
viel telefoniert und sich mit Klienten beschäftigt, hatte sich
dem unangenehmen Anwalt der Fosters ohne Umschweife
gestellt und mittags durchgearbeitet, hatte geschuftet und
verdrängt, bis es Zeit gewesen war, nach Hause zu gehen.
Und irgendwie hatte sie es geschafft, den Tag einigermaßen
gut hinter sich zu bringen.

Und dann waren die Blumen gekommen. War das Garys
Auffassung von einem Scherz? Oder waren die Blumen Suzettes Idee gewesen? Sie starrte in die Schachtel und
staunte, wie immer, über die natürliche Vollkommenheit
von Rosen. Gelbe Rosen mochte sie am liebsten. Gary
wußte das, genauso wie *sie* wußte, daß Gary, nicht Suzette,
die Idee gehabt hatte, ihr Blumen zu schicken. Wahrscheinlich hatte die Frau gar keine Ahnung davon, wahrscheinlich
wäre sie schon bei dem Gedanken daran geradezu entsetzt
gewesen, genauso entsetzt, wie Lynn darüber war, sie erhalten zu haben.

Sie kannte Gary gut genug, um zu wissen, daß es nicht in
seiner Absicht gelegen hatte, grausam zu ihr zu sein, sondern daß er allen Ernstes glaubte, er würde ihr damit etwas
Nettes tun. Der sensible Mann der achtziger Jahre. Ist das
wirklich das, was die modernen Frauen sich wünschen? Blumen von ihren Ex-Männern an den Tagen, die normalerweise ihre Hochzeitstage gewesen wären?

Gedankenverloren griff sie nach der Karte und las sie noch
einmal. »Ich danke Dir für die vielen wunderbaren Jahre«,
wiederholte sie laut und ungläubig, schlug wütend mit der
Faust auf den Tisch und sah, wie die Blumen hochschnell-
ten. »Wenn sie so verdammt wunderbar waren, warum bist
du dann abgehauen? Und wer, verdammt noch mal, will
denn hier Freundschaft?« Sie versetzte der Schachtel einen
groben Schubs, so daß sie auf dem grünen Teppichboden
landete und die Rosen in schöner Willkür auseinanderfie-

len; sie bückte sich und sammelte sie auf. »Verdammte Scheiße!« schrie sie, trug die Schachtel in die Küche und steckte sie ins Spülbecken. »Was hast du dir eigentlich dabei gedacht?« fragte sie und sah im Geist Garys grinsendes Gesicht vor sich. »Was um alles in der Welt hat dich dazu gebracht, mir das da zu schicken?«

Aber in dem Teil ihres tiefsten Inneren, den sie den ganzen Tag versteckt gehalten hatte, mußte sie zugeben, daß sie eigentlich gar nicht so sehr überrascht war. Irgendwo ganz tief innen hatte sie schon den Verdacht gehegt, er sei zu so etwas fähig, auch wenn sie eine Sekunde, bevor sie die Karte gelesen hatte, glaubte, die Blumen könnten von Marc Cameron sein.

Was sollte sie jetzt machen? Erwartete Gary von ihr, daß sie ihn anrief und sich bedankte? Um alles in der Welt – sollte sie das etwa wirklich tun? Wie lautete die Anstandsregel für eine solche Situation?

Zum Teufel mit ihm, dachte sie, griff nach dem Telefonhörer und rief statt dessen ihre Anwältin an. »Hallo, Renee? Hier spricht Lynn. Gary hat mir gerade Blumen geschickt. Ist das nicht unglaublich? Heute wäre unser fünfzehnter Hochzeitstag gewesen, und dieser Verrückte hat mir gerade ein Dutzend langstieliger gelber Rosen geschickt. Ich bin so wütend, daß ich am ganzen Leib zittere. Und ich muß mich beruhigt haben, bis die Kinder nach Hause kommen, aber ich schaue immer wieder auf die Blumen und lese diese alberne Karte. Ist das nicht unglaublich? Er hofft, daß wir noch viele Jahre lang Freunde sein können«, sprudelte es aus ihr heraus. Nur vage wurde ihr bewußt, daß die Frau am anderen Ende der Leitung ihr offenbar nicht richtig zuhörte. Aber dann war Renee aufgewacht und hatte ihr gesagt, sie solle die Blumen in den Müll werfen und sich einen ordentlichen Drink machen. Sie hatte sich zusammengerissen. Hatte sie am Telefon wirklich einfach so drauflos geplappert? Und warum hatte sie eigentlich ausgerechnet Renee Bower angerufen? Es handelte sich doch gar nicht um ein juristisches Problem. Sie hatte andere, viel bessere Bekannte und Freunde, die sie anrufen konnte. Aber seit der Trennung stand sie in einer seltsamen inneren Distanz zu ihren alten Freunden, für die sie immer die eine Hälfte eines glücklich verheirateten Paares dargestellt hatte. Niemand, und sie selbst am allerwenigsten, wußte so recht, wie ihr neuer Status zu bewerten war. Lynn zog die Schachtel aus dem Becken und stopfte die schönen Blumen in den Mülleimer unter der Spüle. Als sie sich den ordentlichen Drink mixte, zu dem Renee ihr geraten hatte, hörte sie den Campbus vor dem Haus vorfahren.

»Wie war's im Camp?« fragte sie ihre Kinder, als die beiden in die Küche wankten.

»Durst. Ich habe solchen Durst!« brummte Nicholas, faßte sich an den Hals und schlug ungeduldig seine rundlichen kleinen Knie aneinander, während Lynn Milch aus dem Kühlschrank nahm und für beide Kinder je ein großes Glas füllte. »Ich bin Erster!« sagte er und nahm rasch einen Schluck, bevor Megan ihr Glas auch nur an den Mund gesetzt hatte. »Es war super«, antwortete er, als sein Glas leer war.

»Es ging so«, sagte Megan leise. Sie hatte gar nicht versucht, in den Wettkampf um den ersten schmatzenden Schluck Milch einzutreten.

»War irgend etwas, Schätzchen?«

Megan schüttelte den Kopf, trank ihre Milch aus und wischte sich mit einer Serviette den Mund ab. Als sie sie in den Mülleimer unter dem Spülbecken werfen wollte, sah sie die Blumen. »Was sollen denn die da drin?« Megan zog die gelben Rosen behutsam aus ihrer unkonventionellen Vase. »Mom, warum sind diese Blumen im Mülleimer?« Lynn zuckte nur die Achseln. Sie hatte keine passende Antwort parat. »Von wem sind die?«

»Von deinem Vater«, sagte Lynn wahrheitsgemäß, was sie aber sofort bereute. Es war völlig unnötig, Megan in ihr Unglück mit hineinzuziehen.

»Oh.«

Lynn erwartete, daß ihre Tochter wütend und empört reagieren werde, und sah verblüfft zu, wie Megan die Blumen einfach wieder in den Mülleimer zurücksteckte und die Tür des Schränkchens schloß. »Megan?« rief sie ihr nach, als das Mädchen die Küche tränenüberströmt verlassen hatte. Lynn wandte sich Nicholas zu, der die Szene mit riesengroßen Augen beobachtet hatte. »Also, was ist passiert?«

»Nichts«, antwortete Nicholas, senkte den Blick und verlagerte sein Gewicht von einem Fuß auf den anderen. »Es war toll im Camp...«

»Ich meine nicht das Camp. Ich meine den Samstag. Das Mittagessen mit Daddy. Keiner von euch beiden hat auch nur ein Wort darüber erzählt, und Megan ist seither ganz besonders still.«

»Nichts ist passiert.«

»Nicky...«

»Kann ich bitte noch ein Glas Milch haben?«

»Hat Daddy etwas gesagt, worüber Megan sich aufgeregt hat?«

»Daddy nicht«, antwortete Nicholas und hielt buchstäblich den Atem an.

»Was soll das heißen?« Lynn merkte, daß auch sie nicht mehr atmete. »War bei dem Mittagessen außer euch und Daddy noch jemand dabei?«

Nicholas hob die Schultern. »Ja, so ungefähr.«

»So ungefähr?«

»Da war noch diese komische Frau dabei.«

»Kannst du dich an den Namen dieser komischen Frau erinnern?«

Nicholas nickte. »Suzette«, sagte er schließlich. Lynn hatte es gewußt.

Sie streckte die Arme aus und drückte ihren Sohn an sich. »Danke, mein Liebling. Es tut mir leid, daß du geglaubt hast, du müßtest das für dich behalten.«

»Daddy hat gesagt, er findet es besser, wenn wir dir das nicht erzählen.«

Lynn nickte. Das glaube ich gern, dachte sie in Erinnerung an Garys Einwilligung, die Kinder erst nach Ablauf einiger weiterer Monate mit Suzette zu konfrontieren. Sie können nicht alles gleichzeitig verkraften, hatte Lynn argumentiert, und er war einverstanden gewesen. Warum hatte er jetzt seine Meinung geändert? Was ging in seinem hübschen Kopf bloß vor? In ihrer Vorstellung sah sie wieder die Blumen hinter der geschlossenen Tür des Küchenschränkchens. »Du wolltest doch noch ein Glas Milch«, sagte sie zu ihrem Sohn. Wieder einmal war sie verblüfft, wie sehr er ihr selbst als Kind ähnlich sah. Es hatte schon etwas Ironisches an sich, überlegte sie – und sofort verband sich für sie mit diesem Wort das Bild Marc Camerons –, daß die Söhne meistens ihren Müttern, die Mädchen dagegen ihren Vätern ähnelten. Noch bevor Nicholas antworten konnte, schenkte sie ihm ein zweites Glas Milch ein und verließ die Küche, um nach Megan zu sehen.

Megan lag auf der Tagesdecke ihres vierpfostigen Metallbetts und starrte mit leerem Blick an die Decke. Ihre langen, rund um die spitzen Knie schmutzverkrusteten Beine lagen ausgestreckt über der weichen weißen Zierdecke. Die Unterkanten ihrer ausgefransten Turnschuhe drückten dunkle Falten in den gesteppten Stoff. Lynn ging langsam auf ihre Tochter zu und setzte sich ans Fußende des Betts. »Nicholas hat mir erzählt, daß Daddy am Sonntag beim Essen eine Freundin dabeihatte.«

»Das macht nichts«, flüsterte Megan ihre derzeitige Standardantwort.

»Möchtest du darüber reden, Liebling?«

Megan schüttelte trotzig den Kopf.

Lynn wußte genau, was in Augenblicken wie diesen gesagt werden mußte, sie kannte all die beruhigenden Phrasen, die in ihren Lehrbüchern fein säuberlich aufgelistet waren, lauter Sätze, die sie jetzt wahrscheinlich gesagt hätte, wenn dies nicht *ihr* Kind, wenn dies nicht *ihre* problematische Situation gewesen wäre. Statt dessen tätschelte sie einfach nur Megans Knie und schwieg.

Plötzlich brach Megan in Tränen aus. Das Bett erzitterte von ihrem herzzerreißenden Schluchzen. »Ich will nicht mehr Rechtsanwältin werden, Mommy. Muß ich denn Rechtsanwältin werden?«

Lynn spürte, daß auch sie wieder feuchte Augen bekam. Heute ist ganz offensichtlich der Tag der Tränen, dachte sie und nahm ihr weinendes Kind in den Arm. »Nein, Liebling, natürlich nicht. Du kannst werden, was du willst.«

»Ich will nicht Rechtsanwältin werden.«

»Du hast noch viel Zeit, dich zu entscheiden.«

»Ich will das tun, was du machst.«

»Ganz wie du es willst«, erklärte Lynn und streichelte den Rücken ihrer Tochter.

Megan riß sich unvermittelt los, so daß Lynn die Arme ausstrecken mußte, um sie weiter halten zu können. »Und Ballettstunden will ich auch keine mehr!«

»Aber du bist doch immer so gerne ins Ballett gegangen«, sagte Lynn. Sie hatte Mühe, mit den abrupten Themenwechseln mitzuhalten.

»Ich will aber keinen Ballettunterricht mehr«, beharrte Megan.

»Okay. Du mußt ja nicht. Vielleicht überlegst du es dir noch mal«, sagte sie, während Megan sich wieder an sie kuschelte. Das Schluchzen, das für kurze Zeit abgeflaut war, kehrte mit noch größerer Vehemenz zurück.

»Warum hat sie denn dabeisein müssen?« fragte Megan wütend. »Warum hat Daddy sie unbedingt mitbringen müssen?«

»Wein nicht, Baby. Es ist ja alles in Ordnung.«

»Ich hasse sie, Mommy. Ich hasse sie, weil sie uns Daddy weggenommen hat!«

»Ich weiß, mein Schatz. Ich bin auch nicht gerade verrückt nach ihr.«

Lynn hörte Schritte, wandte den Kopf um und sah, daß sich Nicholas auf Zehenspitzen heranschlich, so wie nur er das konnte. Und dann legten sich die drei Schusters zu einem festen kleinen Knäuel aus Armen, Beinen und Tränen zusammen und wiegten rhythmisch gegen den beinahe unerträglich schmerzenden Verlust an, den jeder von ihnen auf seine Art durchlitt.

»Ich bin froh, daß Sie mich angerufen haben«, sagte er. Lynn hob den frischen Erdbeer-Daiquiri hoch und prostete ihrem Gegenüber schweigend zu. »Ich war mir nicht sicher, ob Sie es tun würden. Und warum haben Sie es getan? Nicht daß ich etwas dagegen einzuwenden hätte, ganz im Gegenteil. Ich bin nur neugierig.«
»Die Neugier des Schriftstellers?« fragte Lynn, und Marc Cameron lächelte. »Heute ist mein Hochzeitstag.«
»Es wird ja immer interessanter.«
»Ich dachte, Sie würden diese Ironie zu schätzen wissen.« Sein Lächeln wurde breiter. »Ich komme also als Lückenbüßer ganz gelegen?«
»Ehrlich gesagt, weiß ich nicht genau, was Sie für mich sind.« Sie schwieg kurz und sah sich in dem kleinen, leeren italienischen Lokal in Fort Worth um, das sie als Treffpunkt vorgeschlagen hatte. »Ich war wütend und deprimiert. Ich mußte einfach eine Weile aus dem Haus. Meine Nachbarin ist bei den Kindern geblieben. Am besten sollte ich mich schon im voraus entschuldigen. Ich glaube nicht, daß ich heute eine anregende Gesprächspartnerin sein werde.«
»Bisher machen Sie es sehr gut. Wissen Sie schon, was Sie bestellen wollen?«
Sie schüttelte den Kopf. »Ich habe keinen großen Hunger.« Sie trank den Rest ihres Daiquiri mit zwei raschen Schlukken aus. »Aber gegen noch einen Drink hätte ich nichts einzuwenden.«
Marc Cameron winkte sofort den Kellner herbei und bestellte zwei weitere Drinks.
»Erzählen Sie mir doch etwas über Ihre Schriftstellerei«, sagte Lynn. Sorgsam vermied sie es, ihm in die wachsamen blauen Augen zu blicken. »Arbeiten Sie gerade an irgend etwas?«

»Mir spukt seit einiger Zeit die Idee zu einem Roman im Kopf herum.«

Sie lachte. »Das glaube ich gern. Es geht da nicht ganz zufällig um einen seit kurzem getrennt lebenden Mann, der etwas mit der Frau des Mannes anfängt, wegen dem seine eigene Frau ihn verlassen hat?«

»Das kommt ganz darauf an.«

Lynn sah ihm in die Augen. »Auf was?«

»Haben wir denn etwas miteinander angefangen?«

»Nur so eine Redewendung«, sagte Lynn und räusperte sich. Sie war froh, als der Kellner mit dem zweiten Drink kam. »Jedenfalls bin ich nicht gerade begeistert bei der Vorstellung, mich in Ihrem nächsten Buch wiederzufinden.«

»Die meisten Menschen finden es toll, wenn sie sich schwarz auf weiß verewigt sehen.«

»Auch wenn sie wenig schmeichelhaft portraitiert wurden?«

»Auch dann. Sie müssen bedenken, daß die ›Bösen‹ sich kaum je selbst wiedererkennen. Außerdem – warum glauben Sie, daß Sie schlecht wegkommen würden?«

Lynn hob das Glas zum Mund und bemerkte zu ihrer Überraschung, daß es halb leer war, als sie es wieder abstellte. »Sitzengelassene Frauen werden doch bestenfalls als Heulsusen dargestellt und schlimmstenfalls als erbarmungswürdige Kreaturen. Beide Aussichten begeistern mich nicht gerade.«

»Dann schlagen Sie eine Alternative vor!«

Lynn dachte nach. Im Grunde wußte sie bereits, wie die Antwort lauten mußte. »Ach, ich glaube, ich wäre gerne... ach, was soll's... heldinnenhaft.« Marc Cameron lachte über ihre Wortwahl, und sie hob das Glas und prostete ihm noch einmal schweigend zu, trank aber nicht. »Heldinnen müssen doch heldinnenhaft sein, oder nicht?«

»Warum glauben Sie, daß Sie die Heldin sein würden?« Er verzog den Mund zu einem schiefen Grinsen und sah sie schalkhaft an, als ob er alles über sie wüßte, als ob er alle ihre

Geheimnisse kennen würde und genau darüber informiert wäre, welchen Knopf er drücken mußte, um das gewünschte Resultat zu erzielen.

»Ich habe *Kinkerlitzchen* gelesen«, sagte sie nach einer kurzen Pause. Sie hatte sein jüngstes Buch angesprochen und freute sich, als das Schalkhafte in seinem Blick echter Verblüffung wich.

»Wirklich? Wann denn?«

»Nach unserem Strandspaziergang bin ich in die Bibliothek gegangen und habe es ausgeliehen. Zuerst wollte ich es kaufen, aber kein Buchladen hatte es.«

Er lachte traurig. »Wie könnte es auch anders sein. Na, und?«

»Und... es hat mir gefallen. Sie sind ein Mann komplizierter Gedanken.«

Diesmal lachte er laut auf, warf den Kopf zurück und amüsierte sich ganz offensichtlich über ihr Urteil. »Das hat mir noch niemand gesagt. Ich glaube, ich fühle mich geschmeichelt.«

»Ich hatte den Eindruck, daß es stark autobiographisch ist, allerdings in ganz anderer Hinsicht als Ihr erstes Buch, *Peinliches Schweigen.*«

»Also, jetzt fühle ich mich *wirklich* geschmeichelt. Ist Ihnen klar, daß Sie vielleicht der einzige Mensch in diesem Bundesstaat sind – ach, was sage ich, im ganzen *Land* –, der beide Romane von mir gelesen hat? Ich glaube, nicht mal Suzette hat *Peinliches Schweigen* zu Ende gelesen.«

»Es war nicht so gut konzipiert wie Ihr zweites Buch«, sagte Lynn und sah, daß er die Stirn runzelte. »Ich fand *Kinkerlitzchen* besser. Finden Sie nicht auch?« Der Kellner war an ihren Tisch getreten, aber Lynn schüttelte beim Gedanken an einen weiteren Drink den Kopf. Der Kellner zog sich wieder zurück.

»Ich teile Ihre Ansicht, aber trotzdem höre ich es nicht gern. Was immer man Ihnen darüber erzählt, daß Schriftsteller konstruktive Kritik zu schätzen wüßten, ist ganz großer

Schwachsinn. Wir mögen keine Kritik, ob sie nun konstruktiv ist oder nicht. Wir wollen ausschließlich gute Kritiken, ganz besonders von unseren Freunden und Geliebten.« Er sah Lynn eindringlich in die Augen. Sofort stellte Lynn sich vor, wie sie sich mit ihm über ein breites Bett wälzte. Sie hob ihr Glas an den Mund und leerte es mit einem einzigen großen Schluck. Etwa eine Minute lang kämpfte sie mit sich, ob sie nicht den Kellner zurückrufen und noch einen Drink bestellen sollte, oder – jetzt war es auch schon egal – noch zwei oder drei, blieb aber schließlich vernünftig.

»Und in welche Kategorie gehöre ich?« fragte sie unvorsichtigerweise, denn sofort sah sie sich wieder Hüfte an Hüfte mit ihm unter schwarzer Satin-Bettwäsche verschwinden. Was machte sie eigentlich hier? Was machte sie überhaupt?

»Das zu entscheiden überlasse ich Ihnen.«

Lynn entfernte das Glas so weit vom Mund, daß sie sprechen konnte. »Was würde sich denn auf den Seiten Ihres nächsten Romans interessanter ausnehmen? Was würde mich denn zur Heldin werden lassen?«

»Die Geliebte, ganz ohne Frage«, antwortete er wie aus der Pistole geschossen.

Lynn stellte ihr leeres Glas auf den Tisch zurück, ließ es aber nicht los. In was manövrierte sie sich da hinein? »Ich fand Ihre Ambivalenz in bezug auf Ihren Vater im zweiten Buch sehr gut beobachtet«, lenkte sie ab. Ganz hinten im Kopf hörte sie das Echo ihrer eigenen Worte, spürte Marcs unsichtbare Hände auf ihren Brüsten, spürte, wie sie an ihrem Körper hinabwanderten. Sie räusperte sich. »Sie kamen mir weniger zornig vor als in Ihrem ersten Buch. Ich hatte den Eindruck, Sie akzeptierten ihn eher.« Sie versuchte sich auf seinen Mund zu konzentrieren, während er sprach.

»Mein Vater verließ meine Mutter, als ich noch sehr klein war. Kleiner, als meine Jungs jetzt sind. Er zog von Buffalo, wo ich aufgewachsen bin, nach Florida, und ich habe ihn erst als Teenager wiedergesehen. Plötzlich schrieb er mir, tauchte bei meinen Schul- und College-Abschlußfeiern auf und so weiter.« Lynn nickte und versuchte sich auf seine Worte zu konzentrieren; sie erinnerte sich, diese Einzelheiten in seinen Büchern gelesen zu haben. »Ich war immer noch wütend, ich wollte nicht viel mit ihm zu tun haben. Aber als meine Mutter wieder geheiratet hatte, wurde mein Bedürfnis, ihn zu hassen, kleiner, obwohl das Kind in mir ihm weiß Gott noch immer nicht verziehen hat, daß er mich verließ, als ich vier war, und es ihm wohl auch nie ganz verzeihen wird. Aber vor etwa zwölf Jahren lud er mich ein, ihn in Palm Beach zu besuchen, und ich sagte zu, und dann dachte ich mir, daß es doch recht schön sein müßte, nicht sechs Monate im Jahr jeden Morgen einen Berg von Schnee von meinem Auto schaufeln zu müssen, und so sah ich mich nach einer freiberuflichen Tätigkeit um. Ich meine, ein Schriftsteller kann doch wirklich überall arbeiten. Ich bin also nach Hause gefahren, habe ein paar Badehosen und meine Selectrix-Schreibmaschine eingepackt und hier angefangen. Schon ziemlich bald hatte ich ein paar Artikel verkauft, und kurze Zeit später bat man mich, eine Geschichte über die vielen kleinen Ballettschulen zu schreiben, die damals in Palm Beach plötzlich wie Pilze aus dem Boden schossen, was ja ziemlich ungewöhnlich war, wenn man bedenkt, daß das Durchschnittsalter in Palm Beach siebenundneunzig Jahre beträgt.«

Lynn lachte. Der Kellner tauchte wieder auf, blieb diesmal ungeduldig neben ihrem Tisch stehen, den Block demonstrativ in der Hand, um die Bestellung zu notieren, egal, ob sie schon etwas ausgesucht hatten oder nicht.

»Das Tagesgericht?« fragte Marc und schaute Lynn an.

Lynn warf einen Blick auf die Speisekarte, sah, daß als Tagesgericht gegrillter Rotbarsch angeboten wurde, und nickte. Marc gab die Bestellung an den Kellner weiter, der über die getroffene Wahl leicht verstimmt zu sein schien.

»Und da haben Sie Suzette kennengelernt?« fragte Lynn.

Plötzlich war ihr klar, woher Megans Abneigung gegen das Ballett stammte.

»Ihre Eltern hatten ihr eine kleine Ballettschule finanziert. Sie hatte Tänzerin werden wollen, aber es war etwas dazwischengekommen. Ob Sie es glauben oder nicht, sie wurde von der Schule gefeuert, weil sie im zarten Alter von sechzehn Jahren ein Verhältnis mit ihrem sehr verheirateten Tanzlehrer hatte. Jedenfalls ist sie schließlich mit irgendeinem Möchtegern-Schauspieler auf und davon und verbrachte ein paar drogenreiche Jahre in Hollywood. Dann kehrte sie heim zu Mommy und Daddy und ließ sich von ihnen ein kleines Ballettstudio einrichten. Ich ging damals zu ihr, um sie für diese Geschichte zu interviewen, und das, was ich da zu sehen bekam, muß mir wohl gefallen haben. Sie hat so ein interessantes, fast ägyptisch geschnittenes Gesicht, sehr klare, markante Züge. Auf jeden Fall sind wir bald danach zusammengezogen, und zwar unter lautstarkem Protest ihrer Eltern. Schließlich war ihr armes Baby ja bereits von zwei unwürdigen Künstlern geschändet worden, da konnten sie über einen dritten kaum begeistert sein, wenn ich mich denn zu den Künstlern zählen darf. Sie beschlossen, mich und meine Beziehung zu ihrer Tochter einfach zu ignorieren. Aber dann wurde Suzette schwanger, und wenn man Zwillinge erwartet, dann wird es schwierig mit dem Ignorieren, und so legten sie uns dann ganz beiläufig nahe, doch mal ans Heiraten zu denken, was wir natürlich taten, und alles weitere gäbe, wie man so schön sagt, genug Stoff für noch ein paar Romane ab. Wo starren Sie denn hin?«

Lynn hatte sich bemüht, den Blick während dieser langen Rede auf Marc Camerons Mund zu heften, aber ständig kam ihr sein Bart dazwischen. Normalerweise sah sie den Leuten beim Gespräch in die Augen, aber Marc Cameron hatte die verwirrende Angewohnheit, einfach zurückzustarren und Signale auszusenden, mit denen sie nicht umzugehen wußte; deshalb hatte sie versucht, sich auf seinen Mund zu konzentrieren. Sie dachte darüber nach, daß sie eigentlich keine bärtigen Männer kannte, und sofort spürte sie wieder seinen Bart ihr Gesicht kitzeln. Sie hatte ihre Männer immer rasiert bevorzugt. Jetzt mußte sie beinahe laut auflachen. Ihre Männer! Welche Männer denn? Gary war in den letzten fünfzehn Jahren der einzige Mann für sie gewesen. Sie hatten dieses blöde kleine Restaurant mit seinen mürrischen, ungeduldigen Kellnern gemeinsam entdeckt. Warum war sie hierher gekommen? Was hatte sie hier in der Nacht ihres fünfzehnten Hochzeitstages mit diesem bärtigen Mann zu suchen, der nicht ihr Ehemann war?

»Ist alles in Ordnung?« fragte Marc Cameron.

Lynn schüttelte den Kopf. Sie brachte kein Wort heraus.

Er streckte den Arm über dem Tisch aus und hob ihr Kinn, so daß sie gezwungen war, seinen Blick zu erwidern. Sofort kamen ihr die Tränen. Marc Cameron verschwamm vor ihren Augen.

»Möchten Sie gehen?« fragte er.

»Und was ist mit dem Essen?«

»Wir kommen ein andermal wieder.« Marc Cameron legte hastig einige Zwanzig-Dollar-Noten auf den Tisch und trat neben sie, um ihr von dem Holzstuhl mit der niedrigen Lehne aufzuhelfen. »Kommen Sie. Gehen wir ein bißchen an die frische Luft.«

Lynn ließ sich behutsam aus dem Restaurant nach draußen führen. Als sie von der kühlen, klimatisierten Luft des Lokals in die Hitze kam, hatte sie das Gefühl, eine Sauna zu betreten. Trotz der dunklen Schwere der nächtlichen Hitze trockneten ihre Tränen nicht. Sie flossen nur noch stärker. Sie konnte kaum etwas sehen, während sie den Gehsteig entlanggingen. Marc Cameron führte sie, bis sie vor seinem kleinen roten Toyota standen. »Wohin fahren wir?«

»Steigen Sie erst mal ein«, bat er sie sanft, und sie tat, was er gesagt hatte.

Sie konnte kaum ausmachen, wohin er mit ihr fuhr, und erkannte erst dann, daß sie in der Nähe des Strands waren, als sie das vertraute, tröstliche Tosen des Ozeans hörte. Unsicher schritt sie neben Marc her, der sie am Ellbogen hielt und quer über den großen, zementierten Parkplatz zum Lake-Worth-Pier führte, wo noch immer viele junge Leute waren, die aus John G's kamen, einer sehr beliebten Diskothek. Immer noch die Hand an ihrem Arm, führte Marc Cameron Lynn zum dunklen Strand; am Wasser ließ er sie sanft los, damit sie sich setzen konnte. Im nächsten Augenblick spürte Lynn, daß ein Taschentuch an ihre Wange gedrückt wurde. Sie betupfte sich die unteren Augenlider damit und fühlte, daß es ihre Tränen aufsaugte wie Löschpapier. »Ich habe immer schon gewußt, daß ich diese Dinger irgendwann mal gut brauchen können würde«, sagte Marc. »Fühlen Sie sich jetzt besser?«

»Ich komme mir vor wie eine Idiotin«, sagte Lynn und schneuzte sich laut in das nasse Taschentuch. Sie merkte, daß er ihr die Schuhe ausgezogen hatte und ihre Hosenbeine hinaufrollte. »Darf ich fragen, was Sie da machen?«

»Ich dachte, es würde Ihnen vielleicht besser werden, wenn Sie nasse Füße bekämen. Fragen Sie mich bitte nicht, warum.«

»Wollen Sie meinen verletzlichen und deprimierten seelischen Zustand ausnützen?« Sie spürte, daß sie diese Frage nur halb im Scherz gestellt hatte.

»Sie können mich meinetwegen altmodisch nennen, aber die Vorstellung, mit einer tränenüberströmten Frau zu schlafen, macht mich nicht gerade an.«

»Mein Gott«, wimmerte sie, von sich selbst angewidert. »Ich kann einfach nicht aufhören! Was ist nur los mit mir? Woher kommen bloß all diese Tränen? Allmählich geht es mir auf die Nerven!« Als sie den Kopf in den Knien vergrub, lachte er leise. Dann hörte sie, daß er wegging. Wollte er sie etwa weinend hier im Sand sitzen lassen? Sie hätte es ihm nicht einmal verdenken können. Der Abend war nicht so amüsant geworden, wie er es sich möglicherweise erwartet hatte. Aber wo ging er denn hin?

Plötzlich fühlte sie, wie seine Hände von hinten ihre angespannten Nackenmuskeln kneteten. »Das tut gut«, flüsterte sie nach einigen Minuten. Sie hoffte, er würde nicht aufhören damit.

Er hörte nicht auf. Er drückte seine Hände fest in ihre Schultermuskeln, seine Finger verschwanden in ihrem Haar und massierten ihren Schädel, wanderten dann ganz langsam ihren Rücken hinab. Sie überlegte, ob sie ihm nicht sagen sollte, daß es jetzt genug sei, aber in Wahrheit war es noch nicht genug, noch nicht annähernd genug. Als seine Hände sich wieder zu ihren Schultern hinauftasteten, drehte Lynn sich plötzlich um und warf sich ihm mit solcher Wucht entgegen, daß er nach hinten kippte. Noch im Fallen preßte sie ihren Mund auf seinen. Er umschlang sofort ihre Taille, sie rollten im Sand, und sie spürte wieder, wie die weichen Barthaare ihr Gesicht kitzelten. Sie fühlte seine Zunge in ihrem Mund, seine Hände umfaßten ihren Hintern. Was um alles in der Welt tat sie da? Ebenso unvermittelt und heftig, wie sie ihn umgestoßen hatte, riß Lynn sich jetzt aus Marcs Armen, setzte sich auf und sah aufs Meer hinaus, als suchte sie dort eine befriedigende Erklärung für ihr Verhalten.

»Ich dachte, die Vorstellung, mit einer tränenüberströmten Frau zu schlafen, macht Sie nicht gerade an«, sagte sie, nachdem sie die Erklärung nicht gefunden hatte.

»Offensichtlich bin ich perverser, als ich dachte.«

»Das gibt bestimmt ein wunderbares Kapitel in Ihrem nächsten Buch ab.«

»Ich werde Milde walten lassen.«

Lynn erhob sich leicht schwankend und begann sich den Sand abzuklopfen. »Es tut mir leid.«

»Es tut Ihnen überhaupt nicht leid.«

»Stimmt.« Sie hielt einen Augenblick inne und lächelte. »Aber es sollte mir eigentlich leid tun.«

»Warum denn?«

»Erstens habe ich Ihnen das Abendessen vermasselt. Schließlich haben Sie eine Menge Geld in ein Essen investiert, das Sie nicht mal zu sehen bekamen.«

»Ich hatte keinen Hunger.«

»Und dann habe ich ununterbrochen geheult.«

»Sie hatten mich doch gewarnt, daß Sie keine besonders anregende Gesprächspartnerin abgeben würden.«

»Und dann habe ich mich Ihnen an den Hals geworfen.«

»Zu diesem Zeitpunkt begann sich die Lage eindeutig zu bessern...«

»Und dann habe ich plötzlich aufgehört.«

»Ein wankelmütiges Weib.«

Lynn sah sich hilflos um. »Ich müßte jetzt wirklich nach Hause...«

»Aber...?«

»Aber ich habe einen Riesenhunger«, sagte sie, und auf einmal lachten sie beide. »Ich kann es selbst kaum glauben, aber ich sterbe vor Hunger.« Sie richtete den Blick auf ein Restaurant oben an der Straße. »Haben Sie Lust, es noch einmal mit dem Abendessen zu versuchen? Diesmal lade ich Sie ein.«

Er sagte nichts, sondern nickte nur und führte sie den Strand hinauf zu dem Lokal.

»Sie sind ein netter Mann«, sagte sie, als sie das laute, voll besetzte Restaurant betraten. Er erwiderte etwas, denn seine Lippen bewegten sich, aber Lynn konnte es nicht verstehen.

Erst als sie sich an einen kleinen Tisch an der Wand gesetzt hatten und der Kellner erschienen war, um ihre Bestellung entgegenzunehmen, wurde ihr bewußt, was er gesagt hatte: »Nicht immer.«

10

Renee saß da und betrachtete ihre Schwester. Kathryn lag ausgestreckt wie eine Katze in der Sonne auf dem großen Balkon von Renees Wohnung im sechzehnten Stock. Vor ihnen lag das Meer. Der Balkon mit seinen frischgeputzten weißen Fliesenquadraten umfaßte die ganze Eckwohnung und bot von jeder Stelle aus freien Blick auf den Ozean. Kathryn hatte ihre Liege in den Teil des Balkons geschoben, der rechtwinklig zum Meer und parallel zu dem großen Swimming-pool verlief, in dem sich trotz der spätnachmittäglichen Hitze kein Mensch befand. In dieser Jahreszeit war das Delray Oasis benannte Gebäude zu mehr als der Hälfte unbewohnt, und die Leute, die hier das ganze Jahr über lebten, saßen kaum je in der Sonne. Schließlich konnten sich die häßlichen Leberflecken ja auch als etwas wesentlich Schlimmeres herausstellen, nämlich als die ersten, gefürchteten braunen Anzeichen von Hautkrebs. Wenn nicht vorher schon die Herzschrittmacher versagten. Zwei bereits etwas ältere Hausbewohner waren im Winter gestorben; ein weiterer lag im Krankenhaus, und es stand nicht zu erwarten, daß er wieder zurückkommen würde.

Renee sah zu, wie ihre Schwester sich auf den Bauch drehte und dabei vorsichtig jeden Druck auf die Handgelenke vermied. Sie hatte die Verbände abgenommen, unter denen einige häßliche, wenn auch nicht sehr tiefe Schnitte zum Vorschein gekommen waren, und wendete die Handinnenflächen jetzt nach außen, damit auch sie braun wurden. Kathryn war schon immer gerne in der Sonne gewesen. Ironie des Schicksals, dachte Renee, daß ihre Schwester von Florida nach New York gezogen war, in eine Stadt, in der sie, Renee, selbst immer gerne gelebt hätte. Es waren ihr Angebote von einigen bedeutenden Anwaltsfirmen im Norden unterbreitet worden, aber sie hatte sich entschlossen, nach Florida zurückzugehen, um dort in einer angesehenen, ja hervorragenden Kanzlei anzufangen. Aber warum? Florida sei ein Friedhof der Lebenden, pflegte sie jedem, der es hören wollte, zu sagen, ein Altersheim in Form eines Bundesstaates, der kleine Warteraum des lieben Gottes, wie sie gern zitierte. Philip hielt ihr immer Statistiken unter die Nase, die Florida als den amerikanischen Bundesstaat mit dem größten Bevölkerungszuwachs auswiesen, dessen Einwohnerzahl von Jahr zu Jahr stieg, weil alle Menschen ganz wild darauf seien, dorthin zu ziehen. Können sie haben, dachte Renee, aber dazu gab sie keine Kommentare mehr ab, weil sie wußte, daß Philip Florida liebte und nie auch nur daran denken würde, wegzuziehen. Renee versuchte es sich bequem zu machen. Die Knöpfe an dem weißen Polsterbezug ihrer Liege bohrten sich in ihre Oberschenkel. Sie hätte sich umziehen sollen, als sie – zur Abwechslung einmal früh – von der Arbeit heimkam, aber die Vorstellung, in einen Badeanzug zu schlüpfen, deprimierte sie nur – noch ein Grund, Florida zu hassen.

Die Leute sind ganz wild darauf, hierher zu ziehen. Renee schüttelte verwundert den Kopf, als sie noch einmal über Philips Worte nachdachte. Soweit sie zurückdenken konnte, hatte sie sich nie etwas anderes gewünscht, als von hier wegzukommen. Für das Meer hatte sie nie viel übriggehabt und sich an die unbarmherzige Sonne nie gewöhnen können. Sie haßte die hohe Luftfeuchtigkeit und vermißte den Wechsel der Jahreszeiten. Florida war etwas für Leute, die am liebsten alles so hübsch und seicht wie auf einer Postkarte hatten, ohne jeden Schatten am Horizont. Florida war etwas für Menschen wie ihre Eltern, die zu ichbezogen waren, um zu bemerken, daß die Leute hier in ihrer Leblosigkeit an tote Fische erinnerten, oder für Menschen wie Philip, Menschen, die überall den Rahmen ihrer unmittelbaren Umgebung sprengten. Florida gab nur den sonnigen Hintergrund für Philips Persönlichkeit ab. Aber nicht für ihre. Aus irgendeinem Grund war Renee hier nie heimisch geworden. Einmal, als sie noch auf die Columbia Law School ging, hatte sie für kurze Zeit den Absprung geschafft, aber irgend etwas hatte sie hierher zurückgelockt. Was das nur gewesen sein mag, grübelte sie. Und warum wohl?

Sie verlagerte ihre Beine so, daß die Polsterknöpfe keine Löcher mehr in ihre Schenkel bohrten, und warf einen Blick ins Wohnzimmer, wo Consuela, die Haushaltshilfe, die dreimal wöchentlich kam, um die Vierzimmerwohnung zu putzen und zu kochen, gerade den weißen Teppich in der Mitte des Fußbodens mit dem Staubsauger bearbeitete. »Es ist so weiß«, hatte Kathryn gesagt, und das ließ sich nicht bestreiten. Renee dachte an das bunte Tohuwabohu in dem Zimmer zurück, das sie und ihre Schwester sich als Kinder geteilt hatten, und hörte in Gedanken, wie ihre Mutter sie anflehte, doch ihre Spielsachen aufzuräumen und ein bißchen Ordnung zu halten. Kathryn und sie hatten sie immer so lange ignoriert, bis dann Vater eingeschritten war. Renee erinnerte sich, daß ihr Vater einmal vor lauter Wut einige ihrer geliebten Posters von der Wand riß und zerfetzte, weil er ihnen gesagt hatte, sie dürften sie nicht mit Klebestreifen befestigen. Der Klebefilm hatte mehrere kleine Stückchen Wandfarbe mitgerissen, und ihr Vater hatte den beiden beim Anblick der Ruine ihres einst so herrlichen Zimmers schluchzenden Mädchen erklärt, dies hätten sie sich selbst zuzuschreiben. Renee hatte die häßlichen leeren Stellen an der Wand sofort mit bunten Filzstiftzeichnungen verschönert und war zum Dank für diese Mühe ordentlich verprügelt worden.

Jetzt betrachtete sie das kahle Weiß ihres Wohnzimmers

und wunderte sich, wie es kam, daß sie sich in einer Umgebung zu Hause fühlte, die, objektiv betrachtet, eher an das Foyer eines Luxushotels erinnerte. Sogar ihr Büro hatte mehr private Ausstrahlung und Wärme. Sie wandte den Kopf wieder zum Pool. Nein, die erstarrte Perfektion ihrer Wohnung strömte wahrhaftig keine Wärme aus.

Und doch, genau wie sie ihrer Schwester gesagt hatte – sie wollte es nicht anders. Wenn Philip glücklich war, war auch sie glücklich, und nichts hatte Bedeutung, außer die Frage, ob Philip sich wohl fühlte – Philip, ein Mann der weitausholenden Gesten und der klug gewählten Worte – Worte, die, wenn er sie mit seiner tiefen, selbstbewußt klingenden Stimme aussprach, alle Aufmerksamkeit auf ihn lenkten. Wenn Philip einen Raum betrat, brachte er alle Farbe mit, die dieser Raum brauchte. Vielleicht hatte er die Einrichtung seiner Wohnung deshalb so konzipiert.

Renee merkte, daß ihr die Lider im grellen Sonnenlicht schwer wurden. Es war erst kurz nach sechzehn Uhr, und obwohl sie nicht besonders lang in der Kanzlei gewesen war, hatte sie doch sehr hart gearbeitet. Sie war früh heimgekommen, hatte ihre Schwester auf dem Balkon schlafend vorgefunden und ganz leise eine zweite Liege danebengeschoben. Kathryn hatte nie mehr etwas über die Motive ihres Selbstmordversuchs gesagt.

Vielleicht war jetzt der geeignete Zeitpunkt gekommen, sie zum Sprechen zu bringen. Consuela würde bald gehen. Debbie hatte am Morgen verkündet, sie werde den Tag mit Freunden auf Singer Island verbringen. Und Philip würde erst in einer Stunde nach Hause kommen.

Renee empfand es als angenehme Abwechslung, einmal als erste daheim zu sein. Normalerweise kam sie frühestens um sechs Uhr abends, oft viel später. Dann stürzte sie, einen Schwall von Entschuldigungen und beschwichtigenden Phrasen auf den Lippen, in die Wohnung, lief in die Küche, um das, was Consuela gekocht hatte, auf den Tisch zu bringen, fragte Philip, wie es ihm an diesem Tag ergangen sei, bemühte sich, ihm die Aufmerksamkeit zu schenken, die er brauchte, die Aufmerksamkeit, die er verdiente. Philip beherrschte das Gespräch, so wie er alles in seiner Wohnung beherrschte. Hin und wieder wurde Renee bewußt, daß er ihr umgekehrt kaum je einmal eine Frage stellte, daß er am Ablauf ihres Arbeitstages nicht interessiert zu sein schien und daß er nach dem Abendessen oft vom Tisch aufstand, ohne ihr auch nur einen dankbaren Blick zuzuwerfen. Sie mußte den Tisch ohne die Hilfe ihres Mannes oder der Tochter ihres Mannes abräumen. Daß Debbie der Ansicht war, Renee besitze die Persönlichkeit eines Fußabstreifers, hatte Renee einmal bei einem Gespräch zwischen Vater und Tochter mitgehört. »Man hat einfach ständig Lust, auf ihr rumzutrampeln«, hatte Debbie kichernd gesagt und nur zaghafte Einwände von seiten ihres Vaters geerntet. Seit wann ist es möglich, mich als Fußabstreifer zu bezeichnen? überlegte Renee. Das Wort selbst tat ihr weniger weh als die Tatsache, daß Philip sie nur so halbherzig verteidigt hatte.

Auch ihr Vater hatte Worte oft als Waffen verwendet, die sie lächerlich machen und verletzen sollten. Als sie noch sehr klein gewesen war, hatte sich einmal eine große schwarze Schlange um ihren Fußknöchel gewunden, als sie draußen spielte, und ihre Schreie hatten Vater bei seinem Sonntagnachmittagsschläfchen gestört. Er hatte sie eine Heulsuse und ein egoistisches kleines Ding genannt und ihr gesagt, es geschehe ihr ganz recht, denn sie habe nicht dort gespielt, wo sie hätte spielen sollen. »Heulsuse, egoistisches kleines Ding«, hatte es in ihren Gedanken noch widergehallt, als die Schlange schon längst verscheucht worden war. Sie konnte die Worte sogar jetzt noch hören, und sie spürte auch wieder den Schmerz, den sie ihr zugefügt hatten. Vielleicht hatte sie sich deshalb für die Rechtswissenschaft entschieden – um sich wehren zu können. »Du bist zu schlagfertig«, warf Philip ihr in letzter Zeit manchmal vor. War sie zu weit ins andere Extrem umgeschlagen? Konnte man zu schlagfertig sein?

Vielleicht hatte ihr Vater sie nur hart machen, seine sensible jüngere Tochter zwingen wollen, stark zu sein. Sie mußte zugeben, daß es ihm, wenn er es denn beabsichtigt hatte, durchaus gelungen war. Sie war berühmt für ihre Härte. Und es war in ihrem Leben alles besser gelaufen, als sie selbst gehofft hatte. Sie hatte alles, was man sich wünschen konnte: einen reichen Ehemann, eine todschicke Wohnung, eine erfolgreiche Karriere. Alles, nur keine Kinder, dachte Renee, und vielleicht hatte Philip ja recht. Vielleicht wären Kinder einfach zuviel für sie.

»Wenn ich dich sehe, bereue ich, daß ich Kinder in die Welt gesetzt habe«, hatte ihr Vater einmal gesagt, und schon als kleines Kind, *gerade* als kleines Kind, hatte sie gewußt, daß sie der Grund für seine Gefühlskälte und die Quelle der Unzufriedenheit ihrer Mutter war. Sie wurde nicht geliebt, weil sie nicht liebenswert war. Das hatten sie ihr oft genug erklärt, wenn auch mehr durch das, was sie verschwiegen, als durch das, was sie ihr sagten.

Renee sah sich als sechsjähriges Kind auf das parkende Auto ihrer Mutter zulaufen. Ihre Mutter saß mit steifem Rücken darin, der Motor lief, und sie blickte starr geradeaus; ihre Unterlippe zitterte, ihre Hände spielten nervös am Lenkrad herum, als Renee auf den Beifahrersitz kletterte. »Es tut mir leid, daß ich so spät dran bin.«

»Alle anderen Kinder sind schon vor zehn Minuten herausgelaufen. Du weißt doch, wie sehr dein Vater es haßt, wenn ich zu spät komme. Du weißt doch, er will, daß ich immer da bin, wenn er heimkommt.«

»Ich habe die Bänder von meinen Ballettschuhen nicht aufgekriegt. Sie waren ganz verknotet.«

»Die anderen Kinder hatten keine Schwierigkeiten damit.«

»Die hatten keine Knoten drin.«

»Irgend etwas muß es ja jedesmal sein, was, Renee?« Sie zwinkerte rasch, um zu verhindern, daß ihr die Tränen herabrollten und das Make-up verschmierten. Aber es gelang ihr nur zum Teil; sie kramte ein Papiertaschentuch aus ihrer Handtasche und betupfte sich verstohlen die Wimpern.

»Bist du wütend?«

»Nein, ich bin natürlich nicht verärgert«, korrigierte ihre Mutter sie so leise, daß Renee ganz genau hinhören mußte.

»Es tut mir leid.«

»Ich weiß. Aber mit ›tut mir leid‹ kommen wir auch nicht schneller nach Hause.«

»Warum müssen wir daheim sein, bevor Daddy kommt?«

»Weil er es so will«, sagte Helen Metcalfe, warf einen prüfenden Blick auf ihr Spiegelbild im Rückspiegel und erneuerte die Wimperntusche, die die Tränen weggewischt hatten. »Dein Daddy arbeitet sehr viel, damit wir ein schönes Leben haben. Und er verlangt nicht sehr viel als Gegenleistung«, fuhr sie fort, als würde sie einen vorbereiteten Text ablesen. Renee sah zu, wie ihre Mutter die Wimperntusche in die Handtasche verstaute und einen anderen, Renee ebenfalls wohlvertrauten Gegenstand hervorholte. Sie beobachtete, wie ihre Mutter die kleine, flache Schachtel öffnete und ihr einen abgenützten Pinsel entnahm, mit dem sie sorgfältig Rouge auf den Wagen verteilte. Renee wurde bewußt, daß sie das Gesicht ihrer Mutter noch nie in ungeschminktem Zustand gesehen hatte. Selbst ganz früh am Morgen, selbst am Strand, war das Gesicht ihrer Mutter voll geschminkt. Renee überlegte, was mit dem Gesicht ihrer Mutter wohl los war, daß sie immer so viel Mühe darauf verwendete, es mit Make-up zu bedecken.

»Warum schmierst du dir dieses Zeug ins Gesicht?«

»Weil es deinem Vater gefällt«, antwortete ihre Mutter, wie Renee es erwartet hatte. Helen Metcalfe legte das Rouge in die Handtasche zurück und ließ sie zuschnappen. Dann wandte sie sich zum erstenmal, seit Renee im Auto saß, ihrer Tochter zu. »Ist es so in Ordnung?«

»Du siehst hübsch aus.«

Helen Metcalfe genehmigte sich ein kurzes Lächeln. »Vielleicht ist dein Vater heute später dran. Wenn wir uns beeilen, sind wir vielleicht vor ihm zu Hause.«

Er war nicht später dran, und sie schafften es nicht vor ihm. Er ging schon im Wohnzimmer auf und ab, als sie daheim eintrafen. Sofort löste sich Renees Mutter von der Seite ihrer Tochter, lief auf ihren Mann zu und küßte ihm die Wange, lief, um ihm den Gin-Tonic zu mixen, den aus irgendeinem unerfindlichen Grund nur sie mixen konnte, erklärte, Renees Unterricht sei später als sonst beendet gewesen, leckte seine Wunden, erklärte, tröstete, versuchte vergeblich, den Hausfrieden zu wahren, und stellte sich auf die Seite ihres Mannes, als Renee ihr zu Hilfe kommen wollte.

»Ich brauche ja keine Ballettstunden zu nehmen«, hatte Renee angeboten. Sie haßte es, wenn ihre Mutter sie im Stich ließ. Sie hörte nur die Worte ihrer Mutter und nicht die dahinter verborgene Angst, als sie ihren Vater vergeblich zu versöhnen versuchte. »Ich möchte gar keine Ballettstunden nehmen.«

»Aber du wirst weiter Ballettunterricht nehmen, junge Dame, und du wirst lernen, dankbar dafür zu sein.« Ihr Vater starrte sie mit kaum verhohlener Wut an. »Wirklich, Renee, wenn ich dich sehe, bereue ich es, Kinder in die Welt gesetzt zu haben.«

Renee wandte den Blick von dem inneren Bild ihres Vaters ab und richtete ihn auf Kathryn; sie beneidete sie um ihren Schlaf. Sie hoffte, daß er traumlos war. »Du darfst deinen Vater nicht so aufregen!« hörte sie ihre Mutter sagen. Der vertraute Refrain zog sie wieder in die Vergangenheit zurück. Nie fragte irgend jemand, wie es in der Ballettstunde gewesen sei. Niemand außer Kathryn, erinnerte sie sich. Kathryn hatte sich damals am Abend hingesetzt und ihr geduldig gezeigt, wie sie ihre Schuhe binden mußte, damit keine Knoten entstanden; und sie hatte sie angefleht, nicht mit Vater zu streiten, schweigend zu akzeptieren, was er sagte, und es einfach an sich abprallen zu lassen.

Aber es prallte nicht an ihr ab. Es stürzte über ihrem Kopf zusammen wie eine gefährliche Woge, zog sie hinab, nahm ihr die Luft zum Atmen und erstickte sie. Vielleicht mag ich das Meer deshalb nicht, dachte Renee, schloß die Augen und lauschte seinem protestierenden Tosen.

Während sie weitergrübelte, bemerkte sie plötzlich, daß jemand hinter der gläsernen Schiebetür stand, die in die Küche führte. Instinktiv hielt sie die Augen geschlossen. Sie hörte, wie die Tür aufgeschoben wurde, und ließ den Kopf zur Seite fallen, als würde sie tief schlafen. Wenn es Philip war, und dessen war Renee sich sicher – sie glaubte gehört zu haben, daß er sich von Consuela verabschiedet hatte –, würde er sie vielleicht mit einem Kuß wecken; der schöne Prinz würde ihre gerechte Belohnung für den harten Tag sein.

Renee merkte, daß sich die Gestalt näherte, und hob die Lider gerade so viel, daß sie sehen konnte, was vor sich ging, gleichzeitig aber weiterhin zu schlafen schien.

Sie sah, wie ihre Schwester, die noch nicht gemerkt hatte, daß sie nicht mehr allein war, sich streckte, umdrehte und aufsetzte. Kathryn drehte den Kopf, sah Philip, zuckte zusammen und hob die Hand an den Mund, um einen Schrei zu unterdrücken.

Philip war sofort bei ihr. Er hielt die Finger an den Mund und gab ihr zu verstehen, daß sie ruhig sein solle. »Entschuldige«, flüsterte er. »Ich wollte dich nicht erschrecken.« Er warf einen Blick nach links. »Renee schläft.«

»Mein Gott, ich muß wirklich total weg gewesen sein. Ich wußte nicht mal, daß sie hier ist. Wie lange stehst du denn schon da?«

»Ein paar Minuten erst.«

Kathryn sah auf ihre Uhr. »Heute sind ja alle schon so früh daheim.«

»Ein Patient hat abgesagt. Warum Renee schon hier ist, weiß ich nicht.«

Er trat ans Geländer, lehnte sich darauf und starrte angespannt auf irgendeinen Punkt in der Ferne. »Ich wollte mir gerade einen Drink machen. Möchtest du auch einen?«

»Das wäre lieb von dir.«

»Gin-Tonic?«

»Super.«

»Ich ziehe mich vorher um, wenn du nichts dagegen hast.«

Renee wollte gerade die Augen öffnen und verkünden, daß auch sie gerne einen Drink hätte, aber Philip war schon in der Wohnung verschwunden. Was sollte das Versteckspiel? Warum hatte sie nicht einfach die Augen aufgeschlagen und ihnen gesagt, daß sie gar nicht schlief? Und warum tat sie es auch jetzt nicht?

Irgend etwas hielt sie davon ab. Vielleicht ist es besser so, dachte sie. Sie hatte schon seit einiger Zeit gehofft, Kathryn werde einmal mit Philip unter vier Augen sprechen. Aber er hatte immer soviel zu tun gehabt, oder es war einfach immer noch jemand dagewesen. Vielleicht konnten sie sich jetzt einmal miteinander unterhalten. Vielleicht würde Kathryn sich öffnen. Vielleicht konnte Philip ihr helfen. Am liebsten wäre Renee nicht dabeigewesen, aber wenn sie jetzt aufstand und sich entschuldigte, würde Kathryn darauf bestehen, daß sie dablieb. Renee lauschte nicht gerne. Aber sie glaubte keine andere Wahl zu haben. Eine Lüge führte eben unweigerlich zur nächsten. Der Weg zur Hölle war mit guten Absichten gepflastert.

»So, bitte schön«, sagte Philip einige Minuten später, trat auf den Balkon und drückte Kathryn einen kalten Longdrink in die Hand. »Ein Gin-Tonic für die schöne Dame.« Er holte sich keine Liege, sondern einen Balkonstuhl mit gerader Lehne, und setzte sich lässig, mit weit gespreizten Beinen hin; im Schoß hielt er ein Glas mit einem extra-trockenen Martini. Philip trank immer extra-trockene Martinis, die er sich selbst machte, wofür Renee ihm, auch noch nach sechs Ehejahren, übertrieben dankbar war. Durch die halbgeschlossenen Augen sah sie seine weiße Hose und die teure schwarz-weiße Seidenstrickjacke mit den kurzen Ärmeln, und ihre Gedanken schweiften zu der Überlegung ab, wieviel Geld Philip wohl im Jahr für Kleidung ausgab. Auf jeden Fall mehr als sie. Sie kaufte sich jedes Jahr neue Sachen zum Anziehen, aber die sahen immer nach den abgelegten vom Vorjahr aus und fühlten sich auch so an. »Klassisch« war das Wort, mit dem Renee ihre Garderobe meistens beschrieb, aber »matronenhaft« paßte eigentlich besser. Weite dunkelblaue oder olivgrüne Blusen, Hosenanzüge in gedeckten Farben und aus Stoffen, die nie knitterten oder in irgendeiner Weise auffielen, es sei denn durch ihre Biederkeit. Jede Menge schwarze Hosen und lange Pullis. Alles, was ihre ausladenden Formen versteckte. Wie hatte sie es nur soweit kommen lassen mit sich? Warum war die wilde Entschlossenheit, die sie in den meisten Dingen des Lebens an den Tag legte, verschwunden, wenn es darum ging, Diät zu halten? Früher hatte sie nie soviel gegessen. Ihr Vater neigte zwar dazu, schnell ein paar Pfund anzusetzen, aber normalerweise geschah das nur, wenn er mehr als üblich getrunken hatte. Renee trank selten mehr als gelegentlich ein Glas Wein zum Abendessen.

Philip dagegen genehmigte sich meistens ein paar Drinks vor dem Essen, genauso wie ihr Vater früher. Renee verzog den Mund zu einem schiefen Lächeln, als hätte sie einen angenehmen, aber auch verwirrenden Traum. Wie lange war ihr die – zumindest oberflächliche – Ähnlichkeit zwischen ihrem Mann und ihrem Vater eigentlich schon bewußt? Wann war ihr aufgefallen, daß beide gleichermaßen an ihr vorbeischauten, wenn sie sprach, daß beide dieselbe lässige, ärgerliche und doch reizvolle Arroganz besaßen, dieselbe fast schon kindliche Egozentrik, die sich nur so gutaussehende Männer wie eben Philip und ihr Vater leisten konnten? Sogar äußerlich sahen sie sich unglaublich ähnlich, obwohl Philip unbestreitbar der Massigere von beiden war, mindestens acht Zentimeter größer als ihr Vater mit seinen 1,82 Metern; er hatte auch breitere Schultern und einen schwereren Körperbau. Die Statur eines Footballspielers, fand sie, und ihr fiel wieder ein, daß Philip im College Football gespielt hatte, bevor er sich für die Medizin entschied, für den gleichen Beruf also wie ihr Vater, wenn auch für eine andere Fachrichtung. Ian Metcalfe war ein inzwischen pensionierter Internist. Seine Frau hatte früher als Krankenschwester gearbeitet. Sie hatten sich in der Kantine einer Klinik kennengelernt und ineinander verliebt. Es war schon seltsam, daß beide Männer sich Frauen ausgesucht hatten, die jeweils fast dreißig Zentimeter kleiner als sie selbst waren. In ihrer Phantasie sah Renee ihre Mutter in steifer Haltung neben ihrem Vater stehen, und sofort schob sich das Bild von ihr selbst darüber, wie sie neben Philip stand, als wären sie beide Skizzen auf einem Blatt Papier, die darauf warteten, zu Ende gezeichnet zu werden. Was für komisch aussehende Paare, dachte sie und schob die Vorstellung weg. Die Ansicht, Frauen heirateten immer Männer, die ihren Vätern ähnelten, hatte sie nie akzeptiert. Ihr eigener Vater war ein wortkarger, unangenehmer Mensch. Philip war keines von beidem. Er war gesellig und charmant. Als sie noch leicht genug gewesen war, war sie bei Philip immer wieder förmlich abgehoben. Er hatte sie vor einem Leben voller Sehnsucht und Einsamkeit bewahrt und ihren Kopf mit Worten gefüllt, die sie sich in einer verzweifelten Zeit verzweifelt herbeigewünscht hatte: »Du bist schön, du bist soviel wert wie zehn andere Frauen; ich liebe dich, weil du liebenswert bist. Ich liebe dich. Ich liebe dich. Du bedeutest mir alles.« Wenn sie solche Worte in letzter Zeit seltener zu hören bekam, wenn es eine Krise in ihrer Ehe gab – nein, nicht Krise; das Wort Krise war auf jeden Fall zu stark –, dann war das weniger sein Fehler als vielmehr ihrer. Er konnte überhaupt nichts dafür. Wenn es eine Krise gab – nein, keine Krise; Probleme –, dann waren diese Probleme – und Probleme ließen sich ja schließlich lösen – durch sie entstanden, und es lag an ihr, sie aus der Welt zu schaffen.

»An was denkst du gerade?« fragte Philip. Renee hatte schon zu einer Antwort angesetzt, als ihr bewußt wurde, daß die Frage ihrer Schwester galt.

Die Frage verdutzte Kathryn offensichtlich; ihre Hand zuckte, und ein Teil ihres Drinks landete auf den frischgeputzten Bodenfliesen.

»Verdammt! Sie hat ihn gerade saubergemacht!« Kathryn wollte schon aufspringen, aber Philip legte ihr seine Hand auf den Arm und hielt sie zurück. Renee und Kathryn sahen zu, wie er in einer theatralischen Geste ein Papiertaschentuch aus der Hosentasche zog – so als wäre er Zauberer und führte seinen besten Trick vor – und sich bückte, um die wenigen Tropfen neben seinen Füßen aufzuwischen. Renee bemerkte, daß er seine Slipper von Gucci ohne Socken trug; ihr fiel wieder ein, daß er sich das angewöhnt hatte, als es »in« wurde. »Tut mir leid«, entschuldigte sich Kathryn. »Ich war mit den Gedanken...«

»...hundert Kilometer weit weg. Deshalb habe ich dich ja auch gefragt. Es sieht aus, als würdest du sehr tiefsinnige Gedanken hegen.«

Kathryn lachte. »Das ist das erste Mal, daß ich tiefsinniger Gedanken bezichtigt werde.«

»Na, erzählst du sie mir?«

»Ich versuche gerade, etwas ausreichend Tiefsinniges zu denken, damit du nicht enttäuscht sein wirst.«

Er schwieg. Offensichtlich wollte er abwarten.

»Ich habe an meine Mutter gedacht«, sagte sie schließlich.

Renee fand es erstaunlich, daß sie annähernd dieselben Gedanken gehabt hatten.

»Da bist du bei mir genau an der richtigen Adresse«, sagte er lachend.

»Du mußt dir wahrscheinlich eine Unmenge über dieses Thema anhören.«

»Nicht soviel wie früher. Es ist nicht mehr so modern, Mommy für alles verantwortlich zu machen.«

»Renee findet, ich sollte sie anrufen. Ich sollte meinen Eltern sagen, daß ich in der Stadt bin. Ich sollte ihnen erzählen, was ich tun wollte.«

»Und du? Was denkst du darüber?«

»Ich glaube, ich bin noch nicht soweit, ihnen gegenüberzutreten.«

»Dann laß es bleiben.«

»Ich kann auch nicht ewig davor weglaufen.«

»Was ist so schlimm am Weglaufen?«

Kathryn lachte, und Renee mußte den Kopf abwenden, um ihr eigenes Grinsen zu verstecken.

»Wir müssen alle hin und wieder weglaufen«, sprach Philip weiter.

»Ich habe mein ganzes Leben lang nichts anderes gemacht.«

»Ich glaube nicht, daß das stimmt.«

Kathryn starrte ihre Schwester an, und einen Moment dachte Renee, sie hätte gemerkt, daß sie gar nicht schlief.

»Ich bin völlig kaputt«, sagte sie schließlich.

»Dafür siehst du aber ziemlich gut aus, finde ich.«

Kathryn massierte sich ihre nackten Füße. Sie trug den neuen Badeanzug, den sie auf Debbies Drängen hin gekauft hatte. Renee mußte zugeben, daß er genau das Richtige für Kathryns schöne Figur war. Sie fühlte eine Welle von Eifersucht in sich aufsteigen und schämte sich sofort dafür.

»Ach, ich weiß nicht«, sagte Kathryn kopfschüttelnd. »Ich weiß einfach nicht, wovor ich die ganze Zeit solche Angst habe.«

»Ich verstehe deine Ängste«, sagte Philip. Seine Stimme wirkte wie ein Magnet – beide Frauen richteten den Blick auf ihn; aber seine Aufmerksamkeit galt ausschließlich Kathryn.

»Wirklich?«

»Das möchte ich doch annehmen. Verstehen«, sagte er und lächelte zaghaft, »ist mein Beruf.« Renee hörte sie beide lachen und hätte gerne mitgelacht. »Komm, Kathryn, hab

Geduld mit mir! Mein letzter Patient hat abgesagt. Ich fühle mich einsam und unsicher.«

Kathryn lachte wieder, diesmal sehr aufreizend. »Wie kann ich Ihnen denn helfen, Herr Doktor?«

»Sprich mit mir. Sag mir, was in diesem hübschen Köpfchen vor sich geht.«

»Nicht viel«, sagte Kathryn und schüttelte das Kompliment mit einer Kopfbewegung ab. Hatte sie es überhaupt als Kompliment empfunden? Renee versuchte sich zu erinnern, wann Philip ihr das letztemal auch nur eine so beiläufige Schmeichelei gesagt hatte.

»Nun sag schon«, drängte Philip sanft.

»Es ist so trivial.«

»Gefühle sind niemals trivial.«

»Ich habe mich als Kind nie geliebt gefühlt«, begann sie und lachte verlegen auf. »Renee hat dir sicherlich das gleiche erzählt.«

»Stimmt«, bestätigte Philip. »Aber wir reden jetzt nicht über Renee. Wir reden über dich.«

Renee hörte ihre Schwester laut aussprechen, was sie selbst nur wenige Minuten zuvor gedacht hatte.

»Arnie war der erste Mensch, der erste Mann, von dem ich mich geliebt fühlte. Aber was verstand ich schon von Männern? Ich war achtzehn, als ich Arnie Wright heiratete.« Kathryns Blick verschleierte sich. »Aber er war so gut zu mir. Er war so lieb, so aufmerksam. Ich habe ihn gar nicht verdient.«

»Du hast es nicht verdient, dich geliebt zu fühlen? Dich akzeptiert zu fühlen?«

»Ich war nicht gut genug für ihn.«

»Hat er dir das gesagt?«

»Arnie?« Kathryn lachte. »Natürlich nicht. Arnie hat mir jeden Tag, den ich mit ihm verheiratet war, gesagt, daß er mich liebt. Er hielt mich für das Wunderbarste auf Erden.«

»Aber du hast ihm das nicht geglaubt.«

»Wie denn? Schau mich doch an. Ich bin nichts. Ich mache nichts. Ich habe nichts. Arnie war mein ganzes Leben. Ohne ihn existiere ich überhaupt nicht. Und mit seinem Tod starb alles, was ich je gewesen war. Nur noch dieser Körper ging herum und mußte ernährt und gekleidet und gepflegt werden. Und dazu fehlt mir einfach die Kraft.«

»Du hast sehr viel Kraft, Kathryn. Du mußt sie nur aufspüren.«

»Und wenn ich das nicht kann? Wenn ich es gar nicht will?«

»Dann hättest du tiefer geschnitten«, erinnerte er sie, nahm ihre Hände und drehte die narbenbedeckten Handgelenke sanft nach außen. Langsam, zärtlich, führte er sie an seine Lippen und küßte beide. »Du brauchst nur jemanden, der sie küßt und heilt.«

»O Gott, Philip, ich habe solche Angst!«

»Du brauchst keine Angst zu haben, Kathy.«

Ebenso erstaunt wie über seine Küsse auf die Handgelenke ihrer Schwester war Renee jetzt darüber, daß er diese Verkleinerungsform gewählt hatte. Kein Wunder, daß seine Patientinnen ihn liebten, dachte sie und wünschte sich ganz weit weg; ihr Täuschungsmanöver kam ihr schäbig vor.

Plötzlich lag Kathryn in Philips Armen und weinte an seiner Schulter. »Ich habe mein ganzes Leben zerstört«, schluchzte sie, den Kopf an seine Brust gelehnt.

»Wir bauen doch alle hin und wieder mal Mist.«

»Aber nicht so wie ich.«

»Genauso wie du.« Philip löste sich aus der Umarmung, hielt aber weiter Kathryns Hand. »Wir machen alle hin und wieder Dummheiten. Manchmal sogar jahrelang.« Er schüttelte den Kopf, einige schwarze Haarsträhnen fielen ihm in die Stirn. »Wir bauen alle Mist.« Beide Frauen warteten gespannt, daß er weitersprach. »Meine erste Ehe war eine totale Katastrophe«, gestand er. »Debbie hat dir sicherlich erzählt, daß ihre Mutter schön ist. Ja, das ist sie auch. Und obendrein klug und zärtlich. Zumindest war sie es am

Anfang, als wir heirateten. Na ja, sie hatte sehr wenig Selbstbewußtsein, aber ich redete mir ein, daß mir gerade das an ihr gefiel. Es ist seltsam, daß sehr schöne Frauen oft am unsichersten sind. Wahrscheinlich dachte ich mir, das würde sich mit der Zeit schon geben, aber je länger wir verheiratet waren, um so schlimmer wurde es. Sie war krankhaft eifersüchtig. Sie rief mich in der Praxis an, wenn ich gerade mit Patienten beschäftigt war, und bestand darauf, mit mir verbunden zu werden. Sie ist sogar ein paarmal mitten während einer Sitzung in meine Praxis gestürmt. Eines Nachts hatten wir vor dem Zubettgehen eine Auseinandersetzung. Ich war zu müde zum Streiten. Sie hatte mich schon den ganzen Tag beschimpft. Ich wollte nur schlafen, und das sagte ich ihr auch, aber sie hörte nicht auf. Sie schrie mich an, und ich dachte mir, wenn ich meinen Schlaf nicht bekomme, dann würde ich am nächsten Tag nicht richtig arbeiten können, und ich sagte ihr, daß ich die Nacht in einem Hotel verbringen würde, wenn sie nicht aufhörte, mich anzuschreien. Als sie dann immer noch nicht aufhörte, zog ich mich wieder an und ging. Und weißt du, was sie dann tat? Sie lief mir brüllend auf die Straße nach, und zwar völlig nackt. Meine Frau, die Frau des Psychotherapeuten, jagte dem Wagen ihres Mannes hinterher wie ein kläffender Köter, und das auch noch total nackt! Da wußte ich, daß ich dieser Ehe entfliehen mußte, weil sie mich sonst zerstören würde. Meine Karriere, meine Praxis, alles, was ich mir so hart erarbeitet hatte. Ganz zu schweigen von meiner seelischen Gesundheit und meiner Selbstachtung. Ich wußte: Wenn ich nicht wegging, dann würde ich bald ein toter Mann sein.« Er schüttelte den Kopf und trank sein Glas leer.

»Debbie zu verlassen, war das Schwierigste, was ich je getan habe. Sie war ja noch ganz klein. Ich bin mir sicher, daß sie es nicht verstand. Ich weiß, wie unglücklich diese Scheidung sie gemacht hat.« Er sah Kathryn an. »Wir bauen alle Mist«, sagte er.

»Debbie liebt dich doch. Sie hält große Stücke auf dich.«

»Ja, aber wird sie mir je wirklich verzeihen?« Er senkte den Kopf. »Entschuldige.«

»Was denn?«

»Ich bin der Therapeut. Ich sollte dir zuhören, nicht umgekehrt.« Er wandte den Kopf zu Renee. »Diese Geschichte habe ich noch nie jemandem erzählt. Nicht mal Renee. Ich danke dir.« Kathryn sah genauso verblüfft drein, wie Renee sich fühlte. »Daß du mir zugehört hast«, fügte er erklärend hinzu.

»Es war mir ein Vergnügen«, sagte Kathryn. »Du hast mir das Gefühl gegeben, gebraucht zu werden. Ich sollte dir danken.«

Beide schwiegen. Warum hatte Philip Kathryn gesagt, er habe diese Geschichte noch nie irgend jemandem erzählt? Nicht einmal Renee, hatte er behauptet. Dabei hatte er ihr den Vorfall doch fast mit denselben Worten geschildert, kurz nachdem sie sich kennengelernt hatten. Hatte er das vergessen? Oder hatte er die Geschichte benützt, um seine eigene Verwundbarkeit zu zeigen und Kathryn dadurch zu verstehen zu geben, daß sie nicht allein war?

Renee lächelte und schlug die Augen auf. Die Dankbarkeit, die sie empfand, weil er ihrer Schwester soviel Liebe und Fürsorge gegeben hatte, überwältigte sie. Philip reagierte auf ihr Erwachen mit einem leichten Kopfnicken. Kathryn saß auf ihrer Liege; sie wirkte entspannt, ja glücklich. Renee beobachtete, wie Philip seine Hand ganz langsam und beiläufig von Kathryns Hand löste, so als habe er gar nicht gemerkt, daß sie die ganze Zeit über dort gewesen war.

11

»Wir nehmen den gegrillten Rotbarsch«, teilte Marc Cameron dem Kellner mit. Lynn verkniff sich ein Grinsen. »Der
hat das letztemal zu interessanten Ergebnissen geführt.« Er
zwinkerte, und Lynn bedeckte ihre Augen mit den Händen
– zum Teil aus Verlegenheit, mehr noch aber, weil sie Angst
hatte, sie könnten zuviel verraten. Sie saßen einander in einer stillen Ecke eines elegant, aber nicht luxuriös eingerich-
teten Restaurants in Pompano Beach gegenüber. »Na, erzählen Sie mir mal, was Sie die Woche über alles gemacht
haben.«

»Bilde ich mir das jetzt ein«, fragte Lynn, »oder liegt es nur
daran, daß ich weiß, daß Sie Schriftsteller sind? Auf jeden
Fall wirken Sie immer so, als würden Sie jeden Moment dar-
angehen, sich Notizen zu machen.«

»Ich mache mir Notizen.« Er deutete auf seinen Kopf.

»Genau das habe ich befürchtet.«

»Irgendwelche neuen, interessanten Fälle?«

Lynn kämpfte gegen das starke Bedürfnis an, über den Tisch
zu langen und ihre Hand in seine zu legen. Selbst bei den
harmlosesten Fragen, die er stellte, verspürte sie den Drang,
ihm alles zu erzählen, und irgend etwas in der Art, wie er sie
ansah, sagte ihr, daß sie die einzige Frau in diesem Raum
war, daß sie wichtig war wie keine andere, daß jeder Mann,
der nicht auf sie aufmerksam wurde, ein Idiot war und daß
er nicht zu diesen Idioten zählte. »Der größte Teil des Vor-

mittags ging für ein Beratungsgespräch mit einem jung verheirateten Paar drauf. Offensichtlich verbrachten die beiden ihre Flitterwochen vor allem damit, sich gegenseitig zu verprügeln. Sie hatten völlig identische Veilchen – passend zu ihren identischen Eheringen.«

»Und was haben Sie ihnen gesagt?«

»Ich habe erklärt, daß Erwachsene sich nicht so verhalten dürfen«, sagte Lynn und bemühte sich, das Gedankenbild wegzuschieben, das sie die ganze Zeit vor Augen hatte: sie und Marc Cameron wälzten sich im Sand. »Ich habe ihnen gesagt, daß man bessere Lösungen für ihre Probleme finden kann und daß so etwas wie Selbstbeherrschung existiert.«

Sie merkte, daß sie flach atmete, wandte sich ab und tat so, als sehe sie sich in dem Lokal um. Zum erstenmal, seit sie auf Marc zugegangen war, der schon im hinteren Teil des großen Raums auf sie gewartet hatte, bemerkte sie, daß das Restaurant fast voll war; immer mehr Gäste strömten herein. Sie warf einen Blick auf ihre Armbanduhr. Es war nach zwanzig Uhr. »Ganz schön voll für einen Wochentag.«

»Es ist ein beliebtes Lokal.«

»Hoffentlich nicht zu beliebt!«

»Sie sagten, Sie wollten etwas Abgelegenes. Von unbeliebt war nicht die Rede.«

»Waren Sie hier schon mal?«

»Einmal, vor ein paar Jahren. Das Essen war hervorragend. Ich bin dann aber nie mehr wiedergekommen, einfach weil es ziemlich...«

»...weit vom Schuß ist?«

»Ja, ziemlich weit vom Schuß.« Sie lachten.

»Ich dürfte eigentlich nicht hier sein«, sagte sie.

»Warum denn nicht?«

»Meine Anwältin würde mich umbringen.«

»Erzählen Sie es ihr einfach nicht.«

»Schon zu spät«, sagte Lynn. »Ich hab's bereits getan.«

Marc Camerons Augen weiteten sich nur ein wenig, verrieten nichts.

»Sie heißt Renee Bower. Haben Sie schon von ihr gehört?«
Marc schüttelte den Kopf. »Ich bin mit ihrer Schwester zur
Schule gegangen. Ist ja egal, auf jeden Fall mag ich sie sehr.
Sie ist klug und gerissen. Und nett. Sehr nett. Sie ist mit ei-
nem Psychotherapeuten verheiratet. Philip Bower. Haben
Sie schon vom ihm gehört?« Wieder schüttelte Marc Came-
ron den Kopf, aber diesmal lächelte er dabei. »Er ist offenbar
sehr bekannt.«
»Mir nicht.«
»Renee meint, ich sollte mal mit ihm reden. Zumindest hat
sie das gesagt. Ich glaube, in Wahrheit meint sie, ich sollte
mir mal den Kopf untersuchen lassen.«
»Weil Sie sich mit mir treffen?«
Lynn nickte.
»Und was meinen Sie?«
»Daß sie wahrscheinlich recht hat.« Lynn sah Marc in die
Augen. »Ich meine, was mache ich hier eigentlich,
Marc?«
»Weiß nicht. Was *machen* Sie denn hier?«
»Weiß nicht.«
»Wie wär's denn damit?« Er beugte sich über den Tisch und
küßte sie.
Lynn wich sofort zurück. Sie versuchte zu ergründen, wie
es zu all dem gekommen war, wie es geschehen konnte, daß
sie in einem überfüllten Restaurant in Pompano Beach saß
und den Mann der Frau küßte, mit der ihr eigener Ehemann
durchgebrannt war.
»Es tut mir leid«, sagte er.
»Es tut Ihnen überhaupt nicht leid.«
»Stimmt. Und Ihnen?«
»Auch nicht«, sagte sie, wieder einmal von sich selbst über-
rascht, denn sie hatte eigentlich »Mir schon« sagen wollen.
»Aber wir müssen aufhören damit. Wirklich. Wir können
uns doch nicht ständig gegenseitig begrapschen wie zwei
Teenager!«
»Warum denn nicht?«

»Weil es nicht...«

»...richtig ist?«

»Klug. Nicht klug.«

»Was ist denn so toll daran, wenn man klug ist?«

»Man erreicht damit im allgemeinen mehr, als wenn man dumm ist.«

Marc streckte den Arm aus und nahm ihre Hand; auch als sie sie wegzuziehen versuchte, ließ er sie nicht los. »Ich mag Sie, Lynn. Sie mögen mich. Was ist so dumm daran, wenn zwei Menschen, die sich wirklich gerne mögen, eine Beziehung miteinander haben?«

»Warum?« fragte sie. »Warum mögen Sie mich?«

Er sah verdutzt drein. »Warum mag man jemanden? Was soll ich darauf sagen? Sie sind reizend, Sie sind gescheit, Sie sind interessant...«

»Ich bin Garys Ehefrau.«

Einen Augenblick lang herrschte Stille, bevor Marc zu sprechen begann.

»War das der Mensch, der mich gerade eben geküßt hat? Garys Ehefrau? Oder war das einfach Lynn Schuster, die Frau, mit der ich zu Abend esse?«

»Das ist ein und derselbe Mensch.«

»Das muß nicht unbedingt sein.«

»Sie würden mich doch gar nicht anders wollen«, sagte sie trocken und spürte, wie er seine Hand zurückzog. Sofort legte sie ihre Hände in den Schoß, so daß sie unter dem Tisch versteckt waren. »Seien Sie doch mal ehrlich, Marc, Sie würden nicht mal hier sitzen, wenn ich nicht Garys Frau wäre.«

Es herrschte Schweigen. Lynn betrachtete die Gesichter der anderen Gäste an den Nachbartischen; keiner schien in ihre Richtung zu blicken. Ob wohl irgendwer den Kuß beobachtet hat? fragte sie sich, genau wie bei ihrem letzten Treffen am Strand. Sie erkannte niemanden, wünschte aber eine Sekunde lang, es wäre anders. Irgend jemanden, dachte sie, damit sie vom Tisch aufspringen, Hallo rufen und einige

Minuten höfliche, belanglose Konversation machen könnte, um so den Bann dieses Mannes zu brechen, in dem sie offenbar stand, dieses Mannes, mit dem zusammen sie nicht gesehen werden durfte, am allerwenigsten, wenn er sie küßte. In aller Öffentlichkeit. Genauso, wie man es ihr von Gary und Suzette erzählt hatte. War das der Grund, warum sie hier saß? Wie du mir, so ich dir? Sollte dies der Versuch sein, aus doppeltem Unrecht Recht werden zu lassen? Was war nur los mit ihr?

Die Frau, die am Nebentisch saß, sah zu Lynn hinüber, lächelte ihr zu und rutschte auf ihrem Stuhl hin und her. Lynn wurde bewußt, daß sie sie angestarrt hatte. Sie wandte sich von der Frau ab, vermied jedoch sorgsam Marcs Blick und tat so, als begutachte sie die Plakate mit alten Filmstars, die an den Wänden hingen. Das Restaurant, das von außen sehr klein wirkte, war innen überraschend geräumig. Dieses Lokal steckte überhaupt voller Überraschungen, fand Lynn. Sie wußte, daß sie Marc früher oder später wieder ansehen mußte, und fragte sich einmal mehr, wie sie in diesen Schlamassel geraten war – ausgerechnet sie, die ihr ganzes Leben damit verbracht hatte, jedem Schlamassel auszuweichen, die immer vorsichtig gewesen war, immer die Konsequenzen einer jeden Entscheidung abgewägt hatte, bevor sie zur Tat schritt.

»Das Ganze sieht mir so gar nicht ähnlich«, sagte sie schließlich und zwang sich, Marc wieder anzuschauen. »So etwas mache ich normalerweise einfach nicht...«

»Sie haben doch gar nichts gemacht.«

»Ich bin so durcheinander. Ich komme mir vor wie eine Idiotin.« Sie hörte, daß sie lauter geworden war, und dämpfte ihre Stimme sofort wieder. »Ich habe mich immer beherrschen können.«

»Ist es so wichtig für Sie, sich beherrschen zu können?«

»Ich glaube schon, ja.«

»Und warum?«

»Weil es nichts Schlimmeres gibt, als sich ohnmächtig zu

fühlen«, erklärte Lynn. »Sie sind ein Mann. Sie können das unmöglich verstehen. Sie können sich von Natur aus beherrschen. Aber Frauen müssen ihr ganzes Leben lang darum kämpfen. Wenn wir etwas mit einem Mann anfangen, ist das ein einziges Herumjonglieren. Wir versuchen ständig, das, was wir geben sollen, mit dem auszubalancieren, was wir für uns behalten müssen. Die meisten Frauen geben zuviel von sich. Wenn dann die Beziehung zu Ende geht, stehen sie mit leeren Händen da.«

»Sie glauben also, weil ich ein Mann bin, kann ich mich ständig beherrschen?« fragte Marc. Die Antwort wartete er gar nicht ab. »Sie glauben, daß ich mich *von Natur aus* beherrschen kann. Das haben Sie doch gesagt, oder?«

Lynn nickte.

»Wie selbstbeherrscht, glauben Sie, war ich wohl, als meine Frau verkündete, sie werde mich verlassen? Stellen Sie sich das doch mal vor: Hier sitze ich, bin vierzig Jahre alt und, für einen Schriftsteller, alles in allem einigermaßen gut im Geschäft. Ich halte mein Leben für mehr oder weniger geordnet, habe meine Schäfchen ins trockene gebracht. Und dann kommt sie daher und spritzt sie alle naß! Innerhalb von Minuten hat sich mein Leben unwiderruflich verändert. Ich verliere meine Frau, mein Haus, meine Söhne. Plötzlich darf ich meine Jungs, abgesehen von jedem zweiten Wochenende, nur noch zweimal pro Woche sehen. Glauben Sie da allen Ernstes, ich würde mir nicht wünschen, alles anders zu machen, wenn ich mein Leben nur irgendwie beherrschen würde?« Er lachte, aber es klang bitter und leer. »Ich glaube, wenn ich aus der ganzen Sache irgend etwas gelernt habe, dann, wie wenig wir in Wirklichkeit beherrschen. Und was heißt das überhaupt, beherrschen? Ich sage Ihnen, was es ist – es ist ein Witz. Wir glauben, wir hätten Macht, aber so ist es nicht. Also, Mrs. Schuster, da können Sie genausogut ein bißchen von dieser kostbaren Selbstbeherrschung aufgeben, denn in Wahrheit haben Sie sowieso keine.«

Das Bild ihrer Mutter im letzten Stadium der Alzheimer-Krankheit blitzte in Lynns Vorstellung auf. »Erzählen Sie mir von Suzette«, sagte sie leise, bemüht, das Bild zu verdrängen.

»Was wollen Sie denn wissen?«

»Alles.«

Er lächelte; sie war ihm dankbar dafür.

»Wie ist sie denn so?«

»Sehr kunstsinnig«, gab er sofort zur Antwort. »Eigensinnig. Charmant. Hilfsbedürftig. Suzette«, fuhr er fort, und diesmal war er es, der Lynns Blick bewußt auswich, »ist eine in vieler Hinsicht bedürftige Frau.«

»Und Gary ist ein Mann, der es liebt, wenn er gebraucht wird.«

»Volltreffer!«

Lynn sah auf ihr leeres Glas; sie war ausgesprochen durstig.

»Gary ist nicht der erste Mann, mit dem Suzette ein Verhältnis hat, seit wir verheiratet sind«, sagte Marc nach einer kurzen Pause. Lynn merkte, daß sie vor Überraschung den Mund geöffnet hatte, und schloß ihn schnell wieder. »Seit ihre Eltern vor ein paar Jahren starben – sie wurden bei einem Autounfall getötet...«

»O mein Gott!«

»Ja, es war ziemlich schrecklich. Es hat Suzette sehr mitgenommen, was ja völlig verständlich ist. Sie fühlte sich sehr schuldig. Ein Teil dieser Schuld war ich. Plötzlich fand sie die Sache mit dem armen Künstler nicht mehr so verlockend wie am Anfang. Die rebellische Tochter verliert eben einiges an Härte, wenn sie niemanden mehr hat, gegen den sie rebellieren kann. Auf jeden Fall hat das mit den Affairen damals angefangen. Es waren nicht allzu viele. Nur ein paar. Ich habe nie etwas gesagt, und zwar deshalb, weil ich nicht wußte, was ich sagen sollte, um ganz ehrlich zu sein. Ich hatte kein Interesse daran, meine Ehe zu beenden. Ich liebte meine Frau. Ich versuchte ihr Verhalten zu verstehen. Ich wollte meine Familie nicht zerstören, wollte meine Söhne nicht verlassen, so wie mein Vater mich verlassen hatte, als ich ein Kind war. Meine Jungs bedeuten mir mehr als alles andere auf der Welt. Ich würde alles tun, um Schaden von ihnen abzuwenden.«

»Das tut mir so leid, Marc.«

Er schob ihre Besorgnis mit einer Handbewegung beiseite. »Es ist schon komisch, wie es so läuft im Leben, was? Da ist eine Frau, die als einzige vernünftige Erklärung dafür, daß sie mich verlassen hat, angibt, sie wolle mehr Stabilität in ihrem Leben, sie wolle jemanden, der etabliert ist und sein Ziel kennt, jemanden, zu dem sie aufschauen kann und bei dem sie sich geborgen fühlt, weil sie weiß, daß er sich um sie kümmern wird, so wie ihr Vater sich immer um sie gekümmert hat. Und was tut sie? Auf der Suche nach Stabilität zerstört sie das Leben aller Menschen, die um sie herum sind. Mein Leben, das unserer Söhne. Ihr Leben. Das Ihrer Kinder. Ironie des Schicksals. Ich weiß« – er zuckte die Achseln – »ich sollte Ironie zu schätzen wissen.«

»Vielleicht wird ihr Verhältnis mit Gary genau denselben Verlauf nehmen wie ihre anderen Beziehungen.«

»Vielleicht. Aber ich glaube es nicht. Und Sie?«

»Am Anfang glaubte ich es. Ich war sicher, daß Gary zurückkommen würde.«

»Würden Sie ihn wieder aufnehmen, wenn er zurückkäme?«

»Wahrscheinlich schon«, antwortete sie. Ja, es war die Wahrheit. »Würden Sie Suzette wieder aufnehmen?«

»Nein«, erwiderte er heftig. »Dafür ist inzwischen schon zuviel Wasser unter der Brücke durch. Na, was halten Sie von dieser Neuschöpfung eines sprachlichen Ausdrucks?« Er versuchte zu lachen. »Also, erzählen Sie mir was über Gary.«

Wieder ertappte Lynn sich dabei, wie sie die posterbehängten Wände des Lokals anstarrte. »Was soll ich da erzählen? Er ist intelligent, freundlich, zärtlich. Ich habe immer angenommen, daß er mir treu ist, und ich glaube, er war es auch, bis er Suzette kennenlernte. Aber es gibt offensichtlich vieles an Gary, das ich nicht kenne oder verstehe. Ich glaubte, er sei glücklich. Erst als er mir erklärte, er werde mich verlassen, habe ich erfahren, daß es nicht so war. Sie können sich ja vorstellen, welche Gefühle das in mir hervorgerufen hat. Ich meine, abgesehen von dem offensichtlichen Zustand – die verlassene Frau und das alles – bin ich ja auch noch Sozialarbeiterin. Von mir wird erwartet, daß ich gelernt habe zu erkennen, wann Menschen unglücklich sind. Man sollte annehmen, daß ich nach vierzehn Jahren Ehe wenigstens eine dunkle Ahnung davon gehabt habe, daß mein Mann unglücklich war. Ich dachte immer«, fuhr sie fort, obwohl ihr bewußt geworden war, daß sie vom Thema abschweifte, aber jetzt konnte sie nicht mehr aufhören, »daß meine Unabhängigkeit etwas war, was ihm an mir gefiel – die Tatsache, daß ich einen eigenen Beruf hatte, eigene Interessen, mein eigenes Leben. Daß ich mit ihm lebte, weil ich mit ihm leben *wollte* und nicht weil ich es *nötig hatte*. Aber in der Nacht, als er mir sagte, er werde mich verlassen, als er so dastand, mit einem Fuß schon aus der Tür, und als ich ihn dann bat, er solle mir sagen, warum, da sagte er, er habe eine Frau kennengelernt, die ihn braucht, die ihn wirklich braucht. Ich sagte, daß ich ihn auch brauche, daß unsere Kinder ihn brauchen, und er sagte, das sei nicht dasselbe, und es sei besser für uns alle, wenn er ginge. Ich sagte, ich wolle nicht, daß er geht, und er sagte, ich würde es schon verkraften, ich würde ja immer alles verkraften. Ich nehme an, er glaubte wirklich – glaubt wirklich –, daß er das Richtige tut. Ich weiß, daß es nie in seiner Absicht lag, mir oder den Kindern weh zu tun.«

»Trotzdem hat er Ihnen weh getan.«

Lynn lächelte, warf den Kopf zurück und starrte auf den Ventilator, der direkt über ihnen von der Decke hing. »Sie klingen wie Renee.«

»Renee?«

»Meine Anwältin, Sie wissen schon. Als ich ihr von Ihnen erzählte, sagte sie, ich solle aufpassen. Sie meinte, es läge wohl nicht in Ihrer Absicht, mir weh zu tun, aber das würde mir auch nicht helfen, wenn Sie es doch täten.«

»Mit wem haben Sie sonst noch über mich gesprochen?«

Lynn schüttelte den Kopf. »Mit niemandem sonst.«

»Nicht mal mit Ihrem Vater?«

»Mit meinem Vater am allerwenigsten. Er ist im Grunde ein sehr einfacher Mensch. Ich glaube nicht, daß er das verkraften würde. Ich glaube ja nicht mal, daß ich selbst das alles verkraften kann.«

»Und wie steht es mit meinem Vater?«

»Was?«

»Glauben Sie, daß Sie ihn verkraften können?«

»Ich verstehe nicht.«

»Ich werde ihn nächsten Sonntag besuchen. Er lebt im ›Schönwetter-Heim‹.« Er kicherte. »Ein witziger Name für ein Altersheim.«

»Es ist wunderschön dort«, versicherte Lynn. »Es ist das beste überhaupt.«

»Er hatte vor einigen Jahren einen Schlaganfall. Danach konnte er nicht mehr richtig für sich selbst sorgen. Ich habe immer noch verdammte Schuldgefühle, weil ich ihn da reingesteckt habe.«

»Sie brauchen sich nicht schuldig zu fühlen. Was hätten Sie denn sonst tun sollen?«

»Wollen Sie damit sagen, ich sei nicht Herr der Lage gewesen?« fragte er boshaft lächelnd.

Der Kellner trat an ihren Tisch und stellte behutsam die Teller auf die Platzdeckchen. »Passen Sie auf«, sagte er, als wäre es ihm gerade wieder eingefallen, »die Teller sind heiß.«

»Wein?« fragte Marc, immer noch lächelnd, nahm die Flasche aus dem Plexiglaskühler und füllte ihr Glas, bevor sie antworten konnte. »Also, was ist nun mit Sonntag? Gary hat doch die Kinder, oder?«

»Marc, ich...«

»Mein Vater würde Ihnen gefallen. Er ist ein verrückter alter Bursche. Hat sich vor ein paar Wochen ein himmelblaues Lincoln-Kabrio gekauft. Natürlich hat er keinen Führerschein mehr, er darf also nicht damit fahren, und das verdammte Ding, das über fünfunddreißigtausend Dollar gekostet hat, steht jetzt einfach auf dem Parkplatz und verstaubt. Ein Telefon hat er auch einbauen lassen. Gegen sofortige Lieferung gekauft. Leasen hält er für eine Unsitte, das ist nichts für ihn.«

»Und das Auto steht jetzt einfach so da?«

»Manchmal leiht er es einer von den Pflegeschwestern. Aber nur, wenn er sie nicht gerade in teure Ferien nach Rom oder Griechenland schickt.«

»Hat er so viel Geld?«

»Er hatte es wohl.« Marc Cameron durchschnitt das große Stück gegrillten Rotbarsch auf seinem Teller. »Offensichtlich hatte er es jahrelang angesammelt, wie ein Eichhörnchen. Soweit ich weiß, unterhält er praktisch bei jeder Bank in Florida ein Konto. Ich habe das erst vor wenigen Wochen herausgefunden, als mich eine dieser Banken anrief, und zwar wegen der Einlösung des Schecks, den er für das Auto ausgestellt hatte. Sie sagten, er habe nicht genug Geld auf seinem Girokonto, aber sie könnten das Geld von einem seiner Sparbücher nehmen. Ich wußte überhaupt nicht, wovon die sprachen. Na, jedenfalls dachte ich mir, der Sache gehst du mal nach. Das ist einer der Gründe, warum ich ihn am Wochenende besuchen will. Ich wäre Ihnen sehr dankbar, wenn Sie mitkommen würden.«

»Ich glaube, das lasse ich besser bleiben.«

»Ihre Berufserfahrung wäre von Nutzen für mich.«

Lynn führte einen großen Bissen Fisch an die Lippen, brachte es aber nicht über sich, ihn in den Mund zu schieben. »Kann ich es mir noch überlegen?« Warum sagte sie nicht einfach nein?

»Ist Ihnen schon mal der Gedanke gekommen, daß Sie zuviel überlegen könnten?«

Lynn nickte. »Das ist gut möglich.«

»Ich kann sehr geduldig sein«, erklärte er, »und sehr hartnäckig.«

Es entstand eine lange Pause. Beide saßen völlig bewegungslos da, jeder mit der vollen Gabel in der Hand. Einen Augenblick lang war Lynn versucht, sich das Stück Fisch in den Mund zu schieben, so wie Nicholas es in dieser Situation getan hätte, und triumphierend »Ich bin Erste!« auszurufen. Statt dessen sagte sie: »Wir müssen bestimmte Spielregeln einhalten.«

»Als da wären?«

»Keine Küsse mehr über den Tisch. Kein Clinch am Strand. Kein Über-den-Sand-Wälzen.«

»Und wie ist es mit der Rückbank in dem neuen himmelblauen Lincoln-Kabrio meines Vaters?«

Lynn schwieg. Die Vorstellung, wie Marc und sie einander auf der Rückbank des Wagens betasteten, stieg in ihr auf, blieb, ließ sich nicht verscheuchen. Wild entschlossen kaute sie das Stück gegrillten Rotbarschs, ohne weiter zu beachten, daß ihr von der dicken Pfefferschicht der ganze Mund brannte.

»Hey, ich mache doch nur Spaß. Kein Rücksitz, Ehrenwort! Keine überfallartigen Vorstöße über den Tisch hinweg. Keine Lustbarkeiten am Meer. Meine Lippen werden wie versiegelt sein«, sagte er mit einer Grimasse. Lynn lachte und griff nach ihrem Glas mit Wasser.

»Ich möchte nicht prüde wirken«, hörte sie sich erklären, stellte das Wasser zurück und nahm das Weinglas. »Ich will damit auch nicht sagen, daß ich in letzter Zeit nicht hin und wieder an Sex gedacht habe. Ich meine, es ist ja schon über ein halbes Jahr her. An einem zölibatären Lebensstil bin ich nicht interessiert. Aber ich will nichts voreilig tun, was ich hinterher bereuen würde.«

»Ich dränge Sie nicht.«

»Ich halte es für wichtig, daß unsere Beziehung platonisch bleibt. Zumindest für den Anfang«, fügte sie hinzu und biß sich sofort auf die Lippe. Warum hatte sie das gesagt? Warum konnte sie sich nicht zügeln, wenn sie schon zu weit vorgeprescht war?

Marc Cameron hielt sein Weinglas in den freien Raum zwischen ihnen. Hastig hob Lynn das ihre und stieß mit Marc an; man hörte nur ein leises Klirren. »Für den Anfang«, sagte Marc.

12

Seine Hände auf ihrem Nacken fühlten sich kalt an. »Deine
Hände sind kalt«, sagte Renee. Sie spürte, wie Philips Finger
sanft über ihren Hals strichen. Er hatte gerade die Schließe
der breiten goldenen Halskette zuschnappen lassen. Renee
legte diesen Schmuck, den Philip ihr zu ihrem letzten Geburtstag geschenkt hatte, nur selten an – die Kette war aufgrund ihres Gewichts nicht gerade angenehm zu tragen,
und noch unangenehmer war, daß sie unerwünschte Aufmerksamkeit auf ihr Doppelkinn zog. Sie dachte an die
letzte Gelegenheit zurück, bei der sie sie getragen hatte, an
die Überraschungsparty einige Wochen zuvor, als ihr Mann
einen nicht unbeträchtlichen Teil des Abends mit dieser Alicia-aber-Sie-können-mich-Ali-nennen Henderson ins Gespräch vertieft gewesen war. Der Gedanke an Alicia Henderson zog den Gedanken an die unangenehme Überraschung nach sich, die Debbie ihr vor einer Woche im Restaurant bereitet hatte. Sie hatte Philip gegenüber nie mehr
ein Wort über jenen Mittag fallenlassen, und er hatte die
Sache natürlich erst recht nicht mehr erwähnt. Beide hatten
so getan, als wäre der Vorfall genauso harmlos gewesen, wie
er behauptet hatte. Einige Male war sie versucht gewesen,
ihn darauf anzusprechen, aber dann war Philip gerade wieder auf dem Sprung in die Praxis, oder er sprach gerade mit
Debbie oder mit Kathryn, und wenn sie dann nachts endlich
zusammen im Bett lagen, sagte er jedesmal, er sei todmüde,

drehte sich auf die Seite und war nach wenigen Minuten eingeschlafen. Renee befühlte die schweren Goldglieder an ihrem Hals. Ein Mann nobler Gesten, dachte sie. Und gelegentlicher Treulosigkeit. »Wie sehe ich aus?« fragte sie.

»Es sieht toll aus.«

»Nicht *es*«, verbesserte sie ihn. Sie fragte sich, ob ihm seine eigene Wortwahl überhaupt bewußt geworden war. »Ich. Wie sehe ich aus?« Sie ließ die Arme seitlich an ihrem Körper herabfallen. Sie fühlte sich nackt, obwohl sie fertig angezogen war. Nervös wartete sie auf sein Urteil.

»Super«, sagte er. Dabei starrte er sein eigenes Bild im Spiegel gegenüber dem Ehebett an und strich sich sorgfältig über das Schläfenhaar.

»Findest du nicht, daß es mein Doppelkinn zu stark betont?«

»Welches Doppelkinn?« Er stellt sich hinter sie und wog ihre üppigen Brüste in seinen großen Händen. »Wer sieht denn schon dein Doppelkinn, wenn ihm diese herrlichen Doppeldinger da entgegenstarren?«

»Vielen Dank.« Renee lehnte ihren Körper an seinen und genoß trotz seiner Worte das Gefühl, ihn zu berühren. Es machte ihr auch nichts aus, daß ihre Frisur durcheinandergeriet und daß ihr neuer schwarzer Seidenanzug zwischen seinen unachtsamen Fingern zerknitterte. Es schien ihr eine Ewigkeit her zu sein, daß er sie das letztemal so berührt hatte. Plötzlich war es ihr egal, daß sie zu dem Abendessen mit einigen ihrer Anwaltskollegen zu spät kommen würden; es bekümmerte sie auch nicht, daß Debbie und Kathryn immer noch nicht von ihrem Nachmittagsausflug zurückgekehrt waren. Sie wollte Philips Hände auf ihrem Körper spüren. Sie hatte das Bedürfnis, ihm nahe zu sein; sie brauchte Bestätigung von ihm.

Er machte sich von ihr los. »Du siehst toll aus«, sagte er und bewunderte sich schon wieder im Spiegel. »Ich glaube, ich ziehe ein anderes Hemd an.«

»Jetzt? Philip, wir sind doch schon zu spät dran!«

»Und wessen Schuld ist das?«

»Ich sage ja nicht, daß irgend jemand schuld daran ist. Aber wir sind schon eine halbe Stunde zu spät dran, und das Hemd, das du anhast, sieht phantastisch aus.«

»Es paßt nicht zu diesem Anzug, aber gut, wenn es dir Probleme bereitet, ein paar Minuten zu spät zu kommen, dann behalte ich es eben an. Wenigstens einer von uns sieht ja gut aus.«

»Du siehst super aus«, versicherte Renee ihm mit einem leisen Flehen in der Stimme. Wie konnte er nur annehmen, er sehe nicht super aus?

»Wie du meinst.«

»Nein, nein.« Sie gab nach. »Du mußt dich wohl fühlen. Wenn du dich nicht wohl fühlst...«

»Es ist einfach das falsche Hemd«, erklärte er mit einem liebenswerten angedeuteten Grinsen.

»Welches Hemd paßt denn deiner Ansicht nach besser?«

»Ich weiß nicht«, sagte er und betrat den begehbaren Kleiderschrank. »Was meinst du denn?« Er kam mit zwei blaugestreiften Hemden zum Bett zurück. »Ich finde, das gestreifte ist interessanter als das einfarbige«, sagte er auf das Hemd deutend, das er trug. »Welches gefällt dir besser?«

»Sie sehen beide gleich aus.«

»Mein Gott, Renee, du bist so ungenau. Das hier hat doch viel breitere Streifen.«

Renee sah genauer hin, konnte aber immer noch keinen Unterschied feststellen. »Das in deiner rechten Hand«, sagte sie schließlich.

»Wirklich? Ich finde das links besser.«

»Das ist auch gut.«

»Deine Begeisterung ist überwältigend.«

»Tut mir leid, Philip, aber es ist mir wirklich völlig gleichgültig.«

»Das merkt man. Aber wenn es darum ginge, was *du* trägst, sähe die Sache ganz anders aus.«

»Sei doch bitte nicht lächerlich!«

»Aha, ich bin also lächerlich. Als was willst du mich denn noch beschimpfen?«

»Ich beschimpfe dich doch gar nicht.«

»Oh, entschuldige. Ich hätte schwören können, daß du mich als lächerlich bezeichnet hast.«

»Das Gespräch ist lächerlich«, sagte Renee trocken.

»Komm, hören wir auf zu streiten. Ich entschuldige mich für das, was ich gesagt habe, und es tut mir leid, wenn ich einen desinteressierten Eindruck gemacht habe, als es darum ging, welches Hemd du anziehen sollst.« Sie warf einen Blick auf ihre Armbanduhr. »Ich bin einfach ein bißchen nervös.«

Philips Stimme wurde weich, klang besorgt.

»Warum denn, um alles in der Welt?«

»Wahrscheinlich deshalb, weil wir schon zu spät dran sind, und schließlich sind es meine Anwaltspartner. Ich weiß auch nicht. Ich kann nichts dagegen tun.«

»Doch, du entscheidest, ob du nervös sein willst oder nicht.«

In Situationen wie dieser wünschte Renee sich immer, einen Klempner geheiratet zu haben und nicht einen Psychologen. Mußte er denn immer so verdammt analytisch sein? Mußte er immer darauf hinweisen, daß sie in den meisten Dingen eine Wahl hatte und gewöhnlich die falsche traf?

»Renee«, sagte er und ließ dabei einen Unterton von Ungeduld anklingen, so als wäre ihr Name eine große Last für ihn, »du mußt selbst entscheiden, was dir wichtig ist!«

»Du bist mir wichtig.«

»Aber noch wichtiger ist dir, daß du pünktlich zum Essen kommst.«

Renee erwiderte nichts. Wie lange sollten sie denn noch so sinnlos hin und her reden? Sie sah zu, wie er beide Hemden in den Schrank zurückhängte. »Ziehst du dich jetzt doch nicht um?«

»Es lohnt sich nicht. Deine Kollegen sind so langweilig, ich bezweifle, ob sie überhaupt wahrnehmen, was ich trage.«

»Ich finde sie nicht langweilig.«

»Es sind Anwälte«, sagte Philip, als würde das Wort allein schon alles sagen. »Ist Debbie schon zurück?«

»Kathryn und sie sind nachmittags an den Strand gegangen.«

»Es ist schon nach acht«, sagte Philip. »Um die Zeit sind sie doch nicht mehr am Strand!«

»Sie sagten, sie würden vielleicht ins Kino und eine Kleinigkeit essen gehen.«

»Mein Gott«, murmelte Philip kopfschüttelnd.

»Was? Was ist denn?«

Er schüttelte weiter den Kopf. »Es ist dir doch scheißegal, nicht wahr? Debbie ist sechzehn Jahre alt. Deine Schwester ist schwer depressiv. Die beiden sind verschwunden, und das einzig Wichtige für dich ist, pünktlich zu dieser blöden Abendgesellschaft zu erscheinen!«

»Das ist nicht fair, und es stimmt auch nicht!« sagte Renee. Sie bemerkte, daß sie laut geworden war, und versuchte ihre Stimme zu dämpfen. »Sie sind nicht verschwunden. Sie sind an den Strand und dann wahrscheinlich zum Essen und hinterher ins Kino gegangen. Kathryn fühlt sich in letzter Zeit viel besser, und Debbie ist durchaus imstande, auf sich selbst aufzupassen. Ich mache mir keine Sorgen, weil es keinen Anlaß zur Besorgnis gibt. Philip, was ist eigentlich los?« Sie schloß die Augen. Sie wünschte sich seine Hände wieder auf ihren Brüsten, wünschte sich, er würde sie mit seinen kräftigen Armen umfassen und ihr sagen, daß es ihm leid tue, daß er sich wie ein Idiot benommen habe, daß er sie mehr als alles auf der Welt liebe, und jetzt gehen wir, bevor es noch später wird! Statt dessen blieb er, wo er war, nämlich am anderen Ende des Zimmers, sichtlich verärgert über das Gespräch und über sie. Was hatte sie denn falsch gemacht? Warum tappte sie immer wieder in die Falle? Warum konnte sie ihm nicht ab und zu einmal zustimmen? Warum mußte immer alles gleich so aufgebauscht werden?

»Das weißt du besser als ich.«

»Ich verstehe nicht.«

»Du bist in letzter Zeit so gefühlskalt«, sagte er. Er klang wie ein kleines Kind.

»Was?«

»Ich glaube, du bist dir überhaupt nicht bewußt, welche innere Distanz du zu mir eingenommen hast. Ich will dir nicht die Schuld zuschieben, Renee. Ich weiß ja, wieviel du zu arbeiten hast, wie beschäftigt du bist. Aber ich weiß auch, daß du schon immer sehr beschäftigt warst, und früher bist du damit besser klargekommen. Früher hattest du noch Zeit für mich. Denk mal drüber nach. Jetzt arbeitest du nur noch. In den letzten Monaten hatten wir nur wenig Zeit füreinander, und das tut mir weh, das ist alles.«

»Ich arbeite nicht ständig«, flüsterte Renee. Dann versagte ihr die Stimme. Seine Worte hatten sie völlig überrumpelt.

»Und wann bist du gestern abend heimgekommen?« fragte er.

»Gegen sieben.«

»Und am Abend davor?«

»Ich weiß nicht genau. Um dieselbe Zeit, glaube ich.«

»Mehr gegen halb acht, würde ich sagen.«

»Am Tag davor bin ich früher nach Hause gekommen.«

»Herzlichen Glückwunsch!«

»Was soll das, Philip? Du hast dich doch früher nie darüber beklagt, daß ich spät von der Arbeit komme.«

»Was hätte das auch gebracht?«

»Na ja, ich...«

»Hätte das denn irgend etwas geändert?«

»Wenn ich gewußt hätte, daß du unglücklich warst...«

»Ich habe nicht gesagt, daß ich unglücklich war.«

»Ich verstehe nicht. Was meinst du denn dann?«

»Ich wollte nur erklären, warum wir in letzter Zeit nur wenig Zeit miteinander verbracht haben. Du bist einfach zu sehr mit deiner Arbeit beschäftigt. Und wenn es nicht die

Arbeit selbst ist, dann hat es doch irgend etwas mit deiner Arbeit zu tun, so wie heute abend.«

Renee sah sich hilflos im Zimmer um. »Es tut mir leid«, stammelte sie, und es tat ihr wirklich leid, obwohl sie nicht genau wußte, warum. »Mir war überhaupt nicht klar... Ich denke, es ist einfach schwierig, ein paar Lücken in unseren vollen Terminkalendern zu finden, und dann ist ja auch noch meine Schwester da und Debbie...«

»Es ist also Debbies Schuld, daß wir keine Zeit mehr füreinander haben?«

»Das habe ich nicht gesagt!«

»Du verschwendest doch nicht mal zwei Minuten an Debbie! Das Kind kommt für zwei Monate auf Besuch, und du bist zu beschäftigt mit deiner verdammten Kanzlei, um dich mal zwei Minuten um sie zu kümmern!«

»Das ist ungerecht, Philip. Ich habe es mit Debbie versucht. Du weißt, daß ich es versucht habe. Sie will nichts mit mir zu tun haben.«

»Wenn du Debbie wirklich für dich gewinnen wolltest, Renee, dann könntest du es auch. Du bist eine gute Anwältin. Du weißt, wie man so etwas anpacken muß.«

»Augenblick mal! Wie sind wir eigentlich auf Debbie gekommen?« fragte Renee frustriert. »Warum sprechen wir denn jetzt über dieses Thema?«

Philip schritt wütend vor der Schlafzimmertür auf und ab. »Aha! Wir reden nur über die Themen, über die du reden willst! Wolltest du das sagen?«

»Nein, natürlich nicht. Keiner hat gesagt...«

»Über was willst *du* denn reden, Renee? Übers Wetter? Über Politik? Über meine Praxis? Über deine Kanzlei? Über alles eben Genannte? Über nichts vom eben Genannten? Du möchtest mich über mein Mittagessen mit Alicia Henderson ausfragen, stimmt's, Renee? Das steckt doch in Wirklichkeit hinter der ganzen Sache!«

Renee versuchte einen Protest zu formulieren. Es stimmte, vorhin hatte sie an die Frau gedacht, aber... Kannte er sie so gut?

»Du bist nervös wegen heute abend, und du machst dir Sorgen um deine Schwester, und das mußt du an irgend jemandem auslassen, und auf Debbie kannst du im Moment nicht herumhacken, weil sie nicht da ist, also muß eben ich dran glauben. Nur zu, Renee, schieß los! Es nagt schon seit Tagen an dir, also spuck es endlich aus!«

Renee starrte auf ihr dickliches Bild im Spiegel gegenüber dem Bett und hielt den Atem an, um die aufsteigenden Tränen zurückzuhalten. Sie wollte nicht weinen. Philip haßte es, wenn sie weinte. Außerdem würden dann ihre Lider anschwellen, und sie würde noch aufgeschwemmter aussehen, als es ohnehin der Fall war. Mußte sie sich wirklich fragen, warum er sich anderen Frauen zuwandte? Sah sie denn nicht, daß ihr die Antwort förmlich entgegenstarrte?

»Ich habe mich schon gefragt, wie lange du brauchen würdest, bis du ein paar Vorwände gefunden hättest, um dieses Mittagessen ins Spiel zu bringen«, sagte er. »Ich habe doch tatsächlich gehofft, du wärst erwachsen genug, das Ganze gar nicht erst anzusprechen.«

Renee wollte ihm ins Wort fallen, ihn daran erinnern, daß ja auch wirklich nicht sie es gewesen war, die jenes Mittagessen mit Alicia Henderson erwähnt hatte, daß sie es niemals angesprochen hätte, daß er es gewesen war, der diese Frau ins Gespräch und in ihr Leben gebracht hatte. Aber sie sagte nichts, denn es war doch egal, wer ihren Namen als erster genannt hatte. Die Frau war ihr im Kopf herumgespukt, und Philip hatte sie darin gesehen. Es hatte keinen Sinn, seine Beschuldigungen von sich zu weisen, wenn sie im Grunde berechtigt waren. Er konnte ihre Gedanken lesen. Das hatte er ihr einmal gesagt und überrascht, ja entrüstet dreingeschaut, als sie lachte.

»Na los, Renee! Sag, was du zu sagen hast! Schieß ruhig los!«

»Das ist unfair, Philip!« Renee stöhnte unter dem Gewicht seiner Anschuldigungen. Sie fühlte sich wie ein Kind. Das ist unfair, Daddy, das ist unfair!

»Nein, unfair ist, was du zu sagen beabsichtigst.«

»Ich will überhaupt nichts sagen.«

»Willst du dich über mich lustig machen? Du mußt es sagen! Dir platzt noch eine Ader, wenn du es nicht sagst. Du kannst jetzt nicht mehr zurück. Es ist Zeit, endlich aufs Ganze zu gehen. Das ist doch ein beliebter Anwaltstrick, oder? Sehen wir doch mal, welchen Schaden du hier anrichten kannst. Sehen wir doch mal, wie du ein völlig harmloses kleines Mittagessen in etwas verwandelst, dessen ich mich schuldig fühlen sollte!«

»Ich versuche überhaupt nicht, dir Schuldgefühle einzureden.«

»Nein? Und was versuchst du dann?«

»Gar nichts!« brüllte Renee.

»Bitte schrei mich nicht noch mal an«, sagte er ganz ruhig.

»Ich dulde es nicht, daß du mich anschreist.«

»Entschuldige. Ich wollte nicht in Wut geraten.«

»Ich habe schon genug Streß in der Praxis, Renee. Ich kann solche Hysterie zu Hause nicht brauchen.«

Renee fühlte Übelkeit wie eine Welle in sich aufsteigen. Sie war plötzlich völlig erschöpft. »Ich will nicht streiten.«

»Das hast du schon mal gesagt. Und warum streiten wir, deiner Meinung nach, trotzdem?«

»Ich weiß es nicht. Sprechen wir einfach nicht mehr darüber.«

»Nein, wir werden das, was du angefangen hast, zu Ende führen. Was willst du eigentlich von mir, Renee? Willst du Einzelheiten über meine Romanze mit Alicia Henderson? Gut, ich werde dir Einzelheiten liefern.«

»Ich will keine Einzelheiten.«

»Alicia Henderson und ich haben nun schon seit mehreren Monaten in jeder Mittagspause eine wilde, leidenschaftliche Affäre miteinander. Wir treiben es, wo wir können, je öffentlicher der Ort, um so lieber ist es uns. Das Troubadour ist einer unserer Lieblingstreffs. Wir treiben es zwischen den einzelnen Gängen, unter dem Tisch, auf dem Tisch, im Klo...«

»Philip...«

»Weitere Details? Also, laß mich mal überlegen. An manchen Tagen geben wir uns gar nicht erst mit dem Essen ab. Statt dessen schlecke ich an ihr rum. Sind diese Einzelheiten heiß genug für dich, Renee? Oder ist das dem Zeug zu ähnlich, das du jeden Tag zu hören bekommst?«

»Ich will keine Einzelheiten.« Renee weinte bitterlich. »Ich will Dementis!« Ihre Augen schwammen in den Tränen, die sie bisher hatte zurückhalten können. Sie wußte, daß sie ihr Make-up verwischen würden und daß sie die ganze verdammte Schminkerei wiederholen mußte, nachdem sie schon soviel Zeit darauf verwendet und es fast perfekt hingekriegt hatte. Sie trat zurück, bis sie die Bettleiste in den Kniekehlen spürte, setzte sich und ließ den Kopf vornübersinken. Das kalte Metall ihrer Halskette schnürte ihr die Kehle zu. Sie starrte auf ihren Schoß und fing die Tränen mit dem Handrücken ab, bevor sie den Seidenstoff des neuen Hosenanzugs erreichen konnten. Erst als sie merkte, daß Philip direkt vor ihr stand und seine Knie die ihren berührten, blickte sie auf.

»Hey«, sagte er, plötzlich ganz sanft. »Dementis sind einfach.« Er beugte sich zu ihr und küßte sie zärtlich auf die Stirn. Seine Wut war verflogen, als hätte es sie nie gegeben, als hätte sie sich alles nur eingebildet. »Es ist nichts dran, Renee. Ich schwöre es dir«, sagte er und küßte ihre geschlossenen Augenlider. »Ich schlafe nicht mit Ali Henderson. Ich verspüre keine Begierde, mit ihr zu schlafen. Und das einzige, was ich heute geschleckt habe«, fuhr er fort – und sie spürte, wie sein jungenhaftes Lächeln dicht an ihrer Haut immer breiter wurde – »war mein Mittagessen.« Sein Mund küßte sich an ihrem Gesicht hinab. Sofort schürzte Renee die Lippen, hob die Arme, und schlang sie um seinen Hals. Ihr Körper reagierte auf Philip, wie er es immer tat. Jetzt würde alles wieder gut werden. Er hatte ihr verziehen. Er war wieder zärtlich und fürsorglich, so wie früher, so wie am Anfang, als ihre Beziehung neu gewesen war, bevor sie sich von dummen Eifersüchteleien und ihrer eigenen Unsicherheit überwältigen ließ, bevor sie ihr Gewicht ins Unermeßliche anwachsen und ihre Arbeit Macht über ihr Leben erlangen ließ. Kein Wunder, daß er verärgert und abwehrend war. Ihr war nicht bewußt gewesen, wie sehr es ihn störte, daß sie immer so spät nach Hause kam und seine Tochter so hartnäckig vernachlässigte. Sie würde alles wiedergutmachen.

Sie spürte, daß er am Reißverschluß seiner Hose zerrte, spürte, daß seine Lippen sich von ihren lösten und seine Hände ihren Kopf sacht nach vorne drückten. Im nächsten Moment war er in ihrem Mund; seine Hände preßten sich gegen ihre Schläfen und lenkten ihren Kopf in langsamen, bedächtigen Bewegungen, vor und zurück. Er wurde größer in ihrem Mund, während er immer wieder heftig in sie stieß. Er führte ihre Hände zwischen seine Beine und zeigte ihr genau, was sie tun sollte.

Sie dachte an Debbie, stellte sich vor, daß das Mädchen plötzlich ins Zimmer platzte, verdrängte das unerwünschte Phantasiebild schnell wieder. Allmählich begann ihr Kiefer zu schmerzen. Sehr gut, dachte sie. Das war die gerechte Strafe für die Szene, die sie Philip eben gemacht hatte. Wenn sie nicht aufpaßte, würde er sie verlassen, so wie er seine erste Frau, Wendy, wegen ihrer eifersüchtigen Beschuldigungen verlassen hatte. Wie oft hatte er ihr erzählt, daß Wendys mangelndes Selbstbewußtsein wie ein ständiger Keil zwischen ihr und ihm gewesen war! Diese schreckliche Geschichte von Wendy, wie sie nachts nackt hinter seinem Auto herlief! Wollte sie das denn in ihrer Ehe? Daß er davonfuhr, in die Nacht hinaus und in die Arme einer Alicia Henderson? Alicia-aber-Sie-können-mich-Ali-nennen, schoß es ihr durch den Kopf. Er hatte sie Ali genannt.

Seine Hände preßten stärker gegen ihren Kopf, forderten sie schweigend auf, das Tempo zu steigern, weil er bald soweit war. Renee schloß die Augen ganz fest. Philip kam, sein Körper erzitterte. Sofort lockerte er seinen Griff. Renee schluckte hastig, während er sich von ihr löste. »Gib mir ein Papiertaschentuch!« sagte er heiser, und Renee griff nach der Kleenexschachtel neben dem Bett. »Spül dir den Mund aus!« sagte er, nahm ihr das Tuch aus der Hand und wandte sich rasch ab.

Renee starrte ihr zerzaustes Bild im Badezimmerspiegel an. Sie sah grauenhaft aus. Es gab keinen anderen Ausdruck dafür. Ihre Lider waren vom Weinen gerötet und geschwollen, und die Wimperntusche hatte sich zu dicken Klumpen verdickt, obwohl sie angeblich wasser- und schmierfest war. Ihr vor kurzem noch leuchtend kirschroter Lippenstift war bis zur Unsichtbarkeit verrieben, und ihr Mund wirkte völlig schief, so als hätte man ihn ihr nach unten geschlagen.

Sie rückte die Goldkette um ihren Hals zurecht und begann, ihr Make-up sorgfältig zu erneuern. Sie deckte die dunklen Augenringe ab – offenbar die einzigen beiden Stellen ihres Körpers, die von den überflüssigen Pfunden verschont worden waren –, und pinselte eine zusätzliche Schicht Rouge auf. Dabei setzte sie hoch über den Backen, zwischen den Augen und den Ohren, an und zog eine diagonale Linie bis zur Wangenmitte in der Hoffnung, dies verleihe ihrem Gesicht mehr Kontur. In *Vogue* hatte sie gelesen, daß die Fotomodelle es immer so machten. Sie wählte eine andere Lippenstiftnuance als zuvor, ein bräunliches Orange, und trug dunkelblaue Wimperntusche auf. Wie immer wünschte sie sich dabei, ihre Wimpern wären länger und so natürlich gebogen wie die von Debbie.

Als sie ins Schlafzimmer zurückkam, lag Philip ausgestreckt auf dem Bett. Seine Augen waren geschlossen, als schliefe er. »Philip?« flüsterte sie.

Er öffnete ein Auge. »Ich bin so müde«, sagte er. »Müssen wir denn da hingehen?«

»Wir werden dort erwartet.«

»Wir sind doch schon zu spät dran. Meinst du wirklich, die vermissen uns?«

»Philip, ich...«

»Tut mir leid, mein Liebling, aber es kostet mich eben sehr viel Kraft, mit dir zu streiten. Ich weiß, daß es dir vor Gericht von Nutzen ist, aber für den Ehemann ist es die Hölle.« Er lächelte. »Und dann hast du alles noch viel schlimmer gemacht. Du hast mich total heiß gemacht. Und jetzt will ich nur liegenbleiben, vielleicht ein bißchen fernsehen und von meiner Frau Rührei serviert bekommen. Mein Gott, das würde mir so viel bedeuten! Ein netter, ruhiger Abend zu Hause. Zur Abwechslung einmal früh ins Bett. Ist dieses Essen denn wirklich so wichtig?«

Renee setzte sich aufs Bett. »Nein«, sagte sie, »es ist nicht so wichtig.«

13

»Mr. Foster, ich bin Lynn Schuster von der Sozialberatung
Delray Beach. Ich fürchte, Sie werden sich mit mir unterhalten müssen, ob es Ihnen nun paßt oder nicht.«
Lynn stand vor dem ihr inzwischen wohlvertrauten Haus
des Wohnkomplexes Harborside Villas und hoffte, der
große, gutgekleidete Herr, der auf ihr Klopfen hin geöffnet
hatte, werde sie hineinlassen. Keith Foster war Ende Fünfzig oder Anfang Sechzig, etwas über 1,80 Meter groß, hatte
tiefschwarzes Haar (das Lynn für gefärbt hielt), dunkle Augen und eine markante Nase. Es lag an dieser langen, gera-
den Nase, die irgendwie zu schmal war für sein breites Gesicht, daß man Foster nicht als einen schönen Mann bezeichnen konnte. Diese Nase war gleichzeitig zuviel und zuwenig. Wie so manches im Leben, dachte Lynn, als er sie
einzutreten bat.
Das Haus der Fosters war genauso geschnitten wie das von
Davia Messenger, aber während bei Davia Messenger eine
kühle, bewußt arrangierte Mischung aus Gelb- und Grautönen vorherrschte, war es bei den Fosters, als beträte man
eine warme, weiche rosarote Wolke. Die rosa Bodenfliesen
der Diele gingen in einen dicken, roséfarbenen Wohnzim-
merteppich über. Dort standen ein bequemes Sofa mit alt-
rosa Bezug und zwei pink- und lilageblümte Ohrensessel.
Auf dem rosa lackierten Couchtisch vor dem Sofa prangte
eine wunderschöne malvenfarbene Vase, in der rosarote

Rosen steckten, und wohin Lynn sonst auch blickte, überall sah sie weitere rosa Blumensträuße. Die Wände waren in derselben Farbnuance gehalten und schlossen zur Decke hin mit weißen Zierstreifen ab. Eine weitere große Vase mit rosa Blumen stand mitten auf der Glasplatte des langen, von rosarot bezogenen Stühlen umringten Eßtisches.

»Ihr Haus ist sehr schön«, sagte Lynn, und es gefiel ihr wirklich. Sie setzte sich auf das Sofa, sank in die weichen, warmen Kissen und fühlte sich sofort geborgen. Keith Foster ließ sich ihr gegenüber auf der Kante des einen Ohrensessels nieder. Er wirkte seltsam deplaziert, hier, in seinem eigenen Wohnzimmer. Er ist das Unkraut in diesem gepflegten Garten, dachte Lynn, der dunkle Farbstrich auf der Pastellzeichnung. Er paßte nicht hierher. Dies ist das Haus einer Frau, fand Lynn. Kein Wunder, daß sich ein Mann von der Statur eines Keith Foster darin unwohl fühlte; erstaunlich fand sie jedoch, daß er das zuließ. Selbst Gary – der ihr bei der Einrichtung ihres Hauses ziemlich freie Hand gelassen hatte – war vehement gegen das von ihr gewünschte blaßrosa Schlafzimmer gewesen.

»Was kann ich für Sie tun?« fragte Foster mit seiner sympathischen Stimme, als Lynn den Reißverschluß der schwarzen Ledermappe auf ihrem Schoß öffnete und das Notizbuch sowie einen Filzstift hervorholte. Sofort fielen ihr wieder Davia Messengers Warnungen ein, den Stift nicht in die Nähe des Sofabezugs zu bringen.

»Ist Mrs. Foster zu Hause?« fragte Lynn und ließ den Blick über den stillen Raum schweifen.

»Sie ist mit Ashleigh spazierengegangen«, teilte Keith Foster ihr freundlich mit, als wäre es ganz normal, daß Mutter und Tochter sich um acht Uhr morgens die Beine vertraten. Lynn hatte absichtlich diese frühe Stunde gewählt in der Hoffnung, um diese Tageszeit die ganze Familie daheim anzutreffen. Sie hatte ihre eigenen Kinder beim Frühstück zur Eile angetrieben und die Hilfe ihrer Nachbarin in Anspruch genommen, um gegen acht Uhr bei den Fosters sein zu können.

»Werden sie bald zurück sein?« fragte Lynn. Sie bemühte sich, ihren Ärger nicht merken zu lassen.

»Das kann ich Ihnen nicht sagen. Diese Dinge entziehen sich meiner Kontrolle.«

Kontrolle, dachte Lynn in Erinnerung an ihr Gespräch mit Marc. Ist es denn so wichtig, alles zu beherrschen? hatte er gefragt. »Ihr Anwalt hat Ihnen doch sicherlich erklärt, daß es in Ihrem eigenen Interesse liegt, mit mir zusammenzuarbeiten, Mr. Foster, nicht wahr?«

»Meiner Erfahrung nach haben staatliche Behörden nicht gerade viel für meine Interessen übrig.«

»Vielleicht können Sie sich in diesem Fall mit den Interessen Ihres Kindes begnügen.«

»Ich verspüre keineswegs den Wunsch, Sie mir zum Gegner zu machen, Mrs. Schuster«, sagte Keith Foster gewandt und lächelte. »Weder Sie noch Ihre Behörde. Es ist, glauben Sie mir, mein Wunsch, in jeder Hinsicht mit Ihnen zu kooperieren, um diese lästige kleine Angelegenheit so schnell als möglich aus der Welt zu schaffen. Segeln Sie?« fragte er ganz unvermittelt, ging auf das große Fenster zu und sah über den Inland Waterway. Lynns Blick wurde auf die Segelboote gelenkt, die weiß vor dem blauen Himmel leuchteten. Sie schüttelte den Kopf. »Sie müssen einmal mit uns segeln gehen«, sagte er, wie man so etwas eben dahinsagt.

»Mr. Foster, man hat uns zu verstehen gegeben, daß Ihre Tochter häufig mit Blutergüssen gesehen wird...«

»Ashleigh verletzt sich leicht«, unterbrach er sie hastig. »Schon als Baby war das so bei ihr. Sie fällt ständig von irgendwo herunter oder stößt sich an. Als sie acht Monate alt war, fiel sie aus ihrem Kinderbettchen und brach sich das Schlüsselbein. Vor etwa einem Monat fiel sie in der Schule von der Schaukel und brach sich den Arm.«

»Sie hat sich den Arm in der Schule gebrochen?«

»Ja.«

»Welche Schule besucht Ashleigh, Mr. Foster?«

»Die Privatschule in Gulfstream.«

»In der wievielten Klasse ist sie?«

»Oh, das könnte ich jetzt nicht mit Sicherheit sagen.« Er lachte. »Augenblick bitte. In der ersten Klasse, glaube ich. Oder in der zweiten? Tut mir leid, aber mit diesen Dingen beschäftige ich mich schon lange nicht mehr. Zweite Klasse«, sagte er schließlich. »Ja, sie hat die zweite Klasse gerade hinter sich. Im Herbst kommt sie in die dritte.«

»Dürfte ich bitte den Namen ihrer Lehrerin erfahren?«

»Ihrer Lehrerin? Warum denn?«

»Ich muß den Unfall überprüfen, Mr. Foster. Ich muß die genauen Umstände im Zusammenhang mit Ashleighs Armbruch eruieren.«

»Die Umstände habe ich Ihnen doch eben erläutert. Sie fiel auf dem Spielplatz von der Schaukel.«

»Ich brauche eine Bestätigung dieser Aussage.«

»Dagegen protestiere ich!«

»Das glaube ich gerne, und ich kann es auch verstehen...«

»Tatsächlich?«

»Ja.«

»Haben Sie Kinder, Mrs. Schuster?«

»Ja.«

»Wie würden Sie denn reagieren, wenn ein Fremder in Ihr Haus platzen und Sie beschuldigen würde, Ihre Kinder zu mißhandeln, besonders wenn sich diese Beschuldigungen auf die Aussage einer verrückten Nachbarin stützen?«

»Welche Nachbarin soll das denn sein?« fragte Lynn vorsichtig, ohne auf seine Frage einzugehen.

»Bitte spielen Sie keine Spielchen mit mir, Mrs. Schuster. Wir wissen doch beide ganz genau, von wem ich spreche. Von Davia Messenger, Schutzheilige der Staubflocken und der kleinen Kinder.« Lynn mußte die Luft anhalten, um ein Grinsen zu unterdrücken. »Sie hat nicht alle Tassen im Schrank, und das wissen Sie auch. Sie haben mit dieser Frau geredet. Sie putzt Tag und Nacht ihr Haus und spioniert den Nachbarn hinterher. Sie ist eine Plage für die ganze Gegend. Da können Sie fragen, wen Sie wollen. Fragen Sie ihren Mann, wenn Sie ihn finden. Er ist ihr vor etwa drei Monaten davongelaufen. Seit er weg ist, benimmt sie sich verrückter denn je, soweit das überhaupt möglich ist.«

»Warum sollte Ihre Nachbarin unserer Behörde Meldung erstatten, Mr. Foster?«

»Weil sie verrückt ist! Sie weiß nichts anderes mit ihrer Zeit anzufangen. Wie oft am Tag kann man denn die Fußböden saubermachen? Außerdem ist sie sehr eifersüchtig auf Patty.«

Lynn schwieg und wartete, bis Mr. Foster weitersprach.

»Meine Frau ist sehr jung und sehr hübsch. Beides gefällt Mrs. Messenger gar nicht.«

Mrs. Messenger hat ein Auge für das Schöne, dachte Lynn.

»Trotzdem brauche ich den Namen von Ashleighs Lehrerin«, sagte sie.

Keith Foster unterbrach sein Hin-und-her-Gerenne und starrte Lynn mit plötzlich kühlem Blick an. »Ich glaube, es ist eine Miss Templeton«, sagte er schließlich. »Und ich glaube, sie ist den Sommer über verreist. Und *außerdem* glaube ich«, fügte er hinzu und betonte das Wort so, als wäre es von ganz besonderer Bedeutung, »daß die Schule in den Sommermonaten geschlossen ist.«

Lynn dachte, daß er wahrscheinlich recht hatte, wollte es aber nicht laut sagen. »Es ist uns berichtet worden, daß Ashleigh zu jeder Tages- und Nachtzeit weint.«

»Das ist einfach nicht wahr.«

Lynn notierte sich diese Abrede und die Tatsache, daß er keinen Versuch gemacht hatte, irgendwelche Gründe dafür anzugeben, aus denen der Bericht nicht zutraf. Sie fand, daß dies für ihn sprach. Schuldbewußte Menschen fühlten sich oft gezwungen, nach abseitigen Erklärungen zu suchen, Antworten parat zu haben, alles zu tun, um den anderen von der Spur abzubringen. Keith Foster wartete nicht mit solchen Erklärungen auf. »Das ist einfach nicht wahr« — mehr sagte er dazu nicht. »Darf ich Sie fragen, wie alt Sie sind, Mr. Foster?« fragte Lynn. Sie hoffte, Mrs. Foster und Ashleigh würden bald auftauchen und alles würde genau so sein, wie Mr. Foster gesagt hatte, genauso wunderbar und musterhaft wie dieses Haus.

»Neunundfünfzig«, antwortete er lässig. Es war offensichtlich, daß er mit seinem Alter gut zurechtkam. Er ging behende zu dem Ohrensessel zurück und setzte sich, ließ aber beide Fußsohlen auf dem Boden, um jederzeit wieder aufspringen zu können. »Im August werde ich sechzig.«

»Ich werde im August vierzig«, vertraute Lynn ihm an, um dem Gespräch eine andere Atmosphäre zu verleihen. »Und wie alt ist Ihre Frau?«

»Einunddreißig.«

»Das ist wohl Ihre zweite Ehe?« sagte Lynn und deutete auf die vielen Fotos auf dem Couchtisch, von denen einige Keith Foster zwischen zwei jungen Männern zeigten, die zwar jünger als er waren, ihm ansonsten jedoch völlig glichen.

»Es ist meine dritte Ehe. Das da sind meine Söhne aus der zweiten.« Er langte über den Tisch und nahm eine der teuer gerahmten Fotografien in die Hand. »Jonathan und David. Hübsche Jungs.« Er stellte das Foto zurück und griff nach einem anderen, auf dem er selbst und ein anderer junger Mann zu sehen war, der ihm überhaupt nicht ähnelte. »Das ist mein Sohn aus der ersten Ehe. Keith Jr.« – er lachte – »ist jetzt genauso alt wie Patty.«

»Dann ist Ashleigh also Ihre einzige Tochter?«

»Mein ein und alles.« Er lächelte; sein Lächeln war liebevoll und ehrlich. Er nahm ein Foto in einem rosaroten Emaillerahmen zur Hand, das ein scheu lächelndes junges Mädchen zeigte, dessen hellbraunes Haar zu Zöpfen geflochten und mit feuerroten Bändern geschmückt war. Die großen Augen blickten mit einem neckischen Ausdruck durch den Fotografen hindurch, so als nähmen sie die Kamera gar nicht wahr.

»Hat Mrs. Foster noch weitere Kinder?«

»Nein. Sie war erst zwanzig, als wir heirateten. Ich bin ihr erster und einziger Ehemann. Seit elf Jahren. Ein beneidenswerter Rekord in der heutigen Zeit, finden Sie nicht auch?«

Lynn lächelte verlegen und notierte sich seine Worte. Sie bemerkte, daß ihre Hand dabei leicht zitterte, und hoffte, daß er es nicht gesehen hatte. »Wer sorgt denn hier im Haus für die Erziehung, Mr. Foster?«

Keith Foster zog die Brauen zusammen, so daß seine Augen fast verschwanden. »Was das Erziehen betrifft, sind wir wohl beide nicht besonders gut, fürchte ich«, sagte er schließlich, als müßte man sich dessen schämen. »Ich weiß, daß wir Ashleigh wahrscheinlich verzogen haben, aber ich bringe es einfach nicht über mich, ihr irgendeinen Wunsch abzuschlagen. Patty geht es genauso. Gerade deshalb ist diese Sache ja so empörend. Und so bestürzend. Ashleigh weh zu tun wäre das allerletzte, was wir machen würden. Darf ich Ihnen eine Tasse Kaffee bringen? Patty hat in der Küche welchen warmgestellt, bevor sie ging.«

»Das wäre ganz toll«, sagte Lynn dankbar. Sie war ohne Frühstück aus dem Haus gegangen, und außerdem hoffte sie, so lange wie möglich hier sitzen zu können.

»Wie trinken Sie ihn?«

»Schwarz, vielen Dank.«

Keith Foster entschuldigte sich und ging in die Küche. Lynn las sich die wenigen Bemerkungen durch, die sie in ihr Notizbuch gekritzelt hatte. Dann ließ sie den Blick über das schöne Wohnzimmer schweifen und versuchte, Davia Messengers Beschuldigungen in Einklang zu bringen mit der Realität dessen, was sie sah – mit einem Haus, das mit menschlicher Wärme und Liebe eingerichtet war, und mit einem offensichtlich in sein Kind vernarrten, wenn auch verständlicherweise reservierten Vater, der sich hier nicht allzu wohl fühlte. Vielleicht lag es auch nur an ihrer Anwesenheit. Wie würde *sie* denn reagieren, wenn ein Fremder in ihr Haus platzen und sie beschuldigen würde, sie mißhandle ihre Kinder? Wie würde sie auf einen Fremden reagieren,

der es sich anmaßte, Kontrolle über ihr Leben auszuüben?

Davia Messenger hatte über ihren Mann gelogen. Mit keinem Wort hatte sie erwähnt, daß sie von ihm verlassen worden war. Nervös klopfte Lynn mit dem Stift auf ihr Notizbuch. In der Reflexion des großen Fensters mit Blick auf das
Wasser tauchte plötzlich Garys Gesicht auf. Aber vielleicht
ist dieses Verschweigen verständlich, dachte sie. Genauso
verständlich wie die Tatsache, daß Keith Foster nicht sofort
gewußt hatte, in welche Klasse seine Tochter ging. Hätte
Gary diese Frage prompt beantworten können? Gary hatte
schon Schwierigkeiten, die Geburtstage seiner Kinder zu
behalten. Bei Megan lag er jedesmal falsch, und an den von
Nicky erinnerte er sich immer nur deshalb, weil er nahe an
seinem eigenen Geburtstag lag. Lynn nahm das emaille-
gerahmte Foto von Ashleigh Foster zur Hand. Auf jeden
Fall sah das Mädchen glücklich aus.

In der Küche fiel irgend etwas zu Boden und zerbrach. Es
folgten ein gemurmelter Fluch und hastige Schritte. Lynn
ging auf die Küche zu, in deren Mitte Mr. Foster auf Händen und Knien Scherben einer schönen rosa und weißen
Porzellantasse von den Keramikfliesen aufsammelte.

»Sie ist mir aus der Hand gefallen«, sagte er verlegen.

»Hier ist noch ein Stück.« Lynn hob eine kleine, gebogene
Scherbe auf, die unter dem großen, leuchtend weißen Kühlschrank hervorlugte.

»Patty wird darüber nicht gerade glücklich sein. Das Porzellan stammt von ihrer Großmutter. Es ist schon seit Genera-
tionen in der Familie.«

Lynn betrachtete die feine Handbemalung der Scherbe. »Es
ist wunderschön. Vielleicht kann man es ja kleben.«

»Vielleicht.« Er schenkte hastig eine andere Tasse voll.
»Schwarz, haben Sie gesagt?«

»Danke.« Lynn nahm die Tasse, die er ihr hinhielt, und
folgte Keith Foster aus der strahlend sauberen Küche. Sie
hatte immer geglaubt, Küchen sähen nur in Zeitschriften

wie *Better Homes and Gardens* so gut aus. Irgendwie erschreckte es sie, daß wirkliche Menschen mit wirklichen Kindern eine so aufgeräumte Küche haben konnten. Wann war die Abdeckplatte ihres Herds das letztemal ohne dreckige Fingerspuren gewesen? Wann hatte die Tür ihres Kühlschranks das letztemal so weiß gefunkelt wie diese hier? Besser gefragt – wann hatte sie eigentlich zum letztenmal überhaupt die Tür ihres Kühlschranks gesehen? Seit sie zurückdenken konnte, war diese Tür mit den Kunstwerken ihrer Kinder bedeckt gewesen. Was hatte Marc gesagt? Daß man Leute mit kleinen Kindern immer an ihren Kühlschranktüren erkennen könne, oder so ähnlich. Sein eigener Kühlschrank sei genauso vollgeklebt, hatte er ihr erzählt.

Der Kühlschrank der Fosters war mit keinen Kinderbildern verschönert.

»Gibt es noch andere Kinder in den umliegenden Häusern, Mr. Foster?« fragte Lynn, als sie wieder im Wohnzimmer waren.

»Keine in Ashleighs Alter. Wir haben uns deswegen schon überlegt, ob wir nicht umziehen sollen.«

»Hat Mrs. Foster einen Beruf außerhalb des Hauses?«

»Sie ist lieber Ganztagsmutter.«

»Es muß ziemlich anstrengend sein, soviel Zeit daheim mit einem Kind zu verbringen, besonders wenn es in der Nachbarschaft keine anderen Kinder gibt.«

»Ich weise die Unterstellungen dieser Aussage zurück.«

Lynn ging in die Mitte des Raums und stellte ihre Tasse auf dem niedrigen, rechteckigen Tisch ab. »Dürfte ich mir bitte mal Ashleighs Zimmer ansehen?«

Keith Foster sagte nichts, sondern ging zielstrebig nach rechts auf eine der beiden geschlossenen Türen an der Südwand des Wohnzimmers zu und öffnete sie.

Auch Ashleighs Zimmer war über und über rosa geblümt. Unzählige Puppen in den verschiedensten Größen und Ausführungen saßen gegen die Wände gelehnt und bevölkerten die Bücherregale sowie das kleine rosa Bett in der Mitte des

Raums. Da standen ein großes Puppenhaus, ein kleiner Schreibtisch, zwei Spielzeugkästen, die unter dem Fenster zu einer Bank zusammengestellt waren, und ein kindgroßes Plastik-Känguruh, dessen Beutel als Wäschesack diente. Wie alle anderen Räume war auch dieses Zimmer aufgeräumt, aber ohne daß es dadurch ungemütlich wirkte. Mitten auf dem Fußboden lagen ein paar Spielsachen herum, auf dem Schreibtisch waren einige Blätter Papier und ein paar Buntstifte verstreut. Ein ganz normales Kinderzimmer, dachte Lynn. Sie war froh, hier nichts Verdächtiges zu entdecken. Es sah aus wie das Zimmer eines privilegierten, glücklichen kleinen Mädchens.

Lynn ging zum Schreibtisch und betrachtete flüchtig die Zeichnungen, die Ashleigh liegengelassen hatte. Was sie sah, überraschte sie. Trotz der vielfarbigen Buntstifte, die überall herumlagen, waren Ashleighs Zeichnungen fast ausschließlich in Schwarz gehalten. Auf einem Bild ragte eine große, längliche Gestalt bedrohlich über einer kleineren auf. Die größere Gestalt, die sowohl ein Mann als auch eine Frau sein konnte, bestand nur aus Augen und Händen; die kleinere hatte keine Hände. Eine andere Zeichnung zeigte eine Gruppe von Kindern, die am Strand spielten. Keines der Kinder hatte Arme.

»Leider kann ich Ihnen jetzt nicht noch mehr Zeit widmen, Mrs. Schuster«, sagte Keith Foster, und Lynn warf einen Blick auf ihre Uhr. »Ich muß jetzt zur Arbeit.« Er ging einige Schritte auf die Haustür zu und blieb erst stehen, als er gemerkt hatte, daß Lynn ihm nicht gefolgt war.

»Ist das Ihr Schlafzimmer?« Lynn deutete auf die Tür, die noch geschlossen war. Keith Foster nickte. »Kann ich es mal sehen?«

»Nicht ohne einen Durchsuchungsbefehl.«

»Mr. Foster, ich dachte, Sie hätten verstanden, wie wichtig es ist, mit meiner Behörde zusammenzuarbeiten. Es ist dringend erforderlich, daß ich mit Ihrer Frau und Ihrer Tochter spreche. Wenn Sie die beiden da drin verstecken, tun Sie damit niemandem einen Gefallen.«

Keith Foster ging rasch zur Haustür und öffnete sie. Voller Ungeduld wartete er, bis Lynn herankam, und überraschte sie dann mit einem freundschaftlichen Handschlag.

Wie groß seine Hände sind, dachte Lynn, als seine Finger sich um ihre schlangen. (Großmutter, warum hast du so große Hände? Damit ich dich besser schlagen kann, mein Kind!) Lynn zog ihre Hand zurück. Konnte es sein, daß Davia Messenger einfach die falsche Person beschuldigt hatte?

»Ich werde meiner Frau sagen, daß Sie sie später anrufen soll, damit Sie vereinbaren, wann Sie Ashleigh zu Ihnen bringen kann«, sagte Mr. Foster freundlich, als stamme diese Idee von ihm. »Wenn Sie mich jetzt entschuldigen wollen – ich muß wirklich in die Arbeit.«

Nach dem Mittagessen und einem kurzen Strandspaziergang sah sich Lynn noch ein wenig die Schaufenster in der Atlantic Avenue an. Sie war nicht gerade scharf darauf, so schnell wie möglich ins Büro zurückzukehren. Sie hatte sich mit ihrem Chef, Carl McVee, über ihre Vorgehensweise im Fall Foster gestritten. Keith Fosters Anwalt hatte angerufen und ihm seine Meinung gesagt. Warum die soziale Beratungsstelle seinen Klienten auf Grund der Aussage einer verrückten Nachbarin belästige! Patty Foster hatte sich gnädig damit einverstanden erklärt, in der nächsten Woche mit Ashleigh zu einem Gespräch und einer ärztlichen Untersuchung zu erscheinen. In der Zwischenzeit, so McVees in scharfem Ton vorgebrachter Befehl, solle Lynn die Finger von der Sache lassen.

Lynn schob die Gedanken an Carl McVee, den sie in diesem Augenblick so vor sich sah, wie Ashleigh Foster ihn gezeichnet hätte, beiseite, betrachtete im Vorbeischlendern verträumt die Auslagen und überlegte, ob sie nicht ein paar Sachen brauchte. Sie war nie besonders wild aufs Einkaufen gewesen, und ihr Beruf erforderte eine gewisse Zurückhaltung, was die Kleidung betraf. Gary, fiel ihr plötzlich ein, als ihr Blick auf eine schwindelerregende Anhäufung von Federboas und bodenlangen Abendkleidern fiel – Abendkleider von der Ausführung, wie Lynn sie noch nie an einer Frau gesehen hatte –, Gary hatte es sich zur Gewohnheit gemacht, ihr zu festlichen Anlässen Designer-Mode zu schenken, aber sie hatte sich nie wohl gefühlt in diesen Kleidungsstücken, an denen überall die Initialen anderer Leute zur Schau gestellt waren, und die meisten Sachen wieder in die Geschäfte zurückgebracht.

Plötzlich hörte sie hinter sich trällerndes Frauengelächter. Sie warf einen Blick über die Schulter und sah zwei Frauen, die Schwierigkeiten mit ihren Einkaufstüten und einer Autotür hatten. »Ich kriege sie nicht auf«, quiekte die Kleinere der beiden.

»Leg sie in den Kofferraum. Ich bin sowieso noch nicht fertig.«

Irgend etwas an der Stimme der zweiten Frau – einer tiefen, verführerischen, herrischen Stimme – veranlaßte Lynn, sich abzuwenden, noch bevor sie den Namen der Frau gehört hatte. »Suzette«, kicherte die erste Frau, »du hast schon eine gewaltige Summe ausgegeben. Wie viele Kleider brauchst du denn noch?«

»Psst«, sagte die Frau namens Suzette, immer noch lachend. »Ich habe endlich einen Mann gefunden, der es zu schätzen weiß, wenn ich gut angezogen bin, und das koste ich aus!«

Lynn senkte den Kopf so tief auf die Brust, daß sie glaubte, ihre Wirbelsäule werde abbrechen. Die beiden Frauen warfen ihre Einkaufstüten in den Kofferraum und eilten an ihr vorbei in das Geschäft hinein. Lynns Herz schlug rasend schnell, aber ihre Füße schienen am Boden zu kleben, als steckten ihre Schuhsohlen in Teer. Selbst wenn sie gewollt hätte, wäre es ihr unmöglich gewesen, sich vom Fleck zu rühren. Aber sie wollte ja gar nicht. Was sie wollte, wußte sie allerdings auch nicht.

Sie versuchte sich einzureden, daß die Frau, die sie eben gesehen hatte – das hieß, eigentlich hatte sie sie *kaum* gesehen –, nicht Suzette Cameron war, aber sie wußte, daß das nicht stimmte. Wie viele Suzettes gab es wohl in einer kleinen Stadt wie Delray Beach? Sie versuchte sich selbst davon zu überzeugen, welch geringe Wahrscheinlichkeit bestand, daß die neue Flamme ihres Mannes und sie gleichzeitig vor demselben Geschäft auftauchten, und doch wußte sie, daß dies keineswegs unmöglich war. Jeden Tag trafen sich Leute zufällig. Weit erstaunlicher war, daß Suzette und sie bisher noch nie aufeinander gestoßen waren.

Zurück ins Büro! sagte sie sich und zwang ihre Beine zum Gehen. Zurück ins Büro! Statt dessen öffnete sie die Tür der kleinen Boutique und trat ein.

Das Geschäft war hell und geschickt eingerichtet; der schmale Raum war optimal genützt: Kleider und Abendgarderobe auf der einen Seite; eher sportliche Sachen auf der anderen. Lynn erfaßte den ganzen Laden mit einem Blick, hielt aber weiterhin den Kopf gesenkt. Sofort hatte sie Suzette Cameron und deren Freundin hinter einem langen Kleiderständer entdeckt. Sie hörte sie kichern und überlegte, ob sie wohl über sie lachten.

Sei nicht albern, wies sie sich zurecht und machte mit gesenktem Blick ein paar Schritte auf die beiden zu. Warum sollten sie über dich kichern? Sie wissen ja nicht mal, daß du da bist.

Wirklich nicht? fragte eine leise Stimme in ihr. Du hast sie erkannt, noch bevor du ihren Namen gehört hattest und obwohl du ihr Gesicht nicht genau gesehen hast. Du wußtest, daß sie es ist. Der Radar, den zukünftige Ex-Frauen besitzen, wenn es darum geht, die Frau zu identifizieren, die bald ihren Platz einnehmen wird! Lynn schlich sich näher heran und tat so, als mustere sie die Kleider. Was machte sie hier eigentlich? Hatte sie etwa vor, diese Frau zur Rede zu stellen? Wenn ja, was um alles in der Welt wollte sie ihr denn sagen?

»Wie findest du das hier?« hörte sie Suzettes Begleiterin fragen.

»Zu spießig.« Die Antwort kam wie aus der Pistole geschossen. »Ich möchte etwas, das mehr Sex ausstrahlt.«

Lynn bohrte ihren Finger in den Jersey eines der Kleider, die an dem Ständer hingen, ballte sie unwillkürlich zur Faust und zog gedankenverloren an dem Stoff. Mit weiterhin gesenktem Kopf arbeitete sie sich zu einem Spiegel vor, von dem aus sie die Frauen besser beobachten konnte. Nur einen einzigen Blick, sagte sie sich. Ich will nur wissen, wie sie aussieht.

»Das da kommt schon eher hin«, hörte Lynn Suzette ausrufen. Mit diesen Worten sprang Suzette hinter dem Kleiderständer hervor und hielt sich direkt neben Lynn das Kleid vor den Körper. Sie posierte vor dem Spiegel, und Lynn wurde schockartig klar, daß sie mitten in Suzettes Blickfeld stand. »Entschuldigung«, sagte Suzette Cameron und lächelte Lynn mit dem Lächeln an, das man Leuten zuwirft, wenn man sie aus dem Weg haben will. Folgsam trat Lynn vom Spiegel zurück, erleichtert, daß Suzette sie nicht erkannt hatte. Sie wußte, daß sie sie anstarrte, aber sie konnte nicht aufhören. Trotz der unverhohlenen Aufmerksamkeit, mit der sie schaute, war sie unfähig, die Einzelheiten von Suzettes Physiognomie in sich aufzunehmen. Auch als sie sich zu höchster Konzentration zwang, konnte sie zunächst nicht entscheiden, ob sie blondes oder braunes Haar hatte (es war dunkel) oder ob sie groß oder klein war (die Antwort lautete: sehr groß). Erst nachdem sie den Blick auf kleine, unscheinbare Details gerichtet hatte, so wie sie es von der Arbeit her gewohnt war – Suzette hatte durchstochene Ohrläppchen, ihre Fingernägel waren frisch manikürt –, war Lynn in der Lage, den Anblick der Frau ganz in sich aufzunehmen.

Suzette Cameron war groß und dünn und erstaunlich muskulös, das heißt eigentlich gar nicht erstaunlich, denn sie war ja ausgebildete Tänzerin. Sie hatte lange Beine. Die Waden fielen auf, denn sie ragten kegelförmig unter dem modisch kurzen Rock hervor. Trotzdem waren es keine unattraktiven Beine, gab Lynn widerwillig zu und schielte zum Saum ihres eigenen, zu langen Rocks hinunter; die manchmal tagelangen Spaziergänge am Strand hatten auch ihren Beinen zu einer etwas eigenartigen Muskelform verholfen. Sie überlegte, ob Suzettes Oberschenkel wohl genauso geformt waren wie ihre Waden, ertappte sich bei dem Wunsch, sie möchten schlaff sein, und wußte doch, daß sie alles andere waren als das.

Suzette Camerons Körper wies seltene, interessante Formen auf. Ihr Bauch war, obwohl sie Zwillinge geboren hatte, sehr flach, ihr Busen dagegen größer, als Lynn es von einer Ballettänzerin (nein, Ballettlehrerin) erwartet hatte. Ihre Hände waren lang und sehnig – sie hätte einen eleganten sterbenden Schwan abgegeben, dachte Lynn und wünschte, sie könnte ihr dabei helfen. Ihr fast schwarzes Haar – von Natur aus schwarz, nicht wie Keith Fosters dandyhaft gefärbte Locken – war voll und glänzend und kürzer geschnitten als ihr eigenes. Es umspielte das Kinn, das, wie Lynn befriedigt feststellte, in einer wenig schönen Spitze endete, so als hätte ein Maler das Interesse an dem von ihm geschaffenen Portrait verloren und einfach die beiden Seiten des Gesichts zusammengerückt, um schneller fertig zu werden. Auch die Nase war schmal, aber Suzette hatte volle Wangen; ihre Augen waren groß, aber seltsam schwer zu beschreiben, sie changierten zwischen grün und blau. Diese Frau war keineswegs häßlich, aber doch weit davon entfernt, eine Schönheit zu sein. Lynn war überrascht, sich in Übereinstimmung mit den Urteilen all der anderen zu finden – sie selbst war mit Abstand die Hübschere von beiden.

Sie beobachtete die Frau, die sich das Kleid, einen kurzen, rüschenbesetzten orangefarbenen Fummel ohne erkennbaren Schnitt, an den Körper hielt und sich im Spiegel betrachtete. Sie versuchte sich Gary neben dieser Frau vorzustellen, und dann Marc. Keiner von beiden paßte so recht zu ihr; und ebensowenig, fand Lynn, würde ihr das Kleid stehen. Mir würde es auch nicht stehen, dachte sie. In diesem Moment fiel ihr Blick auf ein zweites Exemplar des von Suzette so bewunderten Kleides, und mit einer ihr bisher unbekannten perversen Lust begann sie zu überlegen, ob sie es anprobieren sollte, während Suzette Cameron mit ihrer Freundin schon in die erste der beiden Umkleidekabinen im hinteren Teil des Ladens verschwand.

»Kann ich Ihnen helfen?« sagte jemand hinter Lynn, und sie fuhr zusammen.

»Ich sehe mich nur um«, erklärte Lynn der verdutzten Verkäuferin, die ebenfalls erschrocken war. »Das heißt, eigentlich möchte ich das da mal probieren«, sagte sie, nahm das orangefarbene Kleid vom Bügel und ging damit in die zweite Kabine.

»Na, was meinst du?« hörte sie Suzette ihre Freundin fragen, während sie Rock und Bluse auszog und sich das Kleid hastig über den Kopf zog. Sie betrachtete sich im Spiegel. Das Kleid war mindestens zwei Nummern zu groß. Sie sah aus wie ein riesiger Kürbis.

»Sieh mal, wieviel Uhr es ist«, hörte sie Suzette sagen. »Du hast mir nicht gesagt, daß wir schon so spät dran sind. In fünf Minuten bin ich mit Gary zum Mittagessen im Boston's verabredet.«

Wie gelähmt stand Lynn in der Mitte der winzigen Umkleidekabine. Sie starrte ihr orangefarbenes Spiegelbild an. Frau als Riesenkürbis, dachte sie, dann: Frau als große orangefarbene Idiotin. Was spielte sie hier Katz und Maus, Katz und Maus und *Käse*, dachte sie beim Anblick ihres Spiegelbildes. Sie sollte schon längst wieder im Büro sein. Sie mußte raus hier. Sie mußte draußen sein, bevor Suzette sie erkannte; sie mußte zum Auto laufen, bevor sie Gary in den Weg lief. Wenn sie sich beeilte, war sie aus dem Laden, bevor irgend jemand überhaupt bemerkt hatte, daß sie je hier drin gewesen war. Aber sie mußte sich beeilen.

Sie hatte die Kabine verlassen und stand schon fast an der Ladentür, als ihr bewußt wurde, daß sie immer noch das orangefarbene Kleid trug, das gleiche Kleid, das Suzette in diesem Augenblick vor dem Spiegel in der Mitte des Geschäfts vorführte, das gleiche Kleid, auf das die Verkäuferin jetzt deutete, während sie ihr »Wohin wollen Sie denn damit?« zurief – in diesem Augenblick ging die Tür auf. Gary betrat das Geschäft und erstarrte.

Er muß glauben, er sei in einen Alptraum geraten, dachte Lynn und beobachtete, wie zuerst sein Lächeln und dann alle Farbe aus seinem Gesicht wich. Die von ihm verlassene Ehefrau und die Frau, wegen der er sie verlassen hatte, standen etwa drei Meter voneinander entfernt vor ihm, und beide trugen das gleiche grauenhafte orangerote Kleid, und Orange war die Farbe, die er am wenigsten mochte. Wenigstens hat Suzettes Kleid die richtige Größe, dachte Lynn und begann fast zu weinen, als sie sah, daß es Suzette sehr gut stand, daß es ihre Kurven betonte, während es bei ihr selbst nur verbarg, daß sie keine Kurven hatte.

»Gary, wie hast du mich denn gefunden?« fragte Suzette, die noch nicht gemerkt hatte, daß etwas nicht stimmte.

»Ich habe dein Auto gesehen«, antwortete er. Dann versagte ihm die Stimme; er starrte mit leerem Blick zwischen den beiden Frauen hindurch und konnte sich nicht entscheiden, welche er nun anschauen sollte.

»Wohin wollen Sie mit diesem Kleid?« fragte die Verkäuferin noch einmal.

Und dann schwiegen alle, und alle sahen sich an, bis jeder, auch die arme, verwirrte Verkäuferin, genau wußte, wer die anderen waren und in welcher Situation sie sich befanden. Suzettes Freundin stöhnte auf.

»Dieses Kleid paßt einfach nicht zu mir«, erklärte Lynn der verdutzten Gesellschaft. Dann verschwand sie in der winzigen Umkleidekabine und kam erst wieder heraus, als sie sicher war, daß die anderen das Geschäft verlassen hatten.

14

Renee saß auf dem großen weißen Sofa in der Mitte ihres großen weißen Wohnzimmers und starrte auf die neueste Erwerbung ihres Gatten, die knallbunte Farbklecks-Explosion eines Künstlers aus Florida namens Clarence Maesele. Von abstraktem Illusionismus hatte Philip gesprochen, und Renee fand, daß diese Bezeichnung auf das Bild ebenso zutraf wie tausend andere. Es gefiel ihr. Es war farbenfroh und dynamisch, es drückte *Bewegung* aus. Anders als die meisten Gemälde an den Wänden von Philips Wohnung (seit wann war es für sie sogar in ihren eigenen Gedanken Philips Wohnung?), die aus statischen Farbflächen bestanden, war Maeseles Gemälde dreidimensional; die zahlreichen verschiedenen Farben hoben sich in dicken, ungleichmäßigen Schichten von der Leinwand ab. Normalerweise wurde sie schon fröhlich, wenn sie das Bild nur ansah. Als Philip einige Monate zuvor damit angekommen war und verkündet hatte, er habe es am Nachmittag gekauft (seit wann besprach er sich vor größeren Käufen nicht mehr mit ihr? Hatte er sich eigentlich je mit ihr besprochen?), war Renee ganz aufgeregt und glücklich gewesen. (Und ein kleines bißchen beunruhigt. Na komm, Renee, gib es zu! Nicht ein einziges Mal fragte er dich um deine Meinung – ob du den Preis zu hoch fändest oder den Kauf für ein gutes Geschäft hieltest, wo das Bild deiner Ansicht nach hingehängt werden sollte, ja ob es dir überhaupt gefiel oder nicht.) Sie hatte ihm einen Bleistift und ein Lineal holen müssen, damit er den Punkt ausmessen und markieren konnte, an dem er den Nagel einschlagen wollte, und dann hatte sie ihm geholfen, das großformatige Bild ganz vorsichtig aufzuhängen, damit die Wand keinen Kratzer abbekam. Dann hatte sie sich zurückgelehnt und das Gemälde lange betrachtet, hatte sich von Philip etwas darüber erzählen lassen, hatte ein paar eigene Beobachtungen gemacht, sie aber für sich behalten, weil sie Angst hatte, von Philip kritisiert oder lächerlich gemacht zu werden. Philip war die Autorität in Sachen Kunst. Früher hatte sie sich auch ein bißchen ausgekannt, aber dieses Wissen war ihr in letzter Zeit allmählich abhanden gekommen. Vielleicht hatte sie es tatsächlich zugelassen, daß ihr Beruf Macht über ihr Leben erlangte. Vielleicht hatte sie wirklich die wichtigen Dinge aus den Augen verloren.

Renee wandte den Blick von dem Bild. So fröhlich es sie sonst immer stimmte, heute abend machte es sie nur nervös, ja sogar ein bißchen traurig. Es sprang auf sie zu und zeigte mit einem bunten, anklagenden Finger auf sie, aber sie wußte gar nicht mehr, welcher Dinge sie eigentlich beschuldigt wurde. Sie sah zu Philip, der in der Mitte des Raumes stand, und versuchte, sich auf seine Worte zu konzentrieren; sie wollte nicht beschuldigt werden, ihm nicht zugehört zu haben.

»Entschuldige bitte, Philip«, sagte sie. Sie bemühte sich, ihre Gedanken auf ihr Vergehen zu richten, aber sie konnte sich nicht mehr daran erinnern. Es war ja auch nicht wichtig. Es war ihr egal.

»Du hast mich unterbrochen.«

»Entschuldige.«

Schon wieder unterbrochen. Nochmals Entschuldigung.

Über was stritten sie sich denn diesmal? Wann hatte diese Streiterei angefangen?

Früher einmal hatten sie nicht gestritten; früher einmal waren seine Worte beruhigend und zärtlich und aufmunternd und liebevoll gewesen, nicht so barsch und häßlich und gemein und erbarmungslos, ach Gott, so erbarmungslos. Mir wird doch nachgesagt, ich sei so schlagfertig, dachte sie. Ich bin doch die schlaue Rechtsverdreherin, die Zauberin der Gerichtshöfe. Ich bin die mit den tausend Anwaltstricks. Sagt er das nicht ständig? Daß ich fähig sei, ihm jedes Wort im Mund umzudrehen? Sieh es doch endlich ein, Renee, du blühst richtig auf, wenn du streiten kannst. Sagt er das nicht andauernd? Daß ich nicht glücklich bin, solange ich nicht einen anderen unglücklich gemacht habe?

Und doch hatte es einmal, ganz am Anfang, eine Zeit ohne jeden Zank gegeben.

»Erzähl mir, was du heute tagsüber alles gemacht hast«, hatte er einmal gesagt, als sie eines Nachts am Anfang ihrer Beziehung miteinander schliefen. »Jede Einzelheit. Ich will alles wissen.«

»Heute habe ich einen Dreckskerl vor Gericht gründlich auseinandergenommen«, sagte sie, während er ihren Hals, ihre Hände, ihre Brüste küßte.

»Hatte der Schlappschwanz einen Schlappschwanz, als er wieder ging?«

»Ach, darauf habe ich gar nicht geachtet.« Sie lachte. »Aber sein Geld habe ich ihm aus der Tasche gezogen!«

»Ich finde das, was du tust, einfach toll«, sagte er, ließ sie sich auf ihn setzen und drang in sie ein.

»Wirklich? Warum denn?«

»Es ist so sexy.«

»Sexy?« Sie lachte wieder. Er stieß tief in sie. »Wieso? Wieso ist es sexy?«

»Einfach so.«

Wann hatte es aufgehört, sexy zu sein? Seit wann machte ihre Arbeit ihn nicht mehr geil, sondern nur noch wütend?

»Heute hättest du mich vor Gericht erleben sollen, Philip. Ich war verdammt gut, das kann ich wirklich sagen.«

»Mußt du deswegen gleich ordinär werden?«

»Was?«

»Mußt du unbedingt fluchen? Kannst du nicht einfach gut sein, ohne *verdammt* gut sein zu müssen?«

»Entschuldige. Ich wollte wohl nur ein bißchen angeben.«

»Ein *bißchen? Wohl?*«

»Also gut, dann eben *sehr* und *ganz bestimmt*. Aber Philip, ich habe dieses Arschloch fertiggemacht. Er saß da oben auf der Anklagebank und log, was das Zeug hielt. ›Ich habe sie nie angefaßt‹, sagte er, ›ich habe sie nie berührt.‹ Und ich sitze da mit einem Haufen eidesstattlicher Erklärungen von Verwandten und Nachbarn in der Hand, die ihn alle mehrmals dabei beobachtet haben, wie er seine Frau schlug. Er winselt: ›Ich besitze nichts‹, und dabei weiß ich alles über sein kleines Treuhandvermögen, das er benützt, um sein Geld nicht in Verbindung mit seinem Namen, sehr wohl jedoch in seine Taschen zu bringen. Und dieses Arschloch, entschuldige, dieser Idiot hat die Frechheit, da oben auf der Anklagebank zu sitzen – und zwar unter Eid, der Mann steht unter Eid – und allen Ernstes zu beschwören, er habe seine Frau niemals geschlagen und stehe kurz vor dem Bankrott. Und er macht das gar nicht schlecht. Er macht es sehr gut. Durchaus überzeugend. Er sollte sich mal überlegen, ob nicht Schauspieler der geeignete Beruf für ihn wäre. Und weißt du, wann ich wußte, daß ich ihn in der Hand hatte? Ich stellte ihm ein paar scheinbar harmlose Fragen darüber, wie sich sein Treuhandvermögen zusammensetze und wie es verwaltet werde, und da zögerte er. Nur eine Sekunde lang, es dauerte nur eine Sekunde, aber ich sah diesen seltsamen Ausdruck in seinen Augen, und da *wußte* ich, daß er lügen würde, daß ich ihn nur noch ein bißchen anschubsen mußte, und er würde geradewegs in die Falle gehen.«

»Aha, du hast ihn also angeschubst.«

»Na klar.«

»Und jetzt bist du stolz, weil du einen armen Idioten, wie du ihn bezeichnest, ausgetrickst und zum Lügen gebracht hast...«

»Ich habe ihn nicht ausgetrickst.«

»Du hast auf den Gesichtsausdruck gewartet und ihm dann einen Schubs gegeben. Das hast du doch selbst geagt.«

»Ja, aber...«

»Und der arme Idiot hatte nicht die geringste Chance. Du hast ihn fertiggemacht.«

»Und wie!«

Philip lächelte milde. »Ich finde es interessant, daß du dir so sicher bist, im Recht zu sein. Ich als Psychologe habe gelernt, daß die Dinge nur sehr selten so eindeutig sind, wie es scheint.«

»Ich werde dafür bezahlt, meinen Klienten zu verteidigen...«

»Und die Wahrheit bleibt auf der Strecke?«

»Die Wahrheit kommt ans Tageslicht.«

Er wandte sich von ihr ab. »Du hast auf alles eine Antwort, nicht wahr?«

Aber sie hatte damals keine Antwort gehabt und hatte auch heute keine. Nur einen Haufen quälender Fragen. Warum verwandelte sich jede Diskussion in eine Meinungsverschiedenheit? Warum schien alles, was sie tat, unrecht zu sein, so als würde sie von zwei Alternativen immer automatisch die falsche wählen? Was war mit ihrer Beziehung passiert? Wann hatte sich das Gleichgewicht der Kräfte so stark zu ihm hin verlagert?

Am Anfang war er stolz auf ihre Arbeit gewesen, stolz auch auf ihr Aussehen. Aber in den letzten Jahren hatte sie so zugenommen, daß ihre äußere Erscheinung ihn nur frustrieren konnte. Vielleicht äußerte sich das jetzt als Kritik an ihrer Arbeit. Aber während ihr diese Gedanken durch den Kopf gingen, fühlte Renee, daß es nicht stimmte, daß seine ätzende Kritik schon gang und gäbe gewesen war, bevor sie begonnen hatte, zum Frühstück Snickers und zum Mittagessen Mars in sich hineinzustopfen.

Das Problem war ganz allmählich entstanden, es hatte sich an sie und Philip herangeschlichen wie eine gigantische

Welle. Sie hatte an Zerstörungskraft gewonnen, während sie wuchs, sie war über ihnen zusammengeschlagen und hatte sie und ihn zu Boden gerissen. Von einer solchen Welle waren sie beide überwältigt worden. Das hieß, zumindest sie, Renee. Philip wirkte nicht allzu überwältigt. Er stand immer noch mit beiden Beinen auf dem Boden. Und sah von Tag zu Tag besser aus.

Ohne Zweifel hatte sie den schönsten Mann Floridas an der Hand und im Bett. Er war klug und gutaussehend und erfolgreich, und von allen Frauen, die er hätte haben können, hatte er sie gewählt. Er liebte sie, und eine Zeitlang hatte er auch ihren Erfolg geliebt. Aber dann hatte sich das Gleichgewicht verschoben. Ganz unmerklich zuerst, dann immer stärker. Sein Lob verlor an Überschwenglichkeit, wurde zurückhaltend und nahm einen gehässigen Unterton an. Und dann war die Gehässigkeit ganz an die Stelle des Lobs getreten. Aber warum nur? Was hatte sie denn getan?

Renee saß in dem über und über weißen Wohnzimmer und betrachtete ihren Mann, der vor dem großen Fenster, unter dem der dunkle Ozean lag, auf und ab schritt. Sie wollte, daß er damit aufhörte; sie wollte ihn umarmen und sich für das, was immer sie gesagt oder getan hatte, entschuldigen, das, was den Grund für seinen Ärger bildete, zurücknehmen. Gehen wir ins Bett, wollte sie sagen, und lieben wir uns so wie früher, aber sie sagte nichts, denn sie hatte Angst davor, ihn zu unterbrechen.

Schon wieder unterbrochen. Nochmals Entschuldigung.

Die Lampe neben ihr beleuchtete ihr Gesicht, und Renee erblickte ihr Spiegelbild in dem Fenster, das vom Boden bis zur Decke reichte. Normalerweise hielt sie sich sehr gerade, aber jetzt wirkte ihr Körper seltsam verdreht, vornübergesackt; ihre Beine waren verkrampft übereinandergeschlagen, ihre Hände verbargen die untere Hälfte ihres Gesichts.

Am Anfang war alles so schön, erklärte das Spiegelbild im Fensterglas. Es sprach zu Renee, als wären sie zwei verschiedene Menschen.

Erklär es mir weiter, sagte die Anwältin auf dem Sofa.

Wir schliefen andauernd miteinander, erzählte die Zeugin ohne Umschweife aus ihrer gläsernen Zelle. Er war immer so zärtlich. Ganz anders als jetzt. Ich fand alles, was er tat, wunderbar. Aber ich war ja auch schon kurz davor gewesen, meine Suche nach einem Ehemann aufzugeben.

Ach was, unterbrach die Anwältin auf dem Sofa voller Ungeduld, schlug die Beine andersherum übereinander und stützte die Ellbogen auf die Schenkel. Du bist doch ein Produkt des Feminismus. Frauen können alles. Wir brauchen keinen Mann, um eine Identität zu haben. Wir brauchen keinen Mann zum Glücklichsein. Du hast doch Köpfchen.

Ja, aber ich bin nicht hübsch. Und Köpfchen oder nicht – ich wollte immer nur hübsch sein.

Du siehst doch ganz gut aus.

Mag sein, aber ich bin in dem Glauben groß geworden, daß Kathryn die Hübsche in der Familie ist, daß ich für das, was ihr ganz von selbst zufiel, immer hart würde arbeiten müssen, daß Kathryn die Augen und die Wangenknochen unserer Mutter geerbt hatte. Und es stimmte ja auch. Keine Frage, Kathryn war die Hübsche. Und wenn es darum ging, einen Mann zu bekommen, dann zählte das Aussehen; das sagte meine Mutter, die davon fest überzeugt war. Aussehen, nicht Köpfchen! Intelligenz bringt dich nur in Schwierigkeiten, sagte sie immer. Für diesen »Emanzipationsquatsch« hatte sie nichts übrig. Und ich, die Kluge, die »Emanze«, wie mein Vater mich nannte, ich habe ihnen das alles abgenommen. Ganz egal, welche Fremdwörter ich benützte, ganz egal, wie progressiv die Reden waren, die ich schwang, es lief immer auf die gleichen zwei Dinge hinaus: Ohne Mann war ich nichts, und einen Mann würde ich nie kriegen, weil ich zu klug und zu hausbacken war.

Aber irgendwie hast du es dann ja doch geschafft, erinnerte die Anwältin auf dem Sofa ihr Spiegelbild. Du hast Philip in dich verliebt gemacht, und du hast es erreicht, daß er dich heiratete. Und was habe ich bekommen? Den juristischen Studienabschluß? Weißt du was? Juristische Studienabschlüsse machen einen zur miesen Liebhaberin. Soll ich dir vielleicht von der Abschlußfeier an der Universität erzählen? Zu deren Anlaß niemand außer Kathryn kam, weil sie alle anderweitig beschäftigt waren?

Daraus kannst du ihnen keinen Vorwurf machen, ermahnte ihr Spiegelbild sie mit einem Anflug von Sarkasmus. Das war in New York. Es war zu weit weg, eine zu kostspielige Reise. Dad hatte in seiner Praxis zu tun; und Mom konnte ihn doch unmöglich allein lassen!

Hey, versteh mich bitte nicht falsch! Ich mache ihnen gar keinen Vorwurf. Ich habe gelernt, meine Eltern so zu akzeptieren, wie sie sind.

Besuchst du sie deshalb so selten?

Wir haben keine Gemeinsamkeiten.

Sie sind deine Eltern.

Sie sind kaltherzige Menschen, die nie Kinder hätten bekommen dürfen. Gott allein weiß, warum sie es doch taten, wenn man mal davon absieht, daß sich damals jeder Kinder anschaffte. Also setzten sie erst Kathryn und dann mich in die Welt, und dann überließen sie uns der Obhut einer Reihe von Haushälterinnen, bis wir alt genug waren, um uns selbst zu erziehen. Das alles akzeptiere ich. Es ist nun mal passiert. Schwamm drüber. Außerdem – so schlecht ist die Sache ja nicht ausgegangen. Schließlich bin ich heute Anwältin, oder? Wenn mein Vater nicht gewesen wäre, hätte ich nie Jura studiert. Ich dachte, er würde vielleicht stolz auf mich werden. Ich wollte, daß er nur so platzt vor Stolz auf mich. Ich war die Drittbeste! Die Drittbeste des gesamten Jahrgangs. An der Columbia! Aber er nahm sich nicht die Zeit, zu meiner Abschlußfeier anzureisen. Na gut, wenn der Berg nicht zu Mohammed kommt, geht Mohammed eben zum Berg. Ich bin zurückgekommen und habe einen Job in der besten Anwaltskanzlei von Delray Beach bekommen. Ich wollte immer in New York leben. Ich hatte ein tolles Angebot. Statt dessen kam ich zurück nach Hause.

Und ich lernte Philip kennen und heiratete ihn, erzählte die Stimme im Glas. Meinen Traummann. Nur, daß aus dem Traum allmählich ein Alptraum wird. Und ich weiß einfach nicht, warum. Wir waren auf dem besten Weg, für alle Zeit ein glückliches Leben zu führen. Aber dann veränderte sich alles. Zuerst sagte ich mir: Sei nicht albern! Wer ist denn schon ständig hundertprozentig glücklich? Was ist so schlimm daran, wenn man zu achtzig Prozent glücklich ist, oder auch nur zu sechzig? Aber eines Tages wachte ich auf, und die Prozentsätze hatten sich verkehrt. Auch wenn wir miteinander schliefen, war es plötzlich anders als früher. Wir stritten uns die ganze Zeit. Es gab andere Frauen. Und die kluge, glückliche Frau, die er geheiratet hatte, war in eine unsichere, übergewichtige, eifersüchtige Mischung aus allem, was ich je verachtet habe, verwandelt worden. Sieh mich an! Ich hasse das, was mir da zugestoßen ist. Aber ich weiß immer noch nicht, wie es passieren konnte. Ich frage mich: Renee, was ist los mit dir? Du siehst vielleicht nicht besonders aus, aber *Köpfchen* hast du! Was zum Teufel ist mit deinem Leben geschehen? Und dann sehe ich Philip an, und mir fällt wieder ein, was meine Mutter immer sagte. Sie sagte, ich würde mich anstrengen müssen, um ihn zu halten, ja, das hat sie gesagt, und jetzt habe ich das Gefühl, ihn zu verlieren, also strenge ich mich nicht genug an. Ich weiß, daß ich schuld bin an dem, was passiert ist. Ich bin nicht gut genug. Ich bin nicht verständnisvoll genug. Mit meiner Klugheit schade ich mir nur. Ich bin zu egoistisch. Ich bin zu besitzergreifend. Ich bin viel zu sehr aufs Gewinnen aus. Immer muß ich recht haben. Ich kann nicht geben. Ständig sage ich irgend etwas, um ihn zu kränken, um ihm Schuldgefühle einzureden, dabei bin ich es doch, die sich schuldig fühlen sollte.

Du *bist* schuldig, sagte die Anwältin auf dem Sofa, die jetzt Richterin und Geschworene in einer Person war. Schuldig im Sinne der Anklage.

Plötzlich stellte sich Philip zwischen Renee und ihr Spiegelbild.

»Hast du auch nur ein einziges Wort mitbekommen?« wollte er wissen.

»Entschuldige, ich...«

»Du glaubst wohl, wenn du Entschuldigung sagst, ist alles wieder in Ordnung?«

»Ich weiß nicht, was ich sonst sagen soll.«

»Du hast die ganze Sache doch ins Rollen gebracht! Und jetzt glaubst du, eine simple Entschuldigung könnte alles wiedergutmachen.«

»Erzählst du mir nicht andauernd, daß wir unsere Gefühle wählen können?« fragte sie und bereute es auf der Stelle.

»Du kannst es dir aussuchen, ob du dich aufregst oder ob du meine Entschuldigung annimmst«, fuhr sie fort. Was soll's, dachte sie, jetzt ist es auch schon egal. Philip begann wieder wütend auf und ab zu gehen.

»Du hast ein überaus praktisches Gedächtnis. Kannst du mir mal sagen, warum dir immer dann Zitate von mir einfallen, wenn es deinen Zwecken dient?«

»Können wir das Ganze nicht einfach vergessen?« flehte Renee. Allmählich entsann sie sich wieder der Ursache des Streits.

»Ich komme nach einem anstrengenden Arbeitstag abends nach Hause und muß mich von dir beschuldigen lassen, ich sei absichtlich zu spät zum Essen gekommen, um mit einer Patientin zu schlafen. Und da soll ich mich nicht aufregen?«

»Ich habe dich nicht beschuldigt.«

»Nein? Was hast du denn genau gesagt?«

»Genau kann ich mich nicht mehr erinnern.« Renee versuchte, an ihm vorbei einen Blick auf ihr Spiegelbild zu werfen, als könnte die Gestalt im Fenster vielleicht mit einer besseren Antwort aufwarten, aber Philip stand genau dazwischen. Sie dachte an Kathryn und Debbie und hoffte, beide schliefen tief und fest. »Ich dachte, ich hätte dich gefragt, wo du den ganzen Abend gewesen bist. Es ist fast elf Uhr nachts. Wir sollten uns um sieben mit Mike Drake und seiner Frau zum Abendessen treffen. Ich habe mir Sorgen gemacht, als du nicht erschienen bist.«

»Ich habe dir bereits erklärt, daß ich von einer Patientin aufgehalten wurde.«

»Ich habe um fünf bei dir in der Praxis angerufen, und dann noch mal um sechs, um halb sieben, um sieben und zu jeder folgenden halben Stunde. Ich versuchte es noch einmal, bevor ich die Kanzlei verließ und vom Restaurant aus. Ich habe zwischen den einzelnen Gängen angerufen und schließlich auch noch nach dem Kaffee.«

»Und du glaubst, das sei das Verhalten einer seelisch gesunden Frau? Du glaubst, daß so etwas eine intakte Ehe kennzeichnet?«

Bitte zieh unsere Ehe nicht in Zweifel! dachte Renee und sagte mit fester Stimme: »Es ist das Verhalten einer besorgten Ehefrau. Einer Ehefrau, deren Mann sich mit ihr um sieben Uhr zum Essen treffen sollte und nie erschien. Ich hatte Angst, es könnte dir etwas zugestoßen sein, du könntest einen Unfall gehabt haben...«

»Mit dem Auto eine Klippe hinabgestürzt vielleicht?« fragte er sarkastisch. »Ich dachte, du hättest befürchtet, ich wäre mit einer anderen Frau zusammen.«

»War es denn so?«

»Ja. Das habe ich dir bereits gesagt.«

»Mit einer Patientin.«

»Ja.«

»Mit einer suizidgefährdeten Patientin?«

»Das sind die meisten Frauen doch ständig.«

Renee erschrak fast so sehr, daß sie gar keinen Ärger über diese unsensible Bemerkung empfand, aber nur fast. Trotz ihrer guten Vorsätze schwoll ihre Stimme vor Zorn an. Beiß nicht an, sagte sie sich. Wenn du den Köder schluckst, hast du bereits verloren. »Philip, dieses Essen war wichtig für mich. Wir haben schon eine ganze Reihe von wichtigen

Abendgesellschaften mit Kollegen von mir versäumt, und Mike Drake hat mir in den letzten Jahren beim Aufbau meiner Kanzlei sehr geholfen. Du wußtest doch, wie wichtig es mir war...«

»Wichtiger als das Leben meiner Patientin?«

»Nein, selbstverständlich nicht wichtiger als das Leben irgendeines Menschen.« Renee versuchte wieder, an ihm vorbei zu der Frau hinüberzuschielen, die sich dort im Fenster spiegelte (sie war jetzt bestimmt ganz ruhig), aber Philip versperrte ihr hartnäckig den Blick. »Du hättest mich wenigstens anrufen und mir sagen können, daß es später wird oder daß du möglicherweise gar nicht kommst...«

»Was hätte ich denn sagen sollen? ›Entschuldigen Sie, gnädige Frau, bitte springen Sie nicht, bevor ich zurück bin – ich muß meine Frau anrufen und ihr sagen, daß ich vielleicht zu spät zum Essen komme‹? Oder wie wäre es mit: ›Hören Sie, gnädige Frau, wenn Sie springen, dann tun Sie es bitte bald, meine Frau hat nämlich ein wichtiges Treffen zum Abendessen, und sie will nicht, daß ich zu spät komme‹? Wie findest du diese beiden Möglichkeiten?«

Renee wußte, daß sie jetzt aufhören mußte. Sie wollte sich nicht noch weiter in diesen Sumpf ziehen lassen und beschloß, ihm keine Antwort zu geben. Aber zu ihrer Überraschung hörte sie eine Stimme (mein Gott – ihre eigene Stimme! Idiotin!) die Stille durchbrechen. »Ja, wenn es zum erstenmal passiert wäre!« sagte die Stimme weinerlich. »Aber, Philip, immer wenn wir im Zusammenhang mit meiner Arbeit irgendwohin gehen wollen, klappt es nicht!«

»Ich bin Arzt, Renee. Ich kann meinen Terminplan nicht immer vorhersehen.«

»Wenn es um dich geht, hast du offenbar nie Probleme mit deinem Terminplan!«

»Willst du damit sagen, daß ich das Essen heute abend absichtlich versäumt habe?«

»Nein, das will ich damit nicht sagen.«

»Was dann?«

»Daß es nicht das erste Mal war.«

»Nein, und es wird wohl auch nicht das letzte Mal gewesen sein. Mein Gott, Renee, ich spreche hier vom Leben einer Patientin, und du regst dich auf, weil ich das Essen verpaßt habe. Kannst du wirklich so egoistisch sein? Was ist nur los mit dir?«

»Ich denke einfach...«

»Du denkst überhaupt nicht, Renee. Genau das ist dein Problem. Du machst dir Sorgen um deine Schwester, und du bist aus irgendeinem unerfindlichen Grund sauer auf Debbie, oder aber du machst dir Sorgen um die Kanzlei oder bist wild darauf, bei deinen Anwaltspartnern Eindruck zu schinden, und dann läßt du es an mir aus. Wie immer. Es ist dir völlig egal, ob das, was du da sagst, mich kränkt oder nicht. *Meine* Gefühle sind dir überhaupt nicht wichtig.«

»Das ist nicht wahr. Deine Gefühle sind mir sehr wichtig.« Renee hob eine Hand an den Kopf. Ihr wurde schwindlig. Steckte in dem, was er sagte, auch nur ein Körnchen Wahrheit? Sie konnte es nicht mehr entscheiden.

Plötzlich saß er neben ihr auf dem Sofa. Seine Hände berührten ihre, seine Stimme klang sanft und versöhnlich. »Du hast dich verändert, Renee«, sagte er. »Du übernimmst dich. Du schaffst das alles nicht mehr. Schau dich doch mal an! Du bist erschöpft. Du siehst grauenhaft aus.« Das alles sagte er in freundlichem Ton, als wolle er nur ihr Bestes. »Du hast keine Leidenschaft mehr«, erklärte er ihr leidenschaftlich. »Was ist nur aus dem Mädchen geworden, das ich geheiratet habe?«

Renee fühlte einen stechenden Schmerz in der Brust. Drohte er ihr jetzt damit, sie zu verlassen? Gab er ihr zu verstehen, daß er Reißaus nehmen würde, wenn sie nicht abspeckte?

»Du kämpfst schon zu lange gegen diesen Schmutz an«, fuhr er fort, während sie ihre Panik niederkämpfte, um aufmerksam zuhören zu können. »Wenn man lange gegen den

Schmutz kämpft, wird man unweigerlich selbst schmutzig. Du bist einfach zu gut in deinem Beruf, Renee. Du bist erst dann glücklich, wenn du einen gegensätzlichen Standpunkt einnehmen kannst. Du berauschst dich am Streit. Ich dagegen sehne mich nach Harmonie. Ich weiß nicht – vielleicht haben wir uns nur etwas vorgemacht.«

Sofort war Renee wieder voll da. Ihr ganzer Körper war in Alarmbereitschaft. »Was willst du damit sagen?«

Er starrte ihr in die Augen; trotz seiner Behauptung, er sei müde, war sein Blick wach und klar. »Ich liebe dich, Renee«, sagte er langsam, »aber ich weiß nicht, ob ich das, was mit dir geschieht, ertragen kann.«

Es entstand eine lange Pause, in der Renee überlegte, was sie sagen könnte, damit alles wieder ins Lot kam. Sag's mir doch! dachte sie. Dann sage ich es auch. Ich sage alles, was du willst. Aber verlaß mich nicht. Ich bin nichts ohne dich. Du bist mein Leben. Ohne dich gibt es kein Leben für mich.

»Ich liebe dich, Philip«, flüsterte sie, als er ihren Kopf zwischen die Hände nahm und ihre Schläfen zu küssen begann. Sie sah gräßlich aus, sie wußte es. Er hatte es ihr gesagt. Wie brachte er es nur über sich, sie zu küssen? Wie hielt er es bloß aus, sie anzusehen?

Er senkte den Kopf, küßte ihre Mundwinkel und leckte die Tränen mit der Zunge auf. »Du mußt entscheiden, was wichtig für dich ist«, hörte sie ihn sagen. Dann verschloß er ihr den Mund mit einem Kuß.

Aus den Augenwinkeln sah Renee Philips Spiegelbild im Fenster, als er sich zu ihr beugte, um sie zu küssen. Es schoß ihr durch den Kopf, daß er wie ein Mafia-Boß aussah, der einem todgeweihten Mitglied seines Clans den Todeskuß verpaßte. Aber dann fühlte sie seine Lippen hart auf ihrem Mund und verbannte die unschöne Beobachtung aus ihren Gedanken.

15

Lynn lehnte den Kopf an die schwarze Lederbespannung des
Wagens und schloß die Augen. »Sind wir bald da?« fragte
sie.
Marc Cameron lachte leise auf. »Sie sind genau wie meine
Jungs. Ein paar Minuten noch.«
Sie ließ die Augen zu, öffnete sie nur kurz, als Marc wegen
einer roten Ampel in Military Trail anhielt. Sie fuhren nach
Westen, landeinwärts, und Lynn dachte, daß das, was sie in
ihrer Phantasie sah, wahrscheinlich sehr viel interessanter
war als alles, was ihr der Blick aus dem Autofenster bieten
konnte. Erst als sie hinter den geschlossenen Lidern Gary
sah, zwang sie sich, die Augen weit zu öffnen und sie die
restliche Fahrt hindurch offenzuhalten.
Würde sie je Garys Gesichtsausdruck vergessen können, als
er diesen winzigen Laden betrat und sich gleichzeitig seiner
ehemaligen und seiner zukünftigen Frau gegenüber sah,
beide in völlig identischen Kleidern? Sie schielte zu Marc
hinüber; er blickte zurück und lächelte. Sie hatte ihm nichts
davon erzählt. Vielleicht würde sie es eines Tages tun, wenn
der Seelenschmerz ein bißchen abgeflaut war. Und der
Herzschmerz. Wenn sie soweit war, das Witzige erkennen
zu können, das hinter dieser Demütigung steckte, dann
würde sie es ihm vielleicht erzählen. Aber im Augenblick
war es noch viel zu schrecklich, auch nur daran zu denken,
und erst recht, darüber zu sprechen. Auch Gary hatte kein

Wort darüber verloren, als er frühmorgens die Kinder abholte. Er war nicht einmal hereingekommen, sondern nervös vor der Haustür herumgestanden, bis Megan und Nicholas fertig waren. Und er war Lynns Blick ausgewichen, als er ihr mitteilte, er werde die Kinder gegen fünf zurückbringen. Als Lynn dem wegfahrenden Wagen nachblickte, war es halb neun. Eine Stunde später stand Marc Camerons Auto vor ihrem Haus, und jetzt fuhren sie zu einem Altersheim namens »Schönwetter-Heim«, um seinen Vater zu besuchen. Lynn überlegte, was sie hier in diesem Wagen eigentlich zu suchen hatte. Ihr wurde bewußt, daß sie sich diese Frage in letzter Zeit oft stellte. Schließlich tat sie sie als unwichtig ab – wenn sie nun schon einmal hier war, dann wohl, weil sie ganz einfach hier sein wollte.

»Weiß Ihr Vater, daß Sie jemanden mitbringen?« fragte sie, als sie von der Hauptstraße nach Süden abbogen und auf eine lange, kurvenreiche, nicht asphaltierte Straße gelangten, die von alten Königspalmen gesäumt war.

»Ich dachte mir, ich überrasche ihn.« Marc Cameron schüttelte den Kopf. »Ich fürchte, ich habe noch weitere Überraschungen für ihn auf Lager.«

»Ach?«

»Ich war letzte Woche bei einem Anwalt, um mir eine Vollmacht über die Finanzen meines Vaters zu besorgen. Dann ließ ich alle seine Konten in einer Bank zusammenlegen, um einen Überblick zu bekommen, und führte ein längeres Gespräch mit dem Filialleiter. Bis auf weiteres darf mein Vater nur über eine genau festgelegte Summe verfügen. Jetzt ist Schluß mit den Lincoln-Kabrios und den Griechenlandreisen für die Schwestern. Und das wird ihm gar nicht gefallen.«

»Da haben Sie das Richtige getan.«

»Ja? Und warum fühle ich mich dann so beschissen?«

»Es ist nicht einfach, wenn man anfangen muß, die eigenen Eltern wie Kinder zu behandeln. Auf diese Rolle sind wir nicht vorbereitet worden.« Das Bild ihrer Mutter in deren letzten Lebensmonaten, in Windeln gewickelt und unfähig, allein zu essen, drängte sich ihr auf, während Marc auf den frisch asphaltierten Parkplatz vor das große, vierstöckige, rosarote Gebäude, das »Schönwetter-Heim« fuhr. Er deutete zum anderen Ende des Parkplatzes, wo ein langes, blaues Auto mit Leinwandverdeck funkelnd in der Sonne stand. »Das berühmte himmelblaue Kabrio!«

Erleichtert wandte Lynn den Blick dorthin; das Bild ihrer Mutter begann zu verblassen. »Kaum zu übersehen.«

»Schauen Sie sich mal die Nummernschilder an!« sagte er, als sie auf den Wagen zugingen.

»BENGEL?« Lynn gab sich Mühe, nicht laut herauszulachen.

»Eigens angefertigte Nummernschilder, jawohl! Offenbar ist das sein Spitzname bei einigen der Schwestern. Daß seine Beliebtheit jetzt eine gewisse Einbuße erleidet, wird ihm gar nicht schmecken.«

»Sie haben wirklich völlig richtig gehandelt«, versicherte Lynn ihm ein zweites Mal. »Sie konnten doch nicht einfach zusehen, wie er sein Geld zum Fenster hinauswirft.«

»Warum denn nicht?« fragte er, und Lynn wurde klar, daß er diese Debatte schon viele Male mit seinem Gewissen geführt hatte. »Es ist *sein* Geld. Woher nehme ich das Recht, ihm vorzuschreiben, wie er es auszugeben hat?«

Sie standen auf dem Parkplatz vor dem rosaroten, stuckverzierten Gebäude. »Sie haben die Pflicht, sich darum zu kümmern, daß Ihr Vater im Alter versorgt ist, daß er genug Geld hat, um für sich aufzukommen. Und sich selbst gegenüber haben Sie die Pflicht, dafür zu sorgen, daß er Ihnen nicht finanziell zur Last fällt. Marc, Sie haben mir selbst gesagt, daß das Schreiben nicht gerade der allersicherste Beruf ist. Sie haben doch schon genug Probleme, da dürfen Sie sich nicht auch noch mit der Altersversorgung Ihres Vaters belasten, vor allem angesichts der Tatsache, daß er mehr als genug Geld besitzt, um für sich selbst aufzukommen. Sie dürfen nicht zulassen, daß er alles verpraßt. Sie handeln völlig richtig!«

Noch bevor er einen Schritt auf sie zu gemacht hatte, wußte sie, daß er sie küssen würde. Das einzige, was sie überraschte, war, wie rasch und leidenschaftlich sie darauf reagierte. »Sie haben mir versprochen, es nicht wieder zu tun«, sagte sie und löste sich aus seiner Umarmung.

»Da habe ich eben gelogen.« Er faßte sie am Arm und führte sie ins Haus.

Marcs Vater saß in einem alten Ledersessel mit grünem Kunststoffbezug und sah aus dem Fenster auf den Parkplatz hinunter. Lynn überlegte, daß er ihre Ankunft gesehen haben mußte und ihm daher auch die ziemlich öffentliche Zärtlichkeitsbekundung kaum entgangen sein konnte. Als Marc und sie sich dem alten Cameron näherten, schien er ihre Anwesenheit jedoch gar nicht wahrzunehmen.

»Paßt du auf dein neues Auto auf?« fragte Marc in bewußt lockerem Ton.

»Wer ist die da?« fragte Ralph Cameron. Er hatte aufgrund seines Schlaganfalls eine undeutliche Aussprache und war schwer zu verstehen (Weaisdida?).

»Das ist eine Freundin von mir, Dad, Lynn Schuster.« Marc gab Lynn zu verstehen, sie solle näherkommen, und Lynn stellte sich direkt in Ralph Camerons Blickfeld. Sie fand die Situation weniger peinlich, als sie erwartet hatte.

Langsam und mit sichtbarer Anstrengung wandte der alte Mann seinen ergrauten Kopf Lynn zu; seine Augen lächelten. »Schuster?« wiederholte er. »Sind Sie mit dem Komiker Schuster verwandt?«

Die Worte flossen ineinander, und es dauerte einige Sekunden, bis Lynn die Frage für sich wiederholt und verstanden hatte. Sie schüttelte den Kopf. »Nicht daß ich wüßte.«

»Der trat oft in der Ed-Sullivan-Show auf. Hatte einen Partner. Die hatten einen Sketch über Julius Caesar. Ich erinnere mich...«

»Nein, ich bin nicht mit ihm verwandt«, sagte Lynn.

»Wie geht's den Jungs?« fragte Marcs Vater (Wiegehsde-

Juns?). Zum erstenmal, seit sie das kleine Zimmer betreten hatte, ließ Lynn ihren Blick durch den Raum schweifen. Sie sah die Fotos von Jake und Teddy auf dem Tischchen neben dem schmalen Bett, und fand, daß die beiden eine interessante Mischung aus den Gesichtszügen ihrer Eltern aufwiesen und daß Marc ohne Zweifel eine interessante Mischung aus seiner Mutter und dem alten Mann war, der jetzt vor ihr saß und dessen Gesicht zwar schrecklich verzerrt, aber trotzdem attraktiv war, weil sich darin noch immer jugendliche Züge fanden. Beim Sprechen fuchtelte er hin und wieder mit dem rechten Arm in der Luft herum, während der linke steif und bewegungslos auf seinem Schoß lag. Diese Gesten waren zwar langsam und schwerfällig, und es bereitete Schwierigkeiten, seinen Worten zu folgen, geistig schien er jedoch völlig in Ordnung zu sein. Seine Sprechweise ließ seine Gedanken wirr und sonderbar erscheinen, aber Lynn erkannte, daß er durchaus klar dachte. Seine Augen waren von demselben Blau wie die seines Sohnes, und im Stehen hatte er wohl fast die gleiche Größe wie Marc. Sein Körper hatte allerdings durch den Schlaganfall an Massigkeit verloren; er war jetzt zart und dünn. »Warum hast du sie heute nicht mitgebracht?« fragte der alte Mann.

»Sie sind bei ihrer Mutter«, antwortete Marc. »Das nächstemal bringe ich sie mit. Heute möchte ich mich mit dir über einige Dinge unterhalten.«

»Zum Beispiel?« Es klang wie »UmBeipie?«. Lynn merkte, daß Marc plötzlich angespannt war.

»Wie behandeln sie dich denn hier, Dad?« fragte Marc, um nicht mit der Tür ins Haus zu fallen. Marc Cameron zuckte eine Achsel. »Können die Schwestern immer noch ihre Finger nicht von dir lassen?«

»Ein schrecklicher Zustand«, sagte der alte Cameron, und wieder lachten seine Augen.

»Du bist also glücklich? Keine Klagen?«

»Im Augenblick nicht«, erwiderte Marcs Vater und beäugte seinen Sohn mit skeptischem Blick, als wüßte er, daß sich das bald ändern werde. Er zwinkerte Lynn zu; Lynn reagierte darauf mit einem breiten Lächeln. Im Kopf war der alte Mann jedenfalls voll auf Draht. Einen Moment lang überlegte sie, was nun besser war – wenn der Verstand nachließ und sich, wie bei ihrer Mutter, in einem einigermaßen gesunden Körper verlor, oder wenn man, wie Marcs Vater, klar denken konnte, der Verstand aber in einem geschwächten Körper gefangen war.

Marc Cameron setzte sich seinem Vater gegenüber aufs Bett und ergriff die Hände des alten Mannes.

»Möchten Sie, daß ich draußen warte?« fragte Lynn.

»Bitte bleiben Sie«, flüsterte Marc ihr zu. Dann begann er seinem Vater zu erklären, was er bezüglich der Finanzen des alten Cameron unternommen hatte. Lynn hörte zu, wie Marc, geduldig und so taktvoll und behutsam wie möglich, seinem Vater beibrachte, daß er nun die Vollmacht über dessen Konten hatte, daß es von nun an keine Reisen für die Schwestern mehr gab und auch keine himmelblauen Lincoln-Kabrios, und daß man ihn mit einem wöchentlichen Taschengeld abfinden werde.

»Und mich beaufsichtigen wie ein kleines Kind!« sagte sein Vater. Er wich dem Blick seines Sohnes aus; Tränen rannen an seinen Wangen herab. Er machte sich nicht die Mühe, sie abzuwischen.

»Nein, Dad, nicht wie...«

»Dann kann ich ja genausogut gleich sterben«, sagte Ralph Cameron, und zum erstenmal an diesem Nachmittag sprach er die Worte langsam und deutlich aus. Unwillkürlich hielt Lynn den Atem an.

»Mr. Cameron...«, begann sie, aber Ralph Cameron hob seinen heilen Arm, um ihr zu sagen, daß sie still sein solle.

»Bitte geh!« sagte er.

»Es ist zu deinem eigenen Besten, Dad«, fluchte Marc Cameron. »Ich kann nicht einfach zusehen, wie du dein Geld für Autos ausgibst, mit denen du nicht fahren darfst, und für Reisen, die du dem Personal hier stiftest. Du hast dein ganzes Leben lang zu hart gearbeitet, als daß ich das zulassen dürfte.«

Ralph Cameron hob den Kopf und stierte seinem Sohn direkt in die traurigen Augen. »Bastard«, sagte er.

Lynn sah, daß Marc taumelte, als würde er zu Boden sinken. Sie litt mit ihm und wünschte, sie könnte seinen Schmerz lindern, aber sie wußte, daß das nicht möglich war. Er wandte sich von seinem Vater ab und ging rasch aus dem Zimmer. Ganz langsam und vorsichtig näherte Lynn sich Marcs Vater und kniete sich vor ihm auf den Boden. »Ihr Sohn liebt Sie sehr, Mr. Cameron. Ihm ist das alles sehr schwergefallen.« Der alte Cameron schwieg; sein Blick war starr auf das Fenster gerichtet, hinter dem man das blaue Kabrio sah.` »Auf Wiedersehen«, flüsterte Lynn, als ihr nichts mehr einfiel. Manchmal war es besser, an schlechten Dingen nicht mehr zu rühren.

Sie holte Marc auf dem Korridor ein. Mit derselben Intensität, mit der sein Vater aus dem Fenster gestarrt hatte, stierte er auf die geschlossenen Aufzugtüren. Lynn wußte, daß man in einem solchen Augenblick nicht sprechen durfte. Schweigend stellte sie sich neben ihn; auch so konnte sie ihm sagen, daß sie bei ihm war.

Im Aufzug, den Lynn nach Marc betrat, befanden sich bereits zwei Männer. Die Namensschilder auf ihren weißen Kitteln wiesen sie als Ärzte aus. Lynn lächelte ihnen zur Begrüßung zu. Marc sagte nichts, er schien die beiden gar nicht wahrzunehmen. Sein Blick folgte den aufleuchtenden Stockwerksziffern, während sie von der zweiten Etage ins Erdgeschoß fuhren.

»Entschuldigen Sie. Sind Sie Mr. Cameron?« fragte einer der Ärzte. Er war etwa in Marcs Alter, klein, untersetzt und trug einen Dreitageschnurrbart, der unter seiner kleinen Knollennase hervorsproß. Marc wandte sich ihm wie in Trance zu. »Dr. Turgow«, fuhr der Arzt fort und streckte ihm die Hand entgegen. »Wir haben uns bei Ihrem letzten

Besuch hier kennengelernt. Sie sind doch der Schriftsteller, nicht wahr? Ihr Vater ist derjenige, der Nancy Petruck nach Griechenland geschickt hat, damit sie ihre Großmutter besuchen kann.« Er lachte. »Dieses Auto ist wirklich sagenhaft. Unlängst hat er mich eine Runde damit drehen lassen. Ein toller Wagen! Was macht die Schreiberei?« Das alles kam in einem einzigen großen Wortschwall. Offensichtlich hatte er Marcs fast schon greifbare Feindseligkeit überhaupt nicht bemerkt. »Wissen Sie, ich denke mir immer, wenn ich Pensionär bin, fange ich auch mit der Schriftstellerei an.«

»Was für ein Zufall!« entgegnete Marc. Jedes Wort troff nur so vor Sarkasmus. »Ich denke mir immer, wenn *ich* dereinst Pensionär bin, fange ich mit der Medizin an.«

Wie auf ein Stichwort hin öffnete sich die Aufzugtür, und Marc trat hinaus, bevor Dr. Turgow überhaupt mitbekommen hatte, daß er soeben beleidigt worden war.

»Es ist unglaublich, was die Leute so alles zu einem Schriftsteller sagen.« Sie warteten darauf, daß sich die Brücke, die West Palm Beach mit Palm Beach verband, senkte. Marc kochte immer noch. »Können Sie sich vorstellen, daß man zu einem Rechtsanwalt sagt: ›Ich denke, wenn ich Pensionär bin, fange ich mit der Juristerei an‹? Oder zu einem Zahnarzt: ›Dann fange ich mit der Zahnmedizin an‹? Aber alle glauben, sie hätten Stoff für ein Buch. Vielleicht haben sie den wirklich; vielleicht war ihr Leben ganz besonders interessant, und vielleicht haben sie ganz außergewöhnliche Einsichten. Aber das heißt noch lange nicht, daß sie fähig sind, das alles zusammenhängend und auf so unterhaltsame Weise zu Papier zu bringen, daß die Leute es auch lesen wollen. ›Ich habe tolle Einfälle‹, sagen sie immer zu mir. ›Ich könnte wirklich schreiben.‹ Nein, können sie nicht. Sie mögen zwar gute Einfälle haben, sogar *geniale* Einfälle, aber sie bringen nicht die Disziplin auf, die man braucht, um sich Tag für Tag hinzusetzen und zu schreiben, die man braucht, um jeden Morgen dieses leere Blatt Papier vor sich zu ertragen und es in einen Spiegel der eigenen Seele zu verwandeln, so daß die Leser ihr eigenes Bild darin erkennen. Mit dem Schreiben ist es wie mit jedem Handwerk. Es kann sich nicht jeder einfach vor eine Schreibmaschine setzen und schreiben, aber alle glauben, wenn sie in Rente sind, schreiben sie schnell mal ein kleines Buch. ›Wenn Sie das können, kann ich das auch.‹ Wissen Sie, wie oft ich das schon gehört habe? Auch von Freunden, nicht nur von flüchtigen Bekannten. Das ist, wie wenn man vor einem Gemälde von Picasso steht und sagt: ›Das würde ja sogar mein Kind hinkriegen!‹ Also, das würde ich gerne mal sehen, wie dieses Kind es versucht. Mein Gott«, sagte er und trommelte mit den Fäusten leicht auf das Lenkrad, »diese Brücke dauert vielleicht!«

Lynn reckte den Hals, um die Autoreihe vor ihnen zu überblicken. »Ich glaube, jetzt fährt gerade das letzte Schiff durch«, sagte sie. Der Mast eines großen Segelbootes glitt zwischen den geöffneten Hälften der breiten Brücke hindurch. Sie sah zu, wie die beiden Brückenteile sich langsam senkten, sich in der Mitte trafen und wieder eine Fläche bildeten, so daß die Autos sie befahren konnten. »Was hört man denn sonst noch so als Schriftsteller?« fragte sie. Sie war froh über die Taktlosigkeit des Arztes, die es Marc immerhin ermöglicht hatte, Dampf abzulassen und nicht weiter über seinen Vater nachgrübeln zu müssen.

Marc hatte sich warm geredet. »Oft werde ich gefragt, woher ich meine Ideen habe.«

»Und – woher haben Sie sie?«

»Diese Frage läßt sich unmöglich beantworten.« Er lachte und lockerte seinen Griff um das Lenkrad. »Aber das glauben einem die Leute nie. Sie haben es gern, wenn alles seine Ordnung hat. Also erzählt man ihnen, man habe seine Ideen aus der Zeitung oder aus dem eigenen Leben oder aus dem Leben von Freunden, lauter solche Sachen. In Wirklichkeit weiß man selbst genausowenig wie alle anderen Leute, woher die Ideen kommen. Ich nehme an, es hängt damit zusammen, daß Schriftsteller die Welt mit anderen Augen betrachten. Sie und ich können den gleichen Streit beim Abendessen mithören, und Sie überlegen sich vielleicht, wie Sie ihn schlichten könnten, während ich ihn für eine Szene in meinem Buch verwende. Schriftsteller benützen alles. Benützen, verändern, entstellen. Alles dient als Anreiz. Nichts ist heilig.«

»Nichts?«

»Nichts.«

Lynn rutschte auf ihrem Sitz hin und her; zum erstenmal fühlte sie sich bei diesem Gespräch nicht mehr wohl. »Wo fahren wir eigentlich hin?« fragte sie gedankenverloren. Sie fand, es sei an der Zeit, das Thema zu wechseln.

»Ich dachte an ein Mittagessen.«

»Gute Idee. Ich bin halb verhungert.«

»Ich dachte an ein Mittagessen bei mir daheim«, sagte er. Lynn erwiderte nichts.

»Vorhin war eine Dame da, die Sie besuchen wollte«, sagte der Portier, als Marc Lynn durch die Flügeltüren ins Entrée seines Wohnhauses führte.

»Hat sie ihren Namen genannt?«

»Nein, Sir«, antwortete der schon etwas ältere Mann, der in seiner viel zu engen Uniform schwitzte. »Kein Name, keine Nachricht. Ich habe sie gefragt, aber sie sagte, sie wolle es später noch einmal versuchen.«

Marc zuckte gleichgültig die Achseln und ging mit Lynn zu den Aufzügen im hinteren Teil des Gebäudes.

»Eine schöne Wohnung«, log Lynn, als sie die kleine Diele der düsteren Dreizimmerwohnung betraten.

»Es ist eine ganz miese Wohnung«, verbesserte er sie. »Und Sie sind eine ganz miese Lügnerin. Braun – mein Gott!« rief er, als sie in dem engen Wohnzimmer standen, das ausschließlich in verschiedenen Braun- und Ocker-Nuancen eingerichtet war. »Ich sage ja nicht, daß alles immer in Blau oder Grün gehalten sein muß, aber, ich bitte Sie – hier hätte

ja sogar schon ein kleines bißchen Beige wahre Wunder gewirkt.« Lynn folgte ihm in die winzige Kochnische, deren
Einbauschränke aus einer deprimierenden Holzimitation
bestanden. »Aber was soll's – die Wohnung war möbliert,
billig und noch zu haben, und so lange, bis feststeht, wie es
weitergehen soll, komme ich hier ganz gut zurecht. So, was
kann ich Ihnen zu trinken anbieten?«

»Ich hätte gern eine Cola.«

»Eine Cola für die Dame«, rief er, reichte ihr leise lachend
eine kalte Dose aus dem Kühlschrank und sofort darauf ein
Glas. Lynns Blick fiel auf die jüngsten Fingerfarbenbilder
seiner Söhne, die an der Kühlschranktür klebten. »Und ein
Bier für den angehenden Verführer.«

Lynn tat so, als hätte sie die letzte Bemerkung nicht gehört.
Sie gingen ins Wohnzimmer zurück. Lynn kam zu dem
Schluß, daß sie nicht hätte hierherkommen dürfen, und
stellte gleichzeitig zu ihrem großen Schrecken fest, daß sie
voller Ungeduld auf das wartete, was nun alles passieren
würde.

»Für später habe ich einen köstlichen Krabbensalat im Kühlschrank. Habe ich heute morgen selbst gemacht.«

»Ich bin beeindruckt.«

»Sehr schön. Ich habe ihn nämlich gemacht, um Sie zu beeindrucken.« Er zwinkerte ihr zu, und ihr wurde klar, daß er
diese Geste von seinem Vater hatte.

»Wo schreiben Sie denn?«

»Ich habe einen Schreibtisch im Schlafzimmer. Wollen Sie
mal sehen?«

»Nein«, sagte Lynn hastig. Sie hätte nie hierherkommen
dürfen. Wenn er sie vergewaltigte, würde kein Gericht der
Welt ihn verurteilen. »Ich dachte, sie wolle es auch«, hörte
sie ihn in einem überfüllten Gerichtssaal sagen. »Warum
wäre sie sonst in meine Wohnung mitgekommen? Sie
wußte, daß ich keine übertrieben ehrenhaften Absichten
hatte.« Wie oft schon hatte sie junge Frauen davor gewarnt,
sich in eine solche Situation zu begeben? Wo blieb ihr Ver-

stand? Und, noch wichtiger, wo blieb ihre Selbstbeherrschung?

»Was denken Sie gerade?« fragte er.

»Daß diese Wohnung wirklich deprimierend ist«, antwortete Lynn mit einem schnellen Blick über den Raum. »Gehen wir doch anderswohin. Ich habe eigentlich gar keinen so großen Hunger.«

»Sie sagten, Sie seien halb verhungert.«

»Eigentlich war ich nur durstig.« Sie hob die Coladose an die Lippen und nahm einen großen Schluck, um ihre Worte zu unterstreichen.

»Und was ist mit meinem Krabbensalat?«

»Wie wäre es denn mit einem Picknick am Strand?«

»Nicht schlecht. Aber kann ich erst mal mein Bier austrinken?«

»Ja, ja, natürlich.«

»Wollen Sie sich nicht setzen?«

»Nein, nein, ich fühle mich wohler, wenn ich stehe.«

»Sie sehen nicht aus, als würden Sie sich wohl fühlen.«

Lynn nahm noch einen Schluck aus der Dose und hoffte, er würde endlich sein Bier austrinken. »Wie finden denn Ihre Jungs diese Wohnung?«

Er lachte. »Sie finden sie toll.«

Lynn betrachtete die leere, ockerfarbene Wand ihr gegenüber. Ihr fiel ein, daß sie noch nie in dem Haus in Gulfstream gewesen war, das Gary sich für die Übergangszeit gemietet hatte.

»Natürlich ist es etwas ganz anderes als ihre gewohnte Umgebung.«

»Für Sie ist es wohl auch eine große Umstellung.« Lynn versuchte sich vorzustellen, mit welchen Gefühlen Gary ihr Haus am Crestwood Drive verlassen hatte und wie es ihm jedesmal ging, wenn er wieder dorthin kam. Allerdings war es Garys eigener Entschluß gewesen, dort auszuziehen. Marc dagegen hatte keine Wahl gehabt.

»Man gewöhnt sich an alles«, erklärte er. »Außerdem war

Suzettes Haus nie mein Haus. Jahrelang habe ich so getan, als ob, aber in Wahrheit war ich dort immer nur ein Gast, eine Art Untermieter mit besonderen Privilegien, wenn man so will. Suzettes Eltern hatten dieses Haus gekauft und bezahlt, so wie sie alles, was ihre Tochter wollte, kauften und bezahlten. Sie wissen ja, die Prinzessin soll bis ans Ende aller Tage glücklich leben.« Er zuckte die Achseln und nahm einen großen Schluck Bier. »Nachdem ihre Eltern umgekommen waren, wollte sie das Haus nicht mehr. Sie sagte, es hingen zu viele Erinnerungen daran. Wir haben uns nach einem neuen umgesehen.« Lynn sah, daß er die freie Hand zur Faust geballt hatte. »Kommen Sie, ich zeige Ihnen meine Radierungen.«

Lynn kam nicht dazu, Einwände vorzubringen. Marc faßte sie am Ellbogen und ging mit ihr, sie halb führend, halb schubsend, durch die schmale Diele. »Schlafen Ihre Jungs hier drin?« fragte Lynn und blieb vor einem kleinen braunen und ockerfarbenen Zimmer stehen, in dem, halb versteckt hinter Plüsch-Dinosauriern und Modellflugzeugen, zwei Einzelbetten standen. Unter dem Vorwand, sich die Sammlung von Hardy-Boy-Detektivgeschichten ansehen zu wollen, die in einem kleinen Regal standen, betrat Lynn das Zimmer. »Sie sind noch ein bißchen zu jung dafür, oder?«

»Die Bücher sind noch von mir«, gestand Marc ein wenig verlegen. »Ich habe sie aufgehoben und sogar mitgenommen, als ich von Buffalo hierherzog. Ich habe die Hardy Boys geliebt.«

»Ich bin Nancy-Drew-Fan«, sagte Lynn und lachte. »Und jetzt liest Megan sie.«

»Und da fragen die Leute noch, wie etwas zum Klassiker wird!«

Er kam näher zu ihr. »Was ist das?« fragte Lynn.

»Was denn?«

Lynn deutete auf etwas, das wie ein großes Aquarium aussah und auf dessen Boden sich etwas Langes, Schwarzes schlängelte. »Das da.« Sie rückte näher an den Behälter heran.

»Ach das. Das ist Henry.«

»Henry?« Lynn beugte sich darüber, sah, daß sich das längliche Ding bewegte, und erkannte, daß es eine Schlange war.

»O mein Gott!«

»Mögen Sie Schlangen nicht?«

»Ich mag alles, was springt«, sagte Lynn. Sie kam sich zimperlich vor und wußte nicht, wohin sie sich wenden sollte.

»Schlangen springen nicht.« Sie drückte sich rasch an ihm vorbei und ging zurück in die Diele, wandte sich dann nach rechts und stand plötzlich im Schlafzimmer. »Falsche Abzweigung«, sagte sie. Ihr wurde bewußt, daß er hinter ihr stand und mit seinem kräftigen Körper den Rückweg versperrte. Jetzt näherte er sich ihr.

»Marc, ich finde das nicht so gut.«

»Wollen Sie, daß ich einen Aids-Test mache?« Er lächelte, sie lächelte zurück.

»Darum geht es nicht.«

»Um was geht es dann?«

»Es geht darum, daß ich gar nicht hier sein dürfte.«

»Ich weiß, Ihre Anwältin hat Ihnen davon abgeraten.«

»Ich bin zu alt für solche Spielchen, Marc.«

»Ich spiele keine Spielchen. Wie deutlich soll ich denn noch werden, Lynn? Ich möchte mit dir schlafen. Und ich glaube, daß du mit mir schlafen willst. Oder irre ich mich?«

»Das ist alles nicht so einfach.«

»Warum denn nicht?« Er machte noch einen Schritt auf sie zu, sie wich sofort zurück. »Hey«, sagte er und blieb völlig bewegungslos stehen, die Hände in der Luft, als würde ihm jemand eine Pistole an den Rücken halten. »Ich werde nichts tun, was du nicht willst.«

»Ich weiß nicht, was ich will«, gab Lynn ehrlich zu.

»Du mußt dich entscheiden. Du mußt mir sagen, was du willst.«

Lynn schloß die Augen und wünschte, sie wüßte es. Auch

bei geschlossenen Augen fühlte sie die Intensität seines Blicks, die Kraft seiner Begierde nach ihr. Ihr Körper sehnte sich danach, darauf zu reagieren. Es war schon so lange her, daß ein Mann sie begehrt hatte. Sie sah sich neben Marc auf der Rückbank im Wagen seines Vaters sitzen, er zog ihr die Bluse aus, seine Lippen wanderten über ihre Brüste. Ihr Körper bäumte sich ihm entgegen. Ein lautes Geräusch ertönte. Lynn öffnete die Augen. »Was ist das?« fragte sie, straffte die Schultern und stellte sich gerade hin.

»Die Wohnungstür«, sagte Marc. In diesem Augenblick begann das Telefon zu klingeln. »Und das Telefon.« Er lächelte. »Das ist wohl das, was man gemeinhin als ›Rettung in letzter Sekunde‹ bezeichnet. Ich gehe ans Telefon, du öffnest die Tür.«

Zielstrebig ging Lynn zur Wohnungstür, während Marc in die Küche eilte, um den Telefonhörer abzuheben. »Sie ist...? Gerade eben?« hörte sie ihn sagen, als sie die Klinke drückte. »Es ist der Portier«, rief Marc ihr zu. »Er sagt, die Frau, die vorhin schon mal da war, ist auf dem Weg nach oben.«

Lynn öffnete die Tür. Ihr gegenüber stand, mit vor Verblüffung offenem Mund, Suzette Cameron.

16

Renee betrachtete sich im Spiegel und fand, daß sie verdammt gut aussah. Den ganzen Vormittag war sie beim Friseur gesessen. Die kürzeren Haare paßten ihrer Ansicht nach sehr gut zu ihrem runden Gesicht. Sie umspielten seitlich die Wangen, reichten bis knapp unter die Ohrläppchen, und Renee fand, daß es eine für sie sehr günstige, jugendliche Frisur war. Und ihr neuer, smaragdgrüner Hosenanzug ließ sie schlanker wirken durch seine schlichte Eleganz. Schlicht zu teuer, dachte sie, zog den Bauch ein und freute sich darüber, daß die Einzelteile des neuen Ensembles mit vereinten Kräften dazu beitrugen, das zu kaschieren, was versteckt werden mußte, während die positiven Aspekte ihrer Figur hervorgehoben wurden. Das Oberteil gab einen großartigen Blick auf die Furche zwischen ihren Brüsten frei, und die Stoffalten unter dem Busen ließ ihre Taille mädchenhaft schmal wirken. Das Ding ist seinen Preis wert, dachte sie. Sie warf einen Blick auf den Wecker neben ihrem Bett und überlegte zweifelnd, ob Kathryn wohl schon umgezogen sein würde, wenn Philip mit dem Duschen fertig und zum Gehen bereit war, und ob es wirklich eine so gute Idee von Philip gewesen war, auf Kathryns Teilnahme an der Party zu bestehen.

Kathryn würde dort keinen Menschen kennen, und außerdem hatte sie Renee gestanden, daß sie von starken Schuldgefühlen gequält wurde. Es sei noch nicht genug Zeit seit

Arnies Tod vergangen, um zu Partys zu gehen, hatte sie hartnäckig beteuert, als Renee ihr vorschlug, sie solle mitkommen. Daher war Renee auch sehr überrascht gewesen, als es Philip gelang, Kathryn umzustimmen. Dabei gab es eigentlich gar keinen Grund, überrascht zu sein, schließlich wußte sie ja, wie gut Philip Menschen überreden konnte. Trotzdem, sie spürte, daß ihre Schwester sich bei der Sache nicht wohl fühlte, und beschloß, den ganzen Abend in ihrer Nähe zu bleiben und dafür zu sorgen, daß Kathryn ihren Spaß hatte. Ein Problem gab es allerdings, wenn sie ständig an Kathryns Seite sein wollte – Philips Seite würde dann gefährlich leer sein. Und viel zu viele Frauen würden bei dieser Party nur allzu bereit sein, diesen leeren Platz einzunehmen.

Renee legte sich die schwere goldene Halskette um. Sie fühlte sich kalt an auf ihrer warmen Haut. Sie mußte diese Gedanken aus ihrem Kopf verbannen. Sie mußte lernen, ihrem Mann zu vertrauen, andernfalls – das hatte er ihr gesagt – gab es keine Hoffnung mehr für ihre Ehe. Der heutige Abend würde ein Neubeginn sein. Sie würde Philip zeigen, daß sie genauso sein konnte, wie er sie wollte, wie er sie brauchte. Und sie würde es ihm zeigen, indem sie ihn in Ruhe ließ, ihn ziehen ließ, ihm erlaubte, sich an den geistlosen, bedeutungslosen Flirts zu beteiligen, die eine solche Party unweigerlich mit sich brachte. Sie würde ihrer eigenen Wege gehen und ihn seine gehen lassen. Wenn sie dann am Ende wieder aufeinandertrafen, würde es ohne die üblichen Eifersüchteleien und Gegenbeschuldigungen abgehen, die sie sonst immer heraufbeschwor. Heute abend, beschloß sie, würde sie sich mit aller Kraft auf Kathryn konzentrieren.

Es klopfte leise an der Schlafzimmertür. »Kathryn?« fragte Renee. Sie wußte, daß es nur ihre Schwester sein konnte, denn Debbie hatte die Wohnung bereits verlassen, um den Abend mit Freunden zu verbringen.

»Ich kriege das Rückenteil nicht zu«, sagte Kathryn. Barfuß

und auf Zehenspitzen trippelte sie ins Zimmer und drehte sich um. Ihr Kleid hatte hinten in der Mitte ein großes ausgeschnittenes Rechteck, das viel Haut sehen ließ.

»Welches Rückenteil?« fragte Renee ironisch.

»Da oben.« Kathryn streckte die Hände zwischen ihren Schulterblättern nach oben, aber ihre Finger reichten nicht an den Verschluß heran. Rasch umschloß Renee den Knopf mit der winzigen Schlaufe. »Wie findest du es?« Kathryn nahm den Rock des wadenlangen weißen Kleids seitlich in die Hände und drehte sich einmal anmutig um sich selbst.

»Ziemlich gewagt«, sagte Renee. Sie hatte sofort bemerkt, wie viel das Kleid sehen ließ, obwohl es, besonders von vorn, im ersten Moment eher sittsam und konservativ gewirkt hatte. Es war weiß und wirkte fast jungfräulich mit seinem hochgeschlossenen Décolleté und dem langen Rock. Erst wenn Kathryn sich umdrehte, sah man die tiefen Ausschnitte unter den Ärmeln, die den Blick auf einen Teil der Brüste freigaben, und das Rückenteil existierte praktisch nicht, wenn man von der kleinen Schließe im Nacken absah. Der Rückenausschnitt reichte so tief hinab, daß Renee einen Augenblick überlegte, ob Kathryn wohl einen Slip trug; sie hielt es jedoch für besser, nicht danach zu fragen. Kathryn war schon verunsichert genug, man mußte ihr nicht noch zusätzliche Bedenken einreden.

In Wahrheit war das Kleid reizend, und Renee sah, daß Kathryn es sich ohne weiteres leisten konnte, das zur Schau zu stellen, was sie selbst mit großer Mühe zu verbergen suchte. Außerdem bemerkte sie, daß sie mehr als nur einen Anflug von Neid empfand, und runzelte die Stirn.

»Findest du es unangemessen für die Party?«

»Nein, es ist reizend«, sagte Renee ehrlich. »Neu?«

»Ich habe es mit Debbie zusammen gekauft an dem Tag, als wir alle drei miteinander zum Mittagessen gingen. Erinnerst du dich?«

Renee nickte leicht. Sie zog es vor, nicht mehr an diesen Tag zu denken. Sie warf einen Blick in den Spiegel und sah Alicia

Henderson ihr neckisch zuwinken. Ob sie auch zu der Party erscheinen würde?

»Hör mal«, sagte Kathryn in diesem Moment fast flüsternd, »ich habe noch mal darüber nachgedacht. Ich glaube, ich gehe besser doch nicht mit zu dieser Party. Ich kenne da ja niemanden, und ich bin doch für dich und Philip nur ein Klotz am Bein. Ihr würdet meinetwegen gar keinen Spaß an dem Abend haben.«

»Sei nicht albern. Schon nach zwei Minuten wirst du alle genauso gut kennen wie ich. Vertrau mir«, sagte sie, verwundert über ihre eigene Wortwahl, »es wird sehr unterhaltsam für dich werden.«

»Ich will aber keine Belastung für euch sein.«

»Das wirst du auch nicht sein.«

»Ich habe euch schon genug Ungelegenheiten gemacht.«

»Wer sagt das?«

»Das braucht keiner zu sagen. Dazu seid ihr alle viel zu nett. Das ist euer Problem. Immer habt ihr Leute wie mich am Hals. Aber ich bin schon über einen Monat hier, und ihr müßt euer eigenes Leben leben.«

»Bitte sag jetzt nichts von Abreise. Daran darfst du nicht mal denken. Ich möchte, daß du so lange bleibst, wie *du* bleiben willst.« Erst jetzt wurde Renee bewußt, wie schön es für sie war, ihre Schwester um sich zu haben. Kathryn strahlte eine Wärme aus, die sie selbst in ihrem Leben viel zu lang vermißt hatte. Kathryns Anwesenheit stellte zwar eine zusätzliche Belastung dar, aber Renee wollte trotzdem nicht, daß ihre Schwester abreiste.

»Wow!« ertönte eine Männerstimme aus dem kleinen Vorraum, der das Schlafzimmer mit dem Bad verband. Philip kam herein. Er trug nichts außer einem großen weißen Badetuch, das er sich geschickt um den Unterleib gewickelt hatte. Mit einem zweiten Handtuch rubbelte er sich die nassen, dunklen Haare trocken. Beide Frauen drehten sich erwartungsvoll zu ihm um. »Das ist aber mal ein Kleid, Kathryn! Dreh dich um und laß es mich anschauen!« Kathryn drehte sich rasch einmal um sich selbst; ihre Wangen waren leicht gerötet. »Tolles Kleid!« sagte er und blickte Renee dabei an. Renee straffte die Schultern und wartete begierig darauf, als nächste gelobt zu werden. »Renee, du hast doch Ohrringe, die zu Kathryns Kleid gut passen würden.« Renee sah zu der Kommode hinüber, in der sie ihre Schmuckschatulle aufbewahrte. »Du weißt schon, die aus Elfenbein und Silber, die großen, runden. Ich glaube, die wären das Tüpfelchen auf dem i. Du hast doch durchstochene Ohrläppchen, oder?« Er trat neben Kathryn und schob ihr das lange Haar zurück.

Renee öffnete die oberste Schublade der Kommode, sah Philips Revolver neben der Schmuckschatulle liegen und bedeckte ihn hastig mit irgendwelchen Seidentüchern. Sie hatte den Revolver dort verborgen, nachdem Debbie das ursprüngliche Versteck ausgeplaudert hatte. Ob Kathryn ihn gesehen hatte? Der Blick ihrer Schwester ruhte auf ihren Händen, während sie die Schatulle öffnete und die Ohrringe herausholte.

»Ja, genau, die sind perfekt.« Philip nahm die Ohrringe aus Renees ausgestreckten Händen in Empfang. »Da, probier die mal an!« Er gab sie Kathryn, trat zurück und sah zu, wie seine Schwägerin sie anlegte. »Na, was habe ich gesagt? Absolut perfekt.«

»Was meinst du, Renee?« fragte Kathryn.

»Sie sind perfekt«, stimmte Renee zu. Es war ihre ehrliche Meinung. »Philip hat wieder mal recht.«

»Und du hast nichts dagegen, daß ich sie trage?«

»Selbstverständlich hat sie nichts dagegen«, antwortete Philip für Renee.

»Ich finde sie wirklich wunderschön.« Kathryn betrachtete eingehend ihr Spiegelbild und war von dem, was sie sah, offensichtlich äußerst angetan.

»So, jetzt müssen wir nur noch etwas für dich finden«, sagte Philip lächelnd zu Renee.

»Was hast du denn gegen die, die ich trage?« Renee befingerte die herzförmigen goldenen, mit Perlen besetzten Ohrringe, die sie angelegt hatte.

»Die sind ohne jeden Pfiff. Viel zu bieder. Wie wäre es mit diesen hier?« Er griff in Renees Schmuckschatulle und zog ein Paar Ohrgehänge aus schwarzem Onyx und Bergkristall hervor.

»Ich dachte, zu der goldenen Halskette...« sagte Renee zaghaft.

»Nimm die Kette ab. Sie paßt sowieso nicht zu diesen Klamotten. Wie eine Kaiserinwitwe siehst du damit aus. Du mußt ein bißchen Pep in deine Garderobe bringen, Renee, sonst wirst du immer mehr der Typ ›alte Dame‹.« Das alles sagte er ganz heiter, mit einem gutmütigen Unterton und ständig lächelnd. Dann wandte er sich wieder Kathryn zu.

»Was für Schuhe wirst du denn dazu tragen?«

»Ich dachte an weiße Ballerinas.«

»Perfekt. Und welches Parfum benützt du?« Zum zweitenmal schob er ihr das Haar hinter die Ohren und vergrub seine Nase an ihrem Hals.

»Ich weiß nicht mehr, wie es heißt.« Kathryn wurde ganz rot. »Es war eine Gratisprobe.«

»Es riecht toll. Du solltest Renee ein bißchen davon abgeben.«

»Ich habe mich bereits parfümiert«, sagte Renee, bevor ihre Schwester ihr etwas von dem Parfum anbieten konnte. Sie hoffte, daß ihre Stimme nicht verriet, wie nah sie den Tränen war.

Sie hatte wirklich geglaubt, diesmal richtig gewählt zu haben. Sie hatte ein Kleidungsstück ausgesucht, von dem sie überzeugt gewesen war, es werde Philip gefallen. Sie hatte lange vor dem Spiegel in der Umkleidekabine an dem Hosenanzug herumgezupft und versucht, sich mit seinen Augen zu sehen. Sie hätte ihn bitten sollen, beim Einkaufen mitzukommen. Sie wußte doch, was für einen guten Geschmack er hatte. Er sagte ihr ständig, er wisse viel besser als sie, wie sie sich herrichten müsse, und es stimmte ja auch.

Philip war derjenige in der Familie mit dem Künstlerblick. Er wußte sofort, was zusammenpaßte. Er liebte es, in Boutiquen mitzugehen und sie zu begutachten, während sie verschiedene Sachen anprobierte. Er genoß es, ein Wörtchen mitzureden, wenn es um ihre Kleiderkäufe ging. Er genoß es, ihr beim Auswählen zu helfen.

Wie viele Frauen hatten ihr schon gesagt, wie glücklich sie sich schätzen solle, einen Mann zu haben, der sich für diese Dinge interessierte? Was würde ich nicht alles darum geben! sagten sie immer. Dann hätte er ihr abgeraten, bevor es zu spät gewesen wäre, bevor sie etwas gekauft hätte, das sie wie eine Kaiserinwitwe aussehen ließ, das sie zur alten Dame machte. »Meinst du, daß ich mich umziehen soll?« fragte sie ihn, als Kathryn in ihr eigenes Zimmer zurückgegangen war.

»Dafür ist es jetzt zu spät«, sagte er und verschwand in dem begehbaren Kleiderschrank, um sich für die Party fertigzumachen.

»Ihre Schwester ist so schön«, sagte irgend jemand, als Renee sich gerade über den langen Tisch beugte und nach einem zweiten Kiwitörtchen griff. »Und so dünn«, fuhr die Stimme fort, als Renee sich gerade das ganze Törtchen auf einmal in den Mund schob. »Man muß wahrscheinlich wirklich dünn sein, um ein solches Kleid tragen zu können.«

Renee kämpfte gegen das Verlangen an, ein weiteres Dessert zu sich zu nehmen. Sie fühlte Philips tadelnden Blick auf sich ruhen, obwohl er am anderen Ende des Zimmers gestanden und tief in ein Gespräch mit ihrer Schwester versunken gewesen war, als sie das letztemal zu ihm hinübergeschielt hatte. Sie drehte sich um und sah die Frau an, die gerade gesprochen hatte. Es war die Gastgeberin, Melissa Lawless, eine etwa sechzigjährige Frau, die mit einem bekannten Kardiologen verheiratet war. »Ja, sie ist schön«, stimmte Renee ihr zu und richtete den Blick auf Kathryn, die gerade im Begriff war, auf die Terrasse hinauszugehen, Philip immer noch an ihrer Seite.

»Ich wollte auch immer so dünn sein«, fuhr Melissa Lawless fort. »Dünn, aber saftig, wenn Sie wissen, was ich meine. Ich habe nie verstanden, wie Mädchen, die so dünn sind wie Ihre Schwester, einen so üppigen Busen haben können. Ich hatte einen üppigen Busen«, sagte sie mit kurzem Blick auf Renees ähnlich zu bezeichnende Brüste, »aber ich war auch sonst überall üppig, wenn Sie wissen, was ich meine.«

»Sie haben ein wunderschönes Haus«, sagte Renee. Die Diskussionen über weiblichen Kurvenreichtum wollte sie lieber Jane Russell überlassen.

»Uns gefällt es auch«, lautete die stereotype Erwiderung. »Ich freue mich ja so, daß Sie Ihre Schwester dazu überreden konnten, heute abend hierher mitzukommen. Sie hat, wie ich gehört habe, vor nicht allzu langer Zeit Schlimmes durchgemacht.«

Renee fühlte sich völlig überrumpelt. Wer hatte dieser Frau etwas über Kathryns Probleme erzählt? Philip ganz bestimmt nicht, überlegte sie, obwohl sie wußte, daß es kaum jemand anderer gewesen sein konnte. »Ja«, antwortete Renee, sorgsam darauf bedacht, die richtigen Worte zu wählen. »Ihr Mann ist gestorben.« Die Gastgeberin hatte doch ganz bestimmt auf Arnies Tod angespielt.

»Ich habe gehört, daß sie einen Selbstmordversuch unternommen hat«, fuhr Melissa Lawless fort – in so freundlichem Plauderton, als hätte sie gerade gesagt, sie habe gehört, am nächsten Tag werde die Sonne scheinen.

Renee stockte der Atem. Als sie endlich etwas erwiderte, klang ihre Stimme gepreßt und sonderbar, als gehörte sie jemand anderem. »Ja«, sagte sie. »Der Tod ihres Mannes war ein schrecklicher Schock für sie. Sie brauchte einige Zeit, bis sie wieder einen klaren Kopf hatte. Jetzt geht es ihr wieder gut.« Wie hatte Philip dieser Frau nur etwas so Intimes anvertrauen können? Und warum hatte er es für nötig erachtet, ihr überhaupt etwas zu erzählen? Es hätte doch möglich sein müssen, einfach zu fragen, ob er seine Schwägerin zu der Party mitbringen dürfe, ohne den Gastgebern Kathryns Lebenslauf vorzulegen! Warum hatte Philip, der nicht nur gelernt hatte, sondern sogar verpflichtet war, Vertraulichkeiten für sich zu behalten, diejenigen ihrer Schwester so leichtfertig verraten?

Renee atmete tief durch, ließ die Luft ganz langsam aus der Lunge strömen, als atmete sie Zigarettenrauch aus, und erinnerte sich selbst daran, daß Kathryn ja nicht Philips Patientin war, daß er in ihrem Fall nicht durch sein Berufsethos verpflichtet war, ihr Geheimnis für sich zu behalten. Außerdem war es ja gar kein Geheimnis, überlegte sie weiter. Dennoch fühlte sie sich gekränkt durch Philips leichtsinniges Geschwätz – anders konnte man es wohl kaum bezeichnen.

»Ich bin überrascht, daß Philip Ihnen das alles erzählt hat«, sagte Renee, von sich selbst überrascht.

»Ach, er hat darüber kein Wort zu mir gesagt. Alicia Henderson hat es mir erzählt. Ich hatte neulich ihr gegenüber zufällig erwähnt, daß Philip seine Schwägerin zu der Party heute abend mitbringen würde...«

Renee merkte, daß die Frau noch weitersprach, als sie ihr schon lange nicht mehr zuhörte. Wann hatte Philip die schmutzige Familienwäsche vor den Augen Ali Hendersons gewaschen? An jenem Mittag, als sie ihn im Restaurant trafen? Damals, als die arme Mrs. Henderson über die beginnende Schizophrenie ihres Gatten angeblich so bestürzt gewesen war, daß sie es nicht über sich brachte, Philips Praxis zu betreten? »Mach dir keine Sorgen, Ali«, hörte sie im Geist Philip sagen. »In jeder Familie gibt es ein gewisses Maß an Geisteskrankheit. Meine Schwägerin zum Beispiel. Ihr Mann starb, und drei Monate später versuchte sie sich die Pulsadern aufzuschneiden.« Aber vielleicht war es ja auch gar nicht beim Mittagessen gewesen. Vielleicht hatte er es ihr beim Abendessen erzählt. Damals, als er nicht zu der Dinnerparty erschien, weil er vollauf damit beschäftigt war, einen möglichen Selbstmord zu verhindern. Es war schon sehr praktisch, daß es auf der Erde nur so wimmelte von Leuten, die sich abmurksen wollten. »Habe ich dir schon von meiner Schwägerin erzählt?« hörte sie Philip noch einmal sagen, und diesmal stellte sie sich ihn nicht in der Schummrigkeit eines öffentlichen Restaurants vor, sondern in den anheimelnden vier Wänden von Alicia Hendersons privatem Schlafzimmer. Warum hatte er es für nötig befunden, Kathryns Vertrauen derart zu mißbrauchen? Und was hatte es ihm eingebracht?

Laß das sein, sagte sie sich und stampfte mit dem Fuß auf. Du machst es ja schon wieder. Du bauschst alles maßlos auf. Es gibt unzählige Möglichkeiten, wie Philip auf Kathryns Selbstmordversuch zu sprechen gekommen sein könnte. Wahrscheinlich erwähnte er ihn ganz unschuldig als ein Beispiel, um irgendein Argument zu verdeutlichen. Sie mußte aufhören mit diesen Verdächtigungen. Hör auf, dich wie eine Staatsanwältin zu benehmen, sagte sie sich. Laß die Anwältin in der Kanzlei!

Renee ließ den Blick durch das Zimmer schweifen; an der Tür zur Terrasse blieb er hängen. Philip war immer noch mit Kathryn dort draußen. Er hatte sich ihr gegenüber den ganzen Abend hindurch wunderbar verhalten, hatte dafür gesorgt, daß sie sich wohl fühlte, daß sie allen anderen vorgestellt wurde, daß sie nie allein und ihr Teller immer voll war. Er hatte den ganzen Abend hindurch sein Bestes getan, um Kathryn das Gefühl zu geben, daß sie keineswegs das fünfte Rad am Wagen war, sondern ein Mensch, über dessen Anwesenheit er sich ehrlich freute, ein Mensch, an dem ihm viel lag und von dem er sich wünschte, er möge sich gut amüsieren. Er war ein sehr bestimmender Begleiter, kein einziges Mal hatte er es zugelassen, daß Kathryn sich schmollend in eine Zimmerecke zurückzog oder alleine irgendwo hinging. Renee empfand Dankbarkeit für die Freundlichkeit und Sensibilität, die er ihrer Schwester entgegenbrachte. Wie konnte sie ihn nur zum Gegenstand ihrer infantilen Phantasien machen, auch wenn alles unausgesprochen blieb? Sie tat ihm ja bis in ihre Gedanken hinein unrecht!

»Wenn man vom Teufel spricht!« hörte sie die Gastgeberin ausrufen. Renee drehte sich um und sah Alicia Henderson mit entschlossenem, aber lässig wirkendem Gang auf sie zukommen.

»Alicia Henderson«, sagte die große, rothaarige Frau, streckte Renee die Hand entgegen und stellte sich ihr vor, als sähen sie sich zum erstenmal.

»Hallo, Ali!« erwiderte Renee in Erinnerung daran, daß die Frau ihr diese Abkürzung einmal angetragen hatte. »Wir kennen uns schon.« Alicia Henderson sah erstaunt und schließlich amüsiert drein.

»Ach, ja, stimmt. Von der Überraschungsfete bei Judy. Ich hätte Sie fast nicht erkannt. Haben Sie ein bißchen zugenommen?«

»Ich habe gerade eben zu Renee gesagt, daß ihre Schwester so dünn ist«, sagte Melissa Lawless, hocherfreut darüber, daß sie ihre Beobachtung in das Gespräch einfließen lassen konnte.

»Wie lange wird Ihre Schwester denn bei Ihnen bleiben?« fragte Alicia Henderson und schob sich den Spaghetti-Träger ihres schwarzen Lederkleids über die Schulter.

»Ich habe keine Ahnung«, antwortete Renee wahrheitsgemäß. Sie sah keinen Grund zur Lüge. Mit Ausnahme des kurzen Wortwechsels, den sie unmittelbar vor der Party mit ihrer Schwester gehabt hatte, war über dieses Thema nie gesprochen worden.

Alicia Henderson warf sich mit einer exotisch wirkenden, schwungvollen Kopfbewegung das lange rote Haar aus dem Gesicht. Renee erkannte, daß diese Bewegung eher der Gewohnheit als der Notwendigkeit entsprang. Sofort fielen die Strähnen wieder zurück. »Da haben Sie aber ein ganz schön volles Haus. Debbie ist ja auch noch da«, sagte Alicia Henderson. Den Namen von Philips einzigem Kind hatte sie ganz beiläufig fallengelassen.

»Debbie ist kein Problem«, log Renee.

»Ich finde, sie ist die reinste Nervensäge. Letzte Woche haben wir zusammen Mittag gegessen. Philip fragte mich, ob ich einverstanden wäre, mit ihr auszugehen, sie sei soviel allein.« Alicia Henderson grinste breit. »Sie wissen ja, wie schwierig es ist, Philip etwas abzuschlagen.«

Renee fühlte, daß ihr jeden Augenblick die Kinnlade hinunterklappen würde, und preßte zähneknirschend die Lippen zusammen. Warum hatte Philip diese Frau gebeten, seine Tochter zum Lunch auszuführen? Und konnte sie ihn danach überhaupt fragen, ohne einen Riesenkrach zu riskieren?

»Jedenfalls fand ich, daß sie eine ziemliche Nervensäge ist, aber Sie sind ja Kummer gewöhnt«, lautete Alicia Hendersons nächste Anspielung.

»Wie bitte?« fragte Renee.

»Na ja, zum einen Ihre Schwester, die sich auf solche Weise das Leben nehmen wollte, und dann natürlich Philip...« Alicia Hendersons Stimme wurde gefährlich leise.

»Wie bitte?« wiederholte Renee wie eine Schallplatte, in der die Nadel an der wohlvertrauten Stelle hängengeblieben war.

»Entschuldigen Sie mich«, trällerte Melissa Lawless süßlich und war mit einemmal verschwunden.

»Wo ist Philip denn heute abend? Ich habe ihn noch nicht gesehen.«

Zum erstenmal seit Beginn der Unterhaltung fühlte Renee, daß sich ihre Gesichtsmuskeln entspannten und ihr Mund sich zu etwas verformte, was sich annähernd als ein Lächeln bezeichnen ließ. Irgend etwas an Alicia Hendersons letzter Frage verriet eine gewisse Ängstlichkeit. Sie hatte mit der Stimme einer Frau gesprochen, die merkt, daß ihr die Felle davonschwimmen. Die Affäre hatte also den üblichen Verlauf genommen, dachte Renee, zumindest was Philip betraf. Instinktiv nahm sie eine entspanntere Körperhaltung ein. Ali Henderson stellte für sie keine Bedrohung mehr dar, sondern nur mehr eine unangenehme Erinnerung an Philips gelegentliche Geschmacksverirrungen. Wenn Alicia Henderson Philip nicht gesehen hatte, dann nur deshalb, weil Philip von ihr nicht gesehen werden wollte.

»Als ich ihn das letzte Mal sah, ging er gerade auf die Terrasse hinaus.«

»Und zwar nicht allein, da bin ich mir sicher.« Alicia Hendersons Stimme klang plötzlich sehr gereizt, so als wäre Renee jetzt ihre Verbündete, nicht mehr ihre Rivalin. Renee nahm alle Kraft zusammen, denn jetzt bestand die grauenhafte Möglichkeit, daß diese Frau ihr jeden Augenblick die Einzelheiten ihrer Affäre mit Philip gestand.

»Niemals allein«, wiederholte Renee ganz ruhig. Mit zwei kurzen Wörtern hatte sie dieser Frau klargemacht, daß sie nicht die erste war und wohl auch nicht die letzte sein würde, daß sie und ihresgleichen aber allesamt von völlig untergeordneter Bedeutung und Ausdruck von nichts anderem waren als von Toleranz auf ihrer und einer gewissen Schwäche auf Philips Seite. Alicia Hendersons schön maniküre Finger fuhren nervös durch ihr langes rotes Haar, und dann war sie plötzlich verschwunden.

Einige Minuten später kehrte Philip durch die Terrassentür ins Zimmer zurück; Kathryn war immer noch bei ihm. Sie hatte offenbar gerade gelacht und wirkte glücklicher, als Renee sie seit ihrer Ankunft je gesehen hatte. Renee beobachtete, wie Philip mit einem knappen Kopfnicken an Alicia Henderson vorbeiging, und ihr zaghaftes Grinsen wurde breiter und herzhafter. Als Philip neben ihr stand, grinste sie von einem Ohr zum anderen. Ihr Herz strömte über vor Dankbarkeit und Liebe. Ihr Mann war nach Hause zurückgekehrt.

»Wie geht es der schönsten Frau auf dieser Party?« fragte er, umfaßte mit beiden Armen Renees Taille und drehte sich übermütig einmal mit ihr im Kreis. »Amüsierst du dich?«

»Ich amüsiere mich großartig«, erklärte Renee, und sie spürte, daß es die Wahrheit war.

»Macht es dir etwas aus, wenn wir ein bißchen früher von hier weggehen? Ich dachte mir, wir könnten daheim unsere eigene kleine Party feiern.« Er beugte sich vor und leckte ihr mit der Zunge übers Ohrläppchen.

»Ich bin jederzeit zum Gehen bereit«, sagte sie. In ihrem ganzen Körper prickelte es, sie war wild auf ihn wie immer.

»Dann laßt uns von hier verschwinden«, sagte er, legte je einen Arm um Renee und Kathryn und führte die zwei zur Wohnungstür. »Manche Männer haben eben alles Glück der Welt!« sagte er, und die beiden Frauen lachten.

17

Die beiden Frauen saßen sich am Schreibtisch gegenüber und sahen einander an. »Wollen Sie wirklich keinen Kaffee?« fragte Lynn Schuster die blasse blonde Frau, die ganz vorn auf der Stuhlkante mühsam die Balance hielt und sichtbar zitterte.

Patty Foster schüttelte den Kopf. Sie war nicht geschminkt, nur die Wimpern ihrer großen braunen Augen hatte sie leicht getuscht. Ihr Gesicht war voller Sommersprossen. Wenn diese Frau Stunden damit verbrachte, in der Sonne zu liegen, wie ihre Nachbarin, Davia Messenger, behauptet hatte, dann benützte sie offensichtlich eine Creme mit sehr hohem Sonnenschutzfaktor. Über Patty Fosters Lippen huschte ein Lächeln, die Mundwinkel zuckten nach oben und dann sofort wieder zurück, so schnell, daß man das Lächeln kaum wahrnehmen konnte. Dann kaute sie nervös auf ihrer Unterlippe herum.

»Natürlich ist er nicht annähernd so gut wie der Kaffee, den ich bei Ihnen getrunken habe«, sagte Lynn, damit sich die Frau ein wenig entspannte. Patty Foster saß schon seit beinahe zehn Minuten in Lynns Büro, und Lynn konnte sich kaum an einen Menschen erinnern, dessen Anspannung – oder besser: Angst – während eines Beratungsgesprächs so offensichtlich gewesen war wie bei dieser Frau. »Was ist denn Ihr Geheimnis?«

»Ich gebe ein bißchen Kakao in den Kaffee«, antwortete

Patty Foster zaghaft, als wäre sie nicht sicher, ob Lynns Frage sich wirklich auf den Kaffee bezogen hatte. »Den Trick habe ich von meiner Großmutter.«

»Sind Sie und Ihre Großmutter sich sehr nahegestanden?«

»Sie hat mich aufgezogen.«

»Ach?«

»Meine Eltern sind gestorben, als ich noch sehr klein war. Das erklärt wohl auch meinen Vaterkomplex.« Wieder versuchte sie zu lächeln, aber es mißlang. »Meine Großmutter nahm mich zu sich und sorgte für mich wie für ein eigenes Kind. Sie war streng, genau wie Keith mit Ashleigh, aber ich habe eine Menge von ihr gelernt. Letzten Endes ist alles gutgegangen.« Prompt brach die junge Frau in Tränen aus. »Es ist doch alles in Ordnung, oder nicht? Ich meine, Sie haben mir doch gesagt, der Arzt habe erklärt, es gebe keine Anzeichen für Mißhandlungen...«

»Was macht Ihnen sonst noch Angst?«

»Was?«

»Was macht Ihnen sonst noch Angst?« wiederholte Lynn leise.

»Ich verstehe nicht.«

»Ich glaube schon, daß Sie verstehen.« Lynn sah Patty Foster tief in die Augen. Die junge Frau versuchte dem Blick auszuweichen, aber es gelang ihr nicht. Statt dessen zwinkerte sie mehrmals kurz hintereinander und schneuzte sich noch einmal, diesmal allerdings sehr viel leiser.

»Macht Ihnen Ihr Mann Angst, Mrs. Foster?« Lynns Stimme war behutsam und doch eindringlich, ruhig und vorsichtig wie das Skalpell eines Chirurgen.

»Nein, natürlich nicht. Was wollen Sie damit sagen?« Patty Foster antwortete schnell, zu schnell, und brach dann ab. »Ich weiß überhaupt nicht, wovon Sie reden.«

»Erzählen Sie mir von Ihrem Mann.«

»Keith ist ein wunderbarer Mann. Er ist zärtlich und rücksichtsvoll und gut. Wirklich, er ist ein guter Mensch. Er ist ein sehr einflußreicher Mann.«

»Das habe ich gehört.«

»Ein vielbeschäftigter Mann. Er arbeitet viele lange, harte Stunden jeden Tag.«

»Es ist sicher schwierig für ihn, wenn er manchmal nach einem schweren Arbeitstag abends heimkommt, und da rennt so ein kleines Kind durch die Gegend, macht Lärm, ist hin und wieder auch einmal unfolgsam.«

»Ashleigh ist sein ein und alles«, sagte Patty Foster, und Lynn notierte sich in Gedanken, daß sie genau die gleiche Phrase benützt hatte wie ihr Mann. »Zuerst war es schwierig für ihn«, gab Patty Foster zu. Sie starrte auf ihren Schoß. »Genau wie Sie sagten, er war es nicht gewöhnt, ein kleines Kind um sich zu haben. Er war auch ein bißchen eifersüchtig wegen der Aufmerksamkeit, die ich ihr schenken mußte. Aber das hat er überwunden.« Patty Foster blickte auf und sah Lynn direkt an. Plötzlich floß aus ihren Augen ein zweiter Strom von Tränen. »Er wollte ihr nie weh tun«, flüsterte sie. »Das müssen Sie mir glauben. Aber manchmal unterschätzt er einfach seine eigene Kraft.«

Lynn wählte ihre nächsten Worte sehr bedachtsam. »Wollen Sie damit sagen, daß Ihr Mann Ihrer Tochter den Arm gebrochen hat?«

»Würde das bedeuten, daß Sie mir Ashleigh wegnehmen?« Patty Fosters Stimme bekam wieder einen Unterton von Panik.

»Nein, natürlich nicht«, sagte Lynn rasch, um die Frau zu beruhigen. »Aber wir bieten Gesprächstherapien für Familien wie die Ihre an...«

»Das würde Keith niemals mitmachen.«

»Ich bin mir sicher, daß wir ihn dazu überreden könnten...«

»Nein, nein. Er würde das nie machen.« Patty Foster sprang mit solcher Heftigkeit von ihrem Stuhl auf, daß er fast umfiel.

»Mrs. Foster...«

»Sie glauben wohl, nur weil Sie irgend etwas sagen, wird es

auch eintreffen? Wie ist es denn, wenn man solche Macht über das Leben anderer Menschen ausübt, Mrs. Schuster? Wie ist denn das Gefühl, wenn zitternde Menschen vor einem sitzen, die wissen, daß ein einziges falsches Wort den Verlust ihres Kindes bedeuten kann? Wie ist es denn, solche Macht zu haben?«

»Glauben Sie mir, Mrs. Foster, ich habe nicht die geringste Absicht, Ihnen Ashleigh wegzunehmen.«

»Solange wir tun, was Sie sagen!«

»Wir versuchen doch nur, Ihnen zu helfen...«

»Ich habe das alles erfunden«, rief Patty Foster mit immer lauter werdender Stimme. »Mein Mann hat Ashleigh nie auch nur angerührt. Er liebt sie. Er würde ihr nie etwas antun.«

»Mrs. Foster...«

»Ashleigh hat sich den Arm in der Schule gebrochen. Keith war ihr immer ein wunderbarer Vater...«

»Sie brauchen keine Angst zu haben.«

»Der Arzt hat sie untersucht. Er hat keinen Hinweis auf Mißhandlungen gefunden. Ashleigh ist ein glückliches, gesundes kleines Mädchen, und niemand wird sie mir wegnehmen.«

»Das will doch auch niemand...«

»Wenn Sie irgend jemandem erzählen, daß ich so etwas gesagt habe, dann streite ich es ab. Ich sage, daß Sie lügen, daß Sie das alles erfunden haben. Haben Sie mich verstanden? Mein Mann ist sehr einflußreich. Er kann Ihnen große Unannehmlichkeiten bereiten, wenn er will.«

»Ich habe keine Angst vor Ihrem Mann, Mrs. Foster, und auch Sie brauchen keine Angst vor ihm zu haben.«

»Ich weiß überhaupt nicht, wovon Sie da reden«, sagte Patty Foster ganz ruhig und verließ fluchtartig Lynns Büro.

Arlene, Lynns Sekretärin, steckte den Kopf zur Tür herein. »Gab's Ärger?«

»Sie gehen ihr wohl besser nach. Schauen Sie, ob mit ihr alles in Ordnung ist. Ach, und schließen Sie bitte die Tür, ja?

Danke.« Die Tür zu Lynns Büro wurde zugezogen, so daß plötzlich angenehme Stille herrschte. »Und jetzt?« fragte Lynn laut, rieb sich die Augen und hörte im Geist ihre Mutter sagen, sie solle damit aufhören. Gedankenverloren ließ sie den Blick über den Raum schweifen und überlegte, wie sie auf Patty Fosters Ausbruch reagieren sollte. Die Frau hatte um ein Haar zugegeben, daß ihr Mann seiner Tochter den Arm gebrochen hatte, aber dann war diese Aussage von ihr ebenso schnell wieder zurückgenommen worden. Davia Messenger hatte, was die Kindesmißhandlung betraf, recht gehabt, aber in der Person des Täters hatte sie sich geirrt. Ihr Blick für das Schöne hat sie auf die falsche Spur gebracht, dachte Lynn und mußte fast lachen. Und was sollte sie jetzt tun? Wenn sie Ashleighs Lehrerin ausfindig machen und von ihr die Aussage bekommen konnte, daß Ashleigh sich den Arm nicht beim Sturz auf irgendeinem Spielplatz gebrochen hatte, dann würde das zusammen mit Davia Messengers Anschuldigungen wahrscheinlich ausreichen, um Keith Foster in die Therapie zu zwingen. Aber bisher waren Lynns Versuche, Ashleighs Lehrerin zu finden, fehlgeschlagen. Die Privatschule in Gulfstream war den Sommer über geschlossen, so wie Keith Foster es prophezeit hatte, und Lynn hatte bereits alle Templetons in Delray und im Großraum Palm Beach überprüft. Zur Sicherheit sah sie sich in der Akte über den Fall Foster noch einmal an, wie der Name der Lehrerin geschrieben wurde. Keine der Frauen, mit denen sie gesprochen hatte, unterrichtete in der exklusiven Privatschule. Lynn starrte auf das Telefon, als könnte der Apparat ihr sagen, welche Nummer sie wählen sollte. In Boca Raton und in Pompano Beach hatte sie es noch nicht versucht. Sie rief die Auskunft an. »Boca Raton«, sagte sie, nachdem die Dame von der Auskunft sie nach dem Ort gefragt hatte. »Templeton. Nein, ich habe weder den Anfangsbuchstaben des Vornamens noch die Adresse. Nennen Sie mir einfach alle, die Sie haben.«

Zum Glück waren in Boca nur vier Templetons aufgeführt.

Lynn notierte sie sorgsam und wollte gerade die erste Nummer wählen, als die Tür zu ihrem Büro aufgerissen wurde. Verwundert hob sie den Blick, und ihr Erstaunen wuchs noch, als sich die wütend ins Zimmer eilende Gestalt als ihr Mann entpuppte. »Gary... was machst du denn... was ist denn los?«

»Verdammt noch mal, Lynn, was geht da eigentlich vor?« fragte er wütend.

»Ich weiß nicht, wovon du redest«, sagte sie, aber noch während sie das sagte, wußte sie, daß es gelogen war.

»Du weißt verdammt gut, wovon ich rede. Von Marc Cameron rede ich.«

Lynns Augen weiteten sich vor Angst, als Garys Faust auf ihren Schreibtisch niederfuhr. »Ich glaube, du beruhigst dich besser erst mal«, sagte sie und bemühte sich, selbst etwas gelassener zu werden. Sie bemerkte die neugierigen Blicke der anderen Angestellten und ging zur Tür. Arlene, ihre Sekretärin, kehrte gerade mit einem sehr besorgten Gesichtsausdruck wieder an ihren Schreibtisch zurück. »Ist schon in Ordnung«, flüsterte sie der sichtlich verängstigten jungen Frau zu, bevor sie die Tür schloß.

»Ich will wissen, was da vor sich geht, verflucht noch mal«, forderte Gary zum zweitenmal, keineswegs ruhiger als zuvor.

»Gar nichts geht vor sich«, erklärte Lynn, fest entschlossen, die Stimme nicht zu heben.

»Was hast du eigentlich vor?«

»Ich habe überhaupt nichts vor. Hör mal, setz dich doch erst mal hin, dann können wir in aller Ruhe darüber sprechen...«

»Ich will mich nicht setzen, und ich will auch nicht in Ruhe über die Sache sprechen. Meiner Ansicht nach gibt es da nichts zu besprechen.«

»Warum bist du dann hier?«

»Weil ich fand, daß es keine besonders gute Idee gewesen wäre, wenn ich gestern zu dir gekommen wäre und vor den Kindern losgelegt hätte.«

»Dann sind wir uns ja wenigstens in einem Punkt einig«, sagte Lynn. Marc Cameron hätte über diese Bemerkung wahrscheinlich gelacht, aber Gary lachte nicht. »Worüber regst du dich denn eigentlich so auf, Gary?«

»Mußt du wirklich erst danach fragen?« Er blickte sie ungläubig an.

»Offensichtlich ja.«

»Was versuchst du eigentlich damit zu beweisen, daß du dich mit Marc Cameron triffst?«

Lynn hatte die sichere Seite ihres Schreibtisches erreicht und ließ sich langsam auf ihrem Stuhl nieder. »Ich versuche überhaupt nicht, irgend etwas zu beweisen.«

»Was ist nur in letzter Zeit in dich gefahren, Lynn? Was geht bloß in deinem Kopf vor? Erst folgst du Suzette in diese Boutique...«

»Ich bin ihr nicht gefolgt.«

»Dann versuchst du sie zu demütigen, indem du das gleiche Kleid anprobierst...«

»Bitte glaube mir, ich wollte sie nicht demütigen.«

»Warum hast du es dann getan? Kannst du mir das sagen? Was hattest du in diesem verdammten Laden und in diesem verdammten Kleid zu suchen?«

Lynn zuckte die Achseln. Was sollte sie darauf antworten? Daß jener Nachmittag für sie bereits in weite Ferne gerückt war? Daß sie nicht wußte, warum sie in den Laden gegangen war, außer daß sie ihre Neugierde hatte stillen wollen? Daß der einzige Mensch, der an jenem Nachmittag eine Demütigung zu ertragen hatte, sie selbst gewesen war? Und wie konnte er es eigentlich wagen, sie danach zu fragen, was in ihrem Kopf vorging? Hatte *sie* ihm vielleicht Blumen zu ihrem letzten Hochzeitstag geschickt?

»Und am Samstag geht Suzette zu ihrem Mann, um ihn zu fragen, ob er die Jungs über Nacht zu sich nehmen kann, weil ihr der Babysitter abgesagt hat, und wen sieht sie vor sich, als die Tür aufgemacht wird? Die Dame im orangefarbenen Kleid – die kleine Miss Schuster persönlich.«

»*Mrs.* Schuster«, sagte Lynn ruhig. Einen Augenblick lang wußte Gary nicht, was er darauf erwidern sollte.

Mit geballten Fäusten ging er vor Lynns Schreibtisch auf und ab. Lynn bemerkte, daß ihre Hände zitterten, und versteckte sie rasch im Schoß. »Was hast du in der Wohnung von Marc Cameron gemacht, Lynn?« fragte Gary nach einer langen Pause.

»Ich weiß nicht, ob dich das irgend etwas angeht«, erwiderte Lynn mit fester Stimme.

»Aber ich weiß es.«

»Und warum?«

»Weil es beispielsweise meine Kinder betrifft.«

»Wovon redest du da? Wieso betrifft das deine Kinder? *Unsere* Kinder«, berichtigte sie ihn.

»Denk doch mal nach!«

»Ich *denke* bereits nach. Du redest Unsinn daher.«

»Wie, glaubst du, würden sich die Kinder fühlen, wenn sie herausfinden würden, daß ihre Mutter mit einem Mann ausgeht, der...« Er stockte, weil er nicht wußte, wie er sich ausdrücken sollte.

»...der der Mann der Frau ist, mit der ihr Vater durchgebrannt ist?« vervollständigte Lynn den Satz für ihn und bemerkte zu ihrer Überraschung, daß es ihr ein Gefühl der Sicherheit gab, ihn zusammenzucken zu sehen.

Gary Schuster schüttelte den Kopf. »Ich hätte nie gedacht, daß du ein rachsüchtiger Mensch bist.«

»Ich bin nicht rachsüchtig.«

»Und du triffst dich also nicht deshalb mit Marc Cameron, um mir alles heimzuzahlen?«

»Daß ich mich mit Marc Cameron treffe, hat nichts mit dir zu tun.«

»Ach, komm, Lynn, hör auf, dir selbst etwas vorzumachen. Warum solltest du dich denn sonst mit ihm treffen, wenn nicht, um es mir heimzuzahlen? Es wäre richtig witzig, wenn es nicht so kläglich wäre«, sagte er. Lynn verspürte bei diesen Worten einen Stich, so als wäre sie von ihrer

Lieblingslehrerin mit dem Lineal geschlagen worden. »Siehst du denn nicht, was du damit anrichtest?«

»Nein, ich sehe nicht, was ich damit anrichte«, erwiderte sie und betonte dabei jedes Wort genau so, wie er es getan hatte.

»Du benützt diesen Mann, um mich zu halten, oder zumindest, um über mich auf dem laufenden zu bleiben. Marc Cameron ist ein verantwortungsloser Mensch, eine verkrachte Existenz. Er ist überhaupt nicht dein Typ. Du würdest dich diesem Mann auf keine drei Meter nähern, wenn es dabei nicht um mich ginge.«

»Marc Cameron ist weder verantwortungslos noch eine verkrachte Existenz. Er ist ein sehr talentierter Mensch mit einem sehr unsicheren Beruf.«

»Er ist verantwortungslos und eine verkrachte Existenz. Ich will nicht, daß er in die Nähe meiner Kinder kommt.«

»Unsere Kinder möchte ich aus dieser Diskussion herauslassen.«

»Wie, glaubst du, werden sie sich fühlen, wenn sie das mit dir und Marc Cameron herausfinden?«

»Wirst du es ihnen erzählen?«

»Natürlich nicht.« Daß sie dies annehmen konnte, schien ihn wirklich zu ärgern.

»Nun, da wir uns ja bereits dahingehend geeinigt hatten, unseren Kindern mindestens einige Monate lang keine weiteren Komplikationen zuzumuten«, sagte Lynn spitz und beobachtete dabei, wie Gary angesichts der verschleierten Anspielung auf Suzette zusammenfuhr, »glaube ich nicht, daß du dir irgendwelche Sorgen zu machen brauchst.«

»Wir leben in einer kleinen Stadt, Lynn. Die Leute reden.«

»Über wen machst du dir eigentlich Sorgen, Gary? Über deine Kinder oder über dich selbst?«

»Diese Bemerkung ist wirklich unter deinem Niveau, Lynn.«

»Ich versuche nur zu verstehen, warum du so aufgebracht bist.«

»Ja, ich bin aufgebracht«, sagte er, die Wörter förmlich ausspuckend, »und ehrlich gesagt hätte ich nicht gedacht, daß man ein sozialwissenschaftliches Diplom braucht, um das herauszufinden, denn du benützt Marc Cameron absichtlich, um Jagd auf mich zu machen.«

»Ich tue nichts dergleichen. Meine Beziehung zu Marc Cameron geht dich nichts an. Sie hat nicht das geringste mit dir zu tun.«

»Sie hat sogar sehr viel mit mir zu tun. Der Mann würde doch für dich gar nicht existieren, wenn es dabei nicht um mich ginge.«

Lynn mußte beinahe loslachen, hielt sich aber zurück. Marc Cameron wußte Ironie vielleicht zu schätzen, Gary Schuster mit Sicherheit nicht.

»Was sind deine wahren Absichten gegenüber Marc Cameron?« fragte er in förmlichem Tonfall.

»Das geht dich überhaupt nichts an«, sagte Lynn und merkte, daß sie sich wiederholt hatte. Das Bewußtsein, daß ihre eigenen Angelegenheiten nicht mehr Sache ihres Mannes waren, rief ein Gefühl der Leere und Befremdung in ihr hervor.

»Ich denke, ich habe ein Recht darauf, es zu erfahren.«

»Ich denke, du hast jedes deiner ehemaligen Rechte in bezug auf mich verwirkt, als du abgehauen bist.«

»Wirst du ihn heiraten?«

»Ich bitte dich!« stöhnte Lynn.

»Aber du schläfst mit ihm«, behauptete er, als wäre das eine Tatsache.

Lynn starrte ihren Mann verwundert an. Sie schaffte es nicht, ein passendes Dementi zu formulieren.

»Marc Cameron ist ein Verlierer, Lynn. Der Mann ist vierzig. Sein ganzes Leben hat er nie mehr als dreißigtausend Dollar im Jahr verdient.«

»Was hat das damit zu tun? Seit wann ist das Einkommen eines Menschen der einzige Maßstab für seinen Wert?«

»Ach, komm, Lynn, kehr jetzt bitte nicht den idealistischen Teenager vor mir heraus, ja? Und leg mir nicht Dinge in den Mund, die ich nicht gesagt habe. Du weißt ganz genau, was ich meine. Das Letzte, was du jetzt brauchen kannst...«

»Bitte sag mir nicht, was ich brauche!«

»Na gut, dann eben das Letzte, was unsere Kinder jetzt brauchen können, ist ein Mann in ihrer Umgebung, den ihre Mutter finanziell unterstützen muß.«

»Für unsere Kinder sind *wir* verantwortlich – du und ich –, und nicht Marc Cameron, und womit er sein Geld verdient, geht weder sie noch dich irgend etwas an, solange er dabei nicht das Gesetz bricht.« Lynn stand auf. »Er hat es zwar nicht nötig, verteidigt zu werden, aber Marc Cameron ist zufälligerweise ein sehr talentierter Schriftsteller. Wenn seine Frau zu dumm war, das zu verstehen, dann ist das ihr Problem, nicht meines.«

Alle Farbe wich aus Garys Gesicht. »Ich dulde nicht, daß du Suzette beleidigst.«

»Dann ist es wohl besser, wenn du gehst.«

Gary schritt abrupt auf die Tür zu, blieb plötzlich stehen, wandte sich mit erhobenem Zeigefinger zu Lynn und sagte: »Mit *meinem* Geld wirst du ihn jedenfalls nicht aushalten, das schwöre ich dir!«

»Was redest du denn da?«

Gary ging zum Schreibtisch zurück und sagte wild gestikulierend: »Ich arbeite doch nicht wie ein Hund, um jeden Monat Geld abzuliefern, das du dann an verkrachte Existenzen wie Marc Cameron verschwendest!«

Lynn war versucht, aufzustehen, blieb aber sitzen, beugte sich vor und legte die Fäuste auf die Schreibtischplatte. »Darf ich dich daran erinnern, daß das Geld, das du jeden Monat zahlst, für deine Kinder bestimmt ist? Ich bekomme von dir keinen Cent Unterhalt.«

»Ich denke gar nicht daran, die Hypothek weiter abzubezahlen, damit du, wenige Monate nachdem ich ausgezogen bin,

251

irgendeinen anderen Typen in meinem Haus wohnen läßt!«

»Ich höre wohl nicht recht!«

»Siehst du denn nicht, wie lächerlich du dich machst, Lynn? Siehst du nicht, wie kläglich das ist, was du da tust?«

Zum zweitenmal hatte er dieses Wort gebraucht, und wieder versetzte es ihr einen Stich. Lynn war gekränkt. Sie merkte, daß ihre Augen sich mit Tränen füllten, und wandte rasch den Kopf zum Fenster. Sie wollte nicht, daß Gary sie weinen sah. Verdammt, sie wollte nicht weinen. Sie war zu wütend zum Weinen. Warum mußten Frauen immer gleich drauflosheulen? Wenn sie weinten, wirkten sie, als seien sie zu nichts zu gebrauchen; die Tränen brandmarkten sie zu emotionalen Krüppeln, degradierten sie zu kleinen Kindern im Kampf der Geschlechter. Kinder waren immer die ersten Opfer eines Kriegs. Sie war eine Erwachsene, verdammt noch mal! Warum mußte sie bloß heulen?

»Ich will dich nicht verletzen, Lynn«, sagte er, und Lynns Mund entfuhr ein Laut, der gleichzeitig wie ein Lachen und wie ein Aufheulen klang. »Also, glaub es oder glaub es nicht, aber ich hatte wirklich nicht die Absicht, dir weh zu tun.«

Lynn schluckte den dicken Kloß, der ihr im Hals steckte, hinunter und sah ihren Mann mit glitzernden Augen an. »Was war denn *dann* deine Absicht?« fragte sie. Es klang beinahe genauso förmlich wie die Frage, die er ihr zuvor gestellt hatte.

»Ich war wütend, das gebe ich zu. Ich war schockiert. Ich meine, wie würde es denn dir umgekehrt gehen?«

»Ich stelle mir vor, daß es so ähnlich ist, wie wenn man erfährt, daß der eigene Mann einen wegen einer anderen Frau verlassen wird.«

Es entstand eine Pause. »Na gut. Das habe ich wahrscheinlich verdient. Aber in Wirklichkeit geht es darum, daß...«

»Ja, um was geht es?«

»Es geht darum, daß wir beide genau wissen, daß du diesen Mann als Mittel benützt, um dich an mir zu rächen, und ich darf nicht zulassen, daß du das mir, dir selbst und unseren Kindern antust.«

»Ich verstehe nicht, wie du...«

»Dann laß es mich erklären«, unterbrach er sie. In seiner Stimme schwang ein unangenehmer Unterton mit, der immer deutlicher zu werden drohte. »Wenn du dich nicht bereit erklärst, diese Affäre mit Marc Cameron zu beenden...«

»Ich *habe* keine Affäre mit ihm!«

»Wenn du dich nicht bereit erklärst, diese Affäre mit Marc Cameron zu beenden«, fuhr er fort, als hätte sie gar nichts gesagt, »dann kannst du unser gesamtes großzügiges Scheidungsarrangement schlicht vergessen. Dann werde ich nicht nur die Hypothek nicht bezahlen, sondern auch um die Hälfte des Hauses kämpfen. Dann siehst du keinen Cent von mir!«

Lynns Herz klopfte so laut, daß sie kaum hören konnte, was Gary sagte. »Aber warum denn, um Himmels willen? Ist dein Selbstbewußtsein denn so angekratzt...«

»Mein Selbstbewußtsein hat nichts damit zu tun. Wenn du nicht in der Lage bist, klar zu denken und zu sehen, daß deine Handlungsweise deinen Kindern schaden könnte...«

»Ist es nicht ein bißchen spät, wenn du jetzt erst beginnst, dir Sorgen darum zu machen, ob unseren Kindern Schaden zugefügt werden könnte? Als du gingst, hast du dir keine Sorgen um sie gemacht. Reicht es nicht schon, daß du sie verlassen hast – mußt du sie jetzt auch noch aus ihrem Haus jagen?«

»Meine Kinder werden immer ein Heim haben«, sagte Gary ruhig. »Ich bin ihr Vater. Ich habe dasselbe Recht auf sie wie du. Wenn du es nicht schaffst, dich richtig um sie zu kümmern...«

Lynn gefror das Blut in den Adern. »Willst du damit sagen,

daß du versuchen willst, sie mir wegzunehmen?« hörte sie sich mit Patty Fosters Stimme fragen.

»Sie sind auch meine Kinder.«

»Aber wir haben uns darauf geeinigt, daß sie bei mir bleiben. Das stand nie zur Debatte.«

»Aber jetzt steht es zur Debatte.«

Lynn hob die Hand an die Stirn. »Soll das heißen, daß du mir das Sorgerecht streitig machen willst, wenn ich nicht aufhöre, mich mit Marc Cameron zu treffen?«

»Ich hoffe, ich werde diesen Weg nicht einschlagen müssen, Lynn.«

»Ich kann einfach nicht glauben, daß du mir das antun würdest.«

»Zwing mich nicht dazu!«

»Wie brächtest du es fertig, mir so weh zu tun?«

»Ich will dir nicht weh tun. Ich versuche nur, dich zu beschützen.«

»Ich brauche deinen Schutz nicht!«

»Das war schon immer dein Problem«, sagte er leise. »Du hast mich nie gebraucht.«

Lynn sank auf ihren Stuhl zurück. »Ich glaube, ich kenne dich nicht besonders gut«, sagte sie. Es klang verwundert. Sie blickte ihrem Mann in die Augen und sah zu ihrer Überraschung, daß sie noch immer so dunkelbraun wie eh und je waren. »Ich kann es nicht fassen, daß du das tun würdest.«

»Ich muß mich selbst schützen, Lynn. Ich muß beschützen, was mir gehört.«

Lynn sagte nichts. Sie war sogar zu verblüfft, um zu weinen.

»Denk darüber nach«, forderte Gary sie auf. »Es muß ja nicht so kommen. Sag deiner Anwältin, sie soll meinen Anwalt Ende dieser Woche anrufen. Ich bin sicher, daß wir uns auf ein Arrangement einigen werden.« Er ging auf die Tür zu, blieb aber noch einmal stehen. »Es tut mir leid, wenn das, was ich gesagt habe, grausam klingt...«

»Es tut dir überhaupt nicht leid.«
(»Stimmt, es tut mir nicht leid«, hätte Marc Cameron jetzt erwidert.)
»Ganz wie du meinst«, sagte Gary und ging.

18

»Ich habe lange genug für meine Fehler bezahlt, vielen Dank«, sagte die ältere, grauhaarige Dame mit vor Zorn gerötetem Gesicht, »und ich habe nicht die Absicht, Sie dafür zu bezahlen, daß Sie mir noch mehr Fehler einhandeln.«

Renee Bower streckte der Frau über den Schreibtisch hinweg die Hände entgegen, um sie zu beschwichtigen. »Es tut mir leid, Mrs. Reinking. Ich bin vielleicht ein bißchen ungewöhnlich vorgegangen...«

»Das kann man wohl sagen«, erwiderte die Frau und blickte Renee mit weiterhin empörtem Blick aus ihren wäßrigblauen Augen an. »Ich sehe, daß Sie die besten Absichten haben, aber ich darf Sie daran erinnern, daß *ich* hier die Klientin bin und daß Sie dafür bezahlt werden, meine Wünsche zu vertreten...«

»Sie bezahlen mich dafür, daß ich Ihre Interessen vertrete.«

»In diesem Fall ist das ein und dasselbe. Und ich werde mich nicht zu etwas zwingen lassen, was ich nicht will. Also, ich habe Sie ja bereits angewiesen, in das angebotene Arrangement einzuwilligen...«

»Aber es ist kein gutes Arrangement, Mrs. Reinking. Ihr Mann ist sehr wohlhabend, und was er Ihnen da anbietet, ist geradezu lachhaft angesichts all der Jahre, die Sie mit ihm verheiratet waren und in denen Sie sich soviel gefallen lassen mußten. Wir können weitaus mehr herausschlagen.«

»Ich will nur endlich frei sein.«

»Das verstehe ich sehr gut, aber Sie müssen auch an Ihre Zukunft denken...«

»Ich habe keine Zukunft«, erklärte ihr die Frau ohne Umschweife. »Ich werde bald sterben, Mrs. Bower.« Den letzten Satz sagte sie in so nüchternem Ton, daß Renee der Mund offenstand, bevor sie dazu kam, ihre Reaktion abzuschwächen. »Ich habe vielleicht noch ein Jahr zu leben, und mit dem, was mein Mann mir anbietet, werde ich in dieser Zeit sehr gut auskommen. Meine Kinder sind erwachsen, für sie ist gesorgt. Ich will von Ihnen nichts anderes als meine Scheidung. Es interessiert mich nicht, was Sie für fair halten oder was Sie sich überhaupt zu diesem Thema denken. Ich habe sechsundvierzig Ehejahre lang Befehle erhalten, und ich kann es, ganz wörtlich, auf den Tod nicht mehr ausstehen, das zu tun, was andere Leute mir auftragen. Und ich werde auch von Ihnen keine Befehle entgegennehmen. Also, entweder akzeptieren Sie das angebotene Arrangement, oder ich suche mir einen anderen Anwalt. Habe ich mich deutlich genug ausgedrückt?«

Renee nahm den Telefonhörer von der Gabel und meldete sich bei ihrer Sekretärin. »Marilyn, versuchen Sie, Mitchell Weir zu erreichen, und sagen Sie ihm, daß wir die von seinem Klienten vorgeschlagene Vereinbarung akzeptieren.«

»Danke«, sagte Gemma Reinking mit einem leicht aristokratischen Anflug in ihrem Neu-England-Akzent. »Jetzt weiß ich, warum Fred immer so gerne Befehle erteilte – man fühlt sich gut dabei.«

Renee stand auf und streckte ihrer Klientin quer über den Schreibtisch die Hand entgegen. »Ich rufe Sie an, sobald wir die Unterlagen haben. Dann können Sie kommen, wann es Ihnen paßt, und die Papiere unterschreiben.«

»Sind Sie glücklich verheiratet, Mrs. Bower?« fragte die Frau unvermittelt.

Renee riß die Augen auf, und das Lächeln gefror ihr auf den

Lippen, während sie krampfhaft nach einer passenden Antwort suchte. Was ist nur los mit mir? dachte sie voller Verwunderung. Es gelang ihr einfach nicht, die Worte zu formulieren. Natürlich war sie glücklich verheiratet. Sie führte ein Leben, von dem die meisten Menschen nur träumen konnten, und sie war mit ihrem Traummann verheiratet. Was war nur in sie gefahren? Warum machte sie nicht einfach den Mund auf und sagte dieser Frau, daß sie glücklich war?

»Lassen Sie nur, meine Liebe«, sagte Gemma Reinking sanft. »Vielleicht werden Sie eines Tages verstehen, warum ich so handle. Dann werden auch Sie wissen, daß es manchmal wirklich jeden Preis wert ist, sie loszuwerden.« Sie zwinkerte Renee zu, und sofort wirkte ihr siebzigjähriges Gesicht fünfzig Jahre jünger. Einen Augenblick lang sah Renee die junge Frau, die Gemma Reinking einmal gewesen war.

»Auf Wiedersehen, Mrs. Reinking«, sagte Renee. Der kräftige Händedruck der zarten Frau überraschte sie. »Und alles Gute.«

»Ihnen auch alles Gute, meine Liebe.«

Als Gemma Reinking die Kanzlei verlassen hatte, rief Renee über die Sprechanlage ihre Sekretärin an. »Marylin, ich möchte mit Lynn Schuster sprechen.« Sie griff in die unterste Schublade, holte einen Mars-Riegel hervor und verschlang ihn hastig. Erst dann wurde ihr bewußt, daß sie eigentlich gar nicht hungrig gewesen war. Essen war zu einer gedankenlosen Angewohnheit geworden, sie aß, um irgend etwas anderes nicht tun zu müssen. »Was, zum Beispiel?« fragte sie sich selbst und warf die leere Verpackung in den Papierkorb. Zum Beispiel über deine glückliche Ehe nachdenken, lautete die prompte Antwort. Rasch langte Renee noch einmal in die Schublade und nahm sich einen zweiten Schokoriegel.

»Lynn Schuster ist auf Leitung eins«, verkündete ihre Sekretärin, während Renee noch am Kauen war.

»Einen Augenblick bitte, Lynn, ich habe mich gerade verschluckt.« Renee würgte den Rest des Schokoriegels hinunter und räusperte sich dann direkt in den Hörer hinein.
»Wie geht es Ihnen?«

»Mies«, sagte Lynn. »Ich habe wirklich alles vermasselt,
stimmt's?«

»Sie haben die Sache nicht gerade vereinfacht. Aber das ist
nicht so schlimm. Wenn es nicht wild hergeht, macht es keinen Spaß.«

»Haben Sie mit Garys Anwalt gesprochen?«

»Wir haben für Montag um vierzehn Uhr ein Treffen vereinbart. Seien Sie bitte um dreizehn Uhr dreißig bei mir in
der Kanzlei.«

»Muß ich dabeisein?«

»Oh, ich glaube nicht, daß Sie das verpassen sollten.« Renee
hörte Lynn aufseufzen. »Machen Sie sich keine Sorgen,
Lynn. Ich bin da ganz in meinem Element. Das ist so leicht
wie Kuchenbacken.« Renee zog eine Grimasse – warum hatten ihre Sprachbilder immer etwas mit Essen zu tun?

»Hoffentlich haben Sie recht.«

»Und bis dahin halten Sie sich von Mr. Cameron fern, ja?«

»Ja«, versprach Lynn leise.

»Ich kann Sie nicht hören.«

»Ich halte mich fern von ihm.«

»Bitte noch mal. Ich habe es immer noch nicht ganz verstanden«, spornte Renee sie an.

»Ich sagte, ja, ich werde mich von ihm fernhalten«, wiederholte Lynn so laut, daß Renee den Hörer von sich weg-
hielt.

»So ist es brav! Wissen Sie, ich war früher in der High
School Cheerleader. Ich habe immer bei den Football-Spie-
len die Zuschauer zu lauterem Anfeuern animiert.«

»Ich wette, da waren Sie Spitze.«

»Ganz genau«, sagte Renee laut, nachdem Lynn aufgelegt
hatte. »Ich *war* Spitze.« Sie dachte daran zurück, wie sie in
der Cheerleader-Uniform ausgesehen hatte. Mit einer Mi-

schung aus Zärtlichkeit und Bestürzung erinnerte sie sich an den flauschigen weißen Pullover und den kurzen, rotweißen Faltenrock, der immer ihren breiten Hintern sehen ließ, wenn sie Räder schlug oder Luftsprünge vollführte. Ihre mangelhafte Körperbeherrschung hatte sie immer durch ihren großen Enthusiasmus und ihr »Toll-daß-ich-mitmachen-darf-Lächeln« wettgemacht. Sie war weiß Gott nicht das hübscheste Mädchen im Cheerleader-Team gewesen und hatte auch bei weitem nicht die beste Figur gehabt, aber sie hatte immer am lautesten und ausdauerndsten angefeuert. Keine einzige Probe und kein einziges Match hatte sie je versäumt. Sie hatte vielleicht nicht die allerschönsten Beine gehabt, aber auf jeden Fall die kräftigste Lunge. Und sie hatte sie zu gebrauchen gewußt. Manche Dinge ändern sich nie, dachte sie.

Die Sprechanlage auf dem Schreibtisch summte, und Marilyns Stimme unterbrach ihre Träumerei. »Mr. DeFlores ist auf Leitung zwei.«

Renee starrte auf das Telefon. Mr. DeFlores hatte eines Abends beim Nachhausekommen entdeckt, daß ihn seine ihm seit fünf Jahren angetraute Frau verlassen und buchstäblich jedes Möbelstück, ja sogar das Plastikgeschirr mitgenommen hatte, das noch aus seiner Junggesellenzeit stammte. Würde Mr. DeFlores ihr glauben, daß sie in der High School Cheerleader gewesen war? »Mr. DeFlores«, sagte sie in den Hörer hinein und bemühte sich, nicht allzu pessimistisch zu klingen, während sie ihm beibrachte, daß seine ihm abhanden gekommene Frau sich erneut geweigert hatte, die getroffene Vereinbarung zu unterzeichnen, die auf ihr Drängen hin bereits in mehreren Punkten abgeändert worden war. »Wir können im Augenblick wirklich nichts tun, es sei denn, Sie gehen vor Gericht, was, wie ich Ihnen schon einmal erklärt habe, sehr teuer werden kann. Lassen wir ihr noch ein paar Wochen Zeit. Sie haben es mit dieser Scheidung doch nicht eilig, oder?«

Mr. DeFlores bestätigte, daß es ihm damit nicht eilig war.

»Gut, dann werde ich dem Anwalt Ihrer Frau mitteilen, daß wir keine weiteren Abänderungen akzeptieren und daß es nichts mehr zu diskutieren gibt, solange Ihre Frau sich nicht einverstanden erklärt, die Vereinbarung in ihrer jetzigen Form zu unterschreiben. Wir können warten. Wenn sie die Scheidung so schnell will, wie sie behauptet, dann muß sie jetzt den nächsten Schritt tun... Ja, ich melde mich bei Ihnen. In der Zwischenzeit versuchen Sie ganz ruhig zu bleiben, Mr. DeFlores. Die Zeit arbeitet immer für den, der bereit ist zu warten.« Renee war sich nicht sicher, ob das stimmte, aber es klang gut und schien ihren Klienten zu beruhigen. Sie legte auf und wollte schon Mrs. DeFlores' Anwalt anrufen, überlegte es sich aber plötzlich anders. Mrs. DeFlores' Anwalt war ein unangenehmer junger Mann, mit dem Renee jedesmal Schwierigkeiten hatte. Er sprach laut und schnell, und Renee sah ihn förmlich vor sich, wie er während des Telefongesprächs mit den Fingern in der Luft herumfuchtelte. Immer wenn sie mit ihm sprach, mußte sie an den Witz denken, den Philip einmal bei einer Party erzählt hatte. Frage: Was hat man, wenn man sechs Anwälte bis zum Hals im Sand vergraben hat? Antwort: Nicht genug Mumm. Der Witz tat weh, fand sie, aber sie hatte damals mitgelacht, weil sie nicht für humorlos gehalten werden wollte.

Renee hatte das Gefühl, eine Tasse Kaffee würde ihr jetzt guttun, und ging in den Gemeinschaftsraum, der auf der anderen Seite der Eingangshalle lag. Sie nahm die Kanne, die den ganzen Tag über warmgehalten wurde, schenkte sich eine Tasse Kaffee ein, fügte großzügig Sahne und Zucker hinzu, setzte sich in einen der niedrigen blauen Sessel und legte die Beine auf den bereits ziemlich zerkratzten Couchtisch vor ihr.

Ihre Gedanken kehrten wieder zu Mr. DeFlores zurück. Das Ganze war eine reine Machtfrage, aber wenn sie ihm das sagte, würde er sich nur noch mehr aufregen. Sich bereit zu erklären, die Scheidungsmodalitäten zu unterzeichnen, und sich dann im letzten Augenblick doch zu weigern; etwas Inakzeptables an einem bereits gutgeheißenen Arrangement zu entdecken; alte Forderungen aufzugeben und neue zu stellen, und das auch noch fünf Minuten vor zwölf – das alles gehörte zu dem Spielchen dazu. Eheleute, die sich scheiden lassen wollten, taten einander so etwas immer an. Auf diese Weise versuchten sie die Oberhand zu gewinnen, den Ton anzugeben, Drahtzieher zu bleiben. Lisa DeFlores machte es so mit ihrem Mann; Gary Schuster machte das gleiche mit seiner Frau. Renee schloß die Augen und legte den Kopf auf die Rücklehne, so daß ihr Adamsapfel in die Luft ragte.

Zumindest geben meine Klienten nicht auf, sie geben nicht klein bei, dachte sie dankbar. Besonders erfreut war sie darüber, daß Lynn Schuster beschlossen hatte, sich zu wehren. Viel zu viele Frauen taten das nicht. Sie zerbrachen unter dem Druck – dem finanziellen oder dem psychischen, manchmal unter beidem. Lynn hatte Angst und war tief verletzt, aber sie hatte Renee die Erlaubnis erteilt, alles Notwendige zu unternehmen, um Garys Drohungen zu entschärfen. Renee freute sich schon auf den Termin am kommenden Montag.

Ihr wurde bewußt, daß sie Lynn Schuster gerne mochte, und sie hoffte, Lynn und sie würden, wenn die Scheidung über die Bühne war, Freundinnen werden. Sie hatte alle ihre engen Freundinnen im Lauf der Jahre aus den Augen verloren, und erst jetzt merkte sie so recht, wie sehr sie sie vermißte. Obwohl ihr das alles zugestoßen war, wirkte Lynn Schuster wie eine Frau, die ihr Leben im Griff hatte. Na und? fragte sie sich. Habe ich meines vielleicht nicht im Griff? Plötzlich war sie sauer und ungeduldig, ohne zu wissen, warum.

»Hallo! Alles in Ordnung?«

Renee öffnete die Augen und sah ein paar Meter entfernt Margaret Bachman stehen, eine Anwältin, die vor nicht allzu langer Zeit der Anwaltsfirma beigetreten war. Margaret betrachtete sie mit einer Mischung aus Neugier und Besorgnis. »Mir geht es gut«, sagte Renee.

»Ihr Gesicht hat gezuckt«, erklärte die Frau. »Es sah aus, als ob Sie Schmerzen hätten.«

Renee versuchte zu lächeln. »Ich habe mir nur gerade Gedanken über einen Fall gemacht.«

Margaret Bachman lachte. »John sagt, ich würde das andauernd tun. Jetzt weiß ich, was er damit meint. Wie ist der Kaffee?«

»Ausgezeichnet.« Renee sah zu, wie die etwa gleichaltrige Frau, die jedoch durch ihre Stimme älter wirkte, sich eine Tasse einschenkte. Sie sah auch, daß Margaret den Kaffee schwarz trank.

»Wir haben Sie bei der Party Samstag abend vermißt.«

»Bei welcher Party?«

»Bobs Party.«

Bob war Bob Frescati, einer der Gründer der Gemeinschaftskanzlei.

»Oh, entschuldigen Sie bitte«, sagte Margaret Bachman sofort. Es war ihr sichtlich peinlich. »Ich hatte angenommen, Sie wären...« Sie unterbrach sich, weil sie wußte, daß alles, was sie jetzt sagen konnte, die Sache nur noch schlimmer machen würde.

»Wir waren am Samstag woanders eingeladen«, sagte Renee und grinste Margaret Bachman so breit und offen an, wie es nur ging. Schließlich stimmte das ja auch. Sie und Philip waren am Samstag wirklich woanders eingeladen gewesen, nämlich zu der Party, zu der sie Kathryn mitgenommen hatten. An Bob Frescatis Party hätten sie also sowieso nicht teilnehmen können, selbst wenn er sie eingeladen hätte. So, wie sie auch zu keinem der anderen Kollegentreffen in letzter Zeit mehr erschienen waren, denn Philip hatte immer schon andere Pläne gehabt. Das hatte Bob ganz bestimmt gemerkt. Die Leute sprachen keine Einladungen mehr aus, wenn man ihnen zu oft abgesagt hatte. Trotzdem mußte sie zugeben, daß sie gekränkt war. Sie hatte sich im

Lauf der Jahre von allen ihren Freunden abgewandt. Fing sie jetzt an, dasselbe mit ihren Bekannten und Kollegen zu tun?

»Und ich hatte mich so darauf gefreut, Ihren gutaussehenden Mann kennenzulernen. Wissen Sie, er ist das Gesprächsthema Nummer eins der Sekretärinnen. Sie sagen alle, daß er einfach hinreißend ist.« Margaret setzte sich neben Renee.

»Ja, er ist ein sehr gutaussehender Mann«, pflichtete Renee ihr bei.

»Sie Glückliche!«

Renee nickte. Diesen Blick kannte sie. Wie hast du es bloß geschafft, dir einen Mann zu angeln, der das Gesprächsthema Nummer eins der Sekretärinnen ist? drückte dieser Blick aus.

»Ich werde vielleicht an einem der kommenden Abende ein kleines Essen geben. Vielleicht würden Sie und Ihr Mann auch gerne dabeisein?«

»Wir würden uns auf jeden Fall sehr freuen«, erklärte Renee, war sich allerdings überhaupt nicht sicher, ob das auf jeden Fall so sein würde.

»Na, dann sagen Sie mir doch einfach, wann es Ihnen passen würde – ich habe gehört, daß es bei Ihnen mit den Terminen ziemlich schwierig ist –, und dann lade ich die andern entsprechend ein.«

Renee nahm die Füße vom Tisch, sehr darum bemüht, nicht zu zeigen, welche Anstrengung sie das kostete. »Ich rufe Philip gleich an«, erklärte sie der verdutzten Frau, die auf eine so prompte Reaktion offensichtlich nicht gefaßt war.

Wütend und gekränkt kehrte Renee in ihr Büro zurück. Sie wußte, daß sie selbst an allem schuld war. Angesichts der Tatsache, daß es bei ihr schon zu einer Gewohnheit geworden war, nicht zu erscheinen und viel zu spät abzusagen, konnte sie nicht erwarten, daß die Leute sie weiterhin zu ihren Partys einluden. Sie fragte sich, ob es wohl auch schon andere gesellschaftliche Ereignisse gegeben hatte, von denen sie ausgeschlossen geblieben war. Aber damit war jetzt Schluß. Es war höchste Zeit für einen Neuanfang. Sie nahm den Hörer ab, wählte die Nummer von Philips Praxis und wappnete sich innerlich für die geheuchelte Freundlichkeit von Philips Sekretärin, dieser Möchtegern-Engländerin.

»Praxis Dr. Bower.«

»Samantha, kann ich bitte mit Philip sprechen?«

»Wer ist am Apparat, bitte?«

»Hier spricht Mrs. Bower«, sagte Renee, kaum ihren Ohren trauend. Diese Frau war von einer Unverfrorenheit!

»Ach, entschuldigen Sie bitte, Mrs. Bower. Ich habe Ihre Stimme nicht erkannt. Dr. Bower ist für den Rest des Tages außer Haus.«

Renee warf einen Blick auf ihre Uhr. Es war noch nicht einmal drei Uhr nachmittags. »Er ist weggegangen? Wann denn?«

»Vor einer Stunde ungefähr.«

»Hat er gesagt, wohin er wollte?«

»Ich glaube, er sagte, daß er nach Hause gehen würde.«

»Nach Hause? Fühlte er sich nicht wohl?«

»Doch, er fühlte sich wohl«, sagte Philips Sprechstundenhilfe und lachte unangenehm auf. Muß er denn krank sein, um nach Hause gehen zu wollen? drückte dieses Lachen aus.

»Danke.« Renee legte den Hörer auf die Gabel und rief sofort ihre Sekretärin an. »Marilyn, würden Sie bitte versuchen, den Sechzehn-Uhr-Termin zu verschieben? Danke.« Dann wählte sie die Nummer ihrer Wohnung. Achtmal ließ sie es klingeln, bevor sie einhängte. Vielleicht war Philip auf dem Balkon und konnte das Telefon nicht hören, vielleicht war er auch unten am Pool. Noch einmal überlegte sie, ob er sich nicht doch krank gefühlt haben könnte. Es paßte gar nicht zu ihm, mitten am Tag heimzufahren. Sie wunderte sich, wo Debbie und Kathryn wohl steckten, aber dann fiel ihr ein, daß Debbie gesagt hatte, sie wolle mit Freunden nach Singer Island fahren. Kathryn hatte Debbies Vor-

schlag, sie zu begleiten, mit der Begründung abgelehnt, ihr
sei mehr nach einem ruhigen Tag in der Wohnung. Vielleicht unternahmen sie und Philip gerade einen Strandspaziergang. Vielleicht waren sie noch nicht losgegangen, und
sie kam noch rechtzeitig, um sich ihnen anzuschließen.
Zum Teufel mit der Arbeit!

»Der Termin ist auf Donnerstag, sechzehn Uhr dreißig, verschoben«, verkündete Marilyn über die Sprechanlage.

»Falls es irgend etwas Dringendes gibt – ich bin daheim«,
teilte Renee ihr einen Augenblick später auf dem Weg nach
draußen mit.

»Alles in Ordnung?«

»Alles in Ordnung«, sagte Renee.

Philips weißer Jaguar stand auf seinem Platz; Renee stellte
ihren weißen Mercedes daneben ab. Rasch ging sie über den
Parkplatz und durch das Foyer des Hauses. Ihre Begrüßung
des offensichtlich völlig desinteressierten Portiers fiel möglicherweise eine Nuance zu enthusiastisch aus. Sie fuhr im
Lift zum sechsten Stock hinauf, legte den Weg durch den
mit einem weichen Teppich ausgelegten Gang fast laufend
zurück, stieß den Schlüssel ins Schloß und öffnete die Tür.

»Philip... Kathryn... Irgend jemand da?«

Sie hörte ein wohlvertrautes Geräusch; es war die Dusche
im Bad. Was ist schon dabei? dachte sie übermütig. Sollte
sie sich ausziehen und Philip bei seinen nachmittäglichen
Waschungen Gesellschaft leisten? Wie ging noch mal der
alte Spruch aus den sechziger Jahren? Spar Wasser – dusch
mit einem Freund!

Philip würde überrascht sein, sie zu sehen. Schon oft hatte
er behauptet, sie sei zu wenig spontan. Vielleicht würde er
dann von der Tatsache, daß sie früher von der Arbeit heim-
und zu ihm unter die Dusche gekommen war, so angetan
sein, daß er sich Zeit für ein bißchen Liebe am Nachmittag
nahm. Kein Vergleich mit der Vorstellung, sich mit Mr.
DeFlores' Anwalt herumstreiten zu müssen!

»Renee?« Eine dünne Stimme ertönte aus einem anderen Raum. »Bist du es?«

Renee folgte der dumpf klingenden Stimme ins Gästezimmer. Kathryn saß im Bett. Ihr Haar war zerzaust, in ihren grünen Augen stand Angst. Das weiße Bettuch hielt sie straff bis unters Kinn hinaufgezogen. Rasch trat Renee zu ihr ans Bett. »Kathryn, was ist los? Ist alles in Ordnung mit dir? Du siehst fürchterlich schlecht aus.«

»Es geht mir nicht besonders.«

Renee beugte sich hinunter, um ihrer Schwester die Stirn zu befühlen, aber zu ihrer großen Überraschung wich Kathryn blitzschnell zurück. Nicht weniger erstaunt war sie, als sie bemerkte, daß ihre Schwester unter dem Bettbezug nackt war.

»Ich habe kein Fieber.«

»Kann ja sein, aber schau dich doch mal an! Du schwitzt. Vielleicht sollte ich einen Arzt rufen.«

»Es ist nur ein kleiner Grippeanfall«, widersprach Kathryn. Ihre Augen füllten sich mit Tränen. »Ich habe nur versucht, ein bißchen zu schlafen.«

»Ach, das tut mir leid. Habe ich dich aufgeweckt?«

»Nein, ist schon gut.«

Renee setzte sich zu ihrer Schwester aufs Bett. Irgend etwas in der Luft erregte einen Moment lang ihre Aufmerksamkeit, aber bevor sie es identifizieren konnte, war es schon wieder verschwunden. »Hast du etwas gegessen?«

Kathryn wollte gerade antworten, da ertönte Philips Stimme. Kathryn erstarrte.

»Was hältst du davon, irgendwo ein Eis essen zu gehen?« sagte er auf dem Weg zur Tür. Er hatte ein weißes Badetuch um die Hüften geschlungen und schüttelte gerade sein nasses Haar mit ein paar raschen Kopfbewegungen trocken. Renees Blick schoß von ihrer Schwester, die jetzt weißer war als das Bettuch, mit dem sie sich bedeckte, zu Philip, der trotz seiner spärlichen Bekleidung eindrucksvoll wie immer wirkte. »Na, was meinst du?« fragte er ohne Pause weiter.

»Ich habe dich kommen hören und dachte mir, du hättest vielleicht Lust auf ein schönes kaltes Eis.« Er blickte auf Kathryn, als sähe er sie zum erstenmal. »Hallo, Kathryn, ich wußte gar nicht, daß du da bist.«

»Ich fühle mich nicht besonders«, flüsterte Kathryn. »Ich bin wohl eingeschlafen. Ich habe dich gar nicht kommen hören.«

»Ein Patient hat abgesagt, da habe ich mich entschlossen, schon früher heimzufahren, mich auszuspannen und unter die Dusche zu steigen. Es ist heiß heute.« Er wandte sich wieder Renee zu. »Also, was ist? Hast du Lust, mit deinem Mann auszugehen und ein Rieseneis mit Schokowaffel zu verspeisen?«

Renees Gesicht entspannte sich, sie begann zu grinsen. »Klingt sehr verlockend.«

»Und wie steht es mit dir, Kathryn?«

Kathryn schüttelte den Kopf. Sie sah aus, als müßte sie sich jeden Augenblick übergeben.

»Kathryn sollte im Augenblick wohl besser keine feste Nahrung zu sich nehmen. Ich glaube, das beste für dich ist jetzt, im Bett zu bleiben und noch ein bißchen zu schlafen. Ich mache dir Tee und einen Toast, wenn du willst...«

»Nein, ich möchte nichts.«

»Wir bleiben nicht lange weg.«

Kathryn nickte.

Renee stand auf und zog ihrer Schwester die Decke, die ganz verwurstelt zu Kathryns Füßen lag, über die Schulter. »Du ziehst dir wohl besser etwas an, sonst erkältest du dich noch.« Sie beugte sich hinunter, um ihre Schwester auf die Wange zu küssen, aber Kathryn wandte den Kopf ab und senkte das Kinn zur Schulter, so daß Renees Lippen auf einer zerzausten Haarsträhne landeten. »Wird schon wieder werden«, sagte sie und wunderte sich, warum die Worte so hohl klangen. Dann nahm sie Philip bei der Hand und ging mit ihm aus dem Zimmer.

19

Lynn träumte, sie wäre in Marcs Wohnung. Sie standen in der Mitte des Zimmers, in dem seine Söhne schliefen, wenn sie zu Besuch kamen. Die Schlange schlief in ihrem Glasbehälter. Ab und zu warf Lynn einen argwöhnischen Blick auf sie.

»Ich weiß«, sagte Marc und ging auf sie zu, »du magst alles, was springt.«

Im nächsten Augenblick lagen sie auf dem Bett in seinem Schlafzimmer, und er zog ihr die Kleider aus. Sie spürte seine Hände langsam über ihren Körper streichen. Sie spürte seinen Bart an ihrem Mund. Plötzlich setzte sie sich auf. »Spielen wir ein Spiel!«

»Ich spiele keine Spielchen«, erklärte er.

»Ich seh' etwas, was du nicht siehst«, sagte sie trotzdem, »und das ist rot.«

»In diesem Zimmer gibt es nichts Rotes. Alles ist braun.«

»Ich seh' etwas, was du nicht siehst, und das ist rot.«

»Aber hier ist nichts rot!«

»Gibst du auf? Gibst du auf? Gibst du auf?«

Der kindische Refrain verwandelte sich in das Läuten des Telefons. Weil es im Traum geschah, wußte Lynn schon, bevor sie den Hörer abgenommen hatte, wer da anrief. Es waren ihre Kinder, die ihr berichteten, sie seien allein daheim, und ein fremder Mann versuche in das Haus einzudringen. »Verschließt die Türen!« befahl sie ihnen und lief die Straße entlang auf ihr Haus zu. Aber ihr Haus stand nicht mehr da, wo es hätte sein sollen. An seiner Stelle befand sich ein kleines Ballett-Studio. Lynn rannte zu der Telefonzelle, die plötzlich an der Straßenecke zum Vorschein kam.

»Mommy, hilf uns!« schrie Megan. »Der Mann kommt. Er kommt rein!«

»Lauft!« drängte Lynn ihre Kinder völlig hilflos, denn sie wußte nicht, wo sie sie suchen sollte.

»Wohin denn?«

»Lauft in meine Hälfte des Hauses«, forderte Lynn sie immer lauter schreiend auf. »Solange ihr in meiner Haushälfte seid, kann er euch nichts tun.«

»Welche Hälfte ist denn deine?« fragte das Kind.

Lynn warf einen Blick die menschenleere Straße hinauf und hinunter und rang nach einer Antwort, fand aber keine. »Ich weiß es nicht«, sagte sie schließlich, als sie den Schatten des Mannes sah, der gerade nach ihren Kindern griff. »Ich weiß nicht, welche Hälfte meine Hälfte ist.«

Lynn riß die Augen auf.

Megan und Nicholas standen über ihr Bett gebeugt. »Alles Gute zum Geburtstag, Mommy«, riefen sie fast, aber nicht ganz, unisono. Voller Freude breitete Lynn die Arme aus und zog ihre Kinder an sich.

»Vorsicht!« warnte Megan und löste sich behutsam aus der Umarmung.

»Was hast du denn da?«

Stolz hielt Megan ihr einen kleinen runden Kuchen mit weißem Guß und einer Reihe zarter gelber Zuckerblüten entgegen. Lynn überflog das, was quer über die Oberfläche geschrieben war. »A. G. z. G. Mommy?« fragte sie.

»Die Frau in dem Geschäft hat gesagt, daß nicht genug Platz war, um Alles Gute zum Geburtstag zu schreiben. Geht es auch so? Sie hat gesagt, der Kuchen würde dir auch so gefallen.«

»Ich finde ihn köstlich«, sagte Lynn wahrheitsgemäß und bemühte sich, nicht zu lachen. »Wann habt ihr ihn gekauft?«

»Gestern. Mrs. Hart ist mit uns in das Geschäft gegangen, bevor du von der Arbeit zurück warst.« Mrs. Hart wohnte nur einige Häuser entfernt und paßte immer auf die Kinder auf, wenn Lynn später von der Arbeit nach Hause kam. »Sie hat gesagt, ich soll den Kuchen über Nacht in den Kühlschrank stellen, aber ich habe es nicht gemacht, weil ich nicht wollte, daß du ihn siehst. Ich wollte dich überraschen.«

»*Wir* wollten dich überraschen«, fuhr Nicholas gereizt dazwischen. »Er ist nicht nur von dir. Er ist auch von mir.«

»Ich habe ihn bezahlt«, erklärte Megan hochnäsig.

»Na und? Aber es war meine Idee.«

»Stimmt gar nicht!«

»Kinder«, sagte Lynn beschwichtigend, »es ist ein herrlicher Kuchen, und es war eine wunderbare Idee. Es ist überhaupt nicht wichtig, wer von euch ihn bezahlt hat und wessen Idee es war.«

»Meine war es!« sagte Nicholas.

»Nein, meine«, beharrte Megan.

»Wo hast du den Kuchen eigentlich versteckt?« fragte Lynn argwöhnisch.

»Unter meinem Bett.«

»Die ganze Nacht?«

»War das nicht richtig?« Megans Augen füllten sich mit Tränen.

»Ist schon in Ordnung«, sagte Lynn hastig. »Er schmeckt sicher köstlich.«

»Dürfen wir jetzt was davon essen?«

»Zum Frühstück?«

»Yeah«, schrie Nicholas. »Kuchen zum Frühstück!«

Lynn betrachtete die Gesichter ihrer beiden wunderschönen Kinder. Selbst wenn sie in den vergangenen vierzig Jahren alles andere falsch gemacht hätte – vierzig Jahre, mein Gott! –, sie hatte es zumindest fertiggebracht, zwei wunderschöne, gesunde Kinder in die Welt zu setzen. Bitte, lieber Gott, dachte sie, mach, daß er sie mir nicht wegnimmt! »Na klar, Kuchen zum Frühstück. Warum nicht?«

»Ich schneide ihn!« rief Megan und stürmte aus dem Zimmer.

»*Ich* schneide ihn!« schrie Nicholas hinter ihr her.

»*Ich* werde ihn schneiden«, erklärte Lynn, bezweifelte aber, daß die beiden sie gehört hatten. Sie folgte ihnen in die Küche, wo Megan den Kuchen bereits in die Mitte des Tisches gestellt hatte und gerade nach einem Messer griff. »*Ich* werde ihn schneiden«, wiederholte Lynn.

»Warum darf ich es nicht tun?« fragte Megan.

»Also gut«, sagte Lynn, von sich selbst überrascht. »Dann schneid du ihn. Aber sei vorsichtig.«

Megan strahlte.

»Daddy kriegt einen Anfall, wenn er hört, daß wir zum Frühstück Kuchen gegessen haben«, sagte Nicholas und lachte.

Lynn lief es kalt den Rücken hinunter. Ihr war, als würde die Schattenfigur aus dem Traum wieder um das Haus streichen. »Das Stück, das du da schneidest, ist zu groß, Megan.«

Nicholas griff über den Tisch und nahm das riesige Stück in die Hand. »Ich bin erster!« rief er und begann es sich in den Mund zu stopfen.

»Du bist ein solches Baby!« sagte Megan.

»Ruhe, Kinder! Wir haben keine Zeit zum Streiten. Ihr müßt euch noch fürs Camp anziehen, und ich muß mich fertigmachen zur Arbeit.«

»Es wäre gut, wenn du an deinem Geburtstag nicht arbeiten müßtest«, erklärte Nicholas mit kuchenverschmiertem Mund. »Wie alt bist du eigentlich, Mommy?«

»Sie ist vierzig«, antwortete Megan und sah dann ihre Mutter besorgt an. »Wie alt war deine Mutter, als sie starb?«

»Zweiundsechzig«, sagte Lynn. Es war für sie immer ein sonderbares Gefühl an ihrem Geburtstag, daß die Frau, die sie geboren hatte, nicht mehr da war und mit ihr feiern konnte. Während Megan die entsprechende Kopfrechnung anstellte, verwandelte sich ihre besorgte Miene in einen

Ausdruck der Bestürzung. »Ich bin schon noch eine Weile da«, versicherte Lynn ihr rasch.

»Und was ist, wenn dir etwas passiert?«

»Mir wird schon nichts passieren.«

»Aber wenn dir doch etwas passiert? Was, wenn du einen Unfall hast?«

»Ich werde keinen Unfall haben.«

»Aber wenn doch? Was passiert mit uns, wenn du bei einem Autounfall oder so stirbst?«

»Ich werde nicht bei einem Autounfall sterben«, sagte Lynn mit der Sicherheit eines Menschen, der in die Zukunft blikken kann. »Aber wenn doch«, fuhr sie fort, als sie sah, daß ihre Allwissenheit Megan völlig unbeeindruckt ließ, »dann habt ihr ja noch euren Vater. Er würde sich dann um euch kümmern.« Sie rang sich diese Worte nur mit großer Mühe ab. Sie sehnte sich nach einer Tasse Kaffee. »Aber so etwas wird nicht passieren.« Das Telefon klingelte. »Ich möchte bitte ein kleineres Stück Kuchen«, sagte Lynn zu ihrer Tochter und nahm den Hörer ab. »Hallo?«

Lynn hatte damit gerechnet, die Stimme am anderen Ende der Leitung werde die von Barbara sein, der Frau ihres Vaters, die anriefe, um ihr zu versichern, der heutige Tag sei der erste Tag vom Rest ihres Lebens, und war erstaunt, als keine Geburtstagsglückwünsche ertönten.

»Sie kommen am besten sofort hierher«, sagte die Stimme.

»Was? Wer spricht denn da?«

»Sie hauen ab.«

»Entschuldigung, aber ich glaube, Sie haben sich verwählt.«

»Lynn Schuster?«

»Ja, hier ist Lynn Schuster. Wer spricht denn bitte?« In Lynns Vorstellung entstand langsam ein noch schemenhaftes Bild.

»Die Fosters verlassen die Stadt. Der Möbelwagen steht schon vor ihrem Haus.«

273

»Was?«

Es knackte in der Leitung. Ganz langsam legte Lynn den Hörer auf die Gabel zurück. Das verschwommene Bild wurde plötzlich scharf. Es zeigte Davia Messenger, die besorgte Nachbarin der Fosters, mit ihrem geometrisch geschnittenen roten Haar, das ihr Raubvogelprofil noch betonte.

»Ist alles in Ordnung, Mom?«

Lynn erwiderte nichts. Wohin fuhren die Fosters? Was konnte sie tun, um sie zurückzuhalten?

»Mußt du weg?« fragte Megan ängstlich.

»Erst wenn ich meinen Geburtstagskuchen gegessen habe«, erwiderte Lynn und sah ihre Tochter erleichtert grinsen. »Ich habe euch sehr lieb«, sagte sie und drückte die beiden Kinder fest an sich. Mit den Gedanken aber war sie bei Ashleigh Foster. »Ich kann gar nicht sagen, wie lieb ich euch habe.«

»Wir haben dich auch lieb«, sagte Megan.

»Krieg' ich noch ein Stück Kuchen?« fragte Nicholas.

»Als der Bus die Kinder zum Camp abgeholt hatte, bin ich sofort losgefahren«, erklärte Lynn ihrem Vorgesetzten. Carl McVee, ein kleiner Mann mit Glatze, dessen altmodisch lange Koteletten seine Kahlköpfigkeit noch betonten, saß hinter seinem Schreibtisch, die Ellbogen aufgestützt und die Lippen zu einer häßlichen Schnute verzogen. »Das Haus war leer. Der Möbelwagen war schon abgefahren. Die Fosters waren natürlich schon lange weg. Ich habe die Umzugsfirma angerufen. Sie wollten mir keine Auskünfte erteilen, aber es ist ein hier ansässiges Unternehmen. Sie machen keine Umzüge in andere Bundesstaaten. Wir wissen also, daß die Fosters sich noch in Florida aufhalten. Ich habe in Fosters Büro angerufen. Dort sagte man mir, er sei in eine andere Stadt versetzt worden, aber sie wollten mir nicht sagen, in welche. Ich habe nachgesehen, welche Niederlassungen es von Data Base International gibt. Die Zentrale ist in

Sarasota, also sind sie wohl dorthin gezogen. Ich habe Stephen Hendrix angerufen, den Anwalt der Fosters...«

»Ich weiß.«

»Das wissen Sie?«

»Er hat unmittelbar nach dem Gespräch mit Ihnen hier angerufen.«

»Dann wissen Sie ja auch, daß er höchst unkooperativ ist.« Lynn gefiel der Blick nicht, mit dem ihr Chef sie ansah.

»Ganz im Gegenteil, ich fand Mr. Hendrix sogar ausgesprochen kooperativ. Er hat sich bereit erklärt, unser Amt nicht zu verklagen, und zwar unter der Bedingung, daß...«

»Wie bitte?«

»Unter der Bedingung, daß Sie seinen Klienten in Ruhe lassen.«

»Sein Klient ist ein potentiell gefährlicher Mensch.«

»Sein Klient ist ein sehr *einflußreicher* potentiell gefährlicher Mann. Das ist ein bedeutender Unterschied.«

»Soll das heißen, daß wir nichts unternehmen werden?«

»Seien Sie doch vernünftig, Lynn. Wir haben nichts in der Hand.«

»Wir haben eine Menge in der Hand. Wir haben die Aussage der Nachbarin...«

»Einer Verrückten, von der Sie in Ihrem Bericht selbst geschrieben haben, daß sie vor Gericht nicht gerade eine beeindruckende Zeugin abgeben würde.«

»Wir haben Ashleighs Lehrerin, eine gewisse Miss Harriet Templeton. Es ist mir endlich gelungen, sie zu erreichen, und sie hat mir bestätigt, daß Ashleigh sich den Arm nicht bei irgendeinem Unfall auf dem Schulhof gebrochen hat.«

»Das beweist nicht, daß es Keith Foster war.«

»Es beweist, daß er gelogen hat.« Lynn ging wütend vor McVees Schreibtisch auf und ab. »Außerdem habe ich die zweite Frau von Keith Foster ausfindig gemacht.«

»Unsere Meisterdetektivin, sieh mal einer an!«

Lynn ignorierte seinen Sarkasmus. »Als Grund, warum sie

sich von diesem großen Menschenfreund scheiden ließ, nannte sie mir die Tatsache, daß er auch mit den Fäusten sehr großzügig auszuteilen begonnen hatte.«

»Lynn, Ihre Spürnase in Ehren, aber ich bitte Sie – die Aussage einer Ex-Frau!«

»Was ist so schlecht an der Aussage einer Ex-Frau?« Lynn erhaschte plötzlich einen unangenehmen Blick in ihre Zukunft. Die Schreckgestalt Ex-Frau! Sie sah sich schon als aufblasbare Puppe, der langsam die Luft entströmte. Je länger dieses Gespräch dauerte, um so mehr fühlte sie sich schrumpfen, immer wertloser werden.

»Die Motive der Dame sind wohl ziemlich fragwürdig«, sagte McVee kühl.

»Die Motive von Ihnen sind ziemlich fragwürdig.« Einen Augenblick lang war es ganz still. »Entschuldigen Sie. Ich verstehe einfach nicht, warum Sie sich so dagegen stemmen...«

»Lynn, wir haben das kleine Mädchen doch ärztlich untersuchen lassen, oder etwa nicht?«

»Ja, wir...«

»Der Arzt fand keinerlei Anzeichen für eine Mißhandlung, richtig?«

»Er fand keine Anzeichen für eine Mißhandlung, das stimmt. Aber Sie wissen genauso gut wie ich, wie lange die Fosters diese Untersuchung hinausgezögert haben. Alle Blutergüsse, die sie gehabt haben könnte...«

»Sind reine Mutmaßung.«

Lynn zwang den Blick zu Boden, weil sie befürchtete, ihre Wut könnte offensichtlich werden, wenn sie ihrem Vorgesetzten ins Gesicht sah. Seit wann gebrauchte er Floskeln wie »reine Mutmaßung«? Seit wann hatte er ein Jurastudium absolviert? »Die Fosters haben mir die Erlaubnis verweigert, ihren Hausarzt zu befragen.«

»Das ist ihr gutes Recht.«

»Ich weiß, aber...«

»Nichts aber, Lynn. Der Fall ist abgeschlossen.«

Lynn sprach weiter, als hätte er gar nichts gesagt. »Aber Patty Foster hat mir gegenüber so gut wie zugegeben, daß ihr Mann ihrer Tochter den Arm gebrochen hat.«

»Nachdem Sie sie entsprechend bearbeitet hatten, gab die arme Frau eben zu, daß ihr Mann leicht reizbar ist.«

»Ich habe sie überhaupt nicht bearbeitet.«

»Patty Fosters Geständnis, wenn Sie es unbedingt so nennen wollen, sagt nichts anderes aus, als daß die Frau ein bißchen durcheinander war. Im nächsten Augenblick nimmt sie alles wieder zurück. Sehen Sie doch den Tatsachen ins Auge, L˙ .n – wir haben nichts in der Hand, um ihn vor Gericht zu b.ıngen. Und wir haben auch nichts, was diese Leute zwingen könnte, sich einer Therapie zu unterziehen.«

»Wir können...«

»Wir können gar nichts tun. Wir haben nichts in der Hand!« wiederholte er zum x-ten Mal.

»Wir haben eine Zeitbombe in der Hand!«

»Sind Sie jetzt nicht ein bißchen melodramatisch?«

»Ich möchte von Ihnen die Erlaubnis, das Jugendamt in Sarasota verständigen zu dürfen.«

»Erlaubnis verweigert.« Jetzt klang er wie ein Richter am Obersten Bundesgericht, fand Lynn. Sie folgte ihm mit dem Blick, als er aufstand und ihren Bericht auf den Schreibtisch fallen ließ, um seinen Worten zusätzliches Gewicht zu verleihen. »Ich riskiere doch mit einem derart dürftigen Beweismaterial keine Anzeige!«

Lynn probierte es mit einer anderen Taktik. »Sie sind doch sonst nicht ein Mensch, der sich Druck von außen beugt.« Ihr Versuch, ihm zu schmeicheln, klang genauso verlogen wie die Worte selbst. Carl McVee war geradezu berühmt-berüchtigt dafür, jedem wie auch immer gearteten Druck nachzugeben.

»Ich nenne es nicht Druck. Ich nenne es gesunden Menschenverstand.« Lynn wollte gerade widersprechen, da fügte er noch etwas hinzu: »Und gerade der scheint Ihnen zur Zeit etwas abhanden gekommen zu sein.« Was immer

Lynn hatte sagen wollen, blieb ihr jetzt im Hals stecken.

»Die Leute klatschen eben gern, Lynn. Es ist inzwischen bereits bis hierher in den zweiten Stock gedrungen.« Er machte eine Pause. »Soweit ich unterrichtet bin, ist es letzte Woche in Ihrem Büro zu einer peinlichen Szene gekommen.«

»Ich weiß nicht genau, wovon Sie sprechen. In meinem Büro kommt es zu vielen peinlichen Szenen.«

»Und haben die auch alle etwas mit Ihrem Mann zu tun?«

Lynn schwieg und senkte wieder den Blick.

»Soweit ich unterrichtet bin, war er sehr aufgebracht über Ihr Verhalten in letzter Zeit.«

»Ich sehe nicht, welche Bedeutung das in diesem Zusammenhang haben soll...« sagte Lynn unwillig, als sie ihre Stimme wiedergefunden hatte.

»Sie sind schon lange bei uns, Lynn.«

»Ja. Aber ich verstehe immer noch nicht, was mein Privatleben mit...«

»Wir irren uns manchmal in unserem Urteil. Und manchmal schwappen diese falschen Urteile eben von einem Lebensbereich in den anderen über.«

»Nicht ich habe meinen Mann verlassen, Carl. Er hat mich verlassen. Er hat ein falsches Urteil getroffen, nicht ich.«

»Und diese Affäre, die Sie mit diesem...«

»Ich habe mit überhaupt niemandem eine Affäre! Wie können Sie es wagen, eine solche Unterstellung...«

»Schon gut, schon gut«, sagte McVee und fuchtelte mit den Händen herum, als gelte es, einen körperlichen Angriff abzuwehren, »vielleicht habe ich die Sache etwas übertrieben.«

»Ich finde, Sie sollten sich bei mir entschuldigen.«

»Ich entschuldige mich«, sagte McVee hastig.

Lynn ließ sich auf den Stuhl vor seinem Schreibtisch fallen. Die aufblasbare Puppe war zu einem Häufchen zusammengefallen. Die Luft war raus. Sie schwieg. Sie hatte nichts mehr zu sagen.

Carl McVee ging um den Schreibtisch herum und setzte sich mit seinem breiten Hintern vor Lynn auf die Kante der Tischplatte. »Es tut mir *wirklich* leid, Lynn. Meine Bemerkungen waren unangebracht. Sie sind meine beste Kraft an vorderster Front. Aber was den Fall Foster betrifft, können wir uns auf nichts anderes stützen als auf Ihren Instinkt. Ein guter Anwalt – und Stephen Hendrix ist ein guter Anwalt – könnte argumentieren, daß dieser Instinkt in letzter Zeit ein wenig durcheinandergeraten ist.«

Lynn wurde sich bewußt, daß er sich überhaupt nicht entschuldigt hatte. Er benützte nur entschuldigende Worte, um seine Argumente zu verstärken.

»Wir können nicht die ganze Welt retten, Lynn. Manche Dinge entziehen sich unserer Kontrolle.«

»Und deshalb wird ein kleines Mädchen um seine Kindheit gebracht, ja vielleicht wird es sogar sterben – nur weil Sie mir nicht erlauben, den Hörer vom Telefon zu nehmen.«

Carl McVee sah gequält aus, aber er ignorierte den zweiten Teil ihrer Bemerkung. »Das können wir nicht wissen.«

»Doch, genau das wissen wir.« Lynn holte tief Luft. »Ist das alles? Kann ich gehen?« Ihr war klar, daß sie die Grenze zur Grobheit überschritten hatte, aber sie verspürte das überwältigende Verlangen, das Büro dieses Mannes zu verlassen, bevor sie ihn noch aus dem Fenster im zweiten Stock warf.

McVee nickte, hob seinen Hintern vom Eck der Schreibtischplatte, ging auf seinen Stuhl zu, um sich wieder niederzulassen, blieb jedoch plötzlich stehen und lächelte Lynn an, als sähe er sie an diesem Tag zum erstenmal. »Ach, übrigens«, sagte er, »alles Gute zum Geburtstag!«

20

Renee saß in ihrem weißen Mercedes und betrachtete das Haus, in dem sie aufgewachsen war. Sie versuchte ihren Körper in Bewegung zu bringen, ihre Hand zu zwingen, endlich die Wagentür zu öffnen. Warum war es jedesmal, wenn sie hierherkam, dasselbe – diese Atemnot, das Zittern in ihren Fingern, dieses beklemmende Gefühl in der Brust? Mein Gott, sie waren ihre Eltern. Sie hatten sie lieb, auch wenn es ihnen schwerfiel, das zu zeigen. Außerdem hatte sie nie zu den Menschen gehört, die unbedingt jeden Tag »Ich liebe dich« hören mußten. Schließlich waren das doch nur Worte. So wichtig war das nun wirklich nicht. Doch, doch es war wichtig, wußte Renee plötzlich. Sie faltete die Hände im Schoß. Worte waren wichtig.

So saß sie hinter dem Steuer, den Blick auf das Wohnzimmerfenster ihrer Eltern gerichtet. Die Vorhänge waren zugezogen, wie immer, wenn die Mittagssonne hineinschien. Waren ihre Eltern überhaupt daheim? Sie hätte vorher anrufen sollen. Sie wußte doch, daß ihre Mutter es haßte, wenn man ohne Vorwarnung vor der Tür stand, daß sie Überraschungen vermied, weil sie ihrem Mann unangenehm waren. Renee betrachtete die kleine, in Silberpapier gewickelte Schachtel, die auf dem Beifahrersitz lag. Ihre Mutter hatte nächste Woche Geburtstag. Schon seit Jahren hatte sie ihr nichts mehr geschenkt. Als seine Töchter noch sehr klein waren, hatte ihr Vater entschieden, Geschenke seien eine unnötige Geldausgabe. Renee konnte sich nicht erinnern, wann sie von ihren Eltern das letztemal etwas zum Geburtstag bekommen hatte; allerdings hatten sie ihr zur Hochzeit mit Philip einen Scheck zukommen lassen, der auf eine großzügige Summe ausgestellt war.

Renee warf einen Blick auf ihre Armbanduhr. Es war vierzehn Uhr dreißig. Ob ihre Eltern wohl daheim waren? Oder waren sie auf dem Golfplatz? Ihr fiel ein, daß sie jeden Samstag Golf spielten. Sie wußte nur nicht mehr, um welche Zeit. Und wenn sie daheim waren, würde sie sie dann beim Mittagessen stören? Sie konnte sich auch nicht mehr entsinnen, um welche Zeit sie immer aßen. Sie hätte vorher anrufen sollen, um sicherzugehen, daß sie zu Hause waren. Sie hätte anrufen sollen, um sie auch ganz bestimmt nicht beim Essen zu stören. Sie hätte überhaupt nicht kommen sollen. Warum war sie eigentlich hier? »Was habe ich hier verloren?« fragte sie sich laut. »Warum tue ich mir das alles eigentlich an?«

»Weil du immer noch versuchst, ihre Zuneigung zu bekommen«, hörte sie Philips Stimme mit glasklarer Logik antworten. »Du versuchst immer noch, Daddys perfekter kleiner Engel zu sein.«

»Aber das war ich doch nie. Ich war nie sein perfektes kleines Irgendwas.«

»Aber du wolltest es immer sein.«

Hatte er recht? War sie deshalb hergekommen? Verschwendete sie aus diesem Grund den halben Samstagnachmittag – die knappe Zeit, die sie für sich selbst hatte –, damit, vor einem Haus herumzusitzen, das ihr im Grunde nie ein Heim gewesen war? War das der Grund, weshalb sie trotz der großen Hitze vor Angst fröstelte, weil sie wußte, daß alles, was immer sie auch sagen würde, unweigerlich falsch war, sobald sie dieses Haus betrat? Warum landete sie immer wieder an Orten, an denen sie überhaupt nicht sein wollte?

Philip geriet fast nie in solche Situationen. »Meine Zeit ist zu kostbar«, sagte er immer. »Das Leben ist zu kurz.« Und er hatte recht. Warum sollte er seinen Samstag damit verbringen, Leute zu besuchen, mit denen er nichts anfangen konnte? Sie machte ihm keinen Vorwurf daraus, daß er nicht hatte mitkommen wollen. Ende nächster Woche würde Debbie nach Boston zurückfliegen – *erst*, dachte Renee mit schlechtem Gewissen –, und es war nur zu verständlich, daß er sich dafür entschieden hatte, den Tag mit ihr zu verbringen. Sie hatte sogar Verständnis dafür, daß er sie in seine Pläne nicht mit einbezogen hatte. Für einen Vater war es eben wichtig, ein bißchen Zeit mit seiner Tochter zu verbringen, die er viel zu selten sah. Renee richtete den Blick wieder auf das Haus ihrer Eltern. Für ihren eigenen Vater war es nie besonders wichtig gewesen.

Sie hatte gehofft, Kathryn zum Mitfahren überreden zu können. Aber Kathryn hatte nur den Kopf geschüttelt und ihn tiefer ins Kissen vergraben, hatte sich das Bettuch über den Kopf gezogen und jede Diskussion verweigert.

Seit dem Nachmittag, an dem Renee früher von der Arbeit heimgekommen war und ihre Schwester im Bett vorgefunden hatte, war Kathryn den größten Teil der Woche in ihrem Zimmer geblieben. Sie hatte kein Fieber und zeigte nicht die geringsten Grippesymptome, aber sie aß wenig und sprach noch weniger. Alle Fortschritte, die sie in den fast acht Wochen ihres Aufenthalts gemacht hatte, waren wie weggewischt. Sie zog sich wieder in sich zurück, wurde schweigsam und unnahbar. Renee hatte Philip erzählt, daß sie sich Sorgen mache; er hatte gesagt, er werde versuchen, noch einmal mit Kathryn zu reden, und alles tun, um ihr zu helfen.

Er ist ein guter Mensch, dachte Renee. Zum erstenmal wurde ihr bewußt, daß ihre Familie für ihn ein ebenso großes Problem darstellte wie für sie selbst.

Das Bild ihrer Schwester, blaß und verängstigt, erschien plötzlich wie eine Spiegelung in der Windschutzscheibe. Renee sah Kathryn im Bett sitzen, das weiße Bettuch bis zum Kinn hinaufgezogen. Sie sah Philip im Gang, das weiße

Handtuch gekonnt um die Hüften drapiert. »Was hältst du davon, irgendwo ein Eis essen zu gehen?« hatte er gefragt.

Ein kleiner, schwarzbrauner Hund lief bellend auf Renees Auto zu und verscheuchte das Bild. Gut, dachte Renee, ohne zu wissen, warum. Sie beobachtete, wie der Hund wütend gegen den unbefugten Eindringling auf seinem Territorium ankläffte und sich dann hastig zurückzog. An seinem watschelnden Gang, der so wirkte, als könne sein Hinterteil dem restlichen Körper nicht recht folgen, sah Renee, das es ein alter Hund war. Genau wie ich, dachte sie, nur daß ich nicht einmal *weiß*, wohin ich gehen soll. »Doch, ich weiß es«, sagte sie plötzlich voller Tatendrang. »Ich gehe jetzt in dieses Haus. Ich werde hineingehen und mich diesen beiden Leuten zeigen, die den Anspruch erheben, meine Eltern zu sein, und ich werde ihnen sagen, daß ich sie liebe. Und ich werde das Haus nicht verlassen, ehe sie mir nicht das gleiche gesagt haben!«

Sie rührte sich nicht vom Fleck. Sie blieb hinter dem Lenkrad ihres weißen Mercedes sitzen. »Seht ihr den Wagen da draußen?« hörte sie sich zu ihren Eltern sagen. »Das ist *mein* Wagen. Philip, mein Mann, hat ihn mir gekauft. Philip sieht gut aus und ist sehr erfolgreich, und jede Frau, die ihn sieht, möchte an ihn ran, aber er gehört mir. Er liebt *mich*. Und er hat mir diesen Wagen geschenkt, weil es ihm, genau wie euch, ziemlich schwerfällt, anderen Menschen seine Gefühle mitzuteilen.« Renee befingerte das kleine Geschenk auf dem Nebensitz. Ich hab' dich lieb, Mommy, dachte sie. Hast du mich auch lieb? Hast du mich lieb, Daddy? Was kann ich euch nur schenken, damit ihr mich liebt?

Sie erinnerte sich, daß sie ihr, als sie noch ein kleines Mädchen war, immer irgend etwas weggenommen hatten. Zuerst war es ihr Daumen, den sie ihr aus dem Mund rissen, anfangs mit Hilfe grausamer Spötteleien, dann mit kräftigen Fingern und schließlich, als keine dieser beiden Taktiken Erfolg hatte, mittels irgendeiner scheußlich schmeckenden Flüssigkeit. Das nächste war dann ihre Lieblingsdecke gewesen, eine Decke, in die sie sich seit ihrer frühesten Kindheit nachts gekuschelt hatte und die zu Beginn ihres fünften Lebensjahres praktisch nur mehr ein Flanellfetzen war. »Du bist zu alt für das Decki«, sagten sie ihr und benutzten dabei das Babywort, das sie selbst sich schon Jahre zuvor abgewöhnt hatte. Jeden Morgen, bevor sie in die Schule ging, versteckte sie die Decke vor ihnen, manchmal unter der Matratze, manchmal ganz klein zusammengefaltet in ihrer Wäscheschublade, immer wieder an einem anderen Platz, aber eines Tages kam sie heim, und die Decke war verschwunden. »Du bist jetzt zu alt für das Decki«, sagten sie ihr wieder, als sie heulend protestierte, und ließen sie dann allein in ihrem Zimmer weinen, ohne Daumen, ohne Decke als Trost.

»Das ist doch lächerlich. Was bringt es denn, das alles wieder aufzuwärmen? Ich bin wirklich dumm«, sagte Renee, stieß die Wagentür auf und trat auf die Straße hinaus. Sofort gerieten ein paar Kieselsteine in ihre Sandalen. »Super«, sagte sie, bückte sich, um die Schuhe auszuleeren, verlor dabei fast das Gleichgewicht und schaffte es nur mit Mühe und Not, das Geschenk davor zu bewahren, daß es auf die Straße fiel. »Fängt ja schon gut an!« Sie sah nach rechts und links, so wie man es ihr als Kind beigebracht hatte – ob sie sie wohl beobachteten? –, überquerte die Straße, betrat jedoch absichtlich nicht den gepflasterten Weg, der zur Vordertür ihres Elternhauses führte, sondern ging über das frisch gemähte Gras. Sie schleuderte die Sandalen von den Füßen, schüttelte einen Kiesel heraus, der hartnäckig zwischen ihren Zehen stecken geblieben war, und bohrte die Fußsohlen in das empfindliche Gras Floridas.

Der Rasen erhielt sein frisches Grün – ein Grün, das zu vibrieren schien – durch ein unterirdisches Bewässerungssystem, das angesichts der Hitze in Florida mehr eine Notwendigkeit als einen Luxus darstellte. Ohne ständige Pflege verwandelte sich das Gras schlicht in Heu. Genau wie wir auch, dachte Renee und strich mit den Händen über die kleinen Sträucher, die in der Mitte des Rasens standen. Sie waren säuberlich in die Form von Pelikanen und kleinen Pferden zurechtgeschnitten. »Das nennt man die Kunst des Stutzens«, hatte ihre Mutter ihr erklärt, als Renee ein Kind war, »und du darfst die Sträucher nicht berühren oder dich daraufsetzen.« Selbstverständlich hatte Renee nur wenige Minuten später versucht, eines der empfindlichen Pferde zu besteigen, und für diese Missetat eine ordentliche Tracht Prügel kassiert.

Jetzt tätschelte sie den Kopf des Pelikans und ging dann quer über den Rasen zur Haustür. Sie dachte an das Zimmer, das sie sich mit Kathryn geteilt hatte und das in den traditionellen Farben Floridas, Gelb und Grün, eingerichtet gewesen war. Ihre Eltern hatten wuchtige Möbel und kleine Kunstobjekte immer gern gehabt – jedenfalls hatte ihre Mutter ihre ständig größer werdende Sammlung von Porzellanpuppen immer so bezeichnet.

Renee stand vor der Tür und führte ihre zitternden Finger an den Klingelknopf. Sie fragte sich, ob ihre Eltern daheim waren, in welchem Teil des Hauses sie sich wohl aufhielten, aus welchem Zimmer sie sie jetzt wohl herausklingelte. Sie erinnerte sich, daß, wo immer sie sich als Kind gerade aufgehalten hatte, ihre Eltern immer irgendwo anders zu sein schienen, und daß es immer darauf hinausgelaufen war, daß sie die beiden störte.

Sie drückte den Klingelknopf, hörte die zarten Glockentöne durch das kühle Hausinnere wehen. Sie hörte eine Stimme – »Ich komme« – und Stöckelschuhe (ihre Mutter trug nie Absätze unter acht Zentimetern, nicht einmal im Haus) gegen die Bodenfliesen im Wohnzimmer klicken.

Als die Tür geöffnet wurde, schlüpfte Renee gerade wieder in ihre Sandalen. »Renee.« In der Stimme der Frau schwang nicht die geringste Überraschung mit. Der Name war ganz sachlich ausgesprochen worden, wie von einem Lehrer, der die Anwesenheitsliste seiner Schüler durchgeht. Und doch hatten die Augen der älteren Frau leicht aufgeblitzt, waren fast unmerklich größer geworden. Renee sah, daß ihre Mutter nicht ganz und gar gleichgültig auf ihren Besuch reagierte.

»Darf ich reinkommen?« fragte Renee ihre Mutter, die sich im Lauf der Jahre bemerkenswert wenig verändert hatte. Sie war immer noch die schöne Frau, die Renee in ihren Kindheitserinnerungen stets heraufbeschwor, die schöne Frau mit den hohen Wangenknochen und den kühlen grünen Augen, die sie ihrer älteren Tochter vererbt hatte – ein Gesicht, mit dem sie Erfolg als Modell gehabt hätte, wenn sie größer gewesen wäre und sich für diesen Beruf interessiert hätte. Renees Mutter ging einen Schritt zur Seite und ließ ihre Tochter ins Wohnzimmer treten, das gleich hinter der Haustür lag.

Helen Metcalfe trug eine blaßrosa Strickjacke und eine weiße, faltenlose Leinenhose. Sie war noch genauso schlank wie beim letztenmal, als Renee sie gesehen hatte, und sie hatte sich so frisiert, daß die feinen Gesichtszüge gut zur Geltung kamen. Alles andere als ein furchteinflößender Anblick, dachte Renee. Und doch macht sie mir Angst. Renee stand inmitten des vorwiegend in Gelb gehaltenen Zimmers und fühlte sich, als stünde sie inmitten einer kalten, grellen Sonne. Sie war sich nicht sicher, ob ihre Mutter ihr einen Platz anbieten würde. Zögernd überreichte sie ihr das kleine Päckchen. »Für deine Sammlung«, erklärte sie und streckte ihrer Mutter das silbern verpackte Geschenk entgegen.

»Das wäre doch nicht nötig gewesen«, sagte Helen Metcalfe trocken und warf einen wachsamen Blick über die Schulter. Schon während sie das sagte, hatte sie begonnen, das Silberpapier geschickt zu entfernen.

»Na ja, mir ist eingefallen, daß du nächste Woche Geburtstag hast, und auf dem Weg hierher habe ich es in einem Schaufenster gesehen. Hoffentlich hast du so eine noch nicht.«

Helen Metcalfe nahm die zerbrechliche Figur aus dem Seidenpapier, drehte sie in der Hand hin und her und begutachtete sie von allen Seiten.

»Es ist Pan«, erklärte Renee.

»Sie ist wunderschön.«

»Hast du schon einen Pan?«

»Man kann gar nicht genug Pans haben«, sagte ihre Mutter mit einem zaghaften Lächeln, ging quer durch den Raum zu dem zartgelben Klavier und stellte das fragile Figürchen so zwischen die anderen, daß es nicht mehr so ohne weiteres zu sehen war. »Danke. Das war wirklich sehr süß von dir.«

»Du kannst die Figur umtauschen, wenn du lieber eine andere willst. Ich habe die Rechnung.«

»Ist schon gut«, sagte ihre Mutter, nahm jedoch die Rechnung aus Renees zitternder Hand entgegen.

»Wie geht es dir?« fragte Renee verlegen. Sie wünschte sich, ihre Mutter würde ihr einen Platz anbieten – nicht weil sie länger als unbedingt nötig bleiben wollte, sondern weil sie Angst hatte, ihre Beine könnten unter ihr nachgeben.

»Es geht uns gut«, antwortete ihre Mutter im Plural, wie um Renees Vater mit einzubeziehen, der gerade aus dem Garten ins Wohnzimmer trat.

»Hallo Daddy«, flüsterte Renee.

Ian Metcalfe warf einen Blick auf die Haustür. »Ich dachte schon, ich hätte jemanden kommen hören.« Er sah seine Frau an. »Was verschafft uns denn die Ehre dieses Besuchs?«

»Ich wollte euch wieder mal sehen«, sagte Renee ganz einfach. »Mutter hat nächste Woche Geburtstag...«

»Das war dir doch früher nie besonders wichtig«, erklärte ihr Vater, sah sie dabei immer noch nicht an und ließ sich in einen der beiden gelben Sessel mit den abgerundeten Lehnen fallen, den Blick auf die zugezogenen Vorhänge geheftet.

Renee merkte, daß sie immer noch flach atmete. Ihr Vater war selbst im Sitzen eine imposante Erscheinung. Sie zwang sich, in dem zweiten Sessel Platz zu nehmen, in der Hoffnung, den Blick ihres Vaters dadurch auf sich zu lenken. Plötzlich wurde ihr bewußt, daß weder ihr Vater noch ihre Mutter auch nur den Versuch gemacht hatten, sie zu umarmen, und es lief ihr kalt den Rücken hinunter. Das wäre alles, was ich bräuchte, um glücklich zu sein, um eine echte Familie aus uns zu machen, versuchte sie ihnen schweigend, nur mit den Augen, zu sagen. Legt doch einfach den Arm um mich und sagt mir, daß ihr mich liebhabt.

Es ist so wenig. Aber es ist zuviel.

»Ich will nicht mit dir streiten, Daddy«, sagte Renee geduldig. »Ich dachte, es könnte ein netter kleiner Besuch werden.«

»Renee hat mir ein Geburtstagsgeschenk mitgebracht, eine kleine Panfigur«, hörte sie ihre Mutter sagen und spürte eine Welle der Dankbarkeit in sich aufsteigen. Sie lächelte ihrer Mutter zu, aber Helen Metcalfe sah nur ihren Mann an.

»Aha, auf einmal willst du uns also besuchen«, sagte ihr Vater. »Du wohnst zehn Minuten entfernt, aber normalerweise bist du ja zu beschäftigt, um mal vorbeizuschauen, zu beschäftigt, um mal den Telefonhörer in die Hand zu nehmen.«

»Ich rufe doch hin und wieder an, aber ihr seid ja immer gerade im Weggehen, und außerdem habe ich nie geglaubt, daß es euch recht wäre, wenn ich einfach so hereinplatze.«

»Heute bist du hereingeplatzt.«

»Na ja, mir ist eben eingefallen, daß Mutter nächste Woche Geburtstag hat, da dachte ich mir, ich probiere es mal. Ich wußte nicht mal, ob ihr überhaupt zu Hause seid.«

»Normalerweise wären wir auch nicht zu Hause«, sagte ihre Mutter. Kam sie ihr schon wieder zu Hilfe? »Normalerweise würden wir jetzt Golf spielen. Aber dein Vater hat in letzter Zeit Probleme mit dem Rücken.«

»Helen, ich bin sicher, daß unsere Tochter sich nicht für meinen Gesundheitszustand interessiert.«

»Das stimmt nicht, Daddy. Natürlich interessiere ich mich dafür. Was ist denn mit deinem Rücken?«

Ihr Vater tat ihre besorgte Frage mit einer Handbewegung ab. »Wenn man alt wird, bekommt man eben Rückenschmerzen. Nun«, fuhr er mit kritischem Blick auf seine Tochter fort, »ich sehe, daß du gesund bist. Du ernährst dich offenbar gut«, fügte er hinzu.

»Ich habe ein paar Pfund zugenommen.« Renee begann verlegen an ihrer Bluse herumzuzupfen.

Ihr Vater lachte auf. »War Untertreibung auch ein Lehrfach an der schicken Uni, auf die du gegangen bist?«

»Du solltest wirklich eine Diät machen«, riet ihre Mutter ehrlich besorgt. »Philip ist ein sehr gutaussehender Mann. Du willst ihn doch sicherlich behalten.«

»Philip gefällt es, wie ich aussehe«, erklärte Renee und versuchte, ihre Worte mit einem Lächeln zu unterstreichen.

»Korpulenz bei Frauen könnte ich nie tolerieren«, bemerkte Ian Metcalfe trocken, ohne Rücksicht auf seinen eigenen, dicker gewordenen Bauch. »Deine Mutter hat heute noch dasselbe Gewicht wie bei unserer Hochzeit. Dick wird man nur durch Faulheit und mangelnde Selbstdisziplin. Nun«, sagte er noch einmal, und Renee wappnete sich innerlich für das, was jetzt kommen würde, »du hast beschlossen, uns einen Besuch abzustatten. Ich nehme an, du erwartest, daß wir uns freuen, dich zu sehen.«

»Ja, das habe ich gehofft.« Aber wie sollten sie sich freuen? Sie war dick und faul und hatte keine Selbstdisziplin.

»Und daß wir dankbar sind, nehme ich an.«

»Nein, nicht dankbar...«

»Wir wären dankbar, wenn wir hin und wieder eine Einladung zum Abendessen in deiner schönen Wohnung erhalten würden.«

»Ich habe euch doch eingeladen. Aber ihr seid ja immer beschäftigt.« Die Leute sprechen keine Einladungen mehr aus, wenn man ihnen zu oft absagt, dachte sie und überlegte wieder, von wie vielen geselligen Abenden im Kollegenkreis sie in letzter Zeit wohl ausgeschlossen worden war. »Ich plane eine kleine Dinnerparty nächste Woche. Kathryn ist hier«, sagte sie ganz langsam und unsicher, ob dies der richtige Weg war, aber jetzt konnte sie nicht mehr zurück, »und ich dachte mir, es wäre schön, wenn wir alle mal wieder zusammen wären.« Merkten sie, daß sie log?

»Ich wußte nicht, daß Kathy in Florida ist«, sagte ihre Mutter. »Sie hätte uns anrufen sollen...«

»Kathryn kann uns anrufen, wenn sie uns sehen möchte«, unterbrach ihr Vater ihre Mutter, Renees Einladung ignorierend.

Renee versuchte zu lachen, aber das Ergebnis klang eher wie ein heiseres Husten. »Das Telefon funktioniert in beide Richtungen«, erinnerte sie ihre Eltern.

»Was soll das heißen?«

»Genau das, was ich gesagt habe.« Renee war plötzlich aufgestanden, obwohl sie sich bemüht hatte, die Ruhe zu bewahren. »Warum müssen immer Kathryn oder ich euch anrufen? Ihr seid durchaus in der Lage, einen Telefonhörer von der Gabel zu nehmen und eine Nummer zu wählen. Warum ruft ihr nie *mich* an? Warum fragt ihr nie Philip und mich, ob wir mal zu *euch* zum Abendessen kommen wollen? Warum könnt ihr nicht einfach ab und zu anrufen und euch erkundigen, wie es mir geht und was es Neues gibt? Ihr wißt doch, wo ich wohne. Ihr wißt, wo ihr mich erreichen könnt. Ihr habt Kathryns Nummer in New York. Ihr könnt euch Ferngespräche leisten. Warum seid ihr denn so erstaunt darüber, daß sie euch nie angerufen hat? Ihr Mann ist vor wenigen Monaten gestorben, und ihr habt euch nicht einmal lang genug von eurem Golf losreißen können, um ihr euer Beileid auszusprechen!«

»Kathryn ist inzwischen ein großes Mädchen. Sie hat es nicht nötig, jedesmal, wenn irgend etwas nicht klappt, zu ihrem Vater und zu ihrer Mutter gelaufen zu kommen.«

»Der Tod eines Ehemannes ist ein bißchen mehr als etwas, das nicht klappt. Glaubt ihr wirklich, daß sie euch nicht mehr braucht, nur weil sie erwachsen ist?«

»Sie weiß, wo wir wohnen«, wiederholte ihr Vater.

»Sie hat versucht, sich das Leben zu nehmen!« rief Renee völlig frustriert. Sie wartete auf eine Reaktion. Ihre Eltern sagten nichts. Immerhin wich augenblicklich alle Farbe aus Helen Metcalfes Gesicht. »Wo wart ihr eigentlich Kathryns Leben hindurch?« Wo wart ihr *mein* Leben hindurch? Sie mußte sich auf die Zunge beißen, um nicht auch das noch zu sagen, denn sie wußte, daß sie bereits zu weit gegangen war.

»Wie lange ist sie schon in Delray Beach?« fragte ihre Mutter mit dünner Stimme.

»Noch nicht lange«, log Renee wieder. Hatte ihre Mutter überhaupt gehört, was sie eben gesagt hatte? Hatte sie Renee erzählen hören, daß Kathryn versucht hatte, ihrem Leben ein Ende zu machen? *Wie lange ist sie schon in Delray Beach?* wiederholte Renee verblüfft in Gedanken. »Ruft sie doch einfach mal an. Sie wohnt bei mir, und ich weiß, daß sie gerne von euch hören würde.«

»Es ist nicht an uns, sie anzurufen«, sagte Ian Metcalfe, stur geradeaus starrend, dem Blick seiner Tochter wieder ausweichend.

»Was redest du da? Was soll das heißen, es ist nicht an euch?«

»Kathryn ist zu Besuch bei dir«, erklärte ihre Mutter geduldig die Haltung ihres Mannes, als müßte sie Renee Anstandsformen beibringen. »*Sie* muß uns anrufen.«

»Ich fasse es nicht!« Renee kickte mit dem Fuß gegen den unteren Teil des kleinen Sessels, auf dem sie gesessen hatte, so daß er sich ziellos im Kreis drehte. »Habt ihr denn überhaupt kein Mitgefühl mit ihr? Könnt ihr euren gekränkten Stolz nicht einmal ein paar Minuten lang vergessen und versuchen euch vorzustellen, was sie durchgemacht hat? Sie wollte sich das Leben nehmen, und ihr macht euch Gedanken, ob es der Etikette entspricht, wenn ihr sie zuerst anrufen würdet!«

Ihr Vater erhob sich. »Es ist immer dasselbe, findest du

nicht, Renee? Von uns erwartet man, daß wir alles stehen- und liegenlassen und daran denken, was ihr, du und deine Schwester, durchmacht. *Euch* aber ist es völlig gleichgültig, was eure Mutter und ich durchmachen, was wir wegen *euch* in all den Jahren durchgemacht haben. Ihr wart von Anfang an egoistische Kinder. Ich hatte gehofft, durch die Ehe würde sich das bei euch verlieren. Bei deiner Hochzeit mit Philip glaubte ich, du hättest noch eine Chance...«

»Du mußt wirklich abnehmen, Renee«, sagte ihre Mutter in warnendem Ton, und Renee hatte einen Augenblick lang das Gefühl, in einem ihrer sonderbaren Träume gefangen zu sein. Es war doch einfach nicht möglich, daß sie über ihr Gewicht sprachen, nachdem sie sie gerade von Kathryns Selbstmordversuch unterrichtet hatte! »Du hast es ge- schafft, daß ein Mann wie Philip Bower dich geheiratet hat. Du willst ihn doch nicht verlieren, oder? Du bist nicht so schön wie Kathryn, aber früher hattest du immer ein so hübsches Lächeln.« Helen Metcalfes Stimme wurde immer schwächer, verlor sich, als hätte sie das Unaussprechliche ausgesprochen.

Ungläubig starrte Renee ihre Mutter an, nicht weil diese die Mitteilung von Kathryns Tat weiterhin ignorierte – so war ihre Mutter immer mit unangenehmen Dingen jeder Art umgegangen –, auch nicht wegen ihres altmodischen, un- ausrottbaren Glaubens, die Ehe sei das Allerwichtigste im Leben einer Frau, sondern weil ihre Mutter ihr eben zum er- stenmal in vierunddreißig Jahren ins Gesicht gesagt hatte, daß es etwas gab, was sie an ihr hübsch fand. Sie war gera- dezu verblüfft, ihre Mutter das jetzt sagen zu hören. »Du findest, daß ich ein hübsches Lächeln habe?« Renee hatte die vorher zutage getretene Unsensibilität der Frau ganz und gar vergessen, wollte sich nur mehr in ihre Arme stürzen. Sie merkte, daß sie sich auf ihre Mutter zubewegte.

»Man ist, was man aus sich macht«, sagte Helen Metcalfe. Renee blieb abrupt stehen.

»Sie sagte, du *hattest* ein hübsches Lächeln«, sprach Ian

Metcalfe für seine Frau weiter. »Aber heute sieht das natürlich kein Mensch mehr. Es ist ja nicht nur dein Gewicht. Es ist alles an dir. Schau doch nur, was du anhast! Schau deine Haare an! Da müssen wir ja glatt wieder den Haarlosen Joe anrufen, so wie damals, als du klein warst und nie so lange still gesessen bist, daß deine Mutter dein Haar ordentlich bürsten konnte.«

Renee entsann sich des schon vor langer Zeit vergessenen Spitznamens, der, wenn sie sich recht erinnerte, von einer Comic-strip-Figur stammte, deren langes Haar in die Stirn fiel, so daß sie kaum gehen konnte, weil sie nichts sah. Sie hatte immer geglaubt, sie könne sich noch an alles aus ihrer Kindheit erinnern. Wie hatte sie das nur vergessen können?

»Du erwartest, daß sich alles um dich dreht«, fuhr ihr Vater fort. »Du erwartest von allen anderen, daß sie alles liegen- und stehenlassen und sofort gesprungen kommen, wenn du nur mit dem Finger schnippst.«

»Ich erwarte ein bißchen Anstand«, sagte Renee, jetzt sehr zornig.

»Dann praktiziere ihn erst mal selbst«, gab ihr Vater zurück. »Und erhebe nie mehr die Stimme gegen mich, junge Dame!«

»Bitte, Daddy, ich will nicht mit dir streiten. Ich bin doch nicht gekommen, um zu streiten.«

»Weswegen bist du dann gekommen?« fragte ihr Vater.

»Ich habe es doch schon gesagt. Mutter hat Geburtstag. Ich wollte euch einfach wieder mal sehen.«

»Warum?«

»Ihr seid meine Eltern. Ich habe euch lieb!« schrie Renee. Das Zimmer begann sich um sie zu drehen.

»Du hast eine sehr seltsame Art, uns das zu zeigen«, sagte ihr Vater, dessen Ärger sich jetzt in Zorn verwandelte. Einen Moment lang glaubte Renee, er würde sie schlagen.

»Warum wirst du so zornig, wenn ich das Wort Liebe ausspreche?« fragte Renee erstaunt.

»Ich bin nicht zornig.«

»Natürlich bist du zornig.«

»Das ist dein altes Problem, Renee. Du meinst, du wüßtest alles.«

»Ich habe euch nur gesagt, daß ich euch lieb habe, verdammt noch mal!«

»In diesem Haus wird nicht geflucht«, sagte ihr Vater drohend.

»Was ist nur los mit euch?«

»Wir dulden es nicht, daß du in diesem Ton mit uns sprichst, Renee«, erklärte ihr Vater. Aus seinem Zorn war kalte Wut geworden. Er ging zur Haustür. »Ich fürchte, du wirst gehen müssen, bevor sich deine Mutter noch mehr über dich aufregt.«

»Nein!« schrie Renee und sah, daß beide aufsprangen. »Nein. Ich verlasse dieses Haus nicht, bevor ihr mir nicht zugehört habt.« Sie ging auf die beiden zu. In den Augen ihrer Mutter bemerkte sie einen ängstlichen Ausdruck. »Ich habe euch gerade gesagt, daß ich euch lieb habe. Das ist wohl das erstemal überhaupt, daß das Wort ›Liebe‹ in diesem Zimmer ausgesprochen wurde, vielleicht sogar im ganzen Haus, und ihr könnt ignorieren, was ihr ignorieren wollt, ihr könnt so tun, als hätte Kathryn keinen Selbstmordversuch unternommen, als hätte ich das alles erfunden, weil ich grausam bin, aber ich werde es nicht zulassen, daß ihr ignoriert, daß ich gerade eben vor euch stand und euch gesagt habe, daß ich euch lieb habe. Und ich gehe nicht eher, als bis ich euch sagen höre, daß *ihr mich* lieb habt! Habt ihr verstanden? Ich gehe einfach nicht weg, bevor ihr das nicht gesagt habt. Ich bin vierunddreißig Jahre alt, aber ich bin immer noch euer Kind. Und ich habe euch noch nie sagen hören, daß ihr mich lieb habt.«

Ihre Eltern schwiegen. Waren sie zu verdutzt, um etwas zu sagen, oder war es ihnen so unmöglich, diese Worte auszusprechen?

»Findet ihr nicht, es ist an der Zeit, daß ihr mir sagt, daß ihr mich lieb habt? Findet ihr nicht, daß ich lange genug darauf gewartet habe?«

»Renee…« begann ihre Mutter matt, mit brechender Stimme. »Was soll das denn?«

»Ich will hören, daß ihr es sagt. Ich will euch sagen hören, daß ihr mich lieb habt. Was ist denn? Könnt ihr es nicht sagen? Habt ihr mich vielleicht nicht lieb? Nicht mal ein ganz kleines bißchen?«

»Renee…« flehte ihre Mutter und schielte zu ihrem Mann hinüber. »Das muß doch wirklich nicht sein.«

»Es muß sehr wohl sein. Es bedeutet alles für mich. Bitte, ich flehe euch an. Ich muß es hören!«

»Aber warum denn? Warum ist das so wichtig für dich?«

»Ich weiß nicht, warum.«

»Das ist doch Unsinn, Renee.«

»Ich gehe erst, wenn ihr es gesagt habt.«

Wieder herrschte Schweigen. Renee betrachtete die Gesichter ihrer Mutter und ihres Vaters, sah, daß sich ihre Münder öffneten und sofort wieder schlossen, sah die Bestürzung in ihren Augen, das Zittern ihrer Lippen. Ganz langsam ging sie auf ihre Mutter zu und blieb erst stehen, als sie nur noch wenige Zentimeter von dem immer noch hübschen Gesicht der älteren Frau entfernt war. »Hast du mich lieb, Mommy?« fragte sie und hörte dabei die Stimme des kleinen Mädchens, das immer noch in ihr steckte.

»Du machst es mir sehr schwer, Renee.«

»Heißt das, daß du mich lieb hast?« hakte Renee hartnäckig nach.

»Du bist meine Tochter. Eine Mutter muß ihr Kind lieben.« Sie sah ihren Mann an.

»Nein, schau nicht ihn an!« befahl Renee. »Schau mich an! Sag mir, daß du mich lieb hast. Bitte.«

Die Antwort ihrer Mutter bestand aus einigen stillen Tränen. Renee wartete darauf, daß die Frau zu sprechen begann. Sie wußte, daß der Fehler nicht bei ihrer Mutter lag, sondern bei ihr selbst. Sie wurde nicht geliebt, weil sie nicht liebenswert war. Sie war dick und faul und hatte nicht genug Selbstdisziplin.

»Daddy?« rief sie und ging schwankend auf ihren Vater zu. »Kannst du es sagen? Ist es wirklich so schwer für dich, mir zu sagen, daß du mich lieb hast?«

Zum erstenmal, seit Ian Metcalfe das Zimmer betreten und mit seiner Tochter gesprochen hatte, sah er ihr direkt in die Augen. Als er den Mund zum Sprechen öffnete, hielt Renee den Atem an.

»Natürlich haben wir dich lieb, Renee«, sagte er. Dann senkte er den Blick.

Renee stand völlig erstarrt mitten im Zimmer. Es war ganz anders gewesen, als sie es sich vorgestellt hatte. All die Jahre hindurch hatte sie darauf gewartet, ihren Vater diese Worte sagen zu hören, und als sie ihn dann endlich dazu gezwungen hatte, sie von ihrem Textbuch abzulesen, wurde ihr klar, daß sie völlig bedeutungslos waren. Die Erlösung war nicht gekommen, es hatte nicht ein Herz zum anderen gefunden, es war nichts da, nur diese Worte selbst. »Natürlich haben wir dich lieb, Renee«, hörte sie ihn in Gedanken noch einmal sagen, und die Worte klangen überhaupt nicht so, wie sie es erwartet hatte.

Sie sah von ihrem Vater zu ihrer Mutter, die sich abwandte, weil sie Renees Blick nicht ertragen konnte. Was hatte sie erreicht? Was hatte sie zu erreichen gehofft? Sie hatte zwei Menschen gezwungen, sich widerwillig mit ihren Gefühlen auseinanderzusetzen. Sie hatte ihren Vater endlich dazu gebracht, die Worte auszusprechen, nach denen sie sich all die Jahre so verzweifelt gesehnt hatte, aber ihr Sieg war bestenfalls bitter. »Natürlich haben wir dich lieb«, hatte ihr Vater gesagt, er hatte für sich selbst und für seine Frau gesprochen, so wie sie immer füreinander gesprochen hatten, damit nicht jeder für sich selbst irgend etwas eingestehen mußte.

Was hatte sie zu gewinnen erhofft? Die vor langer Zeit verlorenen Eltern? Die innige Umarmung am Ende des Films?

Den letzten Kuß, bei dem immer ausgeblendet wurde? Das Happy-End?

Welchen Unterschied machte es schon in ihrem Leben, ob ihr Vater sie nun liebte oder nicht? Oder ihre Mutter?

»Warum ist das so wichtig für dich?« hatte ihre Mutter sie gefragt. Warum sind Worte so wichtig? fragte sie sich selbst, während sie aus dem Haus lief, und gab sich die Antwort unter Tränen: »Weil sie einfach wichtig sind.«

21

Lynn saß an ihrem Schreibtisch und versuchte, ihre Gedanken in Worte zu fassen. Seit über einer Stunde arbeitete sie nun schon an ein und demselben Bericht, bemühte sich, Sätze zu formulieren, die einfach keine Form annehmen wollten, Beobachtungen aufzulisten, deren Richtigkeit sie plötzlich anzweifelte, Empfehlungen zu geben, die wohl niemandem eine Hilfe sein würden. Was soll das alles? dachte sie und schloß den Aktenordner. Sie war doch alt genug, um zu wissen, daß man Menschen – im Gegensatz zu den Worten, die stellvertretend für sie auf dem Papier standen –, nicht fein säuberlich in Sätze zusammenfassen konnte.

Sie warf einen nervösen Blick auf die Fotos ihrer beiden Kinder. Gary Schuster, du Mistkerl, dachte sie wütend. Wie kannst du uns das nur antun? Sie sah auf ihre Armbanduhr. Es war elf. In drei Stunden würden sie und Renee sich mit Gary und seinem Anwalt treffen, um über die Zukunft der Familie zu entscheiden. »Wie konntest du mir das nur antun?« Lynn schlug mit der Faust auf die Schreibtischplatte, daß die Bilder ihrer Kinder wie überrascht hochsprangen. »Und was ist mit den Blumen, die du mir zum Hochzeitstag geschickt hast? Und was ist mit dieser albernen Karte? All die wunderbaren Jahre, auf die du angespielt hast, und dein Wunsch, wir würden noch viele Jahre Freunde bleiben? Was hatte es damit auf sich?« Nur ein Haufen Wörter, dachte

Lynn zornig und begann die Papiere zu ordnen, die durch den Faustschlag durcheinandergeraten waren. »Jetzt willst du nicht mehr mein Freund sein, was? Jetzt willst du etwas ganz anderes. Stimmt's? Du willst, daß dein Haus verkauft wird, um die Hälfte des Erlöses für dich zu beanspruchen. Und du willst deine Kinder, zumindest behauptest du das. Renee sagt, in Wirklichkeit willst du sie gar nicht. Sie sagt, es ist ein üblicher Trick, den die Männer anwenden, damit ihre Frauen in den Scheidungsverhandlungen weniger verlangen. Sie sagt, ich soll sie nur machen lassen, ich soll das alles den Profis überlassen. Das ist genau das gleiche, was ich den Leuten hier immer sage. Worte, immer nur Worte.«

Die Tür zu Lynns Büro wurde geöffnet. Arlene erschien, besorgt dreinblickend. »Ist alles in Ordnung hier drin? Ich dachte, ich hätte Sie schreien hören.« Die junge Frau sah sich nach rechts und links um; ihr Pferdeschwanz schwang bei jeder Kopfbewegung mit.

»Alles in Ordnung. Ich habe nur gerade eine Rede eingeübt.«

»Eine Rede?«

Lynn erwiderte nichts. Das Problem beim Lügen bestand darin, daß man immer weiterlügen mußte, um die erste Lüge zu bemänteln. Eine war genug, fand Lynn. Arlene blieb noch einige Sekunden und zog sich dann, die Tür schließend, wieder zurück. »Reiß dich zusammen«, flüsterte Lynn. »Vertrau deiner Anwältin!« Vertrauen. Lynn zuckte zusammen. Sie hatte ihrem Mann vertraut. Und was hatte ihr das eingebracht? Sie war vierzig Jahre alt und mußte wieder bei Null anfangen, als wäre sie erst zwanzig. Gary hatte ihren vierzigsten Geburtstag nicht einmal zur Kenntnis genommen. Weder durch seinen Anwalt noch durch seine Kinder hatte er ihr Glückwünsche zukommen lassen. Daß sie vierzig geworden war, interessierte ihn überhaupt nicht mehr. Sie interessierte ihn nur mehr insofern, als sie ihm Unannehmlichkeiten bereitete. Sie existierte für ihn nur noch als jemand, den er loswerden, aus seinem Leben streichen wollte. Als die Ex-Frau eben, dachte sie und fühlte sich sofort minderwertig.

Das Telefon klingelte, verstummte aber fast sofort wieder. Über die Sprechanlage ertönte Arlenes Stimme. »Auf Leitung eins ist ein Mann. Seinen Namen wollte er nicht sagen.«

Lynn hob den Hörer ab. »Lynn Schuster«, meldete sie sich, dankbar für die Ablenkung.

»Alles Gute zum Geburtstag«, sagte Marc Cameron, ohne sich vorzustellen. »Ich weiß, ich bin ein paar Tage zu spät dran, und ich weiß auch, daß du mich gebeten hast, nicht anzurufen, aber ich wollte dir für heute nachmittag Glück wünschen.«

»Danke.« Lynn hatte Angst davor, mehr zu sagen. Plötzlich war sie angespannt und merkte, daß sie sich ärgerte, ohne den Grund dafür zu kennen. Marc trug keine Schuld an dem, was geschehen war. Es war nicht fair von ihr, ihn für das, was Gary getan hatte, verantwortlich zu machen. Aber sie wußte, daß es einfacher, bequemer war, Marc – oder Gary – zu beschuldigen, als die Schuld dort zu suchen, wo sie in Wirklichkeit lag – bei ihr selbst.

»Ruf mich doch bitte hinterher an und erzähl mir, wie es ausgegangen ist.«

»Wenn ich kann.« Sie wollte schon auflegen.

»Lynn...«

»Ja?«

»Würde es dich sehr aufregen, wenn ich dir sagen würde, daß ich mich, glaube ich, in dich verliebt habe?«

Lynn stockte der Atem. »Ich weiß nicht«, sagte sie leise. »Vielleicht wäre es besser, wenn du mir das nicht gerade jetzt sagen würdest.«

»Ruf mich später an«, sagte er. »Dann sage ich es dir.«

Lynn saß im Wartezimmer von Renees Kanzlei und versuchte, nicht an das zu denken, was Marc gesagt hatte und

Gary gleich sagen würde. Es wird schon alles gutgehen, wiederholte sie in Gedanken immer wieder, wie ein Mantra. Es wird schon alles gutgehen. Wirklich?

Sie dachte an einen früheren Termin in Renees Kanzlei zurück. »Warum wollen Sie diesen Mann wiedersehen?« hatte Renee sie gefragt, nachdem sie von Marcs erstem Besuch erfahren hatte. »Wollen Sie unbedingt herausfinden, wie weit Sie gehen können, bis Ihr Leben wirklich zerstört ist?«

Nun hatte sie es ja herausgefunden. War sie zu weit gegangen?

Die Tür zu Renees Büro wurde geöffnet, und Renee erschien. Sie sah ein bißchen müde aus, wirkte aber durchaus kampfbereit. »Tut mir leid, daß ich Sie warten ließ. Kommen Sie rein.«

Lynn folgte Renee in den ihr mittlerweile vertrauten Raum und setzte sich wieder auf den Stuhl an der falschen Seite des hoffnungslos überladenen Schreibtisches. Renee ging ans Fenster und sah auf den Innenhof hinaus. »Ein schöner Tag heute«, sagte sie.

»Das hatte ich gar nicht bemerkt.«

»Nervös?«

»Warum sollte ich nervös sein? Es steht ja nur mein Leben auf dem Spiel.«

Renee lachte. »Da fällt mir eine Geschichte ein. Angeblich ist sie wahr, aber ich habe da meine Zweifel.«

Lynn rutschte nervös auf ihrem Stuhl herum. Sie war wirklich nicht in Stimmung für irgendwelche Geschichten.

»Da soll angeblich einmal ein altes Ehepaar, beide so um die fünfundneunzig, in eine Anwaltskanzlei gekommen sein und dem Anwalt mitgeteilt haben, sie wollten sich nach über siebzigjähriger Ehe scheiden lassen. Der Anwalt sah die beiden Alten an und traute seinen Ohren nicht. Er konnte es sich nicht verkneifen, zu fragen, warum sie sich nach all den vielen Jahren und trotz ihres hohen Alters scheiden lassen wollten. Da antworteten sie, sie hätten die

Scheidung schon seit Jahrzehnten gewollt, aber sie hätten gewartet, bis ihre Kinder gestorben seien.«

Lynn starrte Renee begriffsstutzig an.

»Es sollte lustig sein. Es ist ein Witz. Ich wollte, daß Sie sich ein bißchen entspannen und lachen.«

Lynn rang sich ein müdes Lächeln ab. »Ich bin wohl zu nervös, um lachen zu können.« Sie steckte die Hände zwischen die Falten ihres beigefarbenen Rocks.

»Machen Sie sich keine Sorgen. Es wird das reinste Zuckerschlecken werden. Apropos, haben Sie Hunger?« Lynn schüttelte den Kopf. »Kaffee?« Lynn nickte. Renee drückte den Knopf an der Sprechanlage. »Marilyn, bringen Sie uns bitte zwei Tassen Kaffee. Wie trinken Sie ihn?«

»Schwarz.«

»Einen schwarz, den anderen mit Sahne und Zucker. Nur keine Nervosität, Lynn. Es wird klappen, ich verspreche es Ihnen.«

Wenige Minuten später kam Marilyn mit dem Kaffee herein. Lynn bemerkte einige leere Schokoriegel-Verpackungen in dem Papierkorb neben Renees Schreibtisch.

»Ich kann ja wahrlich nicht behaupten, daß Sie mich nicht gewarnt hätten«, sagte Lynn, dem Blick ihrer Anwältin ängstlich ausweichend.

»Na, Gott sei Dank«, scherzte Renee, offensichtlich in der Hoffnung, Lynn ein Lächeln zu entlocken. Lynn tat ihr den Gefallen und hob kurz die Mundwinkel an.

»Alles, was Sie prophezeit haben, ist eingetroffen.«

»Zum Beispiel?«

»Zum einen, daß ich eine völlig annehmbare Scheidungsvereinbarung vermasselt habe. Und zum zweiten, daß mein Chef von meiner Beziehung mit Marc Cameron weiß oder zu wissen glaubt. Er hat mein professionelles Urteilsvermögen angezweifelt. Möglicherweise ist das Leben eines kleinen Mädchens in Gefahr, weil ich meine Glaubwürdigkeit verloren habe. Gary droht, mir die Kinder wegzunehmen, weil er glaubt, daß Marc und ich eine Affäre miteinander haben. Er stellt meine Erziehungskompetenz in Frage. Offenbar redet schon die ganze Stadt darüber. Alle sind überzeugt, ich hätte eine Affäre mit Marc. Und irgend etwas in mir schreit: ›Warum hast du denn keine Affäre mit ihm?‹ Ich werde ja so oder so beschuldigt. Wenn ich auf jeden Fall ins Gefängnis muß, dann kann ich genauso gut schuldig werden.«

»Niemand wird Ihnen Ihre Kinder wegnehmen. Haben Sie Vertrauen zu mir. Ich werde das nicht zulassen.«

»Wenn ich doch nur Ihr Selbstvertrauen hätte.«

»Wenn ich doch nur Ihre Figur hätte.«

Die Sprechanlage summte. Als Marilyns Stimme ertönte, fuhr Lynn zusammen. »Mr. Emerson und Mr. Schuster sind da. Ich habe sie in den Konferenzraum geführt.«

»Danke«, sagte Renee und sah zu Lynn hinüber. »Kann es losgehen?«

»Es muß ja wohl.«

»Sie müssen verstehen«, sagte Renee Bower, während sie um den runden Konferenztisch herumging, so daß ihr alle mit den Blicken folgen mußten, »daß Ihr letztes Angebot völlig inakzeptabel ist. Diese plötzliche Wende erscheint mir nichts anderes zu sein als reine Taktik, damit Mrs. Schuster sich mit weniger zufriedengibt, als ihr zusteht.«

»Mein Klient hat ein Anrecht auf die Hälfte des gemeinsamen Hauses.«

»Darf ich Sie daran erinnern, daß es Ihr Klient war, der aus eben diesem Haus auszog, als er seine Frau und die beiden Kinder wegen einer anderen verließ? Er hat alle Rechte, die er in dieser Hinsicht besaß, ein für allemal verwirkt, würde ich sagen.« Renee betrachtete die Kopie der ursprünglichen Scheidungsvereinbarung, die sie in der Hand hielt. »Ihr Klient hat seine Schuld praktisch zugegeben und akzeptiert, als er uns das ursprüngliche Scheidungsarrangement unterbreitete. Wir sehen nicht den geringsten Grund, diese ursprünglich vereinbarten Modalitäten zu ändern.«

»Die Umstände haben sich geändert.«

»Wirklich? Vielleicht könnten Sie mir erklären, inwiefern sie sich geändert haben.«

»Meine Frau weiß das ganz genau«, erwiderte Gary Schuster statt seines Anwalts. Lynn schrak zusammen.

»Vielleicht sollten Sie es mir trotzdem erklären«, sagte Renee. Sie setzte sich in einen der großen Ledersessel und wartete die Antwort ab.

Lynns Blick schweifte zu dem Gesicht des gutaussehenden Mannes, der ihr gegenüber am Tisch saß. Sie fragte sich, ob das wirklich derselbe Mann war, mit dem sie so viele Jahre lang ihr Leben geteilt hatte. Äußerlich war er der gleiche, groß und blond, immer braungebrannt und mit einer angenehmen Stimme, die sonst nur selten wütend klang. Aber seine normalerweise sanften Augen blickten sie, wenn auch nicht hart und kalt, so doch distanziert an; ihre Verzweiflung schien ihnen gleichgültig zu sein. Er trug einen hellblauen Anzug, der in Schnitt und Farbe fast identisch war mit dem seines Anwalts, einem dunkelhaarigen, im Vergleich zu Gary blassen Mann, der, wie man aus der dünnen Linie schwarzer Haare schließen konnte, die spärlich an seiner Oberlippe hervorsprossen, darum bemüht war, seine jugendliche Erscheinung mit Hilfe eines Schnurrbartes etwas älter wirken zu lassen.

Paul Emerson hatte das – zumindest für einen Angehörigen des Juristenstandes – große Pech, kaum älter als ein Junge auszusehen, obwohl er, wie Renee ihr erzählt hatte, mehrere Jahre älter als ihre Anwältin war. Renee war ihm schon früher begegnet und hatte Lynn berichtet, er sei ein guter Anwalt und ein vernünftiger Mensch. Er war seit fast achtzehn Jahren mit seiner ersten Freundin aus der High School verheiratet und Vater von sechs Kindern. Renee hatte Lynn erklärt, sie glaube, daß er von seinem Klienten gezwungen worden sei, eine härtere Haltung einzunehmen.

Lynn hustete nervös in die vorgehaltenen Hände. Renee lächelte ihr zu, gab ihr wortlos zu verstehen, sie solle die

Schultern straffen und ihrem Mann fest in die Augen sehen. Laß dich nicht einschüchtern, befal sie ihr schweigend und beobachtete, daß Lynn allmählich die Kontrolle über ihren Körper zurückgewann, ihr Gewicht verlagerte, den Kopf dem Mann zuwandte, mit dem sie vierzehn Jahre lang das Bett geteilt hatte.

»Als ich dieses Angebot machte, wußte ich nicht, daß meine Frau sich mit einem anderen Mann eingelassen hat.«

»Wie heißt denn dieser Mann, Mr. Schuster?«

»Sie weiß es.« Gary Schuster warf seiner Frau einen anklagenden Blick zu. Lynn starrte mit zorngeweiteten Augen zurück.

»Sie sagen es uns wohl trotzdem besser.«

»Marc Cameron«, lautete die knappe Auskunft.

»Cameron... Cameron«, murmelte Renee, den Blick zur Decke gerichtet. »Kommt mir irgendwie bekannt vor, dieser Name. Ich überlege gerade, wo ich ihn schon mal gehört habe...«

»Schon gut, Frau Kollegin«, unterbrach Paul Emerson sie, womit sie offenbar gerechnet hatte, »wir räumen ein, daß es da eine Beziehung gibt.«

»Marc Cameron ist der Ehemann der Frau, mit der Ihr Klient weggelaufen ist?«

»Ich bin nirgendwohin gelaufen«, sagte Gary Schuster resolut. »Ich sitze hier.«

»Ach ja.« Renee lächelte ihn an und richtete den Kragen ihrer dunkelblauen Jacke. »Und Sie sind noch immer mit Marc Camerons Ehefrau zusammen, ist das richtig?«

Gary Schuster nickte und sah ungeduldig zu seinem Anwalt hinüber.

»Die Lebensumstände meines Klienten haben sich nicht verändert«, sagte Paul Emerson.

»Die meiner Klientin ebensowenig.«

»Soll das heißen, daß Ihre Klientin sich nicht mit Marc Cameron trifft?«

»Meine Klientin mag sich einige Male mit Mr. Cameron getroffen haben, um sich über ihre jeweiligen Interessen in dieser komplizierten Angelegenheit zu besprechen.«

»Wollen Sie damit sagen, daß es sich nicht um eine Liebesbeziehung handelt?« fragte Garys Anwalt.

»Mein Gott, Suzette hat sie doch zusammen in seiner Wohnung gesehen!« fuhr Gary dazwischen.

»Und wann war das?«

Gary lehnte sich in seinem Sessel zurück. »Vor ein paar Wochen.«

»Können Sie es nicht ein bißchen genauer sagen?«

»Am Samstag, dem dritten August. Gegen ein Uhr. Ist das genau genug?«

»Ein Uhr mittags?« fragte Renee rasch in fast unschuldigem Ton. »Sie hat sie um ein Uhr mittags zusammen gesehen?«

Gary schwieg. »Nicht um ein Uhr nachts? Sondern um ein Uhr mittags? Entschuldigen Sie bitte – Sie haben doch von ein Uhr mittags gesprochen?«

»Ja, von ein Uhr mittags.« Gary hob die Stimme, senkte sie aber sofort wieder. Sein Blick schoß zwischen den beiden Frauen hin und her. »Wollen Sie mir etwa weismachen, da sei gar nichts im Gange?«

»Ich will Ihnen überhaupt nichts weismachen, Mr. Schuster. Ich will Ihnen nur eines klipp und klar sagen: Das Zusammentreffen Marc Camerons mit Ihrer Frau stellt angesichts der Tatsache, daß Sie mit seiner Frau weggerannt sind, ganz und gar nichts Ungewöhnliches dar, und falls Sie weiterhin darauf bestehen, die Scheidungsvereinbarung, die Sie ursprünglich selbst vorgeschlagen haben, deswegen nicht mehr gelten zu lassen, oder falls Sie Ihre Frau einschüchtern wollen, damit sie etwas unterschreibt, was ihren Interessen eindeutig widerspricht, dann haben Sie einen wohlverdienten Prozeß am Hals.« Sie nahm das von Gary zuletzt vorgeschlagene Scheidungsarrangement zur Hand. »Dieses Angebot, meine Herren, ist der reinste Schrott, und das wissen Sie auch. Paul, ich muß ehrlich sagen, es überrascht mich, daß es Ihnen nicht peinlich ist, daran mitgewirkt zu haben. Auf jeden Fall beabsichtigen wir nicht, uns mit etwas einverstanden zu erklären, was meiner Ansicht nach noch über emotionale Erpressung hinausgeht.« Paul Emerson begann lautstark zu protestieren, aber sie sprach einfach weiter. »Wenn Sie vor Gericht gehen wollen, na gut, nur zu! Wir sind gerne bereit, vor Gericht zu gehen. Aber was wollen Sie dort eigentlich erreichen? Was wird ein Richter, der sich mit dieser Scheidungssache befaßt, denn sehen? Wird er eine schlechte Ehefrau und Mutter sehen, die ihren Mann und ihre Kinder vorsätzlich vernachlässigt hat, die sich mit anderen Männern herumgetrieben hat, die sich dem Glücksspiel ergeben, betrogen oder auf irgendeine andere Weise ihr Eheversprechen gebrochen hat? Nein, er wird eine Frau sehen, die mit ihren beiden Kindern nach vierzehnjähriger, relativ harmonischer Ehe von ihrem Mann verlassen wurde.

Und was tat diese Frau daraufhin? War sie verbittert? War sie gehässig? Versuchte sie, in einem Prozeß alles zugesprochen zu bekommen, was ihr Mann besaß? Nein. Sie teilte ihrer Anwältin mit, es gehe ihr nicht darum, ihn bluten zu lassen. Sie wollte fair sein. Sie gab sogar dem Wunsch ihres Mannes nach, die Ehe so schnell wie möglich zu beenden, obwohl ihr das offensichtlich sehr weh tat. Sie war bereit, das Arrangement, das er ihr vorgeschlagen hatte, zu akzeptieren. Von ihrer Seite gab es nur noch ein paar nebensächliche Punkte, über die nach Ansicht ihrer Anwältin noch verhandelt werden mußte. Und dann rief eines Abends der Ehemann der Frau, wegen der ihr Mann sie verlassen hatte, bei ihr an und schlug ein Treffen vor; es gäbe da einige Dinge, über die sie miteinander sprechen sollten. Und der Ehemann hörte davon, und da wurde er plötzlich eifersüchtig – aus Gründen, die wohl nur er selbst kennt. Er drohte ihr. Auf einmal wollte er, was er ganz plötzlich als seine Hälfte des Hauses bezeichnete, obwohl er doch nur allzu bereitwillig daraus ausgezogen war, und er wollte seine Kinder, obwohl es ihm doch kurz zuvor nicht die geringsten

Probleme bereitet hatte, sie zu verlassen. Er dachte nicht einmal so weit an ihr Wohlergehen, daß er sich um die Kosten für ihren Aufenthalt im Camp gekümmert hätte. Er überließ es seiner Frau, sich mit diesen Dingen herumzuschlagen, so wie er es seine ganze Ehe hindurch gemacht hatte.«

Lynn sah, daß Garys eben noch unbeteiligter Blick einem gequälten Gesichtsausdruck gewichen war. »Ich glaube, nicht einmal Sie, Mr. Schuster, würden die Behauptung wagen, Ihre Frau sei eine schlechte Mutter. Um es rundheraus zu sagen – sie ist eine ziemlich tolle Mutter. Oder stimmt das etwa nicht? Ihre Ausbildung als Sozialarbeiterin verleiht ihr einen besonders guten Einblick in die Bedürfnisse von Kindern, und sie ist immer für sie da, wenn sie von der Schule oder vom Camp nach Hause kommen. Im Gegensatz zum Vater dieser Kinder, der oft bis spät abends arbeiten muß und mittlerweile mit seiner neuen Familie beschäftigt ist.«

Renee legte eine rhetorische Pause ein, um ihre Worte stärker nachwirken zu lassen. »Suzette Cameron ist, soweit ich weiß, Mutter zweier Jungen.« Lynn war so gespannt auf das, was jetzt kommen würde, daß sie die Luft anhielt. »Ich frage mich, wie sie sich wohl fühlen würde, wenn ihr Mann ähnliche Drohungen in bezug auf das elterliche Sorgerecht für seine Kinder lautwerden ließe.« Blitzartig richteten sich Lynns und Garys Blicke auf Renee. »Wahrscheinlich genauso verzweifelt wie meine Klientin, wenn nicht sogar noch verzweifelter, wenn man bedenkt, was ihr zur Last gelegt werden könnte, nämlich daß sie Ehebruch begangen hat, und zwar nicht nur mit Gary Schuster, sondern, soweit ich unterrichtet bin, auch noch mit mehreren anderen Herren.«

Trotz seiner Bräune wurde Gary Schuster weiß wie die Wand. »Was, zum Teufel, reden Sie da?« Er war aufgesprungen. »Soll das vielleicht eine Drohung sein?«

Renee sah ihn mit ruhigem, festem Blick an. In Lynns Kopf

drehte sich alles. Sie preßte ihre Finger gegen die gerundete Tischkante. »Ich mache niemals leere Drohungen, Mr. Schuster. In Wirklichkeit habe ich nicht die leiseste Ahnung, welche Pläne Marc Cameron hinsichtlich seiner Kinder verfolgt oder nicht verfolgt, aber ich kann Ihnen versichern, daß Mrs. Schuster Sie mit allem, was in ihrer Macht steht, bekämpfen wird, um ihre Kinder zu behalten, auch wenn damit unangenehme Enthüllungen in Zusammenhang mit Suzette Camerons früheren Seitensprüngen verbunden sein sollten. Ich kann einfach nicht glauben, daß es Ihnen mit der Absicht, um das elterliche Sorgerecht zu streiten, wirklich ernst ist – ebensowenig wie ich glauben kann, daß Sie es wirklich auf einen langen Rechtsstreit ankommen lassen wollen, der sich nicht nur als kostspielig, sondern auch als zwecklos erweisen könnte. Er würde ja nur die von Ihnen so heiß ersehnte Scheidung verzögern und Ihnen letztlich gar nichts bringen. Kein Richter bei klarem Verstand würde Ihnen angesichts dieser Beweislage die Kinder zusprechen, das wissen Sie selbst ganz genau. Sie sind Anwalt. Ich brauche Ihnen also nicht zu erklären, daß Richter sich an die Tatsachen halten. Sie haben nur eifersüchtige Verdächtigungen vorzuweisen, angesichts deren Ihnen wahrscheinlich jeder Richter empfehlen wird, sich um Ihre eigenen Angelegenheiten zu kümmern.« Sie legte eine kurze Pause ein. Lynn merkte, daß ihr Schweigen nicht nur dem Atemholen diente, sondern auch eine bestimmte Wirkung erzielen sollte. »Außerdem sollten Sie wissen, daß ich, falls Sie diese Scheidungsklage tatsächlich einreichen, Gegenklage erheben werde. Meine Klientin hat sich bisher sehr großzügig gezeigt, indem sie auf ihren Unterhalt verzichtete. In Anbetracht der Tatsache, daß das Einkommen ihres Mannes ihr eigenes Gehalt um ein Vielfaches übersteigt, und in Hinblick auf seine Absicht, vor Gericht um die Hälfte des Hauses zu streiten, wird sie sich diese Großzügigkeit in Zukunft nicht mehr leisten können, besonders wenn ein kostspieliger Prozeß auf sie zukommt.« Renee überreichte Garys Anwalt eine Kopie der Gegenklage, die sie bereits formuliert hatte. »Sosehr ich einen ordentlichen Rechtsstreit liebe – ich hoffe doch, daß wir diese Angelegenheit außergerichtlich regeln werden, und zwar so schnell, wie wohl alle Anwesenden es wollen. Lassen Sie sich Zeit, schauen Sie sich das hier gründlich an. Falls es dann noch irgendwelche Fragen geben sollte – wir sind in meinem Büro.«

»Wir haben Gary gekränkt«, sagte Lynn traurig, nachdem ihr Mann das Gebäude mit seinem Anwalt verlassen hatte. Sie stand an Renees Fenster und blickte Gary nach, der gerade sichtlich verärgert über den Innenhof in Richtung Straße ging. »Ich glaube, er sah sich selbst als Suzette Camerons Ritter in glänzender Rüstung. Ich glaube, er hatte nie daran gedacht, daß es vor ihm schon andere gegeben haben könnte.« Sie schwieg eine Weile, um die Frage, die sie stellen wollte, so präzise wie möglich zu formulieren. »Glauben Sie, daß es richtig war, das, was Marc mir über Suzettes andere Affären erzählt hat, so zu benützen, wie wir es getan haben?« Lynn empfand es als ihre Pflicht, wenigstens eine Mitverantwortung für die Vorgehensweise ihrer Anwältin zu übernehmen. Schließlich hatte sie Renee gesagt, sie solle verwenden, was zu verwenden war, und alles Notwendige unternehmen.

»War das denn nicht der Grund, warum Marc Cameron überhaupt Kontakt zu Ihnen aufgenommen hat? Um Ihnen einige Dinge zu erzählen, die Sie seiner Meinung nach wissen sollten? Na, genau so ist es jetzt gekommen.«

»Ich glaube nicht, daß er, als er mir diese Sachen über Suzette erzählte, damit gerechnet hat, daß ich sie benützen würde, um ihr zu schaden.«

»Wirklich nicht?«

Die Frage schwebte im Raum wie der Geruch eines unangenehmen Parfums.

»Sie waren sehr beeindruckend. Direkt furchterregend«,

sagte Lynn, und Renee lachte. »Das meine ich ehrlich. Ich bin Ihnen zu großem Dank verpflichtet.«

»Keine Angst, Sie kriegen ja meine Rechnung.«

»Sie wissen schon, wie ich das meine. Wenn ich jemals etwas für Sie tun kann...«

»Wie wäre es mit einem gemeinsamen Mittagessen nächste Woche?«

»Das würde mich sehr freuen.« Lynn sah noch einmal aus dem Fenster in den nun leeren Innenhof des Einkaufszentrums hinunter. »Und jetzt?«

Renee hielt lächelnd eine Kopie des unterschriebenen Scheidungsvertrags in die Höhe. »Also, ich muß zugeben, es hat mich selbst überrascht, daß sie so schnell unterzeichnet haben. Wir haben ihnen offenbar wirklich den Wind aus den Segeln genommen. Wie auch immer – wir haben unser Arrangement. Die Kinder bleiben bei ihrer Mutter, und das Haus gehört Ihnen. Beim Kleingedruckten, auf das ich sie festnageln wollte, haben wir ein bißchen zurückstecken müssen, aber das wäre sowieso nur mehr das Tüpfelchen auf dem i gewesen. Jetzt wird die Scheidung durchgezogen.« Ihr Lächeln weitete sich zu einem Grinsen. »Wir haben den Scheidungsvertrag, Lynn. Jetzt können Sie tun und lassen, was Sie wollen.«

»Und Marc Cameron?«

»Das liegt ganz bei Ihnen.«

22

Sofort nachdem Lynn das Büro verlassen hatte, griff Renee in die Schreibtischschublade, um sich einen Schokoriegel zu genehmigen, mußte jedoch zu ihrer großen Enttäuschung feststellen, daß keiner mehr da war. Hastig sah sie in zwei anderen Schubladen nach und fühlte sich dabei so ähnlich wie eine Alkoholikerin auf der Suche nach einer Flasche. Sie fand nichts. »Verdammt!« Sie lehnte sich auf ihrem Stuhl zurück und kämpfte gegen den Wunsch an, die Beine auf den Schreibtisch zu legen, auf dem eine unbeschreibliche Unordnung herrschte. Die Papiere schienen aus ihm hervorzusprießen wie Unkraut im Garten. Für ihre Füße war kein Platz mehr. »Hah!« lachte sie laut auf, »ich mache mir ja sowieso nur was vor – ich würde es doch nie schaffen, meine Beine da hinaufzuhieven.« Und wenn es ihr gelänge, dachte sie weiter, dann würde sie nicht in der Lage sein, sie je wieder auf den Boden zu setzen. Dazu wäre schon ein Gabelstapler nötig. Die Vorstellung, daß ihre Beine mit Hilfe eines Gabelstaplers von der Schreibtischplatte gehoben wurden, dämpfte ihre gute Laune beträchtlich. Sie war glücklich, ja fast selig gewesen über ihren Triumph. Und es war wirklich ein Triumph, versicherte sie sich, um sich wieder aufzuheitern. Sie hatte Gary Schuster und seinen Anwalt einfach überrannt. Sie hatte ihn gezwungen, Farbe zu bekennen. Sie hatte gewonnen. »Hatte der Schlappschwanz einen Schlappschwanz, als er ging?« hörte sie Philip anklagend fragen. »Ach, darauf habe ich gar nicht geachtet«, hörte sie ihre eigene Erwiderung. Hatte sie wirklich nicht darauf geachtet?

»Ach, Philip, warum kannst du nicht einfach stolz auf mich sein«, jammerte sie. Sie wünschte sich verzweifelt etwas Süßes, das sie sich in den Mund stecken konnte. »Furchterregend« hatte Lynn gesagt. Sie sei »furchterregend« gewesen. »Böse«, korrigierte Philip. Würde sie ihm von ihrem heutigen Sieg überhaupt erzählen? Würde er das Ganze als Triumph oder als Farce betrachten? Sie spielte mit dem Gedanken, ihn anzurufen, ließ es dann aber bleiben. Er war bestimmt gerade mit einem Patienten beschäftigt. Außerdem hatte er Besseres zu tun, als ihren Jubelrufen zu lauschen. »Was hältst du davon, irgendwo ein Eis essen zu gehen?« hörte sie ihn plötzlich wieder sagen und sah ihn vor sich, wie er, in ein Badetuch gehüllt, vor dem Zimmer ihrer Schwester stand. Wie immer, schob sie diese Erinnerung und das Bild ihrer blaß und verängstigt im Bett liegenden Schwester schnell beiseite. »Freu dich doch!« befal sie sich. »Du warst super. Du warst ›furchterregend‹.«

Aber die Erinnerung an die großen grünen Augen ihrer Schwester ließ sie nicht los. Renee nahm den Telefonhörer von der Gabel und wählte die Nummer ihrer Wohnung. Philip wollte abends mit Debbie zu einem Rockkonzert nach West Palm Beach fahren. Vielleicht konnte sie Kathryn überreden, mit ihr auszugehen, nur sie beide. Mit Kathryn stimmte ganz offensichtlich irgend etwas nicht. Es war ihr so gut gegangen, und dann auf einmal war sie wieder bei Null angelangt. Vielleicht hatte sie Schuldgefühle, weil sie so kurz nach Arnies Tod begonnen hatte, das Leben wieder zu genießen. Aber Renee wurde das nagende Gefühl nicht los, daß Kathryn ihr noch immer nicht alles über den Abend seines Todes erzählt hatte, daß sie irgend etwas verschwieg. Vielleicht konnte sie Kathryn dazu bringen, ihr alles zu erzählen.

Renee lauschte dem Tuten des Telefons – fünfmal, sechsmal, siebenmal. Nach dem achten Mal wollte sie auflegen, da meldete sich plötzlich jemand. »Kathryn?« fragte Renee, weil das »Hallo« am Ende der Leitung vor Atemlosigkeit kaum verständlich gewesen war.

»Debbie«, berichtigte die Stimme. »Erkennst du deine dich liebende Stieftochter denn immer noch nicht?«

»Du klingst ganz außer Atem.«

»Ich war gerade im Treppenhaus, als ich das Telefon hörte. Es war ein Wettlauf gegen die Zeit, noch vor dem letzten Klingeln in die Wohnung zu kommen. Meistens klappt es nämlich nicht, weißt du. Der Anrufer legt immer genau dann auf, wenn man endlich am Telefon angekommen ist.«

»Nur gut, daß ich zu denen gehöre, die es lange klingeln lassen.«

»Gut für wen?« fragte Debbie herausfordernd.

Renee ging auf die provozierende Frage nicht ein. »Ist meine Schwester da?« fragte sie. Sie wunderte sich, wo Kathryn wohl steckte. Schließlich hatte sie die Wohnung schon seit Wochen nicht mehr verlassen.

»Ich weiß nicht. Ich bin doch eben erst gekommen, wie ich bereits sagte. Augenblick mal, ich sehe nach.« Der Hörer wurde rüde auf die Küchentheke geknallt, so daß es in Renees Ohr widerhallte; sofort darauf ertönte ein zweites, noch lauteres Geräusch. Renee kombinierte, daß Debbie den Hörer so schlampig auf die Theke gelegt hatte, daß er heruntergefallen war, jetzt am Kabel nach unten hing und nur wenige Zentimeter über dem Boden baumelte. »Außer uns verlassenen Stiefkindern ist keiner daheim«, verkündete Debbie einige Sekunden später.

»Kathryn ist nicht da?«

»Nein, es sei denn, sie versteckt sich unter dem Bett. Vielleicht ist sie weggefahren, um sich ihr Ticket zu kaufen.«

»Welches Ticket? Von was redest du?« Einen Moment lang dachte Renee, Kathryn habe sich entschlossen, Debbie und Philip zu dem Rockkonzert in West Palm Beach zu begleiten.

»Ihr Flugticket nach New York. Ich habe ihr erzählt, daß ich am Freitag heimfliege, und sie hat gesagt, da könne sie ja gleich mit mir zurückfliegen. Weißt du eigentlich schon, daß meine Mom mir ein paar Tage in der verruchten Stadt spendiert, bevor die Schule wieder losgeht?«

Renee ignorierte die Frage. »Kathryn hat nichts davon gesagt, daß sie abreisen will.«

»Kathryn hat dir von vielen Dingen nichts gesagt.«

»Was soll das heißen?«

»Hör mal, Renee, du bist doch angeblich so klug. Find es doch selbst heraus!«

»Ich habe keine Zeit für solche Spielchen, Debbie.«

»Nein? Das ist aber schade. Ich spiele nämlich gern Spielchen. Auf jeden Fall ist sie nicht da.«

»Bist du sicher, daß sie nicht vielleicht auf dem Balkon ist?«

»Sie ist nicht auf dem Balkon, es sei denn, sie baumelt am Geländer.«

Renee wollte schon auflegen, aber Debbies nächste Worte ließen ihr die Hand erstarren. »Entschuldige, hast du etwas gesagt?«

Am anderen Ende der Leitung ertönte ein nervöses Kichern. »Ich sagte, vielleicht versteckt sie sich ja unter *deinem* Bett.«

Dann wurde aufgelegt. »Was, zum Teufel, soll das denn bedeuten?« Renee legte den Hörer auf die Gabel und starrte über den Schreibtisch hinweg dorthin, wo kurz zuvor Lynn Schuster gesessen hatte. Alle Gedanken an ihren »furchterregenden« Sieg waren verschwunden. Was hatte Debbie nur gemeint? Und warum dieser plötzliche Entschluß Kathryns, nach New York zurückzukehren? Was war eigentlich los? Sie meldete sich bei ihrer Sekretärin. »Marilyn, ich gehe jetzt nach Hause.«

»Aber Sie haben in zehn Minuten einen Termin.«

»Streichen Sie ihn.«

»Streichen?«

»Streichen Sie ihn.«

Renee betrat ihre Wohnung und ging gleich in die Küche. »Kathryn?« rufend, öffnete sie den Kühlschrank und griff nach der Plastiktüte mit den Mini-Mars-Riegeln, die ganz hinten lag.

»Sie ist immer noch nicht da«, erklärte Debbie, die ganz leise hinter ihre Stiefmutter getreten war und sie erschreckt hatte. »Kleiner Imbiß, was?«

»Jawohl.« Renee drehte sich um und hielt Debbie auf der flachen Hand zwei Schokoriegel entgegen. »Willst du einen?«

»Nein, danke. Daddy geht mit mir vor dem Konzert zum Essen, da will ich mir nicht den Appetit verderben. Er führt mich ins Troubadour aus. Du erinnerst dich doch noch an das Troubadour, oder? Wir haben damals dort zu Mittag gegessen.«

Renee schloß schweigend die Kühlschranktür.

»Eines muß man dir lassen, Renee – essen kannst du.«

Renee aß einen der beiden Schokoriegel und machte sich dann über den zweiten her.

»Wie kannst du dieses Zeug nur essen? Meine Mutter sagt immer, Zucker zerstört das Gehirn.«

Renee lächelte nur und verspeiste den zweiten Riegel. Sie wußte, daß Debbie sie provozieren wollte, und es bereitete ihr eine perverse Freude, dem Mädchen den Spaß dadurch zu verderben, daß sie sich nicht in Harnisch bringen ließ.

»Warum bist du denn schon so früh da?« fragte Debbie.

»Du hast mir so gefehlt.«

»Ich werde dir fehlen, wenn ich nicht mehr hier bin«, sagte sie. »Ich bin doch der einzige Mensch, mit dem du hier ein bißchen Spaß hast.«

Jetzt mußte Renee lachen. »Ich werde mir Mühe geben, auch ohne dich auszukommen.«

»Wie denn? Indem du so lange ißt, bis du nichts mehr spürst?«

Renee fühlte, daß ihre Wangen rot wurden, als hätte man sie geschlagen. Sie verließ die Küche, ging ins Wohnzimmer, setzte sich auf das weiße Sofa und starrte auf den Ozean hinaus. »Er bezeichnet es als ›Gewichtsproblem‹. Er sagt, daß du ziemlich schlank warst, als ihr euch kennengelernt habt. So weit kann ich mich natürlich nicht zurückerinnern. Ich war da ja noch ein Kind.«

Zum zweitenmal innerhalb von zwei Minuten lachte Renee laut auf. »Du bist nie ein Kind gewesen.« Seltsam, daß der Mensch auch in so großer Verzweiflung noch lachen kann, dachte sie. Sie sehnte sich nach einem dritten Schokoriegel. Sie kämpfte mit sich, ob sie aufstehen und sich einen holen sollte, entschied sich dann aber dagegen. Warum sollte sie Debbie noch mehr Munition liefern? Philip würde bald mit ihr zum Essen gehen – und am Wochenende würde sie endlich weg sein, hurra, hurra! –, und was brachte es denn, so kurz vor dem Ende noch einen Riesenkrach zu inszenieren? Besinn dich auf dein eigentliches Ziel! sagte sie sich und beschloß, es einmal anders zu versuchen.

»Na, war es ein schöner Sommer für dich?«

»Nicht übel.«

»Du hast ein paar neue Freunde gewonnen.«

Debbie zuckte die Achseln. »Kann sein. Du erinnerst dich doch an Alicia Henderson, oder?«

Renees ganzer Körper spannte sich an; ihre Kehle war wie zugeschnürt. »Ja, natürlich.«

»Sie hat mich einmal zum Mittagessen ausgeführt. Wußtest du das?«

»Ja, ich glaube, das hat sie mir erzählt.«

»Es wundert mich, daß sie dir davon erzählt hat. Das war wirklich nett von ihr, findest du nicht?«

Renee zwang sich, ihrer Stieftochter zuzulächeln. Debbie stand neben dem Clarence-Maesele-Gemälde, das an der Nordwand hing. »Sehr nett.«

»Ist das ein Gespräch?« fragte Debbie neckisch. »Führen wir wirklich gerade ein Gespräch miteinander?«

»Versuchen wir doch einfach, nicht allzu heftig zu werden.«

Debbie ging ans Fenster. Renees Blick folgte ihr. »Ja, das lassen wir wirklich besser bleiben, bei den vielen überschüssigen Pfunden, die du mit dir herumschleppst. Es könnte deinem Herzen schaden.«

Renee stand sofort auf. Genug war genug. »Das reicht!«

»Warte«, rief Debbie, und Renee blieb stehen, obwohl sie wußte, daß es besser wäre, weiterzugehen. »Es tut mir leid«, murmelte Debbie. »Es war nur ein Scherz. Ich wußte nicht, daß du so empfindlich bist. Komm, Renee, setz dich wieder hin. Wo bleibt dein Humor?«

Renee lächelte. Debbie entschuldigte sich genauso, wie ihr Vater es immer tat. Beide sagten, es tue ihnen leid, ließen sie aber gleichzeitig wissen, daß sie selbst schuld sei. Sie war zu empfindlich; sie hatte keinen Humor. Renee setzte sich wieder. Sie konnte nicht gewinnen. Wohin sollte sie denn auch gehen?

»Ich heiße Renee, das reimt sich mit Bikini«, sagte sie – wie zum tausendstenmal kam es ihr vor. Vielleicht war es tatsächlich schon das tausendstemal.

»Du magst mich nicht besonders, stimmt's?« In Debbies Stimme schwang ein aufrichtiger Ton mit, der Renee überraschte. War das denn wirklich noch zu bezweifeln?

Renee überlegte sich die Antwort ganz genau. »Nein«, sagte sie schließlich. Sie hatte sich für Ehrlichkeit entschieden.

»Warum denn nicht?«

»Ach, weißt du, Debbie«, sagte Renee mit denselben Worten, die das Mädchen vorhin am Telefon zu ihr gesagt hatte, »du bist doch angeblich so klug. Find es doch selbst heraus!«

Debbie zuckte die Achseln, wandte Renee das Profil zu und sah auf den weiten Ozean hinaus. »Kathryn hat dir also nichts davon gesagt, daß sie abreisen will?«

»Nein.« Weshalb sich darum herumdrücken?

»Das ist aber doch merkwürdig, findest du nicht? Ich meine, angeblich hattet ihr doch immer ein so enges Verhältnis.«

»Wahrscheinlich hat sie sich ganz spontan dazu entschlossen. Vielleicht hat sie Angst, sie sei schon länger hier, als es uns recht ist, und als sie erfuhr, daß du nach Hause fliegst, dachte sie sich eben, das sei der richtige Zeitpunkt für ihre Abreise, nehme ich an.«

»Wirst du versuchen, es ihr auszureden?«

»Wenn ich kann.«

»Warum eigentlich?«

Die Frage erstaunte Renee. »Warum?«

»Wenn sie gehen will, dann laß sie doch.«

»Ich glaube nicht, daß es Kathryn zur Zeit besonders gut geht. Ich bezweifle, daß sie in der Lage ist, irgendwelche größeren Entscheidungen zu treffen.«

»Eine ganze Weile schien es ihr sehr gut zu gehen.«

»Ja, ich weiß, aber...«

»Was, glaubst du, ist passiert, daß sie sich so verändert hat?«

»Ich glaube, sie ist einfach müde«, sagte Renee, und der Ton ihrer Stimme verriet, daß sie über dieses Thema nicht weiterreden wollte. Sie hatte sich diese Frage in den vergangenen Wochen selbst oft genug gestellt, und gerade mit Debbie wollte sie darüber nicht debattieren. »Ich glaube, *ich* bin auch müde. Ich werde mich ein bißchen hinlegen.«

»Vielleicht sollte mein Vater mit ihr sprechen.«

»Was?«

»Ich sagte, vielleicht sollte mein Vater mit ihr sprechen. Ich wette, daß er sie dazu bringen könnte, es sich noch einmal zu überlegen. Er könnte sie zum Bleiben überreden.«

»Ja, vielleicht.«

»Vielleicht aber auch nicht.«

Renee hatte das Gefühl, ein Gespräch zu führen, in dem alle wichtigen Informationen zurückgehalten wurden. Allmählich verlor sie die Geduld. Sie wurde wütend. »Willst du mir damit irgend etwas sagen?«

»Was sollte ich dir schon sagen wollen?«

»Ist mir auch scheißegal«, erwiderte Renee und stand auf, um ins Schlafzimmer zu gehen.

»Du hast mir immer noch nicht gesagt, warum du mich nicht magst«, sprach Debbie weiter, bevor Renee das Zimmer verlassen hatte.

»Ich bitte dich, Debbie, ich weiß wirklich nicht, was das soll.«

»Ich reise in ein paar Tagen ab. Vielleicht siehst du mich nie wieder. Jetzt hast du die Gelegenheit, die Sache einmal klarzustellen.«

Renee befahl sich selbst, weiterzugehen und zu schweigen – einen würdevollen Abgang zu inszenieren, solange das noch möglich war. Statt dessen blieb sie vor der Wohnzimmertür stehen und drehte sich langsam um. Hör jetzt auf! schrie es in ihren Gedanken. Sag nichts! Aber es war schon zu spät.

»Ich habe versucht, dich liebzugewinnen, Debbie. Ich habe es wirklich versucht.«

»Aber...?«

»Aber du machst es einem so verdammt schwer.«

»Wieso denn?«

»Ich glaube, daß du das selbst weißt.«

»Sag es mir trotzdem.«

Renee betrachtete die Tochter ihres Mannes. War das Debbies Art, alles wiedergutzumachen? Wollte sie reinen Tisch machen, damit sie beide im nächsten Sommer ganz von vorn anfangen konnten? Hatte Philip mit ihr geredet und ihr geraten, sich anders zu benehmen? Streckte das Mädchen ihr tatsächlich die Hand entgegen? Sollte dieses chaotische Gespräch wirklich in einer tränenreichen, ehrlich gemeinten Umarmung enden? »Ich habe versucht, an dich heranzukommen, Debbie«, begann Renee. »Ich habe versucht, deine Freundin zu werden. Ich weiß, daß ich nicht so viel da bin, wie ich dasein sollte, aber ich habe dir vorgeschlagen, daß wir uns immer mal wieder Zeit nehmen, um gemeinsam etwas zu machen. Meine Einladungen nimmst du nie an. Du gibst mir immer das Gefühl, daß du nicht viel mit mir zu tun haben willst.«

»Vielleicht ist das deine eigene Paranoia.«

»Vielleicht. Aber sehe ich das denn wirklich falsch?«
Debbie schwieg. Sie blies die Backen auf und ließ die Luft mit einem leisen Knall entweichen. »Was sonst?«
»Na gut. Jetzt habe ich schon mal angefangen, da kann ich auch gleich alles sagen«, sprach Renee weiter. Sie kehrte ins Wohnzimmer zurück und ging auf ihre Stieftochter zu.
»Genau«, pflichtete Debbie ihr bei.
»Ich denke, daß...«
»Ich habe das Gefühl«, korrigierte Debbie sie.
»Was?«
»Du mußt ›Ich habe das Gefühl‹ sagen. Das Wort ›denken‹ kann leicht zur Polemik mißbraucht werden. Jedenfalls sagt Daddy das immer.«
»Ach.« Irgendwo in weiter Ferne hörte Renee Alarmglocken schrillen, aber sie beachtete sie nicht. »Okay, dann eben: Ich habe das *Gefühl*, daß du mich und die Tatsache, daß ich mit deinem Vater verheiratet bin, ablehnst und daß du während deiner Aufenthalte hier alles in deinen Möglichkeiten Stehende tust, um Spannungen zwischen Philip und mir aufkommen zu lassen. Oder irre ich mich?«
Debbie preßte die Lippen zu einer dünnen Linie zusammen, die nichts weiter ausdrückte als die reine Möglichkeit, daß Renee recht hatte. Diese Linie war das bildliche Äquivalent der Worte »Ich weiß nicht«.
»Debbie, nichts würde mich glücklicher machen, als wenn wir beide Freundinnen wären. Ich habe mir immer eine Tochter gewünscht...«
»Warum hast du dann keine?«
»Ich weiß es nicht. Es ist einfach anders gekommen. Dein Dad fand den Zeitpunkt nicht richtig, und deshalb...«
»Deshalb dachtest du dir, du könntest *meine* Mutter sein. Ich habe aber schon eine Mutter.«
»Das weiß ich. Ich hatte nie die Absicht, ihre Stelle einzunehmen.«
»Das könntest du auch nicht, und wenn du dich noch so sehr anstrengen würdest.«

»Ich will ihre Stelle nicht einnehmen.« Renee hob die Hände in die Luft. »Hör mal, dieses Gespräch war deine Idee. Wenn es die Probleme nur noch vergrößert, dann sollten wir das Ganze wohl besser abblasen, bevor wir uns noch Dinge an den Kopf werfen, die wir beide später bereuen würden.«

»So machst du es mit allem, was, Renee? Wenn du dich mit einer Sache nicht auseinandersetzen willst, dann tust du einfach so, als ob es das Problem gar nicht gäbe.«

»Das führt doch zu nichts.«

»Ignorier einfach die Probleme, dann verschwinden sie schon«, beharrte Debbie. »Ignorier mich lang genug, dann fliege ich vielleicht bald wieder heim. Ignorier die Frauen, vielleicht hauen sie dann ab.«

Renee stand regungslos da. »Wovon redest du da? Welche Frauen?«

»Du weißt ganz genau, welche Frauen«, sagte Debbie langsam und deutlich. »Philips Frauen.«

»Entschuldige bitte. Ich gehe jetzt in mein Zimmer und lege mich hin...«

»Alicia Henderson zum Beispiel«, höhnte Debbie. Sie ging ihrer Stiefmutter durch das Wohnzimmer nach.

»Halt den Mund, Debbie«, sagte Renee, ohne stehenzubleiben, ohne sich umzudrehen, förmlich auf der Flucht vor dem Kind ihres Mannes.

»Oder deine Schwester, beispielsweise.«

Renee blieb so abrupt stehen, als wäre sie gegen eine Mauer gerannt. Der Aufprall ließ sie zurücktaumeln, in ihrem Kopf drehte sich alles. »Wovon redest du da?«

»Von meinem Vater und von deiner Schwester«, sagte Debbie trocken; es klang wie ein Achselzucken. Renee wandte sich ganz langsam um. »Sie haben miteinander geschlafen, wenn du nicht da warst. Hier, in dieser Wohnung. Ach, komm« – sie lachte gekünstelt – »schau doch nicht so verdattert drein. Es ist doch unmöglich, daß du das nicht gewußt hast...«

Renee sah ihren Mann vor dem Zimmer ihrer Schwester stehen, ein Handtuch lässig um die Hüften geschlungen. »Was hältst du davon, irgendwo ein Eis essen zu gehen?« hatte er gesagt. Nein!

»Du lügst.«

»Ich habe sie zusammen gesehen.«

»Ich glaube dir nicht.«

»Sie waren in Kathryns Zimmer. Ich bin eines Nachmittags früher zurückgekommen als geplant. Sie haben mich nicht mal gehört. Die waren ganz schön zugange!«

»Ich verschwinde jetzt.«

»In seiner Praxis haben sie es auch miteinander getrieben, jede Wette. Da ist sie vielleicht sogar gerade. Yeah, wahrscheinlich ist sie jetzt dort – auf dieser hübschen, bequemen Couch – und fickt mit meinem Vater.«

Renee rutschte die Hand aus; sie verpaßte Debbie eine schallende Ohrfeige. Das Mädchen stöhnte auf. Sofort sprangen große Tränen aus ihren Augen und flossen die Wangen hinab. Renees ganzer Körper vibrierte wie eine Stimmgabel; dann wurde er völlig gefühllos.

»Und kannst du ihm das zum Vorwurf machen?« schrie das Mädchen. »Schau dich doch an! Ich finde es erstaunlich, daß er überhaupt deinen Anblick erträgt. Kein Wunder, daß er sich andere Frauen sucht. Kein Wunder, daß er oft so spät heimkommt und sich immer mal wieder ein schnuckeliges kleines Lunch mit Alicia Henderson gönnt.«

Renee hörte schweigend zu. Was sie gerade eben getan hatte, erschreckte sie selbst viel zu sehr, als daß sie den wütenden Wortschwall, den ihr Schlag ausgelöst hatte, unterbrechen konnte.

»Meinen Vater kann ich verstehen«, sagte Debbie, die jetzt gar nicht mehr aufhören konnte. »Aber dich nicht. Du bist doch angeblich so verdammt klug. Wie kannst du es da zulassen, daß mein Vater dir das antut? Hast du denn gar keine Selbstachtung? Wie kannst du es dulden, daß er eine Affäre nach der anderen hat? Weißt du denn nicht, daß schon die ganze Stadt über dich lacht? Die berühmte Scheidungsanwältin, deren eigener Ehemann sie hinten und vorn betrügt! Warum läßt du dir das gefallen? Auf was wartest du eigentlich? Mein Vater hat mit deiner Schwester geschlafen! Und du hast es die ganze Zeit gewußt, stimmt's? Du hast nur so getan, als würde es nicht wahr sein. Du hast es gewußt!«

Renee sah ihre Schwester im Bett sitzen, den weißen Bezug bis zum Kinn hinaufgezogen, um ihre Blöße zu verbergen, das Gesicht von der besorgten Renee abwendend. Sie sah Philip im Gang, frisch geduscht, nackt, bis auf das Handtuch.

»Was hältst du davon, irgendwo ein Eis essen zu gehen?« hatte er gefragt. »Hallo, Kathryn, ich wußte gar nicht, daß du da bist.« Und irgend etwas in der Luft, ein moschusartiger Geruch, der wie auf Befehl wieder verschwunden war. Der feine Duft der körperlichen Liebe, den zu erkennen sie sich geweigert hatte und den Debbie ihr jetzt ins Gesicht rieb.

Sie glaubte gehört zu haben, daß eine Tür geöffnet und wieder geschlossen worden war, aber es hatte so weit entfernt geklungen, und Debbies Stimme war so nah und so erbarmungslos.

»Was willst du dir noch alles bieten lassen?« schrie Debbie gerade, als im Gang eine Gestalt auftauchte. »Warum sagst du ihm nicht einfach, er soll sich zum Teufel scheren?« Sie machte eine Pause und holte tief Luft. Die Gestalt kam näher. »Und warum sagst du *mir* nicht, daß ich mich zum Teufel scheren soll?«

Kathryn trat aus dem Schatten.

»Was ist denn los?« fragte sie leise.

Renee starrte in das erstaunte Gesicht ihrer Schwester. Sie betete immer noch, das alles möge nicht wahr sein, aber sie wußte, daß es wahr war. Sie fühlte sich leer, ausgehöhlt, als hätte man ihr die Eingeweide herausgenommen.

»Das kannst wohl du mir am besten sagen.«

»Ich verstehe nicht...« sagte Kathryn. Dann schwieg sie.

»Ich auch nicht«, sagte Renee trocken. »Ist es wahr?«

Kathryn erwiderte nichts. Ihr Blick schoß hin und her zwischen ihrer Schwester und Debbie, die wie versteinert dastand und sich nicht zu bewegen wagte.

»Ist es wahr?« wiederholte Renee ohne jede Erläuterung.
Kathryn ging an beiden vorbei ins Wohnzimmer, ließ sich auf das weiße Sofa fallen und sah hinaus aufs Meer, so wie Renee es kurz zuvor getan hatte.

»Ist es wahr?« fragte Renee zum drittenmal. »Ist es wahr? Hast du mit Philip geschlafen?«

Kathryn wirkte so verwirrt und völlig hilflos, als wäre sie gerade Zeugin eines Mordes geworden und stünde dem Täter jetzt ohne Hoffnung auf Entkommen gegenüber.

»Ich kenne die Antwort bereits«, sagte Renee, als deutlich geworden war, daß Kathryn nicht sprechen wollte oder konnte. »Aber ich will, daß du es mir sagst.«

»Warum?« fragte Kathryn mit schmerzverzerrter, leiser Stimme.

»Weil ich es wahrscheinlich doch nicht glauben kann, bevor ich es aus deinem Mund gehört habe.«

Es entstand ein endlos langes Schweigen. Endlich begann Kathryn zu sprechen.

»Ich wollte nicht, daß es passiert«, flüsterte sie. Renee sackte zusammen. Ein Schrei entwich ihrem Mund, und sie hielt sich den Bauch, als hätte man ihr in den Magen gestoßen. Debbie trat an die Wand zurück. Keine der drei Frauen schien zu atmen. »Ich kann dir nicht sagen, warum es passiert ist«, sprach Kathryn ängstlich, flehentlich weiter. »Ich weiß nicht mal, *wie* es passieren konnte. Ich liebe dich. Du bist meine Schwester. Du bist alles, was ich habe. Ich wollte dir nie weh tun.«

»Warum hast du es dann getan?« Die Frage war quälend in ihrer Einfachheit. Renee tastete nach der Lehne des weißen Sessels und ließ sich auf das weiche Kissen fallen. Warum war sie eigentlich noch hier? Warum ging sie nicht einfach? Hatte Debbie sie nicht genau das gefragt?

»Ich war so unglücklich, so durcheinander«, sagte Kathryn. Man merkte, daß sie sich die Worte erst während des Sprechens zurechtlegte. »So verängstigt. Ich hatte solche Schuldgefühle wegen Arnies Tod. Ich wußte nicht, ob ich leben oder sterben wollte. Ich hielt Philip für meinen Freund.« Sie senkte den Kopf, und als sie ihn wieder hob, sah sie noch verwirrter drein. »Er war so nett zu mir. Ich dachte, er weiß, was ich durchmache...«

»Mein Gott, er ist Psychotherapeut! Das ist sein Job!«

»Ja, vielleicht. Und vielleicht hat er ja am Anfang auch nur versucht, mir zu helfen. Aber dann ist es anders geworden. Oder vielleicht war es auch von Anfang an da. Ich weiß es nicht. Ich weiß nicht, was in ihm vorging. Ich weiß nur, daß *ich* mich besser fühlte, wenn er in meiner Nähe war. Er gab mir Sicherheit.«

Renee spürte, daß ihr Gefühl, betrogen worden zu sein, sich in Ärger und schließlich in Wut verwandelt hatte.

»Und das hast du dann ausgenützt...«

»Nein!« Kathryns Stimme war plötzlich ganz fest. »Ich habe es nicht ausgenützt. Ich war es nicht!«

»Was willst du damit sagen? Daß mein Mann dich verführt hat? Daß er so dumm und unsensibel gewesen sein soll, meine eigene Schwester auszunützen?«

»Ich sage ja nicht, daß er allein es war«, stotterte Kathryn, den Blick zu Boden gerichtet. »Ich weiß, ich hätte nein sagen können. Ich weiß, ich hätte ihn davon abhalten können. Aber ich wußte nicht, wie. Ich wußte nicht, was ich tun sollte. Eines Nachmittags kam er früher von der Arbeit heim, und ich war da. Debbie war den ganzen Tag unterwegs. Wir unterhielten uns. Er begann, mir den Rücken zu kraulen. Er sagte, ich müsse mich entspannen, und er wüßte, was zu tun sei, damit es mir besser gehe. Ich war so durcheinander. Er war doch so nett zu mir gewesen. Er hatte soviel Verständnis für mich gehabt...«

»Das hast du bereits gesagt.«

»Ich sage ja nicht, daß er allein schuld ist. Ich weiß, daß ich genauso Schuld habe wie er...«

»Du hast ihn verführt! Du hast etwas gesehen, was du wolltest, und das hast du dir geholt. Du warst einsam und unglücklich und wahrscheinlich mehr als nur ein bißchen eifersüchtig. Und es war dir völlig egal, wer dabei verletzt werden könnte oder welchen Schaden du damit anrichten würdest, wenn nur du dich dabei gut fühltest. Wenn du nur bekommen konntest, was du wolltest!«

»Nein, das stimmt nicht. Es war nicht das, was ich wollte.«

»Wie oft wolltest du es denn nicht, Kathryn? Einmal? Zweimal? Fünfmal? Zehnmal? Wußtest du, daß Debbie eines Tages heimgekommen ist und euch beide gesehen hat?«

»O Gott!« Kathryn schloß die Augen. Sie wiegte den Oberkörper hin und her. Es sah aus, als würde sie jeden Augenblick in Ohnmacht fallen.

»Und dann dieser denkwürdige Nachmittag, an dem ich das Eis bekam, das für dich gedacht gewesen war!«

»O Gott, o Gott. Es tut mir so leid. Bitte, sag mir doch, was du von mir hören willst«, schrie Kathryn. Ihr Gesicht sah aus, als würde es sich gleich auflösen. »Bitte, sag es mir! Was willst du von mir hören?«

»Ich will nur die Wahrheit hören. Ich will, daß du zugibst, meinen Mann ganz bewußt verführt zu haben. Daß du seine Freundlichkeit und Fürsorglichkeit ausgenützt und in ihr Gegenteil verkehrt hast...«

»Nein. Du bist diejenige, die hier die Tatsachen in ihr Gegenteil verkehrt. Ich wollte nie, daß es passierte. Mir wurde schlecht, wenn ich nur daran dachte. Jedesmal, wenn er mich berührte, wäre ich am liebsten gestorben.«

»Aber du bist nicht gestorben, oder?« Renee sprang auf, packte die vernarbten Handgelenke ihrer Schwester und hielt sie wütend hoch. »Du stirbst doch nie.« Sie ließ Kathryns Arme wieder los, sie fielen hinab. »Du Arschloch!« schrie sie und brach in Tränen aus. »Du Arschloch!« Dann rannte sie, Debbies verdutztes Gesicht nur aus den Augenwinkeln wahrnehmend, zur Wohnungstür und ins Treppenhaus. Erst als sie hinter dem Lenkrad ihres Wagens saß und sich die Tränen mit dem Handrücken abwischte, wurde ihr bewußt, daß sie Debbie lächeln sehen hatte.

23

»Wohin soll's denn gehen?« fragte er, als er sich auf dem Beifahrersitz ihres Wagens niederließ.

Lynn sah zu Marc hinüber und schenkte ihm ihr schönstes Mona-Lisa-Lächeln, aber sie schwieg. Ihr war nicht nach Reden zumute.

»Ich nehme an, daß heute nachmittag alles glattgegangen ist«, sprach er weiter.

»Gary hat die Scheidungsvereinbarung unterschrieben«, erklärte Lynn, weil sie das Gefühl hatte, ihm diese Auskunft schuldig zu sein. Während des Telefongesprächs am frühen Abend hatte sie nichts gesagt, außer daß sie einen Babysitter gefunden habe und Marc in einer Stunde abholen werde.

»Apropos unterschreiben«, sagte Marc, »ich habe heute auf meine Vollmacht über das Vermögen meines Vaters verzichtet.« Lynn warf ihm einen fragenden Blick zu, schwieg aber. »Es ist *sein* Geld. Warum sollte ich kontrollieren dürfen, wie er es ausgibt? Wenn er seinen Pflegeschwestern Reisen nach Griechenland spendieren will, ist das seine Sache. Wenn er sich einen ganzen Wagenpark von himmelblauen Lincoln-Kabrios zulegen will – welches Recht habe ich, ihm den Spaß zu verderben? Ich weiß nicht. Ich hatte einfach kein gutes Gefühl dabei, ihn so zu entmündigen. Außerdem, wenn ich brav bin, borgt er mir ja vielleicht mal sein Auto. Na, was meinst du? Hast du Lust, am Samstag mit mir rauszufahren und zu sehen, ob er uns eine Runde damit drehen läßt?«

Lynn hielt den Blick auf die Straße gerichtet und schwieg. Sie wollte sich nicht über seinen Vater unterhalten. Sie wollte überhaupt nicht reden.

»Willst du mir nicht sagen, wohin du fährst?« fragte er nach einigen Minuten.

»Ich dachte mir, wir feiern meinen Sieg.« Ihre Stimme hatte einen schneidenden Unterton, den sie einfach nicht verbergen konnte.

»Ist irgendwas?«

»Warum fragst du?«

»Na, was ich dir über meinen Vater erzählte, hat dich ja ganz offensichtlich nicht interessiert, und du klingst fast ein bißchen... ich weiß auch nicht... sauer.«

»Warum sollte ich sauer sein?«

»Ich weiß nicht. Bist du's denn?«

»Natürlich nicht. Ich habe doch bekommen, was ich wollte, oder?«

»Ich weiß nicht. Hast du es wirklich bekommen?«

»Könnten wir diesen albernen Schlagabtausch jetzt bitte beenden?« fragte Lynn mit gepreßter Stimme. »Tut mir leid. Mir ist einfach nicht nach Reden zumute.«

»Sind wir bald da?« fragte er. Sie wußte, daß er auf ein Lächeln hoffte, und sie gab sich Mühe, ihm den Gefallen zu tun, indem sie ihre Mundwinkel so hinaufzog, daß ein Zwischending zwischen einem Grinsen und einer Grimasse entstand. Marc legte den Kopf an die Rücklehne und schloß die Augen.

Lynn versuchte sich auf die Straße zu konzentrieren und hielt das Lenkrad mit beiden Händen fest umkrampft. Warum hatte er gesagt, sie klinge sauer? Was sollte das heißen? Sie klang überhaupt nicht sauer. Warum, um alles in der Welt, sollte sie sauer sein? Sie hatte doch gewonnen, oder etwa nicht? Sie durfte ihre Kinder und ihr Haus behalten. Sie hatte Garys Drohungen aufgegriffen und gegen ihn gerichtet. Und war das nicht herrlich befriedigend gewesen? Sein Gesichtsausdruck, als er erfuhr, daß er nicht Suzettes erster Seitensprung war! Schon das allein wog die Angst beinahe auf, die sie seinetwegen ausgestanden hatte. Warum sollte sie keine Befriedigung darüber empfinden, daß er so gedemütigt worden war?

Sie ließ noch einmal Revue passieren, was sie in den vergangenen Wochen wegen Gary alles durchgemacht hatte. Wie war es nur möglich, daß er bereit gewesen war, ihre gemeinsamen Kinder auf so grausame Weise gegen sie zu benützen? Welche Wut mußte sich in all den scheinbar so glücklichen Ehejahren in ihm angestaut haben, daß er imstande war, ihr so weh zu tun! Wie hatte er nur so gehässig sein können? War es nicht verletzend genug, daß er sie wegen einer anderen Frau verlassen hatte? War es da noch nötig gewesen, sie – sie *beide* – der Quälerei dieses Nachmittags auszusetzen? Wie lange würde es dauern, bis sie ihn nicht mehr nur mit Verachtung ansehen können würde? Wieviel Zeit mußte vergehen, bis sie den Vater ihrer Kinder an der Tür *ihres* Hauses anders als mit gekünstelter Fröhlichkeit begrüßen konnte? Und in welchem Zusammenhang stand ihre Wut auf Gary mit dem Rendezvous mit Marc heute abend? Verfluchter Kerl, dachte sie, sah zu Marc hinüber und fragte sich, welchen von beiden sie da eigentlich verdammte. Wie konnte er es wagen, zu behaupten, sie sei sauer!

»Wir sind da«, sagte sie, während sie das Auto in eine enge Lücke zwischen einem neuen Sportwagen und einem alten Straßenkreuzer parkte.

Marc öffnete die Augen und sah sich um. »Lynn...«

»Los!« Bevor er noch etwas sagen konnte, war sie schon ausgestiegen.

»Lynn, was sollen wir hier?«

»Es war deine Idee, erinnerst du dich nicht mehr?« Lynn holte tief Luft, ging an ihm vorbei in die Rezeption des Starlight Motel und versuchte ganz bewußt, das überraschte Gesicht gebührend auszukosten, das Marc machte, als sie um ein Zimmer bat und lässig vierzig Dollar auf die Theke warf. »Wahrscheinlich ist es nicht dasselbe Zimmer, das sie hatten«, erklärte sie, während sie eilig an den Außentüren der einzelnen Motelzimmer vorbeischritt, »aber es wird seinen Zweck erfüllen.« Sie steckte den großen, unhandlichen Schlüssel ins Schloß und drückte die Tür auf.

Während sie die Tür zuzog, knipste Marc das Licht an. Die zwei Lampen über den beiden großen Doppelbetten und die kleine auf der Kommode leuchteten auf und erhellten das übliche, in Beige und Braun gehaltene Standardzimmer. Im gegenüberliegenden Eck stand neben einem kleinen runden Tisch ein großer Fernsehapparat. Die dunklen Vorhänge waren zugezogen. »Sieht aus wie meine Wohnung«, sagte Marc mit schiefem Lächeln.

»Mach das Licht aus«, befahl sie.

»Was immer die Dame wünscht.« Plötzlich lag der Raum im Dunkeln.

»Sag nichts!«

Plötzlich lag sie in seinen Armen, drückte sich an ihn, betastete sein Gesicht, strich mit den Fingern über seinen Bart. Sie preßte ihre Lippen auf seinen Mund und öffnete ihn mit ihrer Zunge. Ich habe ihn ganz klar überrumpelt, dachte sie. Als sie an seiner Jacke zerrte und sie ihm von den Schultern zog, so daß er die Arme nicht mehr bewegen konnte, geriet er fast ins Stolpern.

»Nicht so wild«, sagte er. Er versuchte, ihre Küsse zu erwidern, auf ihre Leidenschaftlichkeit zu reagieren, aber es gelang ihm nicht, irgendeinen Rhythmus bei ihr zu erkennen und vorherzusehen, was sie als nächstes tun würde.

»Wenn es nicht wild hergeht, macht es keinen Spaß«, sagte sie mit Renees Worten. »Ich will es wild.« Wieder bedeckte sie seine Lippen mit den ihren, während er seine Arme aus den Jackenärmeln zu befreien versuchte. Sie fingerte an seinen Hemdknöpfen herum, aber sie war zu ungeduldig und bekam sie nicht auf. Sie fühlte, daß er hinunterlangte, das Hemd aus dem Hosenbund zog und ihre Finger beiseiteschob, um die Knöpfe selbst zu öffnen. Als das getan war, hatte er Bewegungsfreiheit genug, sie zu umarmen, ihr die

Hände auf den Rücken zu legen, sie festzuhalten und zu bändigen. Sie löste sich aus seinem Griff, trat einen Schritt zurück, wartete nicht auf ihn, sondern zog sich den blauen Pulli über den Kopf, hakte den BH auf und legte sich Marcs Hände auf die nackten Brüste.

Er brauchte keine weitere Ermunterung. Er hob sie auf und legte sie auf das erste der beiden Doppelbetten, schüttelte sich die Schuhe von den Füßen und zog ihr die Sandalen aus. Dann legte er sich neben sie aufs Bett, küßte sie zärtlich und streichelte sanft die Kurven ihres Körpers. Hastig rollte Lynn sich auf ihn. Sie wollte es nicht sanft und zärtlich und langsam. Sie wollte es wild und heftig und schnell, damit sie es hinter sich hatte.

Sie wollte hart genommen werden, derb, damit keine Zeit zum Nachdenken blieb und keine Zeit, um irgend etwas zu fühlen. Sie tastete sich zu seiner Gürtelschnalle vor und zog ungeduldig daran, bis sie sich löste. Sie öffnete den Hosenknopf und zog den Reißverschluß auf. Dann griff sie hinein und umschloß ganz fest seinen Penis.

Er zuckte bei der Berührung zusammen. »Hey, nicht so wild!«

Sie beachtete ihn nicht, sondern begann seinen Penis zu massieren, als wäre er ein Stück Plastilin. Aber je mehr sie sich anstrengte, um so weicher wurde er. Was war los? Sie merkte, daß er sie wegzuschieben versuchte, daß er es langsamer haben wollte, aber sie ließ es nicht zu. War ihm denn nicht klar, daß zärtliche Liebkosungen jetzt nicht am Platz waren? Daß sie das nicht wollte? Was war nur los mit ihm? Warum reagierte er nicht auf sie?

Sie öffnete den Reißverschluß ihrer Hose, zerrte sie an den Hüften hinunter, schüttelte sie ab und führte Marcs Hand zwischen ihre Beine. Was war los mit ihm? Warum war er nicht erregt? Sie tat doch alles, was man von ihr erwartete. Gary hatte es immer gemocht, wenn sie die Führung übernahm. Sie senkte den Kopf und versuchte, Marcs Penis in den Mund zu nehmen.

»Du tust mir weh, Lynn«, flüsterte er, legte eine Hand auf ihre Schulter und versuchte ihren Kopf wegzuschieben.

»Was ist denn?« fragte sie verärgert und bemühte sich weiter, ihn zur Erektion zu bringen.

»Ich bin kein Punchingball, Lynn«, sagte er, wich ihrem Griff aus, setzte sich auf und bedeckte – schützte? – sich mit den Händen.

»Ich dachte, du wolltest mit mir schlafen.«

»Aber ja.«

»Den Eindruck machst du aber nicht.«

»Du gibst mir ja keine Chance.«

»Wieviel Chancen brauchst du denn noch?« Lynn vergrub das Gesicht in den Händen und versuchte die Tränen zurückzuhalten. »Was ist denn bloß, Marc?«

»Die Antwort darauf solltest du mir geben.«

»Ich dachte, du hättest das gewollt. Du hast es doch gesagt, als wir uns zum erstenmal sahen. Du hast gesagt, daß du mit mir in ein Motelzimmer willst, am besten in dasselbe Zimmer und in dasselbe Bett...«

»Ich weiß, was ich gesagt habe.«

»Ja, und? Jetzt verwirklichen wir es. Zumindest sind wir nahe dran.«

»Und was habe ich noch gesagt?«

Lynn starrte hilflos in die Dunkelheit. Was hatte er nur? Warum bestand er darauf, daß sie sich unterhielten? Sie wollte nicht reden. Das hatte sie ihm doch schon einmal gesagt.

»Was habe ich noch gesagt?« wiederholte er hartnäckig.

»Ist das ein Quiz, oder was? Kriege ich einen Preis, wenn ich die richtige Antwort sage?«

»Ich habe dir außerdem gesagt, daß ich mich in dich verliebt habe. Bedeutet dir das gar nichts?«

»Ich will nicht über Liebe reden.«

»Du willst Liebe *machen*, aber nicht darüber reden?«

»Genau. Genau das will ich.«

»Du willst keine Zeit mit Sprechen verschwenden.« Es war eine Feststellung, keine Frage.

Lynn nickte. Sie hörte wachsenden Ärger aus seiner Stimme heraus.

»Du willst es heftig und vulgär und schnell, damit es vorbei ist?«

»Mach's doch einfach! Hör auf, darüber zu reden!«

»Sag mir ganz genau, was ich tun soll.«

»Tu, was du willst. Aber tu's endlich.«

»Nein. Du hast hier das Kommando. Du sagst mir, was ich tun soll.«

Lynn wurde sich bewußt, daß sie beide schrien; sie befürchtete, daß man sie im Nachbarzimmer hören konnte. »Ich will, daß du mit mir schläfst«, flüsterte sie.

»Nein, das willst du gar nicht.« Er nahm ihre Hand und führte sie wieder zwischen seine Beine. »Ich zeige dir, was du willst«, sagte er verärgert, »und das hat überhaupt nichts mit Liebemachen zu tun.«

Er schubste sie auf das Kissen zurück, zerrte ihr den Tanga-Slip grob von den Hüften und spreizte ihre Beine. »Ist es das, was du willst? Ja? Denn wenn es das ist, dann werde ich dir den Gefallen gerne tun. Ich bin kein Heiliger, Lynn, und wenn das der einzige Weg ist, dich zu bekommen, dann beschreite ich ihn eben. Du willst nicht über Liebe reden? Gut. Dann klären wir das mal ab. Du willst nicht mit mir schlafen. Du willst ficken! Oder stimmt das etwa nicht? Komm, antworte mir! Ist es das, was du willst? Denn wenn du das willst, mußt du es mir sagen. Willst du, daß ich dich ficke? Willst du das wirklich? Sag's mir! Willst du das?«

»Ja! Nein! Mein Gott, ich weiß es nicht«, rief sie, rollte sich zur Seite, zog die Knie ans Kinn und krümmte sich zusammen wie ein Ungeborenes im Bauch der Mutter. »O Gott, ich weiß es nicht! Ich weiß es nicht!« Sie begann zu schluchzen. Er nahm sie in den Arm und bedeckte ihre zuckenden Schultern mit seinem Körper.

»Ist ja gut, Lynn. Ist ja alles gut. Es tut mir leid. Es ist ja gut.«

»Gar nichts ist gut. Ich weiß nicht mehr, was ich tue. Ich

weiß nicht einmal mehr, wer ich bin. Ich erkenne mich selbst nicht mehr, wenn ich in den Spiegel sehe.«

Er küßte ihren Nacken. »Ist ja gut. Alles wird wieder gut.«

Es kam Lynn vor, als wäre eine lange Zeit vergangen. Sie setzte sich auf, warf das Kissen zur Seite und kroch unter die Tagesdecke. »Ich möchte dir von heute nachmittag erzählen.«

Marc langte zum zweiten Bett hinüber, zog die Tagesdecke ab und legte sie Lynn um die Schulter, so daß sie fast darin verschwand. Dann lehnte er sich mit dem nackten Rücken an die Wand. »Ich höre.«

Wieder entstand eine lange Pause, bevor sie sprach. »Ich habe etwas getan, auf das ich nicht sehr stolz bin.« Sie drehte sich um und sah ihn an. Marc schwieg, saß ganz ruhig da, sah Lynn unverwandt an, wartete darauf, daß sie weitersprach. »Ich habe meiner Anwältin berichtet, was du mir über Suzettes Affären erzählt hast.« Sie wartete einen Augenblick, aber Marc sagte nichts. »Sie hat diese Information benützt und Gary damit von seiner Drohung abgebracht, mir das elterliche Sorgerecht streitig zu machen. Sie argumentierte so: Wenn er nicht nachgeben würde, würden wir uns überlegen, diese Information vor Gericht zu benützen. Oder du.« Wieder schwieg Lynn eine Weile, weil sie erwartete, daß er etwas erwidern würde, aber Marc schwieg. Sein Gesicht blieb reglos, es verriet nichts.

»Du hättest Garys Gesicht sehen sollen! Ich glaube, das werde ich nie vergessen, und ich habe Schuldgefühle – nicht nur weil ich ihn verletzt habe, sondern auch weil ich ihn verletzen *wollte*. Ich habe es genossen, ihm weh zu tun. Und außerdem habe ich die Dinge verwertet, die du mir erzählt hattest.«

Endlich brach Marc sein Schweigen. »Man verwertet eben, was zu verwerten ist.« Er starrte geradeaus.

»Hast du mir das alles aus diesem Grund erzählt? Damit ich es benütze?«

Wieder herrschte Schweigen. Dann ein langer Seufzer. »Ich weiß es nicht.«

»Und was ist mit mir? Benützt du mich auch?«

Marc lächelte. In der Düsternis des Motelzimmers waren seine Augen nur zu erahnen. »Das mit heute abend war deine Idee.«

»Benütze ich dich etwa?«

»Ich weiß nicht. Du bist wütend. Durcheinander. Voller Angst. Du hast gerade eben den Schlußstrich unter fast fünfzehn Jahre Ehe gezogen. Du bist in einem Motelzimmer mit dem Ehemann der Frau, die dein Mann zu heiraten beabsichtigt. Ist das der Grund, weshalb wir jetzt hier sind? Ich weiß es nicht. Ganz ehrlich, ich weiß nicht, wieviel Gary und Suzette mit der Tatsache zu tun haben, daß wir in diesem Augenblick zusammen in diesem Zimmer sind, und ich weiß auch nicht, ob ich die beiden dafür verfluchen oder ihnen dankbar sein soll. Aber ich weiß, daß ich mich in dich verliebt habe, daß ich soviel Zeit wie möglich mit dir zusammensein will, um dich und deine Kinder kennenzulernen. Ich weiß, daß ich all das tun möchte, was Erwachsene tun, wenn sie eine Beziehung miteinander haben, und dazu zählt auch, mit dir zu schlafen. Ich weiß, daß es mich ewig reuen würde, wenn dies meine einzige Chance gewesen sein und ich sie verpaßt haben sollte. Ob ich dich benütze? Ja, am Anfang vielleicht. Aber jetzt nicht mehr, glaube ich. Aber wie soll ich das sicher wissen? Ob du mich benützt? Vielleicht. *Wahrscheinlich*. Ich weiß es nicht. Es ist mir auch egal. Manchmal muß man einfach etwas riskieren.«

»Das habe ich nie sehr gut gekonnt – etwas riskieren.«

»Man muß sich nicht ständig selbst beherrschen, Lynn. Manchmal schadet es nichts, wenn man sich gehenläßt.«

»Und manchmal schadet es eben doch.«

»Der Witz dabei ist wahrscheinlich, eine gewisse Ausgewogenheit zu erreichen.« Er stand auf, zog den Reißverschluß an seiner Hose zu und schaufelte mit dem Fuß sein Hemd vom Boden auf.

»Du bist ein netter Mann«, sagte Lynn, wie schon zuvor einmal, aber erst jetzt wurde ihr bewußt, wie sehr es stimmte.

»So, wir hauen hier besser ab, bevor ich es satt bekomme, ein so netter Kerl zu sein. Du siehst unheimlich süß aus, wie du so dasitzt und unter dieser schäbigen Tagesdecke zitterst, und mein Pensum an guten Absichten ist für heute abend so gut wie erfüllt.«

»Und jetzt?« fragte sie.

Er antwortete nur zögerlich; es fiel ihm sichtlich schwer, es ihr zu sagen. »Ich glaube, du brauchst noch ein bißchen Zeit, um mit dir ins reine zu kommen, um Atem zu schöpfen und zu entscheiden, was du wirklich willst.« Er lächelte sie an und sprach mit zitternder Stimme weiter. »Ich gehe ja nicht weg. Du weißt, wo du mich finden kannst. Ich vertraue auf deinen Instinkt, auch wenn du selbst ihm mißtraust.«

»Und wenn mein Instinkt mich in eine andere Richtung führt?«

Er zuckte die Achseln. Er sagte es leichthin, aber seine Stimme klang sehr ernst dabei: »Manchmal muß man eben etwas riskieren.«

* * *

Als Lynn in derselben Nacht kurz nach zweiundzwanzig Uhr daheim ankam, stand ein weißer Mercedes vor ihrem Haus. Lynn blieb eine Weile sitzen und dachte noch einmal daran zurück, wie Marc aus ihrem Wagen gestiegen und in sein Apartmenthaus verschwunden war. Ich brauche also Zeit, um mit mir ins reine zu kommen, dachte sie. Auch auf dem Weg zur Haustür bemerkte sie das andere Auto nicht. Die Babysitterin würde überrascht sein. Lynn hatte ihr gesagt, sie werde sehr spät zurückkommen.

»Lynn...«

Beim Klang ihres eigenen Namens in der Dunkelheit drehte Lynn sich erschrocken um.

»Ich bin's, Renee«, sagte die Frau hinter dem Lenkrad des weißen Wagens mit brechender Stimme. »Entschuldigen Sie, ich wollte Sie nicht erschrecken. Ich wußte nur nicht, wohin ich sollte. Ich habe niemanden, zu dem ich gehen kann. Ich habe keine Freunde...« Sie brach ab. Lynn hörte Erstaunen aus Renees Stimme heraus. Rasch ging sie zu ihr.

»Was ist denn los? Was ist passiert?«

»Kathryn ist weg.«

Lynn brauchte eine Weile, bis sie kapiert hatte, daß Kathryn Renees Schwester war, die nicht einfach nur nach New York zurückgeflogen war. »Was soll das heißen – sie ist weg?«

»Wir haben uns gestritten. Fürchterlich gestritten. Über Philip«, flüsterte Renee; dann sprach sie mit normaler Stimme weiter. »Ich bin aus der Wohnung gerannt. Ich konnte nicht mehr klar denken. Ich habe überhaupt nicht mehr gedacht. Ich mußte nur weg. Stundenlang bin ich herumgefahren. Ich weiß gar nicht mehr, wo ich überall war. Ich bin einfach gefahren. Den Revolver hatte ich ganz vergessen.«

»Den Revolver? Welchen Revolver?«

»Philip hat einen Revolver. Ich hatte Angst davor, ihn wegzuwerfen, weil das Philip sicherlich sehr wütend gemacht hätte. Ich habe mir immer gesagt, ich muß ein besseres Versteck finden, aber ich fand keines. Ist ja auch egal. Sie hätte ihn sowieso entdeckt.«

»Was sagen Sie da? Ich verstehe nicht.«

»Als mir der Revolver einfiel, bin ich sofort zur Wohnung zurückgefahren, aber Kathryn war schon weg. Niemand war mehr zu Hause. Philip war mit Debbie zum Essen und dann zu einem Rockkonzert in West Palm gefahren. Er war nicht dabei, als Kathryn und ich uns stritten. Ich bin sicher, daß Debbie ihm nichts davon erzählt hat, sonst wäre er gar nicht erst mit ihr weggegangen.«

Renees Gesichtsausdruck sagte Lynn, daß Renee sich dessen keineswegs sicher war. »Als Sie in die Wohnung zurückkamen, war Kathryn nicht mehr dort«, wiederholte sie, damit Renee nicht den Faden verlor und um sich selbst die Zusammenhänge klarzumachen.

»Noch bevor ich nachgesehen hatte, wußte ich, daß der Revolver weg war.« Lynn nahm die zitternde Frau in den Arm. Es war doch nicht möglich, daß es sich hier um denselben Menschen handelte, den sie heute nachmittag in voller Aktion erlebt hatte.

»Haben Sie überall nachgesehen? Vielleicht hat Philip ihn woanders hingelegt.«

»Ich habe alles auf den Kopf gestellt. Er ist weg.«

»Haben Sie die Polizei angerufen?«

Renee schüttelte den Kopf. »Ich hätte es tun sollen, ich weiß. Mein Gott, schließlich bin ich Anwältin, ich weiß, daß ich die Polizei anrufen müßte. Aber ich wußte nicht, was ich ihnen sagen sollte. Ich weiß nicht, wo sie suchen sollten, und ich wollte Kathryn nicht in Schwierigkeiten bringen. O Gott, Lynn, hören Sie mich doch nur an! Ich rede lauter dummes Zeug daher. Ich rede davon, daß ich sie nicht in Schwierigkeiten bringen will, dabei ist sie wahrscheinlich tot. O Gott, o Gott, es ist alles meine Schuld!«

»Hören Sie auf, Renee. Reißen Sie sich zusammen. Wir haben jetzt keine Zeit für so was. Bemitleiden können Sie sich später, wenn wir sie gefunden haben.«

»Ich habe schreckliche Dinge zu ihr gesagt. Ich habe ihr praktisch gesagt, sie soll sich doch umbringen. Ich habe sie fast herausgefordert, es zu tun.«

»Okay, okay. Hören Sie, setzen Sie sich ins Auto.« Lynn drückte Renee auf den Beifahrersitz des weißen Mercedes und setzte sich hinters Steuer. »Jetzt denken Sie mal nach«, sagte sie, während sie anfuhr, »wohin könnte sie gegangen sein?«

Renee brach in Tränen aus. »Ich weiß es nicht.«

»Was ist mit ihren Eltern?«

»Nein. Zu denen würde sie als allerletztes gehen.«

»Hat sie irgendwelche Freunde?«

Renee schüttelte den Kopf. »Nur mich. O Gott, was habe ich nur angerichtet!«

»Ganz ruhig, Renee. Wir finden sie schon.«

»Wohin fahren wir denn?«

»Zu Ihrer Wohnung. Vielleicht hat sie dem Portier etwas gesagt.«

»Den habe ich schon gefragt. Aber seine Schicht hatte gerade erst begonnen. Er war noch nicht da, als sie das Haus verließ.«

»Wer hatte vor ihm Dienst?«

»Weiß ich nicht. Ich habe vergessen, danach zu fragen. Ich habe alles falsch gemacht.«

»Beruhigen Sie sich, Renee. Das hilft doch weder Ihnen noch Kathryn. Jetzt sagen Sie mir bitte, wie man zu Ihrem Haus fährt.«

Einige Minuten später fuhren sie auf der kreisförmigen Auffahrt vor, die zum Eingang von Renees Wohnhaus führte, und hielten direkt vor der Tür.

»Sie wissen doch, daß Sie da nicht parken können, Mrs. Bower.« Der grauhaarige Portier, dessen Namensschild ihn als Stan auswies, begann schon zu schimpfen, bevor die Frauen ausgestiegen waren.

»Wir brauchen die Telefonnummer des Kollegen, der vor Ihnen Dienst hatte«, herrschte Lynn ihn an. »Es ist dringend.« Der verdutzte Portier, dem der dienstliche Übereifer beim Klang von Lynns Stimme vergangen war, warf einen argwöhnischen Blick auf Renee. Er wunderte sich offenbar, wie die elegante Bewohnerin »seines« Hauses Umgang mit einer so rüden Frau haben konnte, ging zur Portierstheke und begann sofort auf einer Liste nachzusehen. Die beiden Frauen folgten ihm. Er schrieb George Fines Namen und Telefonnummer auf ein Blatt Papier und überreichte es Lynn.

»Er schläft wahrscheinlich«, brummte der schon etwas ältere Mann, der an Unterbrechungen der Routine nicht gewöhnt war.

Lynn bemächtigte sich seines Platzes hinter der Portierstheke und wählte die Nummer, die er ihr gegeben hatte. »Mr. Fine?« fragte sie, als sich am anderen Ende der Leitung ein Mann gemeldet hatte, der, gemäß der Prophezeiung seines Nachfolgers, bereits geschlafen hatte. Lynn erklärte rasch, wer sie sei und was sie wolle. »Er sagt, Kathryn hat sich ein Taxi genommen«, erklärte sie und gab den Telefonhörer an den Portier zurück. »Diamond Cab Company.«

»Ich habe die Nummer der Diamond Cab«, sagte der Portier, der allmählich Gefallen an der spannenden Situation fand, sich an seinen Platz hinter der Theke drängte und die Nummer wählte.

Lynn erklärte der Funkzentrale, worum es sich handelte. Die Frau mit der jugendlichen Stimme erklärte ihr, sie werde zurückrufen, sobald der Fahrer, der Kathryn abgeholt hatte, ausfindig gemacht worden sei. »In der Zwischenzeit müssen wir die Polizei verständigen.« Lynn ging auf die zweite Leitung und sprach hintereinander mit zwei Beamten, denen sie versicherte, daß Kathryn nur für sich selbst eine Gefahr darstelle. »In ein paar Minuten sind sie hier.« Sie tätschelte Renees Hand und führte sie zu dem weinrot und weiß gestreiften Sofa, das in der Eingangshalle stand.

»Vielen Dank! Ich weiß nicht, was ich ohne Sie getan hätte.« Renee lachte, und Tränen liefen ihr über die Wangen. »Als Sie mir sagten, ich solle Sie anrufen, wenn ich Sie brauche, haben Sie wohl kaum erwartet, daß das schon so bald der Fall sein würde.«

»Ich freue mich, daß ich etwas für Sie tun konnte«, sagte Lynn. Sie fragte sich, wie lange Renee wohl schon vor ihrem Haus gestanden war und was Renee getan hätte, wenn sie nicht nach Hause gekommen wäre. Sie weigerte sich, daran zu denken, wo sie gewesen wäre, was sie vielleicht in genau diesem Augenblick getan hätte, wenn sie nicht nach Hause gefahren wäre. In Wahrheit war sie über Renees plötzliches Auftauchen vor ihrem Haus sehr froh gewesen. Sich auf die Probleme anderer zu konzentrieren, war Lynn immer schon leichter gefallen, als sich mit ihren eigenen Schwierigkeiten zu beschäftigen.

Das Telefon klingelte. »Lynn Schuster?« fragte der Portier und hielt ihr den Hörer hin. »Diamond Cab«, flüsterte er laut, fast begierig. Seine schlummernde Abenteuerlust war endgültig geweckt worden.

Lynn nahm ihm den Hörer aus der Hand. »Hier spricht Lynn Schuster«, sagte sie und stellte zu ihrer Überraschung fest, daß sie nicht mit der Funkzentrale, sondern mit dem Taxifahrer verbunden war. »Sie haben doch eine Frau vom Oasis am South Ocean Boulevard abgeholt, irgendwann zwischen siebzehn und neunzehn Uhr heute abend... Ja, blondes Haar, sehr schlank.« Sie warf Renee einen Blick zu, um sich zu vergewissern, daß die Angaben stimmten. »Ja, sah ein bißchen traurig aus. Das war sie. Können Sie mir sagen, wohin Sie sie gefahren haben?« Als sie die Antwort hörte, begann Lynns Hand zu zittern. Ganz langsam gab sie dem Portier den Hörer zurück. Renee stand zögerlich auf. »Er hat sie zum Friedhof gebracht«, sagte Lynn.

24

Lynn raste die South Swinton Avenue entlang. Renee konnte nicht stillsitzen. Unbewußt machte sie Lynn jede Bewegung nach, bremste, wenn Lynn bremste, preßte den Fuß auf den Boden, wenn Lynn aufs Gas trat, trieb den Wagen mit Schulterbewegungen vorwärts und wurde bei jeder Ampel, die auf Rot stand, nervöser.

Die South Swinton Avenue war einmal *die* Straße von Delray Beach gewesen, aber der Zahn der Zeit und eine veränderte Bevölkerungsstruktur hatten sie zu einer der Hauptverkehrsstraßen der Stadt gemacht – besser: degradiert –, auch wenn es zu dieser Tageszeit relativ ruhig auf ihr war. Renee sah aus dem Seitenfenster und betrachtete gedankenverloren die großen Ficus-Bäume, von denen die einst so schicke Straße gesäumt war. »Warum, um alles in der Welt, wollte sie zum Friedhof?« Renee rieb sich die Stirn, als versuche sie, in ihren Kopf zu greifen und dort nach der Antwort zu suchen; dabei wiegte sie sich vor und zurück. »Wegen der morbiden Atmosphäre?«

Lynn lachte leise auf, und wieder empfand Renee Dankbarkeit für ihre Anwesenheit. »Entspannen Sie sich, Renee«, sagte Lynn mit einem Ausdruck, der signalisierte, daß sie alles im Griff hatte. »Wir wissen, wo sie ist, und die Polizei ist auch schon unterwegs.«

»Was, wenn sie schon...?«

»Ist sie nicht.« Wieder blieben sie an einer Ampel stehen.

Lynn wandte sich zur Seite und nahm Renees Hand. »Renee, wenn Kathryn sich wirklich umbringen wollte, dann hätten Sie sie schon bei Ihrer Rückkehr in die Wohnung dort tot vorgefunden. Menschen, die eine Waffe haben und sich in einer leeren Wohnung befinden, machen sich nicht auf die Suche nach exotischen Schauplätzen, wenn sie wirklich sterben wollen. Dann bitten sie auch nicht den Portier, ein Taxi zu rufen, und hinterlassen eine Spur, der sogar Hänsel und Gretel folgen könnten. Sie will sich nicht töten, auch wenn sie selbst wohl glaubt, daß sie es will. In Wirklichkeit will sie, daß Sie sie finden.« Es wurde grün. »Und Sie werden sie finden.«

Sie bogen nach Westen in die SW 8th Avenue ein. Der Wagen war vor dem Städtischen Friedhof von Delray noch gar nicht richtig zum Stehen gekommen, da sprang Renee schon hinaus. Ganz allein stand sie auf dem Gehsteig und spähte durch die monderleuchtete Dunkelheit über die Gräber des neueren Friedhofteils, die sich nur durch Pflanzen und Blumen voneinander unterschieden. Dieser Teil war ganz anders als der alte, in dem die schon lange zu einer Art Orangebraun verrotteten Grabsteine eher Verfall als das Gedenken an die Toten verkündeten. »Ich sehe sie nicht«, flüsterte Renee, als Lynn von hinten auf sie zutrat.

»Sie ist wahrscheinlich dort drüben.« Lynn deutete auf eine Gruppe schwerer Betongewölbe, die ebenfalls vollständig mit Rost bedeckt waren und wie große Särge aussahen, die noch immer auf das Begräbnis warteten.

»Unter einem amüsanten Abend habe ich mir eigentlich immer etwas anderes vorgestellt«, murmelte Renee, um ihre Angst mit Humor zu verdecken, und ging langsam weiter. »Kathryn«, rief sie, zuerst zögerlich, dann immer lauter. »Kathryn, wo bist du? Du weißt doch, daß ich Friedhöfe nie ausstehen konnte.« Sie lachte über diesen Satz. Sie kam sich albern und nutzlos und unpassend vor. Sie erinnerte sich, daß Kathryn als Kind einmal zu ihr gesagt hatte, Friedhöfe seien sehr beliebte Orte: Die Leute kämen für ihr Leben gern dorthin! »Komm schon, Kathryn. Ich bin allergisch gegen diese vielen Plastikblumen.« Sie drehte sich zu Lynn um, und die Fassade der Lässigkeit bekam erste Risse. »Mein Gott, was ist, wenn sie mich nicht hören kann? Was, wenn sie schon tot ist?«

»Gehen Sie weiter!« sagte Lynn.

Renee ging langsam weiter die Reihen der rostüberzogenen Gewölbe entlang. Während der ganzen Zeit, in der sie jedes einzelne ganz vorsichtig umkreiste, fürchtete sie, ihre Schwester jeden Augenblick vor sich zu sehen – auf dem Boden liegend, ihr Blut in das schwere Erdreich vergießend. Wie hatte sie nur solche Dinge zu ihr sagen können! Und was sollte sie ihr jetzt sagen?

»Renee...« Lynn packte sie am Ellbogen, und Renee blieb auf der Stelle stehen. Sie sah Lynn an; dann folgte sie ihrem Blick.

Kathryn saß unter einem riesigen Gumbo-Limbo-Baum. Sie hielt den Kopf gesenkt und hatte den Rücken an den silbrigen Stamm gelehnt. Die Beine lagen bewegungslos vor ihr hingestreckt. Zuerst war es unmöglich zu sagen, ob die reglose Gestalt lebte oder tot war. Renee umkrampfte Lynns Hand. Die beiden Frauen schlichen sich näher. Die Gestalt unter dem Baum bewegte sich. Kathryn hob den Kopf.

»Bitte geht weg«, sagte sie. Sie sprach sehr leise, aber ihre Worte waren klar zu verstehen.

»Kathryn...«

»Nein!« Kathryn hob den Revolver, der in ihrem Schoß lag, auf und hielt ihn sich an die Schläfe. »Haut ab!«

»Bitte tu's nicht, Kathy!«

Kathryns Blick schoß argwöhnisch zwischen ihrer Schwester und der daneben stehenden Frau hin und her. Die Anwesenheit dieser Fremden verwirrte sie sichtlich. »Wer sind Sie?«

Lynn trat vor. Das Mondlicht beschien eine Hälfte ihres Gesichts und ließ ihr hellbraunes Haar glänzen. »Ich bin Lynn

Schuster«, sagte sie. »Früher hieß ich Lynn Keaton. Wir sind zusammen zur Schule gegangen. Ich weiß nicht, ob du dich an mich erinnern kannst.«

»Ich erinnere mich an dich. Ein toller Ort für ein Klassentreffen!«

»Fahren wir doch woanders hin.«

»Hier ist die Endstation.«

»Ich glaube, wir werden etwas Besseres finden, einen Ort, wo man reden kann.«

»Ich will nicht reden.«

»Bitte, Kathy«, flehte Renee, die aus ihrer Sprachlosigkeit erwacht war. »Laß dir doch helfen.«

»Ich will nicht, daß ihr mir helft. Ich verdiene eure Hilfe nicht.« Kathryn richtete den Blick wieder auf Lynn. »Hat sie dir erzählt, was ich gemacht habe?«

»Das ist doch egal«, sagte Renee. Bitte, bitte, sag es nicht, dachte sie. Sprich es nicht laut aus. Bitte sag es nicht!

»Was soll das heißen, es ist egal? Ich habe mit deinem Mann geschlafen. Wie kannst du sagen, daß das egal ist?«

Renee starrte Lynn an, um zu sehen, wie sie reagierte. Aber wenn Lynn in diesem Moment irgendeine Empfindung hatte – Ekel, Bestürzung, Überraschung –, so zeigte sich das nicht auf ihrem Gesicht. »Wirklich, Kathy«, rief Renee, »es ist egal. Es ist nicht wichtig.«

»Was redest du da? Wie kannst du sagen, daß es nicht wichtig ist? Philip ist doch dein ein und alles!«

»Nein!« Warum leugnete sie es? Philip *war* ihr ein und alles. Hatte sie nicht die letzten sechs Jahre damit verbracht, ihn zu ihrem ein und alles zu *machen*?

»Doch, er ist dein ein und alles. Genauso, wie Arnie mein ein und alles war. Ich habe den Tod verdient«, sagte sie und fuchtelte mit dem Revolver herum, als hätte sie vergessen, daß sie ihn in der Hand hielt.

»Du hast ihn nicht verdient«, sagte Lynn mit fester Stimme.

»Du hast meinen Mann nicht gekannt, oder, Lynn?«

Lynn schüttelte den Kopf.

»Dachte ich mir schon. Wir begegneten uns, kurz nachdem ich die High School verlassen hatte. Er war viel älter als ich. Er war hier in Florida auf Urlaub. Was soll ich dir sagen? Er zog mich total in seinen Bann.« Sie lachte, einen Augenblick ganz in der Erinnerung befangen. »Wir heirateten und gingen nach New York. Wir waren über zwanzig Jahre miteinander verheiratet. Er hat sich um mich gekümmert. Er tat alles für mich. Wir waren immer zusammen. Genau wie unsere Mutter und unser Vater«, sagte sie, den Blick auf Renee geheftet. »Und dann stand er eines Abends vom Tisch auf – ich hatte einen scharfen Hackbraten gemacht; das hätte ich nicht tun sollen – und fiel tot um.«

»Kathryn«, sagte Renee, »wie oft willst du das noch durchkauen? Es war nicht deine Schuld.«

Kathryn sprach weiter, als hätte niemand etwas gesagt. »Er stand vom Tisch auf und fiel um und war tot. Einfach so. Und ich sah ihn dort auf dem Boden liegen und sah eine ganze Welt für mich zusammenbrechen. Er hatte sich zwanzig Jahre lang um mich gekümmert, und plötzlich war ich allein. Ich hatte Angst und war verzweifelt und wütend.«

»Das ist doch ganz natürlich.«

»Und ich fühlte mich« – sie sah sich um wie auf der Suche nach einem ganz bestimmten Wort – »erleichtert.« Sie sagte es, rang nach Luft, ließ den Blick zwischen ihrer Schwester und ihrer ehemaligen Schulkameradin hin und her fliegen und hob die Hände an die Schläfen. Der Revolver baumelte herab wie ein Anhängsel, wie ein sechster Finger. Kathryns Stimme wurde dumpf und monoton. »Ich sah ihn da liegen, und ich fühlte mich... frei. All die Jahre, in denen ich ganz langsam erstickt worden war... O Gott! Arnie hat mich geliebt. Er hat sein ganzes Leben damit verbracht, für mich zu sorgen. Und ich habe ihn geliebt. Ich habe ihn wirklich geliebt.«

»Ich weiß«, versicherte ihr Renee und schlich sich behutsam näher.

»Warum hatte ich dann dieses Gefühl? Warum fühlte ich mich, als Arnie tot war, plötzlich so, als wäre ich selbst wiedergeboren worden? So als hätte ich eine zweite Chance bekommen?«

»Es ist nicht unnormal, solche Empfindungen zu haben«, hörte Renee Lynn sagen, während sie sich ihrer Schwester weiter näherte. »Du hattest einen Schock. Da gehen einem alle möglichen Dinge durch den Kopf. Dinge, die man nicht steuern kann.«

»Aber nicht solche Dinge!«

»Genau solche Dinge«, erklärte ihr Lynn. »Als meine Mutter starb, empfand ich die gleiche Wut, die gleiche Verzweiflung und Einsamkeit. Und Erleichterung. Und nicht nur Erleichterung darüber, daß ihre Leiden ein Ende gefunden hatten, denn sie hatte nicht wirklich gelitten, zumindest hatte sie den größten Teil dieser Jahre hindurch nicht gewußt, daß sie litt. Mein Vater und ich hatten in den letzten zwei Jahren das meiste durchzumachen. Ich sah mit an, wie meine schöne Mutter sich in eine Fremde verwandelte. Sie wurde zu einem eigensinnigen Kind, und eines Tages war sie nicht einmal mehr ein Kind. Nur mehr ein menschliches Etwas. Sie wußte nicht mehr, wer ich war. Sie wußte nicht einmal mehr, wer sie selbst war. Sie stellte immer wieder die gleichen sinnlosen, dummen Fragen. Die beiden letzten Jahre verbrachte ich damit, diese immer gleichen dummen Fragen immer und immer wieder zu beantworten, die immer gleichen Dinge zu wiederholen und zu wiederholen, bis ich am liebsten nur noch geschrien hätte.«

Renee hörte den Schmerz in Lynns Stimme und sah, daß sich ihre Augen mit Tränen füllten. »Ich schämte mich für sie. Ich wußte, daß sie nicht anders konnte. Ich wußte, daß es etwas war, über das sie keine Macht hatte. Trotzdem schämte ich mich für sie. Ich konnte es gar nicht abwarten, daß sie starb, damit es endlich vorbei war und ich mein eigenes Leben weiterleben konnte. Und dabei liebte ich sie! Ich liebte sie, aber als sie tot war, war ich froh. Bin ich deshalb ein schlechter Mensch?«

»Aber du warst stark«, warf Kathryn ein. »Stärker als ich. Du hast etwas gemacht aus deinem Leben, anstatt das Leben eines anderen zu zerstören.«

»Das hast du auch nicht getan.« Lynn holte tief Atem. Sie wußte nicht, ob sie weitersprechen sollte oder nicht, aber dann riskierte sie es einfach. »Wenn Renee Eheprobleme hat, dann bestanden die schon, lange bevor du herkamst.« Beide Frauen richteten den Blick fragend auf Renee.

Renee nickte. »Laß mich dir helfen, Kathy«, bat sie sanft. »Bitte laß mich dir helfen. Weis mich nicht ab. Du brauchst mich. Und ich brauche dich.«

»Warum denn? Damit ich dir noch einmal weh tun kann?« Kathryn sah von ihrer Schwester zu Lynn hinüber. Trotz des Inhalts ihrer Worte klang ihre Stimme erstaunlich fest. »Ich habe mit ihrem Mann geschlafen, weißt du.«

Lynn zuckte die Achseln. »Ich komme gerade aus dem Bett des Ehemannes der Frau, wegen der mein Mann mich verlassen hat.« Sie sah, daß Kathryn die Augen aufriß.

»Sag das noch mal«, forderte Kathryn sie, fast lächelnd, auf.

»Wenn du die schlüpfrigen Details erfahren willst, mußt du diesen Revolver weglegen und mit uns kommen. Wir würden ein interessantes Dreiergespann abgeben. Ich glaube, wir haben uns viel zu erzählen.«

Der Revolver in Kathryns Hand zitterte. »Ich wollte dir nie weh tun«, rief sie, den Blick auf ihre Schwester gerichtet. »Bitte glaub mir das. Ich wollte nie, daß es passiert. Für nichts in der Welt würde ich dir weh tun. Ich habe dich lieb.«

Renee lief zu ihrer Schwester und nahm sie in den Arm. Der Revolver fiel mit einem unangenehmen, dumpfen Geräusch zu Boden. Renee merkte, daß Lynn hinzugerannt war und die Waffe an sich nahm. Sie hörte aufheulende Sirenen und das dumpfe Echo von Türen, die zugeschlagen wurden. Stimmen näherten sich, Menschen kamen gelaufen. Renee drückte ihre Schwester ganz fest an sich und wiegte sie in ihren Armen, so wie früher, als sie Kinder gewesen waren. »Ich hab' dich auch lieb«, flüsterte sie.

»Und? Es ist doch wohl alles in Ordnung mit ihr?« fragte Philip, als Renee die Wohnung betrat.

»Es wird bald wieder alles in Ordnung sein mit ihr«, sagte Renee trocken, ging an ihm vorbei in die Küche und schenkte sich ein Glas kaltes Wasser ein. Sie trank es in einem einzigen, schmatzenden Schluck leer und füllte es sofort nach. »Die Polizei hat sie vernommen und ins Krankenhaus gebracht. Dort haben sie sie ziemlich gründlich untersucht.«

»Ist sie jetzt im Krankenhaus?«

»Nein. Sie ist bei Lynn.« Philip sah verdattert drein. »Lynn ist eine Freundin von mir.« Das Wort »Freundin« schien ihn zu verwirren; deshalb klärte sie ihn weiter auf – mit Hilfe eines Wortes, das er vielleicht besser verstand. »Eine Klientin.« Renee starrte ihren Mann ungläubig an. »Hast du wirklich erwartet, daß ich sie hierher zurückbringe?«

»Ich weiß nie, was ich bei dir erwarten soll, Renee.« Seine Stimme war eiskalt, kälter als das Wasser, das sie gerade trank. Renee stellte das Glas ins Spülbecken und ging ins Wohnzimmer; Philip blieb ihr dicht auf den Fersen. »Da kommen Debbie und ich heim und müssen feststellen, daß wir im ganzen Haus Tagesgespräch sind. Der Portier kann es gar nicht abwarten, uns von allem zu berichten. ›Hysterische Telefongespräche‹, sagte er. ›Die Polizei. Deine Schwester wird vermißt. Sie hat einen Revolver. Sie wird sich umbringen.‹ Wir gehen rauf, und die Wohnung sieht aus, als wären Einbrecher dagewesen. Und dann erzählt mir Debbie, ihr beide hättet euch am Nachmittag fürchterlich gestritten.« Renee trat ans Fenster und blickte auf den schwarzen Ozean hinaus. »Wie konntest du das nur tun, Philip?« fragte sie leise, ohne jede Gefühlsregung. »Wie konntest du mit meiner Schwester schlafen? Nicht einmal Ratten beschmutzen das eigene Nest.«

»Was soll das heißen?«

»Meine Schwester hat heute nacht versucht, sich das Leben zu nehmen. Sie hielt sich einen geladenen Revolver an die Schläfe und hätte beinahe abgedrückt.«

»Und die Schuld daran gibst du mir?«

»Warum, um alles in der Welt, sollte ich dir die Schuld daran geben?«

»Es ist wahrscheinlich ganz normal«, sagte er gönnerhaft. »Diese Nacht war die reinste Hölle für dich. Du bist wütend. Du bist aufgebracht. Du bist durcheinander. Du bist sehr müde. Du siehst grauenhaft aus. Es ist ganz normal, daß du es an dem Menschen ausläßt, der dir am nächsten steht.«

»Und das wäre?«

»Hör zu, es ist fast zwei Uhr morgens. Ich schlage vor, daß wir jetzt schlafen gehen. Morgen wirst du alles klarer sehen.«

»Das bezweifle ich.«

»Renee, du weißt doch, wie du bist, wenn du müde bist. Dann sagst du Dinge, die du hinterher bereust. Ich möchte dich sehr bitten, unsere Beziehung nicht wegen einiger schlecht gewählter Worte in Gefahr zu bringen.«

Renee betrachtete den Mann, mit dem sie seit fast sechs Jahren verheiratet war. Wie immer, wenn er mit dem Rücken zur Wand stand, brachte er ihre Beziehung ins Spiel. Ihre ganze Ehe, gab er ihr zu verstehen, hänge von dem ab, was sie als nächstes sagte.

Sie spulte in Gedanken die sechs Jahre ihrer Ehe ab, von Anfang an, so als wären sie auf einem Videoband festgehalten. Sie drückte auf die Schnellauf-Taste und versuchte die guten Stellen herauszusuchen, aber als sie das Band verlangsamen wollte, um die guten Stellen zu betrachten, erkannte sie, daß sie zu flüchtig gewesen waren. Es gab nichts zu verlangsamen. Sie sah Philip an. Dies war der Mann, um den herum sie ihr Leben gebaut hatte, der Mann, ohne den zu leben ihr völlig unmöglich erschienen war.

Auch jetzt noch, nach allem, was er getan hatte, mußte sie

sich bei dem Gedanken, daß er sie verlassen könnte, an der Sofalehne festhalten. Warum war sie überhaupt zurückgekommen? Glaubte sie wirklich, es gäbe Worte, mit denen er die Situation noch verändern könnte? Sie stützte sich fest auf und sah ihm tief in die Augen. Dann sagte sie ganz ruhig: »Du Bastard.«

»Nun gut, Renee«, sagte er, »wenn das Gespräch zur Beschimpfung verkommt...« Er ging auf die Tür zu.

»Wage es nicht, einfach so zu gehen!«

»Ich denke gar nicht daran, zu bleiben und mich beschimpfen zu lassen.«

»Du bleibst in diesem Zimmer, bis ich fertig bin!«

»Du bist bereits fertig, würde ich sagen.«

»O nein – ich fange erst an.«

»Renee, was mich betrifft, so ist die Diskussion beendet. Du bist müde; du bist aufgeregt. Und mit gutem Grund. Ich will ja nicht so tun, als hättest du keine Gründe...«

»Wie lieb von dir!«

»Aber du bauschst das, was passiert ist, derartig auf, daß es in keinem Verhältnis mehr steht. Du wirst Dinge sagen, die dir schon morgen früh leid tun werden. Ich kenne dich doch, Renee. Ich weiß, wie du bist. Du wirst Dinge sagen, die du dann, wenn du sie nicht mehr zurücknehmen kannst und der Schaden angerichtet ist, sehr bereuen wirst. Ich will nicht, daß es so kommt. Ich denke nicht daran, hier stehenzubleiben und mit anzusehen, wie du unsere Beziehung zerstörst.«

»Ich? Du denkst nicht daran, mit anzusehen, wie *ich* unsere Beziehung zerstöre?«

»Ich sehe nicht mit an, wie du die letzten sechs Jahre, in denen wir uns etwas bedeutet haben, einfach ausradierst...«

Sie mußte fast laut losprusten. »Ich wußte gar nicht, daß ich die Macht dazu habe.«

»Du hast die *Wut* dazu.«

»Und habe ich nicht Grund genug?«

»Es ist ungesund.«

»Du willst also sagen, alles, was heute nacht geschieht, habe ich zu verantworten?«

»Ja, du hast es zu verantworten, wenn du noch weiter gehst.«

»Gut«, sagte Renee ganz ruhig. »Es ist an der Zeit, daß ich ein bißchen Verantwortung für mein Leben übernehme, findest du nicht?«

»Ich würde sagen, es ist Zeit, schlafen zu gehen. Denk daran, wie du dich morgen früh fühlen wirst.« Wieder wandte er sich zum Gehen.

»Keinen Schritt weiter!« rief Renee ihm nach.

»Sprich leiser.« Er richtete den Blick kurz auf Debbies Zimmer.

»Du bleibst hier in diesem Zimmer, bis ich fertig bin mit dem, was ich dir zu sagen habe. Ich warne dich – wenn du gehst, gehe ich dir nach. Ich folge dir von einem Zimmer ins andere, und wenn du diese Wohnung verläßt, folge ich dir durchs Treppenhaus und in die Eingangshalle. Am Portier vorbei. Dann hat er noch etwas, worüber er tratschen kann. Ich folge dir sogar auf die Straße hinaus. Ich renne hinter deinem Wagen her, wenn es sein muß. Und zwar *nackt*, wenn es sein muß.« Die Anspielung auf seine erste Frau war ganz bewußt und nicht zu überhören. Zum erstenmal verstand Renee die abgrundtiefe Verzweiflung, die eine Frau zu einer solchen Tat treiben konnte.

Philip wandte sich um und grinste sie höhnisch an. »Das wäre vielleicht ein Anblick!« lautete sein grausamer Kommentar. Er schlenderte in die Mitte des Zimmers zurück. »Nur zu, Renee! Die Vorstellung, wie du nackt und kreischend in die Nacht hinausrennst, würde wohl jedem Mann einen Schreck einjagen. Sag, was du zu sagen hast. Trample alles nieder, was dir im Weg steht. Zum Teufel mit den Folgen!«

»Zum Teufel mit dir!« gab Renee zurück. »Es war wohl noch nicht übel genug, daß du mit jeder Alicia Henderson geschlafen hast, die dir über den Weg lief. Das hat dir noch nicht genügt. Du mußtest noch mit meiner Schwester schlafen!«

»Na und, dann habe ich eben mit deiner Schwester geschlafen. Das war doch gar nichts. Es hat überhaupt nichts bedeutet.«

»O Gott!«

»Bist du jetzt zufrieden? Fühlst du dich jetzt, nachdem ich es gesagt habe, besser?«

Renee ließ sich auf das Sofa fallen. »Wie konntest du nur? Wie konntest du mir das antun? Und ihr! Du wußtest doch, wie labil sie war.«

»Deine Schwester war nicht das unschuldige Opfer, als das du sie jetzt hinstellst.«

»Meine Schwester hat sich hilfesuchend an dich gewandt. Ihr Mann war gestorben. Sie hatte Schuldgefühle und war einsam und durcheinander. Sie wußte nicht mehr, wo ihr der Kopf stand!«

»Da unterschätzt du sie aber. Sie wußte ganz genau, wo ihr der Kopf stand! Sie wußte genau, was sie tat.«

»Meine Schwester hat sich heute nacht beinahe das Leben genommen, und du wagst es, mir zu sagen, sie habe gewußt, was sie tat! Empfindest du denn gar keine Schuld an dem, was passiert ist?«

»Ich weigere mich, die Schuld für die Taten deiner Schwester auf mich zu nehmen.«

»Es ist mir egal, ob du dich weigerst oder nicht«, schrie Renee. »Was bist du eigentlich für ein Arzt? Was bist du überhaupt für ein Mensch?«

»Was ist hier los?« fragte Debbie, die plötzlich in der Tür aufgetaucht war und sich den Schlaf aus den Augen rieb. »Warum schreit ihr so? Habt ihr Kathryn gefunden?«

Renee blickte ihre unschuldig dreinschauende Stieftochter an, deren Freundin zu werden sie sich sechs Jahre lang bemüht hatte. Jetzt fielen ihr wieder die Fragen ein, die Debbie ihr am Nachmittag gestellt hatte: »Was willst du dir noch alles bieten lassen?« hatte sie gefragt. »Warum sagst du ihm nicht einfach, er soll sich zum Teufel scheren? Und warum sagst du *mir* nicht, daß ich mich zum Teufel scheren soll?«

Plötzlich lächelte Renee. »Scher dich zum Teufel!«

»Um Himmels willen, Renee!« protestierte Philip.

»Geh wieder in dein Zimmer, Debbie, und bleib dort«, befahl Renee dem verblüfften Mädchen.

Instinktiv trat Debbie einige Schritte zurück. Philips Blick wanderte von seiner Frau zu seiner Tochter, ganz langsam, ganz zaghaft, als hätte er Angst, eine plötzliche Bewegung zu machen. »Geh wieder in dein Zimmer, Debbie«, sagte er. »Mit Kathryn ist alles in Ordnung, Renee ist nur ein bißchen durcheinander.«

»Ein bißchen...« sagte Debbie skeptisch.

»Geh in dein Zimmer, Debbie!« fuhr Philip sie an.

»Was habe *ich* denn getan?« fragte Debbie und schloß die Tür ihres Zimmers hinter sich.

»Wage es nicht, jemals wieder so mit meiner Tochter zu sprechen!« warnte Philip seine Frau.

»Wage es nicht, mir vorzuschreiben, was ich zu tun habe!«

»Wenn du mit mir so sprechen willst, dann ist das eine Sache zwischen uns beiden, aber ich dulde es nicht, daß du in diesem Ton mit Debbie redest.«

»Du wirst es nicht dulden müssen.«

»Was soll das heißen?«

»Es heißt, daß ich gehe.« Renee hörte sich die Worte sagen, bevor ihr bewußt geworden war, daß sie sie überhaupt gedacht hatte. Sie waren zu schrecklich, als daß sie darüber hätte nachdenken können. Sie hatte sie sicherlich gar nicht gesagt.

»Das ist nicht dein Ernst.«

»Du schläfst mit der Hälfte der Frauen in dieser Stadt, darunter meine Schwester, und ich soll das ignorieren, weil es nichts zu bedeuten hat. Sechs Jahre lang hast du meinen beruflichen Erfolg und mein Selbstbewußtsein untergraben, und ich soll hier sitzen wie ein kleines Mädchen und dir dankbar dafür sein. Ich habe keine Freunde und keine privaten Beziehungen zu meinen Kollegen, und ich soll dankbar sein, weil du bei mir zu bleiben geruhst. Ich habe mich bis zur emotionalen Empfindungslosigkeit vollgefressen, wie deine liebe Tochter sich ausdrücken würde, und ich soll weiterhin meine Süßigkeiten essen und immer fetter werden und dir für meinen eigenen Niedergang auch noch Dank abstatten.« Renee sah ihren Mann an, der über ihre Worte sichtlich erstaunt war. Dann lief sie aus dem Zimmer.

»Renee, wo willst du hin? Du weißt doch, daß nichts davon wahr ist. Du hast ganz einfach erkannt, daß diese Affären mir nicht das geringste bedeuteten.«

»Was bedeutet dir eigentlich überhaupt etwas?« fragte Renee auf dem Weg in die Küche. »Gibt es da überhaupt irgend etwas?«

»Du!« sagte er.

»Das glaubst du ja wohl selbst nicht.«

Renee riß die Kühlschranktür auf und durchstöberte das unterste Abteil. Nach wenigen Sekunden hatte sie die beiden großen Tüten mit den Mini-Schokoriegeln entdeckt, die ganz hinten lagen, trug sie zum Spülbecken, riß die erste Tüte auf und ließ einen Schokoriegel nach dem anderen im Abflußloch verschwinden, das in einen eingebauten elektrischen Zerkleinerer mündete. Dann drehte sie den Wasserhahn auf, knipste den Schalter an und hörte zu, wie die Schokoriegel zu Matsch zermahlen wurden.

»Renee, du machst das verdammte Ding noch kaputt...«

»Schau mich an«, schrie sie, leerte die Tüte und fuhr mit beiden Händen an ihrem dunkelgrünen T-Shirt und der dunkelgrünen Hose hinab. »Ich sehe aus wie ein Monster!«

»Und daran bin wohl auch ich schuld?«

»Nein, daran bist du nicht schuld. Ich bin selbst daran schuld. Das ist selbstgemacht«, rief Renee und schüttete den

Inhalt der zweiten Tüte in den Zerkleinerer. »Das habe ich mir selbst zu verdanken. Sechs Jahre lang habe ich mich bemüht, deine Liebe zu bekommen, genauso wie ich es mein ganzes Leben lang bei meinem Vater versucht habe, und das ist nun das Resultat!«

»Vergleich mich nicht mit deinem Vater!«

»Warum nicht? Du bist genau wie er. Ich war eine verdammte Idiotin. Was ist denn so Großartiges an ihm, daß ich ihn um seine Liebe anbetteln muß? Bin ich so fürchterlich? Ist er so wunderbar? Oder du?«

»Renee, ich liebe dich. Ich weiß, daß du im Augenblick zu wütend bist, um das zu erkennen...«

»Nein, du liebst mich nicht. Du liebst nur die Macht, die du über mich hast! Du genießt es, daß eine kluge, tüchtige Frau sich jedesmal in einen Wackelpudding verwandelt, wenn sie dich sieht. Man braucht mich ja nur anzuhören – alles, was ich sage, hat mit Essen zu tun!«

Renee sah ihren Mann hilflos an. Selbst jetzt noch hoffte sie, er werde noch einmal in seine Trickkiste greifen und die richtigen Worte finden, um sie beide aus diesem grauenhaften Bann zu lösen, hoffte, daß er irgend etwas sagen und alles wieder gutmachen werde.

Aber war zwischen ihnen denn jemals etwas gut gewesen? Hatte er wirklich diese Macht über sie, auf deren Zauberkraft sie auch jetzt noch vertraute, nur weil er gesagt hatte, daß es so kommen werde?

»Ich finde, ich habe mir das jetzt lange genug angehört«, sagte er statt dessen. »Ich habe dir gesagt, wie ich zu der Sache stehe. Aber das reicht dir ja offensichtlich nicht. Du hast gesagt, du würdest gehen; du hast eine Entscheidung getroffen. Dann bleib jetzt auch dabei. Schließlich willst du es doch, oder nicht?«

Sie erkannte die Taktik wieder. Er nahm sie beim Wort, gab ihr zu verstehen, daß sie, wenn sie ihn jetzt wiederhaben wollte, einen Rückzieher machen mußte, sich entschuldigen und zugeben mußte, daß der Fehler bei ihr lag. War sie bereit, so weit zu gehen? Konnte sie ihn wirklich verlassen? Wenn sie nur bereit wäre, sich noch mehr anzustrengen – vielleicht würde es doch funktionieren! Sie wurde nicht geliebt, weil sie nicht liebenswert war. Ohne ihn war sie doch nichts. Hatte er ihr nicht eben gesagt, daß er sie liebte? Was konnte sie mehr verlangen?

»Willst *du* es denn?« fragte sie. Selbst jetzt noch. Selbst jetzt noch!

»Was *ich* will, ist nicht wichtig. Es ist nie wichtig gewesen.«

»Das ist nicht wahr. Es war das Wichtigste von der Welt.« Überzeug mich davon, daß ich unrecht habe. Überzeuge mich davon, daß ich alles wieder in Ordnung bringen kann. Verlaß mich nicht. Ich nehme es zurück. Ich nehme alles zurück.

»Du hast dich durch deinen Beruf in ein schokoladeverschlingendes Monster verwandelt«, sagte er, das Gespräch allmählich an sich reißend. »Glaubst du, das war angetan, mich glücklich zu machen? Was denkst du denn, wie ich mich gefühlt habe, wenn ich mich mit dir in der Öffentlichkeit gezeigt habe? Wie, glaubst du, war es für mich zu wissen, daß alle hinter meinem Rücken über mich kicherten, weil meine Frau, die Frau des Psychotherapeuten, nicht einmal etwas so Simples wie ihren Appetit im Griff hatte? Kannst du es mir wirklich zum Vorwurf machen, daß ich mich anderweitig umgesehen habe?« fragte er, obwohl er instinktiv wußte, daß sie sich diese Frage in der Vergangenheit schon oft gestellt hatte. Aber ihre Kapitulation genügte ihm nicht – er wollte ihre totale Demütigung. Er wollte, daß sie ihn anflehte. Wird sie es tun? fragte er sich. »Die Frau, die ich geheiratet habe, war keine fette Schlampe. Sie war schlank und hübsch und legte Wert auf ihr Äußeres. Sie hatte einen gewissen Stolz, eine gewisse Selbstachtung. Sie schob die Schuld an ihren Unzulänglichkeiten nicht ständig auf andere. Na, was denkst du über dieses Urteil?«

»Ich denke...«, begann Renee, aber dann stockte sie, weil sie in Tränen auszubrechen drohte. »Ich denke...«

»Schau den Tatsachen ins Gesicht, Renee. Du bist schon seit Jahren zu keinem in sich schlüssigen Gedanken fähig!«

»Ich denke...«

»Du hast das *Gefühl*...« unterbrach er sie noch einmal.

»Ich *denke*«, wiederholte sie, »daß es dir ein perverses Vergnügen bereitet, mich vor dir auf den Knien liegen zu sehen.«

»Wo du noch immer deine besten Leistungen erbracht hast, das darfst du mir glauben.« Sein Gesicht wurde schmaler, wie die Reflexion in einem Spiegelkabinett.

»Ich denke, daß...«

»Du hast das *Gefühl*«, korrigierte er sie hartnäckig.

Renee spürte, daß die Gefahr, in Tränen auszubrechen, plötzlich gebannt war. Das Bild aus dem Spiegelkabinett verschwand. Ihr Mann stand vor ihr, groß und dunkelhaarig und gutaussehend, so wie die Märchenbücher ihn ihr versprochen hatten. »Ich habe ein *Gefühl* von Wut«, sagte sie kurz und bündig. »Aber ich *denke*, daß du ein kaltherziges, menschenverachtendes Arschloch bist.«

Bevor Philip etwas erwiderte, herrschte einen Augenblick lang verblüfftes Schweigen. »Das ist sehr gut, Renee. Ich hatte gar nicht gewußt, über welch reichhaltigen Wortschatz ihr Rechtsanwälte verfügt. Möchtest du mir vielleicht noch mehr sagen? Es ist nämlich so: Wenn du fertig bist, würde ich gerne ins Bett gehen.«

»Ja, ich möchte noch etwas sagen«, antwortete Renee ganz ruhig.

Er reckte erwartungsvoll den Hals.

»Scher dich zum Teufel!« sagte sie triumphierend und ging aus dem Wohnzimmer und aus Philips Leben.

25

Am Samstag morgen, Punkt neun Uhr, kam Gary, um seine Kinder für das Wochenende abzuholen. Lynn führte ihn ins Haus. Sie sah ihren Mann an, als wäre er ein guter alter Freund, der ihr aber im Grunde immer ein bißchen fremd geblieben war. Zu ihrer Überraschung stellte sie fest, daß sie gar nicht so sehr Ärger über ihn empfand, sondern eher Gleichgültigkeit – mit einem leichten Anflug von Neugier vielleicht, wie man sie einem Fremden gegenüber hegt. Schließlich war er immer noch der Vater ihrer Kinder – wenn sie auch wußte, daß er nicht länger zu ihrem Alltagsleben gehörte.

»Die Kinder haben noch nicht fertiggepackt«, erklärte sie ihm; sie wußte, daß die beiden in diesem Moment aufgeregt hinter den Türen ihrer Zimmer warteten. »Sie wollten sichergehen, daß sie diesmal auch wirklich mitkommen dürfen.« Lynn brach ab; sie hatte Gary zusammenzucken sehen. Dabei war es gar nicht als Vorwurf gemeint gewesen. Offenbar mußte sie, was ihre Wortwahl betraf, bei Gary immer noch sehr behutsam sein. Sie verspürte nicht den Wunsch, ihm noch mehr weh zu tun. Sie hatten einander schon genug gekränkt.

»Ich dachte mir, wir fahren nach Disney World«, rief Gary und brach in ein breites Grinsen aus, als er die Jubelschreie seiner Kinder hörte. Nicholas kam in die Diele gerannt, faßte seinen Vater um die Hüften und drückte ihn fest an sich. Dann rannte er in sein Zimmer zurück, um zu packen. Gary lachte; sein Blick wanderte wieder zu Lynn. »Na, wie geht's denn so?« fragte er zaghaft, und Lynn sah, daß er immer noch mit der Angst zu kämpfen hatte, daß er immer noch nicht genau wußte, ob sie nun Freunde oder Feinde waren.

»Alles in bester Ordnung.« Sie deutete in Richtung Wohnzimmer. »Willst du dich nicht setzen?« Er nickte, und sie folgte ihm in das grün-weiße Zimmer. Vielleicht sollte ich mal neu tapezieren, überlegte sie sich. Vielleicht würde sie das Zimmer in zarten Pfirsich- und Grautönen einrichten, in den Farben, die sie in Renees Büro gesehen hatte. Einen Augenblick lang überlegte sie, was Renee und Kathryn wohl gerade machten. Renee hatte ihre Schwester am Tag zuvor nach New York zurückbegleitet, nachdem sie verkündet hatte, sie habe sich von Philip getrennt – und alles zurückgelassen, auch den weißen Mercedes – und spiele mit dem Gedanken, ihre Kanzlei in den Norden zu verlegen, was sie eigentlich schon immer vorgehabt habe. »Du könntest ihn um jeden Cent erleichtern, den er besitzt«, hatte Lynn ihr gesagt. »Auf jeden Fall solltest du dir nehmen, was dir von Rechts wegen zusteht.« Aber Renee hatte nur geheimnisvoll gelächelt und erwidert, manchmal sei es wirklich jeden Preis wert, wenn man sie nur loswerde.

Renees Mitteilung hatte Lynn Schwung zu einigen überraschenden Veränderungen gegeben. Nach zwölf Jahren Arbeit an vorderster Front in der Sozialberatungsstelle von Delray Beach hatte sie beschlossen, es sei höchste Zeit, einmal etwas anderes zu machen. Sie hielt dem verdutzten Carl McVee die Kündigung unter die Nase, blieb noch einen Monat und nahm dann einen Job beim Schulamt des Bezirks Palm Beach an. Und dann teilte sie dem Jugendamt von Sarasota ihre Befürchtungen in Zusammenhang mit einem kürzlich zugezogenen Bewohner der Stadt mit – Keith Foster, dem Vizepräsidenten von Data Base International.

»Ich möchte mich bei dir entschuldigen«, sagte Gary mit gesenktem Blick. »Es war ziemlich mies von mir, dich in die Kanzlei deiner Anwältin zu beordern, dir dann zu drohen, ich würde dir das Sorgerecht für die Kinder streitig machen, und die ursprüngliche Scheidungsvereinbarung zurückzuziehen.«

»Ich bin auch nicht gerade stolz auf mich«, gab Lynn zu.

»Bei der Scheidung kommt offensichtlich das Beste im Menschen zum Vorschein.« Er lachte bitter auf. »Es tut mir wirklich leid, daß ich dir weh getan habe, Lynn.«

»Mir tut es auch leid, daß ich dir weh getan habe.«

Sie saßen eine Weile schweigend da, zwei Menschen, die es gut miteinander meinten und einander doch eine Zeitlang nur hatten kränken wollen.

»Triffst du dich noch mit Marc Cameron?« fragte er.

»Ist das wichtig?«

Er schüttelte den Kopf. »Reine Neugierde.« Lynn mußte bei diesem Wort lächeln. »Es wäre wirklich Ironie des Schicksals, findest du nicht? Wenn zwischen dir und Marc alles klappen würde, während die Beziehung zwischen Suzette und mir wohl in die Brüche gegangen ist.«

Lynn musterte ihn und versuchte, sich an das Gefühl zu erinnern, das sie früher immer gehabt hatte, wenn sie ihm in die Augen sah. Sein Gesicht war schön, ja es wirkte fast gütig, aber es hatte keine Anziehungskraft mehr auf sie. Hinter diesem Gesicht war nichts mehr, was sie hätte entdecken wollen. »Ich bin sicher, daß ihr, Suzette und du, euch wieder zusammenraufen werdet.«

Er schüttelte wieder den Kopf. »Vielleicht. Auf jeden Fall haben wir beschlossen, es in nächster Zeit ein bißchen abkühlen zu lassen. Eine Pause einzulegen. Ins reine mit uns zu kommen.« Er sah zum Fenster hinüber, wo das in einen Silberrahmen gefaßte Foto der Familie stand, die er verlassen hatte. »Sie hat mich angelogen«, flüsterte er wie zu sich selbst. »Ich glaube, das tut am allermeisten weh.«

Nicholas kam hereingerannt, die kleine Reisetasche über der Schulter. »Ich bin fertig.«

»Wo ist deine Schwester?«

»Die holt noch ihre Zahnbürste. Ich habe meine schon.«

»Das wird auch gut sein!«

Megan betrat zaghaft das Wohnzimmer, als befürchtete sie, es sei mit gefährlichen Minen gespickt. Und vielleicht war es ja auch so. »Ich habe alles gepackt.«

Gary stand auf. »Super. Dann können wir ja losfahren.«

»Was wirst du denn machen, Mom?« fragte Megan, als hätte sie Angst, Lynn allein zu lassen, oder das Gefühl, daß ihre Freude auf das Wochenende mit dem Vater gleichzeitig eine Art Verrat an ihrer Mutter sei.

»Ich werde es mir gemütlich machen«, sagte Lynn.

»Aber was willst du denn tun?«

»Deine Mutter hat sicher irgend etwas vor«, sagte Gary.

»Willst du mitkommen?« hakte Nicholas nach.

»Nein, mein Schatz«, antwortete Lynn sanft. »Das ist euer Wochenende mit eurem Vater. Ihr fahrt jetzt los und sollt euren Spaß haben. Macht euch um mich keine Sorgen.« Sie umarmte ihre Kinder fest, dann ließ sie sie los und sah ihnen nach, wie sie auf die Straße zu Garys Auto liefen.

»Ich bringe sie morgen abend gegen acht zurück. Paßt dir das?«

»Ja. Fahr vorsichtig.«

Er nickte. Ein trauriges Lächeln huschte über sein Gesicht. »Ich wünsche dir ein schönes Wochenende.«

»Ich dir auch.«

»Komm schon, Daddy!« schrie Nicholas vom Auto her.

Lynn blieb in der Diele stehen. Wenn der heutige Tag wirklich der erste Tag vom Rest meines Lebens ist, dachte sie, was fange ich dann am besten mit ihm an? Die Sicherheit ihres alten Jobs hatte sie nicht mehr; einen Ehemann auch nicht; sie hatte nicht einmal irgend etwas fürs Mittagessen im Haus. Ach, was soll's! sagte sie sich. So gut wie heute hatte sie sich schon seit Jahren nicht mehr gefühlt. Manchmal muß man einfach etwas riskieren.

363

Lynn parkte ihren Wagen vor Marc Camerons Apartmenthaus. »Könnten Sie bitte bei Marc Cameron klingeln?«
fragte sie den jungen Portier, der sie anlächelte, als spräche
sie eine Fremdsprache. »Marc Cameron«, wiederholte sie.
»Er wohnt in Apartment 403.«

»In Apartment 403 ist kein Cameron«, sagte der offenbar
neue Portier nach einem Blick auf die Liste der Hausbewohner.

»Er hat die Wohnung vom eigentlichen Mieter gemietet.«

Der Portier, ein großer, schlanker Mann mit strohblondem
Haar, nicht älter als zwanzig, ging die Seiten des Verzeich-
nisses langsam durch. »Ach ja, hier! Er ist Untermieter von
Joel Sanders, Apartment 403. Sie haben recht.«

»Würden Sie bitte bei ihm klingeln?«

»Na klar.« Er hob träge die Hand, um in Apartment 403 zu
klingeln. Niemand meldete sich. »Wollen Sie, daß ich ihn
mal anrufe?« Lynn nickte hastig in der Hoffnung, ihn etwas
anzuspornen, aber seine Finger drückten die Tasten des Telefons, als hätte er Arthritis. Lynn riß sich zusammen, um
ihm nicht einfach den Hörer aus der Hand zu reißen.
Konnte er nicht noch etwas langsamer machen? »Niemand
da«, erklärte der Portier in lässig schleppender Sprechweise,
nachdem er es mindestens sechsmal hatte klingeln lassen.
Lynn dankte ihm und wollte wieder gehen. »Ist das ein großer Typ mit rotblondem Haar und Bart?«

»Ja.«

Der Portier nickte, erfreut, dem Namen endlich ein Gesicht
zuordnen zu können. »Er ist vor ein paar Stunden weggefahren.«

»Hat er gesagt, wohin er wollte?«

»Gar nix hat er gesagt«, erklärte der Portier. »Wollen Sie
eine Nachricht hinterlassen?«

Lynn überlegte sich, daß es bestimmt zu lange dauern
würde. »Nein. Keine Nachricht.«

Sie stieg in ihr Auto und fuhr Richtung Strand. Es war ganz

gut, daß Marc nicht daheim gewesen war. Seine Abwesenheit hatte sie davor bewahrt, sich gänzlich zum Narren zu machen. Warum wollte sie sich überhaupt mit einem Mann wie Marc Cameron einlassen? Ein Schriftsteller, der kurz vor der Scheidung stand, der zwei Söhne und einen kränkelnden Vater hatte. Nur weil er sie oft zum Lachen brachte? Nur weil er sie herausgefordert hatte, so zu sein, wie sie schon seit Jahren nicht mehr gewesen war? Nur weil er fürsorglich und intelligent war und schon sein reiner Anblick sie mit Freude erfüllte? Was waren das denn für Gründe? Welche Sicherheit hatte sie, wenn sie einen Mann nur deshalb liebte, weil sie sich in seiner Gegenwart wohl fühlte?

Sie bremste. Was war so schlecht daran, sich wohl zu fühlen? Seit wann war Sicherheit ein gleichwertiger Ersatz für Liebe?

Sie wendete ganz abrupt mitten auf der dichtbefahrenen Straße; um sie herum begann alles wütend zu hupen. Sie wußte sofort, wo sie Marc finden würde. Hatte er sie nicht selbst eingeladen, dorthin mitzukommen?

Sie fuhr die Dixie Street nach Norden, dann westwärts auf dem Lake Drive. Hoffentlich ist Marc noch dort, wenn ich ankomme, dachte sie. Auf den Straßen herrschte der typische Samstagnachmittagsverkehr; daran konnte man sehen, daß der Sommer fast vorüber war. Bald würde wieder »die Saison« über sie alle hereinbrechen. Die »Schneehasen« würden in wahren Horden kommen, und dann folgte unweigerlich die Invasion der »Schneeflocken«, die vor dem unwirtlicheren Klima flohen. Dann würde der Verkehr unerträglich werden. Die Strände würden überquellen, und auf ihren Spaziergängen am Meer entlang würde sie dann wie jedes Jahr das Nörgeln unzufriedener Paare über den mangelnden Sonnenschein, die Unzuverlässigkeit des Wetters in Florida und über den Unrat zu hören bekommen, der die langen Strände verschmutzte. Im Sommer sollten sie herkommen! dachte sie. Sommer in Delray Beach. Das war mit nichts zu vergleichen.

Hinter Military Trail hielt sie nach der Abzweigung zum
»Schönwetterheim« Ausschau. Marc hatte gesagt, er werde
seinen Vater besuchen. Er hatte sie eingeladen, mitzukommen. Ja, aber das war damals, und in fünf Tagen konnte viel
geschehen sein. Es *war* viel geschehen in diesen fünf Tagen.

Gary hatte erzählt, er und Suzette hätten beschlossen, sich
für eine Weile zu trennen. Es war durchaus möglich, daß
Suzette Marc angerufen, um Vergebung angefleht und gebeten hatte, er möge zu ihr zurückkommen. Würde er das
tun? Würde sie in das Zimmer von Marcs Vater stürmen
und Suzette an Marcs Seite finden?

Sie erkannte das Auto, bevor sie den Fahrer sah. Das himmelblaue Lincoln-Kabrio bog gerade von der Privatstraße
auf den Lake Drive und reihte sich in den ostwärts verlau-
fenden Verkehr, also in die Gegenrichtung, ein. Das weiße
Verdeck des Wagens war zugezogen. Lynn beobachtete aus
geringer Entfernung, wie der Fahrer die Druckknöpfe aufriß, das Dach sich schließlich hob, nach hinten glitt und sich
wie ein riesiges Akkordeon zusammenfaltete. Der Fahrer
des Wagens mit dem Nummernschild BENGEL grinste so
breit, daß seine Zähne zwischen dem Bart aufblitzten, und
schlug mit der Hand im Takt der Musik, die aus dem Auto-
radio in den sonnigen Frühnachmittag hinausdröhnte, auf
das Lenkrad. Hin und wieder fiel sein Blick auf die Autos,
die ihm entgegenkamen, aber er sah sie sich nicht näher an.
Offensichtlich war er in Gedanken mit etwas ganz anderem
beschäftigt.

Lynn fuhr langsam weiter. Was sollte sie tun? Sie konnte
nicht schon wieder mitten in diesem Verkehr eine Wende
wagen. Sie konnte ihr Fenster herunterkurbeln und
schreien und hoffen, daß er sie trotz seiner lauten Radiomu-
sik hören würde. Schau zu mir her! befal sie ihm in Gedanken, als der Abstand zwischen den beiden Autos kleiner
wurde. Schau zu mir her – hier drüben bin ich!

Marc hob die Hände in die Luft, schloß die Augen und
streckte sich.

»Nein, verdammt, mach sie wieder auf!« sagte Lynn laut. »Hier bin ich!«

Er ließ den Kopf kreisen, hob ihn langsam wieder und wandte sich träge und gedankenverloren zur Seite.

»Hier drüben bin ich!« sagte sie noch einmal. Sein Blick fiel auf sie.

Der Fahrer hinter ihr hupte laut. Sie sah geradeaus. Es ging wieder weiter. Sie wurde unsanft gezwungen, den anderen Autos zu folgen.

Mit einer weichen, gleitenden Armbewegung schaltete Lynn die Automatik in Parkposition, zog den Schlüssel aus dem Zündschloß und öffnete die Tür ihres Wagens. Hinter ihr ertönte wütendes Gehupe. »Was soll das?« schrie irgendeiner. »Wo zum Teufel wollen Sie denn hin?«

Sie ging auf sein Auto zu und sah, daß Marcs Grinsen immer breiter wurde, bis es von einem Ohr zum anderen reichte. Schnell beugte er sich zur Seite und öffnete die Beifahrertür des blauen Lincoln. Lynn setzte sich neben Marc, schloß die Augen und kostete den Moment in seiner ganzen Schönheit aus.

Joy Fielding

Ich will Ihren Mann

Roman

Aus dem Amerikanischen
von Christa Seibicke

Für Warren

1

»Verzeihen Sie, spreche ich mit Mrs. Plumley?«
Das Mädchen war jung und hübsch, hatte wohlgeformte
Brüste und eine erstaunlich heisere Stimme. Lilian Plumley
trat verwirrt einen Schritt zurück, und ihre Absätze gruben
sich tief in den weichen, frischgemähten Rasen. Sie hatte
flache Schuhe anziehen wollen – schließlich war es ein
Picknick, auch wenn der elegante Rosedale Country Club
den Rahmen dazu abgab. Aber David hatte ihr versichert,
die Frauen seiner Kollegen würden im Cocktailkleid erscheinen, und er hatte recht behalten. Dieses Mädchen freilich
bildete eine Ausnahme. Sie trug ein saloppes, rotes T-Shirt,
und über ihr herausfordernd strammes Hinterteil spannten
sich Jeans, die garantiert nicht aus einem Modellgeschäft
stammten. Wessen Frau war sie überhaupt?
Lilian lächelte und taxierte mit einem schnellen Blick die
tiefblauen Augen des Mädchens, ihren makellosen Teint
und das raffinierte Make-up, das ihrem Gesicht den Anschein verlieh, völlig ungeschminkt zu sein. Lilians Unbehagen wuchs, als sie erkannte, daß ihr Gegenüber sie einer
ebenso gründlichen Prüfung unterzog. Verunsichert dachte
sie an ihr Haar, das ständig so aussah, als müsse es frisiert
werden, und an ihr Gardemaß von einem Meter fünfund-
siebzig. Das Mädchen vor ihr mit dem seidig glänzenden,
schwarzen Haar hatte die Idealgröße von einsachtundsech-

zig, schätzte Lilian und spürte, wie ihre Schultern unwillkürlich zusammensackten, um die unterschiedliche Augen-
höhe auszugleichen. Sie fühlte sich linkisch und plump, kam
sich vor wie der Elefant im Porzellanladen, der unversehens
einer Meißner Figurine gegenübersteht.

»Ja?« Lilians Ton war halb bestätigend, halb fragend. »Ja, ich
bin Mrs. Plumley; was wünschen Sie?« Lilian wunderte
sich, wie heiser ihre Stimme plötzlich klang.

Ein offenes, bezauberndes Lächeln lag auf dem Gesicht des
Mädchens. »Ich bin Nicole Clark«, sagte sie und streckte Lilian die Hand entgegen. »Ich will Ihren Mann heiraten.«

Die Erde stand still. Wie ein Film, der plötzlich reißt, verschwand das jährliche Firmenpicknick von Weatherby &
Ross mit einem Ruck aus Lilians Gesichtskreis.

Es war einer dieser verflixten Tage. Sie hatte es von dem Augenblick an geahnt, als ihr Magen morgens um sieben gegen
die Shrimps vom Abend zuvor rebellierte und sie Hals über
Kopf ins Bad gestürzt war, um sich zu übergeben. David war
ihr mit einer Dose Sagrotan-Spray gefolgt, und während sie
sich krümmte und stoßweise erbrach, sprühte er eifrig gegen
die Kacheln, bis Lilian schließlich Atem schöpfen konnte und
ihn anbrüllte, er möge endlich mit der gottverdammten
Sprüherei aufhören, ihr werde schlecht von dem Geruch.
Statt einer Antwort wünschte ihr David einen schönen
Hochzeitstag – es war ihr vierter – und trollte sich wieder ins
Bett. Er überließ ihr die wenig erfreuliche Aufgabe, seine beiden Kinder aus erster Ehe abzuholen und zu dem Picknick zu
bringen. Die Kinder freuten sich auf diesen Ausflug ungefähr
so wie auf einen Besuch beim Zahnarzt oder bei ihrer Stiefmutter. Zu allem Überfluß hatte Ihre Königliche Hoheit Mrs.
Plumley I. Lilian an der Tür zu Davids ehemaligem luxuriö-
sen Heim empfangen und mit einem Blick, der haarscharf an
ihr vorbei gerichtet war, so als sei sie gar nicht vorhanden,
verlangt, daß David und sie die Kinder auch zum Abendessen
behielten, weil sie eine Verabredung habe.

Hochzeitstag, ein verdorbener Magen, zwei widerspenstige Stiefkinder, die Exfrau ihres Mannes, und jetzt das! Lilian starrte das Mädchen, diese Nicole Clark, wortlos an. Sie erwiderte ihren Blick so offen und freundlich, als hätte sie nur nach der Uhrzeit gefragt. Allmählich nahm Lilian ihre Umgebung wieder wahr, Formen und Farben wurden wieder erkennbar und triumphierten mit ihrer gewohnten Vertrautheit über die Absurdität der Situation. Sie befand sich inmitten einer Gruppe von annähernd hundert Anwälten, allesamt Mitglieder einer der größten und angesehensten Chicagoer Kanzleien, die sich hier zusammengefunden hatten, um mit Frauen und Kindern ihr jährliches Betriebsfest zu feiern. Es war ein flimmernd heißer Tag mitten im Juni. Ihr Kleid klebte an Rücken und Achseln fest, ihre weißen Schuhe gruben sich immer tiefer in die weiche Erde, und sie sprach mit einem Mädchen, das mindestens zehn Jahre jünger wirkte als sie, das eine Pfirsichhaut hatte und dessen Haare von der Feuchtigkeit nicht kraus wurden. Und dieses Mädchen hatte ihr gerade erklärt, sie habe die Absicht, ihren Mann zu heiraten.

Es mußte sich um einen Witz handeln. Irgend jemand, vielleicht sogar David selbst, hatte das Mädchen dazu angestiftet, an ihrem Hochzeitstag diesen Gag loszulassen. Lilian entspannte sich, ihr Mund formte sich zu einem verständnisvollen Grinsen, und sie kam sich ein bißchen einfältig vor, weil der Groschen erst jetzt gefallen war.

»Das ist kein Scherz«, sagte das Mädchen, als habe es Lilians Gedanken erraten. »Ich meine es völlig ernst.«

Lilians Grinsen wurde breiter, natürlicher. Wer sie auch sein mochte, diese Kleine machte ihre Sache ausgezeichnet. Vielleicht war sie sogar eine Berufsschauspielerin, die man eigens für diesen Auftritt engagiert hatte. Oder sie war eine von Davids Klientinnen. Der Gedanke verursachte Lilian ein leichtes Unbehagen, da er ihr eine Bemerkung in Erinnerung rief, die sie vor langer Zeit von ihrer Mutter gehört und die sie David gegenüber wiederholt hatte, damals, bei ihrer ersten, folgenschweren Begegnung. Bei jener Fragestunde hatte sie sich hinter der Rolle der spröden, jungen Fernsehjournalistin verschanzt, und er, einer der erfolgreichsten Scheidungsanwälte der Stadt und in ihren Augen die attraktivste Ausgabe männlicher Rechtsgelehrsamkeit, die ihr je untergekommen war, spielte mit notorischem Charme den Idealtyp eines potentiellen Interviewpartners. So unauffällig wie möglich studierte sie seine ebenmäßigen Züge und seinen durchtrainierten Körper.

Als sie den schlichten, goldenen Ehering an seiner Hand erblickte, da fiel ihr die sarkastische Bemerkung ein, die ihre Mutter hatte fallenlassen, als ihre Cousine Ruth sich mit dem geschiedenen Anwalt einließ, der Ruth kurz zuvor bei ihrer eigenen Scheidung vertreten hatte. Lilian hatte sich in diesem Moment gewünscht, die beiläufigen Kommentare ihrer Mutter würden nicht gar so oft so überaus scharfsinnig klingen, und dann hatte sie, damals, vor fast sechs Jahren, David die Frage gestellt: »Ist es wahr, daß Scheidungsanwälte, die selbst geschieden sind, häufig mit ihren Mandantinnen anbändeln?«

»Die Frage kann ich nicht beantworten«, hatte er gesagt, und ein mutwilliges Lächeln hatte um seine Mundwinkel gespielt. »Ich war noch nie geschieden.«

»Wie lange sind Sie schon verheiratet?« hatte sie weitergebohrt. Sie war sich sehr wohl bewußt gewesen, daß diese Frage für das Interview völlig unerheblich war und auch nirgends in ihren Notizen stand, aber sie hatte sie trotzdem gestellt.

»Fünfzehn Jahre«, hatte er geantwortet, und sein Gesicht war plötzlich zur ausdruckslosen Maske gefroren.

Lilian fuhr fort, Nicole anzulächeln, während sie insgeheim ein Stoßgebet losließ, daß dies keine Klientin sein möge. Allmählich ging ihr der Scherz zu weit, und sie hatte den brennenden Wunsch, die Kleine mit ihren aufreizenden roten Fingernägeln, wer sie auch war, möge ganz einfach verschwinden.

»Ich dachte, es ist nur fair, Sie zu warnen«, fing Nicole an. Doch ehe sie weitersprechen konnte, fiel Lilian ihr brüsk ins Wort: »Das reicht!« Nicht nur das Mädchen, auch sie selbst war verblüfft über die plötzliche Heftigkeit ihres Tons. Ihre Stimme hatte jede Spur der sanften, kehligen Heiserkeit verloren. »Ich meine«, lenkte sie ein. »Ich geb' gern zu, daß ich für 'nen Moment auf der Leitung stand. Also es war ein netter Einfall, wirklich originell, und meine Freunde werden sich halb totlachen, wenn ich's ihnen erzähle. Aber wir sollten es nicht übertreiben . . .«

»Das ist kein Scherz«, wiederholte das Mädchen.

Lilian kniff die Lippen zusammen. Als sie dann sprach, war ihre Stimme so leise, daß das Rauschen des Blutes in ihren Ohren sie zu übertönen drohte und Lilian Mühe hatte, ihre eigenen Worte zu hören.

»Wenn das so ist, dann sollten Sie sich verdammt davor hüten, mir noch mal über den Weg zu laufen.« Lilian richtete sich zu ihrer vollen Größe auf, warf die Schultern stolz zurück, als habe man sie soeben zur Athletin des Jahres gekürt, und starrte auf Nicole hinunter. Ich habe keine Angst vor dir, schrie sie wortlos. Ich fürchte mich weder vor dir noch vor deiner Jugend oder vor deinen Drohungen.

Nicole Clark zuckte mit den Achseln und fuhr fort zu lächeln. Aufreizend langsam drehte sie sich um und verschwand in der Menge gutgekleideter Gäste.

Wo ist David? fragte Lilian sich beunruhigt und fuhr herum. Plötzlich zitterte sie am ganzen Körper vor Empörung, und während ihre Blicke suchend über die Menge schweiften, spürte sie, daß sie all ihrem gerade zur Schau gestellten Selbstvertrauen zum Trotz in ihrem ganzen vierunddreißigjährigen Leben noch nie solche Angst gehabt hatte wie heute. Ihre Augen wurden schmal, als sie sah, wie Nicole sich lässig durch die Menge schlängelte, gut gelaunt nach rechts und links lächelte und offensichtlich zielstrebig eine bestimmte Richtung einschlug. Wo wollte sie hin? Lilian beobachtete sie mit gespannter Aufmerksamkeit.

»Lilian Plumley!« Die Männerstimme hinter ihr verriet unüberhörbar Hartnäckigkeit. Widerwillig wandte Lilian sich um. »Ich hab' zu Harve gesagt, wenn einer die Antwort auf diese knifflige Frage weiß, dann ist's Lilian. Die weiß in der Branche einfach alles.«

Sie lächelte Al Weatherby an. Er war der Begründer, der Vater, der illustren Anwaltsfirma, wenngleich man dem drahtigen, jungenhaft wirkenden Mann mit dem welligen, braunen Haar diese Rolle kaum zugetraut hätte. Lilians Blick glitt verstohlen über die Menge, doch sie hatte Nicole aus den Augen verloren.

»Wie heißt die Frau, die neben Dick Benjamin die Hauptrolle in ›Die Ehe eines jungen Maklers‹ spielte?« fragte er und strahlte erwartungsvoll übers ganze Gesicht. »Ich hab' mit Harve Prescott um fünfzig Dollar gewettet, daß du's weißt.«

Harve Prescott kam zögernd näher.

»Joanna Shimkus«, antwortete Lilian abwesend und trat nervös von einem Fuß auf den anderen.

»Nein, nicht die Ehefrau. Die andere, du weißt doch, die, die so unheimlich sexy war und sich so genüßlich auf dem Bett rekelte und den Rock hob ...«

»Tiffany Bolling«, sagte sie, während sie sich magisch von der wogenden Menge angezogen fühlte.

»Genau!« rief er triumphierend, als sie sich abwandte. »Du bist die Größte, Lilli! Ich wußte, daß du's weißt. Hast du das gehört, Harve?«

Lilian bahnte sich mühsam einen Weg durch die Menge und hoffte inständig, daß ihre Unhöflichkeit nicht aufgefallen war. Al Weatherby war weit mehr als der strahlende Herrscher über eine erfolgreiche Anwaltsfirma, der sein Reich im Alleingang von den bescheidenen Anfängen einer winzigen Praxis über einer chemischen Reinigung zu dem gemacht hatte, was es heute war. Er war es auch, dem sie die Blitzkarriere ihres Mannes verdankten. Er hatte Davids Fähigkeiten erkannt, ihm eine Stelle in seiner expandierenden Firma gegeben, ihn unterstützt und protegiert, und im Laufe der Zeit waren die beiden enge Freunde geworden. Al hatte es sogar geschafft, aus ihr und David, den beiden schüchternen Anfängern, passable Bridgespieler zu machen, und zwar mit seiner schon beinahe sprichwörtlichen, nie erlahmenden Geduld, für die er allenthalben berühmt war. Sie hörte ihn lachen, sah sich nach ihm um und erhaschte gerade noch sein heiteres Zwinkern, das ihr signalisierte, es gebe keinen Grund zur Beunruhigung. Al Weatherby war kein Mann, der leicht einschnappte. Lilians Gedanken kehrten zurück zu dem Mädchen im roten T-Shirt.

Nicole Clark war verschwunden. Vielleicht ist sie nach Hause gegangen, dachte Lilian hoffnungsvoll, holte tief Atem und blickte prüfend in die Runde. Drüben am Büfett schmollte Davids Tochter Laurie über dem Nachtisch (von dem sie freilich garantiert keinen Bissen kosten würde), während sein Sohn Jason sich lustlos herabließ, mit ein paar lebhafteren Kindern Verstecke zu spielen. Waren alle Teenager so mürrisch und verstockt? Lilian mußte unwillkürlich lächeln, als sie sich vorstellte, Nicole hätte sich mit diesen beiden Nervensägen herumzuschlagen. Bei diesem Gedanken fühlte sie sich gleich besser. Lauries kleiner Bruder war noch nicht dreizehn und hatte doch schon eine unangenehme Ähnlichkeit mit seiner Mutter. Außerdem war er unerträglich schüchtern. Wenn eines der beiden Kinder in Lilians Gegenwart überhaupt je lächelte, dann gewöhnlich als Begleitkommentar zu der Neuigkeit, daß ihre Mutter wieder vor Gericht gehen und um höheren Unterhalt klagen würde oder daß sie das ganze Haus mit einem neuen, weißen Flauschteppich auslegen ließ, weil sie seit ihrer Rückkehr vom letzten Europaurlaub an Depressionen litt und eine Aufmunterung brauchte. Gemessen an seinem beachtlichen Ruf als Anwalt hatte sich David bei seiner eigenen Scheidung gründlich übers Ohr hauen lassen. Bei Mitgliedern der Anwaltskammer seien die Richter immer besonders streng, hatte er erklärt, aber stillschweigend übergangen, daß bei dem Prozeß eine siebzehnjährige Ehe, zwei Kinder und unzählige außereheliche Beziehungen, inklusive ihrer eigenen, in die Waagschale geworfen wurden.

Laurie sah sie durchdringend an, und in ihren Augen stand eine derart kalte Verachtung zu lesen, daß Lilian so etwas wie widerstrebende Bewunderung für die Ausdrucksfähigkeit des mageren Mädchens empfand. Denn mit diesem einen Blick gab Laurie ihr zu verstehen, daß sie – nach inzwischen sechs Jahren – nicht nur immer noch als Ehebrecherin betrachtet wurde, als Eindringling und Außenseiter, als vorübergehendes Ärgernis, das sicherlich beseitigt würde, sobald ihr Vater wieder zur Vernunft kam, daß sie also kurz gesagt nur eine lächerliche Figur sei; nein, dieser Blick schimpfte sie darüber hinaus auch verrückt, blöd und lahmarschig, nebst all den anderen markigen Adjektiven, die dem Jargon der Vierzehnjährigen seine faszinierende Würze gaben.

Ich hab' die Ehe deiner Eltern nicht kaputtgemacht, versuchten Lilians Augen dem Mädchen zu antworten. Da fiel ihr Elizabeth Taylors origineller Kommentar ein, als Eddie Fisher Debbie Reynolds mit Windelwaschen und Zöpfeflechten allein ließ: »Eine glückliche Ehe kann kein Dritter kaputtmachen.« Laurie wich Lilians Blick aus. Wunderbar, dachte diese erbittert, wer kann von einer Vierzehnjährigen erwarten, daß sie einem das abnimmt? Ob Debbie Reynolds es der Taylor abgenommen hat?

Jason tauchte auf, rempelte sie aus Versehen in die Seite und trat mit dem Absatz auf ihre bloßen Zehen. »Oh«, stammelte er, als er Lilian erkannte. »Ver ... Verzeihung. Hab' ... hab' ich dich getreten?«

»Macht nichts«, antwortete sie und versuchte unauffällig,

ihren Fuß von Erde und Gras zu säubern. »Ich hab' ja noch 'nen zweiten.«

Jason war den Tränen nahe.

»Tut mir leid, ist 'n alter Witz«, fuhr sie fort und zwang sich zum Lachen. »Na, amüsierst du dich gut?« Warum zum Teufel fragte sie das? Jeder Idiot konnte ihm die Antwort vom Gesicht ablesen.

»Es geht«, sagte er langsam, um nicht zu stottern. Elaine, Davids Exfrau, ließ keine Gelegenheit aus, darauf hinzuweisen, daß Jason erst zu stottern angefangen hatte, *nachdem* sein Vater ausgezogen war, und so diente Jasons Sprachfehler zur ständigen Mahnung daran, daß David als Vater ein Versager sei. Der Junge hatte sich seit kurzem angewöhnt, langsam zu sprechen, um sein Stottern zu kontrollieren. Wenn man nur Davids Schuldgefühle auch so leicht in den Griff kriegen könnte, dachte Lilian und beobachtete prüfend das Gesicht des Jungen, der ihr immer viel älter vorkam, als er war. Im Geist hörte sie die Stimme seiner Mutter: Denk dran, Jason, du bist jetzt der Mann im Haus.

Für einen Augenblick verspürte Lilian den unwiderstehlichen Drang, den Jungen in die Arme zu nehmen, aber Jasons Augen wurden plötzlich hart, und sie fühlte sich zurückgestoßen, als er sich abwandte und mit seinem schlurfenden Gang demonstrierte, wie sehr er sich langweilte. Vielleicht suchte er seinen Vater, um ihn dazu zu überreden, vorzeitig nach Hause zu gehen.

Wo war David?

Als Lilian ihn endlich entdeckte, lehnte er unter einer ausladenden Trauerweide. Welch passende Kulisse für eine dramatische Szene, dachte Lilian. Doch dann sah sie, daß er in eine selbst auf die Entfernung sehr ernsthaft wirkende und also vermutlich langwierige Debatte mit einem seiner Partner verwickelt war, in eine Debatte, die zu unterbrechen niemand wagen würde. Sie spürte, wie ihr Körper sich ein wenig entspannte und der Säurespiegel ihres Magens, der zwar nie sonderlich niedrig war, sich immerhin wieder normalisierte.

Es tat ihr gut, David bloß anzuschauen. Ihre Bekannten wurden nie müde zu versichern, David sehe aus wie Robert Redford, mit seinem weizenblonden, nachlässig in die Stirn fallenden Haar und den mutwillig blitzenden, grünen Augen, aber Lilian fand den Vergleich ein bißchen weit hergeholt. Für sie stand jedoch unumstößlich und ohne jeden Zweifel fest, daß er unwahrscheinlich gut aussah, und wenn ihm die besondere Ausstrahlungskraft, jenes undefinierbare gewisse Etwas fehlte, das einen Filmdarsteller zum Leinwandidol machte – wen kümmerte das? Wahrscheinlich kann Robert Redford 'ne erstklassige Nutte nicht von 'ner Niete unterscheiden. David hat einen Riecher für so was. Aber ist das nicht gerade das Gefährliche? fragte sie sich, als ihr unwillkürlich Nicole Clark einfiel.

Wenn man es objektiv betrachtete, paßten sie zweifellos besser zusammen, ihr Mann und diese andere Frau. Sie ergänzten einander gut, waren sie doch beide das Abbild ebenmäßiger Vollkommenheit. Sogar Nicoles dunkles Haar schien wie geschaffen, seinen blonden Schopf zu betonen, so daß beider Vorzüge noch wirkungsvoller zur Geltung kamen. Zum Teufel mit der Objektivität, entschied Lilian energisch und schüttelte ihre rötliche Mähne. Doch ein paar Strähnen klebten widerspenstig im Nacken fest. Wenn sie guter Laune und mit sich im Einklang war, redete Lilian sich ein, sie sehe aus wie Carly Simon. Aber da das noch nie jemand anderem aufgefallen war, mußte es wohl eine recht entfernte Ähnlichkeit sein. Eigentlich war es auch ganz unwichtig. David hatte *sie* geheiratet, und er hatte aus diesem Grund eine äußerst attraktive Frau verlassen. Der Gedanke an Davids frühere Untreue und an seine Scheidung war allerdings nicht gerade dazu angetan, Lilians Selbstsicherheit zu stärken. Sie wollte nach Hause. Vielleicht konnte sie eine Unpäßlichkeit vorschützen ... ihr Magen, die Hitze ...

»Na, wie gefällt's dir an der Uni?«

Die Stimme hatte sie so überrascht, daß sie merklich zusammenzuckte, ehe sie sich zu Beth Weatherby umwandte. Al Weatherbys Frau war eine der ganz wenigen unter den Kollegenfrauen, mit denen sie irgend etwas gemeinsam hatte.

»Großartig«, log Lilian und sah sofort, daß Beth ihr nicht glaubte.

»Du findest es grauenvoll, stimmt's?« lachte Beth. Sie war fünfundvierzig, zwölf Jahre jünger als ihr Mann. Die beiden waren seit siebenundzwanzig Jahren verheiratet. Ein Umstand, über den Lilian nicht müde wurde, sich zu wundern: unvorstellbar, daß jemand mit achtzehn wußte, was er wollte, und sich fast drei Jahrzehnte später immer noch dasselbe wünschte. »Ich hab' gesehen, wie Al dich vorhin ausgefragt hat«, sagte Beth, als habe sie Lilians plötzlichen Gedankensprung erraten. »Nicht zu fassen. Ein erwachsener Mann und führt sich auf wie ein Kind! Er hat sich die halbe Nacht damit um die Ohren geschlagen, Kinofragen auszubrüten, die dich verblüffen würden.«

Lilian lachte.

»Du vermißt es sehr, nicht wahr?« erkundigte sich Beth unvermittelt.

»Vermissen? Was?« fragte Lilian zurück, obwohl sie die Antwort ganz genau kannte.

»Das Fernsehen«, sagte Beth erwartungsgemäß.

»Ja«, entgegnete Lilian zerstreut. Nicole Clark war plötzlich wieder aufgetaucht und nahm ihre ganze Aufmerksamkeit in Anspruch. Lilian beobachtete, wie das Mädchen sich einen Weg zu David bahnte, und sah ihren Mann ganz selbstverständlich zur Seite rücken, um den Neuankömmling in die Unterhaltung einzubeziehen.

»Wer ist das?« fragte sie Beth Weatherby.

Beth blickte zu der mächtigen Trauerweide hinüber. »Die Kleine, die mit deinem Mann spricht? Ich weiß ihren Namen nicht mehr, aber sie ist 'ne Neue. Ich glaube, sie ist

Jurastudentin und macht diesen Sommer bei Weatherby & Ross ihr Praktikum.«

»Sie wird Rechtsanwältin?«

»Al sagt, sie habe große Chancen. Hochintelligent. Weißt du, wenn ich's mir überlege, ich glaub', er hat nie mehr jemanden so gelobt wie sie, seit er damals David kennenlernte und ihm anbot, in die Firma einzutreten. Er ist überzeugt, daß sie eine geradezu phantastische Karriere vor sich hat. Meinst du nicht auch, daß sie in einer Robe einfach entzückend aussehen würde?«

Lilian spürte, wie ihr Magen sich hob. »Entschuldige mich einen Moment, ich fühle mich nicht wohl.« Sie zog sich in eine ruhige Ecke zurück. Ihre Absätze sanken tief in den Boden, so als ob sie auf der Stelle festgewurzelt sei. Beth Weatherby trat neben sie und kramte ein paar große, weiße Pillen aus ihrer gelben Strohtasche.

»Antacid«, erklärte sie, noch bevor Lilian eine Frage stellen konnte. »Nimm dir 'n paar.«

Lilian steckte zwei Tabletten in den Mund.

»Zerkau sie.«

Lilian gehorchte und verzog angewidert das Gesicht.

»Ich weiß, sie schmecken scheußlich, wie Kreide. Aber sie helfen. Ich nehm' sie schon, so lange ich denken kann. Wegen der Magengeschwüre«, kam sie Lilians Frage zuvor.

»Wieso, hast du Magengeschwüre?« erkundigte sich Lilian ehrlich erstaunt.

»Berufsrisiko«, sagte Beth und lächelte. »Schicksal, wenn man die Frau eines vielbeschäftigten Anwalts ist.«

Außerdem hat sie drei Kinder großgezogen, dachte Lilian und erinnerte sich plötzlich, daß David ihr neulich erzählt hatte, der Jüngste, der gerade erst siebzehn war, habe die Schule verlassen, um den Harekrischnas beizutreten. David hatte ihr im selben Atemzug die Erlaubnis gegeben, seinen eigenen Sohn zu erschießen, sollte der je eine ähnliche Verrücktheit begehen.

»Hier hab' ich was, danach wirst du dich gleich besser fühlen«, versicherte Beth und fischte in ihrer Handtasche nach, wie Lilian annahm, einer anderen Sorte Tabletten. Doch was sie ihr in die ausgestreckte Hand legte, waren keineswegs Pillen, es war ein schlichter, weißer Briefumschlag, in Beth Weatherbys krakeliger, nach links geneigter Schrift an Lilian adressiert. »Ich denke, das wird dir gefallen«, sagte Beth, schenkte ihr ein verschwörerisches Lächeln und schlenderte hinüber zu einer kleinen Gruppe von Kollegenfrauen, die zusammenrückten, um ihr Platz zu machen. Wie eine Amöbe, die ihre Beute verschlingt, dachte Lilian, als Beth buchstäblich zwischen den Körpern der anderen verschwand. Dann richtete sie ihre Aufmerksamkeit auf das Schreiben in ihrer Hand. Sie riß den Umschlag auf und nahm den Brief heraus.
Er war sauber getippt, sein Inhalt knapp, sachlich und direkt. Nur ihr Name war mit der Hand eingesetzt. Sie überflog den Brief und las ihn gleich darauf noch einmal.

Liebe *Lilli*,
langweilst Du Dich im Bett? Bist Du es leid, jeden Morgen beim Aufwachen von derselben alten Leier, von Stöhnen, Gestank und Klagen begrüßt zu werden? Vermißt Du die angenehme Erregung aus jenen weit zurückliegenden Tagen, in denen sein Herz noch größer war als die kahle Stelle an seinem Hinterkopf? Wir können Deine Gefühle nachempfinden. Uns geht es genauso. Aber wir haben einen Plan ausgeheckt. Schick Deinen Mann einfach zu der ersten Frau auf beigefügter Liste, streiche deren Namen und setze Deinen eigenen ans Ende der Liste. Dann kopiere diesen Brief und verschicke ihn an fünf Freundinnen. Innerhalb von sechs Monaten wirst Du mit 40 000 Ehemännern zusammentreffen.
Aber sei vorsichtig: *Du darfst die Kette nicht unter-*

brechen! Barbie Feldmann hat das vor zwei Jahren getan, und was geschah? Seitdem ist sie nicht nur am armen, alten Freddie hängengeblieben, sondern als ihr Grill kaputtging, wurde sie von dem Elektriker, der ihn reparieren sollte, vergewaltigt. Wir möchten nicht, daß Dir etwas Ähnliches passiert.

Warum gibst Du nicht dem Zufall eine Chance? Raff Dich auf – es ist in jedem Falle befriedigender, als Hemden zu bügeln. Schick einfach Deinen Mann los und setze Deinen Namen auf die Liste, dann tu fünf Freundinnen einen Gefallen! *Unterbrich die Kette nicht!*

Dem Brief lag eine Liste mit fünf Namen bei, deren letzter der von Beth Weatherby war.

Lilian lachte laut auf und fühlte sich tatsächlich ein wenig besser. Verlaß dich auf Beth, dachte sie und schaute sich nach dem Grüppchen unter der Trauerweide um. Als sie sah, daß ihr Mann jetzt mit Nicole allein war, fühlte sie sich prompt wieder elend.

Sie beobachtete die beiden, die sich entspannt unterhielten und ihre forschenden Blicke gar nicht wahrnahmen. David schien gelöst und glücklich. Selbst auf die Entfernung konnte sie das schelmische Zwinkern in seinen Augen erkennen. Plötzlich warf er den Kopf in den Nacken und lachte hell auf, vermutlich über eine unüberbietbar kluge Bemerkung Nicoles. Ihre Blicke trafen sich, als er den Kopf wandte und sich das Haar aus der Stirn strich. Sofort erhellte ein warmes Lächeln sein Gesicht, und er hob das Weinglas zu einem schweigenden Toast. Sie sah, wie er sich zu Nicole hinüberbeugte und ihr etwas zuflüsterte, worauf diese beifällig nickte. Lilians Augen richteten sich prüfend auf die Frau, die ihren Blick geschwind auffing und genau wie David ihr Glas zu einem Toast erhob. Ihre Lippen formten schweigend ein »Auf den Hochzeitstag!«

2

Die Büros von Weatherby & Ross erstreckten sich über zwei
Etagen des vierundneunzigstöckigen John Hancock Centers,
und ihre Einrichtung hätte der Phantasie eines Hollywood-
Ausstatters Ehre gemacht. Die karamelfarbenen Stofftape-
ten harmonierten mit den beigen Berberteppichen, die
Wände waren mit modernen Lithographien und Tapisserien
geschmückt, und weitläufige Gänge führten zu den geräu-
migen Büros. Drinnen boten raumhohe Fenster eine Aussicht, an der man Rang und Ansehen des jeweiligen Besit-
zers ablesen konnte.
David Plumleys Büro lag gleich hinter der ausladenden,
geschwungenen Treppe und gegenüber dem Konferenzzimmer. Der Blick aus der fünfundachtzigsten Etage war überwältigend. Der Raum selbst freilich war das reinste Chaos.
Man hatte Lilian Listerwoll höflich hineinkomplimentiert
und ihr versichert, Mr. Plumley komme sofort. Das war vor
fast zwanzig Minuten gewesen, aber Lilian war froh, die
Zeit nutzen zu können, um ihre Fragen zu ordnen und die
Antworten zu überfliegen, die sie bei den Interviews mit
anderen Anwälten hatte sammeln können. Von allen Büros,
die sie an diesem Nachmittag besucht hatte, war dies mit
Abstand das unordentlichste. Sie hatte noch nie so viele
Papiere und Bücher auf scheinbar diffuse Weise herumlie-
gen sehen. Der große Eichenholzschreibtisch war über-

schwemmt mit Akten und Dokumenten, und die Bücherregale waren zum Bersten vollgestopft. Selbst in der Besucherecke, wo zwei grün-blau gestreifte Sessel einen runden Glastisch flankierten, türmte sich Fachliteratur, und Aktenstöße kletterten wie Efeu an den Wänden empor. Die Bilder waren durchweg modern, nicht uninteressant, doch kühl und distanziert in ihrer kompromißlosen Abstraktheit. Der einzige Hinweis auf Sinn für Humor, den sie entdecken konnte, war eine Lithographie, die auf kahlem Grund nichts weiter zeigte als eine Parkuhr mit der Aufschrift: ABGELAUFEN. Das Bild hing direkt hinter seinem Schreibtisch, und Lilian vermutete, daß es als subtiler Wink für säumige Klienten diente. Sie konnte nirgends Familienfotos entdecken, aber bei einem der erfolgreichsten Scheidungsanwälte der Stadt wären solche wohl auch nicht recht am Platz gewesen.

David Plumley kam herein und nahm hinter seinem Schreibtisch Platz. Lilian taxierte mit schnellem Blick sein blondes Haar, die grünen Augen und das jungenhafte Lächeln, das zu sagen schien: Ich weiß, daß ich unwiderstehlich bin. Dann hatte sie plötzlich das Gefühl, als ob die Parkuhr hinter ihm zu ticken beginne, und sie platzte mit ihrer ersten Frage heraus. Es war genau jene, von der sie ihrer Mutter mit gutdosierter Verachtung versichert hatte, daß sie nicht im Traum daran dächte, sie zu stellen.

»Ist es wahr, daß Scheidungsanwälte, die selbst geschieden sind, häufig mit ihren Mandantinnen anbändeln?«

Sein mutwilliges Lächeln vertiefte sich. »Die Frage kann ich nicht beantworten«, sagte er schlicht. »Ich war noch nie geschieden.«

»Wie lange sind Sie schon verheiratet?« fuhr sie fort und blickte auf den altmodischen Goldreif am Ringfinger seiner linken Hand. Ihr schien dieses Symbol überflüssig, denn daß ein Mann, der aussah wie er, unfehlbar verheiratet war, wußte ohnehin jeder, der Augen im Kopf hatte.

»Fünfzehn Jahre«, antwortete er mit ausdrucksloser Stimme, und das Lächeln auf seinem Gesicht erlosch. »Tut mir leid, daß Sie warten mußten.«

»Warten?« Einen verrückten Herzschlag lang hatte Lilian das Gefühl, er spreche immer noch von seiner Ehe.

»Ich bin im Konferenzzimmer aufgehalten worden.« Das mutwillige Lächeln kehrte zurück. Es war fast, als könne er ihre Gedanken lesen, als spüre er die plötzliche Unruhe, die ihren ganzen Körper erfaßt hatte. »Darf ich Ihnen einen Kaffee anbieten?«

»Nein, danke«, sagte sie und versuchte, seinem Blick auszuweichen. »Ich hab' schon drei Tassen getrunken.«

»Dann bin ich also nicht Ihr erster ... Interviewpartner, meine ich«, setzte er scherzend hinzu, als ihr Blick dem seinen zögernd wieder begegnete.

»Nein, das sind Sie nicht«, antwortete sie gereizt. Sie waren beide entschieden zu alt für diesen Schlagabtausch. »Herrscht in Ihrem Büro immer solch ein Durcheinander?« Seine Stimme klang ebenso gereizt wie die ihre, seine Antwort war so direkt wie ihre Frage. Er hatte ihren Wink verstanden. »Ja«, sagte er. »Also, was kann ich für Sie tun?«

Sie erklärte es ihm und schlüpfte erleichtert zurück in die Rolle der souveränen Fernsehjournalistin, was ihr die nötige Distanz zu seinen kühlen, grünen Augen verschaffte. Sie mache eine Reportage über die Elite der Chicagoer Juristen und interviewe dazu die drei renommiertesten Kanzleien. (Er bezweifelte ihre Auswahl angesichts der beiden anderen Firmen.) Sie versuche, Einblick in den Tagesrhythmus einer Firma mit einem so breit gestreuten Wirkungskreis wie Weatherby & Ross zu gewinnen.

Al Weatherby, ihr erster Interviewpartner, hatte ihr eine allgemeine Einführung gegeben und ihr erklärt, das Fernziel der großen Firma sei es, sich weiter auszudehnen und schließlich den ersten Platz unter den Kanzleien der Stadt einzunehmen. Sie würden fünfundachtzig Volljuristen beschäftigen, hatte er stolz erzählt und vorausgesagt, daß die Zahl der Mitarbeiter binnen fünf Jahren auf einhundert anwachsen werde. Im Laufe der Zeit sollte der Stab proportional zum Anwachsen der Firma vergrößert werden. Von den fünfundachtzig Anwälten waren fast dreißig Teilhaber, der Rest setzte sich aus Junioren und untergeordneten Mitarbeitern zusammen. Jedem Anwalt war eine eigene Sekretärin unterstellt, und zusätzlich verfügte die Firma über einen Stab von Schreibkräften und Rechtspraktikanten. Außer den Einzelbüros und dem Konferenzraum gab es eine Bibliothek, eine Cafeteria und zwei Aufenthaltsräume. Al Weatherby hatte den jährlichen Mietpreis mit etwa einer Million Dollar beziffert.

Die Anwälte bearbeiteten jeweils nur ihr Spezialgebiet. Für einen Laien konnte man es vereinfacht so formulieren, daß bei Weatherby & Ross für jedes anfallende Problem ein kompetenter Anwalt zur Verfügung stand. Die Kanzlei arbeitete im Körperschafts-, Straf- und Steuerrecht sowie im Zivil-, Prozeß- und Vermögensrecht und in sämtlichen Untergruppen. Das Geschäft floriere sehr gut, vielen Dank.

»Was verdienen Sie im Jahresdurchschnitt?« fragte Lilian David Plumley in der Hoffnung, ihn zu überrumpeln.

»Ist das wichtig?« wollte er wissen.

»Ich denke doch«, meinte sie und sah ihm fest in die Augen. »Schließlich befaßt sich meine Sendung mit den höchstdotierten Vertretern Ihres Berufsstandes. Da brauche ich eine ungefähre Vorstellung von den Spitzenverdiensten, um die es in Ihrer Branche geht. Mir ist es lieb, wenn ich weiß, wovon ich spreche.«

»Wem geht das nicht so«, entgegnete er nachdenklich. »'ne sechsstellige Summe.«

»Über hunderttausend Dollar im Jahr?«

»'ne sechsstellige Summe«, wiederholte er.

»Arbeiten Sie auf anteiliger Basis? Ich meine, richtet sich Ihr Profit nach der Höhe des Streitwertes?«

»Nein, das ist nicht mein Stil.«

»Wieso nicht? Was ist Ihr Stil?«

»Ich ziehe es vor, die Kosten entsprechend meinem Arbeits- und Zeitaufwand zu berechnen. Das System der Beteiligungsquote ist meines Erachtens nicht immer fair, obwohl eine Menge höchst angesehener Anwälte Ihnen stichhaltige Argumente dafür liefern würde.«

»Aber Ihnen liegt dieses System nicht?«

»Ich ziehe meines vor.«

»Aus moralischen Gründen?«

»Vielleicht. Auch wenn Sie's nicht glauben, es gibt Anwälte mit moralischen Prinzipien.« Zum erstenmal seit einer ganzen Weile lächelte er wieder. »Ich komme mir vor wie im Kreuzverhör.«

Sie wechselte abrupt das Thema. »Wie lange arbeiten Sie täglich?«

Er hob die Schultern, und in seinem Ton schwang eine Spur von Ironie mit. »Oh, bloß die üblichen fünfzehn Stunden. Um acht Uhr morgens am Schreibtisch, um zehn Uhr abends nach Hause.«

»Das sind aber bloß vierzehn Stunden.« Er lächelte wieder.

»Finden Sie es ›fair‹, um Ihren Ausdruck zu gebrauchen, mit dem Elend anderer so viel Geld zu verdienen?« hakte sie nach.

»Ich sehe es anders. Meine Aufgabe besteht darin, dem Elend ein Ende zu setzen. O doch, ich finde es ausgesprochen fair. Ich arbeite nämlich hart für mein Geld.«

»Wie stehen Sie zu dem Vorwurf, der verschiedentlich von den Betroffenen eines Scheidungsprozesses erhoben wird und der besagt, daß alles glattgeht, bis die Anwälte auf den Plan treten?«

»Ich denke, Sie haben sich mit einer Menge Verlierer unterhalten.«

Lilian unterdrückte ein Lächeln. »Sie glauben also nicht, daß der Vorwurf berechtigt ist«, begann sie wieder und warf energisch den Kopf in den Nacken, um den Einfluß seines Charmes abzuschütteln. »Stimmt es, daß viele Frauen rachsüchtig handeln und versuchen, dem armen Teufel von Exmann den letzten Pfennig aus der Tasche zu ziehen?«

»Das mag schon sein«, gab er offen zu. »Aber es ist ebenso eine Tatsache, daß viele Männer jeden nur erdenklichen schmutzigen Trick ausprobieren, um ihren Frauen nicht den ihnen rechtmäßig zustehenden Unterhalt zahlen zu müssen. Und damit sind wir bei einem wirklichen Problem. Ich glaube, eine Menge verheirateter Frauen sind sich ungeachtet aller Bestrebungen der Emanzipationsbewegung immer noch nicht darüber klar, welche Rechte das Gesetz ihnen zubilligt. Sie wissen einfach nicht, was ihnen zusteht. Ich kläre sie darüber auf.« Er machte eine Pause. »Und dann verhelf' ich ihnen zu ihrem Recht.«

»Haben Sie überwiegend weibliche Klienten?«

»Mehr als zwei Drittel.«

»Was hat Sie bewogen, Jurist zu werden?«

»Ich erteile gern Ratschläge.«

»Und wie kamen Sie zum Scheidungsrecht?«

Er zögerte. »Ich bin mir nicht ganz sicher.« Er zuckte mit den Achseln. »Ich habe die anderen Sparten ausprobiert, Vermögens- und Strafrecht interessierten mich nicht sonderlich, ich haßte auch das Körperschafts- und Steuerrecht, obwohl ich in beiden sehr erfolgreich war. Wahrscheinlich bin ich einfach durch Zufall beim Scheidungsrecht hängengeblieben. Sind Sie verheiratet?«

»Nein.«

»Geschieden?« Er neigte erwartungsvoll den Kopf.

»Ledig«, erklärte sie mit einem Anflug von Trotz. »War nie verheiratet. Eine alte Jungfer, ein Blaustrumpf.«

Ihr Blick war herausfordernd: *Okay*, Supermann, du hast angefangen. Worauf willst du hinaus?

David Plumley seinerseits sah sich einer Frau mit großen,

braunen Augen und einer wirren, roten Mähne gegenüber, die ein nahezu perverses Vergnügen daran zu finden schien, ihre Reize zu verhüllen. Sie steckte in ausgebeulten Hosen und einem unförmigen Pullover und verbarg ihren Charme hinter einer schnodderigen, ja brüsken Fassade. Er sah eine selbständige, wenngleich ein wenig weltfremde Frau vor sich, die einen interessanten und begehrten Beruf ausübte und die sich im Moment krampfhaft bemühte, seiner Anziehungskraft zu widerstehen. Sie war keineswegs die hübscheste von denen, die ihm an diesem Tag in seinem Büro gegenübergesessen hatten, und doch schien sie ihm in diesem Augenblick so begehrenswert wie die verführerischste Frau, der er je begegnet war.

Es klopfte, Al Weatherby platzte herein und flüsterte David Plumley zu, Warren Marcus sei schrecklich ungehalten über die Schlampigkeit der Mitarbeiter und erwarte, daß ihm alle Dossiers bis fünf Uhr vorlägen.

»Was für Dossiers?« fragte Lilian, sobald sie wieder allein waren, und zückte ihren Bleistift. Sie war dankbar für die Unterbrechung.

Seine Antwort war präzise und verständlich formuliert. Er schien daran gewöhnt zu sein, Neulinge einzuweisen, und fand offenbar Gefallen daran. »Es handelt sich um Tabellen, die jeder unserer Anwälte führt und in denen zum einen festgehalten wird, wie lange man an einem bestimmten Fall gearbeitet hat, und zum anderen, was konkret behandelt wurde. Es ist genau das, was ich vorhin anschnitt, als Sie nach meinem Stil fragten. Nehmen wir an, Sie kommen in einer Scheidungsangelegenheit zu mir, und wir diskutieren zwei Stunden lang Ihre Probleme. Wenn Sie wieder fort sind, hole ich aus meiner Kartei die Karte mit dem Namen Listerwoll, Lilian, und trage ein: ›Zwei Stunden. Besprechung der Scheidungsklage.‹ Nach ein paar Tagen rufen Sie mich an, weil Sie befürchten, Ihr Mann wolle das Sorgerecht für die Kinder beantragen. Wir unterhalten uns etwa eine halbe Stunde.

Nach dem Gespräch mache ich in Ihrer Karte den Vermerk: ›Dreißig Minuten. Telefonische Unterredung betreffs Sorgerecht.‹ Nach Ablauf von drei Monaten nehme ich mir Ihre Karte vor und addiere sämtliche Stunden, die ich für Ihre verkorkste Ehe geopfert habe, und multipliziere sie mit meinem Stundenhonorar. Danach wird Ihnen eine Rechnung zugestellt, aus der Sie genau ersehen können, was ich getan habe. Tja, und damit haben Sie ein Beispiel für die Tabellen, aus denen sich unsere Dossiers zusammensetzen.«

Lilian lächelte strahlend. Es schmeichelte ihr ungemein, daß er ihren vollen Namen behalten hatte. »Sie sind in Ordnung«, sagte sie und spürte plötzlich, wie sie sich entspannte. Sie lachten beide, und in Lilian, die auf einmal begriff, daß dieser außergewöhnlich attraktive Mann leicht zu haben war, stieg unwillkürlich eine Welle von Mitleid mit seiner Frau auf. Sie ertappte sich bei dem Gedanken: Ich möchte nicht mit so einem Mann verheiratet sein; einem, den man mit aller Welt teilen muß.

»Worüber denken Sie nach?« fragte er.

Sie sah ihm in die Augen und schwieg. Er weiß es, dachte sie.

»Hm, du riechst gut«, sagte er, als er in das kleine Bad kam. Er trat hinter sie und küßte sie auf den Nacken. In der Hoffnung auf weitere Zärtlichkeiten schmiegte Lilian sich an ihn. »Bist du bald fertig?« fragte er.

Sie legte die Wimperntusche aus der Hand und betrachtete Davids Spiegelbild. »Weißt du, welchen Luxus ich mir wünsche?« fragte sie und fügte, ohne seine Antwort abzuwarten, hinzu: »Zwei Badezimmer.«

Er drehte sich um und küßte sie auf den Mund. »Bist du bald fertig?« wiederholte er lächelnd.

Sie seufzte spielerisch. »Zur Not kann ich mir die Haare auch im Schlafzimmer bürsten.«

Er musterte sie prüfend. »Ich dachte, du bist frisch frisiert«, sagte er scheinheilig.

»Vielen Dank.« Sie schnappte sich die Bürste und marschierte ins Schlafzimmer.

»Das war ein Kompliment«, rief er ihr nach.

»Aber sicher doch«, lachte sie, ließ sich auf das französische Bett plumpsen und betrachtete sich prüfend im Spiegel über dem Toilettentisch. Wie war sie nur auf die Idee gekommen, die Wände gelb zu streichen? Die Farbe war entschieden unvorteilhaft für ihren Teint, von ihrem Haar ganz zu schweigen. Sie fuhr lustlos durch ihre wirren Strähnen, raffte sich schließlich auf, trat dicht vor ihr Spiegelbild und konzentrierte sich zielstrebig auf ihre Frisur. Als sie damit halbwegs zufrieden war, setzte sie sich wieder aufs Bett und überlegte, was sie anziehen solle. In die engere Wahl kam ein rosa Sommerkleid oder eine weiße Hose mit lindgrünem, rückenfreiem Oberteil. Sie entschied sich für den Hosenanzug, weil es ihr sinnlos schien, ein teures, neues Kleid beim Bridgespielen zu verknittern. Wie bin ich nur so praktisch geworden, wunderte sie sich, und dann fiel ihr ein, daß das Kleid in Wirklichkeit schon ein Jahr alt war. David kam herein, sein Haar verführerisch zerzaust. Muß dieser Mann denn immer so blendend aussehen? fragte sie sich. Und was, um Himmels willen, fand er eigentlich an ihr? Sie wußte, daß jeder, der sie beide zusammen sah, diese Überlegung anstellte. Mit Ausnahme von Beth wunderten sich sämtliche Kollegenfrauen darüber, daß er Elaine ihretwegen aufgegeben hatte. »Nein, weißt du, Lilian ist nicht mal hübsch«, hatte sie auf einem Fest aufgeschnappt. Zweifellos mußte das auch Nicole Clark festgestellt haben.

»Wo ist die Bürste?« fragte David.

Sie zeigte auf den Toilettentisch. »Mach schon, nimm sie dir!«

»Nicht doch«, wehrte er großzügig ab. »Ich warte, bis du fertig bist.«

»Fabelhaft!«

»Was ist los?«

»Ich hab' mich gerade frisiert, du Trottel!« Sie sprang auf, der Gürtel ihres Bademantels öffnete sich und entblößte ihren nackten Körper.

Er hatte sie im Nu aufs Bett gedrängt und warf sich über sie. Beide mußten so schrecklich lachen, daß ihnen für einen Moment die Luft wegblieb.

»Ich hab' dich doch bloß ärgern wollen«, sagte er, drückte ihr die Arme hinter den Kopf und hielt sie fest. »Du siehst großartig aus. Ich finde, du siehst einfach bezaubernd aus.« Seine Küsse wurden fordernd, und ihr Lachen verebbte, während seine erfahrenen Hände über ihren Körper wanderten.

Das Telefon klingelte.

»Für dich«, sagte sie. »Rat mal, wer dran ist.«

»Woher willst du wissen, daß es Elaine ist?« fragte er und streckte den Arm nach dem Telefon aus, ohne seinen Körper zu bewegen.

»Weil sie immer in solchen Momenten anruft. Außerdem hat die Gute es heute erst zweimal probiert. Du hast sie also nicht zurückgerufen?«

»Ich ruf' sie nie zurück. Du könntest dich schließlich auch mal irren.« Er nahm den Hörer ab. »Hallo?« Lilian wartete auf das unvermeidliche »O ja, hallo, Elaine«, das auch prompt folgte. Sie zählte die Risse in der Decke, während ihr Mann auf ihr lag und hörbar gereizt mit seiner ersten Frau sprach.

»Ja, sie hat mir ausgerichtet, daß du angerufen hast. Nein, ich hab' nicht versucht, dich zurückzurufen. Ich hatte keine Zeit für sinnlose Diskussionen.« Er blickte auf Lilian hinunter und küßte ihre Nasenspitze. »Und ich hab' auch jetzt keine Zeit.« Lilian hörte die weinerliche Stimme am anderen Ende der Leitung antworten. Sie war nicht sonderlich überrascht, als sie spürte, daß ihr Verlangen erlosch. Diese Frau muß irgendwo in unserem Schlafzimmer eine Fernsehkamera versteckt haben, um jedesmal den passendsten Augenblick für einen Anruf zu erwischen, dachte sie. Behutsam schob sie David zur Seite, kroch aus dem Bett, ging zum Einbauschrank, öffnete ihn und nahm die weiße Hose und das grüne Oberteil heraus.

»Natürlich weiß ich, daß Jason Ende nächster Woche ins Ferienlager fährt. Wer, zum Teufel, glaubst du, bezahlt den Spaß?«

Lilian zog eine Schublade auf und holte einen weißen Schlüpfer heraus.

»Wieso braucht er einen neuen Schlafsack? Er hat doch einen. Na wennschon, dann ist er eben fünf Jahre alt. Er ist immer noch gut genug.«

Sie zog den Schlüpfer an und streifte das Oberteil über den Kopf. Sie betrachtete sich im Spiegel. Wem wollte sie etwas vormachen? Um so ein ausgeschnittenes Ding zu tragen, brauchte man Busen. Sie dachte an Nicole Clark, die den verdammten Fummel mühelos ausgefüllt hätte. Sie blickte zu David hinüber. Sie hatte ihm nichts von der Unterhaltung mit dem Mädchen erzählt. Wozu auch? Es hätte sein Interesse höchstens verstärkt. Welcher Mann würde sich nicht geschmeichelt fühlen durch die schiere Unverfrorenheit eines so unerwarteten Bekenntnisses? Besonders, wenn es von einer Frau kam, die aussah wie Nicole Clark, und wenn der Mann David war. Sie zog das Oberteil aus und trat wieder an den Schrank.

»Ist mir völlig egal, ob das verdammte Ding zerschlissen ist. Dieses Ferienlager kostet tausend Dollar pro Monat, gibt's dafür nicht mal Betten?«

Lilian wählte einen flammendroten, saloppen Pulli mit weiten Ärmeln und streifte ihn über den Kopf.

»Hör zu, Elaine, ich will nichts mehr davon hören. Wenn du glaubst, der Junge braucht einen neuen Schlafsack, dann kauf *du* ihm einen. Mit den siebeneinhalbtausend Dollar, die ich dir im Monat zahle, kannst du dir's ja wohl leisten!«

Lilian betrachtete sich im Spiegel. Ich seh' aus, als wär' ich schwanger, dachte sie, und ihr wurde schwindelig vor Freude. Vielleicht hat's geklappt, hoffte sie und rechnete im stillen nach, wann ihre nächste Periode fällig war. Als sie David anblickte, lief ein Schauer durch ihren Körper. Er schüttelte den Kopf und legte die Hand über die Muschel. »Du siehst aus, als wärst du schwanger«, flüsterte er ungehalten. In letzter Zeit hatte sie mehrmals bemerkt, wie seine Abneigung, eine neue Familie zu gründen oder auch nur die Möglichkeit in Erwägung zu ziehen, sich verstärkte. Schnell zog sie den Pulli wieder aus. Sie suchte im Schrank nach etwas Passendem, als Davids Stimme sie aufschreckte. »Was?« brüllte er. Bisher hatte er während der ganzen Unterhaltung beherrscht und leise gesprochen. »Du bist verrückt, Elaine! Aber mach, was du willst! Du willst wieder vor Gericht? Na schön, gehn wir vor Gericht!« Er knallte den Hörer auf die Gabel.

»Sie will dich wieder schröpfen?«

»Bis jetzt sind's bloß leere Drohungen.«

»Was zum Teufel will sie denn noch? Erzähl mir bloß nicht, sie hat rausgekriegt, daß ich genug Geld gespart habe, um mir selbst 'nen Pullover zu kaufen?« Der Scherz glückte ihr nicht recht. Alimente, der Unterhalt für die Kinder und die Steuer fraßen den Löwenanteil von Davids Verdienst, und ihr Job an der Uni war nicht nur günstig und bequem, sondern auch reine Notwendigkeit. »Du läßt dich von mir aushalten«, neckte sie manchmal ihren Mann und versuchte so, ihre Verbitterung darüber zu lindern, daß Davids ganzes Geld für Exfrau und Kinder draufzugehen schien, während sie beide von *ihrem* Verdienst lebten. In den ganzen vier Jahren ihrer Ehe hatte sie die Miete für die Stadtwohnung gezahlt, obwohl dies ursprünglich nur als vorübergehende Lösung geplant war. Ihr Lebensstandard war nicht gerade das, was sie sich erträumt hatte.

»Sie sagt, sie will höhere Lebenshaltungskosten geltend machen. Du weißt schon, wegen Inflation und so.« Lilian starrte ihren Mann fassungslos an. Aus Angst vor einem Wutanfall wagte sie nicht zu sprechen, und es hatte schließlich keinen Sinn, mit David zu streiten. Das würde alles nur noch schlimmer machen. »Willst du so gehen?« fragte er. Lilian sah auf ihre nackten Brüste hinunter. »Warum zum Teufel heiratet sie nicht wieder?« rief er und warf die Arme in die Luft.

Sie stand wieder vor dem Schrank. »Machst du Witze?« fragte sie spöttisch. »Diese Frau wird nie mehr heiraten. Sie amüsiert sich viel zu gut damit, die Fäden zu ziehen – was unsere Finanzen betrifft und auch sonst.«

David lachte geringschätzig. »Müßte auch ein ganz besonderer Typ sein, einer, der nicht öfter als zweimal im Jahr Lust hat zu bumsen.«

Lilian inspizierte flüchtig ihre Blusen, entdeckte auffallende Flecken an den wenigen, die in Frage kamen, und überlegte sich, was sie wohl bewogen hatte, die anderen überhaupt zu kaufen. Sie waren einfach schauderhaft.

»Zieh das grüne da an«, sagte David, der sich an ihr vorbeizwängte, um seine Sachen zu holen. »Es steht dir gut.«

Sie zerrte das knappe Oberteil vom Bügel, und unversehens waren ihre Gedanken wieder bei Nicole. Sie wandte sich nach David um. »Was meinst du, bleibt uns noch Zeit, da weiterzumachen, wo wir vorhin aufgehört haben?«

Er schaute auf seine Armbanduhr. »Wir müssen in genau fünfunddreißig Minuten bei den Weatherbys sein, und Lake Forest liegt nicht gerade an der nächsten Ecke.«

Sie zog das grüne Oberteil über den Kopf, gleichgültig, ob sie dabei ihre Haare zerzauste oder nicht, und schloß energisch die Schranktür.

»Wir holen's nach, wenn wir heimkommen«, rief er ihr zu.

Sie nickte, obwohl sie wußte, daß er nicht hinsah. Warum wohnen die Leute bloß alle in den Vororten? überlegte sie ärgerlich. Enttäuscht ließ sie sich aufs Bett fallen und wartete auf David. Ihr Blick fiel auf das Telefon. Sie ruft immer genau im richtigen Moment an, dachte Lilian. Sie hat ein Gespür dafür.

3

»Eins ohne Trumpf.«

»Passe.«

»Zwei Herzen.«

»Passe.«

»Passe.«

»Passe.«

»Zwei Herzen sind angesagt, und meine schöne Partnerin spielt aus«, sagte Al Weatherby und schaute seine Frau über den Tisch hinweg an. Seit siebenundzwanzig Jahren waren die beiden verheiratet, und Al war Beth gegenüber immer noch galant und aufmerksam. David spielte den Pikkönig aus, Al Weatherby legte sein Blatt nieder und machte den Dummy. »Achtzehn kostbare Punkte. Zu schade, daß du nicht mitgehen kannst, Liebste«, sagte er, stand auf und ging um den Tisch herum, um Beth ins Blatt zu schauen.

»O Al, es tut mir so leid«, beteuerte Beth, die ganz blaß geworden war. »Ich weiß nicht, wo ich mit meinen Gedanken bin.« Sie hielt die Karten dicht vor die Brust, in der Hoffnung, Al werde seinen Entschluß ändern, doch als er es nicht tat, streckte sie widerwillig die Hand aus und zeigte ihm ihr Blatt. »Ich war nicht bei der Sache«, seufzte sie entschuldigend.

»Mein Gott, schau dir deine Karten an!« Seine Stimme klang eher erschrocken als ärgerlich.

»Ich weiß, ich weiß«, flüsterte Beth kaum hörbar.

»Wir hätten zusammen mindestens einen Kleinschlemm gehabt, und was spielen wir? Zwei Herzen! Wo bist du nur heute abend mit deinen Gedanken, Liebste?« Beth hatte Tränen in den Augen. »Oh, bitte nicht weinen, Schätzchen«, sagte er begütigend. »Es ist doch nur ein Spiel! Ich bin dir ja nicht böse. Im Gegenteil, wenn ich mir dein Blatt genauer ansehe, finde ich, es war eine glänzende Idee, mit den zwei Herzen rauszukommen. Ich hätte es genauso gemacht.«

David und Lilian fingen beide an zu lachen, Beth wollte einstimmen, brachte es jedoch nicht fertig. Sie tat Lilian schrecklich leid. Trotz langjähriger Praxis hatte sie den ganzen Abend furchtbar schlecht gespielt. Wenigstens war Al ein Partner, der nie die Geduld verlor. Er nahm es so, wie er gesagt hatte: lediglich als ein Spiel.

»Leg nur los, Liebste«, sagte Al und setzte sich wieder auf seinen Platz. »Es kann gar nichts schiefgehen.«

Beth spielte aus, ohne zu antworten. Sie verpaßte nur einen einzigen Stich und gewann mühelos den Kleinschlemm, den sie hätte anmelden sollen. Nach der Runde lächelte sie Al verzagt an.

»Du hättest beim dritten Stich mit dem König schneiden sollen«, sagte er geduldig und sammelte die Karten ein. »Dann hättest du alle Stiche gekriegt. Schließlich hattest du doch nichts zu verlieren.«

»Laßt uns einen Kaffee trinken«, schlug Beth vor, stand auf und stieß an Lilians Stuhl. Sie keuchte vor Schmerz.

»Hast du dir weh getan?« fragte Lilian besorgt.

Beth schüttelte den Kopf. »Ich stoß' mich bloß dauernd an derselben Stelle. Ihr kennt ja das Sprichwort von den offenen Wunden.« Sie hielt inne. »Gibt's ein Sprichwort über offene Wunden?« fragte sie dann, und alle lachten befreit. Lilian bot ihre Hilfe in der Küche an, doch Beth lehnte dankend ab. Sie standen vom Spieltisch auf und gingen hinüber in den weitläufigen, bequem ausgestatteten Wohntrakt, der vollgestopft war mit kostbaren Antiquitäten.

»Ich werde helfen«, verkündete Al, sobald es sich seine Gäste gemütlich gemacht hatten. »Das war wirklich ein origineller Kettenbrief, den Beth da verschickt hat, nicht wahr? Meine Güte, ich hab' selten so gelacht. Ach, übrigens, Lilli«, unterbrach er sich, und ein rätselhaftes Glitzern schimmerte in seinen Augen, »wer spielte die weiblichen Hauptrollen in ›Ein Brief an drei Frauen‹?«

»Jeanne Crain, Ann Sothern und Linda Darnell«, antwortete Lilian, ohne zu zögern. »Möchtest du auch die männlichen Hauptdarsteller wissen?«

»Willst du mich auf den Arm nehmen? Ein guter Anwalt muß wissen, wann er verloren hat. Ist's nicht so, David?«

David nickte. »Sie ist unschlagbar.«

»Hatte gehofft, das sei vor ihrer Zeit gewesen.«

»Ich seh' mir eine Menge alter Filme an«, erklärte Lilian und dachte an früher, als es gar nichts Ungewöhnliches für sie gewesen war, die halbe Nacht vor dem Fernseher zu sitzen und einen Film nach dem anderen anzuschauen. Morgens war sie dann schlaftrunken zur Arbeit getaumelt, den Kopf voller hinreißender Pointen von Joan Crawford.

Jetzt hatte sie keine Gelegenheit mehr, die Spätsendungen anzuschauen. Davids Tag begann um Viertel nach sechs. Deshalb ging er meist früh zu Bett, und er behauptete, er könne nur einschlafen, wenn er sie neben sich spüre.

»Wie war das doch gleich, David, du nimmst Milch, aber keinen Zucker, richtig?« fragte Al Weatherby, als er die große Diele auf dem Weg zur Küche überquerte. Wenn man unser ganzes Apartment nähme und mitten in diese Diele stellte, dachte Lilian, würde es sie nicht einmal ausfüllen.

David nickte. »Und du, Lilli, trinkst deinen Kaffee schwarz.« Es war keine Frage, sondern eine Feststellung.

»Ja, bitte.«

»Beth hat einen vorzüglichen Heidelbeerkuchen gebacken«,

rief er über die Schulter zurück. »Wenn ihr mich einen Moment entschuldigen wollt, gehe ich ihr rasch zur Hand und bin gleich zurück.«

Lilian sah ihm nach. Er war kaum größer als sie selbst. Al Weatherby, dieses Wunder an scheinbar unerschöpflicher Energie und Geduld war ein ausgesprochen zierlicher Mann, doch da er seit frühester Jugend Gewichtheben trainierte, war sein knabenhafter Körper ungemein muskulös. Es hieß, er komme mit zwei Stunden Schlaf pro Nacht aus, und David hatte einmal erwähnt, daß er während der ganzen fünfzehn Jahre, die er der Firma angehörte (seit acht Jahren als Teilhaber), nicht ein einziges Mal erlebt habe, daß Al Weatherby die Beherrschung verlor. Es gehörte zu Als Gepflogenheiten, sich so gründlich wie möglich über die Ehefrauen seiner Mitarbeiter zu informieren. Als er erfuhr, daß Lilian ein Filmnarr war wie er und gleich ihm mit Vergnügen die Kleinanzeigen in der Morgenzeitung las, da begann er sie merklich zu bevorzugen. Seine Gunstbeweise erleichterten ihr den Kontakt zu den anderen Anwälten und ihren Frauen ungemein, insbesondere zu denen, die Elaine gekannt und geschätzt hatten.

»Was für 'nen Brief meint er denn?« fragte David und lehnte sich behaglich in die samtenen Polster des viktorianischen Sofas zurück. Einen Moment lang hatte Lilian den Eindruck, er spreche mit jemand anderem.

»Oh, der Kettenbrief ... über Ehemänner. Hab' ich ihn dir nicht gezeigt?« Er schüttelte den Kopf. »Macht nichts, ich hab' ihn aufgehoben. Beth gab ihn mir bei dem Picknick neulich.« Ihre Stimme war plötzlich tonlos.

»Ach, beim Picknick«, wiederholte David bedeutungsvoll. »Willst du mir nicht endlich sagen, was bei diesem Picknick passiert ist?«

»Wovon sprichst du?«

»Irgendwas hat sich doch da abgespielt, und das verschweigst du mir. Immer wenn ich davon anfange, machst du so ein komisches Gesicht und guckst so verstört ... ja, genau wie jetzt.« Lilian spürte, wie ihr das Blut in die Wangen stieg. »Du wirst ja rot! Das ist aber ganz was Neues bei dir.«

»Ich werde nicht rot«, behauptete Lilian und versuchte, ihre Verlegenheit durch ein Lachen zu überspielen. »Du bildest dir das alles bloß ein.« Sie blickte sich um. »So ein riesiges Haus, nur für die beiden.«

»Kein besonders geschickter Versuch, das Thema zu wechseln«, bemerkte er augenzwinkernd.

»Die zwei haben wirklich prächtige Kinder«, fuhr sie fort und überhörte geflissentlich seinen Einwand. Ihre Augen waren fest auf ein schön gerahmtes Foto der drei Weatherby-Sprößlinge gerichtet, das über dem großen, marmorgefaßten Kamin hing.

»Es sind keine Kinder mehr«, berichtigte sie David. »Der Jüngste ist siebzehn.« Er schüttelte resigniert den Kopf und wollte etwas sagen.

»Ich weiß schon«, kam ihm Lilian zuvor, »wenn Jason je die Sprache der Mun-Sekte einführen will, hab' ich deine Erlaubnis, ihn niederzuschießen.«

»Was denn, 'ne eigene Sprache haben diese ... Typen auch?«

Lilian hob neckend die Schultern.

»Du gerissenes Biest!« Er lachte und beugte sich über sie, um sie zu küssen.

Der Schrei aus der Küche schreckte beide auf. Lilian lief hinüber, David ihr nach, und als sie das Blut sahen, stürzten beide auf Beth zu.

Al Weatherby war fast noch bleicher als seine Frau. »Was zum Teufel ist passiert, Beth?« fragte er mit ruhiger, fast eisiger Stimme. »Himmel! Ich dreh' dir einen Moment den Rücken zu, und du bringst dich fast um ...« Er drehte den Kaltwasserhahn auf, nahm Beth beim Arm und hielt ihre blutüberströmte Hand unter den Strahl. Sie schrie auf, als das Wasser über die Wunde schoß. Als das Blut fortgespült war, kam ein tiefer Schnitt zum Vorschein, der fast wie eine zweite Lebenslinie vom Zeigefinger bis hinunter zum Handgelenk verlief.

»Ich weiß nicht, wie das passieren konnte«, sagte Beth und kämpfte mit den Tränen. »Ich hab' den Kuchen angeschnitten, und ich muß wohl die Kruste zu hart gemacht haben. Jedenfalls blieb das Messer irgendwie stecken, ich stieß fester zu, und eh' ich mich's versah – zack – genau auf meine Hand. Mein Gott, tut das weh!«

»Halt still«, befahl Al mit gepreßter Stimme. »Du verlierst 'ne Menge Blut. Ich weiß nicht, vielleicht sollte ich dich ins Krankenhaus bringen.«

»Nein«, wehrte seine Frau ab. »Bitte nicht, ich schaff's auch so. Oben ist Verbandszeug ...«

»Ich hol's«, bot David an und lief aus der Küche.

»Erstes Bad rechts«, rief Al ihm nach. »Dieser verfluchte Anruf von Lisa ist schuld, nicht?« Es klang wie eine Feststellung. Zu Lilian gewandt, erklärte er: »Wir machen uns Sorgen wegen unserer Tochter.« Sein Blick kehrte auf Beths blutende Hand zurück. »Scheint, als hätte sie ein Verhältnis mit 'nem Musiker, natürlich ist der Kerl verheiratet.«

Natürlich, dachte Lilian.

»Kleine Kinder, kleine Sorgen«, sagte David, als sie im Auto saßen und nach Hause fuhren, »große Kinder, große Sorgen. Es lohnt sich nicht, Lilli, glaub mir. Es lohnt sich einfach nicht.«

Sie waren etwa zwanzig Minuten gefahren.

»Es ist gleich um die Ecke, da vorn, das Haus auf der linken Seite, Nummer neunzig!«

David suchte die nächste Parklücke und hielt. Die Straße war eng und schlecht beleuchtet. Zu beiden Seiten standen Doppelhäuser, die ursprünglich recht ansehnlich gewesen sein mochten, inzwischen jedoch ziemlich heruntergekommen waren, woran gewiß auch das rauhe Klima Chicagos Schuld trug. Als er den Motor abstellte, bemerkte er skeptisch: »Unsichere Gegend, wie?«

Lilian lächelte. »Aber ganz und gar nicht. Ich wohne im ersten Stock, und im Erdgeschoß regiert meine Wirtin mit ihren beiden Lieblingen, einem Dobermann und einer Flinte.«

»Echt amerikanisch«, lachte David.

Lilian wollte die Wagentür öffnen, doch plötzlich hielt sie inne und suchte nach einem Weg, den Abschied hinauszuzögern. »Ich möchte mich bei Ihnen bedanken«, fing sie an.

»Aber nicht doch«, unterbrach er sie. »Ich hab' Sie aus purem Egoismus heimgebracht. Es ist nur schade, daß Sie nicht weiter weg wohnen, dann hätte ich Ihre Gesellschaft noch eine bißchen länger genießen können.«

Sie lächelte, und ihre Gedanken schweiften zurück zu dem Nachmittag in seinem Büro. Sie hatte schließlich die Rolle der angriffslustigen Reporterin aufgegeben, hatte begonnen, David Plumley ruhig zuzuhören, und sein Humor und sein Charme hatten ihre Feindseligkeit überwunden, eine Feindseligkeit, von der sie wußte, daß sie nur ein Schutzmantel war gegen seine starke Anziehungskraft und gegen sein scheinbar müheloses Eindringen in ihre Gedanken und Gefühle. All das hatte sie zunächst einmal eingeschüchtert und ihr Angst gemacht, doch am Ende hatte sie sich zu einer Tasse Tee überreden lassen und ihm gespannt gelauscht, während er sich über die juristische Zunft und ihre namhaften Vertreter verbreitete und sie in alle nur erdenklichen Aspekte seines Berufes einführte. Aus einer Stunde waren zwei geworden, die Zeit verging wie im Flug, all seine übrigen Verabredungen wurden vertagt und die Anrufer vertröstet. Es war fast sechs Uhr abends, als sie enttäuscht feststellte, daß alle weiteren Fragen, die ihr einfielen, nicht mehr das geringste mit Juristerei zu tun hatten, sondern sich ausschließlich auf seine Ehe, seine Kinder und die Rolle anderer Frauen in seinem Leben bezogen. Er bot ihr an, sie nach Hause zu fahren, und sie nahm bereitwillig an, obwohl ihr eigener Wagen in der Tiefgarage gleich um die Ecke geparkt war. Na wennschon, sie würde ihn eben morgen abholen.

Sie stieß die Wagentür auf. »Also ... nochmals danke für alles.« Sie zögerte und drehte sich wieder nach ihm um. »Ich mache mir Vorwürfe, weil ich Sie so lange aufgehalten habe«, log sie, entschlossen, aufs Ganze zu gehen. »Wenn Sie nicht verheiratet wären, würde ich Sie zum Abendessen einladen.«

Seine Antwort ließ nichts zu wünschen übrig. »Ich lebe getrennt«, sagte er und vergaß lediglich klarzustellen, was er unter getrennt verstand: Seine Frau war daheim bei den Kindern, während er mit Lilian hier in seinem Auto saß.

»Entschuldige«, bat er und setzte sich mit einem Ruck im Bett auf. »Ich weiß, ich laß dich nicht einschlafen. Aber ich kann einfach nicht abschalten.«

Lilian richtete sich neben ihrem Mann auf und blinzelte zum Wecker hinüber. Es war fast halb vier Uhr morgens. »Wir hätten nicht soviel Kaffee trinken sollen«, seufzte sie und dachte an die große Kanne, die sie aufgegossen und getrunken hatten, als sie am Abend in ihre kleine Wohnung zurückkamen. Sie hatten sich von den Weatherbys verabschiedet, sobald Beths Hand aufhörte zu bluten und sorgsam verbunden war. Al hatte seine Frau gedrängt, sich gleich hinzulegen, und obwohl Beth sie zum Bleiben überreden wollte, hielten Lilian und David es für das beste, sich zu verabschieden. Beim Anblick des Blutes war Lilian übel geworden, und Davids heftiger Protest gegen eine weitere Vaterschaft auf der Heimfahrt war ihr auch ganz schön aufs Gemüt gegangen. Kaffee schien die rechte Medizin für ihre ermatteten Lebensgeister. Sie hatten die ganze Kanne ausgetrunken, hatten sich ausgezogen, waren zu Bett gegangen und in einen ruhelosen Halbschlaf verfallen. Vergessen war ihr Verlangen, sie hatten nur den einen Wunsch, bis zum Morgen in ihren Kissen zu versinken und das Bewußtsein auszuschalten.

»Möchtest du was essen?« fragte Lilian.

»Was gibt's denn?« fragte er zurück und reckte sich.

»Bißchen Käsekuchen.« Er schüttelte den Kopf. »'nen Rest von dem Reispudding, den ich neulich abend gekocht hab'.«

»Nein.«

»Hast du Lust, beim Italiener anzurufen und 'ne Pizza zu bestellen?«

Er lachte leise. »Nein, ich mag nichts zu essen.«

»Ein Glas Wasser? Oder 'nen Saft?«

»Nein.« Er spähte in die Dunkelheit. »Scheiße«, murmelte er niedergeschlagen.

»Soll ich dir den Rücken massieren?«

Er hob erwartungsvoll den Kopf. »Jaaah, genau das brauch' ich.« Er lächelte und wälzte sich auf den Bauch. Lilian kletterte auf seinen Rücken und bearbeitete seine Schultern.

»Na, wie ist das?« fragte sie nach einer Weile, als ihre Hände zu schmerzen begannen.

»Gräßlich«, antwortete er zärtlich, »aber du hast schon immer lausig massiert.«

»Ach, tatsächlich?« gab sie zurück und hämmerte plötzlich mit den Fäusten auf seinen Rücken ein. »Na, ist das besser?«

»Viel besser.« Er lachte, drehte sich um und warf sich über sie. »Sehr viel besser«, wiederholte er keuchend, drang in sie ein und bewegte sich in schnellem, hartem Rhythmus.

Später lagen sie ganz still nebeneinander. Ihr Atem ging ruhig, sie hatten die Augen geöffnet, fühlten sich entspannt, aber noch immer nicht müde.

»Also«, begann er unvermittelt, »willst du mir jetzt endlich erzählen, was bei dem Picknick passiert ist?«

»Was meinst du?« fragte sie verstört.

»Lilli«, entgegnete er geduldig, »du bist seitdem völlig verändert. Du bist fast so schlimm wie Beth Weatherby, rennst Wände ein, ziehst dich fünfzigmal am Tag um ...«

»Ist nicht wahr. Ich hab' mich nicht ...«

»Wie oft hast du dich gestern abend umgezogen?«

»Ich weiß nicht, worauf du hinauswillst. Ich hab' mich bei dem Picknick großartig amüsiert. Es ist nichts Besonderes passiert.« Sie spürte, wie sie rot wurde. »Wieso hab' ich das Gefühl, mir würde die Nase abfallen, wenn ich weiterlüge?« David lachte. »Weil du so leicht zu durchschauen bist wie Pinocchio, deshalb. Und jetzt erzähl mir, was passiert ist!« Lilian setzte sich auf, zog die Knie an die Brust und stützte den Kopf darauf. »Ich begreife nicht, wieso du immer weißt, was ich denke.«

»Ich weiß nicht, *was* du denkst, bloß, *daß* du denkst. Komm schon, du weißt doch, daß du mir nichts verheimlichen kannst. Wirst du's mir jetzt beichten?« Er wartete schweigend.

Sie bemühte sich, ihre Worte vorsichtig zu wählen. Was sollte sie sagen? Wie konnte sie es ihm erzählen, ohne den Reiz, den diese Geschichte für ihn haben mußte, noch zu erhöhen? Hör mal, David, du kennst doch die hübsche, begabte Jurastudentin, die in den Semesterferien in eurer Kanzlei arbeitet, die mit den großen Titten und der Pfirsichhaut, nun, sie will dich heiraten ... Sie wälzte die Worte noch eine Weile in ihrem Kopf, überlegte, welche lustig klingen würden, beiläufig, nicht bedrohlich. Rat mal, was passiert ist? probierte sie in Gedanken. Eine andere Frau hat sich in dich verliebt ...

»Nun?« fragte er.

»Das wird deinem Ego enormen Auftrieb geben«, begann sie nervös und fragte sich verwundert, warum sie solche Angst davor hatte, es ihm zu erzählen. »Ich spreche nur deshalb mit dir darüber, weil ich sicher bin, daß ich dir vertrauen kann ...«

Er lachte vergnügt. »Nur zu, heb den mahnenden Zeigefinger! Flöß mir schon vorher so viele Schuldgefühle ein, daß ich deine Überraschung gar nicht mehr genießen kann. Also, was es auch ist, raus damit!«

»Es geht um Nicole Clark«, platzte sie heraus.

»Um wen?« fragte David ehrlich überrascht.

»Nicole Clark«, antwortete sie.

Er war völlig verdutzt. »Wer ist Nicole Clark?«

Ein strahlendes Lächeln erschien auf Lilians Gesicht. Sie fühlte sich sofort besser. »Du weißt es wirklich nicht? Sie arbeitet bei euch in der Kanzlei, jedenfalls während der Semesterferien. Sie studiert Jus. Dunkelhaarig, jung, hübsch, das heißt, wenn einem dieser geleckte Typ gefällt. Du hast dich beim Picknick 'ne ganze Weile mit ihr unterhalten.«

Davids Verwirrung spiegelte sich in seinen Augen wider. Sie sah förmlich, wie er versuchte, die einzelnen Teile des unsichtbaren Puzzles zusammenzufügen und dem Namen Nicole Clark ein Gesicht zuzuordnen. Hübsch ... dunkles Haar ... Studentin ... »Ach ja, Nicki, natürlich. Nicole Clark! Das klingt so förmlich. Hübsch, sagst du? Sie ist einfach umwerfend!«

Ihm gefiel offenbar der geleckte Typ. Lilian spürte, wie ihre Wangenmuskeln sich spannten. »Du weißt also, wen ich meine«, konstatierte sie überflüssigerweise.

»Aber natürlich. Aufgewecktes, *sehr* aufgewecktes Mädchen. Netter Kerl. Unheimlich sensibel.«

»Davon bin ich überzeugt«, sagte Lilian, ließ sich auf den Bauch fallen und spürte, wie ihr Rücken sich versteifte.

»Was ist los?«

»Ach nichts. Außer, daß dieses umwerfende, aufgeweckte, nette, sensible Wesen mir beim Picknick mitteilte, daß sie die Absicht hat, dich zu heiraten.«

Ein paar Sekunden lang lag David ganz still. Dann begann er aus vollem Hals zu lachen.

»Ich versteh' nicht ganz, was daran so lustig ist.« Sie bemühte sich, ruhig und gefaßt zu sprechen.

David bog sich vor Lachen. »Mensch, es war ein *Witz*, begreifst du das denn nicht?« Er lachte noch lauter. »Das ist wirklich gelungen. Ich wußte gar nicht, daß sie so viel Humor hat.«

»Jetzt hat sie auch noch Humor. Na fabelhaft«, brummte Lilian.

»Lilli, sei mal ehrlich, du regst dich doch nicht wirklich drüber auf, oder?«

Ihre Stimme klang ungewohnt schrill. »Wieso sollte ich mich nicht aufregen? Da kommt ein Mädchen daher und erzählt mir, sie würde meinen Mann heiraten. Und mein Mann tröstet mich damit, daß er mir erklärt, sie sei erstens umwerfend, zweitens aufgeweckt, drittens nett und viertens sensibel. Ach ja, eh' ich's vergesse, fünftens hat sie einen wundervollen Sinn für Humor.«

David zog sie an sich, bedeckte ihr Gesicht mit Küssen, fuhr mit den Lippen über ihren Hals und streichelte ihre Hüften.

»Aber, du dummes Gänschen, worüber regst du dich denn auf? Du weißt doch, daß ich dich liebe, oder?«

Sie nickte widerwillig.

»Na also, warum läßt du dich dann von einem harmlosen Scherz aus der Fassung bringen?«

»Weil es kein Scherz war. Das hat sie mir selbst gesagt. Sie war sehr deutlich.«

David richtete sich auf. »Erzähl mir ganz genau, was sie gesagt hat!« Lilian wiederholte ihren Wortwechsel mit Nicole Clark vom Sonntagnachmittag, so gut sie konnte, und versuchte, die Erregung in ihrer Stimme niederzukämpfen.

»Hältst du's immer noch für einen Witz?« fragte sie schließlich.

David wurde plötzlich sehr ernst. Er sah seiner Frau fest in die Augen. »Ich liebe dich«, begann er. »Ich liebe dich wirklich. Deshalb habe ich dich geheiratet. Und ich habe nicht das geringste Verlangen nach irgendeiner anderen Frau. Hast du das kapiert? Ich hab' nicht mal das Bedürfnis, eine andere anzusehen. Du bist die einzige, die ich will und die ich brauche. Und das wird sich niemals ändern. Mit anderen Worten, du wirst mich nicht los, Madame. Nicht in diesem Leben. Wenn Nicole Clark es ernst gemeint hat, dann ist sie ausgesprochen töricht, und ich bin sehr enttäuscht über ihr albernes Benehmen.«

Lilians Augen füllten sich mit Tränen der Liebe und Dankbarkeit. Im Geiste wiederholte sie seine Worte immer und immer wieder, um die bange Frage zu ersticken, ob er je etwas Ähnliches zu Elaine gesagt hatte, und um die Warnung zu übertönen, mit der ihre Mutter damals ihrem Geständnis, sie habe ein Verhältnis mit einem verheirateten Mann, begegnet war: »Wenn er jetzt seine Frau betrügt, dann wird er eines Tages auch dich betrügen.«

»Halt den Mund, Mutter!« murmelte sie.

»Wie bitte?«

Lilian lachte. »Ach nichts.«

»Warum weinst du?«

Sie schüttelte den Kopf. »Ich liebe dich«, sagte sie, während er ihr die Tränen von den Wangen küßte.

»Na gut, dann tu mir einen Gefallen«, bat er sie und küßte sie auf die Nasenspitze. »Vergiß es nie: *Ich* liebe *dich*, und du bist für mich die schönste Frau der Welt.«

Er küßte sie auf den Mund. »Halt mich fest«, forderte er sie zärtlich auf und drehte sich auf die Seite. Sie schmiegte sich an ihn, ihre Schenkel umfingen seine Hüften, und ihrer beider Körper atmeten im selben Rhythmus. Sie war fast eingeschlafen, als er leise auflachte. »Ich kann's einfach nicht glauben, daß Nicki das wirklich gesagt hat.«

Lilian tat, als schliefe sie, und antwortete nicht. Instinktiv rückte sie noch näher und zog ihn fester an sich. Sie war auf einmal wieder hellwach. Hol's der Teufel, dachte sie wütend, ich hab' ihn neugierig gemacht.

4

Lilian warf sich ruhelos von einer Seite auf die andere. Sie spürte, daß es schon hell war und womöglich Zeit zum Aufstehen, doch sie war noch nicht bereit, die Augen zu öffnen und das Licht hereinzulassen, das durch die Schlafzimmervorhänge kroch. Ihr Körper war steif und schmerzte, weil sie auf der falschen Seite gelegen hatte. Wenn ich wenigstens ein paar Stunden hätte schlafen können, dachte sie, öffnete widerstrebend die Augen und kämpfte die Übelkeit nieder, die sie immer befiel, wenn sie zuwenig Schlaf bekam. Ihr Blick fiel auf den Radiowecker, der seltsamerweise auf ihrem Nachttisch stand. Wie kommt er da hin? fragte sie sich verwirrt. Er stand immer neben Davids Bett. Punkt sechs Uhr morgens tastete David an jedem Werktag nach dem richtigen Knopf und schnitt der munteren Stimme im Radio das Wort ab. Sein Gesicht blieb tief in den Kissen vergraben, doch fünfzehn Minuten später richtete er sich ohne äußeren Anstoß auf und marschierte ins Bad. Was auch immer er dort tat, dauerte genau eine Stunde. (Einmal hatte sie sein morgendliches Ritual gestoppt: fünf Minuten unter der Dusche, zehn Minuten fürs Rasieren, dreißig Sekunden zum Zähneputzen und noch mal fünf Minuten fürs Haarefönen, blieben ungeklärte neununddreißigeinhalb Minuten. Als sie ihn dann fragte: »Was *machst* du so lange da drin?« da zwinkerte er ihr zu und sagte: »Frag meine Mutter. Sie hat mich abgerichtet.«) Männer machen so ein unheimliches Theater um ihre kostbare Verdauung, dachte Lilian schläfrig und schloß die Augen wieder. Wenn es nicht jeden Morgen auf den Glockenschlag klappte, führen sie sich auf, als gehe die Welt unter. Die große Packung Metamucil fiel ihr ein, die für einen solchen Notfall im untersten Fach des Medizinschränkchens stand. Sie lachte in sich hinein. Eigentlich müßte ja sie das Zeug nehmen mit ihrer regelmäßigen Unregelmäßigkeit. Bei ihr verstrichen manchmal drei oder vier Tage ohne ...

Plötzlich riß sie die Augen auf und starrte entgeistert die Uhr an. Es war acht vorbei! Um diese Zeit hatte David normalerweise längst das Haus verlassen. Vielleicht war er schon weg, hatte seine Morgentoilette ganz leise verrichtet. War er um halb acht hereingekommen, um sie zu wecken, wie er das jeden Morgen tat? Seine Lippen streiften dann ihre Wange, was soviel bedeutete wie »guten Morgen« und »schönen Tag«. Aber sie konnte sich nicht erinnern, ob es auch heute so gewesen war. Sie konnte sich an überhaupt nichts erinnern.

Wenn der Radiowecker nicht gespielt hatte und womöglich kaputt war, dann hieß das, sie hatten verschlafen, und David würde heute morgen zu spät zum Gericht kommen. Sie erinnerte sich, daß er um neun einen Termin hatte. Aufgeregt drehte sie sich nach ihrem Mann um.

»David ...« Bei dem Anblick, der sich ihr bot, blieb ihr das Wort im Hals stecken.

Sie lagen ineinander verschlungen neben ihr, die Beine der Frau an die Hüften des Mannes gepreßt. Sie bewegten sich miteinander in einem grotesken Rhythmus. Ihr Haar verdeckte beider Gesichter, so daß Lilian sie nicht gleich erkennen konnte. Sie setzte sich auf und rückte näher an das Paar heran, das sie entweder nicht bemerkte oder nicht beachtete. Sie zog die Decke zurück und beobachtete verwundert, wie ihre Körper gegeneinanderklatschten, wie sie in endloser

Folge zusammenstießen und sich voneinander lösten wie Fische, die auf den Planken eines Bootes zappeln. Sie sah, wie der füllige Busen der Frau unter der hellbehaarten Brust ihres Mannes zusammengedrückt wurde, hörte, wie ihre kehlige Stimme David etwas ins Ohr flüsterte. »Sie beobachtet uns.« Lilian wußte, daß dies die Worte des Mädchens waren, und wunderte sich, wieso sie deren Flüstern so deutlich verstand. David lachte und wechselte die Stellung, so daß nun das Mädchen über ihm lag. Er stemmte ihren Körper in die Höhe, ihr wogender Busen und der straffe Leib bogen sich zurück, und doch wiegten sich die beiden wieder im selben Rhythmus. Sie schüttelte das schwarze Haar aus dem Gesicht und lachte. Langsam, ganz langsam wandte sie den Kopf und sah Lilian in die Augen. Es war ihre Mutter.

Mit einem Ruck saß Lilian aufrecht im Bett. Sie keuchte heftig und starrte mit weit aufgerissenen Augen ins Leere. David fuhr erschrocken hoch.

»Mein Gott, Lilli, was ist los? Ist dir schlecht?« Sie blickte suchend in das entsetzte Gesicht ihres Mannes. Es war bleich vor Schreck.

»Lilli?« drängte er. »So sag doch was! Ist dir nicht gut?«

Sie brauchte einen Moment, um zu begreifen, daß sie mit David allein in ihrem Bett lag und daß alles, was sich zugetragen hatte, nur ein sonderbarer Traum gewesen war. »Ich hatte einen ganz verrückten Traum«, sagte sie langsam, so als könne sie es immer noch nicht fassen.

»Du meine Güte«, seufzte David und ließ sich in die Kissen zurückfallen. »Ach, du meine Güte.«

»Hör mal, ich hab's doch nicht mit Absicht getan«, verteidigte sich Lilian. »Puh, es war grauenhaft. Und so deutlich, in allen Einzelheiten.«

»Wie spät ist es?« fragte David und zog die Decke über den Kopf.

Sie schaute auf den Nachttisch neben ihrem Bett. Der Radiowecker war verschwunden.

»Wo ist das Radio?« fragte sie aufgeregt.

David schoß hoch und starrte auf das Tischchen zu seiner Rechten. »Was ist los mit dir? Hier steht's doch. Genau an seinem Platz.« Sie blinzelte hinüber.

»Du lieber Himmel, erst fünf vor sechs! Ich hätte noch fünf Minuten schlafen können.« Er sah seine Frau besorgt an. »Gibst du mir die Chance, mich noch mal rumzudrehn und aufs Ohr zu legen?«

»Ich hätte wissen müssen, daß es bloß ein Traum war, als der Wecker auf der falschen Seite stand«, sinnierte sie und sah zu, wie David sich wieder in seine Decke wickelte. »Daran hätte ich's erkennen müssen.« Sie legte sich neben ihn und kuschelte sich an seinen Rücken. »Ganz abgesehen von meiner Mutter.«

»Was murmelst du da?« kam seine Stimme dumpf aus den Kissen.

Es war eine Frage, die keiner Antwort bedurfte, ja, die sogar jegliche Erwiderung ausschloß, eine Warnung, ihn nicht noch einmal zu stören. Sie kannte den Tonfall. Er bedeutete: Sei still, und laß mich schlafen! Lilian versuchte, sich ihre Traumbilder in Erinnerung zu rufen, doch sie flohen aus ihrem Bewußtsein wie Seifenblasen, die im Wind zerplatzen. Als Davids Hand nach dem Radiowecker tastete und die Musik ausschaltete (Barbra Streisand und Barry Gibb sangen »Guilty«), da hatte der ganze Traum sich aufgelöst und war verflogen, bis auf ein Bild, das sich nicht auslöschen ließ: das Gesicht ihrer Mutter über Nicoles Körper – sie wußte, daß es Nicoles Körper war –, der mit dem Davids verschmolz.

David setzte sich auf und streckte sich. Lilian erwartete, daß er wie üblich schnell aus dem Bett springen und sie allein lassen würde, aber plötzlich fror sie, und sie fühlte, wie sich statt der warmen Decke ein Luftzug über ihren ganzen Körper breitete.

»Raus aus den Federn!« scherzte er und zerrte an ihren

Armen. Ihr völlig entblößter Körper krümmte sich in instinktiver Abwehr zusammen. »Komm schon! Du hast mir fünf kostbare Minuten meines wohlverdienten Schlafs gestohlen. Dafür mußt du büßen.« Er ließ ihre Arme los und zog sie an den Füßen aus dem Bett.

»Was machst du da?« jammerte sie und trat nach ihm. »Hau ab! Du weißt doch, daß ich noch anderthalb Stunden Zeit hab'! Was soll das?« schrie sie und lachte wehrlos, als er sie auf den Boden zerrte. Seine Finger umspannten ihre Knöchel. »Was machst du denn? Wo willst du hin?«

Sie öffnete die Augen, Lachtränen liefen ihr über die Wangen. Sie betrachtete seinen nackten Körper (prachtvoll, selbst um sechs Uhr morgens, dachte sie) und sah zu, wie er ihren nackten Körper (alles andere als prachtvoll, fand sie und versuchte, den Bauch einzuziehen) über den Schlafzimmerteppich schleifte. »Paß auf meinen Kopf auf!« jammerte sie, als er um die Ecke bog und sie in den Flur hinauszog. »Wo bringst du mich hin?«

»Du mußt unter die Dusche«, antwortete er.

»O nein!« protestierte Lilian und begann, sich ernsthaft zu wehren. »Nicht um sechs Uhr morgens. Nein!« brüllte sie nochmals, als David sie in das kleine Bad schleppte.

»Du kannst von Glück sagen, daß wir 'nen weichen Badeteppich haben«, übertönte er ihr Zetern. Mit einer Hand hielt er sie am linken Fuß fest, mit der anderen stellte er die Dusche an. Mit dem freien Fuß trat Lilian heftig nach David, doch ehe sie sich loswinden konnte, umschlang er mit beiden Armen ihre Taille, hob ihren strampelnden Körper auf und stellte sie anscheinend ohne jegliche Anstrengung unter den kräftigen Strahl.

»Scheiße«, schrie sie. »Ist ja eiskalt!«

»'tschuldige.« Schnell regulierte David das Wasser und stieg zu ihr in die Wanne.

»Meine Haare werden ganz naß«, klagte sie zwischen Lachen und Weinen.

»Sie müssen eben gewaschen werden.«

»Ich hab' sie doch gerade erst gewaschen!« Sie schlängelte sich an ihm vorbei in die Ecke der Wanne. Doch David packte sie und stellte sie wieder mitten unter die Brause. Sobald sie zu protestieren versuchte, schluckte sie einen ganzen Mund voll Wasser. Also gab sie den Widerstand auf, überließ sich dem Strahl, der auf sie niederprasselte, und spürte erstaunt, daß sie das Prickeln des Wassers auf ihrer Haut genoß. Seine Hände seiften ihre Brüste ein, massierten sie zärtlich und glitten an ihrem Körper hinunter. Und dann spürte sie sein Glied in sich. Er drückte sie mit dem Rücken gegen die Kacheln, und seine kurzen, heftigen Stöße ließen sie die Wand hoch und nieder gleiten. Wenn das wieder ein Traum ist, dachte sie, dann ist er jedenfalls besser als der von vorhin.

Die Erinnerung an jene Nacht schoß ihr durch den Kopf, damals, vor fast fünf Jahren, als er plötzlich um zwei Uhr morgens bei ihr aufgetaucht war, sinnlos betrunken. Es war das einzige Mal während ihrer heimlichen Romanze, daß er bis zum Morgen geblieben war. Das Wasser lief nicht mehr, und sie fand sich unvermittelt wieder in der Gegenwart. David löste seinen nassen Körper von dem ihren und küßte sie liebevoll auf den Mund. »Mach, daß du rauskommst«, flüsterte er. »Ich hab' zu tun.«

Sie lachte. »Du warst schon immer 'ne Wucht unter Wasser.« Sie war sicher, daß er die Anspielung verstehen würde. Er gab ihr einen zärtlichen Klaps auf den Hintern, als sie aus der Dusche stolperte und nach einem Handtuch griff. »Ich mach' uns Frühstück«, sagte sie.

»Bei mir dauert's 'ne Weile«, antwortete er.

»Ja, ich weiß«, nickte sie, ging hinaus, schloß die Tür hinter sich und lief durch den Flur zurück ins Schlafzimmer.

Es war sechs Uhr fünfunddreißig. Sie hatte noch eine ganze Stunde Zeit bis zum Aufstehen. David würde das Bad für weitere vierzig Minuten blockieren. Sie konnte also getrost zurück ins Bett kriechen und noch ein wenig schlafen. Ich könnte auch ein bißchen Gymnastik machen, dachte sie, während sie sich abfrottierte. Sie ließ das Handtuch sinken und betrachtete ihren nackten Körper im Spiegel. Gymnastik ist wichtiger, entschied sie, legte sich auf den Boden, zog die Knie an die Brust und rollte von einer Seite auf die andere. Beth hatte ihr von einem Gymnastikkurs erzählt und vorgeschlagen, gemeinsam hinzugehen. Sie wollte Beth anrufen und sich erkundigen. Sie mußte wirklich etwas für ihre Figur tun. Sie ging im wahrsten Sinne des Wertes auseinander. Ob es David aufgefallen war?

Lilian setzte mit angewinkelten Knien die Füße auf den Boden. Sie stemmte die Hände hinter den Kopf und versuchte eine Brücke. »Ach, du meine Güte«, stöhnte sie, »das ist ja lächerlich!« Sie rappelte sich auf. Sie dachte an Beth und sah plötzlich wieder deren blutende Hand vor sich. Wie sie sich wohl heute morgen fühlen mochte? Ob die Wunde bald aufgehört hatte zu bluten? Es war ein tiefer Schnitt gewesen, scheußlich anzusehen. Sie nahm sich vor, Beth gleich nach dem Seminar um neun anzurufen.

Bei dem Gedanken an ihren Unterricht beschlich sie ein unbehagliches Gefühl. Sie sah alle diese intelligenten, jungen Gesichter vor sich, wie sie voller Spannung darauf warteten, daß Lilian Plumley sie in die Geheimnisse ihrer Erfahrungen und Kenntnisse einweihte. Sie hatte noch nicht einmal ein Konzept für die heutige Vorlesung, wußte nicht, was sie diesen Anfängern erzählen sollte, die im Glauben waren, ein Diplom und die Liebe zum Kino reichten aus, um Karriere zu machen und den Oscar zu gewinnen. Pünktlich mit dem Klingelzeichen würden sie im Hörsaal sitzen, bereit, Lilians weisen Sprüchen zu lauschen. Was sollte sie ihnen sagen? Daß sie sich tödlich langweilte und sich weit, weit fort wünschte? Was hatte sie in einem miefigen Hörsaal verloren? Sie war dafür geschaffen, dort draußen in der wirklichen Welt mitzumischen, die gewaltigen Umwälzungen zu registrieren und den Lauf der Geschichte einzufangen, die in all ihrer Unvollkommenheit vorwärtsstolperte. Ihre Aufgabe war es dabeizusein.

Was mach' ich bloß hier auf dem Fußboden? wunderte sie sich auf einmal und stützte sich auf die Ellbogen. Das bringt nichts, entschied sie und stand auf. Wenn sie ihre Figur wieder in Form bringen wollte, brauchte sie genau jene sture Disziplin, die sie so haßte. Sie nahm ein lila Leinenkleid aus dem Schrank, zog es an, wickelte sich das Handtuch um den Kopf und ging aus dem Schlafzimmer über den Flur zur Wohnungstür.

Die Morgenzeitung lag auf der Fußmatte. Der Zeitungsjunge war sehr zuverlässig und pünktlich. Der arme Kerl steht wahrscheinlich mit den Hühnern auf, dachte Lilian, während sie die Zeitung auf den Küchentisch legte und die Kaffeemaschine füllte. Die Schlagzeilen waren wie gewöhnlich deprimierend. Die Wirtschaftslage war miserabel; man steckte mitten in einer Rezession, die aller Wahrscheinlichkeit nach in eine Depression münden würde; der Rüstungswettlauf stand in voller Blüte; die IRA und die PLO hatten wieder zugeschlagen. Na, wunderbar, dachte sie.

»Willst du 'n Ei?« rief sie in Richtung Badezimmer.

»Nein, danke«, brüllte David zurück. »Nur Kaffee und Toast.«

Lilian langte nach dem Brotkorb und holte ein paar Scheiben Weißbrot heraus. David hatte erfolglos versucht, sie zu Vollkornbrot zu bekehren. Der Geschmack war ihr zuwider, und sie kaufte weiterhin hartnäckig das labbrige Fabrikprodukt, mit dem sie aufgewachsen war. Als der Kaffee durchzulaufen begann und das Brot toastfertig für David bereitlag, nahm sie die Zeitung und schlenderte in das winzige Arbeitszimmer.

Der große Ledersessel stand einladend in der Ecke. Sie ließ sich hineinfallen und überflog die Schlagzeilen im Lokalteil. Seltsamerweise beruhigte sie die Feststellung, daß weder

Feuersbrünste noch Überschwemmungen oder andere Naturkatastrophen imstande waren, Chicagos Vorrangstellung auf dem Sektor Diebstahl, Mord und Vergewaltigung zu erschüttern. Sie schlug die Seite mit den Kleinanzeigen und der Rubrik »Bekanntschaften« auf. Sie lehnte sich bequem zurück und begann zu lesen. Ein Zweispalter fiel ihr ins Auge:

DRINGEND
Schwarzer, attrakt. Erscheing., 1,95, Bäckermeister, gesch., kinderl. aus guter Fam., plant Rückkehr nach Westindien im Dez. u. sucht hübsche, fröhliche, intelligente, mollige, sinnliche Weiße für die Buchhaltung.

Also das ist deutlich, dachte Lilian und lachte laut auf. Irrtum ausgeschlossen. Der Mann hatte seine Karten offen auf den Tisch gelegt. Ihr Blick überflog die restlichen Inserate.
Nach dem Tenor dieser Anzeigen zu schließen war die Welt voll von wunderbaren, intelligenten, erfolgreichen Menschen, die Freunde suchten. Freunde? dachte sie. Merkwürdige Wortwahl.

Junggeblieb., sinnl. Geschäftsmann, unabh. und verm., möchte schöne, langbeinige Kindfrau mit Herz und Freude am Sex kennenlernen.

Aha, hier wollte also einer Sex statt Freundschaft. Was für Leute geben solche Anzeigen auf? überlegte sie. Welche Menschen, was für Gesichter standen hinter diesen oft ausgefallenen Wünschen? Und fanden sie auf diesem Wege, was sie suchten? Gibt's denn dafür überhaupt einen Weg, fragte sie sich skeptisch und blätterte um zu den Geburts- und Todesanzeigen. Ein paar wirklich starke Zeilen würden ihr die Kraft geben, sich dem Tag zu stellen. Sie fand sie.

Frey, Joel und Joan (geb. Sampson) bekunden stolz und glücklich, daß Joel in den kalten Nächten des letzten Winters nicht bloß sein Pulver verschossen hat. Die Zwillinge Gordon und Marsha erblickten das Licht der Welt mit dem ansehnlichen Gewicht von 4¾ bzw. 4½ Pfund. Mit lautem Geschrei zollten sie den Plagen Beifall, die ihre Eltern (bes. Mammi) auf sich genommen haben. Wir danken Dr. Pearlman und dem gesamten Personal der Universitätsfrauenklinik.

Lilian faltete die Zeitung zusammen und stand auf, um nach dem Kaffee zu sehen. Sie hatte sich gerade eine Tasse eingegossen, als das Telefon klingelte. Unwillkürlich schaute sie auf die Uhr. Es war kurz vor sieben. Selbst Elaine würde es nicht wagen, so früh anzurufen. Außer in einem Notfall. Mit klopfendem Herzen nahm Lilian den Hörer ab. »Hallo?«

»Kann ich bitte David sprechen?«

Die Stimme war tief und kehlig und gehörte jedenfalls nicht Elaine. Lilian erkannte sie sofort. Trotzdem fragte sie: »Wer ist am Apparat?«

»Nicole Clark«, kam die Antwort. »Ich hoffe, ich störe nicht.«

Und ob, fluchte Lilian im stillen. »Ist was passiert?« fragte sie.

»Nein«, antwortete die Stimme ruhig. »Ich wollte David bloß erreichen, bevor er das Haus verläßt. Ich weiß, daß er früh weggeht.«

»Er ist im Bad«, sagte Lilian förmlich und versuchte, es nicht zu besitzergreifend klingen zu lassen. »Er kann jetzt nicht ans Telefon kommen.« Dein Verlobter scheißt sich aus, hätte sie am liebsten geschrien. Statt dessen fragte sie: »Kann ich was ausrichten?«

Einen Moment lang blieb es still in der Leitung. Dann tönte Nicoles weiche Stimme an Lilians Ohr. Jedes Wort drang wie ein Nadelstich in ihr Hirn. »Es ist ein bißchen kompliziert. Vielleicht ruft er mich besser zurück.«

Ich bin kein Vollidiot, erklärte Lilian der anderen im Geiste. Ich bin durchaus imstande, eine Nachricht weiterzugeben. Laut sagte sie: »Wie Sie wünschen. Geben Sie mir Ihre Nummer?«

Während Nicole Clark ihre Telefonnummer nannte, suchte Lilian fieberhaft nach einem Bleistift. »Moment noch«, unterbrach sie die andere. »Ich hab' nichts zu schreiben.«

»Wer ist dran?« kam Davids Stimme aus dem Bad.

Lilian zögerte. »Nicole Clark«, rief sie zurück und wünschte, sie könnte sein Gesicht sehen.

Jetzt war es David, der zögerte. »Was will sie?«

»Sie will, daß du sie zurückrufst.«

»Okay. Laß dir die Nummer geben.«

Gute Idee, dachte Lilian sarkastisch, während sie in einer Schublade wühlte und endlich einen Bleistift fand, der nicht abgebrochen war.

»Es kann losgehn, ich hab' was zu schreiben«, sagte sie in die Muschel. »5-3-1 . . . ?«

»1 – 7 – 4 – 1«, ergänzte Nicole.

»Er ruft Sie an«, sagte Lilian.

»Vielen Dank«, gurrte die andere.

Lilian legte den Hörer auf und fauchte das Telefon an. »Laß deine rechtsverdreherischen Finger von meinem Mann«, flüsterte sie. Sie sah Nicoles lange, scharlachrote Nägel vor sich und verglich sie mit den eigenen kurzen, abgekauten, brüchigen Stummeln. Ihre unansehnlichen Finger, zum Verlierer in jedem Wettbewerb verurteilt, umklammerten die Kaffeetasse und führten sie schnell zum Mund.

Warum hatte Nicole angerufen? Brauchte sie wirklich so früh am Morgen eine dringende Auskunft, oder war das bloß eine Finte, ein Bestandteil ihres Plans, David zu ködern und einzufangen? Guter Trick, die naive Ehefrau aufzuscheuchen, dachte sie.

Lilian trank einen großen Schluck Kaffee, öffnete den Vorratsschrank und erblickte ein halbes Dutzend altbackener Krapfen im obersten Regal. Sie langte hinauf und holte zwei herunter. Genau das brauche ich, dachte sie, kaute drauflos und versuchte krampfhaft herauszufinden, was für ein Spiel Nicole trieb. »Genug jetzt«, sagte sie endlich laut, doch ihre Gedanken ließen sich nicht zum Schweigen bringen. Wenn ich mich um jede kleine Schlampe gräme, die meinem Mann schöne Augen macht, dann verlier' ich bald den Verstand. Vielleicht ist dies genau das, was sie beabsichtigt, überlegte Lilian und biß herzhaft in den Krapfen. Aber ihre innere Stimme hielt ihr entgegen, daß Nicole Clark – Nicki für ihre Freunde – entschieden mehr getan hatte, als David bloß anzuschauen. Sie hatte ganz dreist ihre Absichten verkündet. Lilian verputzte den Rest des Krapfens. Zum Teufel mit ihr, dachte sie. Warum zerbrech' ich mir wegen ihr den Kopf? Mit vollem Mund machte sie sich über den zweiten Krapfen her. Sie mußte nachher auf jeden Fall Beth anrufen und nach dem Gymnastikkurs fragen.

Sie hörte, wie die Badezimmertür aufging, und sah wieder nach der Uhr. David konnte unmöglich schon fertig sein, es war noch zu früh. Er stand in der Tür, ein Handtuch um die Hüften gewickelt.

»Hat sie nicht gesagt, worum's geht?« fragte er und vermied es vorsichtshalber diplomatisch, Nicoles Namen nennen.

»Sie scheint mir nicht zu trauen«, antwortete Lilian, während sie David mechanisch seinen Kaffee eingoß und genau den richtigen Schuß Milch dazugab. »Da liegt die Nummer.« Sie deutete mit dem Kopf auf einen Fetzen Papier. »Du hast dich heute aber beeilt«, stellte sie fest.

»Wahrscheinlich will sie bloß nach dem Gerichtssaal fragen«, überlegte er abwesend. »Sie hat mich gestern gebeten, zuschauen zu dürfen. Sozusagen als Übung, verstehst du?«

»Aber sicher doch«, höhnte Lilian, verdrückte ihren Krapfen und marschierte ins Arbeitszimmer. »Ich laß euch allein miteinander.«

David lachte und nahm den Hörer ab. Lilian hörte ihn wählen, als sie sich wieder in den Ledersessel kuschelte. Die Zeitung lag neben ihr am Boden. Sie angelte danach und studierte den Immobilienmarkt. Aus der Küche hörte sie Davids Stimme. »Hallo, Nicki. Hier spricht David Plumley.« Vor- und Zunamen, konstatierte sie. Er hält sie auf Abstand. »Was kann ich für Sie tun?« Ich werd' dir sagen, was du für sie tun kannst, sagte Lilian in Gedanken. Dann schüttelte sie energisch den Kopf, als könne sie sich mit dieser Geste von ihrer Beklemmung befreien. Das Handtuch, das sie um ihren Kopf drapiert hatte, fiel zu Boden. »Es wird immer besser«, seufzte sie, als sie sich hinunterbeugte, um es aufzuheben. Dabei glitt ihr die Zeitung vom Schoß. »Allmählich komm' ich mir vor wie in einer schlechten Komödie«, murmelte sie vor sich hin, während sie hilflos zusah, wie die Seiten auseinanderfielen und kreuz und quer auf dem Boden landeten. Sie ließ sich auf Hände und Knie nieder, begann geräuschvoll, die Zeitung wieder zusammenzusuchen und faltete sorgfältig Blatt für Blatt. Während sie verbissen und pedantisch über den Boden kroch, wurde ihr klar, daß sie sich selbst daran hinderte zu hören, was David sagte. Sie überlegte, ob sie es vielleicht sogar mit Absicht tat, um nicht Zeuge des Gesprächs zu werden.

»Was raschelst du denn da?« David stand stirnrunzelnd auf der Schwelle.

»Mir ist die Zeitung runtergefallen.«

»Das seh' ich.«

»Na, was wollte Schneewittchen?« fragte sie und rappelte sich schwerfällig vom Boden auf.

»Ich hatte recht, sie wollte nur wissen, in welchem Gerichtssaal wir uns treffen.«

»Und du hast es ihr natürlich gesagt.«

David lächelte nachsichtig. »Was hätt' ich sonst tun sollen?«

Er kam auf sie zu. »Wenn du mir früher gebeichtet hättest, welchen Unsinn sie dir beim Picknick erzählt hat, hätte ich eine Ausrede erfinden und ihr absagen können. Aber jetzt ist's zu spät.« Er küßte sie. »Das wird dich lehren, in Zukunft nichts mehr vor mir zu verheimlichen.« Er wollte ins Schlafzimmer zurück, drehte sich an der Tür aber noch einmal um. »Möchtest du, daß ich mit ihr rede?« fragte er.

Lilian schüttelte den Kopf. »Zu was soll das gut sein? Nein, vergiß es einfach.« Sie lächelte. »Außerdem ist sie ja sowieso bloß diesen Sommer hier.« David gab keine Antwort. »Oder? Ich meine, Beth hat gesagt, sie macht nur ein Praktikum während der Semesterferien.«

David senkte den Kopf. »Es besteht die Möglichkeit, daß sie in die Firma eintritt, wenn sie im September ihre Zulassung bekommt«, sagte er. »Ein paar von uns haben erwogen, es ihr anzubieten.«

Lilian nickte. »Ich hab' gehört, daß Al Weatherby sie ganz phantastisch findet.«

»Das ist sie auch«, sagte er. »Vom juristischen Standpunkt aus.«

»Ich spreche immer vom juristischen Standpunkt aus«, scherzte Lilian und schmiegte sich in Davids ausgestreckte Arme.

»Ich liebe dich.«

»Das weiß ich.«

»Möchtest du nicht doch, daß ich mit ihr rede?« fragte er noch einmal. »Wenn du willst, dann tu ich es.«

»Taten sagen mehr als Worte«, entgegnete sie.

Er lächelte. »Wie recht du hast.« Er küßte sie auf die Stirn, ein Zeichen dafür, daß für ihn die Diskussion beendet war. Als er hinausging, sah Lilian ihm nach. Dann gab sie sich einen Ruck und lief ins Bad, um ihr Haar zu trocknen und sich die Zähne zu putzen. Sie hatte gerade die Tür geschlossen, als sie merkte, daß David sie etwas fragte.

»Was hast du gesagt?« rief sie durch die Tür.

»Ich sagte, warum kommst du nicht auch und hörst dir mein Plädoyer an?«

»Ich hab' Seminar.«

»Bloß den einen Kurs um neun. Dann hast du frei bis zwei. Das ist doch der Stundenplan für Donnerstag, oder?«

»Ja, schon«, antwortete sie und grübelte über seinen Vorschlag nach.

»Na also, dann komm kurz nach zehn und bewundere mich, und hinterher essen wir zusammen bei Winston zu Mittag. Wie findest du das?«

»Klingt prima. Bin schon überredet.« Sie stellte den Fön an und genoß den warmen Luftstrom auf der Haut. Was würde Nicole denken, wenn sie plötzlich im Gerichtssaal auftauchte? Würde sie es als ein Zeichen von Unsicherheit, von Besitzangst deuten? Würde sie in ihr das Mutterschaf sehen, das seinem Lamm hinterherläuft, um zu verhindern, daß es zu weit von der Herde abkommt?

Was gehen mich Nicoles Gedanken an, ermahnte sie sich, während ihre Haare widerspenstig jeden Versuch zunichte machten, sie zu einer halbwegs akzeptablen Frisur zu legen. Soll sie doch denken, was sie will. Was hab' ich mit Nicole Clark zu schaffen!

Lilian schaute an sich hinunter. Trotzdem, entschied sie, es kann nichts schaden, was anderes anzuziehen.

5

»Wann genau haben Sie erfahren, daß Ihre Exfrau einen
Liebhaber hat?«

»Vor sechs oder acht Monaten ungefähr.«

»Ungefähr? Sie sind sich also nicht sicher?«

Der Zeuge, ein gutaussehender Mann, etwa im gleichen
Alter wie David Plumley, der das Kreuzverhör führte,
rutschte verlegen auf seinem Stuhl hin und her.

»Ich weiß, daß sie einen Liebhaber hat«, sagte der Mann
bestimmt. »Wenn das so wichtig ist, dann kann ich gewiß
den genauen Zeitpunkt rekonstruieren, zu dem ich es her-
ausbekommen habe.«

»Das wäre sehr freundlich«, entgegnete David verbindlich,
trat vom Zeugenstand zurück und lehnte sich an den Tisch
der Verteidigung. Von ihrem Platz im Zuschauerraum aus
beobachtete Lilian ihren Mann. Im Gegensatz zu dem
Zeugen wußte sie, daß David nur scheinbar einen Rückzieher machte, während er in Wahrheit mit seiner Beute
spielte wie der gefährliche Panther, der lediglich nach der
besten Gelegenheit für den letzten, tödlichen Prankenhieb
sucht.

Der Zeuge schwieg versunken und ließ offenbar die Vorfälle
der jüngsten Vergangenheit an seinem Gedächtnis vorüber-
ziehen. Plötzlich leuchtete sein Gesicht auf. »Siebzehnter
Oktober«, verkündete er selbstgefällig. »Ich weiß das so

genau, weil ein Freund von mir an diesem Tag Geburtstag hat und wir eine Überraschungsparty gaben.«

Davids Schweigen dauerte exakt so lange wie zuvor das des Zeugen. Endlich fragte er: »Siebzehnter Oktober? Das ist neun, sogar fast zehn Monate her.«

»Ganz recht«, bestätigte der Zeuge. Dann setzte er mit vielsagendem Lächeln hinzu: »Die Zeit vergeht so schnell, ich hab' gar nicht gemerkt, wie lange sie's schon mit ihm treibt.«

David erwiderte sein Lächeln. »Ihrer Meinung nach hat Ihre Exfrau also nicht das Recht auf einen Liebhaber?«

»Nicht, wenn ich ihn aushalten muß«, parierte der Mann.

»Wollen Sie mir eine neugierige Frage gestatten«, bat David in verbindlichem Plauderton. »Sind Sie in Damenbegleitung auf diese Überraschungsparty gegangen?«

»Ja«, kam die Antwort. »Hab' *ich* etwa nicht das Recht dazu?«

»Gehe ich recht in der Annahme, daß Sie während der fünf Jahre, die Sie von Patty Arnold geschieden sind, eine beträchtliche Anzahl von ›Begleiterinnen‹ hatten?« fragte David mit aufreizender Betonung zurück, ohne den Einwand des Zeugen zu beachten.

»Wie Sie richtig feststellten«, antwortete der Mann, »bin ich seit fünf Jahren geschieden. Ich dachte, das gäbe mir das legitime Recht, mir die ›Begleitung‹ auszusuchen, die mir gefällt.«

»Ganz recht«, sagte David und stützte sich nachlässig auf den Tisch, an dem Nicole Clark neben seinem Stuhl saß und ihn gespannt beobachtete. »Und sind Sie nicht der Meinung, daß man Ihrer Frau die gleichen Rechte zubilligen sollte, die Sie für sich in Anspruch nehmen?« Lilians Augen ruhten auf David, als der sich lässig vom Tisch fort auf den Zeugen zubewegte, und dennoch spürte sie, wie Nicoles Blicke unverwandt auf seinen Rücken geheftet waren. Er muß sich vorkommen wie ein Schuljunge, der dem Mädchen in der letzten Bank zu imponieren versucht, dachte sie. Sprang er deshalb so unerbittlich hart mit dem armen Kerl im Zeugenstand um, mit diesem Mann, dessen Leben mehr als nur oberflächliche Parallelen zu seinem eigenen aufwies? Und wem von uns beiden will er eigentlich mit Gewalt so imponieren? Mir etwa?

»Meine *Ex*frau«, fauchte der Zeuge kampflustig zurück. Plötzlich brach der Damm, und er sprudelte unaufhaltsam seinen ganzen Zorn heraus: »Und sie hat das verdammte Recht, rumzuhuren, mit wem's ihr Spaß macht, solange ich nicht dafür blechen muß!« Der Richter brachte ihn mit dem Klopfen seines Hammers zum Schweigen, ermahnte ihn, in Zukunft seine Sprache aus Achtung vor dem Hohen Gericht zu mäßigen, und drohte, die Verhandlung im Falle wiederholter Ausfälligkeiten seitens des Zeugen abzubrechen. Lilian Plumley, die ungefähr in der Mitte des Zuschauerraums saß, wußte, daß der Mann schon vor dem Urteilsspruch erledigt war. Dergleichen dramatische Auftritte waren zwar im Kino äußerst wirkungsvoll, aber in der Realität machten sie auf einen Richter den denkbar schlechtesten Eindruck. David hatte ihr erklärt, daß ein guter Anwalt seinem Mandanten einprägt, wie wichtig es ist, unter allen Umständen die Ruhe zu bewahren und sich nicht provozieren zu lassen. Der Mann im Zeugenstand schaute sich hilflos um. Seine Blicke schweiften durch den Saal und blieben schließlich auf Nicole haften. Seine nächsten Worte schienen direkt und ausschließlich an sie gerichtet zu sein. »Hören Sie, ich spreche ihr nicht das Recht ab, Freunde oder Liebhaber zu haben. Ich versuche Ihnen bloß klarzumachen, daß ich mir in den letzten Jahren den A... – also daß ich geschuftet habe wie ein Wahnsinniger, um bei den riesigen Unterhaltszahlungen einigermaßen durchzukommen. Ihr gehört das Haus, sie hat die Möbel, das Auto, die Kinder, einfach alles. Als ich auszog, hab' ich nichts mitgenommen als den Anzug, den ich am Leib hatte, und 'ne Aktentasche. Seit fünf Jahren zahle ich ihr monatlich tausend Dollar Alimente und noch mal tausend Unterhalt für die Kinder. Ich beklag' mich nicht über das Geld für die Kinder, ich werde meine Kinder so lange unterstützen, wie sie mich brauchen. Aber warum um alles in der Welt soll ich meiner Frau das Geld dazu geben, mit 'nem anderen Kerl einen Hausstand zu gründen? Warum soll ich mein schwerverdientes Geld opfern, damit dieser Hampelmann ein Geschäft aufmachen kann?«

Wieder überging David die Fragen des Mannes. »Wie lange waren Sie verheiratet, Mr. Arnold?«

»Zwölf Jahre.«

»Sie haben zwei Kinder?«

»Zwei Jungs.«

»Aus dem, was Sie gerade erzählt haben, darf ich also schließen, daß Sie eines Tages nach zwölfjähriger Ehe und ungeachtet Ihrer Verantwortung für die beiden Kinder einfach auf und davon gegangen sind?« Er machte eine wirkungsvolle Pause. »Mit einem einzigen Anzug und, nicht zu vergessen, mit Ihrer Aktentasche.«

Der Zeuge schien ganz und gar nicht einverstanden mit dieser Auslegung der Fakten. Dennoch nickte er widerstrebend.

»Was hatten Sie in der Aktentasche?« überrumpelte David den Zeugen. Lilian mußte unwillkürlich lächeln. »Aktien, wenn ich recht informiert bin«, nahm David die Antwort vorweg. »Und ein paar Pfandbriefe, nicht wahr? Außerdem die Besitzurkunde für ein Grundstück in Kanada?« Der Mann schwieg. »Alles in allem standen Sie also nicht mit ganz so leeren Händen da, wie Sie diesem Gericht weismachen möchten.«

»Das ist fünf Jahre her«, druckste der Mann verlegen. »Ich rede aber von den heutigen Verhältnissen.«

»Und die heutigen Verhältnisse sind Ihrer Meinung nach so, daß Ihre Frau seit zehn Monaten mit einem anderen Mann zusammenlebt...«

»Na ja, ich hab' von ihrer Beziehung vor zehn Monaten gehört, auf dieser Party...«

»Am siebzehnten Oktober …«

»Genau, am siebzehnten Oktober.« Er hielt einen Moment inne. »Ich weiß allerdings nicht, seit wann sie schon zusammenleben.«

David kehrte an seinen Tisch zurück. »Woher wollen Sie so genau wissen, daß Ihre Exfrau mit diesem Mann zusammenlebt?«

»Ich bin ihnen mehrmals gefolgt. Sein Auto parkte rund um die Uhr vor ihrem Haus.«

Lilian lauschte ebenso gespannt wie Nicole, als der Zeuge mit dem Anwalt rang und dessen Hiebe zu parieren glaubte, während er in Wahrheit wertvolle Informationen preisgab. David brachte die Beweise dafür bei, daß der fragliche Liebhaber weiterhin eine eigene Wohnung unterhielt, ja beinahe täglich dort anzutreffen sei. Lilian hörte, wie er dem Gericht auseinandersetzte, daß es Mrs. Arnold freistehe, ihr Geld auf die ihr angemessen erscheinende Weise anzulegen. Wenn sie versuche, ihr Kapital dadurch zu vermehren, daß sie in die Geschäfte ihres Liebhabers investiere, so sei sie dazu ebenso berechtigt wie der Zeuge hinsichtlich seiner eigenen Investitionen. Dann schaltete sie ab. Es war klar, daß David den Fall gewonnen hatte. Das Gericht würde dem Mann, der da unbehaglich auf seinem Stuhl herumrutschte, keine Senkung seiner monatlichen Unterhaltszahlungen bewilligen, und er würde es sich reiflich überlegen, noch einmal rechtlich gegen Patty Arnold vorzugehen. Für Exfrauen und Liebhaber war die Welt wieder in Ordnung.

Er ist ein glänzender Anwalt, dachte sie. Er hat ein untrügliches Gespür dafür, wie weit er gehen darf, wann er nachgeben muß und wann er vorpreschen kann. Sie hatte fast vergessen, wie beeindruckend er im Gerichtssaal wirkte, nicht nur wegen seines blendenden Äußeren, sondern auch durch seine Art, sich zu bewegen, sich auszudrücken und durch seine Gestik. Am Anfang ihrer Beziehung war sie oft hergekommen und hatte ihm zugehört. Man konnte ihm ansehen, wie sehr er seine Arbeit liebte, es stand in seinen Augen geschrieben, die vor Kampflust funkelten und in denen schon die Gewißheit des letztendlichen Sieges leuchtete. Damals hatte sie eine ziemlich unregelmäßige Arbeitszeit gehabt; an manchen Tagen war sie von morgens bis nachts im Einsatz, an anderen hatte sie stundenlang nichts zu tun. Sie hatte jede freie Minute damit verbracht, diesem Mann bei seiner Arbeit zuzuschauen. Damals hatte es nichts Wichtigeres für sie gegeben, als in seiner Nähe zu sein.

David schritt am Tisch der Verteidigung entlang, Nicole sah zu ihm auf, und er zwinkerte ihr zu – sein Siegeswink, wie er Lilian früher einmal erklärt hatte; nur galt er diesmal Nicole. Lilian überlegte, ob David sich in diesem Moment überhaupt ihrer Anwesenheit bewußt war, und plötzlich fühlte sie sich als Außenseiterin. So nahe sie ihm sonst auch war und so nahe er ihr zu sein vorgab, sein Hochgefühl im Augenblick des Sieges hatte sie nie wirklich geteilt, denn sie verstand nicht recht, warum er so sehr danach trachtete zu gewinnen. Nicole verstand es bestimmt.

Lilian sah zu, wie ihr Mann vortrat, hörte ihn mit dunkler Stimme Mr. Arnold aus dem Zeugenstand entlassen und dachte, daß der marineblaue Anzug seinen schlanken Körper auffallend gut zur Geltung brachte. Plötzlich fing er ihren Blick auf und schenkte ihr ein strahlendes Lächeln, ehe er an seinen Tisch zurückkehrte und neben Nicole Platz nahm. Die beugte sich zu ihm hinüber und flüsterte ihm etwas ins Ohr. Glückwünsche vermutlich für eine hervorragende Leistung. Sie waren wunderbar, David, einfach wunderbar. David, der wußte, daß Lilian ihn beobachtete, lächelte zurückhaltend.

Plötzlich überkam Lilian derselbe Drang nach Objektivität, den sie schon bei dem Picknick am letzten Wochenende verspürt hatte, und sie gestand sich ein, daß sie es David nicht einmal verübeln könnte, wenn er sich zu Nicole hingezogen fühlen würde. Abgesehen davon, daß die Jüngere eine wirklich schöne Frau war, bestätigten ihre Kollegen im allgemeinen und David im besonderen, daß sie über Intelligenz und Charme verfügte. Außerdem würde sie bald eine fabelhafte Stellung haben, die es ihr ermöglichte Davids Berufsinteressen zu teilen. Wahrscheinlich könnten sie stundenlang zusammenhocken und ihre Fälle besprechen. Ihre Arbeit an der Uni dagegen bot nur noch selten Gesprächsstoff und sie hatten beide aufgehört, sich darüber etwas vorzumachen.

Anfangs hatte sie es ganz interessant gefunden, es war anders, neu und aufregend. Sie hatte sich eingeredet, es sei eine wunderbare Aufgabe, junge Menschen zu formen, und sie war sich vorgekommen wie Miss Jean Brodie in ihrer Blütezeit, oder besser gesagt wie Maggie Smith in der Rolle von Jean Brodie. »Gebt mir ein junges Mädchen im entwicklungsfähigen Alter, und ich präge sie fürs ganze Leben«, flüsterte sie vor sich hin. Aber es hatte sich herausgestellt, daß ihre Studenten sich nicht mehr prägen ließen, und sie entdeckte nur zu bald, daß ihr das Unterrichten zuwider war. Beth Weatherby hatte völlig recht gehabt: Sie vermißte das Fernsehen mit all seiner Hektik, den Aufregungen und Risiken.

Was sie nicht vermißte, waren die Probleme, mit denen ihre frühere Arbeit die Ehe belastet hatte. Wenigstens die waren zum großen Teil ausgeräumt, nachdem sie beim Sender gekündigt hatte. David hatte recht, es war idiotisch, ihr Leben aufs Spiel zu setzen, ihn allein zu lassen und sich irgendwo auf der Welt Schießereien oder Seuchen auszusetzen. Sie fehlte ihm, und er machte sich Sorgen um sie. Das wiederum schadete seiner Arbeit. Er brauchte ihre Unterstützung, ihre Hilfe, und beides fehlte ihm, wenn sie auf der anderen Seite des Erdballs herumgondelte. Er hatte sie gebeten, seßhafter zu werden, sich eine Arbeit hier in Chicago zu suchen. Wollte sie denn keine Familie? O doch, die wollte sie. Ihr gefielen die häufigen Trennungen ebensowenig wie ihm. Sie sehnte sich wahnsinnig nach ihm. Ein Mann wie David brauchte eine Menge Selbstbestätigung. Und sie wußte, daß viele nur darauf warteten, ihm die zu geben, wenn sie nicht da war.

Und doch schien es nicht ganz fair. Außer, daß er die Frau gewechselt hatte und weniger Zeit mit seinen Kindern verbrachte, hatte sein Lebensrhythmus sich nicht nennenswert verändert. Zwar hatte er ein großes Haus gegen eine kleine Wohnung eingetauscht, aber die befand sich immerhin in einem repräsentativen Gebäude in ausgezeichneter Lage. Und nach wie vor wartete jemand mit dem Essen auf ihn, wenn er nach der Arbeit heimkam, was manchmal erst um zehn Uhr abends geschah. Doch das Wichtigste war, daß er weiterhin den Beruf ausüben konnte, den er liebte.

Ihr Leben dagegen hatte sich völlig verändert, angefangen bei der Umgebung über den Status als Ehefrau bis hin zu ihrer Arbeit. Statt weiter den Beruf auszuüben, der sie ausfüllte und glücklich machte, brachte sie anderen bei, dies zu tun. Fernsehjournalismus nannte der Kurs sich großspurig, und sie, Lilian Plumley, war außerordentliche Professorin. Ihre Welt war auf die Größe eines Hörsaals zusammengeschrumpft, und ihre Arbeit ließ sich beliebig unterbrechen, um zur gewünschten Zeit das Essen auf den Tisch zu bringen. Daheim hatte sie sich allmählich zu einer regelrechten Lieschen-Müller-Hausfrau entwickelt. Wie ist es nur dazu gekommen, fragte sie sich und versuchte, den entscheidenden Wendepunkt im scheinbar gleichmäßigen Zeitablauf zu fixieren. Dabei vergaß sie alles um sich herum, und in ihrer Erinnerung stieg jener David auf, der an einem Tag vor etwa fünf Jahren wütend in ihrem Zimmer auf und ab gelaufen war. So lange ist das schon her, staunte sie, als sein Bild immer deutlicher wurde und sie fast meinte, wieder seine überzeugende, volltönende Stimme zu hören. Für den Augenblick löschte die Vergangenheit die Gegenwart aus, der Gerichtssaal versank vor ihren Augen.

Sie gab sich keine Mühe, ihre Vorfreude zu unterdrücken, was ihn maßlos aufregte.

»Warum sollte ich mich nicht freuen? Ich war noch nie in Irland.«

»Es geht hier nicht um eine harmlose, kleine Ferienreise nach Dublin. Ich rede von Bomben und Heckenschützen in Belfast.«

»Ich hab' auch Vietnam überlebt«, entgegnete sie, bemüht, es nicht zu überheblich klingen zu lassen.

»Ich versteh' nicht, warum sie ausgerechnet dich schicken.«

»Weil ich eine ausgezeichnete Reporterin bin, darum. Außerdem habe ich mich um den Auftrag beworben.«

»Was hast du?«

»Du weißt doch, daß ich gern reise. Und ich habe viel Erfolg mit solchen Reportagen. Außerdem glaube ich«, setzte sie sanft hinzu, »daß zwei Wochen Pause uns ganz gut tun werden.«

»Was meinst du damit?«

»Du weißt genau, was ich meine.«

In letzter Zeit schienen all ihre Gespräche so zu enden. Was soll das heißen? Das weißt du ganz genau. Es läuft immer auf dasselbe hinaus: Du bist ein verheirateter Mann.

»Na schön«, sagte er, »wenn du für eine Weile hier raus willst, dann fahr nach Los Angeles oder meinetwegen auf die Bermudas. Da gibt's keinen Bürgerkrieg.«

»Auf den Bermudas ist aber nichts los.«

»Sie könnten dich umbringen.«

»Niemand wird mich umbringen.«

»Oh, ich hoffe, das hast du schriftlich?«

Sie lächelte und küßte ihn zärtlich. »Nur ein Anwalt kann solche Fragen stellen.«

»Warum machst du keine Reportage über Anwälte?«

»Hab' ich doch schon. Sonst wär' ich ja nie in diesen Schlamassel geraten, oder hast du das vergessen?«

Er setzte sich aufs Bett und sah zu, wie sie ihren Koffer vom Schrank holte und zu packen begann.

»Das ist die vierte Reise in 'nem halben Jahr«, sagte er.

»Du wirst doch einen zweitägigen Aufenthalt in Buffalo nicht als Reise bezeichnen!«

»Du warst aber weg!«

Er saß stirnrunzelnd da, während sie ein paar Baumwollblusen und Jeans in den Koffer warf.

»Im Grunde magst du's, daß ich fortgehe«, scherzte sie und begriff zu spät, daß sie damit den Nagel auf den Kopf getroffen hatte.

»Was redest du für 'n Unsinn?«

»Das reizt dich an mir«, erklärte sie. »Es macht aus mir was Besonderes.«

»Was zum Teufel meinst du damit?«

»Nun, ich bin anders als die anderen.« Sie wußte instinktiv, daß er schon vor ihrer Zeit Verhältnisse gehabt hatte. »Anders als deine Frau.«

Er lachte. »Für meine Frau bedeuten aufregende Ferien, daß sie zwei Wochen in Las Vegas am Geldautomaten spielen und Robert-Goulet-Konzerte besuchen kann.«

»Ich war in Las Vegas. Ist schon ein paar Jahre her. Ich hab' über diese Kapellen geschrieben, in denen man sich rund um die Uhr trauen lassen kann.«

»Gibt's irgendeinen Ort, an dem du noch nicht gewesen bist? Mit Ausnahme von Belfast, natürlich.«

Ein strahlendes Lächeln erhellte ihr Gesicht. »China fehlt mir noch«, sagte sie. »Und ein paar afrikanische Länder. Aber ich bemühe mich drum.«

»Was du nicht sagst, China! Ich würde auch gern nach China fahren.«

»Na fein, du kannst mich ja begleiten.«

»Weißt du denn nicht, daß ich dich liebe?« Seine Stimme war auf einmal dunkel vor Zärtlichkeit.

Lilian setzte sich auf Davids Schoß und verschränkte die Arme in seinem Nacken. »Warum liebst du mich?« fragte sie ernsthaft. »Warum verliebt sich ein Mann, der so aussieht wie du, in eine Frau, die aussieht wie ich?«

»Vor allem, weil du klug bist.«

»O danke! Du hättest sagen sollen, daß es an meinem Äußeren absolut nichts auszusetzen gibt, ja daß du mich ganz verführerisch findest.«

»Tu ich auch, ja, genau das. Und ich liebe dich, weil du klug genug bist, es zu wissen.«

Sie lachte. »Na gut, und weiter?«

»Ich weiß nicht«, er hob die Schultern. »Du hast 'ne Menge guter Einfälle, bist sensibel, du weißt, was in der Welt vorgeht, du hast 'nen interessanten Beruf. Du bist klug.«

»Hast du schon mal gesagt.«

Er nickte.

»Leider war ich nicht so klug, dich zum Teufel zu schicken, als ich erfuhr, was du unter getrennt leben verstehst.«

»Ich konnte einfach nicht zulassen, daß du aus meinem Auto steigst und aus meinem Leben verschwindest«, sagte er und dachte genau wie sie an ihren ersten gemeinsamen Abend zurück.

Sie rutschte von seinem Schoß. »Ich hasse diese Situation. Solche Geschichten sind mir zuwider. Ich steh' zu sehr auf seiten der Frauen, um mit 'nem verheirateten Mann rumzuziehen. Ich will deine Frau nicht verletzen, und ich will schon gar nicht selbst verletzt werden.«

»Und was glaubst du, will ich?« fragte er.

»Ich weiß es nicht.«

Er holte tief Luft. »Ich auch nicht«, sagte er. »Ich hatte gehofft, du könntest es mir sagen.« Sein Blick fiel auf ihren Koffer. »Ist das alles, was du mitnimmst?«

Sie ging ins Bad, öffnete den Medizinschrank und stopfte ein paar Tuben und Dosen in eine kleine Plastiktasche.

»Du nimmst die Pille mit?« Er beobachtete sie mißtrauisch durch die offene Tür.

Sie lächelte ihm nachsichtig im Spiegel zu. »Bloß, weil man ein paar Wochen lang ohne Sex leben muß, darf man nicht aussetzen«, erklärte sie und kam wieder ins Zimmer.

»Wie lange nimmst du sie schon?« fragte er.

»Acht Jahre.«

»Ist das nicht ein bißchen lange?«

»Es sind acht Jahre.«

»Denkst du nicht manchmal dran, sie abzusetzen?«

»Dauernd. Aber ich glaube nicht, daß eine Schwangerschaft im Augenblick für mich sehr günstig wäre, oder? Und wenn ich mir noch so sehr ein Kind wünsche.«

»Du solltest eins bekommen. Du wärst bestimmt eine gute Mutter.«

»Ja, das glaub' ich auch.«

Die Unterhaltung brach unvermittelt ab. Sie waren wieder da, wo sie angefangen hatten: Sie fuhr nach Irland, und er war verheiratet.

»Rufst du mich gleich an, wenn du zurück bist?« fragte er.

(»Was soll das heißen, du hast ein Verhältnis mit einem verheirateten Mann? Wie konntest du dich nur auf so was einlassen? Lilli, du bist doch ein gescheites Mädchen, wie kannst du dich nur so blöd anstellen? Du glaubst, er liebt dich? Na schön, vielleicht tut er das. Du meinst, seine Frau versteht ihn nicht? Gut, vielleicht stimmt das. Du bildest dir ein, er wird sie verlassen, um dich zu heiraten? Mach dir doch nichts vor, mein liebes Kind, das wird er nie tun. Und wenn er's tut, wenn er sie deinetwegen verläßt, Kind, denk doch mal nach, was hättest du denn dann gewonnen? Einen Mann, der eine Frau sitzenläßt, wenn ihm eine über den Weg läuft, die ihm besser gefällt. Einen Mann, der eine abgenutzte Familie gegen eine brandneue eintauscht. Könntest du so einem Mann vertrauen? Glaub mir, Lilli, wenn er's einmal macht, macht er's auch ein zweites Mal. Was willst du mit so einem Kerl? Überleg's dir gut, Liebling. Willst du dir das wirklich antun?«)

»Rufst du mich an, wenn du zurück bist?« wiederholte er.

»Ja«, antwortete sie.

Plötzlich war der Saal von Unruhe und Hast erfüllt, und Lilian fühlte sich mit einem Ruck in die Gegenwart zurückversetzt.

»Verzeihen Sie«, sagte eine Stimme neben ihr. Eine Frau drängte sich an ihr vorbei und strebte in den Mittelgang hinaus. Lilian blickte zur Wanduhr. Es war zwölf vorbei. Sie suchte nach David und entdeckte ihn schließlich inmitten einer Gruppe von Männern, die sich angeregt unterhielten. Der Richter war verschwunden. Die Verhandlung war also vorüber. Und sie hatte das Urteil verpaßt. Sie glaubte zwar zu wissen, wie es ausgefallen war, doch wenn David fragen sollte ...

»War er nicht einfach wunderbar?« fragte die kehlige Stimme.

Lilian wandte sich nach rechts und stand direkt vor Nicole Clark. Ihr Haar war straff nach hinten gekämmt und zu einem modischen Zopf geflochten. Sie lächelte Lilian gewinnend an, als sei das die natürlichste Sache der Welt. Vielleicht war es das. Vielleicht hatte sie sich beim Picknick doch nur einen Spaß erlaubt. »Ja, das war er«, antwortete Lilian und gab sich Mühe, damit es freundlich klang. »Es ist 'ne ganze Weile her, seit ich ihm das letzte Mal zusehen konnte. Ich hatte ganz vergessen, wie eindrucksvoll er wirkt.«

»Das ist nicht besonders klug von Ihnen«, sagte Nicole mit demselben strahlenden Lächeln. »Ich denke immerzu daran.« Damit wandte sie sich um und ging zum Ausgang. Lilian hatte den Wunsch, ihr nachzulaufen und dem grausamen Spiel ein für allemal mit einem kräftigen Schlag auf den Schädel ein Ende zu bereiten. Ob man sie angesichts solch unverschämter Provokation überhaupt verurteilen würde? Aber plötzlich war David neben ihr. Siegstrahlend legte er den Arm um ihre Taille.

»Na, bist du hungrig?« fragte er. Ohne ihre Antwort abzuwarten, zog er sie fest an sich und führte sie aus dem Gerichtssaal.

6

»Der arme Teufel im Zeugenstand hat mir ein bißchen leid
getan«, sagte Lilian, nahm eine große Krabbe aus der Schüssel, tunkte sie in Sauce Tartar und führte sie zum Mund.
»Nicht nötig«, versicherte David. »Der Kerl ist 'n Schuft. Er
verdient dreimal soviel wie vor fünf Jahren, und auch damals hat er schon versucht, sich so billig wie möglich raus-
zuwinden. Der ist ganz gut weggekommen, das kannst du
mir glauben.« Er schüttelte den Kopf. »Ein richtiges Schlitz-
ohr. Und ein Geizhals dazu. Nimmt sich nicht mal 'n Privat-
detektiv, nein, er fährt ihnen selber wochenlang im Auto
hinterher. Als ob so was beweiskräftig wäre. Er hat Glück,
daß der Richter seine Zahlungen nicht noch erhöht hat.«
Sie lachte und griff sich noch eine Krabbe.
»Aber nun sag schon, hat's dir gefallen heut' morgen?«
Lilian lächelte warm. »Es war phantastisch. Ich wußte gar
nicht mehr, wie toll du im Gerichtssaal bist.« Sie hielt inne,
als ihr Nicoles Worte einfielen, faßte sich jedoch schnell
wieder und fuhr fort: »Jedenfalls möchte ich dir dafür danken, daß du mich eingeladen hast. Das war 'ne gute Idee. Du
warst wirklich wundervoll vorhin.«
David strahlte. »Fein, daß du dich amüsiert hast. Aber es war
ja bloß Routine.«
»Nicht doch«, wandte sie ein, wohl wissend, daß sein Ego
nach ein paar weiteren Streicheleinheiten lechzte. »Du läßt

es wie Routine erscheinen, aber ich weiß genau, wie hart du arbeitest, bevor du deine Fälle vor Gericht bringst. Und ich weiß, daß sich hinter deiner scheinbar nachlässigen, zwanglosen Fassade ein Mann verbirgt, der jede Geste, jeden Tonfall genau berechnet hat. Und du warst großartig, was willst du sonst noch hören?«

»Mach nur so weiter!« Er lächelte.

»Und du hast einfach fabelhaft ausgesehen«, fuhr Lilian, ohne zu zögern, im selben Tenor fort. »Es war wirklich brillant, wie du den armen Trottel erst in Sicherheit gewiegt hast und dann plötzlich über ihn hergefallen bist. Aufregend, ehrlich.«

»Freut mich, wenn es dir gefallen hat.«

»*Du* hast mir gefallen«, berichtigte sie ihn, biß herzhaft in ihre letzte Krabbe und lächelte mit offenem Mund.

»Du hast Soße an den Zähnen«, sagte er.

Lilian preßte die Lippen zusammen und wischte sich über den Mund. »Eines Tages werd' ich schon lernen, wie man diese Dinger anständig ißt.« Sie fuhr sich mit der Zunge über die Zähne, ohne den Mund zu öffnen. »Weg?« fragte sie schüchtern.

David nickte wortlos.

»Was kannst du von einem Mädchen erwarten, das mit Rinderbraten und Kartoffelpüree großgezogen wurde?« fragte sie scherzend. »Na, und«, begann sie und hoffte, daß es beiläufig klang, »wie fand Nicole deinen Auftritt?«

»Sie hat eigentlich nicht viel gesagt. Gratuliert hat sie mir. Ich wär' gut gewesen und so. Natürlich hat sie sich fürs Zuhören bedankt.«

»Natürlich.«

»Ich hab' euch miteinander sprechen sehen«, hakte er ein. »Gab's was Besonderes?«

»Und ob.«

»Hat sie sich für den Unsinn beim Picknick entschuldigt?«

»Nicht direkt.«

»Was dann? Hat sie dir klargemacht, daß es bloß ein Jux war?«

»Nicht ganz.«

»Lilian . . .«, begann er mit gereizter Stimme.

»Sie sagte, du seist wunderbar, das heißt, nein, der genaue Wortlaut war: ›War er nicht einfach wunderbar?‹«

David rutschte unbehaglich auf seinem Stuhl hin und her. »Na ja, ist doch klar, sie meint die Art, wie ich den Kerl aufs Kreuz gelegt hab'.«

»Ich war ganz ihrer Meinung«, fuhr Lilian fort. »Dann hab' ich ihr erzählt, daß ich fast vergessen hatte, wie eindrucksvoll du bist, und darauf sagte sie . . .« Lilian holte tief Luft, senkte die Stimme und versuchte, den Tonfall der anderen nachzuahmen: »›Das ist nicht besonders klug von Ihnen. Ich denke immerzu daran.‹« Lilian sah David fest in die Augen. Einen Moment lang schien er verblüfft, doch dann lachte er laut auf.

»Dir macht das wirklich Spaß, nicht?« fragte Lilian vorwurfsvoll und bemühte sich verbissen, nicht mitzulachen.

»Aber nein, natürlich nicht«, gluckste er.

»Und ob, es tut dir richtig gut. Du siehst aus wie die Katze, die den Kanarienvogel verschluckt hat.«

Er schüttelte den Kopf. »Nicht doch, aber du mußt zugeben, das ist *wirklich* urkomisch.«

»Für dich vielleicht.«

»Na ja, schließlich hat ein Mann nicht alle Tage das Glück, daß zwei schöne Frauen sich um ihn streiten.«

»Du hast dein Leben lang nichts anderes gekannt«, erinnerte sie ihn. »Und ich bin mir nicht sicher, ob es mir schmeichelt, daß du mich schön findest, oder ob ich mich ärgere, weil du sie dafür hältst.« David wollte etwas erwidern, doch dann zuckte er nur mit den Achseln. »Laß gut sein«, sagte sie, »wechseln wir das Thema. Ich hab' heute morgen mit Beth telefoniert.«

»Ach ja? Wie geht's ihr?«

»Besser. Sie hat sich zigmal dafür entschuldigt, daß sie uns den Abend verdorben hat.«

»Aber das ist doch Unsinn.«

»Hab' ich ihr auch gesagt. Das ist wirklich das letzte, worüber sie sich den Kopf zerbrechen muß. Aber sie bestand darauf, sich zu entschuldigen. Sie sagte, ihre Hand hat erst gegen drei Uhr früh zu bluten aufgehört. Natürlich ist sie heute nicht ausgeschlafen und fühlt sich ziemlich schwach.«

»Oh, das tut mir leid. Aber jetzt geht's ihr besser, sagst du?«

»Scheint so. Ich hab' ihr geraten, einen Arzt aufzusuchen, aber sie meint, das sei nicht nötig. Ich treff' sie nächste Woche. Wir haben ausgemacht, daß wir mittwochs zusammen in einen Gymnastikkurs gehen.«

»Gute Idee.«

»Ein Kavalier hätte gesagt: ›Wozu mußt *du* Gymnastik machen?‹«

»Ein bißchen Sport tut jedem gut.«

»Du treibst ja auch keinen.«

»Sollte ich aber.«

»Wann hast du das letzte Mal Squash gespielt?«

»Im Februar«, antwortete er, »... und im übrigen nicht Squash, sondern Racketball.«

»Was macht das schon für 'n Unterschied, wenn du sowieso nicht spielst?«

»Ich hab' mir vorgenommen, wieder anzufangen.«

»Solltest du auch. Schließlich ist der Club im selben Gebäude wie eure Kanzlei. Bist du überhaupt noch Mitglied?«

Er nickte. »Für 'nen Jahresbeitrag von siebzehnhundert Dollar«, rechnete er nach, »war das vermutlich das teuerste Racketballspiel der Weltgeschichte.«

»Eintausendsiebenhundert Dollar im Jahr?« wiederholte Lilian fassungslos. »David, hast du dir schon mal überlegt, was wir uns mit so viel Geld alles leisten könnten?«

»Ich werde wieder regelmäßig spielen«, versprach er. »Dann

442

lohnt sich der Clubbeitrag. Wie ist dein Seminar heut morgen gelaufen?«

»Bitte, lenk nicht ab!«

»Ein guter Anwalt muß wissen, wann es Zeit ist, das Thema zu wechseln.«

»Und ein guter Ehemann?«

»Der erst recht.« Er hielt inne, schob die Hand über den Tisch und legte sie auf die ihre. »Also, nun sag schon, warst du hervorragend wie gewöhnlich?«

»Ich war miserabel wie gewöhnlich«, sagte sie bitter. »O David, ich halte saumäßige Vorlesungen. Ich weiß es, und sie wissen es auch. Ich langweile mich zu Tränen, und ihnen geht's genauso. Heute hat doch tatsächlich einer Zeitung gelesen, während ich mich da vorne abstrampelte.«

»Was habt ihr denn durchgenommen?«

»Wie man ein Interview führt.«

»Klingt interessant.«

»Ist's aber nicht. Jedenfalls nicht, wenn man darüber spricht. Interessant ist es, Interviews zu machen.«

»Dazu muß man aber erst mal wissen, wie es geht.«

»Ich weiß, wie's geht!« fiel sie ihm ins Wort. Die Heftigkeit ihres Tons überraschte sie beide. »Darum dreht sich's ja grade. Ich sollte da draußen sein und mitmischen, statt mich in einen Hörsaal einzusperren. Manchmal, wenn ich vor den Studenten stehe und rede, hab' ich plötzlich ein Gefühl, als müßte ich platzen vor ...«

»Na? Komm schon, was?«

»Vor Haß«, sagte sie tonlos. »Wirklich, es gibt Momente, da hasse ich diese Gören, weil sie werden wollen, was ich gewesen bin. Ich hab' eine Stinkwut auf sie, weil ich weiß, daß ein paar von ihnen es vielleicht schaffen und Reporter oder Regisseure werden und Erfolg haben. Und es ist ein gräßliches Gefühl, daß sie dasitzen und denken, ich wäre an der Uni, weil ich's in der Branche nicht geschafft habe.«

»Aber das stimmt doch nicht. Und du weißt es auch.«

443

»*Sie* aber nicht! Die halten sich stur an das alte Sprichwort: ›Wer's selber kann, der tut's. Und die übrigen bringen es anderen Leuten bei.‹«

Einen Augenblick lang herrschte Schweigen. Dann fragte David ernst: »Und was ist mit mir? Haßt du mich auch?«

Sie senkte den Kopf, bereit, um seinetwillen zu lügen. Doch es war sinnlos. »Manchmal«, gab sie ehrlich zu. »Ich weiß, daß du nichts dafür kannst, David. Bestimmt, das weiß ich. Es hätte so nicht weitergehen können. Ich war zuviel unterwegs. Wir hatten fast nie Zeit füreinander, wir sahen uns kaum. Allerdings – in letzter Zeit sind wir auch nicht gerade oft zusammen.«

»Bei mir im Büro ist plötzlich eine Wahnsinnshektik ausgebrochen. Aber das wird sich bald wieder geben«, sagte er entschuldigend.

»Ich dachte, im Sommer habt ihr Sauregurkenzeit?« entgegnete sie leise.

»Nur noch ein paar Wochen«, versprach er, »dann hab' ich alles wieder im Griff.« Er blickte sich um. Lilian wußte wohl, daß dieses Tischgespräch nicht gerade Davids Vorstellung von einem Festessen nach errungenem Sieg entsprach. »Was willst du eigentlich, Lilli?« fragte er sie. »Willst du den Job bei der Uni hinschmeißen? Willst du wieder zum Fernsehen zurück?«

Sie erinnerte sich an die Krisen am Anfang ihrer Ehe. Jedesmal hatte ihre Arbeit den Anstoß dazu gegeben. »Ich weiß selber nicht, was ich will«, erwiderte sie schließlich.

»Sieh mal, Lilli, ich will dich doch nicht blockieren. Ich hab' weiß Gott nichts dagegen, daß du arbeitest, und das weißt du auch. Ich würde mich nicht mal dann querstellen, wenn du wieder zum Fernsehen gehst. Schließlich hab' ich dich durchs Fernsehen kennengelernt. Und du warst einfach umwerfend, hattest so viel Energie, so ein Feuer.«

»Genau darum geht's, David. Ich bin drauf und dran, es zu verlieren.«

»Aber nein«, widersprach er. »Nein, es brennt nur im Moment nicht ganz so lichterloh wie früher.« Er schenkte ihr ein ermunterndes Lächeln und wartete, bis sie es zögernd erwiderte. »Weißt du was, warum setzt du dich nicht mit dem Sender in Verbindung, rufst diesen Ernie an, wie hieß er doch gleich?«

»Irving«, verbesserte sie ihn. »Irving Saunders.«

»Ach ja, richtig. Also, ruf Irving an, und frag ihn, ob er einen Job für dich hat, bei dem du nicht zu reisen brauchst.«

»Das hab' ich ihn schon vor zwei Jahren gefragt, als ich kündigte. Da ist nichts drin. Nicht in meiner Sparte. Gut, ab und zu gibt's 'ne Sendung über irgendwas hier in Chicago, aber keiner könnte mir garantieren, daß ich nicht hin und wieder reisen müßte. Und ich könnte auch nicht jeden Abend um fünf Schluß machen, sondern müßte im Notfall die Nacht durcharbeiten und manchmal auch ein Wochenende dranhängen.«

»Was willst du damit sagen?«

»Ich weiß es nicht. Ich weiß nicht mal, warum ich dir das alles erzähle.«

»Meinst du nicht, daß es wenigstens einen Versuch wert ist?«

»David, was würdest du einem angehenden Anwalt raten, nehmen wir zum Beispiel Nicole Clark«, setzte sie hinzu und wünschte im selben Moment, die Anspielung zurücknehmen zu können. »Ist ja auch egal, wer«, fuhr sie fort. »Nehmen wir einfach an, jemand kommt zu dir und erklärt, er würde schrecklich gern mit dir zusammenarbeiten, möchte aber von vornherein klarstellen, daß er um fünf Uhr Feierabend machen will und auf keinen Fall am Wochenende verfügbar ist. Was würdest du antworten?«

»Ich würde ihm empfehlen, sich 'ne andere Kanzlei zu suchen.«

»Eben.«

»Lilli, was soll ich dir raten? Ich kann dir die Entscheidung nicht abnehmen.«

»Ja, ich weiß.«

»Vielleicht kriegst du nur deine Tage.«

»Was zum Kuckuck hat das damit zu tun?«

»Na ja, du weißt doch, daß du vorher manchmal solche Depressionen kriegst ...«

»Jeder kriegt ab und zu mal Depressionen! Schieb's bloß nicht auf meinen Hormonhaushalt ...«

»Ich will mich nicht mit dir streiten. Ich hab' dir lediglich einen Vorschlag gemacht. Ob du ihn annimmst oder nicht, das liegt ganz bei dir.«

»Es würde dir also nichts ausmachen, wenn ich meinen alten Job wiederkriege?«

»Das hab' ich nicht gesagt«, antwortete er. »Es würde mir wahrscheinlich sogar sehr viel ausmachen. Was mich betrifft, so hab' ich immer noch dieselben Bedenken wie früher. Aber ich muß andererseits akzeptieren, daß du dein eigenes Leben führst und deine eigenen Entscheidungen treffen mußt.« Er schüttelte den Kopf. »Ich hab' einfach den Eindruck, du hast dem Lehrberuf kein Vertrauen geschenkt. Du warst von Anfang an überzeugt, er würde dir nicht liegen. Nur glaube ich eben, daß dir in Wirklichkeit mehr die Vorstellung von dem System verhaßt ist als die Arbeit an sich. Du sperrst dich dagegen, weigerst dich ganz einfach, Spaß daran zu finden. Das käme dir vor wie ein Verrat. Bloß weiß ich nicht, an wem oder an was.«

»Sie liegen völlig falsch, Herr Rechtsanwalt.«

»Vielleicht«, räumte er ein. »Wenn es so ist, dann bitte ich um Verzeihung. Ich hab' nur meine private Meinung geäußert.«

»Deine Meinungsäußerungen arten in die reinsten Vorlesungen aus«, schmollte sie.

»Vielleicht sollte *ich* Professor werden«, sagte er lächelnd und drückte ihre Hand.

»Verdammt noch mal«, seufzte Lilian, und ein winziges
Lächeln spielte auf ihren Lippen. »Warum mußt du bloß
immer so unwiderstehlich charmant sein? Entschuldige,
David, ich führ' mich auf wie ein verzogenes Kind.«
»Laß nur, vielleicht hab' ich wirklich Vorträge gehalten. Du
hast ganz recht. Manchmal begeistert mich der Klang mei-
ner eigenen Stimme, und ich red' einfach drauflos.«
»Ich liebe dich«, sagte sie.
David winkte dem Kellner und verlangte die Rechnung.
»Weißt du schon, was wir am Wochenende mit den Kindern
machen könnten?« fragte er.
»Keine Ahnung. Vielleicht ins Kino gehen?«
»Überleg's dir«, bat er. »Jason fährt in knapp einer Woche
ins Ferienlager. Vielleicht könntest du sein Lieblingsessen
kochen, irgendwas Besonderes?«
Lilian hob skeptisch die Schultern. Sie dachte daran, daß
Jason nichts mochte außer Hamburgern und daß Laurie bei
ihr überhaupt keinen Bissen anrührte. David überreichte
dem Kellner seine American-Express-Karte. »Komm noch
auf einen Sprung mit ins Büro«, schlug er vor. »Du hast
doch noch 'n bißchen Zeit.«
Sie zögerte unschlüssig. »Na, komm schon«, versuchte er
sie zu überreden. »Wir haben 'n paar Neuanschaffungen
gemacht, die möchte ich dir gern zeigen. Und dir wird's
guttun, andere Tapeten zu sehn.«
»Na schön«, willigte sie ein. Vielleicht, dachte sie, hat er
recht. Vielleicht hatte sie die falsche Einstellung zum Lehrberuf. Vielleicht hatte sie es nie ernsthaft versucht. Sie
nahm sich vor, sich bei dem Kurs um zwei besonders anzustrengen. Ganz gleich, was daraus wurde, sie würde alles
tun, um David nicht zu verlieren. Sie beobachtete ihren
Mann, während er die Rechnung unterschrieb und seinen
Beleg einsteckte. Er tat ihr gut, besser als ein täglicher
Vitaminstoß. Sie wollte ihn um keinen Preis der Welt
aufgeben. Ja, so war's nun mal.

»Guten Tag, Mrs. Plumley«, begrüßte Diane sie freundlich. »Wie geht es Ihnen?«

»Sehr gut, danke«, sagte Lilian zu Davids Sekretärin.

»Das freut mich. Haben Sie sich ein bißchen umgesehen bei uns?« Lilian nickte. »Der Aufenthaltsraum ist renoviert worden«, fuhr Diane fort. »Und wir haben neue Bilder. Die hat alle Ihr Mann ausgesucht.«

»Ja, das hat er mir erzählt. Sie gefallen mir sehr.«

Die Sekretärin lächelte verbindlich und wandte sich an ihren Chef. »Mrs. Whittaker hat heute vormittag dauernd angerufen«, sagte sie zu David. »Und Julie Rickerd hat auch zweimal nach Ihnen gefragt. Sie behauptet, es sei sehr dringend. Und ein Mr. Powadiuk – ich weiß nicht, wie man's ausspricht – bittet Sie um Rückruf. Er sagt, er war für 'n paar Tage zum Fischen, und als er gestern heimkam, da entdeckte er, daß seine Frau in der Zwischenzeit die ganze Wohnung ausgeräumt hat und auf und davon ist. Nicht mal die Pappteller hat sie ihm dagelassen.«

David dankte ihr, nahm den Telefonblock entgegen und winkte Lilian, ihm in sein Büro zu folgen. Er schloß die Tür und nahm hinter seinem vollgepackten Schreibtisch Platz. Sie trat ans Fenster und schaute hinaus. Zu ihren Füßen brodelte das Leben der Stadt. »Es ist so schön hier oben«, sagte sie. »Man kommt sich vor wie in einer anderen Welt.«

David lächelte zustimmend und drückte auf den Knopf, der ihn mit dem Vorzimmer verband. »Diane, suchen Sie mir doch bitte die Akten von Julie Rickerd und Sheila Whittaker raus! Und verbinden Sie mich mit diesem Mr. Powa..., na, Sie wissen schon.« Er schaltete die Sprechanlage wieder ab und kramte ziellos in dem Durcheinander auf seinem Schreibtisch. »Was ist denn das?« fragte er überrascht, als hinter einem Stapel von Papieren eine zierliche Kristallvase zum Vorschein kam, in der eine rote Rose stand.

Diane kam mit den verlangten Aktenordnern herein und brachte das Kunststück fertig, Platz dafür auf dem überhäuften Schreibtisch zu schaffen. »Ich verbinde Sie gleich mit Mr. Powad ..., ach, der ohne Pappteller«, sagte sie und ging hinaus.

David blätterte zerstreut in einem Ordner, dann fiel sein Blick wieder auf die Blume.

»Ist denn keine Karte dabei?« fragte Lilian, die einen seltsamen Druck in der Magengrube verspürte.

David fuhr suchend mit der Hand über die Schreibtischplatte. »Ich kann nichts finden«, sagte er. »Wahrscheinlich hat Diane sie hingestellt.«

Lilian trat an den Schreibtisch und griff in den Kasten für die unerledigte Post. Zuunterst lag ein blaßlila Umschlag. Sie nahm ihn heraus und hielt ihn David hin.

»Na so was, den hab' ich glatt übersehen.« Widerwillig nahm er den Brief in Empfang und öffnete ihn. Das Schreiben war nur kurz. Er las es und reichte es Lilian. »Ich werde mit ihr reden«, sagte er.

Lilian las laut vor: »Nochmals meinen innigsten Dank für diesen überaus interessanten Vormittag. Nicki.« Sie ließ das Blatt auf den Tisch fallen.

»Wenn du willst, ruf' ich sie gleich her. Du kannst dabeisein, während ich mit ihr spreche.«

»Nein, nein«, widersprach Lilian. »Wir wollen es einfach vergessen, okay? Wenn du sie herzitierst, gibt es bloß eine peinliche Szene für alle Beteiligten. Schließlich ist es nur eine Danksagung. Eigentlich 'ne ganz nette Geste. Laß es einfach auf sich beruhen. Wenn sie merkt, daß sie die einzige ist, die dieses alberne Spielchen treibt, wird sie vielleicht von selber aufhören und uns in Ruhe lassen.«

»Mir soll's recht sein. Ich will bloß nicht, daß du dich aufregst.«

»Tu ich ja gar nicht«, log sie. »Wenn ich's schaffe, Elaine zu überleben, dann werd' ich auch Nicole überstehen – das heißt, Nicki, wollt' ich sagen«, versuchte Lilian zu scherzen.

Davids Lachen klang gekünstelt.

»Vielleicht haben wir das Ganze auch überbewertet«, gab er zu bedenken. »Wenn wir nicht aufpassen, verrennen wir uns womöglich in 'nen klassischen Verfolgungswahn. Weißt du, ich kann's mir einfach nicht vorstellen ... Sie ist wirklich eine hervorragende Juristin.«

Dianes Stimme tönte ruhig und sachlich über die Sprechanlage: »Ich hab' Mr. Powa ... Er ist auf Leitung eins.«

»Ich geh' jetzt«, flüsterte Lilian, während er den Hörer abnahm. Als sie sich über David beugte und mit den Lippen seine Schläfe berührte, spürte sie den zarten Duft, den die Rose verströmte.

Sie sah, wie er die Hand hob und ihr nachwinkte, dann schloß sie die Tür hinter sich.

Im Vorzimmer lehnte sie sich einen Augenblick gegen die Wand und wartete, bis ihr wild schlagendes Herz sich beruhigte und ihr Atem regelmäßiger wurde.

»Ist Ihnen nicht gut, Mrs. Plumley?« fragte Diane.

Lilians Blick heftete sich prüfend auf die Sekretärin ihres Mannes. Diane war ein hübsches Mädchen mit kastanienbraunem Haar und großen, blauen Augen. David hatte sich immer mit attraktiven Frauen umgeben. Während seiner Ehe mit Elaine war er ihren Reizen nicht selten erlegen. Es falle ihm nicht schwer zu lügen, hatte er ihr einmal erklärt, und er war nie um eine Ausrede verlegen. Sie wußte, daß er Elaine oft betrogen hatte. Und ich? überlegte sie. Ob er mich auch betrügt? Energisch warf sie den Kopf zurück und versuchte, ihre bangen Gedanken zu verscheuchen. Es tat nicht gut, über diese Fragen nachzugrübeln. Nicole mochte hochfliegende Pläne haben, aber es würde ihr nicht gelingen, sie zu verwirklichen.

»Doch, doch, ich fühl' mich ausgezeichnet«, versicherte sie. »Auf Wiedersehen, Diane. Bis bald.« Gedankenverloren betrat sie den langen, gewundenen Korridor.

Die Kleine hat sich mächtig ins Zeug gelegt, dachte sie. Die ist wirklich raffiniert. Kein Zweifel, die hatte das Talent zu einem erstklassigen Anwalt. Die war frech und dreist genug, ihre Absichten offen zuzugeben. Gute Taktik, die Ehefrau von vornherein in die Defensive zu drängen, sie zu verunsichern und dazu zu verleiten, sich vor eingebildeten Gefahren zu fürchten. Mit dem nötigen Geschick konnte so ein Weibsstück sogar Reibereien zwischen den Eheleuten vorprogrammieren, konnte hier und da Mißtrauen säen und gelassen zuschauen, wie es wuchs und blühte. Blühte wie eine Rose, dachte Lilian.

Da sie die Kleine nicht einfach umbringen konnte, würde es wohl das beste sein, sie zu ignorieren. Sie würde sich nicht mehr über sie aufregen und auch nicht mehr über sie herziehen. Jedenfalls nicht in Davids Beisein. Wegen dieses Mädchens würde es in ihrem Hause keinen Streit mehr geben.

Gewiß, David war gewarnt. Aber faszinierte es ihn nicht auch? Sicher, was denn sonst? Ärgerte es ihn etwa? Möglich. Vielleicht war er ungehalten, aber ganz bestimmt auch fasziniert. Und das war alles vorauskalkuliert, war Teil ihres genialen Plans: die unsichere, mißtrauische Ehefrau zu Hause, die faszinierende, verführerische andere im Büro.

Sie war schon am Aufzug, als die Stimme sie zurückhielt.

»Lill? Lill, sind Sie's?«

Sie drehte sich um. Es gab nur zwei Männer auf der Welt, die sie Lill nannten. Der eine war ihr Gynäkologe, der andere einer von Davids Partnern, ein hochangesehener Strafverteidiger mit einem Faible für gammelige Kleidung und provozierende Spitznamen.

Vor ihr stand Don Eliot in verwaschenen Bluejeans und brauner Cordsamtjacke. Sie wunderte sich, daß er einen Schlips trug, aber dann sah sie, daß die Krawatte mit Mickymausfiguren bestickt war. Hallo, El, hätte sie beinahe geantwortet, doch im letzten Moment nahm sie sich zusammen.

»Hallo, Don!« Sie lächelte höflich. »Wie geht's Ihnen?«

»Großartig, einfach großartig«, versicherte er überschwenglich und ergriff ihre beiden Hände.

»Und Adeline?«

»Auch gut, auch gut. Die Kinder gehen ihr natürlich auf die Nerven, aber das ist schon ein Dauerzustand bei uns.« Er betrachtete sie von Kopf bis Fuß. »Gut sehen Sie aus«, stellte er fest, als prüfe er die Qualität eines Pullovers. »Vielleicht 'n bißchen müde. Kriegen Sie nicht genug Schlaf, Lill?«

Besten Dank für das Kompliment, El, dachte sie. Sein Kommentar hatte ihr gerade noch gefehlt. »Wer kann sich heutzutage schon ausschlafen?« fragte sie zurück.

»Da haben Sie ganz recht«, pflichtete er ihr bei. »Bei uns zu Hause ist es manchmal ganz grauenhaft. Stellen Sie sich vor, letzte Nacht sind zwei von unseren Kindern um vier Uhr früh durchs Haus getobt: der Zweijährige, der gerade erst gelernt hat, allein aus dem Gitterbett zu krabbeln, und der Vierjährige, der neugierig war und wissen wollte, was der Kleine vorhat. Ich sage Ihnen, Lill, Sie und David haben bestimmt die richtige Entscheidung getroffen, als sie beschlossen, keine Kinder zu kriegen. Kinder krempeln unser ganzes Leben um, das kann ich Ihnen versichern. Na, und außerdem hat David ja schon zwei. Das reicht, glauben Sie mir. Wir hätten auch nach dem zweiten aufhören sollen. Fünf Kinder – das ist der reinste Wahnsinn!«

Lilian versuchte zu lächeln und war froh, daß Don Eliot offenbar keine Antwort auf seinen Redeschwall erwartete. Hätte sie zu sprechen versucht, dann wären ihr womöglich die Tränen gekommen. David hatte also ihre Familienplanung (oder vielmehr Nichtplanung) mit Dritten diskutiert, ja hatte sogar behauptet, die Entscheidung sei bereits gefallen.

»Wissen Sie«, brachte sie endlich heraus, »so ein Entschluß ist nicht unabänderlich. Warten wir's erst mal ab.«

»Das ist 'n Wort, Lill«, lobte er sie, klopfte ihr auf die Schulter und machte kehrt. »Ach, übrigens, was ich noch sagen wollte: Adeline liegt mir seit Wochen in den Ohren, daß ich Sie beide mal zum Essen einladen soll. Wie wär's mit Samstag in einer Woche?«

Ihr fiel keine Ausrede ein, also nickte sie schweigend.

»Na, prima«, meinte er. »Ich sag' Adeline, sie soll Sie anrufen und mit Ihnen die Zeit verabreden.«

»Ich freue mich drauf«, log Lilian.

»Also bis dann!« Er verschwand hinter einer Biegung des Gangs. Einen Moment lang stand Lilian regungslos da und versuchte, ihre Gedanken zu ordnen. Mit Ausnahme von jenem wundervollen Zwischenspiel am Morgen unter der Dusche hatte sich der Tag zu einer ausgesprochenen Talfahrt entwickelt.

»Haben Sie sich verlaufen?« fragte die heisere Stimme, und um Nicole Clarks Züge spielte ein leises, spöttisches Lächeln. Lilian warf ihr einen Blick zu, von dem sie inständig hoffte, daß er gefaßt und überlegen wirkte. »Vielen Dank«, sagte sie, »aber ich kenn' mich hier aus.« Sie straffte sich, richtete sich zu ihrer vollen Größe auf und ging mit raschen Schritten an der anderen vorbei. Ihr heimliches Stoßgebet wurde erhört: Sie stolperte nicht über ihre eigenen Füße, sondern erreichte ohne Zwischenfall den Aufzug.

7

Das Picknickgelände war hoffnungslos überfüllt, und sie kurvten fast eine halbe Stunde durch die Anlagen, bevor David endlich eine Parklücke entdeckte. Inzwischen war Davids Stimmung auf den Nullpunkt gesunken, Lauries Schmollen ließ sich beim besten Willen nicht mehr übersehen, und Jasons Stottern wurde unerträglich. Lilian umklammerte den Korb, den sie auf dem Schoß hielt, und hoffte, niemand würde sich daran erinnern, daß dieser Nachmittagsausflug ihre Idee gewesen war.

»W-wir k-k-kriegen nie 'n f-freien Grill«, platzte Jason heraus, während die Kinder widerwillig aus dem Auto stiegen. »Da s-sind ja t-t-tausend Leute. Da is' b-bestimmt k-k-kein Grill m-mehr f-frei.«

»Dann müssen wir eben mit 'ner andern Familie teilen«, erklärte Lilian. Sie sah zu, wie David die riesige Kühltasche aus dem Kofferraum hievte. »Laßt uns da lang gehen!« Sie deutete mitten in das bunte Gewimmel auf der Liegewiese. »Sieht aus, als wär' heute die ganze Stadt hier rausgekommen.« Sie beeilte sich, David einzuholen. Die beiden Kinder blieben zurück. »Was meinst du? Ob wir 'nen Grill finden?« flüsterte sie, sobald Jason außer Hörweite war.

»Ganz bestimmt«, antwortete er, und sein Tonfall verriet, wie sehr er sich bemühte, nicht die Beherrschung zu verlieren.

Sie fanden tatsächlich einen. Es dauerte zwanzig Minuten,

und sie mußten ihn mit anderen teilen, so wie Lilian es vorausgesagt hatte, aber dafür war er schon angezündet, und in der Zwischenzeit hatten sie alle einen tüchtigen Hunger bekommen.

»Is' so heiß«, sagte Jason langsam, als Lilian ihm den zweiten Hamburger reichte.

»Was? Das Wetter oder der Hamburger?« fragte Lilian, die plötzlich das Gefühl hatte, der Nachmittag ließe sich doch noch retten. Sie hatten ein bequemes Fleckchen gefunden, das sogar ein wenig Schatten bot, und die Familie, mit der sie sich den Grill teilten, wirkte freundlich und hilfsbereit. Allerdings schien ihr dreijähriger Sohn nicht besonders glücklich über den jüngsten Familienzuwachs, ein Baby von ein paar Monaten, das auf seiner Decke im Schatten lag und zufrieden vor sich hin brabbelte.

Schweigend gab Jason den Hamburger zurück, nachdem er festgestellt hatte, daß das Fleisch noch blutig war.

»Die Dinger schmecken aber besser, wenn sie nicht völlig verkohlt sind«, erklärte David dem Jungen.

Jason verteidigte sich weinerlich: »A-aber ich m-mag sie so nicht.«

»Ich schon«, sagte Lilian und nahm Jasons Hamburger entgegen. »Ich mach' dir einen anderen«, erbot sie sich. Ihr Blick fiel auf Davids Tochter. »Und du, Laurie? Noch 'n Hamburger?«

»Ich hab' den hier noch nicht aufgegessen.« Laurie beobachtete den Dreijährigen, der an seinem kleinen Schwesterchen vorbeirannte und es dabei verstohlen in die Seite trat.

»Martin!« warnte ihn seine Mutter, bettete das schreiende Baby an ihre Brust und bedachte ihren Sohn mit einem zornigen Blick.

Lilians Augen glitten prüfend über Lauries Teller. Er war unberührt. Von wegen, nicht aufgegessen, dachte Lilian, sie hat ja noch nicht mal angefangen.

»Noch 'n Coca?« fragte sie.

»Is' k-k-kein Coca«, korrigierte sie Jason, »is' P-P-Pepsi.«

»Also schön, noch 'n Pepsi?«

Jason schüttelte den Kopf.

»Laurie?« fragte ihr Vater. »Magst du was zu trinken, Spätzchen?«

»Nein«, sagte das Mädchen, und ihr Blick wanderte wieder zu der Nachbarfamilie hinüber. Es scheint, sie wäre viel lieber dort als bei uns, dachte Lilian, die Laurie beobachtete, und dann schaute auch sie sehnsüchtig auf das Baby in den Armen der Mutter.

»Wie alt ist sie?« erkundigte sich Lilian bei der jungen Frau.

»Drei Monate«, antwortete diese stolz.

»Muß ziemlich anstrengend sein«, vermutete Lilian und deutete auf den Jungen, der abseits stand und Mutter und Schwesterchen neidvoll beobachtete.

»Ja, leider.« Die Frau nickte. »Vor allem, weil Martin so eifersüchtig ist. Neulich hat er doch tatsächlich auf Pamela gepinkelt. Stand breitbeinig über ihr und pinkelte auf ihr Bäuchlein runter. Ich hab' gedacht, mich trifft der Schlag.«

»Klassischer Fall von Verpiß-dich«, sagte Lilian, und die beiden Frauen lachten freimütig, während die übrigen ein wenig peinlich berührt vor sich hinstarrten.

»Wie kannst du nur so mit fremden Leuten reden?« tadelte sie Laurie.

»Warum nicht?« wollte Lilian wissen. »Schließlich bin ich alt genug.« Und wie um zu beweisen, daß sie im Recht war, wandte sie sich wieder der Frau zu und stellte sich vor. »Sie sehen großartig aus«, versicherte sie. »Und wie schlank Sie sind!«

»Ich hatte Glück«, erklärte die junge Mutter. »Gleich nach der Geburt hatte ich wieder mein normales Gewicht. Allerdings habe ich auch jeden Tag wie 'ne Irre geturnt.«

Lilian klopfte sich auf den Bauch. »Ich muß unbedingt anfangen«, sagte sie. »Ich geh' ab nächsten Mittwoch in den Gymnastikkurs von Rita Carrington. Haben Sie schon mal von ihr gehört?« Die Frau schüttelte den Kopf.

»Darf ich mitkommen?« fragte Laurie unvermutet.

»Wohin?« wollte Lilian wissen und drehte sich nach Davids Tochter um.

»In den Gymnastikkurs«, antwortete Laurie.

Lilian war überrascht über dieses unerwartete Interesse, aber sie nickte bereitwillig: »Sicher, dann gehen wir zusammen.«

»M-Mammi kauft einen von d-diesen großen Ga-Gas-grills«, wagte Jason sich vor.

Lilian sah, wie Davids Gesicht sich verhärtete. »Heuert deine Mutter vielleicht auch 'nen Koch an, der die Hamburger auf den Rost legt?« fragte er gereizt.

»Mammi kann selber kochen«, verteidigte Jason seine Mutter sofort. »Sie ist 'ne prima Köchin. Ihre Hamburger sind 'n ganzes Ende besser als die hier«, setzte er, zu Lilian gewandt, anklagend, hinzu. Ihr fiel auf, daß der Junge nicht ein einziges Mal gestottert hatte.

»Na, Jason«, fragte sie, bestrebt, das Thema zu wechseln. »Freust du dich auf das Ferienlager?«

»Wehe, wenn er's nicht tut«, kam David dem Jungen zuvor. »Wär' ja wohl noch schöner, bei dem Preis.«

»Mammi sagt, es kostet längst nicht genug«, sagte Jason, wieder ohne eine Spur zu stottern. Es war, als erleichtere sein Zorn ihm das Sprechen.

»Nächsten Sommer baut sie vielleicht ein Schwimm-becken«, steuerte nun Laurie bei.

»Was zum Kuckuck will sie mit 'nem Schwimmbecken?« forschte David nach. »Sie kann doch gar nicht schwimmen.«

»Sie sagt, sie will Unterricht nehmen.«

»Privatunterricht natürlich«, ergänzte David sarkastisch.

»Sie hat Anspruch darauf«, schoß sein Sohn zurück. Lilian glaubte, Elaines Stimme zu hören.

»Dein Hamburger ist fertig«, verkündete Lilian und schob das durchgebratene Stück Fleisch zwischen zwei Brötchenhälften.

»D-danke«, flüsterte Jason und blickte schuldbewußt zur Seite.

David beugte sich vor und fuhr seinem Sohn durch das dunkelblonde Haar. »Du wirst 'n richtig hübscher Bursche, weißt du das?« bemerkte er stolz.

Jason befreite sich scheu aus dem Griff seines Vaters und warf den Kopf zurück. Es war genau die Bewegung, mit der auch David sich die Haare aus der Stirn zu schütteln pflegte.

»W-wie d-der V-Vater, s-so d-der S-Sohn«, stotterte der Junge schüchtern.

David lachte, legte den Arm um Jason und küßte ihn auf die Stirn. »Was hältst du von diesen Mun-Jüngern, den Harekrischnas?« fragte er scheinbar wie aus heiterem Himmel.

Lilian mußte sich das Lachen verbeißen.

»Welche von beiden?« wollte Jason wissen. »D-das sind d-doch zwei g-ganz verschiedene G-Gruppen!«

»Wie Coca und Pepsi«, meinte David.

»Hmhm«, bestätigte sein Sohn, »genau.«

Laurie nickte zustimmend. Ihr Teller war immer noch unberührt.

Lilian sah zu, wie die junge Familie neben ihnen ihre nun aus vollem Halse schreienden Sprößlinge zum Auto schleppte.

»Kleine Kinder, kleine Sorgen«, hörte sie Davids Stimme.

Dann blickte sie gedankenverloren auf Jason und Laurie.

»Und eins und zwei, und eins und zwei. So ist's gut, meine Damen, nun nach rechts. Und eins und zwei. Jetzt zur anderen Seite, das Ganze linksrum. Und eins und zwei. Und noch einmal. Nach links. Links, Mrs. Elfer, da geht's lang! Und eins und zwei. Fünfmal das Ganze, jeder für sich. Und jetzt wieder nach rechts, meine Damen. Rechts, Mrs. Elfer, rechts!«

Die Ärmste, dachte Lilian, während sie den Rumpf zur Seite beugte und versuchte, die Hände dabei starr über dem Kopf zu lassen. Es gibt doch in jedem Kurs so ein armes Schaf, das nicht rechts von links unterscheiden kann.

»Und wieder nach links, meine Damen. Und jetzt eins und zwei ...«

Die übrigen der insgesamt fünfundzwanzig Kursteilnehmerinnen waren schon mit der Übung fertig, als Mrs. Elfer endlich den richtigen Rhythmus fand. »Ja, so ist's besser, Mrs.
Elfer«, rief die Trainerin, ohne aus dem Takt zu kommen. Sie
sprach so, als sei jedes zweite Wort ein Tamburinschlag.
»Sehr schön. Noch einmal. Und jetzt in der Taille abknicken
und mit dem rechten Ellbogen den linken Fuß berühren. Das
machen wir zweimal, und dann umgekehrt: linker Ellbogen
rechter Fuß. Haben alle verstanden?« übertönte sie die Musik. (Debbie Harry und Blondie sangen: »Ruf mich an.« Lilian erkannte in dem Lied die Titelmelodie aus »American
Gigolo«.) Die Trainerin beugte sich vor und schaute durch die
gespreizten Beine auf ihre Gruppe zurück. »Fertig? Und eins
und zwei. Und Wechsel. Und eins und zwei. Und Wechsel.«
Sie bringt uns noch um, dachte Lilian, während sie versuchte, ihren rechten Ellbogen im Takt der dröhnenden Disco-
musik gegen ihren linken Fuß zu federn. Alle, die behaupteten, Discorhythmen seien lahm und passé, waren offensichtlich noch nie in Rita Carringtons Gymnastikkurs gewesen. Lilian starrte bewundernd auf Ritas hochgerecktes
Hinterteil. Die Frau war die reinste Amazone, mindestens
einsachtzig groß, und sie hatte einen Körper, wie man ihn
sonst nur auf den Hochglanzseiten eines »Playboy«-Heftes
zu sehen bekam. Tatsächlich munkelte man, Rita habe früher als Bunny gearbeitet und »Playboy« habe sie in einer
Serie über die Mädchen von Chicago ganz groß herausge-
bracht. Das ist ein Ansporn, dachte Lilian. Jedenfalls besser
als eine fette Alte in zerschlissenem Trikot, die einem weismachen will, sie habe das Rezept für eine gute Figur. Mit
Rita Carrington als Kursleiterin hatte man doch wenigstens
den schwachen Hoffnungsschimmer, daß einem tatsächlich
diese Übungen und nicht nur ein göttlicher Gnadenakt zu
einem solchen Körper verhelfen konnten.
Rita Carrington richtete sich auf und schüttelte sich das Haar
aus dem Gesicht. Es war rotbraun und stufig geschnitten.

(»Sie sieht bestimmt toll aus mit nassen Haaren«, hatte Beth geflüstert, als Rita den Gymnastikraum betrat.) Die Carrington war schon mitten in der nächsten Übung. »Und jetzt, meine Damen, Pferdchenlaufen«, sagte sie, hob die Knie an die Brust und bewegte sich auf der Stelle. »Hoch die Beine! Schön, gut so. Wir können ruhig ein bißchen ins Schwitzen kommen, meine Damen. Auf geht's, Bewegung!«

»Eins ist klar: Die kann Frauen nicht ausstehen«, flüsterte Beth neben ihr.

»Wer hatte denn die Idee?« keuchte Lilian.

»Laurie hält sich prima«, bemerkte Beth und zeigte auf Davids Tochter in der ersten Reihe.

Gedankenvoll betrachtete Lilian das Mädchen. Sie verstand immer noch nicht, warum dieses Knochengestell sich ausgerechnet für Gymnastik interessierte. Aber da es zum erstenmal geschah, daß Laurie Anteil an dem nahm, was sie tat, hätte Lilian es unklug gefunden, ihr die Bitte abzuschlagen. Seit dem Wochenende hatte Laurie sie sogar mehrmals angerufen, um sich zu vergewissern, daß die Verabredung immer noch galt. Und nun stand sie mit ihren vierzehn Jahren in der ersten Reihe, verrenkte und verdrehte ihren mageren Körper und kämpfte ebenso verbissen gegen ihre eingebildeten Fettpolster wie die übrigen Kursteilnehmerinnen, bei denen Einbildung und Übergewicht leider im umgekehrten Verhältnis standen.

»Du hältst dich aber auch nicht schlecht«, versicherte Lilian Beth ehrlich. Diese sah mit ihren fünfundvierzig Jahren immer noch gut aus und machte im schwarzen Trikot mit rosa Hosen eine bessere Figur als viele andere Frauen, die beträchtlich jünger waren als sie.

»Keine Unterhaltung, meine Damen«, mahnte Rita Carrington. Lilian war über die Rüge so beschämt wie früher als Kind über einen Verweis in der Schule. Beth zog eine Grimasse und richtete ihre Aufmerksamkeit wieder auf die Trainerin. »Aufgepaßt, meine Damen, alle auf den Rücken!«

Lilian legte sich hin und schaute zu Beth hinüber. Als die sich mit der Hand auf den Boden stützte, zuckte sie merklich zusammen. »Tut's immer noch weh?« fragte Lilian.

»Ich weiß nicht recht, ob die Wunde noch schmerzt oder ob's bloß die Erinnerung ist, wenn ich die Stelle berühre«, antwortete Beth.

»Bitte, meine Damen, Sie können sich nachher im Aufenthaltsraum unterhalten.«

»Wir reden im Aufenthaltsraum drüber«, wiederholte Lilian im Flüsterton.

»Füße hoch und Knie beugen. In der Taille abknicken. Und eins und zwei, und drei und vier ...«

»Ach, das schmeckt köstlich«, rief Lilian und nahm einen großen Schluck Cola. »Nichts ist so belebend wie reiner Zucker, wenn man eine Stunde Folterqualen hinter sich hat.«

»Besser als Sex«, pflichtete Rickie Elfer ihr bei, legte den Strohhalm beiseite und trank genüßlich aus der Flasche.

»Also ich weiß nicht, ob ich so weit gehen würde ...« widersprach ihr Lilian.

»Aber ja doch, verlassen Sie sich drauf«, beharrte die mollige Blondine. »Ich kann vielleicht nicht rechts von links unterscheiden, aber Cola und Sex, damit kenne ich mich aus. Coca-Cola ist besser.«

Lilian und Beth lachten der Frau zu, die an ihrem Tisch Platz genommen hatte. Lilian fragte sich, ob Rickie Elfer wohl denselben feinen Unterschied zwischen Coca und Pepsi machte wie ihr Stiefsohn.

»Ich erinnere mich noch, wie ich das erste Mal in Rom war«, fuhr Rickie Elfer fort. »Sie müssen bedenken, das ist schon ziemlich lange her. Ich war damals erst zwanzig, heute bin ich sechsunddreißig. Ich reiste zusammen mit einer Freundin. Wir hatten den ganzen Sommer in Europa verbracht. Sie kennen das ja, während der Semesterferien machte man die obligatorische Bildungsreise in die Alte

Welt. Und damals konnte man in Europa tatsächlich mit fünf Dollar pro Tag auskommen. Wir jedenfalls hatten nicht mehr, und deshalb gab's keine kleinen Extras wie ab und zu 'n Cola, weil wir uns das einfach nicht leisten konnten. Und dann eines Tages, es waren bestimmt vierzig Grad im Schatten, und wir waren schon stundenlang auf den Beinen, hatten das Kolosseum und weiß der Kuckuck was noch alles besichtigt, und wir hatten solchen Durst, daß ich dachte, wir würden vertrocknen. Auf einmal hält dieses Auto neben uns, und zwei Italiener rufen: ›Americana, Americana.‹ Und meine Freundin, der es auf den Geist ging, daß alle zwei Minuten so 'n Typ sie in den Hintern kniff, brüllte zurück, sie sollten uns in Ruhe lassen. Sie schrien uns zu, daß sie sich bloß unterhalten wollten. Und da sagte ich: ›Kauft uns 'n Cola, dann können wir reden.‹ Und das haben sie auch gemacht. Und dann haben wir uns unterhalten. Und später, am Abend, haben wir noch 'n bißchen mehr gemacht. Und Sie können mir's glauben, das Cola war besser.« Sie trank aus. »Ist immer besser.« Sie schüttelte den Kopf. »Wenigstens weiß man genau, was man kriegt, 'n Cola macht dir nichts vor. Und zufriedenstellen tut's dich auch.« Sie lächelte. »Ach ja, wenn man jung ist«, sagte sie und schlenderte in Gedanken wieder durch die Ruinen des antiken Rom.

»Apropos Jugend«, warf Lilian ein, »könnt ihr euch vorstellen, daß Laurie heut abend auch noch den zweiten Kurs mitmacht?«

»Dieses Bündel Haut und Knochen?« fragte Rickie.

»Sie ist die Tochter meines Mannes«, erklärte Lilian. »Sie behauptet, ihre Taille sei zu stark.«

»Wie alt ist sie?«

»Vierzehn.«

»Sie hat 'nen Stich«, meinte Rickie schlicht, worauf Lilian und Beth lachten. »Nein, wirklich. Sie sind alle 'n bißchen verrückt in dem Alter. Aber wenn sie älter werden, dann geht's erst richtig los. Warten Sie nur, bis *sie* auf die Idee kommt, nach Europa zu fahren!«

»Haben Sie Kinder?« fragte Beth.

»Zwei Jungs«, antwortete Rickie Elfer. »Der eine ist zehn und der andere elf. Sie leben bei ihrem Vater.«

»Dann sind Sie also geschieden?« fragte Lilian und blickte verwundert auf Rickies Ehering.

»Schon zweimal. Paul, mein jetziger – ich mag das Wort, es klingt so befreiend unbeständig –, ist mein dritter Mann. Ich versuch' mir grade drüber klarzuwerden, ob ich noch ein Baby kriegen oder mich sterilisieren lassen soll.«

»Schwere Entscheidung«, warf Beth ein.

»Frauen werden doch laufend vor solche Entscheidungen gestellt. Aber Sie haben schon recht. Einerseits wünsche ich mir ein Kind, und ich denke, wenn ich noch eins kriegen will, dann ist's mit sechsunddreißig wirklich höchste Eisenbahn. Andererseits finde ich, ich hab' das meine getan, und warum soll ich mir noch mal den ganzen Ärger, die ewige morgendliche Kotzerei, die Unbequemlichkeit und nicht zu vergessen die Schmerzen aufhalsen?« Sie winkte dem Kellner und bestellte noch ein Cola. »Und dann darf man ja auch nicht vergessen, wie einem ein Baby die Figur ruiniert. Können Sie sich vorstellen, daß ich vor meiner ersten Ehe – er hieß Errol, seine Mutter taufte ihn nach Errol Flynn. Na, jedenfalls, bevor Errol und ich heirateten, wog ich ganze achtundvierzig Kilo. Und ich bin immerhin einsvierundsechzig, also nicht gerade ein Zwerg.«

»Sie müssen ja ausgesehen haben wie Laurie«, bemerkte Lilian.

»Nein. Ich war zwar dünn, aber Laurie ist ja schon richtig abgemagert. Schon mal was von nervöser Anorexie gehört?«

»Ach wo«, wischte Lilian den Gedanken beiseite. »Sicher, sie ist 'ne ziemliche Latte, aber ich glaube nicht, daß sie absichtlich hungert.«

Der Kellner brachte Rickie Elfer das zweite Cola.

»Danke schön!« sagte sie und wandte sich wieder an ihre neuen Bekannten. »Das war hier 'n total verkommener Schuppen, aber seit sie die Bar eingerichtet und alles 'n bißchen aufgemöbelt haben, ist's ein piekfeiner Laden geworden. Das hat alles Rita gemacht. Bevor sie kam, war's hier ziemlich verlottert.«

»Wie lange sind Sie schon in dem Kurs?« fragte Beth.

»Die letzten zwei Jahre ist das hier so was wie mein zweites Zuhause.« Sie musterte sich kritisch. »Entmutigend, nicht? Besonders wenn ich daran denke, daß ich so viel Zeit hier verbracht habe und trotzdem die einzige bin, die immer noch rechts und links durcheinanderbringt. Wissen Sie noch, als Kind im Ballettunterricht, da gab's auch regelmäßig ein Mädchen, das die Arme in die Luft streckte, während alle anderen sie fallen ließen. Tja, das war ich. Und daran hat sich nichts geändert.« Sie tätschelte ihren Bauch. »Ich weiß, daß irgendwo hier drin 'ne Jane Fonda darauf wartet, geboren zu werden. Jedenfalls glaubte ich das felsenfest bis vor ein paar Jahren.« Sie schüttelte den Kopf. »Aber wenn man erst mal über dreißig ist, dann geht die Figur zum Teufel. Alles hängt plötzlich runter. Und was nicht runterhängt, geht in die Breite. Die Haut wird trocken und schrumpelig, und dann dauert's nicht mehr lange, und man sieht aus wie 'ne dicke, fette Backpflaume.« Lilian und Beth lachten auf. »Was soll's! Reden wir lieber wieder über Sex, das ist wenigstens nicht ganz so deprimierend.«

»Wie haben Sie Ihren Mann kennengelernt?« fragte Lilian.

»Welchen?«

»Den jetzigen.« Lilian wiederholte lächelnd Rickies Ausdruck.

»Ich traf ihn, als ich noch mit Ehemann Nummer zwei verheiratet war. Wir wollten damals unsere Stadtwohnung umkrempeln, und also verhandelten wir mit ein paar Architekten über die neuesten Trends und über die Möglichkeiten, die sich uns boten. Paul war einer von ihnen. Ich hab' ihn mir angesehen, tja, und dann hat's auch schon gefunkt. Also, wenn ich's mir recht überlege, dann ist es auf jeden Fall sicherer, ich lasse mich sterilisieren und nicht Paul. Wenn ich's mache, kann ich ohne Bedenken 'nen kleinen Seitensprung riskieren. Wenn Paul es tut, muß ich noch fünfzehn Jahre lang die Pille schlucken.«

»Machen Sie denn Seitensprünge?« fragte Lilian und wunderte sich, daß sie unversehens in ein solch intimes Gespräch mit einer Frau geraten war, die sie erst seit einer Stunde kannte.

»Nicht so oft, wie ich gern möchte«, antwortete Rickie. »In letzter Zeit passiert's nicht mehr alle Tage, daß ein Auto neben mir hält und einer ›*Americana, Americana*‹ ruft.« Sie lachte herzlich. »Und wie ist's bei Ihnen?« wandte sie sich an Beth.

»Ich?« Beth lächelte. »Wo denken Sie hin! O nein, ich bin ja noch nicht mal bis Europa gekommen.« Lilian und Rickie sahen sie erwartungsvoll an. »Nein, ich habe ein sehr behütetes Leben geführt. Ich war erst siebzehn, als ich Al, meinen Mann, kennenlernte. Damals arbeitete ich als Kassiererin in einer Bank. Er kam jedesmal an meinen Schalter. Ich fand ihn nett, nicht besonders groß, 'n bißchen schmal, aber doch nett.« Lilian kicherte. Sie liebte solche alten Geschichten, und sie war schon seit langem neugierig auf die des Traumpaares Al und Beth Weatherby. »Er war zwar nicht besonders groß, aber er hatte ein so selbstbewußtes Auftreten, als gehöre ihm die ganze Bank«, fuhr Beth fort. »Er trat stolz an meinen Schalter und zahlte sein Geld ein. Es dauerte ein paar Monate, ehe er ein privates Wort an mich richtete. Als er mir erzählte, daß er Anwalt sei, da war ich sehr beeindruckt. Er gehe gern ins Theater, sagte er, und er sei ein As im Gewichtheben, und eines Tages würde er an der Spitze der größten und erfolgreichsten Kanzlei der Stadt stehen. Darauf antwortete ich, wenn sein Konto je auf zehntausend Dollar steigen sollte, müsse er mich heiraten.« Jetzt war es an Beth zu kichern.

Wenn sie so in alten Erinnerungen schwelgt, dachte Lilian, dann sieht sie aus wie ein kleines Mädchen.

»Und wie ging's weiter?« fragte Rickie.

»Am Tag nach meinem achtzehnten Geburtstag haben wir geheiratet«, antwortete Beth. »Meine Mutter war darüber alles andere als glücklich. Sie meinte, ich sei viel zu jung, und Al sei zu alt für mich. Und außerdem war sie überzeugt, daß er sein Leben lang mehr Träume als Klienten haben würde.«

»Und wie denkt sie heute darüber?« wollte Rickie wissen.

»Sie ist seit elf Jahren tot.«

Rickie murmelte eine hastige Entschuldigung, dann fragte sie: »Und wie lange sind Sie schon verheiratet?«

»Siebenundzwanzig Jahre.«

»Großer Gott! Alle Achtung! Haben Sie Kinder?«

»O ja, drei. Zwei Jungs und ein Mädchen. Brian, mein Ältester, ist Arzt in New York; Lisa, die mittlere, ist Sängerin in Los Angeles; und Michael«, seufzte sie, »ist dem Reverend Mun oder 'nem anderen Sektenführer ins Netz gegangen.« Sie starrte an Lilian vorbei ins Leere. »Komisch«, sagte sie gedankenvoll. »Nichts im Leben entwickelt sich ganz so, wie man sich's vorgestellt hat.«

Lilian nickte zustimmend. Ihr Leben war gewiß auch nicht das, was sie sich erhofft hatte. »Wie geht's Lisa?« fragte sie.

»Soweit ganz gut. Sie hat zwar immer noch kein festes Engagement, aber sie wurschtelt sich durch.«

»Und was ist mit diesem verheirateten Musiker?«

»Welcher verheiratete Musiker?« Verwundert sah Beth sie an. »Wovon sprichst du?«

»Na ja«, antwortete Lilian verwirrt. »An dem Abend, als du dich geschnitten hast, da meinte Al, du seist so durcheinander, weil Lisa sich mit einem Musiker eingelassen hat, der verheiratet ist ...«

»Hat er das gesagt? Ich kann mich nicht erinnern ...« Beth wirkte seltsam abwesend. Lilian hielt es für das beste, das Thema fallenzulassen. Eine Weile herrschte Schweigen.

»Und wie war's bei Ihnen, Lilian?« fragte Rickie endlich und
riß sie aus ihren Gedanken. »Wie haben Sie Ihren Mann
kennengelernt?«

»Oh, wir sind uns zum erstenmal begegnet, als ich ihn für
eine Fernsehshow interviewte«, fing sie an.

»Sie sind beim Fernsehen?« unterbrach sie Rickie Elfer eifrig.
»Wie war noch mal Ihr Nachname? Müßte ich Sie kennen?«

Lilian lachte. »Nein, nein, Sie kennen mich bestimmt nicht.
Mein Mädchenname war Listerwoll. Jetzt heiße ich Plumley.« Sie zögerte. Zum erstenmal fiel ihr auf, daß ihr Name
immer voller »l« gewesen war. »Außerdem bin ich nicht
mehr beim Fernsehen. Ich unterrichte jetzt an der Uni.«

Die Tür am anderen Ende des Raums ging auf, und Davids
Tochter kam herein. Seit die drei Frauen in der Bar zusam-
mengetroffen waren, hatte Lilian noch keine Gelegenheit gehabt, ihre Umgebung in Augenschein zu nehmen. Rita Carrington hatte gute Arbeit geleistet. Der Aufenthaltsraum
strahlte Ruhe, ja beinahe Gemütlichkeit aus. Die Wände waren in dunklem Burgunderrot gehalten, das wirkungsvoll mit
den rosafarbenen und lila Sitzgarnituren kontrastierte. Auch
die Bar, in der sie saßen, war hübsch ausgestattet. Um zierliche, weißlackierte Tischchen gruppierten sich bequeme
Korbsessel mit purpurroten Kissen. Es war genau die richtige
Atmosphäre, um sich nach einer Stunde mit Rita Carrington
zu erholen. Lilian sah Laurie auf sich zuschlendern. Sie trug
noch ihr rosafarbenes Trikot und die Legwarmers.

»Hallo, Laurie«, grüßte sie freundlich. »Na, wie geht's?
Magst du 'n Cola?«

»Nein, danke.«

»Oh, du mußt unbedingt eins trinken«, drängte Rickie
Elfer. »Das ist besser als ...«

»Also, wie war der zweite Kurs?« unterbrach Lilian sie
gerade noch rechtzeitig.

»Prima«, sagte Laurie. »Besser als der erste. Wir hatten 'ne
andere Trainerin. Bei der mußte man sich echt anstrengen.«

467

Lilian und Beth tauschten einen ungläubigen Blick.

»Du solltest lieber aufpassen, daß du dich nicht in Luft auflöst«, warnte Rickie Elfer sie.

»Nein, ich hab' das Training wirklich nötig«, gab Laurie zurück. Dann fragte sie Lilian: »Kann ich noch duschen, bevor ich heimgehe?«

»Natürlich«, sagte Lilian. »Ich warte auf dich.« Sie zögerte. »Weißt du, eigentlich dachte ich, weil David heute abend länger arbeitet, könnten wir beide zusammen essen und vielleicht hinterher ins Kino gehen ...«

»Geht leider nicht«, sagte Laurie entschuldigend. »Ich muß gleich nach Hause, Ron will nämlich mit Mammi und mir ausgehen.«

»Ron?« fragte Lilian.

»Ron Santini, Mammis neuer Freund.«

»Ron Santini, der Mafioso?« platzte Lilian erstaunt heraus.

»Er ist kein Mafioso«, protestierte Laurie aufgebracht. »Er ist ein großes Tier im Obsthandel.«

»Oh.« Lilian nickte. »'tschuldige! Wahrscheinlich gibt's mehrere Ron Santinis in Chicago.«

»Wahrscheinlich«, schmollte Laurie. »Ron ist jedenfalls im Obstgeschäft.«

Lilian nickte wieder.

»Ich geh' jetzt duschen.«

»Ich warte auf dich«, sagte Lilian. »Ich fahr' dich dann wenigstens nach Hause.«

»Ist nicht nötig.«

»Ich fahr' dich«, beharrte Lilian. Laurie hob wortlos die Schultern und ging hinaus. »Ich kann mir das nicht erklären«, murmelte Lilian. »Ich bemüh' mich wirklich, ein gutes Verhältnis zu dem Mädchen zu kriegen ...«

»War vielleicht nicht klug, den Freund ihrer Mutter einen Mafioso zu nennen«, philosophierte Rickie.

Lilian lachte. »Ist mir nur so rausgerutscht. Außerdem dachte ich, ganz Chicago wisse, daß er so 'ne Art Unterweltskönig ist. Wir haben vor ein paar Jahren eine Sendung über den Typ gemacht. Diese Obstläden, die er da hat, das ist doch nichts als Tarnung.«

»Ich wette, ich weiß was, was ihr nicht wißt«, fiel Rickie in verheißungsvollem Singsang ein.

»Und das wäre?« fragte Beth.

Rickie beugte sich vor. »Also, Ron Santini soll nicht nur Mafioso sein, sondern auch 'nen dreißig Zentimeter langen Schwanz haben.«

»Sie wollen uns wohl auf 'n Arm nehmen«, stieß Beth atemlos hervor. Verlegen sah sie sich um. Aber niemand schien etwas gehört zu haben, obwohl eine Frau am Nebentisch sich auffallend weit in ihrem Sessel zurücklehnte.

»Nein, ganz im Ernst«, versicherte Rickie. »Eine Freundin von mir hatte mal 'ne Blitzaffäre mit ihm. Der Kerl hat nämlich 'n ganz schönen Verschleiß. Scheint so was wie Chicagos Antwort auf Warren Beatty zu sein.«

»Dann kann's unmöglich derselbe sein«, sagte Lilian.

»Und warum nicht?« wollte Beth wissen.

»Was sollte 'n Playboy mit 'nem Dreißigzentimeterding mit 'ner Frau anfangen, die sich bloß Ostern und Weihnachten ficken läßt?«

»Wer fickt bloß Ostern und Weihnachten?« fragte Rickie.

»Elaine, die Exfrau von meinem Mann.«

»Und wer sagt, daß sie bloß an hohen Feiertagen bumst?«

»Mein Mann. Er sagt, sie hätten in siebzehn Ehejahren kaum fünfzigmal miteinander geschlafen.«

»Glauben Sie nie, was ein Mann über seine Exfrau erzählt«, riet Rickie.

Lilian wandte sich an Beth. »Beth, du kennst sie doch. Was hältst du von der Geschichte?«

»Was wissen wir schon wirklich von Leuten, die wir kennen«, antwortete Beth rätselhaft.

»Auch wahr.«

»Mein erster Mann hatte 'nen Riesenapparat«, sagte Rickie

so laut, daß alle am Nebentisch aufhorchten und sich nicht einmal mehr die Mühe machten, eine Unterhaltung vorzutäuschen. »Wenn der 'nen Steifen hatte, dann gingen einem die Augen über«, fuhr Rickie unbeirrt fort. »So 'n Ding hatte der. Und 'n Vermögen von dreißig Millionen Dollar.«

»Und den haben Sie verlassen?« Die Frau neben Rickie lehnte sich so weit in ihrem Sessel zurück, daß sie umzukippen drohte.

»Er war so langweilig«, erklärte Rickie und rückte zur Seite, um Platz für ihre neuen Zuhörerinnen zu schaffen. »Er war einfach der langweiligste Mensch, der mir je untergekommen ist. Natürlich wußte ich schon, als ich ihn heiratete, daß er 'n langweiliger Typ ist, aber ich dachte, mit so 'nem Mordspimmel und dreißig Millionen Dollar, da könnte ich mich an die Langeweile gewöhnen. Leider hatte ich mich verrechnet.« Rickie seufzte theatralisch. »Und obendrein erwischte er mich auch noch mit seinem Makler *in flagranti* oder wie das heißt. Der wurde dann übrigens Ehemann Nummer zwei.« Sie machte eine Pause. »Gott muß ein Mann sein«, sagte sie schließlich gedankenverloren. »Nur ein Mann kann solch wundervolles Ausgangsmaterial derart versauen.«

Alle lachten. »Wenn die Männer bloß hören könnten, wie die Frauen über sie urteilen«, meinte Lilian, und die anderen stimmten ihr bei.

Eine Frau am Nebentisch erhob sich. »Tja, also es war wirklich amüsant. Tut mir leid, daß ich gehen muß, grade wenn's spannend wird, aber es ist schon spät, und mein Mann setzt sich gern an den gedeckten Tisch, wenn er heimkommt.«

»Soll er sich doch sein Essen selber machen«, rief eine andere.

»Die Ehe hat nur einen Nachteil«, verkündete Beth. »Sie dauert zu lange.«

»Meine nicht«, rief Rickie und erhob sich ebenfalls. »Ich glaube, für mich wird's auch Zeit.«

»Wir sollten alle aufbrechen«, meinte Beth. »Ich geb's zwar nur ungern zu, aber auch Al verlangt sein Abendbrot gleich, wenn er nach Hause kommt.«

»Geh schon, ich warte noch auf Laurie«, erklärte Lilian.

»Macht's dir nichts aus, allein zu bleiben?« fragte Beth.

»Kann ja nicht lange dauern, bis so ein Knochengestell abgeseift ist.«

»Nervöse Anorexie«, orakelte Rickie düster. »Wiedersehen, Lilian.« Sie streckte die Hand aus. »Hat wirklich Spaß gemacht, sich mit Ihnen zu unterhalten. Ich hoffe, wir treffen uns hier wieder.«

»Nächsten Mittwoch«, versicherte Lilian.

»Ich komme bestimmt«, antwortete die rundliche, kleine Frau und verabschiedete sich dann ebenso herzlich von Beth.

»Sie muß umwerfend gut im Bett sein«, flüsterte Lilian und dachte, daß wohl mehr dazu gehörte als ein humorvolles Wesen, um drei Ehemänner einzufangen, ganz zu schweigen von dreißig Millionen Dollar und einem Schwanz mit Weltrekordmaßen. Dabei fiel ihr Elaine ein. Was machte sie mit einem Mann wie Ron Santini? Oder richtiger gefragt, was fing er mit einer Frau wie Elaine an?

»Lilli? Hallo, Lilli! Hörst du mich nicht?« fragte Beth.

»O Beth, es tut mir leid, ich war ganz in Gedanken. Du gehst also?«

»Tja, ich muß wirklich los. Kommt ihr am Samstagabend zu den Eliots?«

Freudig überrascht blickte Lilian auf. »Ja. Ihr etwa auch?«

Beth nickte. »Ja, wir auch.«

»O fein! Also bis dann!« Beth wandte sich um und ging zur Tür. »Und eins«, rief Lilian ihr nach und versuchte, ihrer Stimme Rita Carringtons ermunternden Rhythmus zu verleihen. »Und zwei. Und eins ...«

471

8

Don Eliots Haus war ein großer, alter Kasten, in dem genauso ein wüstes Durcheinander herrschte, wie man es von einem Heim erwartete, das zwei Erwachsene, fünf Kinder unter zehn und drei Katzen beherbergte. Außerdem gab es noch eine stattliche Anzahl von Tanzmäusen und Goldfischen, doch die verunglückten zu leicht, als daß man sie ernsthaft hätte zur Familie zählen können. Kurz gesagt, das Haus sah genauso aus, wie man sich Don Eliots Heim vorgestellt hätte: Es war geräumig, es war unordentlich, es war ein wenig einschüchternd, es war sehr gemütlich. Lilian versuchte, die beiden letzten Attribute miteinander in Einklang zu bringen. Wie kann ein Haus, das mich einschüchtert, gemütlich wirken? fragte sie sich. Und doch kam sie zu dem Schluß, daß beides zutraf, nicht nur auf das Haus, sondern auch auf seinen Besitzer.

Don Eliots Frau war ein ausschließlich gemütlicher Typ. Sie gab sich völlig ungeziert und natürlich. Sie war schlicht und einfach eine Frau mit fünf Kindern ohne Haushaltshilfe. Zweimal die Woche kam eine Putzfrau, aber die Vorstellung, mit jemand Fremdem unter einem Dach zu leben, hatte das Ehepaar abgeschreckt. Und so machte Adeline Eliot eben alles selbst. (»Wirklich verhaßt«, vertraute sie Lilian an, »sind mir diese alleinstehenden Frauen, die man auf Partys trifft und die einen fragen, was man denn so macht. Und wenn ich antworte, ich sei Mutter, dann starren sie mich an und sagen: ›Ja gut, aber was *machen* Sie?‹«)

»Hoffentlich nehmt ihr's uns nicht übel, aber die Kinder sind alle noch auf«, begrüßte Adeline sie an der Tür. »Sie wollten vor dem Schlafengehen unbedingt noch die Gäste sehen.«

»Klingt großartig«, sagte David begeistert und küßte Adeline auf die Wange. »Wo sind sie?«

»Ihr habt Glück, im Augenblick sind sie oben«, antwortete Don Eliots Frau. Das warme Lächeln grub tiefe Falten um ihre Mundwinkel. Diese Falten und die vielen grauen Strähnen in ihrem dunklen Haar, das sie straff zurückgekämmt und zu einem Knoten gewunden hatte, ließen Adeline wesentlich älter erscheinen, als sie war. In Wirklichkeit ist sie altersmäßig wahrscheinlich ziemlich genau in der Mitte zwischen Beth und mir, schätzte Lilian. »Ich kann mich nicht erinnern, ob Sie schon einmal bei uns waren«, unterbrach Adeline ihre Gedanken.

»Nein, ich bin zum erstenmal hier«, antwortete Lilian, die erriet, daß David bei einem früheren Besuch wohl Elaine dabei hatte. »Ich find's reizend.«

»Ach«, lachte Adeline, »es ist das reinste Chaos. Aber damit müssen wir uns abfinden. Ich hab's aufgegeben, hier Ordnung schaffen zu wollen. Vielleicht, wenn die Kinder mal groß sind und aus dem Haus gehen . . .« Sie führte die beiden in das geräumige Wohnzimmer, wo Don Eliot hinter einer behelfsmäßigen Bar stand und Getränke verteilte. Al und Beth Weatherby saßen Hand in Hand eng aneinandergeschmiegt wie Neuvermählte auf dem zerschlissenen Sofa. Sie standen auf, um die Plumleys zu begrüßen. »Wer war Richard Burtons Partnerin in ›Der Spion, der aus der Kälte kam‹?« fragte Al, der seine Frau losgelassen hatte, um Lilians Hand zu ergreifen. Er küßte Davids Frau auf beide Wangen.

»Claire Bloom«, sagte sie prompt und erwiderte seinen Begrüßungskuß.

»Zu leicht«, brummte Al. »Hätt' ich mir denken können, daß es zu einfach war. Aber warte, ich hab' noch 'ne Frage. Wer spielte die männliche Hauptrolle in ›Die Anderen‹?«

»Worin?« fragte Don Eliot.

»In ›Die Anderen‹«, wiederholte Lilian. »Das war ein Horrorfilm. Einer der ersten über die möglichen Auswirkungen von Atomversuchen und außerdem einer meiner Lieblingsfilme.«

»Natürlich.« Al seufzte spielerisch. Erwartungsvoll sah er Lilian an. »Also, wer spielte die männliche Hauptrolle?«

Sie lächelte. »War es James Arness?« fragte sie.

»Genau.« Al seufzte wieder. »Aber warte nur, eines Tages schlag' ich dich, Lilli!«

»Das haben schon viele versucht«, lachte David. Er drückte ihren Arm und ging hinüber zu Don Eliot an die Bar.

»Wir wollen später schwereres Geschütz auffahren«, gestand Don Eliot mit einem schelmischen Zwinkern. »Was darf's sein?« fragte er und deutete auf die Flaschen vor sich.

»Scotch mit Wasser«, sagte David.

»Kann ich 'nen Weißwein haben?« fragte Lilian.

»Kommt sofort«, antwortete Don.

»Es ist so still hier«, bemerkte David und blickte sich um.

»Tja, weißt du, wir haben die Kinder bis zum Eintreffen aller Gäste in einem schalldichten Gewölbe eingesperrt.« Sein Scherz wurde mit höflichem Gelächter belohnt. »Nein, im Ernst, wahrscheinlich hocken sie vor dem Fernseher. Wir haben ihnen versprochen, wenn sie sich relativ leise verhalten, bis alle eingetroffen sind, dürfen sie nachher runterkommen und ihre kleine Trapp-Nummer abziehen.«

»Wen erwartet ihr sonst noch?« wollte Beth wissen. Lilian mußte plötzlich niesen.

»Haben Sie sich erkältet?« fragte Don Eliot. Sie schüttelte den Kopf.

»Sind's die Katzen?« erkundigte sich David und streckte seine Hand nach dem Glas aus, das Don ihm reichte.

»Glaub' schon«, sagte Lilian und nieste wieder. »Ich hab'
'ne leichte Allergie gegen Katzen«, erklärte sie. 'ne leichte?
fragte sie sich insgeheim. Sie konnte froh sein, wenn ihre
Augen nicht total zugeschwollen waren, noch ehe die Party zu Ende ging. Und wenn sie ausgesprochenes Glück
hatte, dann würde sie morgen früh wieder frei atmen können. Mit Schaudern malte sie sich die Nacht aus, die ihr
bevorstand.
»Ich hätte Sie vor den Katzen warnen sollen«, flüsterte
Adeline. »Heutzutage sind 'ne Menge Leute allergisch gegen Katzen. Wenn Sie möchten, bringe ich sie raus.«
»Nein, es sind die Haare«, erklärte Lilian. Ihr Blick wanderte
von einer Katze, die sich auf dem Sofa zusammengerollt
hatte, zu einer anderen, die in einem Sessel unter dem
Fensterbrett döste. Zweifellos wärmt die dritte gerade meinen Stuhl im Eßzimmer. »Die Haare sind einfach überall,
wissen Sie.«
»Und ganz besonders in unserem Haus«, bestätigte Don
Eliot. Er brachte Lilian ein Glas Wein. »Hier, trinken Sie,
Lili. Dann wird's Ihnen gleich besser gehen.«
»O ganz bestimmt«, sagte Lilian und nippte an der klaren,
durchsichtigen Flüssigkeit. »Vielleicht ist es auch bloß eine
Frage der Gewohnheit.« Sie hoffte, ihre Worte klangen
zuversichtlicher, als sie sich fühlte.
Don Eliot blickte in die Runde. »Mag noch jemand was zu
trinken?«
Beth schüttelte den Kopf. »Ich nehm' noch mal dasselbe«,
sagte Al Weatherby. »Ach, übrigens hast du die Frage
meiner Frau nicht beantwortet. Wer kommt sonst noch?«
Don Eliot ging an den Tisch zurück, auf dem die Getränke
aufgebaut waren. »Ich hab' Nicki Clark eingeladen«, sagte
er. Lilian nieste heftig. »Geht's Ihnen gut?« fragte Don
besorgt. Lilian vergrub ihr Gesicht in dem Papiertaschentuch, das Beth ihr zugesteckt hatte. »Sie hat mir in den
letzten Wochen bei einem Fall geholfen, mit dem ich be-

schäftigt war. Ich dachte, es wär' nett, sie heut' abend dabeizuhaben. Sie lebt nämlich ganz allein, wißt ihr. Ihr Vater wohnt mit seiner Frau, die anscheinend bloß ein paar Jahre älter ist als Nicki, in New Hampshire. Ihre Mutter ist vor einigen Jahren an Krebs gestorben. Traurige Geschichte. Sie ist ein wirklich nettes Mädchen, aber ich glaub', sie hat nicht viele Freunde.«

Woran das wohl liegen mag, dachte Lilian und schaute zu David hinüber. Sein Blick beteuerte ihr, daß er genauso überrascht sei wie sie.

Ein paar Minuten später setzte er sich zu ihr und flüsterte über den Rand seines Glases hinweg: »Ich bin sicher, sie hat den Unsinn aufgegeben.«

»Oh?« Sie versuchte angestrengt, das Niesen zu unterdrücken.

»Ja, ich hab' sie die ganze Woche nicht gesehen. Ich hab' den Eindruck, sie geht mir aus dem Weg. Wahrscheinlich ist's ihr peinlich.«

»Vielleicht«, meinte Lilian. »Zerbrich dir deswegen nicht den Kopf. Ich tu's auch nicht.«

David lächelte. »So gefällst du mir.«

»Kommt Nicki denn allein?« fragte Al Weatherby, um eine Gesprächspause zu überbrücken.

»Nein, sie hat Adeline angerufen und gefragt, ob sie 'nen Bekannten mitbringen kann.«

Lilian beobachtete Davids Gesicht. Er lächelte sie an, und seine Augen fragten: Na also, was hab' ich dir gesagt? Gut, vielleicht hatte er recht. Vielleicht war das Spiel vorbei. Sie mußte wieder niesen, und ihre Augenlider begannen zu jucken.

Dann klingelte es, und plötzlich geschah alles gleichzeitig. Die dritte Katze tauchte auf und rannte allen zwischen die Beine, die fünf Kinder der Eliots stürmten herein, machten Jagd auf die Katzen, grapschten nach den Hors d'œuvres, die Adeline (der Himmel mochte wissen, wann) zubereitet hatte, spielten Verstecken hinter der Bar und ließen ein ohrenbetäubendes Indianergeheul ertönen.

»O trautes Heim«, sinnierte Don Eliot, als er wieder ins Zimmer trat. Er brachte Nicole Clark mit und einen jungen Mann, der ihr so ähnlich sah, daß er ihr Bruder hätte sein können. »Nicki«, verkündete Don und machte mit dem rechten Arm eine Geste, die alle übrigen Anwesenden einbezog. »Sie kennen wahrscheinlich jeden hier, zumindest von den Herren. Sind Sie Als Frau schon vorgestellt worden? Beth?«

»Ich denke ja«, sagte Beth freundlich. »Beim Picknick, nicht wahr?«

»O gewiß«, fiel Nicole mit ihrer tiefen Stimme ein. »Natürlich.«

»Und Davids Frau Lilian?« fuhr Don fort.

»Wir kennen uns«, sagte Lilian.

»Ich freue mich, Sie wiederzusehen.« Nicoles Worte klangen ehrlich.

»Na, und, meine Frau haben Sie vorhin an der Tür getroffen«, beendete Don die Vorstellung. Nicole nickte. »Und das ist Nickis Freund, Chris Bates. Richtig?«

»Sehr gut«, lächelte der junge Mann selbstbewußt.

»Chris ist einer von den neuen Anwälten bei Benson & McAllister.« Alle begrüßten ihn freundlich. Lilian nieste.

»Sind Sie erkältet?« Chris' Frage übertönte den Kinderlärm.

»Nein, nur 'ne leichte Allergie«, antwortete Lilian gefaßt.

»Gegen Katzen oder gegen Kinder?« erkundigte sich Nicole. Alle lachten, auch David.

»Gegen Katzen«, erwiderte Lilian.

»Ich dachte immer, Allergien seien psychosomatisch bedingt«, bemerkte Nicole unbekümmert, ehe sie ihre Aufmerksamkeit wieder ihrem Begleiter zuwandte.

»Okay, Kinder, stellt euch auf«, kommandierte Don Eliot. Es dauerte einige Minuten, aber schließlich standen sie alle der Größe nach vor ihrer Zuhörerschaft. »Wir werden das so schnell wie möglich über die Bühne bringen«, sagte Don. Während er jedem Kind der Reihe nach die Hand auf den Kopf legte, stellte er seine Sprößlinge vor: »Jamie, Kathy, Rodney, Jeremy, Robin. Also, was nun? Wollt ihr singen oder tanzen oder was?«

»Oder was!« brüllte Jamie, der Älteste, und alle fünf tobten wie besessen herum.

Es dauerte fast zehn Minuten, bis Ruhe einkehrte und die Kinder nach oben verfrachtet waren. »Wir haben eine Überraschung für euch«, sagte Don, als er seine Gäste ins Eßzimmer führte. »Es ist ein Spiel, das wir uns Lill zu Ehren ausgedacht haben. Sie ist unser Kino-As. Ich werd's euch beim Essen erklären.«

»O fein.« Nicole Clark sah Lilian direkt in die Augen. »Ich spiele für mein Leben gern.«

Die Gäste waren um den langen, wuchtigen Eichentisch versammelt. Über die dampfenden Teller mit Mockturtle-Suppe hinweg beobachtete man einander wachsam.

»Die Suppe schmeckt köstlich«, brach Lilian das Schweigen. Ob die anderen auch so nervös sind wie ich? Und warum bin ich eigentlich nervös? Es ist doch bloß ein Spiel, ein harmloses, kleines Gesellschaftsspiel. Es ist völlig gleich, wer gewinnt oder verliert. Sie sah ihren Mann an, der ihr gegenüber zwischen Beth Weatherby und Nicole Clark saß. Was setzte ihr mehr zu: dieses alberne Spiel oder der Umstand, daß ihr Mann ausgerechnet neben dieser Frau saß, die alle außer ihr zwanglos, ja sogar herzlich mit Nicki anredeten? Lilians Blick streifte Nicoles makelloses Profil. Das Mädchen war in eine angeregte Unterhaltung mit dem Gastgeber vertieft, und abgesehen von einem Lächeln in Davids Richtung, als der ihr den Brotkorb reichte, hatte sie ihm bisher keine Beachtung geschenkt. Lilian versuchte, die Füße ihres Mannes mit ihren eigenen zu berühren, aber der Abstand zwischen ihnen war zu groß. Statt dessen stieß sie gegen ein Tischbein. Sie zuckte vor Schmerz zusammen, doch dann stellte sie erleichtert fest, daß sie in diesem Raum freier atmen konnte. Wir lassen die Katzen grundsätzlich nie ins Eßzimmer, hatte Adeline ihr erzählt, als sie die geräumige Diele durchquerten.

»Lilli?«

Die Stimme ihres Mannes schreckte Lilian aus ihren Gedanken auf. Er hatte zu ihr gesprochen, doch sie hatte kein Wort gehört.

»Es tut mir leid«, entschuldigte sie sich, als sie merkte, daß alle sie anstarrten.

»Zerbrechen Sie sich den Kopf darüber, wie Sie Ihren Satz anbringen könnten?« fragte Don Eliot fröhlich.

»Erraten«, log Lilian, und ihre Gedanken wanderten für einen Augenblick zu dem Spiel, das ihre Gastgeber sich ausgedacht hatten, und zu der Zeile, die ihr zugewiesen war.

»Adeline hat dich gefragt, ob du das Rezept möchtest«, sagte David, und sie hörte den leichten Tadel aus seiner Stimme heraus.

»Für die Suppe«, fügte Adeline hinzu.

»Darüber würde ich mich wahnsinnig freuen«, versicherte Lilian begeistert. »Wenn's nicht zu kompliziert ist ...«

»Kompliziert? Aber nein! Hab' ich vielleicht die Zeit, was Kompliziertes zu kochen?«

»Ich kann mir nicht vorstellen, wie Sie bei all dem Trubel überhaupt noch Zeit zum Kochen finden«, wunderte sich Beth. Lilian hatte sich gerade die gleiche Frage gestellt.

»Es ist alles Improvisation«, erklärte Adeline stolz. »Ich mische einfach Campbells Tomatensuppe mit Campbells Erbsensuppe, geb' ein bißchen Milch und einen kräftigen Schuß Sherry dazu, und die Mockturtle-Suppe ist fertig.«

»Ich werd's ausprobieren«, versprach Lilian.

»Ich bin eine miserable Hausfrau«, warf Nicole Clark ein. »Wenn ich heimkomme, bin ich meistens so müde, daß ich mir einfach 'ne Pizza kommen lasse.«

»Sie ißt Pizzas, und schaut sie euch an«, rief Beth arglos.
»Lilli und ich müßten einen Monat lang täglich zur Gymnastik rennen, ehe wir uns das leisten könnten!«

Nicole Clark lächelte Lilian honigsüß an. »Oh«, sagte sie, »ich glaub', Sie übertreiben ein bißchen.«

»Hat deine Frau auch die ganze Woche gejammert, David?« fragte Al Weatherby. »›Hier tut's weh, und da tut's weh. Au, faß mich hier nicht an. Vorsicht, rühr' mich da nicht an.‹« Er lachte.

»Ich hab' etliche solcher Klagen zu hören gekriegt«, gab David zu.

»Sie gehen zu einem einzigen Kurs«, fuhr Al fort. »Aber man möchte meinen, sie seien im Krieg gewesen.«

»In welcher Gymnastikschule sind Sie?« fragte Nicole.

»In der von Rita Carrington«, erklärte Beth. »In der Warden Street. Wir haben erst letzte Woche angefangen. Eine demütigende Erfahrung, nicht wahr, Lilli?«

Lilian nickte und versuchte zu lächeln.

»Ich hab' noch nie Gymnastik gemacht«, sagte Nicole. »Aber vielleicht sollte ich anfangen, *bevor* meine Figur zum Teufel geht.«

Lilian löffelte schnell ihre Suppe aus und schob den Teller von sich, ehe der Drang, ihn der anderen ins Gesicht zu schleudern, übermächtig wurde.

»Regelmäßige sportliche Betätigung erfordert eine Menge Selbstdisziplin«, mischte sich Chris Bates ein. »Unheimlich viel Selbstdisziplin. Das wär' nichts für mich.«

Lilian warf ihm einen prüfenden Blick zu. »›Eine ganz normale Familie‹«, stieß sie unvermittelt hervor. »Der Psychiater, Berger hieß er, glaub' ich.«

»Erraten!« Don Eliot applaudierte. Alle anderen schauten ein wenig verdutzt drein.

Chris Bates senkte den Kopf und lachte. »Ich war zu hastig«, sagte er. »Ich hätte meinen Text nicht so überstürzt anbringen dürfen.«

»Nicht doch, es war der ideale Moment für Ihre Zeile«, widersprach Adeline. »Aber Sie haben's mit einer Expertin zu tun.«

»Eins zu null für Lill«, verkündete Don Eliot, und alle lächelten.

Der nächste Gang war nicht so gut gelungen wie der erste. Der Salat war zu wäßrig und schmeckte fad, das Roastbeef war zu zäh, die Kartoffeln waren verkocht. Einen Moment lang fühlte sich Lilian in ihr Elternhaus zurückversetzt. Mit solchen Mahlzeiten war sie groß geworden. Indessen ließ ihre nervöse Spannung dem Spiel gegenüber nach, je mehr ihr klar wurde, daß sie den anderen auf keinen Fall unterlegen war. Das Spiel bestand einfach darin, Zitate aus berühmten Filmen zu erkennen. Allen am Tisch (mit Ausnahme von Don und seiner Frau, die sich das Spiel ausgedacht hatten und folglich alle Antworten kannten) war eine Dialogzeile zugeteilt, und nun hatte jeder die Aufgabe, seinen Text unbemerkt in die Unterhaltung einfließen zu lassen. Die anderen mußten versuchen, die Zitate zu erraten.

Bis jetzt hatte Lilian zwei von drei Dialogstellen aufgedeckt. Sie hatte Chris' Zeile aus »Eine ganz normale Familie« erraten und außerdem sofort erkannt, daß Beths Ausruf »Oh, und ob wir fruchtbar sind!« aus »Rosemarys Baby« stammte. Den dritten Treffer hatte Nicole Clark gelandet. Sie hatte Al Weatherbys vergeblichen Versuch aufgedeckt, Faye Dunaways Satz aus »Bonnie und Clyde« (»Wir rauben Banken aus«) mitten in einer langatmigen Anekdote zu verstecken. Lilian wollte ihn seine Geschichte beenden lassen, ehe sie ihn entlarvte, doch Nicole wartete nicht so lange. Sie unterbrach ihn mittendrin.

Zum Nachtisch gab es ein Soufflé, das zwar zusammengefallen war, als es serviert wurde, doch ohne große Entschuldigung auf den Tisch kam und im übrigen genauso köstlich schmeckte, wie Lilian erwartet hatte. Sie aß ihre Portion restlos auf und bat um eine zweite, um das Essen hinauszuzögern. Alle übrigen mußten ihre Sätze anbringen, ehe der Kaffee getrunken war.

»Wie steht's mit der Rickerd-Scheidung?« wandte sich Al Weatherby an David.

»Grauenvoll. Reif für 'n Klatschblatt.«

»Mich interessiert bloß, wer dieses wundervolle Haus kriegt«, sagte Beth.

»Ich hab's gesehen«, mischte sich Nicole Clark ein. »Vor ein paar Jahren war ich dort auf 'ner Party eingeladen. Es ist einfach umwerfend. Alles holzgetäfelt, und viele wunderschöne Stuckdecken. Manche Räume sind gut dreieinhalb Meter hoch. So was gibt's heute kaum noch.«

»Jedenfalls nicht in Apartmenthäusern«, stimmte David zu.

»Da haben Sie leider recht«, sagte Chris Bates, und dann folgte eine lange Diskussion über den Wohnungsmarkt in Chicago.

»Wie geht's Ihrer Schwester?« wollte Beth von David wissen, als der Kaffee herumgereicht wurde.

»Danke, gut«, antwortete er und zögerte dann. »Na ja, ehrlich gesagt, sie hat in letzter Zeit ein bißchen unter Depressionen gelitten.« Lilian überlegte, worauf er wohl anspielen mochte. Sie hatte nichts von Renées Depressionen gehört. »Eine Freundin von ihr hat sich das Leben genommen.« Er sah Lilian in die Augen. »Julie Hubbard«, sagte er.

Lilian rang nach Luft.

»O Gott«, stammelte sie. »Wann ist das passiert?«

»Vor ein paar Tagen. Die Familie hat versucht, es zu vertuschen. Daher weiß ich nichts Genaues.« Er machte eine wirkungsvolle Pause, schüttelte den Kopf und sagte dann: »Was kann man sagen über ein Mädchen von fünfundzwanzig Jahren, das gestorben ist.«

»›Love Story‹«, jubelte Nicole Clark. »Der erste Satz aus der ›Love Story‹!«

»Sie haben mich erwischt«, gestand David lachend ein.

»Gut gemacht, Nicki«, dröhnte Don Eliot. »Sehr gut. Jetzt

liegen Sie Kopf an Kopf mit Lilian. Jede von euch hat zwei Punkte. Ist Ihnen nicht gut?« wandte er sich an Lilian.

Allmählich kam wieder Farbe in Lilians aschfahles Gesicht. »Julie Hubbard«, wiederholte sie fassungslos. »Sie ... sie ist ...«

»Quicklebendig und putzmunter und wohnt nach wie vor friedlich im West End«, sagte David, und seine Augen funkelten. »Ich hab' dich reingelegt. Ich hab' den Star ausgetrickst!«

»Das hast du«, gab sie zu. »Aber das war nicht grade fair. Du hast mir wirklich 'nen Schrecken eingejagt. Ich bin nämlich mit dem Mädchen in dieselbe Klasse gegangen«, erklärte sie den anderen.

»Ich dachte, sie sei erst fünfundzwanzig«, lächelte Nicole.

Lilian warf ihr einen Blick zu. »Wahrscheinlich war ich zu bestürzt, um logisch zu denken«, sagte sie mechanisch, während sie darüber nachdachte, wie überzeugend ihr Mann zu lügen verstand.

»Aber Nicole hast du nicht reingelegt«, frohlockte Al Weatherby. Er langte über den Tisch und tätschelte Nicoles Hand. »Gut gemacht, mein Kind«, sagte er.

Lilian begriff plötzlich, daß jetzt nur noch Nicole und sie übrigblieben. Wie ungemein passend. Sie würden einander gegenüberstehen wie die Gegner in »Zwölf Uhr mittags«, würden ihre Sätze wie Pistolenkugeln abfeuern und dabei direkt auf das Herz des Gegners zielen. Lilian blickte in die Runde und hatte plötzlich das Gefühl, es sei überaus wichtig für sie, diesen Kampf zu gewinnen. Die Szene hatte in ihren Augen eine so starke Symbolkraft, daß sie sich von ihrem Sieg auch privat eine Entscheidung zu ihren Gunsten versprach. Sie mußte ganz einfach gewinnen. Sie mußte Nicole beweisen, daß sie die Dinge immer noch in der Hand hatte, auch wenn es nicht ganz klar war, um welche Dinge es sich eigentlich handelte. Weder sie noch Nicole hatten ihren Text vorgetragen. Die Zeit wurde knapp. Doch sie durfte nichts überstürzen. Ihr Satz mußte so klingen, als sei er ganz natürlich in die Unterhaltung eingebettet. Wenn ihr nur jemand ein passendes Stichwort liefern würde.

So als ob sie sich instinktiv in ihre Rolle versetze, gab Beth ihr eine perfekte Einleitung. »Du hast da was wirklich Schickes an. Ich wollte dir vorhin schon sagen . . .«

»O danke«, fiel Lilian ihr eine Spur zu überschwenglich ins Wort. »Weißt du, ich hab' mich heut' abend aber auch wahnsinnig oft umgezogen.«

»Das macht sie immer«, mischte David sich ein. »Aber heute war's besonders schlimm. Ich hatte schon Angst, wir würden überhaupt nicht mehr fertig.«

»Nun ja, ihr wißt doch, wie das ist«, erklärte Lilian und fühlte, wie ihr Herz schneller schlug. Ob die anderen es hören konnten? Würde es sie verraten? »Wenn David das, was ich anhabe, nicht gefällt, dann zieh ich's einfach aus!«

Nicoles kehliges Flüstern dröhnte plötzlich unerträglich laut in Lilians Ohren. »Ich kenn' den Satz!« stieß sie hervor. »Laßt mir einen Augenblick Zeit . . . Ich kenn' den Satz, ich muß bloß rauskriegen, woher.« Sie warf den Kopf zurück und schloß die Augen. »Einen Augenblick, nur einen Augenblick . . .« Sie straffte sich und öffnete die Augen. Sie strahlte übers ganze Gesicht. »Ich hab's! Das sagt Joan Collins zu June Allyson in ›Die Frauen‹. Und zwar heißt es im Film: ›Wenn *Stephen* das, was ich anhabe, nicht gefällt, dann zieh' ich's einfach aus!‹«

»Bravo!« rief Al Weatherby. »Was sagst du dazu?« wandte er sich an Lilian. »Nicki hat dich erwischt.«

»Ja, das hat sie«, gab Lilian gutmütig zu. »Ehrlich gesagt, ich bin direkt erleichtert. Ich war dermaßen nervös. Geht das eigentlich allen so, oder bin ich die einzige?«

»Aber was macht Sie denn nervös?« fragte Adeline amüsiert. »Es ist doch bloß ein Spiel.«

»Und im Augenblick sieht's so aus, als würde Nicki gewinnen«, warf Chris Bates stolz ein.

»Es sieht nicht nur so aus«, sagte Don Eliot. »Sie hat bereits gewonnen. Ist's nicht so, Nicki?«

Nicole klatschte entzückt in die Hände.

»Und was ist mit Ihrem Text?« fragte Al.

»Den hab' ich schon längst angebracht«, antwortete Nicole. »Als wir über die Rickerd-Scheidung sprachen und Beth wissen wollte, wer das Haus bekäme, da sagte ich, ich sei drin gewesen. Das war natürlich gelogen. Ich kenn' die Leute nicht mal. Aber ich behauptete, alles sei holzgetäfelt, und es gäb' viele wunderschöne Stuckdecken in dem Haus. Na, und das war mein Satz. ›Viele wunderschöne Stuckdecken.‹ Es ist aus . . .«

»›Die Unersättlichen‹«, unterbrach Lilian, die die Stelle jetzt mühelos wiedererkannte. »Es ist Elizabeth Ashleys Antwort auf George Peppards Frage, was sie in den Flitterwochen sehen möchte.«

Nicoles Augen leuchteten triumphierend. »Zu spät«, jubelte sie ausgelassen, und die Gesellschaft begab sich zurück ins Wohnzimmer.

Lilian stopfte zwei Kissen unter das eine, mit dem sie normalerweise schlief, und kroch wieder zu ihrem Mann ins Bett.

»War's das?« fragte er abgespannt. »Glaubst du, daß wir jetzt endlich schlafen können?«

Lilian schaute auf den Wecker. Es war fast zwei Uhr früh. Sie mußte wieder niesen. Jede Sekunde schien einen neuen Anfall zu bringen. »Das kommt von den verdammten Katzen«, sagte sie und hoffte, die zusätzlichen Kissen würden ihr das Atmen erleichtern.

»Bist du sicher, daß nichts anderes dahintersteckt?« fragte er.

»Was sollte es sonst sein?«

»Nun, in Eliots Eßzimmer hast du nicht ein einziges Mal geniest.«

»Sie lassen die Katzen nicht ins Eßzimmer.«

»Du hast doch selbst gesagt, daß die Haare einfach überall rumfliegen.«

»Worauf willst du hinaus, David? Meinst du, daß Nicole recht hat und meine Allergie psychosomatisch bedingt ist?«

»Es kam mir bloß sonderbar vor, daß du ausgerechnet dann wieder zu niesen anfingst, als du das dämliche Spiel verloren hattest.«

»Wir sind eben zurück ins Wohnzimmer gegangen!« antwortete sie mit erhobener Stimme.

»Oh, bitte schrei mich nicht an«, sagte er. Sein herablassender Ton machte sie wütend, und sie mußte aufs neue niesen.

»Wird das die ganze Nacht so weitergehen?« fragte er.

»Schon möglich«, bemerkte sie kühl. »Wieso, hast du morgen 'nen schweren Tag?«

»Ich muß ins Büro«, sagte er.

»Am Sonntag?«

»Oh, laß uns nicht wieder davon anfangen, Lilli«, bat er. »Ich hab' dir doch gesagt, daß ich in Arbeit ersticke. Außerdem bin ich total fertig. Du hast jetzt zwei Stunden lang ununterbrochen geniest. Warum machst du nicht einfach die Augen zu und denkst nicht mehr dran, daß Nicole gewonnen hat. Es war doch bloß ein harmloses Spiel und keine gottverdammte Olympiade!«

Wütend setzte Lilian sich auf. »Glaubst du etwa, ich mach' mir was draus, daß Nicole gewonnen hat?« fragte sie vorwurfsvoll.

»Ist es etwa nicht so?« gab er zurück.

»Nein!« protestierte sie eine Spur zu heftig. »Ich bin allerdings der Meinung, daß ihr Text besonders einfach war. ›Viele wunderschöne Stuckdecken‹ kann man leichter in eine Unterhaltung einschmuggeln als meinen Satz.«

»Sie hat genau wie alle anderen ihren Zettel aus dem Hut gezogen«, erklärte David geduldig. »Also ehrlich, meinst du nicht auch, du nimmst die Sache zu wichtig?«

Lilian zuckte die Achseln. Sie wußte, daß er recht hatte, aber sie wußte auch, daß sie sich eigentlich nicht darüber ärgerte, ein albernes Gesellschaftsspiel verloren zu haben. Was sie in Wirklichkeit beunruhigte, das war der tiefere Sinn, den sowohl sie selbst als auch die andere ihrer Niederlage beigemessen hatten. Nicoles Sieg schien auf weitere Erfolge hinzudeuten, schien nur der Anfang einer langen Kette von Triumphen, die der Herausforderer über den Titelverteidiger feiern würde, ja er schien nur der Auftakt, gleichsam die erste Runde des Kampfes zu sein, den Nicole gewinnen würde. Die besondere Ironie lag darin, daß Lilians Text aus einem Dialog stammte, der ihre eigene Situation auffallend widerspiegelte: June Allyson ist dahintergekommen, daß ihr Mann eine Affäre mit Joan Collins hat. Sie reizt die Jüngere mit dem Hinweis, sie würde Stephen mit ihrem Kleid nicht beeindrucken, er bevorzuge einen schlichteren Stil. Joan revanchiert sich mit der Erklärung, wenn Stephen das, was sie anhabe, nicht gefalle, dann ... Davids Stimme unterbrach ihren Gedankenfluß.

»Was?« fragte sie abwehrbereit, wie ein Kind, das beim Doktorspielen erwischt wird.

»Ich wollte wissen, ob du dich so aufregst, weil du immer noch glaubst, sie sei hinter mir her.« So, wie er die Frage stellte, mußte man sie schon aus reiner Selbstachtung verneinen. Doch ohne ihre Antwort abzuwarten, fuhr David fort: »Wenn du das denkst, liegst du nämlich völlig schief.«

»Wieso *ich?*« wollte Lilian wissen.

»Also sagen wir, du irrst dich«, räumte er ein. »Sie hat mich den ganzen Abend kaum angeschaut.«

»Das klingt so, als ob dich das enttäuscht habe.«

Er drehte sich auf die andere Seite. »Mach dich doch nicht lächerlich.«

Lilian versuchte, tief durchzuatmen. Es war offensichtlich sinnlos, dieses Thema weiter zu diskutieren. »Kam Beth dir heut' abend irgendwie bedrückt vor?« fragte sie statt dessen.

»Nein«, brummte er.

Sie sah zu ihm hinüber. Sie sehnte sich danach, ihn zu umarmen, ihn eng an sich zu drücken und mit ihm einzuschlafen, so wie sie es sonst immer taten. Doch als sie sich an ihn schmiegte, spürte sie einen stechenden Schmerz im Unterleib und schreckte hoch.

»Wo willst du hin?« fragte er vorwurfsvoll, als sie aufstand.

»Ich hab' Bauchschmerzen.«

»Warum mußtest du auch 'nen zweiten Nachtisch verlangen?« rief er ihr nach, während sie ins Bad stolperte. »Du warst die einzige.«

»Hast du meine Bissen nachgezählt?« sagte sie mehr zu sich selbst als zu David und kauerte sich auf die Klobrille.

Sie war eher enttäuscht als überrascht, als sie das Blut sah. Superpünktlich, dachte sie, während sie im Medizinschränkchen nach ihren Tampons kramte. Das einzige im Leben, worauf ich mich garantiert verlassen kann.

9

Der Aufenthaltsraum für die Dozenten des Fachbereichs
Funk und Fernsehen an der Universität Chicago war groß
und langgestreckt, wirkte jedoch auf den ersten Blick klein
und quadratisch, was vermutlich daran lag, daß er mit zu
vielen üppig gepolsterten Sitzgarnituren vollgestopft war.
Die Verwaltung scheint Menge mit Komfort zu verwech-
seln und das Schäbige für künstlerisch zu halten, dachte
Lilian, als sie eintrat. Die Kaffeemaschine war bereits leer.
Wenn sie eine Tasse wollte, mußte sie also frischen aufgie-
ßen. Das kann heute auch mal jemand anderer machen,
entschied sie, kuschelte sich in den nächstbesten geblümten
Sessel und versuchte, ein Nickerchen zu machen. Sie spürte,
wie verhärtet ihre Rückenmuskeln waren, und überlegte
träge, ob sie heute nachmittag zum Gymnastikkurs gehen
sollte oder nicht. Außerdem fragte sie sich, ob Beth wohl
heute dabeisein würde. Den Kurs letzte Woche hatte sie
ausfallen lassen, ohne vorher anzurufen oder abzusagen.
(»Mir ist einfach alles über den Kopf gewachsen«, hatte sie
später erklärt, und Lilian, die eine gewisse Zurückhaltung
auf seiten der Freundin spürte, war nicht weiter in sie
gedrungen.) Wenn Beth das Bedürfnis hat, sich auszusprechen – falls es überhaupt etwas zu besprechen gibt –, dann
wird sie schon von allein zu mir kommen.
Sie saß genau auf einer kaputten Sprungfeder, und nachdem

sie eine Weile vergeblich hin und her gerutscht war, gab sie die Hoffnung auf, einschlafen zu können. Statt dessen langte sie über den verschmierten Kaffeetisch nach der Morgenzeitung. Jemand hatte den Anzeigenteil geklaut. Jetzt langt's! entschied sie, stand auf und ging zur Tür. Kein Kaffee, keine Kleinanzeigen, keine Gerechtigkeit. Sie dachte an David. Er hatte behauptet, sie würde sich nicht genug anstrengen. Ich hab' mich ja förmlich überschlagen vor lauter Anstrengung, hielt sie ihm im stillen entgegen, während sie die Tür hinter sich schloß und den langen Flur zu ihrem Hörsaal hinunterging. Aber ehrliches Bemühen allein genügt eben nicht immer. Und Fakten sind Fakten. (»Halten Sie sich nur an die Fakten, Mrs. Plumley.«) Ich weiß, daß es ein ehrenwerter Beruf ist, vielleicht sogar einer, der Mut erfordert. Aber es ist eben nichts für mich!

An der Tür zum Hörsaal blieb sie stehen. Ein paar Studenten drängten sich an ihr vorbei. Sie hatten es eilig, denn sie wollten noch vor dem Läuten einen Platz ergattern. Das Klingelzeichen ertönte, und sie ging hinein.

»Ein Dokumentarfilm hat eine viel weiter reichende Aufgabe zu erfüllen als die bloßer Nachrichtenübermittlung«, sagte Lilian und versuchte, das unterdrückte Gemurmel im Raum zu übertönen. »Dafür gibt's die eigentlichen Nachrichtensendungen und die Zeitungen. Ein Dokumentarfilm hat verschiedene Funktionen. Eine davon ist es natürlich, die Fakten zu präsentieren. Aber weitaus wichtiger ist es, diesen Fakten Leben einzuhauchen, dem Text Gestalt zu geben, ihn zu veranschaulichen, den Zuschauern klarzumachen, was die Fakten bedeuten. Das alles habe ich Ihnen schon früher erläutert, und es war erfreulich für mich festzustellen, daß Sie es in Ihren Konzepten berücksichtigten. Leider fehlt den meisten dieser Entwürfe wirklicher ... Gehalt. Ich weiß nicht, wie ich es sonst nennen soll. Sie breiten da eine Menge Zahlen und Fakten aus, legen dar, wie Sie

Ihre Konzeption zu verwirklichen gedenken, aber Sie vermitteln keine *Einsicht* in die benutzten Statistiken. Sie sprechen das Gefühl des Publikums nicht an.«

»Soll das heißen, Sie erwarten Gehalt und Einsicht und Gefühl?« fragte einer ihrer Studenten ungläubig.

»Genau das«, sagte Lilian.

»In einem Konzept?« erkundigte er sich kopfschüttelnd.

»Wenn's im Konzept fehlt, dann fehlt's später auch im fertigen Film.«

Diese Antwort erschien Lilian ein durchaus passender Abgang, und so entließ sie ihre Studenten zehn Minuten vor Stundenschluß mit einer fahrigen Handbewegung. Die Geste war reif für Sandy Dennis, die sie in »Treppauf, treppab« wahrscheinlich auch benutzt hatte.

Der einfache Holzschreibtisch, hinter dem Lilian Platz nahm, war von undefinierbarer Farbe. Ihre Augen wanderten zur Fensterseite. Draußen schien die Sonne. Es war ein heißer, nicht zu feuchter Tag. Genau das richtige Wetter, um im Bikini ein Sonnenbad zu nehmen.

Wem will ich eigentlich was vormachen? fragte sie sich und wandte der Kitschpostkartenansicht vor dem Fenster ärgerlich den Rücken. Wann hatte sie zum letztenmal eine gute Figur im Bikini gemacht? Das war fünf, vielleicht sogar zehn Jahre her. Wenn es überhaupt je so eine Phase gegeben hatte. Inzwischen hatten jedenfalls Zeit und Stoffwechselstörungen gemeinsam daran gearbeitet, ihre Taille zu ruinieren, und sie war sich durchaus bewußt, wie fest sie jedesmal, wenn sie mit David ausging, den Bauch einzog. Na und wennschon, dachte sie, stand abrupt auf und packte ihre Sachen zusammen. Dafür gibt's schließlich Rita Carrington. Fertig, meine Damen? Und eins und zwei ...

»Ich will mich ja nicht einmischen, Lilli«, sagte Beth Weatherby, während die beiden Frauen ihre Straßenkleidung mit den Gymnastikanzügen vertauschten. »Aber mir scheint, es gibt da ein paar grundsätzliche Punkte, über die du dir Klarheit verschaffen solltest.«

»Ich weiß«, seufzte Lilian zustimmend. »Die Frage ist bloß, wie.« Sie sah zu, wie Beth Weatherby ihre Strümpfe auszog und in die Gymnastikhose schlüpfte, ohne dabei den Rock zu heben. Komisch, überlegte Lilian, ich hätte nicht gedacht, daß Beth sich vor mir genieren würde. Sie versuchte sich zu erinnern, ob Beth sich vor zwei Wochen auch so umständlich umgezogen hatte. Aber dann fiel ihr ein, daß Beth schon fertig gewesen war, als sie ankam. Und sie ging, während Lilian noch auf Laurie warten mußte.

Der Gedanke an Laurie erinnerte sie an die Mutter des Mädchens. Elaine und ihre Tochter waren überraschend zum Yellowstone Park gefahren (»Ist nur so ein spontaner Einfall«, hatte Elaine behauptet, als sie David am Telefon erklärte, daß Laurie für die Reise einen neuen Anorak und Campingausrüstung brauchte). Lilian fragte sich, ob Ron Santini wohl mit von der Partie sein und womöglich *seine* berüchtigte Ausrüstung benutzen würde.

Sie setzte sich auf die Bank vor den Schließfächern und zog ihre rosa Gymnastikhose hoch. »Mist«, sagte sie. »Ich hab' 'ne Laufmasche. Sieh dir das an. Dabei ist das blöde Ding brandneu.« Angewidert betrachtete Lilian ihre Beine. Die Masche verlief vom linken Knie über die Innenseite des ganzen Oberschenkels. Sie stand auf, streifte das Oberteil über und zog es an Schultern und Gesäß zurecht. »Ich sollte mir wirklich 'n neues zulegen«, sagte sie, als Beth das ihre richtete. »Das hier trag' ich schon seit meinem dritten Semester.« Die beiden Frauen ließen sich zusammen auf der Bank nieder und stopften ihre Sachen ins Schließfach. »Wieviel Zeit haben wir noch?«

»Genau acht Minuten«, sagte Beth nach einem Blick auf ihre Armbanduhr.

»Das heißt, du hast acht Minuten, um meine sämtlichen Probleme zu lösen«, entgegnete Lilian.

»Ist gar nicht so schwer, wie du meinst«, meinte Beth. »Ich kenn' mich aus, ich bin nämlich großartig, wenn's drum geht, anderen Ratschläge zu erteilen.« Lilian lachte. »Das ergibt sich so, wenn man lange mit einem Rechtsanwalt verheiratet ist. Aber ganz im Ernst«, sie hielt inne und legte Lilian die Hand aufs Knie. »Du mußt dich mit David aussprechen.«

»Hab' ich doch gemacht. Er weiß, daß ich den Job hasse.«

»Habt ihr auch erwogen, daß du aufhören könntest?« Lilian nickte. »Na und?«

»Er sagt, die Entscheidung liegt bei mir, aber ich weiß genau, daß er sich darüber ärgern würde. Meine Arbeit beim Fernsehen hat ihm imponiert, bis er damit konfrontiert wurde. Dann war's auf einmal weder bezaubernd noch aufregend, sondern bloß noch 'n Störfaktor.« Sie blickte der Freundin voll ins Gesicht. »Ich fürchte mich, Beth«, sagte sie.

Ein seltsamer Ausdruck huschte über Beth Weatherbys Gesicht. »Was soll das heißen, du fürchtest dich? Wovor?«

»Davor, David zu verlieren«, gestand Lilian. »Ich hab' Angst, irgendwas zu tun, das unsere Beziehung gefährden könnte. Und wenn ich zum Fernsehen zurückginge, würde ich sie aufs Spiel setzen.«

»Dann laß es bleiben«, riet Beth.

»Mit Kindern ist es genau dasselbe«, fuhr Lilian fort. »Früher haben wir oft darüber gesprochen, und David weiß, wie sehr ich mir eine Familie wünsche. Aber in letzter Zeit weigert er sich plötzlich, darüber zu reden. Und stell' dir vor, Don Eliot hat er ganz offen erzählt, daß er keine Kinder mehr will. Ich bin vierunddreißig, Beth. Ich hab' nicht mehr allzuviel Zeit zum Kinderkriegen, aber ich hab' eine Wahnsinnsangst davor, ihn drauf anzusprechen, weil er mich möglicherweise vor eine Wahl stellen würde, die ich nicht treffen könnte.«

»Entweder er oder Kinder?« fragte Beth.

»So ungefähr«, antwortete Lilian.

»Wie würdest du dich entscheiden?«

Lilian schüttelte den Kopf. »Ich weiß nicht.« Sie überlegte. »Doch, ich weiß es nur zu gut. David«, sagte sie. »Für mich gibt's nichts anderes. Ich könnte es nicht ertragen, David zu verlieren.«

»Auch wenn das bedeuten würde, daß du dich selbst verlierst?« fragte Beth. »Was ist los? Du siehst ja aus, als wär' dir ein Gespenst begegnet.«

Lilian antwortete nicht. Sie fühlte, wie das Blut aus ihren Wangen wich, als Nicole Clark hereinstürmte.

»Nanu, wer ist denn da«, begrüßte Beth das Mädchen herzlich. Für sie bestand kein Zusammenhang zwischen Lilians Blässe und dem plötzlichen Auftauchen Nicoles.

»Ich hoffe, Sie haben nichts dagegen«, sagte Nicole, warf ihre Tasche auf die Bank und begann ihre Bluse aufzuknöpfen. »Aber ich hab' mich dran erinnert, daß Sie mir von diesem Kurs erzählten, und da hab' ich Al gefragt, um wieviel Uhr er stattfindet, und er war so nett, es mir zu sagen. Heute hab' ich etwas früher frei als sonst, und da dachte ich, vielleicht könnte ich mitmachen. Ich hoffe, Sie haben nichts dagegen«, wiederholte sie.

»Aber natürlich nicht«, sagte Beth und blickte Lilian erwartungsvoll an. Lilian machte sich nicht die Mühe zu lächeln. Was will Nicole hier? fragte sie sich ärgerlich. Als die Jüngere ihren BH aufhakte, wandte sie sich ab. Ich werd' nicht zusehen, wie sie mit ihren Titten angibt, dachte sie und spürte, wie Beths forschende Blicke sich in ihren Rükken bohrten. Sie beschloß, sich nicht umzudrehen, nahm sich vor, die Gegenwart dieses Eindringlings einfach zu ignorieren. Das Spiel war aus, ob es Nicole gefiel oder nicht. Schluß mit der Verstellung und dem höflichen Gerede. Diese Frau hatte klar und deutlich gesagt, daß sie hinter David her sei. Sie hatte in aller Deutlichkeit versichert, daß es sich dabei um keinen Scherz handele, und wie ein Wurm schien sie sich nun tiefer und tiefer in Lilians Leben hineinzubohren: im Gerichtssaal saß sie neben David, während Lilian ein paar Reihen weiter hinten lediglich die Zuschauerin spielte; auf Don Eliots Dinnerparty war sie wieder an Davids Seite, und Lilian mußte zusehen; und jetzt tauchte sie hier auf, schlich sich in Lilians Privatsphäre ein, stellte ihre Reize zur Schau, versuchte, einen Wettstreit zu veranstalten und die angejahrten Konkurrentinnen einzuschüchtern. Platz da für die Attraktion der Saison!

Wütend drehte Lilian sich um. Sie würde die Sache ein für allemal aus der Welt schaffen. Doch Nicole kam ihr zuvor.

»Ich wollte Sie fragen, ob wir nach dem Kurs miteinander reden könnten«, sagte sie.

»Das halte ich für eine gute Idee«, antwortete Lilian und bemühte sich, ebenso gefaßt zu klingen wie die andere.

»Schön.« Nicole wandte sich an Beth. »Entschuldigen Sie mich einen Moment, ich muß mal rasch aufs Klo«, sagte sie und verschwand so plötzlich, wie sie gekommen war.

»Um was ging's denn?« fragte Beth.

»Ich erzähl's dir später«, entgegnete Lilian, da Rickie Elfer gerade eilig auf sie zusteuerte.

»Puh, fast wär' ich zu spät gekommen«, keuchte sie und zog sich das Kleid über den Kopf, unter dem sie bereits ihr Trikot trug. »Habt ihr die reizende Kleine gesehen, die grade hier rauskam? Ich wette, das ist eine von den neuen Trainerinnen. Also die hat vielleicht 'ne beneidenswerte Figur!«

Lilian eilte steifbeinig in den Übungssaal. Ihr war, als ob die Knoten in ihren Schultern sich verhärteten und ihren Nakken umschlössen, bis sie das Gefühl hatte, sie bekäme keine Luft mehr, und atemlos nach Sauerstoff lechzte, während irgendwo hinter ihr Nicole Clark in zartblauer Gymnastikhose und passendem Oberteil geduldig darauf wartete, über ihrem Grab zu tanzen.

»Wollen wir uns hier unterhalten, oder möchten Sie lieber in ein Café gehen?« fragte Nicole, als sie Lilian aus dem Saal folgte und sich mit einem Handtuch den Schweiß von der Stirn rieb.

»Gehen wir in den Aufenthaltsraum«, sagte Lilian. Wie die Jüngere es wohl anstellte, daß ihr Haar, obwohl sie ziemlich ins Schwitzen geraten war, immer noch seidig glänzte? Lilian brauchte keinen Spiegel, um zu wissen, daß ihre Mähne aussah, als sei sie mit elektrischem Strom in Berührung gekommen.

»Wollen wir erst duschen?«

»Nein«, erwiderte Lilian, der nichts daran lag, ihren nackten Körper mit dem der anderen zu vergleichen. »Bringen wir's so schnell wie möglich hinter uns.«

»Ist mir recht«, stimmte Nicole zu. »Bitte nach Ihnen.«

Beth Weatherby griff nach Lilians Ellbogen. »Ich geh' jetzt«, sagte sie.

»Gut. Wir sehn uns nächste Woche.«

»Ruf mich an, wenn du dich aussprechen möchtest«, bat Beth.

»Danke, das mach' ich.«

»Wiedersehen, Nicole«, rief Beth. »Dafür, daß Sie keinen Sport treiben, waren Sie vorhin einfach fabelhaft.«

»Danke schön und auf Wiedersehen«, antwortete Nicole.

Beth wandte sich um und ging hinaus.

Nicole sah ihr nach. »Sie ist nett.«

»Ja, sehr.«

»Sind Sie schon lange befreundet?«

»Seit etwa vier Jahren.« Lilian bog um eine Ecke. »Hier lang«, sagte sie kühl.

Nicole folgte Lilian in die Bar. Rickie Elfer war bereits dort. An ihrem Tisch saßen noch zwei Frauen. Sie winkte Lilian begeistert zu. »Kommen Sie, setzen Sie sich zu uns«, rief sie. »Wir sind beim Thema Sex.«

»Später«, lachte Lilian und deutete auf einen leeren Zweiertisch am anderen Ende des Raumes.

»Also das nenn' ich 'ne Figur«, hörte sie Rickie im Vorbeigehen sagen, und sie wußte sehr wohl, daß damit nicht sie gemeint war.

»Gibt's hier Milchshakes?« fragte Nicole, als sie sich setzten.

»Opfern Sie Ihre Nachtruhe dafür, sich solche Spitzen auszudenken?« Lilian hatte beschlossen, nicht länger drum herum zu reden.

»Ich versteh' Sie nicht.«

»Hören Sie, ich werd' ein paar Sachen freiwillig zugeben, okay?« begann Lilian sachlich. »Ich bin vierunddreißig Jahre alt. Meine Haare sind zu struppig, mein Mund ist zu groß, weder mein Gesicht noch meine Figur sind reif für 'ne Schönheitskonkurrenz, was Sie sicher alles schon selbst festgestellt haben. Mein Körper ist nicht unansehnlich, aber er ist eben vierunddreißig, und in dem Alter gehören Milchshakes der Vergangenheit an.« Sie hielt inne. »Sie dagegen sind wie alt? Vierundzwanzig?«

»Fünfundzwanzig.«

»Fünfundzwanzig«, wiederholte Lilian. »Also schön, Sie sind jünger, sehen besser aus, sind offensichtlich fabelhaft in Form, und Ihre harmlose Bemerkung über Milchshakes sollte mir signalisieren, daß Sie sich nicht die Bohne um Ihre Figur zu sorgen brauchen. Ihr Glück. Vielleicht bleibt es so, oder vielleicht wachen Sie eines Morgens auf und stellen fest, daß Sie fett werden. Ich weiß es nicht, doch ich hoffe auf das letztere.« Sie schöpfte tief Luft. »Wie dem auch sei, ich gönne Ihnen Ihre Jugend, Ihre Schönheit und ihre Figur. Erobern Sie damit, wen Sie wollen. Aber lassen Sie die Finger von meinem Mann.« Nicole sagte kein Wort, doch sie hörte aufmerksam zu. »Sie mögen mir im Aussehen überlegen sein, vielleicht sind Sie sogar intelligenter als ich. Ich weiß es nicht, und ich will es auch gar nicht wissen. Für mich zählt nur eins: *Ich* bin mit dem Mann verheiratet, hinter dem Sie angeblich her sind, und ich werde dafür sorgen, daß es auch so bleibt. Ich war zuerst da«, fuhr sie fort, wobei sie Elaine geflissentlich überging. »Und also habe ich gewisse Rechte.« Nicole schwieg immer noch. »Nun, ich weiß nicht, was los ist. Vielleicht sind Sie inzwischen zur Vernunft gekommen; vielleicht waren Sie beschwipst, als Sie mich ansprachen; vielleicht nehme ich Ihre Worte ernster, als sie gemeint waren. Das glaubt zumindest David. Ich fürchte, Sie werden mich aufklären müssen. Sagen Sie mir genau, was Sie vorhaben. Im Unterschied zu Ihnen hasse ich Spiele. Sie machen mich nervös.« Nicole sprach so leise, daß Lilian sie kaum verstehen konnte. »Sie haben David erzählt, was ich beim Picknick ...?«

»Sollte ich das etwa nicht? Ich dachte, das gehörte zu Ihrem Plan.«

»Wie hat er reagiert?«

»Er hielt es für einen Scherz. Als er begriff, daß es keiner war, wurde er ziemlich wütend.«

»Er hat kein Wort zu mir gesagt.«

»Darum hatte ich ihn gebeten.«

Eine Weile herrschte Schweigen. Nicole senkte den Kopf. »Es ist mir sehr peinlich«, sagte sie schließlich. »Und es tut mir sehr leid.«

Lilian antwortete nicht, sondern wartete auf eine ausführliche Erklärung. Die Entschuldigung war so unerwartet gekommen und hatte so echt geklungen, daß sie nicht recht wußte, wie sie reagieren sollte. Es war richtig gewesen, Nicole zu stellen und den Kampf offen auszutragen. Ehrlich währt am längsten, hörte sie ihre Mutter sagen. Sie wartete. Als Nicole den Kopf hob, sah Lilian, daß Tränen in ihren Augen schwammen.

»Was soll ich sagen?« begann sie zögernd. »Das Ganze ist so beschämend. Ich weiß nicht, warum ich das beim Picknick zu Ihnen gesagt habe. Vielleicht *war* ich ein bißchen angetrunken, doch das ist keine Entschuldigung.« Sie versuchte, Lilians Blick auszuweichen. »Ich komme eigentlich aus Maine. Seit vier Jahren wohne ich in Chicago. Ich habe hier

studiert, und meine Familie, oder besser gesagt mein Vater
– meine Mutter ist tot – blieb im Osten. Vor ein paar Jahren
hat er wieder geheiratet und ist nach New Hampshire gezogen. Na ja, also ich nehme an, das ist meine umständliche
Art, Ihnen zu erklären, daß ich hier nicht viele Freunde
habe. Mädchen haben mich sowieso immer gemieden.« Sie
blickte zu Lilian auf. »Ich weiß, Sie finden das ganz verständlich. Vielleicht haben Sie recht. Woran's auch liegen
mag, ich weiß zwar, daß es unheimlich in ist, aber ich hab'
nie 'ne besonders enge Bindung an eine Frau gehabt. Natürlich hatte ich immer 'ne Menge Männerbekanntschaften.
Aber ich hab' mir nie sonderlich viel aus Jungs in meinem
Alter gemacht.« Sie sah Lilian fest in die Augen. »Und damit
wären wir bei David.«
Lilian hielt den Atem an.
»Als ich Ihren Mann zum erstenmal sah, da ... Aber das
wissen Sie ja selbst, das brauche ich Ihnen nicht zu beschreiben.« Sie wandte den Blick ab. »Ist er nicht einfach überwältigend? Alles an ihm, die Art, wie er sich bewegt, wie er
spricht und denkt ...«
»Sie wissen, was er denkt?« unterbrach Lilian.
»Ich weiß, *wie* er denkt«, berichtigte Nicole. »Er ist ein
phantastischer Anwalt. Seit dem Morgen, als wir gemeinsam im Gericht waren, hab' ich ihm noch ein paarmal
zugesehen. Und ich mußte ihn jedesmal mehr bewundern.«
Lilian hoffte inständig, daß die andere ihr nicht an den
Augen ablesen konnte, wie sehr dieses Geständnis weiterer
Besuche bei Davids Verhandlungen sie überraschte. Warum
hatte David ihr nichts davon erzählt?
»Wie soll ich's erklären?« fuhr Nicole fort. »Wahrscheinlich
ist es so eine Art Lehrer-Schüler-Schwärmerei. David ist
genau der Mann, von dem ich immer geträumt habe.« Lilian
senkte den Blick und fragte sich, ob sie diese Unterhaltung
wirklich zu Ende führen wollte. Sie erinnerte sich nur zu gut
daran, daß sie fast dieselben Worte gebraucht hatte, als sie

ihrer Mutter vor etwa sechs Jahren von David erzählte. »Ich weiß noch, wie meine Mutter mit mir über Männer sprach«, sagte Nicole, als hätte sie Lilians Gedanken gelesen. »Sie hat mir immer geraten, nach jemandem zu suchen, den ich wirklich achten könnte. Jemand, der mich respektiert. Ja, und David ... David hat mich von Anfang an mit Respekt behandelt. Es gibt nicht grade viele Juristinnen bei Weatherby & Ross. Im Verhältnis zu den Männern sind sie jedenfalls hoffnungslos in der Minderheit. Und als ich Ende Mai in der Kanzlei anfing, da mußte ich mir 'ne Menge gefallen lassen. Unter den Männern gab es viele, denen es schwerfiel, mein Aussehen mit meinen Fähigkeiten in Einklang zu bringen. David war da eine Ausnahme. Er hat mich von Anfang an als Kollegin akzeptiert; und zwar so ausschließlich, daß es nicht lange dauerte, bis ich mir wünschte, er würde in mir nicht nur die Anwältin sehen, sondern mich auch als Frau wahrnehmen. Na ja, und nachdem sich der Gedanke erst mal festgesetzt hatte, da fing ich an zu träumen. In der Phantasie war alles so einfach. Ich wußte, daß er verheiratet ist. Von einer der Sekretärinnen erfuhr ich, seine Frau sei groß und habe früher beim Fernsehen gearbeitet und David habe seine erste Frau verlassen, um sie zu heiraten.«

Lilian sagte kein Wort. Sie sann über die Beschreibung nach, die diese Sekretärin von ihr gegeben hatte: groß und war beim Fernsehen. Ist das wirklich alles, was es über mich zu sagen gibt?

»Wahrscheinlich hab' ich einfach zu viele Schnulzen gesehen«, sagte Nicole mit einem entwaffnenden Lächeln. »Als wir uns beim Picknick trafen, da bildete ich mir irgendwie ein, ich könnte mich durchsetzen, indem ich meine Karten offen auf den Tisch lege. Vielleicht habe ich mir sogar gewünscht, daß Sie's David erzählen würden. Ich hab' mir wohl vorgestellt, es würde ihm schmeicheln und ihn endlich auf mich aufmerksam machen. Ich dachte, wenn ich ihn erst mal dazu kriege, mit mir ins Bett zu gehen, dann kommt alles andere von allein.« Sie verstummte. Die beiden Frauen sahen sich in die Augen. Eine volle Minute verstrich, ehe Nicole weitersprach. »Also, um's kurz zu machen, ich hab' gespürt, wie gereizt Sie neulich bei Dons Party waren, und da hab' ich mir vorgenommen, heute hierherzukommen und zu versuchen, Ihnen alles zu erklären und mich zu entschuldigen. Es tut mir leid, daß ich beim Picknick so was zu Ihnen gesagt habe.« Sie wartete auf Lilians Antwort. Ihre Augen waren immer noch tränenverschleiert.

Seltsamerweise empfand Lilian Mitleid mit dem Mädchen, obwohl Nicole ihre Gefühle für David so offen zugegeben hatte, oder vielleicht gerade deswegen. Erleichtert ließ sie die Schultern sinken. Es war vorbei. Nicole Clark – Nicki – zog ihre roten Krallen ein und räumte das Feld. Das Spiel war aus. Sie hatte gewonnen.

»Ist schon vergessen«, sagte Lilian, als sie ihre Stimme wiedergefunden hatte. »Wir sagen schließlich alle mal was Dummes, reden so dahin und meinen's gar nicht ...«

Lilian war einen Moment lang verblüfft, als Nicole sie unterbrach. Sie hatte noch eine ganze Menge edelmütiger Dinge von sich geben wollen. Nicole war noch nicht an der Reihe. Die Worte der Jüngeren trafen sie wie ein Schlag ins Gesicht. »Ich hab' nicht gesagt, daß ich's nicht so meine«, widersprach Nicole, und ihre Augen waren plötzlich ganz trocken. (»Ich bin Nicole Clark. Ich will Ihren Mann heiraten.«) »Ich hab' bloß gesagt daß es mir leid tut, es Ihnen erzählt zu haben.«

Als Lilian sich wieder gefaßt hatte, war die andere verschwunden.

10

Es war Viertel vor sechs, als das Telefon klingelte. David tastete nach dem Radiowecker und versuchte, ihn abzustellen, ehe ihm klar wurde, daß das penetrante Klingeln in seinen Ohren nichts mit Musik zu tun hatte und daß er also noch nicht aufzustehen brauchte.

»Nun geh schon ran«, drängte Lilian, die sich schlaftrunken im Bett aufsetzte. »Hoffentlich ist kein Unglück geschehen.« Jedesmal, wenn das Telefon zur Unzeit klingelte, war das ihr erster Gedanke.

David nahm den Hörer ab. »Hallo?« meldete er sich.

»Alles Gute zum Geburtstag«, sang eine Stimme, die sich wie eine Kreissäge anhörte. David starrte seine Frau ungläubig an und hielt den Hörer in die Luft, so daß sie mithören konnte. »Alles Gute, lieber Scheißkerl, und herzlichen Glückwunsch!«

»Um Himmels willen, Elaine, es ist noch nicht mal sechs.« Lilian konnte Elaines Stimme am anderen Ende deutlich verstehen. »Stimmt, aber wenn ich noch 'n paar Minuten gewartet hätte, wärst du schon unter der Dusche. Wie du siehst, hab' ich deine Gewohnheiten nicht vergessen. Ich wollte auf keinen Fall die Gelegenheit versäumen, dich an deinem Geburtstag an meinem Hochgefühl teilhaben zu lassen. Du kommst in die Jahre, mein Alter. Du wirst fünfundvierzig, nicht wahr?«

»Elaine ...«

»Unterbrich mich nicht, ich muß dir was Wichtiges sagen.«

»Mußt du doch jedesmal, wenn du anrufst.«

»Ich hab' über deine Police nachgedacht.«

»Was ist damit?« Lilian und David tauschten über den Apparat hinweg einen verdutzten Blick.

»Hast du sie voll bezahlt?«

David schüttelte angewidert den Kopf. »Worauf willst du hinaus, Elaine?«

»Na ja«, antwortete sie, »als mir einfiel, daß heute dein fünfundvierzigster Geburtstag ist, da dachte ich plötzlich dran, daß schließlich auch du zu den Sterblichen zählst. Und bei deiner Arbeitsbelastung und deinen übrigen zahlreichen ... na, sagen wir: Verpflichtungen, da wäre es doch immerhin denkbar, daß du eines schönen Tages einfach umfällst und abkratzt.«

David nahm den Hörer ans andere Ohr. »Elaine, jetzt reicht's. Ich leg' auf.«

»Also dachte ich, du solltest deine Police ändern.« Lilian konnte Elaines Stimme immer noch so deutlich hören, als läge die Frau zwischen ihnen im Bett.

»Du dachtest, ich sollte meine Police ändern«, wiederholte David verständnislos.

»Du solltest mich einbeziehen.« Sie machte eine Pause, um ihrem Exmann Zeit zu geben, den Sinn ihrer Worte zu begreifen. »Denn nach der jetzigen Regelung stünde ich dumm da, wenn du plötzlich sterben solltest. Ich meine, dann würden doch einfach die Zahlungen eingestellt, oder?«

David fing an zu lachen. »Eine ausgesprochen erfreuliche Aussicht«, sagte er.

»Hör mal, ich bin immer noch die Mutter deiner Kinder, und du willst doch bestimmt, daß sie versorgt sind, wenn ...«

»Für meine Kinder *ist* gesorgt, Elaine.«

»Und was wird aus mir?«

»Wiederhören, Elaine.« David legte den Hörer auf und ließ sich erschöpft in die Kissen fallen. »Mein Gott«, sagte er. »Hättest du das für möglich gehalten?«

»Sie läßt keine Gelegenheit aus«, antwortete Lilian und schmiegte sich an ihren Mann. »Wo sie bloß diese Einfälle her hat. Und noch dazu um sechs Uhr morgens ...«

»Sie hat letzte Woche jeden Tag im Büro angerufen. Ich hab' mich immer verleugnen lassen.«

Lilian fuhr mit der Hand über seine Brust und fühlte, wie die blonden Haare unter ihren Fingern lebendig wurden und sich an ihrer Haut rieben wie das Fell einer Katze, die an ein Paar nackten Beinen entlangstreicht. Bei dem Gedanken an Katzen kitzelte es sie in der Nase, und sie hob mechanisch die Hand, um ein imaginäres Niesen zu unterdrücken.

»Warum nimmst du deine Hand weg?« fragte er.

»Ich dachte, ich müßte niesen«, antwortete sie und begann erneut seine Brust zu streicheln.

»Tiefer«, bat er.

»Herzlichen Glückwunsch zum Geburtstag«, flüsterte sie, beugte sich über ihn und küßte ihn auf den Mund, während ihre Hand leicht und zärtlich über seinen Körper glitt.

»Ich werde alt«, murmelte David vor sich hin.

»Ach, laß dich doch von Elaine nicht deprimieren! Fünfundvierzig ist nicht alt. Du hast nicht mal die Hälfte deines Lebens hinter dir.«

»Wirklich?« fragte er. »Wie viele Neunzigjährige kennst du denn, die noch fröhlich rumspringen?«

Sie lachte. »Na ja, sie springen vielleicht nicht grade ...«

Er seufzte. »Mein Gott!«

Lilian setzte sich mit einem plötzlichen Ruck auf, ohne ihre Hand von seinem pulsierenden Glied zu nehmen. »Du hast doch nicht etwa 'ne Midlife-crisis?«

»Wenn du schon keinen Respekt vor meinem Alter hast«, antwortete er scherzend, »dann mach dich wenigstens nützlich.«

Er zog ihren Kopf hinunter, bis ihre Lippen sein schwellendes Glied berührten.

Lilian rutschte ein wenig hin und her, bis sie eine bequeme

Stellung gefunden hatte. Sie dachte an David und an den Tag, an dem sie ihn zum erstenmal nackt gesehen hatte, damals, als sie zum erstenmal miteinander geschlafen hatten und sie sich fühlte, als sei sie gestorben und im Himmel erwacht. Er war von einer Sinnlichkeit, die sie berauschte. Die ersten beiden Jahre ihres Zusammenlebens waren ungeheuer intensiv. Ihr war klar, daß es nicht ewig so hatte weitergehen können. Lilian versuchte sich aufzurichten, um seinen steifen Schwanz in ihre Möse zu führen. Aber seine Hand hielt ihren Kopf eisern fest und zwang sie weiterzulutschen. Das war es, was er heute morgen wollte. Na schön, seufzte sie innerlich und widmete sich ihrer Aufgabe mit verstärkter Energie. Schließlich ist es sein Geburtstag! Bei dem Gedanken fiel ihr schlagartig der bevorstehende Abend ein. Sie erwartete Gäste zum Essen. Jason, der gerade erst aus dem Zeltlager gekommen war, und Laurie, die eine Woche lang allein zu Hause rumgesessen und sich gelangweilt hatte. Davids Schwester mit Mann und seine Mutter würden kommen, und ihre Eltern auch. Es war das erste Mal, daß sie sich getraut hatte, alle gemeinsam einzuladen. Wie sollte sie nur mit allem rechtzeitig fertig werden? Mit Schrecken dachte sie an das Menü, das sie plante, und an ihre ellenlange Einkaufsliste. Dieses Jahr wollte sie sogar Davids Geburtstagskuchen selber backen. Glücklicherweise war's freitags ziemlich ruhig an der Uni. Den Kurs am Morgen hatte sie abgesagt, also blieben nur noch zwei Seminare am Nachmittag. Bis dahin würde sie hoffentlich alles im Griff haben. Sie spürte, wie die Angst in ihr hochstieg. Vielleicht hatte sie sich zuviel vorgenommen? David hatte ihr oft genug gesagt, daß sie sich mehr aufhalste, als sie verkraften konnte, daß sie den Mund zu voll nahm und sich nachher an ihrem eigenen Bissen verschluckte. David, dachte sie. O Gott! Bissen, verschlucken! Was hab' ich ihm getan? Er stöhnte, doch seine Hand hielt immer noch ihren Kopf fest. Ob ich ihm weh getan hab'? Das ist ja furchtbar.

Wie konnte ich nur so was tun? An Rezepte und Kurse denken, wenn ich vor Leidenschaft vergehen sollte?

David hat's bestimmt gemerkt. Er wußte immer, woran sie dachte. Sicher hat er gespürt, daß ich nicht bei der Sache war. Er wird verletzt sein und wütend. Vielleicht kommt er nicht mal, dachte sie verzweifelt. Und dann ist er frustriert und unbefriedigt und wird zur idealen Zielscheibe für Nicoles »zarte« Annäherungsversuche. Nicole, dachte sie ärgerlich. Das liebe Kind hatte sich in den letzten paar Wochen still verhalten, keine Anrufe, keine Überraschungsbesuche. David hatte nicht mal ihren Namen erwähnt. Aber er hatte ja auch nichts von Nicoles wiederholten Besuchen im Gerichtssaal erzählt. Damit sind wir quitt, entschied sie. Sie hatte ihm Nicoles Auftritt bei Rita Carrington verschwiegen. Was hätte das auch genützt? Sie würde Davids Devise befolgen und so tun, als sei nichts geschehen. Es war wohl das beste, die ganze Geschichte auf sich beruhen zu lassen. Dann würde sich die ganze Aufregung legen. Was mach' ich denn da? Wo bin ich bloß mit meinen Gedanken? Konzentrier' dich, um Himmels willen, konzentrier' dich doch.

Auf einmal hörte sie wieder das unterdrückte Stöhnen. David. Ob sie ihm weh getan hatte? Sie versuchte, den Kopf zu heben, doch seine Hand preßte ihn unerbittlich hinunter. Das Stöhnen wurde lauter.

»Wahnsinn, Lilli«, keuchte er, und plötzlich schoß es ihr in den Mund. Sie würgte ein paarmal, dann schluckte sie's hinunter, und endlich löste sich sein eiserner Griff. Sie setzte sich auf. »Das war irre, Lilli«, sagte er und küßte sie auf die Stirn. »Oh! So gut warst du noch nie.«

Na wunderbar, dachte sie. Und ich hab's verpaßt.

David zog sie an sich. Lilian dachte an jenen Morgen vor einigen Wochen, als sie um genau dieselbe Zeit aus ihrem Alptraum aufgeschreckt war und David sie unter die Dusche geschleppt hatte. Vielleicht würde er es heute wieder tun. Sie spielte mit den Haaren auf seiner Brust. Doch jetzt blieben sie weich und reglos wie das Fell eines satten, zufriedenen schnurrenden Katers. Ihr Körper sehnte sich nach seiner Umarmung, nach Zärtlichkeit.

Es klickte leise, und plötzlich hallte die Stimme von Stevie Wonder durchs Zimmer. David tastete mit einer Hand nach dem Radiowecker, stellte ihn leiser und befreite sich aus ihrer Umarmung.

»Zeit zum Aufstehen«, sagte er und rollte sich aus dem Bett.

Lilian richtete sich auf. »Hast du Lust auf 'ne Dusche zu zweit?«

Er lächelte. »Nicht heute, Liebes. Ich hab' 'nen furchtbar anstrengenden Tag vor mir.« Er hielt inne. »Bist du mir böse?«

»Nur enttäuscht«, antwortete sie und versuchte, so tapfer auszusehen wie Ali MacGraw in »Love Story«.

»Ich werd's wiedergutmachen.« Er wartete, bis sie sich ein Lächeln abrang. »Dreh dich doch einfach um und schlaf noch 'n paar Stunden.«

»Nein, ich bin hellwach«, sagte sie. »Außerdem hab' ich auch 'ne Menge zu tun. Heut' abend ist schließlich deine Geburtstagsparty.«

»Scheiße, das hab' ich ganz vergessen.«

»Du habt doch hoffentlich keine Sitzung?«

»Nein«, versicherte er. »Ich glaub' nicht. Ich bin ziemlich sicher, daß nichts anliegt ...«

»Bitte versuch' pünktlich zu sein. Ich hab' die ganze Familie eingeladen ...«

»Ich werd' mein Bestes tun«, versprach er und verschwand im Flur.

Lilian saß auf der Bettkante und grübelte über Elaines gehässige Geburtstagswünsche nach. Sie muß ihn immer noch unheimlich hassen, dachte sie. Nach all den Jahren. Was kann nur solch einen unerbittlichen Haß in einer Frau erzeugen? Ein Mann, antworteten ihre Gedanken mit der Stimme Rickie Elfers. Ein Mann könnte eine Frau so zu hassen lehren.

»Komm, wir stehn auf und gehen zu Winston zum Brunch!«
rief sie, sprang aus dem Bett und zog ihm die Decke weg.

»Was denn, nachmittags um zwei?« lachte er, ohne sich zu
bewegen. Ihr Blick wanderte über seinen nackten Körper,
und sie sah, daß er schon wieder erregt war.

»Na schön, dann essen wir eben zu Mittag oder trinken Tee
oder irgendwas.« Sie ging ans Fenster und schaute hinaus.
Ihre Wirtin saß mit dem Hund in der Sonne.

»›Irgendwas‹ klingt gut«, sagte er, stand auf, trat hinter sie
und umspannte ihre Brüste mit seinen Händen.

»Was machst du da?« Sie lächelte zärtlich und versuchte
sanft, sich loszuwinden. »He, was soll das . . .« Er stemmte sie
in die Höhe und glitt von hinten in sie hinein. »Mrs. Everly
ist unten«, jammerte Lilian. »Wenn sie nun raufguckt?«

»Dann sieht sie zwei Menschen, die sehr glücklich miteinander sind.«

»Und ich kann mich womöglich nach ’ner neuen Wohnung
umsehen.«

»Wär’ mir nur recht«, antwortete er. »Ich finde die Gegend
hier immer noch ziemlich unsicher.«

Ihr Atem kam stoßweise. »Stimmt«, keuchte sie. »Man
weiß nie, wer sich von hinten an einen ranmacht . . .«

Es war gegen vier, als sie endlich aufbrachen. Lilian hatte
sich lange nicht mehr so glücklich gefühlt. Sie waren den
ganzen Tag zusammengewesen, hatten endlos miteinander
geredet und einen Tag voller Zärtlichkeit und Zusammensein genossen. Es schien keine Probleme zu geben, keine
Menschen, auf die man Rücksicht nehmen mußte oder
deren Gefühle man verletzte. Es gab nichts auf der Welt
außer ihrer Liebe füreinander.

»Lächle und winke«, sagte er plötzlich auf dem Weg zum
Restaurant.

»Was?« fragte sie. Die plötzliche Härte in seiner Stimme
hatte sie aus ihren Gedanken aufgeschreckt.

»Du sollst winken und lächeln«, wiederholte er mit zusammengebissenen Zähnen. Ihr war klar, daß irgend etwas nicht stimmte, doch es blieb keine Zeit, um Fragen zu stellen. Sie wandte sich nach rechts, lächelte den beiden Frauen zu, die in einem silberfarbenen Buick auf der anderen Straßenseite saßen, und neigte den Kopf, statt zu winken. Die Frauen erwiderten ihr Lächeln – sah die am Steuer sie nicht auch ziemlich verwundert an? – und fuhren vorbei. Es war eine beklemmende Szene.

Lilian spürte, wie ihr Glücksgefühl mit einem Schlag erlosch. »Elaine?« fragte sie, obwohl sie instinktiv die Antwort wußte. Er nickte.

»Wen hatte sie da bei sich?«

»Ihre Schwester.«

»Sie sind sehr attraktiv. Sie … deine Frau … sie ist sehr attraktiv.«

Er nickte wieder.

»Was wird sie wohl gedacht haben, als sie uns zusammen…«

»Sie glaubt, ich verbringe den Tag mit einer Mandantin. Ich werd' ihr sagen, ich hätte dich grade nach Hause gebracht.« Lilian spürte einen stechenden Schmerz in der Magengrube, und ihre Augen brannten. »Ich, deine Mandantin«, wiederholte sie dumpf.

»Aber Lilli, um Himmels willen, was soll ich ihr denn sagen? Daß ich den ganzen Tag lang bumsen würde wie 'n Preisbulle? Entschuldige. Es tut mir wirklich leid«, sagte er zerknirscht, und er wirkte ehrlich bestürzt. »Das war dumm von mir. Echt blöd. Aber weißt du, ich bin ein bißchen durcheinander. Es ist mir so peinlich…«

»Und erniedrigend«, setzte sie, ihre eigenen Empfindungen beschreibend, hinzu. »Und beschämend.«

Er fuhr an den Straßenrand und hielt. »O Lilli, du brauchst dich doch nicht erniedrigt zu fühlen oder dich zu schämen. Dazu hast du wirklich keinen Grund. Ich liebe dich doch.«

»Warum bist du dann so wild drauf, *ihre* Gefühle zu schonen? Warum denkst du nicht auch mal an mich?« Er gab keine Antwort. »Am besten bringst du mich jetzt heim, deine Frau erwartet dich sicher bald zu Hause, wo sie doch weiß, daß du fertig bist mit deiner ... Mandantin.«

»Was soll das heißen?«

»Genau das, was ich gesagt hab'.«

»Laß den Quatsch, Lilli. Ich hab' weder die Zeit noch die Nerven zum Rätselraten. Sag', was los ist.«

»Ich will bloß heim«, antwortete sie tonlos.

»Und warum? Was steckt dahinter?«

»Ich bin müde und gekränkt und gedemütigt, und ich schäme mich, weil ich's trotz allem nicht fertigbringe, dir zu sagen, du sollst dich zum Teufel scheren. Das steckt dahinter. Und daß ich dich immer noch mehr liebe als hasse, und daß ich immer noch verrückt nach dir bin.« Sie holte tief Luft. »Weißt du was? Ich nehm' mir 'n Taxi. Ich muß jetzt einfach allein sein.« Sie öffnete die Wagentür und stieg aus. Er versuchte nicht, sie zurückzuhalten.

»Ich fühl' mich wie 'n mieses Schwein, wenn du so redest«, sagte er.

»Du *bist* 'n mieses Schwein.«

»Ich ruf' dich an«, rief er ihr nach und wartete, bis sie ein Taxi gefunden hatte.

Laß es bleiben, hätte sie gern zurückgeschrien, aber sie wußte, daß sie nicht die Kraft dazu hatte; und er wußte es auch.

»Hallo, kann ich bitte Irving Saunders sprechen?« Lilian preßte den Hörer fest ans Ohr. Während sie auf die Verbindung wartete, glitt ihr Blick skeptisch hinüber zu der winzigen Eßecke und blieb auf dem Tisch haften, an dem sie heute abend das Festessen servieren wollte. Wie sollte sie bloß neun Leute an einem Vierertisch unterbringen? »Wie bitte? Entschuldigen Sie, ich hab' nicht ganz verstanden. Oh, mir war gar nicht bewußt, daß es noch so früh ist.« Sie schaute auf die Küchenuhr. »Wann kommt er ins Büro? Um elf?« Es war erst Viertel nach neun. »Schön, ich versuch's später noch mal.

Oder nein, warten Sie. Bitten Sie ihn doch, so bald wie möglich Lilian Plumley, nein, ich meine Lilian Listerwoll anzurufen. Listerwoll«, wiederholte sie und buchstabierte langsam und deutlich, so als wolle sie nicht nur der Stimme am anderen Ende, sondern auch sich selbst klarmachen, daß es wirklich ihr Name war. Es kommt mir vor, als wär's eine Ewigkeit her, dachte sie, als sie der Sekretärin ihre Telefonnummer durchgab. »Es ist dringend«, sagte sie noch, ehe sie auflegte.

Sie blickte sich um. Der Kuchen war im Backofen; den Salat brauchte sie bloß noch zu mischen; aber sie mußte noch die Einkäufe erledigen. Vielleicht am besten gleich, ehe Irvings Rückruf kam. Nein, sie konnte ja nicht weggehen, solange der dämliche Kuchen im Rohr war ...

Ihre Augen wanderten zurück zum Eßtisch. Am besten deck' ich ihn schon mal probeweise. Lilian zog die Schublade heraus, in der sie das Besteck aufbewahrte, und starrte auf die ordentlich sortierten Fächer mit Gabeln, Messern und Löffeln. »Neun Personen«, sagte sie laut vor sich hin und blickte über die Schulter zurück auf den winzigen Teil des L-förmigen Wohnraums, der sich als Eßzimmer gerierte. Zur Not könnte man vielleicht sechs Leute an dem kleinen Tisch zusammenpferchen. Aber neun? Warum hab' ich mir das nicht vorher überlegt?

Entmutigt lehnte Lilian im Türrahmen. Wo sollte sie bloß neun Personen unterbringen? Zum Glück machte ihr Bruder mit seiner Frau Urlaub in Florida (»Wer um alles in der Welt fährt im Sommer nach Florida?« hatte ihre Mutter wiederholt gefragt, seit die beiden abgereist waren), sonst hätte sie sich mit elf Personen herumschlagen müssen. Vielleicht könnten wir alle zusammen zu Elaine gehen, dachte sie. Schließlich hat das Haus auch mal David gehört. (»Gib ihr um Himmels willen alles, was sie verlangt«, hatte sie ihn gedrängt. »Hauptsache, wir haben's so schnell wie möglich hinter uns und können endlich unser eigenes Leben anfangen!«) Na wennschon, damals hatte das sehr vernünftig geklungen.

Lilian durchquerte die Eßecke und sah sich im Wohnzimmer um. Es war einigermaßen geräumig, oder wenigstens erweckte die große Fensterfront den Anschein. Der Raum lag nach Süden, mit Blick auf den Grant Park, und sie hatten eine herrliche Aussicht auf den prachtvollen Buckingham-Brunnen. Bei dem Mietpreis kann man auch 'ne schöne Aussicht erwarten, dachte sie. Die Wohnung hatte zwei Schlafzimmer, von denen sie eines als Arbeitsraum benutzten. Doch Lilian hatte insgeheim gehofft, daß sie eines Tages den Fernseher, die alte, schäbige Schlafcouch und den Ledersessel mit einer Wiege und einem Wickeltisch vertauschen würde. Der Gedanke war ihr unangenehm, denn er erinnerte sie daran, daß sie Beths Rat, sich mit David auszusprechen, immer noch nicht befolgt hatte. Also versuchte sie sich abzulenken und ordnete die Kissen auf der eleganten Polstergarnitur. Ich könnte sie alle hierhersetzen, schoß es ihr plötzlich durch den Kopf. Sie zählte die Sitzgelegenheiten. Drei aufs Sofa, zwei in die Ohrensessel, und dann könnte ich noch die vier Eßzimmerstühle dazustellen. Großartig. Sie würde ein Büfett anrichten, und jeder konnte sich selbst bedienen. Hoffentlich würde niemand Bœuf Stroganow auf den weißen Berber kleckern. Als sie in die Küche zurückging, war sie so in Gedanken versunken, daß sie über ihre neueste Errungenschaft, eine moderne Plastik, stolperte. Es war ein quadratisches Objekt in dem vertikale, bewegliche Stahlelemente melodisch gegen festverankerte, horizontale Stifte schlugen. (»Was ist das? 'ne Art Luftbefeuchter?« hatte ihre Mutter gefragt.) Die feinen Stahlstifte verhedderten sich ineinander, und Lilian bemühte sich geraume Zeit vergeblich, sie zu entwirren. Das wird David in Ordnung bringen müssen, entschied sie, richtete sich auf und ging in die Küche. Hoffentlich kommt er nicht zu spät zu seiner eigenen Party. Bisher war er jedesmal wenn sie ihre Eltern eingeladen hatte, spät nach Hause gekommen, was ihren Vater veranlaßte, sich laut und vernehmlich darüber zu wundern, wann Lilian ihren Mann wohl zu Gesicht bekäme. (»An Wochentagen arbeitet er bis nachts um zehn«, hörte sie ihn sagen. »Und er arbeitet sogar samstags und sonntags. Wann hat er denn mal Zeit fürs Privatleben?«) Lilian blockte solche Fragen (Anklagen?) in der Regel mit der Erklärung ab, die David ihr gegeben hatte, und sagte, ihr Mann sei momentan etwas überlastet, doch das sei nur vorübergehend. Aber wie lange dauert es, bis aus einer vorübergehenden Situation ein Dauerzustand wird? In ihren beiden ersten Ehejahren hatte er selten länger als bis sieben gearbeitet. Zu der Zeit war sie selbst unheimlich beschäftigt gewesen. Oft hatte sie bis spätabends im Studio zu tun, und wenn sie heimkam, wartete er schon ungeduldig auf sie. Sie ließen sich eine Pizza kommen, und David zog sie damit auf, daß ihr Beitrag zu den Mahlzeiten sich darauf beschränke, einen Tisch zu bestellen. Wie kam es also, daß sie plötzlich Bœuf Stroganow und Heidelbeerkaltschale machte?

Das Telefon klingelte. Lilian nahm den Hörer ab. »Hallo?«

»Lilian?« Die Stimme war tief und männlich, und ihr Klang versetzte Lilian in die Vergangenheit zurück.

»Irving?« rief sie fröhlich.

»Du klingst so überrascht. Hast du denn nicht angerufen? Man hat mir ausgerichtet, daß du mich sprechen wolltest.«

»Stimmt. Ich hab' angerufen. Aber man sagte mir, du kämst nicht vor elf ins Büro.«

»Es wurde mir zu langweilig, zu Hause dem Baby beim Schreien zuzuhören«, erklärte er mürrisch. »Da setz' ich mich schon lieber an den Schreibtisch.«

»Baby?! Irving, ich wußte gar nicht, daß ihr ein Kind habt!«

»'nen Jungen. Er ist schon sechs Monate.«

»Aber das ist ja wunderbar. Wie geht's Cindy?«

»Gut. Ihr geht's ausgezeichnet. Sie geht ganz auf in ihrer Mutterrolle.«

»Und du?«

»Ach, weißt du, Janet und ich, wir hatten ja schon vier Söhne, da war's für mich nicht mehr ganz so aufregend.«

»Und sonst?« fragte sie. »Wie geht's sonst?«

»Wunderbar. Könnte nicht besser sein. Der Sender treibt mich zur Verzweiflung wie gewöhnlich. Aber was ist mit dir? Und wie geht's David. Seid ihr noch zusammen?«

»Aber natürlich. Ihm geht's gut, fabelhaft, wirklich«, betonte Lilian. Sie versuchte, sich den Mann am anderen Ende der Leitung vorzustellen. Er war um die fünfzig, groß und kräftig, mit graumeliertem Haar, das gut zu seinen hellgrauen Augen paßte. Bestimmt trug er Bluejeans und ein offenes Hemd und lehnte an der Wand im Kontrollraum, umgeben von flimmernden Bildschirmen, kreischenden Tonbändern und aufgeregt herumrasenden Mitarbeitern. Einen Augenblick lang sah sie alles so deutlich vor sich, als sei sie dabei.

»Irving, können wir uns bald mal treffen? Ich hab' da eine Idee, und darüber möchte ich gern mit dir reden.«

»Klar doch«, antwortete er. »Ich fliege am Montag nach Afrika. Stell dir vor, ausgerechnet Afrika, und ich muß mich ganze zwei Wochen da rumtreiben. Wie wär's, wenn ich dich gleich nach der Reise anrufe?«

Lilian spürte, wie ihre Schultern herabsackten. »Mist, ich hatte gehofft, ich könnte dich vorher sprechen. Hast du denn heute keine Zeit? Mittags zum Beispiel? Wie wär's, wenn ich dich zum Essen einlade?«

»Klingt ja, als ob's wichtig wär'«, sagte er.

»Kann schon sein.«

»Also gut, essen wir zusammen. Ich treff' dich um eins bei Maloney. Ist dir das recht?«

»Paßt großartig«, sagte Lilian und fragte sich, wie um alles in der Welt sie mit den Vorbereitungen für den Abend fertig werden sollte. »Einfach großartig.«

11

Das Restaurant war überfüllt. Da es dem Studio genau gegenüber lag, kamen die Fernsehleute fast alle zum Essen hierher. Lilian kannte viele von ihnen, und ein paar erkannten auch sie wieder. Irving winkte ihr vom anderen Ende des langgestreckten Raumes aus zu, und sie kämpfte sich durch die Menge. Als sie an der Bar vorbeikam, blickte sie in erschreckend viele fremde Gesichter.

»Lilian?! Mein Gott, tatsächlich! Lilian Listerwoll!« dröhnte eine Stimme hinter ihr. Zwei mächtige Arme umfaßten sie und preßten sie fest gegen eine rauhe Tweedjacke.

»Das kann nur Arthur Goldenberg sein«, sagte Lilian, noch ehe sie sein Gesicht sehen konnte. »Das ist der einzige Mann, dem ich zutrauen würde, mitten im Sommer in so 'nem dicken Anzug rumzulaufen.«

Sie küßten einander freundschaftlich. »Wir haben beinahe schon Herbst«, korrigierte er. »Nächste Woche ist Labor Day.« Die hellen Augen des Briten zwinkerten verschmitzt. »Na, wie geht's dir? Was machst du denn hier? Kommst du etwa wieder zu uns?«

Lilian schenkte einem der Maskenbildner, den sie von früher her kannte, ein warmes Lächeln. »Ich weiß nicht«, sagte sie. »Ich bin hier, um mit Irving zu reden. Wollte mich mal erkundigen, ob er mich brauchen kann.«

»Dich kann man doch überall brauchen«, antwortete er,

legte ihr den Arm um die Schultern und zog sie an sich.
»Schau nicht hin«, flüsterte er verschwörerisch. »Aber die
Frau da hinten an der Bar ... nicht hinsehen!« mahnte er,
als Lilian automatisch den Kopf wandte. »Das ist deine
Nachfolgerin. Nicht hinsehn!«

»Entschuldige«, sagte Lilian. »Ich dachte, Maya Richards
hätte meinen Posten gekriegt.«

»Stimmt, aber es klappte nicht mit ihr. Die da haben sie aus
Los Angeles geholt. Susan Timmons. 'n richtiges Raubtier,
sag' ich dir. Und sie beißt nicht bloß, sie hat auch noch Haare
auf den Zähnen!«

»Arthur! Du bist einfach unmöglich. Bist du über mich auch
so hergezogen, nachdem ich weg war?«

Er lächelte. »Nur 'n bißchen. Und auch das nur, weil ich so
gekränkt war, daß du uns verlassen hattest.« Er hielt inne.
»Ich wär' weiß Gott froh, wenn du zurückkämst.«

»Ich auch«, gestand Lilian und merkte erst jetzt, wie sehr
sie hoffte, daß es klappen würde. Sie tätschelte dem Maskenbildner die Wange, zwängte sich an ihm vorbei und
steuerte auf Irving Saunders zu, der aufgestanden war, um
sie zu begrüßen. Dabei gelang es ihr, die Frau, die ihren
Posten übernommen hatte, gründlich zu mustern. Sie ist
jünger, dachte Lilian. Ungefähr fünf Jahre, schätzte sie. Es
war eine attraktive Blondine, ein bißchen spröde vielleicht,
aber sie sah nicht aus wie eine, die Haare auf den Zähnen
hat.

»Wie geht's dir, Lilian?« fragte Irving und küßte sie herzlich
auf den Mund. »Schwärmst du immer noch für Bloody
Mary?« Er winkte dem Kellner.

»Ich hab' schon ewig keine mehr getrunken«, sagte Lilian
und setzte sich. »Aber es klingt verlockend.«

»Eine Bloody Mary und einen Scotch mit Wasser«, bestellte
Irving. Dann wandte er sich wieder ihr zu. Ganz unverhoh-
len unterzog er sie einer eingehenden Musterung.

»Na?« fragte sie. »Wie seh' ich aus?«

»Phantastisch«, antwortete er, und es klang ehrlich. »Der Ehestand bekommt dir anscheinend.«

»Das hoffe ich«, erwiderte sie. Den Blick zur Bar gewandt, setzte sie hinzu: »Ich hab' Art Goldenberg getroffen ...«

»Hab' ich gesehen. Wie geht's dem alten Klatschmaul?«

»Er läßt dich grüßen.«

»Was du nicht sagst.«

»Er hat mir meine Nachfolgerin gezeigt.«

»So, hat er das?« Sie nickte. »Ja, weißt du, wir sind sehr zufrieden mit Susan. Sie ist intelligent, ehrgeizig und unheimlich fleißig. Sie wird übrigens diese Afrikareise mitmachen, von der ich dir erzählt habe.«

Lilian versuchte zu lächeln. »Du hättest sagen sollen, daß es mit ihr vorn und hinten nicht klappt und daß du alles tun würdest, um mich zurückzukriegen.«

Erstaunt blickte Irving sie an. Der Kellner brachte die Getränke. Lilian hob ihr Glas und prostete ihm zu.

»Zum Wohl.«

»Zum Wohl«, wiederholte Irving und stieß mit ihr an. »Ist das dein Ernst?« fragte er schließlich. »Möchtest du wirklich wieder bei uns arbeiten?«

Sie holte tief Luft. »Ja, es ist mein Ernst«, seufzte sie. »Ich möchte wieder anfangen. Allerdings hatte ich nicht vor, so mit der Tür ins Haus zu fallen. Ich dachte, wir würden erst 'n bißchen plaudern und so ...« Sie lachte nervös.

»Du konntest nie sonderlich gut drum rumreden«, erinnerte sich Irving. »Das fand ich immer so charmant an dir.«

»Außerdem war ich eine der Besten in deinem Team«, tastete sie sich vor.

»Ja, das warst du«, gab er offen zu. »Daran besteht kein Zweifel.« Einen Moment lang herrschte peinliches Schweigen. »Vielleicht sollten wir doch 'n bißchen plaudern, nur so zum Warmwerden«, sagte Irving und lachte gekünstelt.

»Klingt nicht grade ermutigend«, stellte Lilian verlegen fest. Irving wußte nicht recht, wie er sich ausdrücken sollte.

»Erzähl' mir doch mal ... äh ... na, du weißt schon ..., wie kommt's eigentlich ...« Er brach ab. »Warum?« fragte er schließlich abrupt.

»Warum was?«

»Warum möchtest du zurückkommen? Ich meine, war's nicht so, daß du durch den Job 'ne Menge Probleme hattest? David war's nicht recht, daß du so oft verreisen mußtest. Er war dagegen, daß du abends oft länger gearbeitet hast und daß du 'ner Menge Gefahren ausgesetzt warst. Hat er etwa seine Meinung geändert?«

»Ich hab' mich geändert«, sagte sie. Sie schaute ihm fest in die sanften, grauen Augen. Und plötzlich war es, als schöbe sich Nicole Clarks Gesicht vor Irvings vertraute Züge. »Als David mich kennenlernte«, fing sie an, »also da war ich eine aufregende, intelligente und reizvolle Frau, die dauernd unterwegs war, mal im Kugelhagel, mal auf 'ner heißen Spur, mal ... na, wie auch immer. Jedenfalls hatte ich 'ne Karriere! Ein aufregendes Leben! Ich war eine Persönlichkeit, war stark und unabhängig.« Sie seufzte theatralisch. »Und jetzt? Jetzt bin ich nur noch Ehefrau.«

»Also jetzt untertreibst du aber«, widersprach Irving. »Du bist doch schließlich Dozentin ...«

»Aber 'ne sauschlechte, Irving, und das weißt du auch. Schließlich hast du's mir prophezeit, als ich beim Sender aufhörte. Du hast recht behalten. Ich werd' wahnsinnig, wenn ich noch lange in diesem dämlichen Hörsaal hocke. Es muß endlich wieder was *passieren* in meinem Leben!«

»Und was ist mit David? Wie denkt er drüber?«

»Wichtig ist einzig und allein, wie *ich* drüber denke!« Lilian war selbst überrascht von der Heftigkeit ihres Tons.

»Davids Einwände waren der Grund dafür, daß ich dich damals verloren habe«, erklärte Irving geduldig. »Ich kann es mir nicht leisten, dich zurückzuholen, wenn ich dabei Gefahr laufe, dich in ein paar Monaten wieder zu verlieren.« Lilian überlegte. »Ich kann dir wirklich nicht sagen, wie

David sich dazu stellen würde. Wir haben nur ganz kurz darüber gesprochen. Er war der Meinung, ich müsse die Entscheidung selbst treffen. Ich weiß, ja, ich weiß«, wiederholte sie, »daß es ihn zunächst vielleicht nicht grade überglücklich machen würde. Aber verdammt noch mal, Irving, ich war beim Fernsehen, als er mich kennenlernte! Ich war beim Fernsehen, als er sich in mich verliebte! Zum Teil hat er sich auch in meine Arbeit verliebt, und der Teil fehlt mir jetzt!« Sie schüttelte den Kopf. Dann überwand sie sich und sprach ihre Gedanken aus. »Ich versteh's einfach nicht. Da hat ein Mann eine Frau, die ihr ganzes Leben nach ihm ausrichtet, und was passiert? Ihm wird's zu langweilig. Sie ist einfach zu leicht zu durchschauen. Ihre Welt ist so begrenzt und ohne jedes Abenteuer. Also verläßt er sie und wendet sich einer Frau zu, die einen eigenen Beruf hat, einen eigenen Stil, die ihr eigenes Leben lebt. Sie verkörpert alles, was seiner Frau fehlt. Schließlich läßt er sich scheiden und heiratet die andere. Und ehe man sich's versieht, beginnt er ganz unmerklich, sie zu verändern, bis sie eines Tages genauso wird wie die, von der er weggelaufen ist. Dann dauert's gar nicht mehr lange, und der Ehemann fängt wieder an, sich zu langweilen. Der Kreislauf beginnt von vorn, der Mann ist wieder auf der Suche nach dem, was er selbst zerstört hat.«

Irving sah sie forschend an. »Zitierst du aus deiner Autobiographie?«

»Ich beschreibe bloß ein altbekanntes Schema. Und ich will vermeiden, daß auch ich eines Tages da hineinpasse.« Sie trank einen großen Schluck. »Kannst du mir folgen?«

Irving leerte sein Glas und bestellte noch zwei Aperitifs. »Ich weiß genau, was du sagen willst«, versicherte er. »Nur sehe ich die Sache aus der Perspektive des Mannes, verstehst du. Bestimmt erinnerst du dich noch an Cindy.« Ohne ihr bestätigendes Kopfnicken abzuwarten, fuhr er fort: »Woran liegt es nur, daß die Ehe die Menschen so verändert?« Er erwartete offenbar keine Antwort auf seine Frage. »Wie lange mußten Cindy und ich uns heimlich treffen, bis Janet endlich in die Scheidung einwilligte? Vier Jahre? Oder waren's fünf? Cindy war nicht bloß mit Abstand die beste Forschungsassistentin, die ich je hatte, nein, sie war auch ... na ja, sie war genau das, was du grade beschrieben hast. Sie war aufregend und reizvoll, war unabhängig und intelligent. Sie gehörte zu den wenigen wirklich begabten Frauen, die mir in der Branche begegnet sind. Und diese unwahrscheinlich gescheite Frau kann heute buchstäblich Stunden damit zubringen, die Vorzüge von Wegwerfwindeln zu preisen und mit der Schinderei früherer Tage zu vergleichen, als man die Dinger ständig waschen mußte. Ich hab' diesen ganzen Mist schon vor zwanzig Jahren mitgemacht! Ich mußte so lange damit leben, daß mir heute noch davor graust. Ich hab' mich da losgeeist, um mit einer Frau zu leben, die Überraschungseinladungen liebte, die's lustig fand, um die halbe Welt zu gondeln, bloß um in einem bestimmten Restaurant zu Abend zu essen, die wild drauf war, die ganze Nacht durchzutanzen, und die am liebsten spontane Entscheidungen traf. Heute bin ich mit einer Frau verheiratet, die zwanzigmal am Tag unseren Sohn stillt und die mich nicht mal auf 'nen Hamburger an der Ecke treffen würde, wenn sie nicht mindestens zwei Wochen vorher Bescheid wüßte. Ich hab' also wieder genau das, wovor ich geflüchtet bin.«

»Und David hat das, wovor *er* geflohen ist«, antwortete Lilian ruhig.

»David, hat das, was er sich wünscht.«

»David weiß gar nicht, was er will«, sagte sie bitter. »Und das Blöde an der ganzen Sache ist, daß ich's auch nicht genau weiß.«

Irving lachte gequält. »Ich fürchte, keiner von uns weiß genau, was er will.«

»Man wünscht sich etwas so lange, bis man's hat«, sinnierte

Lilian. »Und wenn's soweit ist, setzt man alles daran, es zu verändern.«

»Oder es verändert sich ganz von selbst«, sagte Irving.

»Von wem stammt das doch gleich: ›Hüte dich vor deinen Wünschen. Sie könnten in Erfüllung gehen!‹?«

Lilian lächelte. »Grace Metalious«, erwiderte sie und dachte an die kürzlich verstorbene Autorin von »Peyton Place«. »Aber ich bin sicher, das haben schon andere vor ihr gesagt.«

Irving lachte befreit auf.

»Was findest du so komisch?« wollte sie wissen.

»Dich. Du bist der einzige Mensch, den ich kenne, der tatsächlich selbst auf Fragen, die rein rhetorisch gemeint sind, eine vernünftige Antwort geben kann. Ich hoffe, David weiß, was er an dir hat.«

»Gibt's das überhaupt, einen Ehemann, der seine Frau zu schätzen weiß?« grübelte sie und setzte eilig hinzu: »Natürlich ist das eine rein rhetorische Frage.« Der Kellner brachte die Getränke. »Wollen wir jetzt bestellen?« fragte Lilian.

Irving schüttelte den Kopf. »Ich hab' keinen Hunger.«

»Ich auch nicht.« Sie dankte dem Kellner. Der zuckte nur mit den Achseln und verschwand. »Sie schaut dauernd zu uns rüber«, stellte Lilian fest.

»Von wem sprichst du?« fragte Irving.

»Susan Ich-weiß-nicht-wie-sie-heißt. Die aus Los Angeles.«

Irving drehte sich nach der Bar um. »Wahrscheinlich hat ihr jemand erzählt, wer du bist«, sagte er, als er sich Lilian wieder zuwandte.

»Glaubst du, es macht ihr was aus?«

»Na ja, ich stell' mir vor, es ist so, als ob du in ein Restaurant kommst, und da sitzt dein Mann und ißt mit einer anderen Frau.«

»Nicht jede andere Frau ist gefährlich.«

»Nicht jede andere Frau ist hinter ihrem Job her.«

»Ich war zuerst da«, sagte Lilian scherzend. Plötzlich fiel ihr ein, daß sie vor ein paar Wochen Nicole Clark gegenüber genau dieselben Worte gebraucht hatte, und sie merkte auf einmal, wie kindisch sie klangen.

»Das ist richtig«, gab Irving zu. »Aber du bist ausgestiegen. Und es ist nun mal so, daß immer einer sprungbereit drauf wartet, den Job zu übernehmen, den ein anderer hinschmeißt.«

Die Frau, die hinten an der Bar saß, erhob sich und kam auf sie zu. »Hallo, Irving«, grüßte sie freundlich. Dann streckte sie Lilian die Hand entgegen und sagte: »Guten Tag. Man hat mir grade erzählt, daß Sie früher meine Stelle hatten.«

»Lilian Listerwoll«, stellte Irving vor. »Oder ist dir Lilian Plumley lieber?« fragte er. Lilian erklärte, ihr sei beides recht. »Na schön. Und das ist Susan Timmons. Hast du alles vorbereitet für Montag?«

»Ich bin schon geimpft, und gepackt hab' ich auch«, antwortete Susan fröhlich. »Ich war noch nie in Afrika«, wandte sie sich an Lilian. »Ich kann's kaum erwarten.«

»Afrika war auch immer mein Traum«, gestand Lilian.

»Fahr doch mit David«, meinte Irving eine Spur zu überschwenglich. »So 'n Anwalt verdient doch klotzig. Das Geld muß schließlich unter die Leute gebracht werden.«

»Keine Angst, dafür ist gesorgt«, antwortete Lilian und dachte an Elaine.

»Na, jedenfalls hoffe ich, daß wir uns bald wieder treffen«, sagte Susan Timmons verbindlich, und es klang beinahe ehrlich. »Wir sehen uns ja nachher im Studio, Irving.«

»Ich komm' in ein paar Minuten rüber«, rief er ihr nach. Lilian nahm hastig einen Schluck. Ihr Kopf drehte sich ein bißchen, sie war nicht an flüssige Nahrung gewöhnt. Als ihr einfiel, was es noch alles zu tun gab, fragte sie sich besorgt, wie sie wohl alles durchstehen sollte mit nichts als Tomatensaft und Wodka im Magen.

»Fühlst du dich nicht wohl?« fragte Irving.

»Du versuchst mir klarzumachen, daß du mich nicht zurückhaben willst«, sagte sie ohne Umschweife.

»Ganz im Gegenteil. Ich würde sogar wahnsinnig gern wieder mit dir zusammenarbeiten«, versicherte er aufrichtig. »Aber im Moment ist einfach nichts frei.«

»Und wie wär's mit freier Mitarbeit?«

»Du weißt doch, was der Sender von freien Mitarbeitern hält«, sagte er. »Abgesehen von ganz ausgefallenen Sonderaufträgen setzen wir immer unsere eigenen Leute ein.«

Sie spürte, wie ihr die Tränen in die Augen stiegen, und sie senkte hastig den Kopf.

»Oh, bitte entschuldige, Lilian«, sagte er schnell. »Ich wußte nicht, daß es so 'n Schlag für dich sein würde.«

»Ist ja nicht deine Schuld«, erwiderte sie, als sie sich wieder gefaßt hatte. »Ich wollte eben mal sehn, ob was läuft.«

Er langte über den Tisch und griff nach ihrer Hand. »Ich bin froh, daß du zu mir gekommen bist. Und glaub' mir, ich möchte wieder mit dir arbeiten. Paß auf, ich mach' dir 'nen Vorschlag. Und halt' das bitte nicht für 'nen billigen Trost. Du weißt doch, wie schnell sich beim Fernsehen die Lage ändern kann.« Lilian nickte und dachte an die vielen fremden Gesichter an der Bar. »Na ja, also ich hoffe, du verstehst, was ich sagen will . . .«

»Wenn sich was ändert, rufst du mich an«, antwortete sie.

»Genau, und zwar rufe ich dich als allererste an.«

Sie lächelte und leerte ihr Glas. »Das ist immerhin besser als nichts«, sagte sie.

»Und du würdest mir keinen Korb geben?« erkundigte er sich eindringlich.

Ihr Gesicht leuchtete auf. »Ganz bestimmt nicht.«

Als sie vor der Wohnungstür nach ihren Schlüsseln suchte, hörte sie drinnen das Telefon läuten. »Moment!« rief sie laut, ließ die Einkaufstüten fallen und steckte eilig den Schlüssel ins Schloß. »Komme schon!« Die Tür sprang auf, und sie rannte zum Apparat, doch als sie den Hörer abnahm, ertönte nur das Freizeichen.

»Warum müssen die Leute immer ausgerechnet dann auflegen, wenn ich dran gehe?« wunderte sie sich laut. Seufzend schleppte sie ihre Einkäufe in die Wohnung und schloß die Korridortür hinter sich.

Als erstes verstaute sie das Geschenk für David. Sie hatte ihm ein schwarz-blau schattiertes Seidenhemd mit bauschigen Ärmeln gekauft. Es war sündhaft teuer, doch als sie sich David darin vorstellte, fand sie, daß es ihm fabelhaft stehen müßte. Und da sie außerdem sicher war, er würde es hinreißend finden, hatte sie sich spontan zum Kauf entschlossen. Sie freute sich jetzt schon auf sein Gesicht beim Auspacken.

Sie schaute auf die Uhr. Es war fast halb sechs. Sie hatte für halb sieben zum Essen gebeten, und da es ein reines Familientreffen war, würden die Gäste alle pünktlich sein. Mit Ausnahme des Geburtstagskindes vielleicht.

Sie fühlte sich wie zerschlagen. Sie war den ganzen Nachmittag herumgehetzt, ohne Mittagessen, mit nichts als zwei Bloody Marys im Magen. Sie mußte sich unbedingt ein Weilchen entspannen, die Füße hochlegen und sich sammeln. Gerade hatte sie es sich im Arbeitszimmer bequem gemacht, da klingelte das Telefon.

Natürlich, dachte sie. Wenn sie einen nicht beim Heimkommen erwischen, dann passiert's garantiert, wenn man sich grade hingelegt hat!

»Hallo?«

»Ja, wenn das nicht die liebende Ehefrau ist?!«

Beim Klang von Elaines Stimme war Lilian mit einem Schlag wieder stocknüchtern.

»Kann ich was für Sie tun?« fragte sie brüsk. Die Erinnerung an Elaines makabren Anruf am frühen Morgen war nicht dazu angetan, sie freundlich gegenüber dieser Frau zu stimmen, mit der sie anscheinend den Rest ihres Lebens teilen mußte. Wenn Kinder im Spiel sind, gibt es keine Scheidung. Das wurde ihr allmählich klar.

»Ist mein Mann da?«

»Ihr Exmann ist noch in der Kanzlei.«

»Da hab' ich schon angerufen. Man sagte mir, er sei für den Rest des Tages außer Haus.«

»Ach?« Lilian bemühte sich, ihre Überraschung zu verbergen. Ob David sich vielleicht früher hatte loseisen können und jetzt auf dem Heimweg war?

»Immer noch das alte Lied, was?« fragte Elaine, und Lilian konnte sich ihr selbstgefälliges Lächeln lebhaft vorstellen.

»Wenn er kommt, werde ich ihm ausrichten, daß Sie angerufen haben«, sagte Lilian schroff und legte auf, ohne eine Antwort abzuwarten. Jetzt würde Elaine hoffentlich das Lächeln vergehen. Doch als ihr Blick auf den festlich gedeckten Tisch fiel, der nur noch auf das Geburtstagskind wartete, da begriff sie, daß sie selbst es war, für die es nichts zu lächeln gab. Elaine steht jetzt in ihrer frisch renovierten Luxusküche und grinst von einem Ohr zum anderen, dachte sie und fragte sich, wie Elaine es wohl anstellte, ihr immer wieder das Gefühl zu geben, sie sei keinen Pfifferling wert. Sie nahm den Hörer ab und wählte, ohne zu überlegen, Davids Nummer.

»Weatherby & Ross«, meldete sich die klare Stimme der Empfangsdame.

»Ich möchte bitte David Plumley sprechen«, sagte Lilian und überlegte, ob die Frau wohl ihre Stimme erkennen würde. Sie haßte die Art Ehefrauen, die ihre Männer ständig im Büro belästigten.

»Mr. Plumley ist nicht mehr im Hause.« Elaine hatte also die Wahrheit gesagt.

»Wie lange ist er schon weg?«

»Seit zwanzig Minuten.«

»Wissen Sie zufällig, ob er heimfahren wollte? Hier spricht Mrs. Plumley.«

»Er hat mir nicht Bescheid gesagt. Tut mir leid, Mrs. Plumley.«

»Ach, das macht doch nichts. Vielen Dank und auf Wiederhören.«

Lilian legte den Hörer auf und ging zurück ins Arbeitszimmer. Wenn er vor zwanzig Minuten das Büro verlassen hatte, dann müßte er schon zu Hause sein. Falls er sich gleich auf den Heimweg gemacht hatte. Wütend hob sie die Zeitung auf, die wirr auf dem Boden verstreut lag, ließ sich in den braunen Ledersessel fallen und versuchte, sich zu entspannen und ihre am Morgen versäumte, gemütliche Anzeigenlektüre nachzuholen. Und alles bloß wegen dieser Ziege Elaine, dachte sie, während sie nach der Seite mit den Geburts- und Todesanzeigen suchte. Natürlich würde David gleich nach Hause kommen. Während seiner Ehe mit Elaine hatte er keine Lust gehabt heimzugehen, eben *weil* er mit Elaine verheiratet war. Mit Lilian Listerwoll-Plumley war das etwas ganz anderes. »Lilian Listerwoll oder Lilian Plumley?« hatte Irving sie gefragt. Warum konnte sie nicht beides sein?

Sie überflog die lange Spalte mit den Geburtsanzeigen. *Hurra, es ist ein Junge!* sprang ihr eine fettgedruckte Zeile in die Augen. Und gleich darunter stand: *Hurra, es ist ein Mädchen!* Keine einzige originelle Formulierung. Ihr Blick wanderte weiter zu den Todesanzeigen. Nur ein einziges Mal, dachte sie, möchte ich die Zeitung aufschlagen und lesen: *Hurra, es ist eine Leiche!*

Wieder klingelte das Telefon. Sie ließ die Zeitung fallen und rannte an den Apparat. Eigentlich sollte ich gar nicht abnehmen, dachte sie, es ist wahrscheinlich bloß wieder Elaine.

»Hallo«, sagte Lilian.

Die Stimme am anderen Ende schien gefaßt, doch Lilian glaubte, unterdrückte Besorgnis herauszuhören. »Lilli? Stör' ich dich?«

Lilian war sicher, daß sie die Frauenstimme kannte, doch im

Augenblick konnte sie ihr kein Gesicht zuordnen. »Wer spricht da, bitte?« Sie kam sich schrecklich plump vor.

»Hier ist Beth Weatherby«, antwortete die Stimme rasch. »Entschuldige, ich hätte mich natürlich mit Namen ...«

»Aber nein, es ist meine Schuld. Wie konnte mir das nur passieren, ich kenn' doch deine Stimme.« Warum überbieten wir uns bloß gegenseitig mit Entschuldigungen? »Ist alles in Ordnung bei euch? Deine Stimme ist so anders ...«

»Nein, nein, mir geht's gut«, versicherte Beth. Jetzt kam ihre Stimme Lilian wieder ganz vertraut Vor. »Ich hab' vor 'ner Weile schon mal angerufen. Wahrscheinlich warst du nicht zu Hause ...«

»Ach du warst das. Ich kam grade zur Tür rein, als ...«

»Ich wollte dich fragen, ob wir uns vielleicht irgendwo auf 'nen Kaffee treffen könnten ...«

»Aber gern. Und wann?«

Es entstand eine winzige Pause. »Nun, ich dachte, jetzt gleich.«

»Jetzt?« Lilians Blick wanderte automatisch zur Uhr. Es war gleich sechs. In einer halben Stunde würden die Gäste eintreffen.

»Ich weiß, daß es jetzt kurz vorm Abendessen wahrscheinlich schlecht geht, aber ...«

»O Beth, es tut mir schrecklich leid, aber ich schaff's ehrlich nicht. Ich hab 'nen Haufen Gäste. Neun Personen. Praktisch die ganze Familie. Heute ist nämlich Davids Geburtstag, weißt du ...«

»Aber natürlich, ich verstehe. Du, vergiß es einfach. Ich hab' sowieso nicht fest damit gerechnet, daß du's so kurzfristig einrichten könntest ...«

»Beth, sei ehrlich, stimmt irgendwas nicht?«

Die Stimme gewann an Festigkeit. Sie klang jetzt ganz wie die Beth Weatherby, an die Lilian gewöhnt war. »Aber nein, was sollte denn sein? Entschuldige, ich wollte dich wirklich nicht beunruhigen. Wirklich, du ... Es ist bloß, weil Al vorhin anrief und sagte, er käme später nach Hause. Na, und da dachte ich, falls David auch länger arbeitet, könnten wir uns auf einen Kaffee treffen und ein bißchen ratschen. So richtig altmodisch von Frau zu Frau. Weil ich doch diesen Mittwoch schon wieder die Gymnastik verpaßt habe. Ich würd' einfach gern mit dir reden, aber das können wir doch jederzeit nachholen.«

»Du, ich hätt' auch unheimliche Lust auf 'nen Schwatz. Wie wär's nächsten Mittwoch nach dem Kurs? Wir könnten doch mal richtig ausgehen, erst zum Essen und dann ins Kino oder so . . .«

»Schrecklich gern.«

»Also abgemacht.«

»Dann bis nächsten Mittwoch bei Rita Carrington. Punkt vier.«

»Fein. Ich freu' mich.«

»Wiederhören, Lilli.«

»Mach's gut, Beth.«

Lilian legte auf, kritzelte hastig Beth Weatherbys Namen für den kommenden Mittwoch in ihren Kalender und lief ins Schlafzimmer, um sich umzuziehen.

12

Lilian hatte gerade das Hauptgericht abgetragen und überlegte fieberhaft, was nun aus dem Kuchen werden sollte, als
David heimkam. Sie blickte unwillkürlich auf ihre Armbanduhr.

»Zehn nach acht«, flüsterte ihr Vater vernehmlich vom Sofa
aus.

»'n Abend alle miteinander«, grüßte David unbeschwert.
Die Gäste beeilten sich, ihre Glückwünsche anzubringen.
Lilian saß steif und förmlich auf einem der Eßzimmerstühle.
David ging auf sie zu, beugte sich über sie und küßte sie auf
den Mund. »Tut mir leid, daß ich so spät komme, Spätzchen.
Aber ein paar Kollegen haben mich überredet, mit ihnen auf
meinen Geburtstag anzustoßen.«

»Ich hab' so gegen halb sechs im Büro angerufen«, platzte
Lilian heraus und wünschte im selben Moment, sie hätte
nicht davon angefangen. Aber jetzt war es zu spät. »Das war
aber 'n ausgiebiger Umtrunk. Hat ja fast zweieinhalb Stunden gedauert.«

»Na ja, wir haben schon 'n paar gehoben«, scherzte er. ›Ein
paar zuviel‹, dachte Lilian bei sich. Sie war wütend, doch
sie bemühte sich krampfhaft, ihren Ärger vor den anderen
zu verbergen. Wie konnte er es wagen, das schöne Essen
zu ruinieren. Als sie es aufgegeben hatte, auf ihn zu warten, da war schon alles verbrutzelt. Wie konnte er nur so

rücksichtslos sein, sie vor ihrer Familie zu blamieren und vor seiner Mutter (die sowieso der Überzeugung war, daß sich durch seine Scheidung von Elaine nichts geändert hätte). Sie saß zwischen Lilians Eltern auf dem Sofa. Ihr Blick riet Lilian, jetzt nicht weiterzubohren. Wahrscheinlich hatte sie Elaine früher denselben Rat gegeben. Lilian schäumte vor Wut. Ich bin nicht wie sie, antwortete sie ihrer Schwiegermutter mit den Augen. Unsere Ehe ist ganz anders. Völlig anders. Mich behandelt er ganz und gar nicht so wie Elaine.

Plötzlich war es ihr, als flüstere Elaines spöttische Stimme ihr ins Ohr: »Wenn er mich so behandeln würde wie Sie...« Lilian warf energisch den Kopf zurück, um die andere zum Schweigen zu bringen. Dich hab' ich nicht eingeladen, sagte sie im stillen, vertrieb Elaine samt ihren Quengeleien aus ihren Gedanken und richtete ihre Aufmerksamkeit auf David.

»Möchtest du jetzt essen?« fragte sie.

»Nein«, antwortete er. »Ich hab' eigentlich keinen Hunger. Ich hab' wahnsinnig viel zu Mittag gegessen. Bring mir bloß 'n Stück Kuchen und 'ne Tasse Kaffee.« Er blickte sich um. »Wenn ihr mich alle für 'n paar Minuten entschuldigen wollt, dann zieh' ich mir schnell was Bequemeres an.«

»Nur zu«, erwiderte Lilian zynisch. »Wir haben ja inzwischen reichlich Übung drin, auf dich zu warten.«

Bestürzt sah David sie an. Doch dann setzte er sein jungenhaftes Lächeln auf, gab seiner Tochter einen Kuß, fuhr seinem Sohn durchs Haar und verschwand im Schlafzimmer.

Einen Augenblick lang saß Lilian regungslos da. Dann stand sie abrupt auf. Sie spürte, daß ihr vor Zorn gleich die Tränen kommen würden, und das machte sie nur noch wütender. Sie wollte nicht weinen. Sie wollte schreien und brüllen und um sich schlagen. »Entschuldigt mich 'ne Minute«, sagte sie.

»Au weia, jetzt k-knallt's«, hörte sie Jason flüstern, als sie hinausging.

Als Lilian ins Schlafzimmer kam, zog David sich grade die Jacke aus. Er stand mit dem Rücken zu ihr, als sie losplatzte. »Ich versteh' dich einfach nicht.« Sie sah, wie seine Schultern sich verkrampften. »Du wußtest doch, daß ich heute abend für dich ein Fest geben wollte. Du wußtest, daß ich die ganze Familie eingeladen hab' und daß ich was Besonderes kochen wollte und mich total übernommen hab', bloß um alles so schön wie möglich zu machen. Ich hab' dich sogar extra gebeten, nicht zu spät zu kommen. Und was machst du? Tanzt um acht Uhr an, während alle anderen seit halb sieben hier rumsitzen, und hast auch noch den Nerv, ganz harmlos zu erzählen, daß du mit deinen Kollegen einen gehoben hast. Hattest nicht mal eine von deinen blöden Konferenzen oder irgendwas Wichtiges, womit du dich hättest rechtfertigen können. Irgendwas, wofür du nichts konntest. Nein, du bist einfach einen trinken gegangen!«

»Bist du jetzt fertig?« fragte er mit schneidender Stimme.

»Noch lange nicht. Wieso hast du dich mittags vollgestopft, wo du doch wußtest, daß ich mich abgerackert hab', um 'n tolles Abendessen zu zaubern?! Kannst du denn nicht Rücksicht auf mich nehmen?« Schluchzend sank sie aufs Bett.

David schloß die Tür. »Wenn's dir recht ist, ziehe ich es vor, daß diese Streiterei unter uns bleibt.«

»Hättest die Tür ruhig auflassen können«, schrie Lilian. »Die wissen doch sowieso alle, was hier drin vorgeht.«

David zog sein Hemd aus und warf es zu der Jacke aufs Bett. »Hör mal, Lilli, es tut mir ehrlich leid«, sagte er, während er ein Sporthemd aus dem Schrank nahm. »Aber ich konnte sie einfach nicht abwimmeln. Ein paar von den Jungs kamen in mein Büro, als ich grade gehen wollte, und beschwatzten mich so lange, bis ich weich wurde. Ich dachte, ich hätte massenhaft Zeit und würde auf jeden Fall pünktlich zu Hause sein, aber dann gab noch einer 'ne Runde aus und noch einer, und ich war einfach zu erschossen, um mich loszueisen. Ich hatte 'nen unheimlich anstrengenden Tag, die Rickerd, diese Ziege, macht mich noch wahnsinnig mit ihrer Scheidung. Na ja, und ich mußte einfach 'n bißchen Dampf ablassen. Es war dumm von mir. Ich hätte mehr an dich denken sollen, du hast völlig recht. Aber es ist nun mal passiert und nicht mehr zu ändern. Warum müssen wir uns denn jetzt noch deswegen streiten? Schau, ich hab' doch nur einmal im Jahr Geburtstag.« Er versuchte zu lächeln.

»Wieso hab' ich plötzlich das Gefühl, ich sollte mich entschuldigen?« fragte Lilian schmollend unter Tränen. »Aber du hast mir immer noch nicht erklärt, warum du ausgerechnet heute so 'n Riesenmittagessen hattest.«

»Ich war einfach hungrig«, antwortete er ratlos. »Mensch, ich hatte 'nen wahnsinnigen Kohldampf!« David senkte seufzend den Kopf. »Lilli, kommst du bitte mal her, Spätzchen?« Er wartete einen Augenblick, dann hob er den Kopf und sah sie an. Sie erhob sich vom Bett. Aus dem Nebenzimmer drang undeutliches Stimmengemurmel. Wahrscheinlich machten die anderen sich Sorgen, weil sie so lange fortblieben.

»Komm doch mal her zu mir«, bat er.

»David...«

»Na komm schon.«

Widerwillig ging sie ihm entgegen. Er schloß sie fest in die Arme.

»O Lilli, ich liebe dich so sehr«, sagte er und küßte sie sanft aufs Haar. »Bitte entschuldige, daß ich so spät komme. Es tut mir wirklich leid. Ich wollte ja pünktlich sein, aber ich kam einfach nicht weg. Bitte versteh doch. Sei mir nicht böse. Ich liebe dich.«

»Deine Tochter hat keinen Bissen angerührt«, sagte sie. Es hatte keinen Sinn, noch länger eingeschnappt zu sein. Sie würde nichts damit erreichen, sondern bloß allen anderen die Laune verderben und auch noch den Rest des Abends versauen. Sie hatte sich durchgesetzt, David hatte sich entschuldigt. Das reichte.

»Elaine hat sie wahrscheinlich mit Milch und Plätzchen vollgestopft, bevor sie herkam.«

»Du, dabei fällt mir ein: sie hat angerufen.«

»Ich will gar nicht wissen, was sie gesagt hat.«

Lilian lächelte. »Deine Schwester und ihr Mann fanden das Stroganow recht ordentlich. Weißt du, sie hatten kürzlich bei Freunden ein wirklich köstliches Stroganow gegessen.«

»Klingt wie 'n richtiger Familienabend. Du, komm her.«

»Aber ich bin doch da.«

»Nein«, flüsterte er und deutete auf seine Lippen.

»Hier.«

Er küßte sie zärtlich.

»Ziehst du dir auch 'ne andere Hose an?« fragte sie, löste sich aus seinen Armen und setzte sich wieder aufs Bett.

»Hmhm«, antwortete er. »Wenn ich dir in Jeans keine Schande mache ...«

»Aber nein.« Sie hob gleichgültig die Schultern und nahm die Jacke vom Bett, um sie in den Schrank zu hängen. »Was ist denn das?« fragte sie. Ein weißer Umschlag lag auf der Bettdecke.

»'ne Geburtstagskarte«, antwortete David und schlüpfte in seine Jeans. »Hab' ich von den Jungs im Büro gekriegt.«

»Die, mit denen du aus warst?«

»Genau.« Er lächelte.

Sie öffnete das Kuvert. Unter dem vorgedruckten Glückwunsch standen sechs Namen. Der letzte sprang ihr sofort ins Auge. Sie starrte so gebannt auf die schwungvolle Unterschrift, daß sie die übrigen gar nicht wahrnahm. *Nicki* hatte die andere gefühlvoll mit schwarzer Tinte geschrieben.

»Wieso hast du mir nicht erzählt, daß Nicole Clark auch dabei war?« fragte sie und spürte wie der Ärger wieder in ihr hochstieg.

David antwortete nicht gleich. »Es schien mir nicht besonders wichtig«, sagte er endlich. »Ich hab' dir schließlich auch nicht erzählt, wie die anderen hießen, mit denen ich zusammen war.«

»Du hast aber gesagt: ›ein paar von den Jungs‹.«

David breitete in gespielter Verzweiflung die Arme aus. »Aber verstehst du denn nicht, für mich gehört sie eben zu den Jungs. Ich bitte dich, Lilli, machen wir doch keine Staatsaffäre draus. Schließlich war ich ja nicht mit ihr allein.« Lilian schüttelte enttäuscht den Kopf. »Du glaubst doch hoffentlich nicht immer noch diesen Blödsinn, ich meine, daß sie mich heiraten will?« Es klang wie eine Feststellung. »Nun komm schon, Lilli, Eifersucht steht dir nicht.«

»Ich bin nicht eifersüchtig«, wehrte sich Lilian. »Ich bin einfach sauer! Darf ich nicht mal sauer sein?«

»Alles war wieder gut, bis ich Nicki erwähnte.«

»Du hast sie eben nicht erwähnt! Genau deswegen bin ich ja so stocksauer!«

David schaute sie an. Lilian kannte diesen Blick nur zu gut. Er gehörte zu seiner Rolle des geduldigen, verständnisvollen Vaters. »Findest du das Theater nicht ein bißchen lächerlich?« fragte er. »Sieh mal, jetzt bin ich ja zu Hause. Und das wolltest du doch, oder?« Er lächelte schüchtern. »Du, sei lieb, ich werd' schließlich nicht jünger.«

Und wieder ließ sie sich überreden und schmiegte sich in seine Arme.

Der Abend endete so katastrophal, wie er begonnen hatte. Es fing damit an, daß Lilians Kuchen in der Mitte nicht richtig durch war und jeder sich bemüßigt fühlte, darauf hinzuweisen. Dann geriet Davids Schwester Renée in eine hitzige Debatte mit ihrer Mutter, die damit endete, daß Renée und ihr Mann sich verabschiedeten, noch ehe die Geschenke ausgepackt waren. David fand so ungefähr alles, was er bekommen hatte, scheußlich (»Was ist bloß in dich gefahren, Lilli?« hatte er sie gefragt und das Seidenhemd wieder in die Schachtel gestopft, ohne einen zweiten Blick darauf zu verschwenden). Und die Krönung des Abends war ein Anruf von Elaine, die fragte, ob Jason und Laurie nicht über Nacht bleiben und auch das Wochenende bei ihrem Vater verbringen könnten.

Um zehn waren Lilians Eltern gegangen, und um halb elf hatte David seine Mutter heimgefahren. Jason belegte sofort Telefon und Fernseher mit Beschlag. Laurie half Lilian, das Wohnzimmer aufzuräumen und das Geschirr in die Spülmaschine zu stecken.

Lilian beobachtete das junge Mädchen und sah, wie spitz ihre Schulterblätter sich unter der Bluse abzeichneten. »Du hast kaum was gegessen«, sagte sie.

»Der Kuchen war nicht durch«, gab Laurie zurück.

Lilian seufzte. »Ich weiß. Aber du hast auch sonst nicht viel gegessen.«

»O doch.«

»Nein. Ich hab' drauf geachtet. Du hast den ganzen Abend bloß im Essen rumgestochert.«

Laurie hob wortlos die Schultern. Lilian gab nicht auf.

»Laurie, stimmt irgendwas nicht?«

»Wie meinst du das?«

»Ich möchte wissen, wie du dich fühlst. Ob du glücklich bist.«

»Also was willst du nun wissen?« fragte das Mädchen zurück. Sie zwängte den letzten Teller in die Spülmaschine und richtete sich auf.

»Na ja, klären wir am besten eins nach dem anderen«, erwiderte Lilian. »Fühlst du dich ganz gesund?«

»Klar.«

»Keine Schmerzen, keine Beschwerden?«

Wieder antwortete Laurie nur mit einem gleichmütigen Schulterzucken. Aber sie ist rot geworden, dachte Lilian.

»Ist was mit deiner Periode?« fragte sie leise.

Stumm wich Laurie ihrem Blick aus.

Lilian spürte instinktiv, daß sie ins Schwarze getroffen hatte. Behutsam tastete sie sich weiter vor: »Ich weiß noch genau, wie's bei mir am Anfang war.« Sie merkte, wie das Mädchen neben ihr sich verkrampfte, genau wie David, wenn man ihm etwas erzählte, wovon er nichts wissen wollte. »Ich kriegte scheußliche Bauchschmerzen. Manchmal mußte ich den ganzen Tag im Bett bleiben. Ich wollte mich nicht unterkriegen lassen, aber manchmal bleibt einem einfach nichts anderes übrig, als seine Schwäche zuzugeben. Meine Mutter versuchte mich zu trösten und versicherte immer wieder, es würde mit der Zeit besser werden. Und sie hat recht behalten.«

»Meine Mutter sagt, es ist der Fluch der Frauen«, murmelte Laurie und kehrte Lilian den Rücken zu.

»O nein, das stimmt nicht!« Lilian war ganz aufgeregt. »Glaub mir, Laurie, was da mit deinem Körper geschieht, ist etwas Wunderbares. Es ist das Zeichen dafür, daß du erwachsen und eine Frau wirst!«

Brüsk wandte Laurie sich zu ihr um. Mit ihren zweifelnden Augen wirkte sie auf einmal viel älter, als sie war. »Was soll daran so wunderbar sein?«

Lilian wußte nicht recht, was sie darauf antworten sollte. »Ja, weißt du, Laurie, jeder muß sein Leben selbst in die Hand nehmen und versuchen, das Beste draus zu machen«, sagte sie schließlich.

»Na, mir geht's jedenfalls gut«, gab Laurie trotzig zurück. »Ich hab' keine Beschwerden, mir tut nichts weh, und meine Tage gehn dich nichts an.«

Lilian empfand diese scharfe Zurückweisung wie einen körperlichen Schmerz. »Wie geht's bei euch zu Hause?« fragte sie leise.

»Meine Mutter läßt jetzt wirklich 'n Schwimmbecken einbauen. Nächstes Wochenende wird's fertig.«

»Rechtzeitig zum Herbstanfang.« Lilian bemühte sich um einen scherzenden Ton. »Geht sie noch mit Ron Santini?«

»Ja.«

Lilian schüttelte verwundert den Kopf. Es *mußte* einfach ein anderer Santini sein.

»Magst du ihn?«

»Er is' ganz in Ordnung.«

»Ist er nett zu dir?«

Laurie schaute sie verwirrt an. »Er is' in Ordnung«, wiederholte sie.

»Hat deine Mutter ihn sehr gern?«

Diesmal kam Lauries Antwort wie aus der Pistole geschossen. »Sie wird ihn nicht heiraten, falls du das meinst.«

»Ich will doch nur rauskriegen, wo der Grund für deine Schwierigkeiten liegt«, gab Lilian heftig zurück.

»Ich hab' keine Schwierigkeiten.«

»Warum ißt du dann nicht?!«

»Ich eß ja! Warum kannst du mich nicht in Ruhe lassen?!« Sie rannte aus der Küche und warf sich im Wohnzimmer aufs Sofa. Als Lilian ihr nachging, sah sie, daß Laurie verbissen mit den Tränen kämpfte. Lilian setzte sich neben sie.

»Du brauchst doch nicht zu weinen, Schatz.« Sie berührte den Arm des Mädchens. »Ich möchte doch bloß, daß wir uns näherkommen. Ich möchte dich in den Arm nehmen und ...«

»Du umarmst doch meinen Vater. Reicht dir das nicht?«

Lilian zog ihre Hand zurück. »Ach so!« stieß sie hervor und holte tief Luft. »Also darum dreht sich's. Bist du mir immer noch böse, weil ich deinen Vater geheiratet habe?«

»Ich mag nicht darüber reden.«

»Aber irgendwann müssen wir darüber sprechen.«

»Und wieso?«

»Weil ich möchte, daß wir Freunde werden«, erwiderte Lilian.

»Ich hab' genug Freunde«, gab das Mädchen zurück. »Ich brauch' keine neuen.«

»Hast du vielleicht 'n paar Feinde nötig?« fragte Lilian unumwunden. Laurie wandte sich ab. »Sieh mal, Laurie, ich will's dir ja nicht schwermachen, aber du mußt doch auch die Tatsachen akzeptieren. Und es ist nun mal 'ne Tatsache, daß ich mit deinem Vater verheiratet bin. Und ich werd' dafür sorgen, daß das auch so bleibt.« Sie stockte, als ihr bewußt wurde, wie häufig sie in letzter Zeit verbal ihr Recht an David verteidigt hatte. Energisch zwang sie sich, ihre Gedanken wieder auf das Mädchen zu konzentrieren. »Ich wollte dir nur klarmachen, daß du dich an den Gedanken gewöhnen mußt, daß dein Vater und ich miteinander verheiratet sind. Daran wird sich nämlich nichts ändern. Ich liebe deinen Vater, und ob du's glaubst oder nicht, er liebt mich auch. Aber das braucht doch euer Verhältnis nicht zu stören. Er liebt dich, das weißt du doch.«

Laurie konnte die Tränen nicht länger zurückhalten. »Ich seh' ihn nie«, schluchzte sie.

»Du, ich auch nicht«, antwortete Lilian und rückte wieder näher an Laurie heran. »Er hat im Moment wahnsinnig viel zu tun«, fuhr sie fort. »Schau, du hast's doch vorhin selbst erlebt, daß er sogar zu seiner eigenen Geburtstagsparty zu spät kam.« Impulsiv ergriff sie die Hand des Mädchens. »Daß man mit so was fertig wird, auch das gehört zu dem, worüber wir vorhin in der Küche gesprochen haben, zum Erwachsenwerden, weißt du. Du mußt lernen, daß man bestimmte Dinge im Leben einfach akzeptieren muß und daß man sich's nur unnötig schwermacht, wenn man dagegen anrennt. Dadurch, daß du dich zu Tode hungerst, erreichst du gar nichts!«

Laurie riß ihre Hand so heftig zurück, daß Lilian fürchtete, das Mädchen würde sie schlagen. Doch Laurie sprang auf und lief unruhig im Zimmer hin und her. »Wieso hältst du nicht endlich den Mund und läßt mich zufrieden?« schrie sie

mit schriller Stimme, die jeden Moment umzukippen drohte. »Warum hast du uns alle nicht in Ruhe gelassen? Du hast
dich einfach reingedrängt und alles kaputtgemacht. Du hast
mir meinen Vater weggenommen. Du hast meine Mutter
unglücklich gemacht. Sie weint nur noch, du kannst dir ja
gar nicht vorstellen, wie sie weint ... und alles wegen dir.
Dauernd fängt sie irgendwas Neues an, weil sie versucht,
meinen Vater zu vergessen. Sie ist so drauf versessen, daß
sie kaum noch Zeit für mich hat. Keiner hat Zeit für mich!«
Ihr zarter Körper wurde von Schluchzen geschüttelt.
Lilian blieb sitzen, doch sie streckte dem Mädchen die Arme
entgegen. »Ich hab' Zeit«, sagte sie. »Komm, Laurie, ich
hab' so viel Zeit ...«
Das Mädchen taumelte auf sie zu.
»Macht doch nich' so 'n Krach da drin«, brüllte Jason aus
dem Arbeitszimmer. »Ich kann's Fernsehen nicht verstehen.«
Beim Klang seiner Stimme schreckte Laurie zurück. Schlagartig verschanzte sie sich wieder hinter ihrer brüsken Fassade. Ihr Rücken straffte sich, sie hob die Arme und wischte
sich die Tränen ab. Jetzt müssen wir wieder ganz von vorne
anfangen, dachte Lilian. »Und du hör auf zu telefonieren!«
rief sie ärgerlich zu Jason hinüber. Als sie sich Laurie wieder
zuwandte, da entdeckte sie plötzlich Elaines Züge im Gesicht
des jungen Mädchens. Komisch, dachte sie, ich hätte nie
geglaubt, daß Elaine weint. Sie ist also tatsächlich ein
menschliches Wesen und nicht bloß 'ne Rechenmaschine.
Der Gedanke beunruhigte sie.
»Hast du Angst, es wär' unfair deiner Mutter gegenüber,
dich mit mir anzufreunden?«
»Ich hab's dir doch schon mal gesagt«, gab Laurie zur
Antwort. »Ich hab' genug Freunde.«
Lilian stand auf und ging hinaus. In der Tür hielt sie plötzlich inne. »Ich denke, es wird Zeit, daß ich meinen eigenen
Rat befolge«, sagte sie mit dem Rücken zu Laurie. »Ich sollte

die Dinge nehmen, wie sie sind, und's mir nicht unnötig schwermachen.« Sie drehte sich um und suchte den Blick des Mädchens. »Ich werd' dich nicht mehr belästigen, Laurie. Ich werd' dir keine persönlichen Fragen mehr stellen und mich nicht mehr drum kümmern, ob du ißt oder nicht. Aber du sollst wissen, daß du zu mir kommen kannst, wenn du dich aussprechen möchtest oder wenn du deine Meinung ändern und feststellen solltest, daß du doch noch 'ne Freundin brauchen kannst. Ich bin da. Aber den nächsten Schritt mußt du tun.« Sie zögerte. »Ich geh' jetzt schlafen. Ich bin hundemüde. Es war ein gräßlicher Tag für mich. Du kannst mit Jason ausmachen, wer auf dem Sofa schläft und wer die Liege drüben kriegt. Ich leg' euch Bettzeug raus.« An der Schlafzimmertür drehte sie sich noch einmal um. »Sag Jason, er soll endlich mit der verdammten Telefoniererei aufhören.« Als die Tür hinter Lilian ins Schloß fiel, brach sie in Tränen aus.

Es war kurz nach halb zwölf, als sie hörte, wie David die Wohnungstür aufschloß. Er schlich sich auf Zehenspitzen ins Zimmer und begann, sich im Dunkeln auszuziehen.

»Laß nur, ich bin wach«, sagte Lilian.

»Hast du mich erschreckt!« Seine Stimme klang seltsam unnatürlich.

»Entschuldige. Ich hab's doch bloß gut gemeint. Schließlich brauchst du nicht rumzuschleichen, wenn ich sowieso nicht schlafe. Wenn du willst, kannst du ruhig Licht machen.«

»Nein, nicht nötig«, sagte er und setzte sich auf die Bettkante.

»Wo warst du denn so lange?«

»Meine Mutter wohnt schließlich nicht um die Ecke.« Er legte sich neben sie. »Außerdem wollte sie unbedingt mit mir reden.« Er zog sie an sich.

»Worüber?«

»Worüber«, wiederholte er lachend. »Über ihren Sohn natürlich. Und darüber, daß der mehr Rücksicht auf seine Frau nehmen müßte. Mensch, ihr Frauen haltet vielleicht zusammen!«

Ihre Hände streichelten zärtlich seinen Körper. »Hast du Lust?« fragte sie, ehe sie spürte, wie er sich aus ihrer Umarmung wand.

»Die Kinder ...«

»Schlafen sie denn nicht?«

»Ich glaub' schon.«

»Na also?«

»Du, mir wär's einfach peinlich, wenn wir hier drin bumsen, und die Kinder sind nebenan ...«

»Aber das ist doch lächerlich!«

»Mag schon sein, aber mir wär's trotzdem unangenehm. Versteh doch, Lilli, ich bin müde. Ich hatte einen anstrengenden Tag im Büro, dann hast du mich zu Hause in die Mangel genommen ...«

»Aber noch nicht genug«, versuchte sie zu scherzen und schmiegte sich an ihn.

Doch David rückte brüsk von ihr ab. »Sehr komisch«, brummte er. »Sei so gut und laß uns endlich schlafen, ja?«

Lilian fühlte sich furchtbar niedergeschlagen und sagte vorwurfsvoll: »Und wie's *mir* heute ging, das interessiert dich wohl überhaupt nicht, was?«

»Um die Wahrheit zu sagen, nein. Es tut mir leid, Lilli, ich bin einfach zu müde.« Doch nach einer Weile setzte er sich auf und schlug wütend mit der Faust gegen sein Kissen. »Na schön, verflucht noch mal. Fang schon an. Erzähl mir, was du heute gemacht hast.«

»Ist schon gut.«

»Nein, o nein, du wirst mich hier nicht zum Buhmann stempeln. Ich bestehe drauf, daß du mir alles ganz genau erzählst.«

Lilian drehte sich auf die andere Seite. »Ich hab' Irving zum

Mittagessen getroffen. Er kann mich zur Zeit nicht beim Sender unterbringen.«

»Aber du hattest dir doch auch keine übertriebenen Hoffnungen gemacht«, sagte er hämisch.

»Deswegen brauchst du dich noch lange nicht drüber zu freuen«, parierte sie.

»Entschuldige, es war nicht so gemeint. Na und ... was ist sonst noch passiert?« fragte er gereizt.

»Ich hatte 'ne Auseinandersetzung mit Laurie.«

»Und weswegen?«

»Weil sie nichts ißt, und weil ich mit ihrem Vater verheiratet bin, und weil sie mich haßt wie die Pest.«

»O Lilli«, sagte er erschöpft, »laß doch das Kind in Ruhe. Sie ist eben in der Entwicklung, das ist alles. Vor 'n paar Jahren war sie 'n richtiges Pummelchen. Ich weiß noch genau, wie ich ihr mal 'n Klaps auf den Hintern gegeben und sie in Rage gebracht hab', weil ich sagte, für meinen Geschmack sei er 'n bißchen zu gut gepolstert.«

Lilian fühlte sich sofort verunsichert. »Mein Gott, was hältst du bloß von mir?« wollte sie wissen.

»Ich halte dich für 'ne Frau und sie für 'n kleines Mädchen. Und ich sag' dir noch was: Ich liebe dich sehr, aber wenn du mich nicht endlich schlafen läßt, dreh' ich dir den Hals um.«

Lilian versuchte, sich zu entspannen. »Danke für die Warnung. Hab' schon verstanden«, murmelte sie und schloß die Augen. Plötzlich sehnte sie sich nach Schlaf und Vergessen. Morgen sieht bestimmt alles anders aus, dachte sie.

Das Telefon klingelte.

»Und was jetzt?« fragte sie, lehnte sich über ihren Mann und griff nach dem Hörer. »Wenn das Elaine sein sollte, dann ist sie entschieden zu weit gegangen, und ich werd' ihr endlich mal ordentlich die Meinung sagen. Hallo?«

Sie erkannte die dunkle, heisere Stimme sofort. »Könnte ich bitte David sprechen?«

»Es ist fast Mitternacht«, sagte Lilian wütend. Das war

zuviel. Die Frau war schuld daran, daß er zu spät zum Essen gekommen war, und jetzt drang sie auch noch in ihr Schlafzimmer ein! Es war einfach zuviel.

»Ich weiß sehr wohl, wie spät es ist. Darf ich jetzt bitte David sprechen?«

»Wer ist dran?« fragte David.

Sie reichte ihm wortlos den Hörer.

»Wer ist denn dran?« fragte er noch einmal.

Was zum Teufel kann sie wollen? Und noch dazu mitten in der Nacht?

»Hallo?« meldete sich David. »Wer ist da? Nicki! Was ist denn los?« Dann lauschte er eine Weile stumm. Lilian sah, wie sich auf seinem Gesicht erst Verwirrung, dann Betroffenheit abzeichnete, bis seine Miene schließlich blankes Entsetzen widerspiegelte. »O Gott! Wann ist das passiert? Warum hat man mich nicht früher verständigt?« Wieder hörte er angestrengt zu. Schließlich wandte er sich ärgerlich an Lilian: »Wer zum Kuckuck hat hier Dauergespräche geführt?«

Lilian starrte ihren Mann an. Der Ton seiner Stimme flößte ihr Angst ein. »Jason«, stammelte sie. »Jason hat ziemlich lange telefoniert ...«

Er hörte gar nicht mehr hin, sondern war schon wieder völlig auf die Stimme am anderen Ende konzentriert. »Ich kann's einfach nicht glauben. Tot?«

»Wer ist tot?« fragte Lilian.

»Wo hat man sie hingebracht?«

»Wen?«

»Wie? In Ordnung. Was? Ja, ich komme morgen früh. Bitte? Aber seien Sie doch nicht albern. Sie brauchen sich wirklich nicht zu entschuldigen. Natürlich war es richtig, daß Sie mich angerufen haben. Also dann bis morgen.« Er ließ den Hörer aufs Bett fallen. Lilian legte ihn auf die Gabel zurück.

»Wer ist tot?« wiederholte sie ihre Frage.

Davids Stimme klang fremd. »Al Weatherby«, sagte er leise.

»Al ist tot? Das darf doch nicht wahr sein! Wie ist denn das passiert?«

»Er ist ermordet worden.«

»Was?!«

»Beth ist im Krankenhaus. Der Kerl, der Al umgebracht hat, scheint sie ziemlich zugerichtet zu haben.«

»Beth! Aber das ist unmöglich, ich hab' doch erst heut abend mit ihr gesprochen! O Gott, das kann doch nicht wahr sein!« Sie sprang aus dem Bett und lief im Zimmer auf und ab. »Was kann man denn nur tun? Sollen wir ins Krankenhaus fahren?«

»Die Polizei hat für heute nacht jegliche Besuche verboten.« Er zögerte. »Nicki sagt, es ist so gegen zehn passiert. Don Eliot hat sie angerufen. Anscheinend hat die halbe Kanzlei versucht, bei uns durchzukommen, aber es war ständig besetzt. Nicki ist aufgeblieben und hat es weiter versucht.« Er schüttelte den Kopf. »Es ist einfach unvorstellbar.«

»Hat man ihre Kinder benachrichtigt?«

»Das ist Sache der Polizei. Die haben sich bestimmt schon drum gekümmert.«

Lilian sank aufs Bett zurück. »Hat sie ... hat Nicole gesagt wie's passiert ist? Weiß man schon, wer's war?«

»Keine Ahnung. Wir wissen bloß, daß Al Weatherby tot ist und daß man Beth ins Krankenhaus gebracht hat.«

Al Weatherby ist tot, wiederholte Lilian in Gedanken. Und Beth liegt im Krankenhaus.

13

In der Eingangshalle der Klinik wimmelte es von Polizisten. Lilian und David drängten sich im siebten Stock aus dem überfüllten Aufzug. Eine Schwester zeigte ihnen den Weg zum Wartezimmer. Lilian spürte, daß David sie am Ellbogen führte. Sie mußte beinahe rennen, um mit ihm Schritt zu halten.

Als sie das Wartezimmer betraten, hatte Lilian einen Moment lang den Eindruck, sie habe sich in einen der Aufenthaltsräume bei Weatherby & Ross verirrt. Die halbe Kanzlei war anwesend. Mit den meisten von ihnen hatte David gestern nacht gleich nach Nicoles Anruf noch telefoniert. Die Leute gingen David entgegen und begrüßten ihn so überschwenglich, als erwarteten sie, daß er endlich Licht in das Dunkel der Tragödie bringen würde. Vielleicht machen sie das mit jedem so, der neu dazukommt, dachte Lilian. Fast alle Frauen und auch ein paar Männer weinten. David und seine Kollegen umarmten einander. Da trat ein Polizist auf ihn zu, der seine Personalien aufnahm und ihn fragte, in welcher Beziehung er zu dem Verstorbenen und seiner Frau stände.

Lilian merkte erst jetzt, wie viele Polizisten sich in dem relativ kleinen Raum drängten. Sie zählte sechs Uniformierte und mindestens ebenso viele Beamte in Zivil. Alle redeten durcheinander, jeder wollte erfahren, was wirklich geschehen war. Einige Exemplare der Morgenzeitung lagen aufgeschlagen auf den im Raum stehenden Lesetischchen. Doch man hatte vergeblich auf nähere Informationen von seiten der Presse gehofft. Das Blatt meldete lediglich in großen, häßlichen, schwarzen Lettern, daß man Al Weatherby, einen der führenden Juristen Chicagos, auf brutale Weise zu Tode geprügelt habe. Die Untersuchung habe mehrfache Schädelfrakturen ergeben, verursacht durch eine stumpfe Waffe. Von Beth Weatherby wurde berichtet, sie habe einen schweren Schock erlitten. In Anbetracht der zahlreichen Verletzungen, die sie an Kopf und Körper davongetragen hatte, war es anscheinend ein Wunder, daß sie überhaupt noch lebte. Wer kann so was Furchtbares getan haben? dachte Lilian. Und warum nur, um Himmels willen? Warum?

»Dürfte ich um Ihren Namen bitten?«

Lilian zuckte zusammen und starrte den jungen Polizisten verständnislos an. Er ist höchstens einundzwanzig, dachte sie und ließ einen schnellen, prüfenden Blick über seine Kollegen gleiten. Sie stellte fest, daß alle ungefähr im selben Alter waren. Die reinsten Kinder. Oder liegt es daran, daß ich älter werde? Kommen mir deshalb die Jungen immer jünger vor? Im Augenblick fühlte sie sich uralt. Und wahrscheinlich sehe ich auch so aus, dachte sie. Nach Nicoles Anruf war von Schlaf keine Rede mehr gewesen. Aber nicht nur gestern nacht, nein, seit unserer ersten Begegnung vor ungefähr zwei Monaten hat dieses Biest ununterbrochen dafür gesorgt, daß ich nicht mehr zur Ruhe komme.

»Lilian Plumley«, sagte sie, ohne zu wissen, wieviel Zeit zwischen seiner Frage und ihrer Antwort lag.

»Sind Sie mit diesem Herrn verheiratet?« fragte der Polizist mit einem Blick auf David. Sie nickte. »Sind Sie auch Anwältin?«

Sie schüttelte den Kopf. »Nein, ich bin beim ...« Sie stockte. Beinahe hätte sie gesagt: »Ich bin beim Fernsehen.« Sie sagte: »Ich bin an der Uni. Ich kann es immer noch nicht fassen«, murmelte sie, obwohl ihr klar war, daß der junge Mann diese Bemerkung heute morgen sicher schon hundertmal gehört hatte. »Ich hab' gestern abend noch mit Beth gesprochen.«

»Wie bitte?« Die Haltung des Polizisten veränderte sich mit einem Schlag. Er richtete sich zu seiner vollen Größe auf; seine Schultern strafften sich; in seinen Augen spiegelte sich lebhaftes Interesse. Erstaunt nahm Lilian die Veränderung wahr.

»Ich sagte, ich hab' gestern abend noch mit ihr telefoniert.«

»Um welche Zeit?«

»So gegen halb sechs. Oder nein, vielleicht eher Viertel vor.«

Der Polizist machte sich rasch ein paar Notizen. »Einen Moment bitte«, sagte er abschließend und verschwand im Korridor. Lilian beobachtete, wie er mit einem älteren Herrn in Zivil sprach, der sich sofort nach ihr umwandte und gleich darauf dem Polizisten ins Wartezimmer folgte.

David unterbrach das Gespräch mit seinen Kollegen. Als ob er ahnte, daß etwas geschah, was auch ihn anging, kam er eilig auf Lilian zu.

»Was ist los?« fragte er, als der Zivilbeamte sich seiner Frau vorstellte.

»Captain Keller«, sagte dieser freundlich. »Sie sind Mrs. Plumley, nicht wahr?«

»Ja«, antwortete Lilian und spürte mit Unbehagen, wie die Blicke der anderen sich auf sie richteten.

»Rogers hier hat mir erzählt, daß Sie gestern abend noch mit Beth Weatherby telefoniert hätten?«

»Ja, das ist richtig. So zwischen halb sechs und sechs.«

»Würden Sie uns bitte mitteilen, worüber Sie gesprochen haben?«

Lilian überlegte, wie sie anfangen sollte. Es war plötzlich ganz still im Zimmer. Als sie merkte, daß die Aufmerksamkeit aller auf sie gerichtet war, wurde sie verlegen. Es war, als stünde sie mitten im Rampenlicht, und ringsum lauerten die Kameras, um jede ihrer Bewegungen einzufangen. Diese Rolle lag ihr nicht. Sie zog es vor, den Blickwinkel der Kamera zu lenken: Alles klar, Rick, siehst du den großen, hageren Polizisten da an der Tür? Er soll sich für das Interview 'n bißchen näher ans Fenster stellen. Versuch den Baum mit ins Bild zu kriegen. Das gibt 'n bißchen mehr Farbe. Die Kameras hatten es ihr ermöglicht, unmittelbar in das Geschehen eingreifen zu können, jedoch ohne sich persönlich zu exponieren. Jetzt stand sie selbst im Mittelpunkt, aber ohne die Kamera fühlte sie sich nackt und hilflos und kam sich ein wenig lächerlich vor. Schließlich hatte sie nichts besonders Wichtiges zu berichten. Doch als sie in die erwartungsvollen Gesichter ringsum blickte, da begriff sie, daß es darauf gar nicht ankam. Sie wußte immerhin etwas Neues, etwas, wovon sie noch nichts gehört hatten. Und das genügte ihnen. »Sie rief an und fragte, ob wir uns auf einen Kaffee treffen könnten«, begann Lilian ohne Umschweife. »Aber da ich grade beim Kochen war, mußte ich absagen.«

»Wollte sie sich denn gleich mit Ihnen treffen?«

»Ja.« Lilian rief sich die Unterhaltung noch einmal ins Gedächtnis. »Sie klang sehr sonderbar«, fuhr sie fort. Plötzlich erinnerte sie sich wieder an jede Einzelheit des Gesprächs, das sie letzte Nacht irgendwie verdrängt haben mußte. »Ich hab' zuerst nicht mal ihre Stimme erkannt. Sie klang, als hätte sie ... Angst.« Ganz plötzlich wußte Lilian, was da in Beths Stimme mitgeschwungen hatte und was ihr gestern vor lauter Arbeit nicht aufgefallen war. O mein Gott, dachte sie. Ob der Mörder schon dort war, als Beth mich anrief? Nein, das kann nicht sein. Beth wollte mich sofort sehen. Bestimmt hätte der Mörder nicht zugelassen, daß sie sich mit einer Freundin zum Kaffee verabredet.

»Hat sie gesagt, daß sie sich fürchtet?« wollte Captain Keller wissen.

»Nein. Sie hat nur gefragt, ob wir uns auf einen Kaffee treffen könnten. Ich wollte wissen, ob irgendwas nicht in Ordnung sei, aber sie sagte: nein, nichts weiter, Al komme später heim – er sei in einer Besprechung –, und sie habe gedacht, das sei eine günstige Gelegenheit für uns. Da klang sie auch schon wieder ganz normal. Nur ganz zu Anfang kam mir ihre Stimme so sonderbar vor.«

»Sie hat also gesagt, ihr Mann sei in einer Konferenz und käme erst spät nach Hause?«

»Ja. Wir haben uns dann für den Mittwochabend verabredet.«

»Sonst noch was?«

»Nein, nichts.«

»Sind Sie eng mit Beth Weatherby befreundet, Mrs. Plumley?«

»Wir sind befreundet«, antwortete Lilian. »Wir spielen ab und zu Bridge zusammen, und wir sind im selben Gymnastikkurs. Ich mag sie sehr gern.« Sie versuchte, in den Zügen des Captains zu lesen. Doch sein Gesicht blieb ausdruckslos.

»Wird sie wieder gesund werden?«

»Haben Sie vielen Dank, Mrs. Plumley«, sagte Captain Keller, ohne auf ihre Frage zu antworten. »Vielleicht brauchen wir Sie noch mal.« Er grüßte und ging hinaus.

»Was soll das alles?« wandte sich Lilian an David.

Er schüttelte ärgerlich den Kopf. »Warum hast du mir nicht gesagt, daß Beth dir am Telefon verängstigt vorkam?«

»Es ist mir einfach nicht eingefallen. Glaubst du, daß da ein Zusammenhang besteht?« fragte sie ungläubig.

»Es dürfte wohl kaum purer Zufall sein«, antwortete er mit einem Anflug von Sarkasmus.

»Aber wie erklärst du dir das alles?«

»David.« Die Stimme war sanft, und doch hatte sie den gleichen, unverwechselbar kehligen Klang wie in der Nacht zuvor. Lilian drehte sich um und sah, wie Nicole tränenüberströmt in Davids Arme sank. Sie traute ihren Augen nicht. Da stand ihr Mann und umarmte vor all diesen Leuten eine andere Frau. Natürlich begriff niemand außer ihr, was sich wirklich abspielte. Alle anderen sahen nur eine gerührte junge Frau, nicht zu vergessen eine brillante Juristin, die außer sich war über den plötzlichen Tod des von allen verehrten Chefs und die bei dem Mann Trost suchte, den ja auch die meisten von ihnen haltsuchend umarmt hatten. Verlegen blickte Lilian zu Boden. Wie konnte sie nur so mies sein, in einem solchen Augenblick Eifersucht zu empfinden? Jemand hatte den langjährigen Kollegen, den Freund und Gönner ihres Mannes brutal niedergeknüppelt. Er war tot, seine Frau lag wer weiß wie schwer verletzt hier im Krankenhaus, und sie zitterte davor, daß ihr Mann einen Steifen kriegen könnte, während Nicole sich in ihren hautengen Jeans an ihn drückte.

David befreite sich sanft aus der Umarmung der anderen. »Lilli, hast du mal 'n Tempo?« fragte er.

Lilian griff in ihre Tasche und zog ein paar zerknüllte Papiertaschentücher heraus. »Ich hoffe, sie sind unbenutzt.«

Sie hielt sie David hin und sah fassungslos vor Staunen zu, wie er Nicole Clark die Tränen von den Wangen tupfte. Hoffentlich *sind* sie benutzt, wünschte sie innerlich. Muß er denn immer gleich so 'ne Schau abziehen? Sie konnte sich nicht erinnern, daß er *ihr* die Tränen abgewischt hatte. Doch dann fiel ihr ein, daß sie ja gar nicht geweint hatte. Leergebrannt und wie erstarrt war sie mit brennenden, trockenen Augen ruhelos auf und ab gewandert.

Lilian wurde es peinlich, die beiden zu beobachten. Sie kam sich vor wie ein Eindringling, der eine schöne und ergreifende Szene belauscht. Zuzusehen, wie ihr Mann Nicole berührte, fiel ihr schwerer, als damals in Vietnam die Kamera auf blutbesudelte, abgetrennte Gliedmaßen zu richten. Erst als sie sich abwandte, hörte sie Nicoles Stimme, hörte sie ihre überstürzten Fragen, die David alle geduldig beantwortete. Ein Polizist trat zu ihnen und nahm die Personalien des Mädchens auf. Dann ging er wieder, und Lilian hörte Nicole flüstern und ihren Mann mit sanfter Stimme beruhigend auf sie einreden. Warum sind wir bloß hergekommen? Was können wir denn schon tun?

»Davey! Nicki! Wie geht's euch?«

Lilian drehte sich um und sah, wie Don Eliot auf ihren Mann und Nicole zuging: Das tragische Ereignis hatte seinen unkonventionellen Geschmack offensichtlich nicht beeinflußt. Zu einem weißen Sporthemd mit grüner Krawatte trug er enge Jeans und offene Sandalen. Er besprach sich eine ganze Weile mit David und Nicole, ehe er Lilian überhaupt bemerkte. »Hallo, Lill«, sagte er und drückte ihr kräftig die Hand.

Hallo, El, hätte sie am liebsten geantwortet. »Tag, Don«, lächelte sie. »Haben Sie was Neues gehört?«

»Also gestern nacht bin ich natürlich sofort, als Beth eingeliefert wurde, zu ihr gegangen. Aber sie hatte einen schweren Schock und konnte nicht sprechen. Dann hab' ich mit der Polizei gesprochen, doch es war noch zu früh, um was Konkretes zu erfahren. Jetzt komm' ich grade von den Ärzten. Und mit dem diensthabenden Polizisten, der ihr Zimmer bewacht, hab' ich auch gesprochen. Anscheinend ist Beth jetzt voll bei Bewußtsein, und man versucht, sie zu vernehmen.«

»Sind ihre Kinder hier?«

»Ihre Tochter fliegt von Los Angeles rüber. Ihr Ältester ist letzte Nacht aus New York gekommen. Er ist grade bei ihr. Aber den Kleinen haben sie noch nicht ausfindig gemacht.«

»Sie glauben doch nicht etwa, daß *er* es getan hat?« Lilian dachte an die Spannungen, die angeblich zwischen Vater und Sohn bestanden, seit der Junge seinen Willen durchgesetzt und die Schule verlassen hatte, um mit flatternden Gewändern und kahlgeschorenem Kopf sein Heil im Schoße einer Sekte zu suchen.

Don Eliots Gesicht verfinsterte sich. »Wär' immerhin möglich«, sagte er.

»O Gott.«

Neue Gerüchte kursierten. Immer mehr Menschen drängten sich in den bereits überfüllten Raum. Ein anderer Polizist kam und protokollierte Lilians Bericht über ihr Telefonat mit Beth Weatherby. Don Eliot unternahm mehrere Vorstöße in den Korridor und versuchte, die Polizisten auszuhorchen. David hatte Nicole sich selbst überlassen und tröstete nun die Frau eines Kollegen. Lilian kam sich ein bißchen geschmacklos vor, als sie an ihre erste spontane Reaktion von vorhin dachte. Sie senkte verlegen den Blick. Nicole Clark stand am anderen Ende des Raums und starrte sie an. Sie sieht wirklich nicht aus wie 'ne *femme fatale*, dachte Lilian. Eher wie 'n verschüchtertes, ängstliches, kleines Mädchen. Doch dann fiel ihr ein, daß es gerade die Schüchternen und Ängstlichen waren, die eine gefährliche Anziehungskraft auf verheiratete Männer ausübten.

Sie wandte sich ab, und ihre Gedanken kehrten zu Beth Weatherby zurück. Gestern noch hatte Beth alles gehabt, was man sich nur wünschen konnte: eine glückliche Ehe, einen wundervollen Mann, eine gesicherte Existenz. Und heute war das alles vorbei; zerstört durch einen Wahnsinnigen, der Als Schädel zertrümmert hatte. War es nicht merkwürdig, wie ein ganzes Leben sich in einer einzigen Nacht vollkommen ändern konnte? *Es* ist seltsam, dachte sie, und ein Satz schoß ihr durch den Kopf, den sie einmal von Beth gehört hatte: Nichts im Leben entwickelt sich genau so, wie man sich's vorgestellt hat.

»Warum läßt man uns nicht zu ihr?« fragte Lilian ärgerlich. »Was machen sie denn bloß so lange da drin? Warum sagt man uns nicht wenigstens, wie's um sie steht?«

Niemand antwortete ihr. Die meisten waren gegangen. Zu den wenigen, die noch warteten, gehörte auch Nicole

Clark. Sie war weggegangen und hatte für alle Kaffee geholt. Doch als sie zurückkam, stellte sich heraus, daß sie eine Tasse zuwenig mitgebracht hatte. Das Mädchen hatte sich erboten, noch einmal zu gehen, aber Lilian lehnte dankend ab und behauptete, sie trinke sowieso zuviel Kaffee (in Wirklichkeit hätte sie gerade jetzt dringend einen gebraucht). Doch nun mußte sie sich damit begnügen, im Zimmer auf und ab zu laufen und mit den Wänden zu reden. Ihr war, als verlöre sie den Verstand, und sie fühlte sich entsetzlich allein und verlassen. Unsinn, ich bin doch gar nicht allein, dachte sie. Mein Mann und seine Zukünftige sind ja bei mir.

»Ich begreife nicht, was los ist«, fuhr Lilian laut fort. »Warum sagt uns denn kein Mensch Bescheid?«

»Sobald sie Näheres wissen, erfahren wir es bestimmt«, antwortete Nicole beruhigend.

Wenn sie nicht bald mit diesem verfluchten, scheinheiligen Getue aufhört, dachte Lilian, dann bin ich imstande und brech' ihr das Genick.

Wie auf ein Stichwort erschien Don Eliot in der Tür. »Lill, ich bin froh, daß Sie noch da sind. Wir kriegen einfach nichts aus ihr raus. Sie will partout nicht reden, liegt bloß stumm da ...«

»Don, sie hat 'nen Schock«, sagte Lilian. »Irgend so 'n Verrückter schlägt sie zusammen und bringt ihren Mann um, und ...«

»Es stimmt doch, daß sie Sie gestern abend angerufen hat?« fragte Don Eliot. »Wiederholen Sie bitte Wort für Wort, was sie gesagt hat.«

Lilian schilderte ihre Unterhaltung, so gut sie konnte.

»Es besteht kein Zweifel, sie wollte Ihnen was mitteilen«, folgerte Don Eliot. »Es ist bedauerlich, daß Sie keine Zeit hatten, sich mit ihr zu treffen.« Er wartete lange genug, um in Lilian ein Schuldgefühl zu wecken. »Passen Sie auf, Lill«, sagte er dann, »vielleicht spricht sie jetzt mit Ihnen. Ich glaube, ich kann die Ärzte überreden, uns noch ein paar Minuten zuzugestehen. Sind Sie einverstanden?«

»Klar«, antwortete Lilian wie betäubt. »Wenn Sie meinen, daß es was nützt.«

Sie kannte die Antwort, noch ehe er den Mund aufmachte. »Vielleicht ist es nützlich«, sagte er. Dann ging sie neben ihm den Flur entlang und ließ ihren Mann mit Nicole Clark zurück.

Die Augen der Frau, die halb aufgerichtet im Bett saß, waren blutunterlaufen und verschwollen, ihre Gesichtszüge waren furchtbar entstellt. Auf Wangen und Kinn prangten häßliche, rotbraune Flecken, die aussahen wie verschmiertes Rouge. Nase und Haaransatz verschwanden hinter weißem Verbandszeug. Ihre Lippen waren aufgesprungen und schrecklich deformiert. An ihren zerkratzten Ohrläppchen klebte getrocknetes Blut. Und doch wirkte Beth so friedlich, wie sie da in ihrem Bett saß, die Decke bis über die Schultern hochgezogen, damit man die Verletzungen an ihrem Körper nicht sehen konnte, daß Lilian im ersten Augenblick befürchtete, sie atme nicht mehr. Es war, als führe man sie zu einer Leiche.

»O Gott, Beth«, flüsterte Lilian und trat näher. »Wer hat das getan?«

Beth Weatherbys Augen blieben geschlossen. Lilian beugte sich hinunter und hauchte ihr einen Kuß auf die Stirn, die als einziges in diesem zerschundenen Gesicht unversehrt schien. Unwillkürlich begann Lilian zu weinen, und ihre Tränen fielen auf Beths Gesicht. »Oh, es tut mir so leid«, schluchzte sie. »Es tut mir so unendlich leid, daß das passiert ist.« Beths Augen flackerten, aber sie öffneten sich nicht. Lilian fiel ein, daß die Freundin ihre Stimme vielleicht nicht erkannte. »Ich bin's, Lilli«, sagte sie leise. »Es tut mir schrecklich leid, daß ich gestern abend nicht kommen konnte.« Sie schniefte und versuchte, die Tränen zurückzuhalten. »Es wird alles wieder gut, Beth«, fuhr sie zaghaft fort. »Wer immer das getan hat, sie werden ihn finden. Und dann ist dieser schreckliche Alptraum vorbei. Das ist das einzig Tröstliche an Alpträumen, weißt du. Man wacht ganz bestimmt wieder auf.«

Beth öffnete die Augen und starrte Lilian an. Aber da ist noch etwas anderes, dachte Lilian und bemühte sich, dem Blick standzuhalten. Es lag ein Suchen in Beths Augen. Wonach? fragte sich Lilian. Nach einer Antwort? Ich kenn' die Frage nicht, gestand sie stumm. Nach Trost? Ich bringe nichts als Phrasen und leere Versprechungen. Nach Hilfe? Die will ich dir geben, versuchte Lilians Blick zu sagen. So gut ich nur irgend kann.

»Ich bin so müde«, murmelte Beth kaum hörbar mit ihren verquollenen Lippen.

»Ich weiß.« Lilian fühlte sich schwach und abgeschlagen. Wie komm' ich nur dazu, so was zu behaupten? Was weiß ich denn schon? Nichts. Gar nichts.

»Sie haben mir weh getan.« Die Worte kamen stoßweise und undeutlich.

»Sie?« fragte Lilian hastig.

»Als sie den Verband gewechselt haben«, kam stockend die Antwort. »Ich weiß, daß sie's nicht mit Absicht getan haben.« Sie schloß einen Moment die Augen, dann schaute sie wieder zu Lilian auf. »O Lilli, es tut so furchtbar weh.«

Lilian versuchte, etwas zu sagen. Irgend etwas. Aber die Worte blieben ihr im Halse stecken, oder sie hatte sie vergessen, noch ehe sie sie aussprechen konnte.

»Brian ist hier«, flüsterte Beth plötzlich.

»Brian?«

Beth versuchte zu lächeln. »Mein Sohn, der Arzt«, sagte sie, und Lilian bemühte sich, das Lächeln zu erwidern. »Er war hier, als sie vorhin mit mir gesprochen haben, ich weiß es.« Sie hob den Kopf und blickte sich suchend um. Angst spiegelte sich in ihren Augen.

»Ihr Sohn holt sich nur 'nen Kaffee«, meldete sich Don Eliots beschwichtigende Stimme von der Tür her. »Möchten Sie ihn sprechen?«

Beth ließ den Kopf aufs Kissen zurücksinken. »Man hat mir gesagt, daß Lisa aus Los Angeles kommt.« Ihr Blick wanderte zum Fenster. »Nur Michael haben sie noch nicht gefunden. Jedenfalls glaube ich, daß man mir das erzählt hat. Aber ich bin mir nicht sicher.« Ihre Worte erstickten in einem leisen Wimmern. »So viele Menschen. So viele Fragen. Irgendwas mit Al.« Ihr Blick kehrte zu Lilian zurück. »Immer wieder sagen sie seinen Namen, so als ob sie irgendwas von mir erwarten.« Ratlos starrte sie Lilian an. »Der arme Brian. Er sieht so müde aus und so gequält. Ich weiß, es ist meinetwegen. Was hat der Polizist vorhin gesagt?« Lilian spürte, wie Beth sich bemühte, die Gedankenfetzen zu ordnen, die ihr zusammenhanglos durch den Kopf schwirrten.

»Versuch doch einfach zu schlafen, Beth«, schlug sie vor. »Wir können uns später in Ruhe unterhalten.«

»Irgendwas mit Al. Er versuchte, mir was über Al zu erzählen. Er hat genauso geredet wie die Leute im Fernsehen. Ich hab' kein Wort gesagt. Ich weiß nicht, was er von mir hören wollte. Mein Gott, Lilli«, unterbrach sie sich plötzlich, »Al ist tot!«

»Ich weiß«, sagte Lilian, und eine Träne lief über ihre Wange.

»Al ist tot«, wiederholte Beth.

»Bitte quäl' dich jetzt nicht«, bat Lilian und streichelte Beths Hand, die unruhig unter der Decke hin und her fuhr. »Wer auch immer Al getötet hat, sie werden ihn finden. Und sie werden ihn einsperren. Er kann dir nichts mehr tun.«

»Er kann mir nichts mehr tun«, wiederholte Beth. Ihre Stimme klang plötzlich ruhig und gefaßt. Sie schloß die Augen, ihr Atem kam nicht mehr stoßweise, sondern regelmäßig und endlich schlief sie ein.

Lilian beugte sich hinunter und küßte die Freundin zum

Abschied auf die Stirn. »Schlaf nur, schlaf«, flüsterte sie, die Augen starr auf das weiße Kopfkissen gerichtet. Langsam, ganz langsam richtete sie sich auf und bog die Schultern zurück. Dann wandte sie sich um und ging zur Tür, ohne sich noch einmal umzudrehen.

»Ich fürchte, ich hab' Ihnen nicht viel helfen können«, sagte sie zu Don Eliot.

»Das kann man jetzt noch nicht sagen«, antwortete er. »Jedenfalls hat sie bisher noch mit niemandem so lange gesprochen wie mit Ihnen. Das ist immerhin ein Anfang.«

»Der Anfang von was?« entgegnete Lilian benommen. Dann öffnete sie die Tür und verließ eilig den Raum.

14

Wenn ich je tot umfallen sollte, beschloß Lilian, dann jedenfalls nicht während einer Hitzewelle. Es war einfach entsetzlich, Menschen zu zwingen, sich in einer Kirche ohne Klimaanlage zusammenzudrängen und um einen Toten zu
trauern, wenn draußen das Thermometer über dreißig Grad
im Schatten zeigte. Der Himmel mochte wissen, wie heiß es
drinnen werden würde, wenn sich erst einmal alle hineinge-
zwängt hatten. Lilian fragte sich, ob Beth wohl kommen
würde. Man hatte sie gestern erst aus dem Krankenhaus
entlassen. Sie war außer Lebensgefahr. Doch ihr rätselhaftes
Schweigen hatte sie nicht gebrochen. In der Woche, die seit
Als Tod vergangen war, hatte Beth eine Mauer des Schwei-
gens um sich errichtet, hatte keine Besucher empfangen,
morgens lange geschlafen und nur ihre drei Kinder (man
hatte den jüngsten Sohn schließlich doch noch gefunden)
um sich geduldet. Don Eliot berichtete, sie bewege sich wie
in Trance. So sehr er sich auch bemühte, es war nichts aus
ihr herauszubekommen, und die Ärzte befürchteten, es
könnte Monate, vielleicht sogar Jahre dauern, ehe sie den
Schock vollständig überwunden hätte. Ohne Beths Hilfe
aber kam die Polizei nicht weiter. Man hatte die Mordwaffe
immer noch nicht gefunden. Da die Spurensicherung ergab,
daß ein Einbruch so gut wie ausgeschlossen war, kam die
Polizei zu dem Schluß, der Täter müsse aus dem Bekannten-

kreis der Weatherbys stammen, ja sei vielleicht sogar ein Verwandter. Lilian dachte an Michael. Das würde Beths Schweigen erklären. Der Schock, zusehen zu müssen, wie der Sohn den eigenen Vater umbringt und seine Wut dann gegen einen selbst richtet ...

Lilian konnte kaum noch atmen. Seufzend schaute sie an sich hinunter. David hatte darauf bestanden, daß sie ein schwarzes Wollkleid mit Rollkragen anzog. Sie besaß nur dieses eine schwarze Kleid. Vergebens hatte sie ihm vorgehalten, daß man seine Achtung dem Toten gegenüber durch die Teilnahme an der Beerdigung dokumentierte und nicht durch die Kleidung. David war unerbittlich geblieben. Und nun schleppte sie sich durch die Gluthitze dieses Spätsommertages in einem Kleid, das sie normalerweise für die schlimmste Kältewelle des Chicagoer Winters aufhob.

Noch nicht mal übers Labor-Day-Wochenende sind wir aus der Stadt rausgekommen, dachte Lilian gereizt. Sonst fuhren sie jedes Jahr um diese Zeit ins Seengebiet und quartierten sich im *Deerhurst* ein, einem malerischen, alten Landgasthaus, das sie ganz zufällig entdeckt hatten, damals, als ihre Romanze gerade erst begann. Es war mehr als schmerzlich für sie gewesen auf dieses so sehnsüchtig erwartete Wochenende zu verzichten. Sie kam sich vor wie ein Wundergläubiger, dem man seine jährliche Wallfahrt nach Lourdes verweigert. Aber David war unabkömmlich gewesen, da es bei Weatherby & Ross drunter und drüber ging. Alle warteten gespannt darauf, daß die Polizei Als Leiche endlich zur Beerdigung freigeben würde. Die immer von neuem angeordneten Untersuchungen trugen nur dazu bei, dem Klatsch neue Nahrung zu geben, das Entsetzen wachzuhalten und die Trauer zu verstärken, die den Tageslauf in der groben Kanzlei überschattete. Für die nächsten Wochen schien keine Änderung in Sicht, abgesehen davon, daß die flimmernde Hitze, die seit Als Tod über der Stadt lastete, vielleicht endlich weichen würde. Lilian zerrte an dem Rollkragen, der an ihrem Hals klebte und ihr die Luft abzuschnüren drohte. Lieber Gott, hol mich aus diesem Brutkasten raus, betete sie stumm und fühlte sich prompt schuldig, weil sie ihre unbedeutenden Kümmernisse derart wichtig nahm, während Beth ein so schweres Schicksal zu tragen hatte.

In der letzten Woche hatte sie mehrmals versucht, Beth zu erreichen. Doch ihre Kinder hatten höflich, aber bestimmt abgelehnt. Ihre Mutter empfange keine Besucher, erklärte man ihr, und Don Eliot bestätigte es. Lilian versicherte allen, daß sie jederzeit zur Verfügung stehe, wenn sie in irgendeiner Weise helfen könne, aber niemand meldete sich. Vielleicht könnte ich heute, wenn Beth herkommt ...

Die Trauerfeier begann völlig unerwartet mitten vor dem Hauptportal. Mindestens zehn Harekrischnas stimmten einen mißtönenden Singsang an und verteilten Flugblätter an die bestürzten Trauergäste. Anscheinend hatte Beth angeordnet, man solle sie gewähren lassen, da dies die Sprache war, in der ihr Jüngster seinen Schmerz kundtat. Lilian und David lehnten die dargebotenen Flugblätter ab (David murmelte etwas wie: er würde Jason den Hals umdrehen, sollte der sich je für solche Flatterhemden begeistern) und drängten sich an den Sängern vorbei ins Innere der Kirche.

Es war noch heißer, als Lilian erwartet hatte. Das Spektakel am Eingang hatte sie wenigstens auf andere Gedanken gebracht. Doch nun war sie der Hitze wehrlos ausgeliefert. War es draußen schon entsetzlich schwül gewesen, so sorgte hier drinnen die Körperwärme mehrerer hundert Trauergäste dafür, daß die Temperatur ins Unerträgliche stieg. Lilian schnappte nach Luft. Sekundenlang blitzte eine Szene aus »Land der Pharaonen« vor ihr auf, dem Film, in dem Jack Hawkins eine umwerfend erotische Joan Collins zur Partnerin hatte. Joan hatte alle möglichen Verschwörungen angezettelt, um jeden aus dem Weg zu räumen, der zwischen ihr und dem Thron Ägyptens stand. Dabei hatte sie selbst vor dem Mord an ihrem Mann, dem regierenden Pharao, nicht zurückgeschreckt. Doch nun, nach der Tat, fand sie sich in den Grabkammern des ermordeten Herrschers wieder, wo sie zu Ehren des Toten zusammen mit seinen Lieblingssklaven, -konkubinen und -pferden lebendig begraben werden sollte. So verlangte es das Testament des Pharao. Lilian warf einen Blick durch den großen Raum, der schon fast bis auf den letzten Platz besetzt war. Hatte Al Weatherby etwa den gleichen Plan? Hatte er postum ein modernes Äquivalent für Sklaven, Konkubinen und Pferde hier versammelt? Hatte er vor, sie alle mit sich ins Grab zu nehmen? Und wenn es so war, in welche Gruppe gehörte sie dann wohl? Ich muß eins von den Pferden sein, entschied sie, als David sie einen Seitengang entlangdrängte und zu einer Reihe führte, in der noch Plätze frei waren. Lilian mußte sich an entsetzlich vielen Beinen vorbeizwängen, die alle am Boden festgewurzelt schienen.

Sie spürte, wie ihr mühsam gebändigtes Haar sich krauste und in widerspenstigen Korkenzieherlocken vom Kopf abstand (sie konnte sich nicht erinnern, ob Joan Collins geschwitzt hatte). Jetzt wäre Lilian froh gewesen, wenn sie die Flugblätter am Eingang angenommen hätten. Daraus könnte man 'nen prima Fächer machen, dachte sie.

»Hältst du's noch aus?« fragte David, dem plötzlich bewußt wurde, was seine Frau ausstehen mußte.

»Mir ist bloß schrecklich heiß«, antwortete sie und versuchte, an etwas anderes zu denken.

Mit sanfter Stimme begann er, sich zu entschuldigen: »Es tut mir leid, daß ich mich so blöd angestellt hab' und nicht einsehen wollte, daß es auch ohne schwarzes Kleid und Make-up gegangen wäre. Ich weiß nicht, wieso ich mich so aufgeführt hab'. Bitte entschuldige.«

»Ist schon gut.« Sie drückte seine Hand und spürte, wie ein Schweißtropfen über ihr frisch aufgetragenes Rouge rollte.

»Es war wirklich lieb von dir, daß du deswegen keinen Streit angefangen hast. Weißt du, ich war in so 'ner miesen Verfassung, ich hätte mich gegen jedes vernünftige Argument gewehrt.« Lilian lächelte und versuchte, sich auf seine Worte zu konzentrieren, statt dauernd an die Hitze zu denken. Doch trotz aller Anstrengung fühlte sie sich furchtbar matt. Laß mich nur so lange durchhalten, bis ich mich wieder ins klimatisierte Auto setzen kann, betete sie stumm und dachte dann voller Bangen an den langen Weg hinaus zum Friedhof. »Aber Make-up steht dir«, sagte David. »Du solltest öfter welches benutzen.«

Da Lilian wußte, daß er ihr damit ein Kompliment machen wollte, unterdrückte sie die Antwort, die ihr auf der Zunge lag. Doch sobald sie nach Hause kamen, würde sie sich das Zeug vom Gesicht waschen.

Der Pfarrer trat vor den Altar, und der Gottesdienst begann. Lilian lauschte aufmerksam, während er den Mann beschrieb, den sie in den letzten Jahren schätzen und lieben gelernt hatte. Als nun die Rede des Pfarrers einzelne Bilder und Ereignisse aus seinem Leben vor der Trauergemeinde lebendig werden ließ, da wurde ihr erst richtig bewußt, wie sehr auch sie ihn vermissen würde. Arme Beth, dachte sie. Sie wischte sich eine Träne von der Wange, beugte sich vor und hielt in den vorderen Reihen nach Beth Ausschau.

Sie war überrascht, als sie Nicole Clark zwei Reihen weiter vorn entdeckte. Aus einem unerklärlichen Grund hatte sie nicht damit gerechnet, sie hier anzutreffen, obwohl sie wußte, daß die ganze Kanzlei an der Trauerfeier teilnahm. War es da nicht klar, daß auch dieses reizende Geschöpf dabeisein würde? Nicole hatte das Haar straff zurückgekämmt und zu einem Zopf geflochten. Die Hitze schien ihr nichts anzuhaben. Sie trug ein schlichtes, schwarzes Baumwollkleid ohne Ärmel mit einer schmalen, weißen Borte am Kragen, die es für jede Gelegenheit passend erscheinen ließ. Typisch, dachte Lilian, während ihre Blicke prüfend die Reihen absuchten. Typisch, daß *sie* das Richtige anzuziehen hat. Mein Gott! Sie schrak zusammen. Dort vorn saß Elaine.

»Was ist los?« fragte David besorgt. Sie schüttelte nur den Kopf und hob abwehrend die Schultern. »Nur ruhig, Spätzchen. Gleich haben wir's hinter uns«, sagte er und tätschelte ihre Hand.

Sie lächelte, die Augen fest auf Davids Exfrau geheftet. Natürlich hätte sie damit rechnen müssen, daß Elaine herkommen würde. Sie hatte jahrelang mit den Weatherbys verkehrt. Da war es nur recht und billig, daß sie Al die letzte Ehre erwies. Lilian taxierte Elaine sorgfältig.

Sie wirkte attraktiv, ihre weichen Züge waren nicht so makellos wie die Nicoles, aber auch nicht so unregelmäßig wie ihre eigenen. Sie sah genauso aus, wie man sich die Frau vorstellt, die ein junger, unerfahrener Anwalt gleich nach dem Examen heiratet. Sie war die Verkörperung jenes Typs Jugendgespielin, die heranwächst, ohne mit der Entwicklung ihres Mannes Schritt zu halten, die vollauf damit beschäftigt ist, ihre Kinder großzuziehen und ihr Haus in Ordnung zu halten, und die darüber vergißt (oder es nicht wahrhaben will), daß draußen im Geschäftsleben eine Menge intelligenter und faszinierender Frauen tagtäglich den Weg ihres Mannes kreuzen. Lilian fiel auf, daß auch Elaine in Schwarz war. Sie ließ den Blick über die Menge gleiten und stellte fest, daß ausgerechnet sie drei anscheinend als einzige die korrekte Trauerfarbe trugen. Die übrigen Frauen (sie konnte Beth immer noch nicht finden) hatten zugunsten luftiger Sommerkleider auf feierliches Schwarz verzichtet. Es wirkte fast wie eine absichtliche Schaustellung. Die Farbe trennte sie von den anderen und schuf eine eigene, kleine Gruppe: David Plumley und seine Frauen. Fast wie John Derek, dachte sie und rief sich das Illustriertenfoto in Erinnerung, das den hübschen Exschauspieler im Kreise seiner Verflossenen, Ursula Andres und Linda Evans, und seiner jetzigen Frau Bo zeigte. Sie trugen alle die gleichen T-Shirts, alle lächelten glücklich, auch die Exfrauen: hatten doch auch sie einmal das Privileg genießen dürfen. Lieber Gott, hol mich hier raus, flüsterte sie vor sich hin und starrte unverwandt in ihren Schoß. Vielleicht sollten wir ein Empfangskomitee bilden: die Ehemalige ... die Jetzige ... die Zukünftige?

Sie warf David einen Blick zu.

»Was ist los?« fragte er wieder und setzte erschrocken hinzu: »Wird dir schlecht?« Unwillkürlich rückte er von ihr ab, so weit er konnte. Das war freilich nicht sonderlich weit. Denn die Knie neben ihm behaupteten eisern ihren Platz.

»Wär' schon möglich«, sagte Lilian. »Ich weiß, tief durchatmen«, kam sie ihm zuvor. Sie versuchte, ihren eigenen Rat zu befolgen, hielt den Kopf gesenkt und starrte angestrengt auf den Boden. Nach einer Weile lenkte sie ihre Aufmerksamkeit wieder auf die Worte des Pfarrers. Sie spürte, wie die Tränen in ihr aufstiegen, und war fassungslos, als sie plötzlich merkte, daß sie gar nicht weinen, sondern lachen mußte.

Lilian prustete los, noch ehe sie sich die Hand vor den Mund halten und den Laut ersticken konnte. Wie kann ich nur so etwas tun? Wie kann ich nur laut loslachen beim Begräbnis des Mannes, der David zeitlebens ein kluger Ratgeber und treuer Freund gewesen ist? Aber sie konnte nicht aufhören. Sie erstickte fast an dem Versuch, dieses blasphemische Lachen zu unterdrücken. Verzweifelt beugte sie sich noch tiefer hinunter und preßte die Lippen zusammen. Tränen stiegen ihr in die Augen, und David legte beschützend den Arm um sie. »Ist ja gut, Liebes«, tröstete er und zog sie hoch. Er glaubt, ich weine, dachte sie. Diese Erkenntnis löste einen neuerlichen Lachanfall aus, und sie vergrub ihr Gesicht an seiner Brust. Sie hörte, wie die Leute um sie herum mitleidig flüsterten. Sie glauben alle, daß ich weine, dachte sie. Für den Rest des Gottesdienstes preßte sie den Kopf fest an Davids Jacke und lachte, bis ihr die Tränen kamen.

Lilian wartete vor dem Hauptportal der Kirche, während David den Wagen vom Parkplatz holte. Um sie herum tanzten und sangen die Harekrischnas und schwangen ihre Tamburine. Lilian atmete tief ein. Sie hatte gehofft, hier draußen würde sie sich besser fühlen, doch sie empfand keine Erleichterung. Sehnsüchtig hielt sie Ausschau nach dem braunen Mercedes. Sie würde die Lüftung voll aufdrehen. Sie lehnte sich gegen die Mauer und schloß die Augen. Ich laufe barfuß durch die Antarktis, wiederholte sie in Gedanken immer wieder, bis sie unwillkürlich in den Rhythmus der Sänger einfiel.

»Ich hab' ein Hühnchen mit Ihnen zu rupfen«, sagte die Stimme neben ihr. Lilian öffnete die Augen und sah sich um. Kühl und beherrscht stand Elaine vor ihr. »Um Gottes willen, sind Sie krank? Sie sehen ja ganz grün aus!«

»Danke, es geht gleich wieder«, sagte Lilian mechanisch.

»Möchten Sie sich setzen?« fragte Elaine und deutete auf die Steinstufen. »Ich denke, für uns wird noch Platz sein zwischen all diesen verzückten Heiligen.«

Lilian schüttelte ablehnend den Kopf. »Mir ist bloß furchtbar heiß.«

Elaine musterte sie von Kopf bis Fuß. »Na, das ist ja auch kein Wunder. Was haben Sie denn da bloß an! Wie sind Sie nur auf die Idee gekommen, mitten im Sommer in 'nem wollnen Rollkragenkleid rumzulaufen?!«

»Wir haben schon September.«

»Ja, aber fast vierzig Grad im Schatten.«

»Es ist schwarz«, erklärte Lilian. Wollte Elaine etwa mit ihr über das Kleid sprechen?

»Na und?« fragte Elaine verständnislos.

»Unser Ehemann bestand darauf«, sagte Lilian, ohne eine Miene zu verziehen.

Ein breites Lächeln erhellte Elaines Gesicht und ließ es sanfter und jünger erscheinen. »Seien Sie gefälligst nicht komisch. Ich wollte mich von Ihnen nicht zum Lachen bringen lassen.« Elaines Geständnis verblüffte sie alle beide. War das die Frau, die David als teilnahmslos beschrieben hat und von der er behauptete, sie habe keinen Funken Humor? War das die Frau, deren weinerliche, schrille Telefonstimme ihr so verhaßt war?

Lilian dachte zurück an ihre erste offizielle Begegnung vor vier Jahren. Gerichtssaal C, im zweiten Stock. Plumley gegen Plumley. David Plumley wurde schuldig geschieden. Grund: Ehebruch. Die andere: Lilian Listerwoll. Ich weiß, wie abgedroschen das klingt, hatte sie zu Elaine gesagt, als sie sich plötzlich im Flur gegenüberstanden, aber ich wollte Ihnen wirklich nie weh tun. Elaine war unbeeindruckt geblieben und hatte eisig geantwortet, es klinge allerdings abgedroschen. Und dann hatte sie noch etwas gesagt. Lilian hatte ihre Worte verdrängt, doch bei Davids Geburtstagsparty, die einer anderen Zeit anzugehören schien, da kamen sie ihr wieder ins Gedächtnis, so sehr Lilian sich auch dagegen wehrte. Wenn er mich so behandeln würde wie Sie, hatte Elaine gesagt, und Sie so wie mich, dann wäre die Sache ganz anders ausgegangen.

Entgeistert starrte Lilian die erste Mrs. Plumley an. Vielleicht sind wir gar nicht so verschieden, wie ich dachte, überlegte sie. »Sie sagten, Sie hätten ein Hühnchen mit mir zu rupfen?« fragte sie, um diesem beunruhigenden Gedanken nicht weiter nachhängen zu müssen.

Einen Moment lang blickte Elaine sie so verdutzt an, als hätte sie chinesisch gesprochen. Doch dann fiel ihr ein, warum sie die Frau ihres Exmannes angesprochen hatte, und ihre Augen leuchteten kampflustig. »Ja«, bestätigte sie ungestüm. »Das hab' ich.« Mit jedem Wort gewann ihre Stimme an Entschlußkraft. »Wie können Sie es wagen, meiner Tochter zu erzählen, mein Freund sei 'n Mafioso?!« Hilflos blickte Lilian sich um. Das darf doch nicht wahr sein, dachte sie. Wo David nur blieb? Warum brauchte er so lange, um den Wagen zu holen?

»Es tut mir leid«, sagte sie endlich und zwang sich, Elaine anzusehen. »Es ist mir einfach nur so rausgerutscht.«

»Er ist im Obsthandel«, erklärte Elaine.

»Aber gewiß doch.«

»Sie müssen ihn mit 'nem anderen Ron Santini verwechselt haben.«

»Ganz bestimmt.«

»Er ist im Obsthandel«, wiederholte Elaine. Dann setzte sie zögernd hinzu: »Und selbst wenn er 'n Mafioso wäre, dann geht Sie das gar nichts an.«

»Sie haben völlig recht. Ich sag' ja, es ist mir nur so rausgerutscht. Außerdem hat Laurie mir sowieso nicht geglaubt.«

»Oh, diese Kinder glauben doch alles, was man ihnen erzählt! Dauernd heißt es: ›Lilian sagt dies‹ und ›Lilian sagt das‹. Ich werd' noch ganz krank davon.«

»Ich dachte, sie hören mir gar nicht zu«, stieß Lilian verwundert hervor. Sie hielt es für besser, Elaines Kommentar zu ignorieren.

»Und ob die zuhören.« Elaine machte eine Pause. »Passen Sie auf, ich sag' Ihnen was, auch wenn's Sie nichts angeht: Ron Santini ist ein sehr netter Mann, und da ich nicht vorhabe, noch mal zu heiraten, ist es mir ehrlich gesagt völlig Wurscht, womit er sein Geld verdient.«

Lilian fühlte, wie die flimmernde Hitze ihr die Luft abschnürte. »Sind Sie denn so verbittert«, fragte sie mit matter Stimme, »daß Sie auf Ihr Glück verzichten, nur damit David weiter für Ihren Unterhalt sorgen muß?«

»Mit neunzigtausend Dollar im Jahr kann man sich 'ne Menge Glück kaufen«, antwortete Elaine. »Und Sie haben recht, ich bin tatsächlich verbittert. Außerdem sind Sie ja jetzt selbst Ehefrau! Würden Sie wirklich noch mal heiraten?« Sie machte eine Pause, um der Frage Nachdruck zu verleihen. »Ich jedenfalls nicht«, sagte sie dann. »Einmal langt mir, vielen Dank.« Sie schaute auf die gegenüberliegende Straßenseite, wo ihr Wagen stand. »Ich hatte Glück. Hab' gleich hier 'nen Parkplatz gefunden. Also, ich fahr' jetzt nach Hause und leg' mich in die Sonne ... Ich nehme an, Sie wissen, daß ich 'nen Swimmingpool hab'?«

»Ich weiß.«

»Ich würd' Sie ja gern einladen, aber das könnte taktlos wirken.«

»Danke, aber ich möchte sowieso noch mit auf den Friedhof.«

»Und natürlich kriegt jeder das, was er verdient.«

»Natürlich.«

Die beiden Frauen tauschten ein verbindliches Lächeln, und Lilian sah zu, wie Elaine die Stufen hinunterschritt und auf die Straße trat. Vor ein paar Tagen hätte sie in dieser Situation noch gehofft, daß ein Auto herangebraust käme und die Frau samt ihren Zweihundertdollarschuhen über den Haufen führe. Doch jetzt empfand sie seltsamerweise und fast gegen ihren Willen Respekt für die Frau. Gewiß, es war widersinnig, aber das Wortgefecht mit Elaine hatte ihr Spaß gemacht. Die Frau hatte mehr Mumm, als Lilian ihr zugetraut hatte, und was sie sagte, hatte Hand und Fuß.

Die Hitze steigt mir zu Kopf, dachte sie, während sie zusah, wie Elaine den Wagen aufschloß und einstieg. Um die Hüften setzt sie ganz schön an, stellte Lilian mit Genugtuung fest. Erschöpft lehnte sie sich an die Mauer zurück.

»Mrs. Plumley?«

Lilian betrachtete fragend die bleiche, junge Frau, die vor ihr stand.

»Ich bin Lisa Weatherby, die Tochter von Beth.«

Lilian richtete sich auf und gab dem Mädchen die Hand. »Mein Beileid ...«, begann sie stockend. »Wenn ich irgend etwas tun kann ... ich hab' mehrmals angerufen ...«

Das Mädchen warf einen fragenden Blick auf ihre Brüder. Der ältere hatte schützend den Arm um sie gelegt; der jüngere stimmte inbrünstig in den Singsang seiner Freunde ein. Verzückte Heilige hatte Elaine sie genannt, erinnerte Lilian sich plötzlich, obwohl sie vorhin gar nicht richtig hingehört hatte. Eigentlich ganz lustig. Ihr Blick suchte die Straße ab. Elaines Auto war fort.

»Sie könnten schon was tun«, sagte Lisa Weatherby.

Lilian schaute sie fragend an. »Ja?«

»Vielleicht kommen Sie in den nächsten Tagen mal zu uns und besuchen meine Mutter. Es geht ihr heute nicht gut, und sie konnte nicht mitkommen, aber ich weiß, daß sie gern mit Ihnen sprechen möchte. Wir hatten gehofft, daß Ruhe und Abgeschirmtheit ihr helfen würden, den Schock zu überwinden, und daß sie es dann ertragen könnte, über die Ereignisse jener Nacht zu sprechen. Aber anscheinend haben wir uns geirrt. Sie weigert sich immer noch, drüber zu reden, und ... na ja, wie's scheint, sind Sie ihre einzige Freundin.«

»Was?«

»Wir sollten jetzt gehen, Lisa«, drängte ihr älterer Bruder. »Der Wagen wartet.«

»Werden Sie kommen?« fragte Lisa noch einmal.

»Aber selbstverständlich«, antwortete Lilian. Wie konnte das Mädchen sagen, sie sei Beth Weatherbys einzige Freundin? Die Frau kannte doch Gott und die Welt. Jeder mochte sie gern. Wie hing das nur alles zusammen? Lilian lehnte sich wieder gegen die Mauer und dachte sehnsüchtig an Eis und Schnee.

»Verzeihen Sie, Lilian?«

Was hatte diese Mauer nur an sich? Sobald sie sich daran lehnte, hatte es jemand auf sie abgesehen. Zum drittenmal richtete sie sich auf und wandte sich in die Richtung, aus der die Stimme kam. Doch diesmal wußte sie im voraus, wer sie da ansprach. Ihr fiel ein, daß das Mädchen, als sie sich ihr zum erstenmal mit diesen Worten genähert hatte, sie Mrs. Plumley nannte.

»Ich weiß, was Sie sagen wollen«, schnitt Lilian der Jüngeren das Wort ab. »Sie heißen Nicole Clark, und Sie wollen meinen Mann heiraten.«

Das Mädchen senkte den Kopf. »Das hab' ich wohl verdient.«

»Es sind doch Ihre Worte.«

Nicole Clark nickte. »Nicht grade eine meiner intelligentesten Bemerkungen.«

»Ich bin ganz Ihrer Meinung.«

»Ich hab' mich aber doch entschuldigt«, flüsterte sie.

»Sie haben eine merkwürdige Art, um Verzeihung zu bitten«, sagte Lilian. Sie spürte, wie ihr der Schweiß übers Gesicht rann. »Hören Sie, sind Sie nicht auch der Meinung, daß wir dieses pikante Thema hinlänglich erörtert haben?«

»Ich hab' David erklärt, wie das alles passiert ist ...«, fuhr Nicole fort.

»Nichts ist passiert«, korrigierte Lilian.

Nicole überhörte den wohlüberlegten Einwurf. »Ich hab' ihm erzählt, wie leid es mir tut, daß ich Sie so aufgeregt hab' ...«

»Sie wissen Ihre Worte aber wirklich zu setzen«, sagte Lilian. Auf ihrem verschwitzten Gesicht lag wie angeklebt ein maskenhaftes Lächeln. »Doch ich denke, David hat im Moment andere Sorgen als ...«

»Er war einfach großartig während dieser schrecklichen Tage«, unterbrach Nicole. »Er war es, der den Laden zusammengehalten und der dafür gesorgt hat, daß wir anderen uns nicht einfach gehenließen und aufgaben.«

»Er hat sich bestimmt sehr für die Firma eingesetzt«, räumte Lilian ein. Verwundert fragte sie sich, wann Nicole in all dem Durcheinander die Zeit gefunden hatte, sich vor David zu rechtfertigen. Und wie hatte David sich freimachen können, um ihr zuzuhören?

»Vor ein paar Tagen, da versuchte ich, mich auf meine Arbeit zu konzentrieren, aber es ging einfach nicht, und plötzlich brach ich in Tränen aus. Vor allen Leuten. Es

waren sogar Klienten im Zimmer. Mir war's furchtbar peinlich. Ich hörte förmlich, wie sie hinter meinem Rücken
miteinander tuschelten und sich drüber lustig machten, daß
Frauen emotional eben doch nicht stabil genug sind für
unseren Beruf. Lauter solchen Quatsch. Aber plötzlich war
David da. Er brachte mich weg von all diesen Menschen und
führte mich hinunter zum Essen. Dann haben wir darüber
gesprochen. Er konnte wirklich verstehen, was ich für Al
empfunden hatte. Ja, er teilte meine Gefühle. Ich hatte
vorher noch nie erlebt, daß David sich so rückhaltlos öffnete. Als Mann, meine ich, nicht als Anwalt.«
Lilian schäumte vor Wut, und sie stieß ihre Worte hervor
wie Giftpfeile: »Wie rücksichtsvoll von Al, sich umbringen
zu lassen, damit Sie dieses herzige Erlebnis haben konnten.«
Sie hatte Nicole offensichtlich einen Schock versetzt.
Sprachlos starrte das Mädchen sie an. Elaine hätte eine
schlagfertige Antwort parat gehabt, dachte Lilian. Im Geiste
sah sie ihren Mann und Nicole Clark vor sich, wie sie
einander bei diesem Essen zu zweit ihr Herz ausschütteten.
Das kleine Biest macht also Fortschritte, stellte sie, zwischen
Furcht und Bitterkeit schwankend, fest.
Das Hupen des Wagens auf der anderen Straßenseite
schreckte sie aus ihren Gedanken auf. Hastig wandte sie den
Kopf, damit die andere nicht sehen konnte, wie die Tränen,
die in ihren Augen schwammen, über ihre Wangen rollten
und sich mit den Schweißtropfen auf ihrem Gesicht ver-
mischten. Mit einer sehr energischen Handbewegung
wischte sie beides, die Spuren der Hitze und die ihres Ge-
fühls, fort und drehte sich wieder zu Nicole um.
»Entschuldigen Sie mich«, sagte sie, ließ ihre junge Heraus-
forderin stehen und ging die Stufen hinunter. Bitte, lieber
Gott, laß mich nicht hinfallen, betete sie leise, während sie
vorsichtig einen Fuß vor den anderen setzte. Sie spürte die
Blicke des Mädchens im Rücken. Es war, als brenne sie mit
den Augen ein Loch in die schwarze Wolle ihres Kleides. Ihr

rührender Gatte hatte also das süße, kleine Ding zum Essen ausgeführt und hatte sich obendrein »als Mann« vor ihr geöffnet. Wut und Empörung stiegen in ihr hoch. *Mich zwingt er, mitten in 'ner Hitzewelle mit 'nem schwarzen Wollkleid rumzulaufen, und sie führt er zum Essen aus!*

Lilian rief sich Elaines Orakelspruch vom Tag der Scheidung in Erinnerung und übertrug ihn in Gedanken auf Nicole: *Wenn er sie so behandeln würde wie mich*, wiederholte sie stumm, *und mich so wie sie, dann ginge die Sache ganz anders aus*. Mit hastigen Schritten lief Lilian auf den braunen Mercedes ihres Mannes zu und riß wütend die Tür auf. Dann drehte sie sich ein letztes Mal nach Nicole um und stieg ein.

15

»Ich kann's nicht glauben, das muß ein Alptraum sein.«

»So beruhige dich doch, Lilli.«

»Was heißt beruhigen? Siehst du denn nicht, daß ich langsam vor deinen Augen zerfließe?«

»Es dauert bestimmt nur noch 'n paar Minuten.«

»Das hast du schon vor 'ner Viertelstunde gesagt.«

»Der arme Kerl tut doch wirklich, was er kann. Er sieht schon ganz verstört aus.«

»Würdest du auch, wenn du 'ne Leiche als Mandanten hättest!«

»Lilli, ich bitte dich ...«

»Wenn du mir noch einmal sagst, ich soll mich beruhigen, dann krieg' ich 'nen Schreikrampf.«

»Na gut, wie du willst. Dann reg dich eben auf.«

»Können wir nicht wenigstens die Klimaanlage anstellen?«

»Aber sicher, wenn du unbedingt den Wagen überhitzen willst. Das wär' das beste Mittel, um endgültig hier festzusitzen.«

»Ich kann's einfach nicht fassen.«

Lilian schaute aus dem Fenster und betrachtete sehnsüchtig die Autos, die zügig auf dem Highway 41 vorbeiglitten, während sie hier an der Tankstelle festsaßen. Ein zitternder junger Mechaniker bemühte sich nach Kräften, den Keilriemen des Ventilators auszuwechseln, der gerissen war.

»Ich wußte gar nicht, daß 'n Ventilator 'nen Keilriemen hat«, murmelte Lilian vor sich hin. »Wenn Al Weatherby uns zuschauen kann, dann schüttelt er bestimmt den Kopf und sagt: ›Was für 'ne verdammte Scheiße!‹«

»Lilli, bitte, das führt doch zu nichts.«

»Und wenn du *das* noch mal sagst, dann steig' ich aus und geh' zu Fuß.«

»Laß dich nicht aufhalten«, erwiderte er, beugte sich über sie und öffnete die Wagentür.

Ein paar Minuten lang herrschte zorniges Schweigen. Na, phantastisch, dachte Lilian. So wie wir diese Szene spielen, könnte sie glatt von Nicole Clark inszeniert sein. Sie schloß die Tür.

»Ich kann's nicht leiden, wenn man mir ein Ultimatum stellt«, sagte er, ohne sie anzusehen.

»Ich weiß«, erwiderte sie und erinnerte sich.

Es war schon spät. Das Zimmer lag im Dunkeln. Keinem von beiden war es eingefallen, das Licht einzuschalten. Lilian wußte, daß ein Stockwerk tiefer Mrs. Everly und ihr riesiger Hund in tiefem Schlaf lagen. Sie wünschte, auch sie läge im Bett. Sie sehnte sich danach zu schlafen, und zwar allein. Sie hatte Angst davor, das sagen zu müssen, was er nicht hören wollte.

»Ich kann's nicht mehr, David«, fing sie an.

»Wovon sprichst du?«

»Wovon wir dauernd sprechen. Bloß diesmal mein' ich's ernst.« Er saß auf dem Sofa, und sie hockte im Lotossitz auf dem Boden. Sie trug ein langes Abendkleid, was für ihre Beinstellung äußerst hinderlich war, und außerdem wirkte ihre Pose in diesem Aufzug völlig deplaziert. Ihr rötlich-braunes Haar hatte sie hochgesteckt, doch immer wieder drohten unzählige widerspenstige Strähnen sich aus der kunstvollen Frisur zu lösen. Ihr Gesicht war tränenverschmiert, und auf ihren Wangen brannten rote Flecken. Er wußte, daß sie sich genauso elend und unglücklich fühlte, wie sie aussah. Er wußte auch, was sie sagen würde und daß er es nicht hören wollte. Lilian war sich über all das klar, aber sie war entschlossen, es trotzdem zu sagen.

»Ich liebe dich, David«, begann sie und zwang sich weiterzusprechen. »Ich hab' dich so lieb, daß es weh tut. Aber ich hab' diese Heimlichkeiten satt. Ich bin's leid, bis zwei Uhr morgens aufzubleiben und vergeblich drauf zu warten, daß du vielleicht noch vorbeikommst. Und ich kann einfach nicht mehr so tun, als ob du dich irgendwo ganz allein schlafen legst, wenn du aus meinem Bett steigst und zu deiner Frau nach Hause fährst.« Sie hielt inne und schluchzte heftig.

»Lilli ...«

»Aber was mir am meisten stinkt, ist, daß ich mir die Hacken ablaufen mußte, um 'nen Tischherrn für die Hochzeit meiner Cousine zu finden! Und warum? Weil der einzige Mann, mit dem ich in den letzten beiden Jahren zusammen war, verheiratet ist und weil es keinen guten Eindruck machen würde, wenn ich auf der Hochzeit meiner Cousine mit 'nem verheirateten Mann aufgekreuzt wäre!« Sie wimmerte vor sich hin, hob mechanisch die Hand, um sich eine herunterhängende Haarsträhne hinters Ohr zu streichen, und rief erschrocken: »O Scheiße, sie is' weg. Ich hab' sie verloren.«

Verdutzt blickte David sie an. »Was ist weg?«

»Meine Blume«, schluchzte sie. »Ich hatte 'ne blaue Stoffblume im Haar. Alle sagten, daß sie mir gut stand.«

»Bestimmt stand sie dir gut.«

»Und jetzt hab' ich dieses dämliche Ding verloren!«

»Ich finde dich auch so schön«, sagte er sanft, ließ sich zu ihr auf den Boden nieder und legte die Arme um sie. Sie lehnte den Kopf an seine Schulter und spürte, wie die verlaufene Wimperntusche kleine, schwarze Rinnsale unter ihren Augen bildete.

»Du mußt ganz schön spitz sein«, lächelte sie unter Tränen.

»Bin ich auch«, sagte er und küßte sie auf den Nacken. »Schließlich hab' ich dich drei Tage lang nicht gesehen.«

»Und wer ist schuld dran, verflucht noch mal?« fragte sie heftig, stieß ihn zur Seite und richtete sich steifbeinig auf. »Mist verdammter, heut' abend hättest du mich sehen sollen. Ich war wirklich schön.«

»Bestimmt warst du das.«

»Leon – stell dir vor, mein Tischherr hieß Leon –, er hat mich gefragt, ob wir uns wiedersehen können. Falls du dir *das* vorstellen kannst! Freitag abend. Er will mit mir ausgehen und mir *Second City* zeigen.«

»Und was hast du geantwortet?«

»Ich hab' gesagt, daß ich mir den Freitag eigentlich lieber frei halte, für den Fall, daß mein verheirateter Liebhaber auf 'n paar Stunden vorbeikommt.«

»Lilli ...«

»Ich hab' ja gesagt und daß ich mich riesig freuen würde. Was hätt' ich denn sonst sagen sollen?«

David stand vom Boden auf. »Wozu soll das alles gut sein, Lilli?«

Sie zuckte mit den Achseln. Der schmale Träger ihres Abendkleides rutschte herunter. »Du mußt dich entscheiden, David.«

»O Lilli ...«

»Es tut mir leid, wenn es so klingt, als ob ich mich hinter Klischees verschanze. Aber unsere Situation ist nun mal 'n Klischee, also muß ich mich der entsprechenden Wortwahl bedienen.«

»Ich kann's nicht leiden, wenn man mir ein Ultimatum stellt.«

»Ist mir völlig Wurscht, was du leiden kannst und was nicht!«

Beide blieben wie angewurzelt stehen und starrten einander

an. Lilian kam es vor wie eine Ewigkeit. Dann drehte er sich, ohne ein Wort zu sagen, um und lief zur Tür. Es verging ein Monat, ehe er anrief, um ihr mitzuteilen, daß er seine Frau um die Scheidung gebeten habe. Elaine hatte mit der Drohung reagiert, sie werde ihm den letzten Pfennig abknöpfen.

Lilian drehte an der Lüftung, bis der Luftstrom direkt auf ihren Hals gerichtet war.

»Geht's dir jetzt besser?«

»Mir wird's erst besser gehn, wenn ich aus diesem Kleid 'raus bin und den verdammten Fetzen verbrannt hab'.«

»Wenigstens haben sie ihn nun begraben.«

»Gott sei Dank! Nachdem ja heute alles schiefzugehen schien, hätt's mich nicht gewundert, wenn ihnen zur Krönung des Ganzen der Sarg runtergefallen wär'.«

David lachte. »Das war ein Tag«, seufzte er kopfschüttelnd. »Mir kam das alles so unwirklich vor.«

»Mir ging's genauso.«

»Al ist wirklich tot«, sagte David wie zu sich selbst. »Wir waren dabei, als sie ihn in die Erde legten.«

»Wir haben nur gesehen, wie sie einen *Sarg* hinunterließen«, korrigierte Lilian. »Al ist vielleicht immer noch an der Tankstelle von vorhin. Womöglich haben die ihm 'nen Job angeboten. Schneller als dieser lahme Mechaniker würde er selbst in seinem Zustand noch arbeiten.«

David lachte auf. Dann fädelte er sich plötzlich ungeachtet des dichten Verkehrs auf der mehrspurigen Straße nach rechts ein und hielt am Fahrbahnrand. Sie waren nur noch wenige Minuten von ihrer Wohnung entfernt.

»Warum halten wir?« fragte Lilian verblüfft. Einen Augenblick lang sah sie hilflos zu, wie Davids Lachen in Weinen überging. »O David«, flüsterte sie schließlich, legte die Arme um seinen Nacken und preßte den Kopf an seine Schulter. Auf einmal stiegen auch ihr die Tränen in die Augen. Eine Weile saßen sie ganz still nebeneinander und weinten um den Mann, den sie beide so geliebt und bewundert hatten.

Endlich löste David sich aus ihrer Umarmung, richtete sich auf und trocknete sich die Augen. »Tut mir leid«, sagte er.

»Was denn, um Himmels willen?«

Er schüttelte den Kopf. »Einfach alles. Daß ich so 'n Spießer bin und dir dieses blöde Kleid aufgezwungen hab' ...«

»Ist schon gut.«

»Nein, ist es nicht. Guck dich doch bloß mal an!«

»Bitte erinnere mich nicht dran, wie ich aussseh'! Ich will's gar nicht wissen.«

»Siehst du? Schon wieder! Ich brauch' nur den Mund aufzumachen, und schon tu ich dir weh.«

»Aber das stimmt doch gar nicht. Schau, ich fühl' mich fabelhaft. Oder doch zumindest mittelprächtig. Sagen wir, ich fühl' mich mittelprächtig.«

Er beugte sich über sie und gab ihr einen Kuß. »Du bist so lieb, und ich? Ich bin 'n richtiges Scheusal.«

»Lobenswerte Selbsterkenntnis. Ist dir das erst jetzt aufgefallen?« Sie küßte ihn auf die Wange. »Komm, fahr los. Wir wollen nach Hause. Ich werd' mein Kleid verbrennen; wir nehmen zusammen ein Schaumbad und legen uns ins Bett. Was hältst du davon?«

Er nickte wortlos und drehte den Zündschlüssel um. Der Wagen sprang an, und in einträchtigem Schweigen fuhren sie bis zu ihrem Apartmenthaus.

Wenige Minuten später hielt David auf ihrem Stellplatz in der riesigen Tiefgarage. Doch er machte keine Anstalten auszusteigen, sondern blieb reglos mit gesenktem Kopf sitzen; so als sei er völlig in Gedanken versunken. Lilian spürte, daß er ihr etwas sagen wollte, und da sie annahm, es sei dringender als ihr Wunsch, das gräßliche Kleid auszuziehen, wartete sie geduldig.

»Was ist los?« fragte sie endlich.

Schweigen. Nach einer Weile begann er zögernd: »Ich muß mich noch für was anderes bei dir entschuldigen.«

Lilian hielt den Atem an und dachte angstvoll an Nicole Clark. Gab es da noch was, außer diesem Mittagessen, das er ihr verschwiegen hatte? Bitte, behalt's für dich, betete sie stumm. Ich will's nicht wissen. »Ich finde, du hast dich heute schon genug entschuldigt«, flüsterte sie mühsam.

»Aber dafür nicht.«

»David ...«

»Ich meine das wegen deiner Arbeit, die Uni ...«

»Was?«

»Na ja, weil ich doch so blöd reagiert hab', als du mir klarmachen wolltest, wie unglücklich du da bist.«

»Wie hast du denn eigentlich reagiert?«

»Siehst du, genau darum geht's. Ich hab' nämlich strenggenommen überhaupt nicht reagiert. Ich hab' dir geraten, die Zähne zusammenzubeißen und dich durchzuboxen. Oder irgend so 'n Quatsch. Ausflüchte. Mit Standardratschlägen hab' ich dich abgespeist, und dabei war alles, was du brauchtest, 'n bißchen Trost und Verständnis. Zum Kuckuck, Lilli, wenn du meinst, daß du an der Uni unglücklich bist, dann solltest du die Stelle aufgeben. Wenn wir etwas aus Als Tod lernen können, dann ist es die Erkenntnis, daß ein Menschenleben zu kurz und zu kostbar ist, um es an Aufgaben zu verschwenden, die uns keine Freude machen. Ich liebe dich, Lilli, und ich möchte, daß du glücklich bist.«

»Es wird schon werden«, lächelte sie unter Tränen. »Irgendwas wird sich schon finden. Irving ruft mich bestimmt bald an. Wart's nur ab.«

David lachte reumütig. »Das liegt mir auch noch auf der Seele. An dem Abend, als du mir von deinem Treffen mit Irving erzählen wolltest, da hab' ich mich benommen wie der Elefant im Porzellanladen.«

»Hab' ich schon vergessen«, flüsterte Lilian. »Manchmal ist es ja auch nötig, praktisch zu denken und sich nicht nur von

Gefühlen leiten zu lassen.« Sie zögerte. Als sie weitersprach, war ihre Stimme sanft und gefaßt. »Das einzige, was mich stört, ist, daß wir so wenig Zeit füreinander haben. Wenn sich das ändern würde, fände ich alles andere wahrscheinlich gar nicht mehr so schlimm.«

Er nickte. »Auch dafür wollte ich dich um Verzeihung bitten. Ich weiß, es sieht aus, als fiele ich in meinen alten Lebensstil zurück. Aber glaub' mir, Lilli, im Moment bin ich wirklich völlig überlastet. Es geht einfach alles drunter und drüber. Ich blick' nicht mehr durch, und ganz gleich, wie hart oder wie lange ich arbeite, es ist kein Ende abzusehen. Jetzt, nach Als Tod, ist es wirklich zum Verzweifeln. Keiner kennt sich aus. Es wird Monate dauern, bis alles wieder normal läuft und wir die Dinge wieder im Griff haben.« Er blickte seine Frau forschend an. »Glaubst du, du kannst noch ein Weilchen Geduld mit mir haben? Ich versprech' dir, daß nach Weihnachten alles wieder wird wie früher. Dann sind wir bestimmt aus dem Gröbsten raus, und ich brauch' nicht mehr von morgens bis nachts zu schuften, das versprech' ich dir. Na, was sagst du dazu?«

Lilian nickte. »Klingt nicht schlecht.«

Er beugte sich über sie und küßte sie zärtlich. Fast wie im gleichen Takt öffneten dann beide ihre Autotür, stiegen aus und verschlossen den Wagen. Hand in Hand gingen sie zum Aufzug, drückten auf den Knopf und warteten.

»Ich wüßte gern, ob Irving mich wirklich anruft«, sagte Lilian gedankenverloren als sie in den Lift stiegen.

»Du warst doch seine beste Kraft. Natürlich wird er dich anrufen.«

»Er klang aber ziemlich pessimistisch.«

»Dafür wird er schließlich bezahlt.«

»Er hat gesagt, die Frau, die sie als Ersatz für mich eingestellt haben, habe sich gut eingearbeitet.«

»Niemand könnte dich ersetzen.« David zog sie an sich und gab ihr einen Kuß.

Erzähl' das mal Nicole Clark, hätte sie am liebsten gesagt. Statt dessen lächelte sie nur stumm.

»Vielleicht starten sie 'ne neue Serie«, fuhr David fort.

Lilian nickte. »Über irgend 'n Thema, das man von vorne bis hinten in Chicago abhandeln kann. Dann könnte ich wieder in meinem alten Job arbeiten und würde trotzdem hierbleiben.«

»Hmhm, bis sich die nächste Gelegenheit bietet, nach China zu fliegen ...«

»Ich war doch schon in China«, erinnerte sie ihn.

»Ich weiß«, sagte er, und dann schwiegen sie beide.

Sie umkreisten sich mißtrauisch wie zwei streunende Katzen, fauchten sich aus sicherer Entfernung an und warteten angespannt auf die geringste Provokation, um endlich übereinander herfallen zu können.

»Warum machst du aus dieser Reise 'ne Staatsaffäre?«

»Das hab' ich dir doch schon lang und breit erklärt. Du bist dieses Jahr oft genug fort gewesen.«

»Nicht öfter als letztes Jahr.«

»Da warst du ja auch viel zuviel unterwegs.«

»Na prächtig. Wir drehen uns dauernd im Kreis.«

Lilian ließ sich erschöpft in die weichen Kissen des Sofas fallen.

»Ich bin's leid, daß du wegen jeder Reise, die ich machen muß, so 'nen Veitstanz veranstaltest.«

»Dann hör' auf, dauernd in der Gegend rumzukutschieren.«

»Ich bin doch gar nicht so oft weg!«

David, der aufgeregt auf und ab gelaufen war, blieb mitten im Zimmer stehen und starrte seine Frau ungläubig an.

»Lilli, in den zwei Jahren unserer Ehe warst du in London, Paris, Toronto, Los Angeles, Angola und Argentinien! Und jetzt willst du auch noch nach China!«

Lilian antwortete nicht gleich. »Wir hatten mal vor, *zusam-*

men hinzufahren«, erinnerte sie ihn schließlich vorwurfsvoll.

»Du weißt doch ganz genau, daß ich hier nicht weg kann.«

»Und warum nicht?«

»Wie stellst du dir denn das vor, Lilli? Soll ich etwa all meine Klienten hängenlassen, bloß um mit meiner Frau 'ne Spritztour zur Chinesischen Mauer zu machen?«

»Genau das. Warum eigentlich nicht?«

»Weil kein Mensch weiter zu 'nem Rechtsanwalt gehen würde, der mitten in 'nem Scheidungsprozeß Termine platzen läßt, um die man monate-, wenn nicht sogar jahrelang gekämpft hat. Darum.«

»Du hast doch Partner. Wozu sind die gut, wenn sie dich nicht mal vertreten können, wenn du verhindert bist?«

»Du weißt ganz genau, daß ich meine Fälle nicht gern aus der Hand gebe ...«

»Andere Leute nennen so was schlicht: Verantwortung delegieren.«

»Für meine Klienten bin aber nun mal *ich* verantwortlich.«

»Kannst du ihnen denn nicht einfach sagen, daß du für 'n paar Wochen Ferien machst? Ich hab' mich mit meinem Urlaub ja auch nach dir gerichtet!«

»Das ist der springende Punkt. Ich hab' meinen Urlaub dieses Jahr schon genommen!« David setzte sich in einen der ausladenden Ohrensessel, die Lilian und er neulich gekauft hatten. »Außerdem, was sollte ich denn in China machen? Dir die Filme wechseln, oder was? Sei doch vernünftig. Ich würde da doch bloß allen im Weg rumstehen.«

Lilian erinnerte sich an frühere Reisen, bei denen Kollegen ihre Partner mitgenommen hatten. Sie mußte David recht geben. Wann immer eine Ehefrau (es sind tatsächlich nur Frauen gewesen, dachte sie) ihren Mann zum Drehort begleitete, kam es unweigerlich zu Reibereien und Schwierigkeiten. Sie selbst war schon vor langer Zeit zu der Erkennt nis gelangt, daß es nicht gut war, Vergnügungs- und Dienstreisen zu verbinden. Beide Teile kamen dabei nicht zu ihrem Recht.

»Außerdem«, hörte sie David sagen, »können wir es uns nicht leisten.«

Lilian holte tief Luft. Als Begleitperson würde David die Reisekosten selbst tragen müssen. Elaine hatte dafür gesorgt, daß Lilian und David sich nur selten einen Urlaub gönnen konnten; und auch dann nie sonderlich weit weg von zu Hause.

»Was bleibt uns also übrig?« fragte Lilian mit müder Stimme.

»Das möchte ich von dir wissen.« David klang genauso erschöpft wie sie.

»Ich reise, David.«

Er nickte und stand auf. »Das heißt, du wirst nicht dabeisein, wenn die Party in der Kanzlei steigt.«

»Nein. Tut mir leid.«

»Und was wird aus den Marriotts? Wir haben sie doch zum Essen eingeladen.«

»Wir verschieben's, bis ich zurück bin.«

»Was soll ich den Leuten sagen?«

»Die Wahrheit. Daß ich nach China mußte. Dann haben die alten Klatschmäuler wenigstens mal 'n neues Thema. Sonst fällt ihnen doch nichts anderes ein, als drüber zu reden, daß deine erste Frau hübscher war, und sich zu fragen, was du nur an dieser Fernsehtante findest.« David setzte sich wieder, blickte sie an und lächelte matt. »Aber wenn du ihnen mal 'nen richtig gepfefferten Gesprächsstoff liefern willst, dann geh doch in anderer Begleitung auf die Party.« Flüchtig stellte sie sich ihren Mann in den Armen einer anderen vor. Sie sah, wie die Frau ihre Beine um seine Hüften schlang ... »Wenn ich's mir recht überlege ...« Sie stand auf, schlich schuldbewußt auf David zu, setzte sich auf seinen Schoß und kreuzte die Beine hinter seinem Rücken. »Dann sollen sie sich ruhig ihre eigenen Themen ausdenken.« Sie küßte ihn. »Bitte, sei mir nicht böse.«

»Ich werd's überleben«, sagte er und erwiderte ihren Kuß.

Sie war nach China geflogen, hatte den ersten Boom amerikanischer Touristen gefilmt, und als sie zwei Wochen später zurückkehrte, fand sie die Wohnung unverändert, das Wetter war das gleiche wie vor ihrer Abfahrt, und ihr Mann war ebenso glücklich, sie wiederzusehen, wie jedesmal, wenn sie von einer Reise zurückkam. Und doch stimmte etwas nicht. Es war nichts Greifbares. Sie spürte und erahnte es nur, sei es in einem ausweichenden Blick, sei es in einer Berührung, die fremd wirkte. Er war mit einer anderen Frau zusammengewesen. Sie wußte es. Sie war sich dessen so sicher, als sei sie selbst dabeigewesen oder als hätte er es mit seinen eigenen Worten bestätigt. Er sprach nie davon. Sie fragte nie danach. Aber es stand zwischen ihnen. Eine Woche nach ihrer Rückkehr meldete sie dem Sender, daß sie keine Außenaufträge mehr annehmen würde. Bald danach reichte sie ihre Kündigung ein und begann, an der Universität Chicago Fernsehjournalismus zu lehren.

»Worüber hast du mit Nicki gesprochen?« fragte er, als sie die Wohnung betraten. Lilian zog sich das verschwitzte, schwarze Wollkleid über den Kopf und ließ es achtlos zu Boden fallen. »Mensch, Lilli, wart' doch wenigstens, bis ich die Tür zugemacht hab'!«

Sie hörte, wie die Tür hinter ihr ins Schloß fiel, während sie wie ein Roboter auf das Bad zusteuerte. Sie ließ das Wasser einlaufen. Als David hereinkam, stand sie nackt neben der Wanne und starrte auf den sprudelnden Strahl.

»Du hast mir nicht erzählt, daß du mit ihr essen warst«, stellte sie statt einer Antwort fest.

David bedurfte keiner weiteren Erklärung. »Sie war völlig

durcheinander. Sie brauchte jemanden, um sich auszusprechen.«

»Und du warst der einzige, an den sie sich wenden konnte?«

»Ich war eben grade da.«

»Sehr bequem«, spottete Lilian. Im nächsten Moment hätte sie ihre Worte am liebsten zurückgenommen.

»Das ist wirklich kein Diskussionsthema«, sagte er und ging hinaus.

Lilian wäre ihm gern gefolgt, doch dann entschied sie, daß der Anblick ihres nackten Körpers bei einem Gespräch über Nicole Clark kein günstiges Vergleichsbild abgeben würde. Sie wartete, bis die Wanne fast randvoll war, dann tauchte sie ins Wasser und schloß die Augen. In den wenigen Minuten, die zwischen dem Öffnen der Wohnungstür und dem Einlassen des Badewassers lagen, hatte sich ihr Traum vom Schaumbad zu zweit zerschlagen, und auch bei ihm war das Verlangen erloschen. David und Lilian waren in verschiedenen Räumen. Und Nicole Clark stand irgendwo zwischen ihnen.

16

Am nächsten Tag fuhr Lilian hinaus nach Lake Forest, um Beth Weatherby zu besuchen.

Von der Straße aus wirkte das Haus noch genauso, wie sie es von ihrem letzten Besuch her in Erinnerung hatte. Das Laub der Bäume, die das große, graue Ziegelgebäude umstanden, schien noch genauso frisch wie im Frühsommer; es war, als seien die letzten drei Monate spurlos daran vorübergegangen. Doch Lilian wußte, daß die Zeit das grüne Blätterkleid nur allzu rasch in herbstliche Töne färben würde. Wenig später würde dann auch dieses leuchtende, rotgoldene Farbspiel vorbei sein, und noch ehe sie darauf gefaßt war, würden die kahlen Äste wie schwarzes Filigran in den grau über Chicago lastenden Winterhimmel ragen. Lilian starrte hinunter auf die weißen und roten Geranien und Petunien, die den Kiesweg zum Haus säumten. Wie frisch sie noch waren. Trotz der Hitze – die Temperatur war nur wenig niedriger als am Vortag – fröstelte sie plötzlich. Es wird ein langer Winter werden, dachte sie und betrat den frischgeharkten Weg, der zum Haus führte.

Als sie vor der hohen, massiven Eichentür stand, blickte sie zögernd auf den bronzenen Klopfer in Form eines Delphins. Zaghaft langte sie hinauf und ergriff den Schwanz des großen Meerestiers. Deutlich spürte sie, wie ein Angstschauer durch ihre Glieder fuhr. Warum? fragte sie sich, verärgert über die

Hypersensibilität ihres eigenen Körpers. Wovor fürchte ich mich bloß? Etwa davor, daß Als Geist auf mein Klopfen erscheinen könnte, um mich mit seiner herzlichen Art hineinzubitten, so wie er es vor ein paar Monaten tat, als ich mit David zu dem verunglückten Bridgeabend kam? Sie erinnerte sich, wie sie an jenem Abend in dem gemütlichen Wohnzimmer gesessen hatte, fasziniert von den herrlichen Antiquitäten und durchdrungen von einem beruhigenden Gefühl, das der Raum mit seiner Atmosphäre der Beständigkeit erzeugte. David saß neben ihr, sie betrachteten das Foto der Weatherby-Kinder, und dann zerriß plötzlich ein Schrei den Frieden des Abends. Es war Beth. Lilian sah alles wieder ganz deutlich vor sich: wie sie in die Küche gerannt war, wie sie einen Moment lang gebannt auf Als erschrockenes Gesicht gestarrt hatte, das sich geisterbleich von dem purpurnen Blutstrom abhob, der aus Beths ausgestreckter Hand schoß. Lilian wandte sich um und blickte auf den Fußweg zurück. Weiß und rot, dachte sie, wie die Blumen.

Reglos stand Lilian da und spürte, wie die Angst in ihr hochkroch. Das ist einfach lächerlich, dachte sie wütend. Ich führ' mich ja auf wie ein Kind, das sich vorm schwarzen Mann fürchtet. Wovor hab' ich eigentlich Angst? Vor der Nähe des Todes etwa? Davor, ein Haus zu betreten, in dem jemand ermordet worden war? Kopfschüttelnd verneinte sie die Fragen ihrer inneren Stimme. Nein, es war nicht der Tod, vor dem sie sich fürchtete. Dessen grauenvolles Gesicht war ihr oft genug begegnet, ob sie nun das Gemetzel eines Bürgerkrieges oder die Brutalität der Großstadt gefilmt hatte. Nein, der Tod schreckte sie nicht mehr, dazu hatte sie ihn zu oft mit der Kamera festgehalten.

Aber jetzt gab es eben keine Kamera, die ihr die nötige Distanz verschafft hätte. Sie war ganz allein – mit ihrer Angst. Sie konnte sich selbst nicht recht erklären warum, aber etwas in ihr sträubte sich einfach dagegen, das Haus zu betreten. Instinktiv spürte sie, daß sich dort drinnen Geheimnisse verbargen, von denen sie nichts wissen wollte, und daß ihr ganzes Leben sich ändern würde, sobald sich diese schwere Eichentür öffnete.

»Ach, sei doch nicht so theatralisch«, befahl sie sich selbst mit lauter Stimme, ließ den Delphin los und lauschte dem wohltönenden Klang, mit dem er gegen die bronzene Platte schlug.

Die Tür öffnete sich sofort, so als ob drinnen jemand von ihrer Ankunft gewußt hätte und geduldig abwartete, bis sie sich entschloß zu klopfen. Lilians Herz schlug wie rasend. Reiß dich zusammen, befahl sie sich, als sie das junge Mädchen im Eingang erkannte. Lisa Weatherby schenkte der Besucherin ein mattes Lächeln. Sie wirkt viel jünger als dreiundzwanzig, stellte Lilian fest. Ja, sie sieht sogar jünger aus als ihr siebzehnjähriger Bruder. Sie hat geweint. Ihre braunen Augen waren immer noch tränenverschleiert, die Lider geschwollen. Sie hatte eine verblüffende Ähnlichkeit mit ihrem Vater. Lilian versuchte sich Lisas Brüder vorzustellen, die ihr auf der Beerdigung flüchtig begegnet waren. Die beiden schlugen ganz eindeutig ihrer Mutter nach.

»Ist Ihnen nicht gut?« fragte Lilian und nahm das Mädchen spontan in die Arme.

»Ich weiß selbst nicht, was mit mir los ist«, antwortete Lisa. Als sie in Tränen ausbrach, zog Lilian sie rasch ins Haus und schloß die Tür. Die Diele sah genauso aus wie an jenem Abend vor wenigen Monaten. Was hab' ich denn erwartet? Blutbespritzte Wände? Den Namen des Opfers mit seinem eigenen Blut zwischen zotige Graffiti geschmiert?

»Sind Ihre Brüder zu Hause?« fragte Lilian.

»Brian hat sich hingelegt«, sagte das Mädchen leise. »Und Michael ist wieder zu seinen Leuten gegangen.«

»Und Ihre Mutter?« Lilian überlegte, ob Lisa wohl spürte wie widerwillig sie diese letzte Frage stellte.

»Sie ist in ihrem Zimmer. Kann ich Sie einen Moment sprechen?«

»Aber natürlich«, antwortete Lilian. »Deshalb bin ich doch gekommen.«

Sie ließ sich von dem Mädchen in das geräumige Wohnzimmer führen. Auch hier war alles unverändert. Nach wie vor strahlte der Raum Wärme, Beständigkeit, ja sogar Liebe aus. Sie bewegten sich wie siamesische Zwillinge, die an der Hüfte zusammengewachsen sind, auf das Sofa zu. Langsam und vorsichtig ließen sie sich eng beieinander nieder. Lilian schob ihren Arm in den des Mädchens.

»Die Leute hier glauben, daß es in Los Angeles bloß Verrückte gibt«, platzte Lisa ohne jede Einleitung heraus. Sie schniefte und fuhr fort: »Es gibt da 'ne Geschichte, in der heißt es, als Gott die Welt erschuf, da kippte er sie so auf die Seite, daß sämtliche Irren nach Los Angeles rutschten.« Sie versuchte zu lachen, doch es gelang ihr nicht. »Und der Witz an der Sache ist, es stimmt. Sie sind wirklich meschugge. Ich hab' da keinen einzigen normalen Menschen kennengelernt. Man kann niemandem trauen, denn die Lügen gehen ihnen so leicht von den Lippen wie unsereinem die Wahrheit. Geld und Erfolg, das ist alles, was sie interessiert. Was draußen in der Welt passiert, kümmert sie nicht die Bohne. Sie sitzen in ihren protzigen Villen mit Swimmingpool, fahren sündteure, ausländische Wagen, sie ertrinken im Luxus, aber sie sind nicht glücklich, denn sie müssen dauernd krampfhaft überlegen, wem sie welche Lüge aufgetischt haben. Sie wissen nicht mal mehr, was Lüge und was Wahrheit ist. Sie tun, als lebten sie mitten in einem riesigen Hollywood-Studio und müßten ständig Angst haben, daß nachts einer reinkommt und sämtliche Kulissen zusammenpackt. All diese Typen sind so kaputt, daß sie nicht mehr zwischen Illusion und Wirklichkeit unterscheiden können.« Sie hielt inne, wie um ihre Gedanken zu ordnen. »Früher, da konnte ich hierherkommen und mein Gefühl für die Realität zurückgewinnen. Wenn ich hier zu Hause saß, zusammen mit Vater und Mutter, da spürte ich, daß es das doch noch gibt, ein normales Leben, vernünftige Menschen. Meine Eltern machten einander nichts vor; in unserer Familie achteten wir einander um unserer selbst willen. Meine Eltern haben nie versucht, uns umzukrempeln.« Sie schüttelte den Kopf und jagte in Gedanken zwischen ihren beiden Welten hin und her. »Hier war's immer ganz anders als in Hollywood, wo sich jeder einbildet, er könnte einem 'n neues Image verpassen. Und jeder da unten hält sich für 'nen Star, auch wenn er sich die letzten zwanzig Jahre als Parkwächter oder Kellner durchgeschlagen hat. Wenn man einen von denen nach seinem Beruf fragt, wird er garantiert sagen: ›Ich bin Schauspieler.‹ Allesamt hätten sie um ein Haar die Hauptrolle in ›Kaltblütig‹ gekriegt. Wissen Sie, wie lange das her ist?! Man suchte damals nach neuen Gesichtern. Wahrscheinlich haben sie von jedem halbwegs passablen Typ zwischen sechzehn und sechzig Probeaufnahmen gemacht. Aber denen, die dabei waren, ist das völlig Wurscht. Jeder von ihnen fühlt sich auch heute noch als der eigentliche Hauptdarsteller und ist überzeugt, daß er eines Tages ein Star wird. Und der Witz ist, daß so was tatsächlich vorkommt, äußerst selten zwar, aber es reicht, um die Träumer wachzuhalten.« Sie rieb sich mit beiden Händen die Augen. Lilian wartete geduldig, bis das Mädchen sich wieder gefaßt hatte. »Ich leb' jetzt schon fast vier Jahre da unten und versuche, als Sängerin unterzukommen. Mein Vater war dagegen, daß ich hinzog, aber nicht, weil er an meinem Talent zweifelte, sondern einfach, weil er wußte, daß die da unten alle verrückt sind.« Ihr Lachen klang gekünstelt. »Und ich bin's auch. Ich gehöre zu diesen verrückten Typen, die sich mit Aushilfsjobs über Wasser halten und auf ihren großen Durchbruch warten. Jetzt bin ich schon fast vier Jahre da. Und obwohl meine Eltern nicht dafür waren, daß ich runterziehe, haben sie mich rührend unterstützt. Oder nein, eigentlich war's ein bißchen anders. Wenn wir alle zusammen saßen, stellte Mutter sich auf Vaters Seite. Aber wenn wir beide allein waren, dann sagte sie: ›Geh, Lisa. Versuch's. Wenn du wissen willst, was in dir steckt, dann mußt du's probieren.‹ Ich glaube, ohne ihr Zureden hätt' ich nicht den Mut gehabt, mich gegen meinen Vater durchzusetzen. Aber als ich mich einmal entschieden hatte, da hat er mir jeden Monat Geld nach Los Angeles geschickt, und meine Mutter hat mir zweimal die Woche geschrieben. Wir beide stehen uns sehr nahe; schon immer, nicht erst, seit ich erwachsen bin. Sie hat mir nie was verheimlicht. Ich glaub', als ich tatsächlich wegzog, da hatte sie Angst, es könnte vielleicht schiefgehen. Ich konnte es in ihren Augen lesen, daß sie Angst hatte. Wahrscheinlich fürchtete sie sich auch vor der Einsamkeit, sie wußte ja, daß sie mich vermissen würde. Na, und dann war ihr klar, daß ich in 'ne total verrückte Welt ging. Aber sie war nie eine von den Müttern, die sagen: ›Bleib zu Hause und warte auf 'nen netten jungen Mann. Was hast du denn in Hollywood verloren? Angel dir 'nen soliden Anwalt, so wie ich's gemacht hab', und schaff' dir 'n Heim!‹ Nicht so meine Mutter. Sie war der Meinung, dazu hätte ich immer noch Zeit genug. Ich glaube, sie wollte schon, daß ich irgendwann mal einen Mann wie meinen Vater finde, einen, der gütig ist, auf den man sich verlassen kann, der 'ne Menge Geld verdient und der für seine Familie lebt. Solche Männer gibt's in Los Angeles nicht. Da ist jeder bloß in sein eigenes Spiegelbild verliebt.« Sie holte tief Luft. »Die beiden waren wirklich glücklich miteinander, verstehen Sie? Sie waren siebenundzwanzig Jahre verheiratet, und ob Sie's glauben oder nicht, ich hab' nicht einen einzigen Streit zwischen ihnen erlebt. Sie waren immer einer Meinung. Mutter war ihr Leben lang auf Vaters Seite. Wenn wir Kinder irgendwas anstellten, worüber er sich aufregte, dann wurde sie richtig böse. Er arbeitete den ganzen Tag so schwer, sagte sie, daß er sich abends nicht noch über uns ärgern dürfe. Sie hat ihn regelrecht abgeschirmt, so sehr liebte sie ihn. Und er war so lustig, wissen Sie, lustig und warmherzig. Jeder Junge, mit dem ich ausging, mochte ihn. Und das will was heißen, denn junge Männer kommen normalerweise nicht besonders gut mit Vätern aus. Aber mit meinem Vater kamen einfach alle klar. Jeder mochte ihn, liebte ihn! Ganz besonders meine Mutter.« Sie schluchzte laut auf. »Sie kann's einfach nicht ertragen, verstehen Sie? Er fehlt ihr so sehr. Sie geht rum wie betäubt, nur ihre Augen sind lebendig, bewegen sich ständig so ruhelos, als ob sie im stillen Selbstgespräche führte. Wir versuchen, mit ihr zu reden, aber keiner von uns weiß, was er sagen soll! Wir kommen einfach nicht an sie ran ...« Sie weinte jetzt hemmungslos. »Es ist zum Wahnsinnigwerden«, flüsterte sie. »Die Polizei hat die Mordwaffe gefunden. Gestern. Ein Hammer aus Vaters Werkzeugschrank. Er steckte in 'nem Lüftungsschacht und war ganz blutverschmiert.«

Das Mädchen weinte still vor sich hin, und Lilian wiegte sie in ihren Armen. Nach einer Weile richtete sich Lisa auf, wischte sich die Augen und stammelte: »Es tut mir leid.«

»Das braucht es nicht.«

»Ich führ' mich auf wie 'n Kind.«

»Aber nein«, widersprach Lilian. »Ihr ganzes Leben ist plötzlich umgekrempelt. Da ist es doch nur natürlich, daß Sie aus dem Gleichgewicht geraten.«

Lisa erhob sich und ging ruhelos vor dem Sofa auf und ab. »Irgendwie kommt sie mir heute viel gefaßter vor. Gestern hat sie sich strikt geweigert, mit zur Beerdigung zu gehen. Sie ließ einfach nicht mit sich reden. Wir hatten so gehofft, das Begräbnis würde ihr zum Bewußtsein bringen, daß Vater tot ist. Wir dachten, wenn sie sieht, wie Vaters Sarg im Grab verschwindet, dann wird sie ... na ja, wieder zu sich kommen und endlich erzählen, wie's passiert ist; uns sagen, wer's war. Aber sie wollte einfach nicht mitkommen. Sie saß auf ihrem Bett und schüttelte immer nur den Kopf.«

»Aber der Schock, Lisa, bedenken Sie doch, was sie durchgemacht hat ...«

»Das weiß ich ja alles.« Lisa blieb abrupt stehen. »Trotzdem wird's dadurch nicht leichter.«

»Redet sie denn überhaupt nicht mit Ihnen?«

Lisa sah Lilian unverwandt in die Augen. »O doch«, sagte sie leise. »Sie spricht übers Wetter, sagt, wie schön sie's findet, Brian und mich wieder zu Hause zu haben. Sie stellt unentwegt Fragen über das, was wir tun und denken. Sie hört zu. Sie ist eine großartige Zuhörerin. Sie gibt uns sogar Ratschläge. Sie hat sich von Michael stundenlang was über seinen Glauben erzählen lassen. Aber von meinem Vater spricht sie mit keinem Wort. Und wenn einer von uns ihn erwähnt, dann kriegt sie so 'nen glasigen Blick, ihr Gesicht wird ganz ausdruckslos, und sie reagiert einfach nicht mehr.«

Lilian überlegte, aber ihre Gedanken waren so zusammenhanglos, daß sie sie nicht in Worte fassen konnte. »Wahrscheinlich kann sie im Moment nicht damit fertig werden.«

»Don Eliot hat uns erzählt, daß sie im Krankenhaus mit Ihnen gesprochen habe. Und da dachten wir, wenn Sie mit ihr reden, könnte vielleicht . . . ach, ich weiß auch nicht . . .«

»Ich werde tun, was ich kann«, versprach Lilian.

Lisa setzte sich wieder zu ihr, ließ sich von ihr in die Arme nehmen und legte den Kopf an ihre Schulter. Sie hörten beide nicht, wie die Frau hereinkam, im Zimmer stehenblieb und sie schweigend beobachtete.

»Tag, Lilli.« Beths Stimme klang leise und freundlich.

Rasch wandte sich Lilian nach ihr um. Beth trug zur hellen, sportlichen Hose eine dünne Baumwollbluse. Sie war ungeschminkt, hatte nicht einmal die Verletzungen in ihrem Gesicht abgedeckt, und ihr kurzes, sonnengebleichtes Haar war nachlässig zurückgekämmt. Die Wunden verheilten allmählich, die Schwellungen waren zurückgegangen, die blauen Flecken verblaßten. Um das rechte Handgelenk trug sie einen Verband. Als Beth auf sie zukam, merkte Lilian, daß sie leicht hinkte. Die saloppe Kleidung täuschte, Beths Körper bewegte sich starr wie ein Automat.

Die beiden Frauen umarmten einander. Als Lilian sie anblickte, schenkte Beth ihr ein herzliches Lächeln. »Ich freu' mich so, daß du gekommen bist«, sagte sie. »Du siehst fabelhaft aus.«

»Ich seh' grauenhaft aus«, antwortete Lilian mechanisch. »Diese Feuchtigkeit macht meine Haare kraus wie Stahlwolle.«

»Und meine hängen runter wie Spaghetti«, lachte Beth. »Ich wette, du hast dir schon immer glattes Haar gewünscht«, fügte sie verschwörerisch hinzu. Lilian nickte. »Wußt' ich's doch«, triumphierte Beth. »Und ich wollte mein Leben lang 'nen Lockenkopf. Man möchte immer das, was man nicht hat. Aber setzen wir uns doch.«

Lisa trat rasch beiseite, hockte sich mit angezogenen Knien in einen Sessel gegenüber und überließ ihrer Mutter und Lilian das Sofa.

»Hallo, Liebes.« Erst jetzt nahm Beth von ihrer Tochter Notiz. »Wie fühlst du dich?« fragte Lisa.

»Mir geht's gut«, antwortete Beth mit Bestimmtheit. »Aber du siehst ziemlich angegriffen aus. Willst du nicht raufgehen und dich 'n Weilchen ausruhen? Brian hat sich auch gerade hingelegt.« Lilian spürte, wie das Mädchen zögerte. »Nun geh schon«, drängte ihre Mutter. »Lilli wird sich um mich kümmern.«

»Ja, gehn Sie nur«, bekräftigte Lilian. »Dann kann ich mich mal so richtig mit Ihrer Mutter aussprechen.« Und das wollen Sie doch, oder? fragte sie mit den Augen. So, als ob sie plötzlich begriffen habe, erhob Lisa sich eilig.

»Kann ich euch 'nen Tee machen oder was Kaltes bringen?« fragte sie.

»Für mich nichts, danke«, wehrte Beth ab. »Sie pumpen mich buchstäblich voll mit Tee. Ich glaub', ich bin noch nie im Leben so oft aufs Klo gerannt.«

Lilian lachte. »Ich möchte auch nichts trinken«, sagte sie. Sie fühlte sich ratlos und ein bißchen verwirrt. Beth Weatherby wirkte alles andere als verschlossen und in sich gekehrt, sie schien vielmehr entspannt, aufgeschlossen und lebhafter, so wie Lilian sie in Erinnerung hatte. Es war, als habe sie den Tod ihres Mannes völlig verdrängt.

»Wie geht's David?« fragte Beth, als Lisa hinausgegangen war und man ihre Schritte auf der Treppe hörte.

»Gut, danke. Er hat bloß schrecklich viel zu tun.«

»Das glaub' ich«, sagte Beth gedankenvoll. »In der Kanzlei geht bestimmt alles drunter und drüber.«

Lilian war verblüfft. Beth wußte also *doch*, was geschehen war.

Als könne sie ihre Gedanken lesen, erklärte Beth: »Ich will nicht, daß du mich für verrückt hältst, Lilli. Ich weiß, wie durcheinander die Kinder sind. Durch meine Schuld. Aber ich bin einfach noch nicht soweit, daß ich drüber sprechen könnte. Kannst du das verstehen?« Lilian konnte es nicht, doch sie nickte trotzdem. »Ich weiß sehr wohl was neulich in der Nacht passiert ist. Ich weiß, daß Al tot ist. Es gibt eine Menge, worüber ich reden muß. Aber jetzt noch nicht. Ich muß das alles erst verarbeiten, ehe ich drüber sprechen kann.« Sie zögerte. »Es tut mir leid, daß ich mit meinem Ausweichen alle auf die Palme bringe, aber ich kann einfach noch nicht über das Geschehene reden. Bitte hab Geduld mit mir.« Lilian nickte wieder. »Erzähl *du* mir was«, bat Beth.

»Erzähl mir, warum du dir glatte Haare wünschst, du dummes Ding. Du siehst doch wunderbar aus, so wie du bist.«

Lilian lachte laut auf. »Hast du nicht grade gesagt, du willst nicht, daß ich dich für verrückt halte?« Zu spät fiel ihr ein, daß die Frage wohl ziemlich taktlos war. Doch Beths Lächeln beruhigte sie.

»Warum machst du dich immer so klein?« fragte Beth.

»Ich glaub' nicht, daß ich das tue«, entgegnete Lilian. »Ich bin bloß realistisch.«

»Wie stellst du dir denn eine schöne Frau vor? Na los, ich bin neugierig. Wer ist dein Idealtyp?«

Lilian dachte einen Augenblick nach. »Candice Bergen«, sagte sie schließlich. »Farrah Fawcett.« Sie zögerte. »Nicole Clark«, setzte sie widerwillig hinzu.

Beths Blick reagierte auf jeden neuen Namen. »Candice Bergen, na ja, reizendes Gesicht, aber die Figur ist 'ne Spur zu ordinär. Farrah Fawcett hat unwahrscheinlich tolles Haar, aber zu schmale Lippen. Trotzdem hast du wahrscheinlich recht, sie sieht ziemlich gut aus. Nicole Clark . . . ja, ich muß zugeben, daß Nicole eine Schönheit ist.« Sie kicherte. »Aber wer weiß, ob sie nicht genauso viele Stunden wie wir damit verschwendet, vorm Spiegel zu stehen und sich zu wünschen, daß ihr Haar anders wäre oder ihre Nase länger und schmäler oder daß sie nicht ganz so pralle Schenkel hätte.«

»Du hast doch ihre Beine gesehen«, warf Lilian ein. »Kam's dir so vor, als säße da auch nur ein Gramm Fett zuviel?«

»Nein«, gestand Beth. »Ich fand sie einfach makellos.« Ihr Blick ging ins Leere. »Also gut, vielleicht gehört Nicole zu den wenigen Menschen, die mit ihrem Äußeren zufrieden sind. Vielleicht verläuft ihr Leben so, wie sie es sich vorgestellt hat.« Sie wandte sich Lilian wieder zu. »Sieht sie nicht wirklich aus, als ob sie alles kriegt, was sie haben will?«

Lilian hielt den Atem an. »Sie will David.«

»Was sagst du?«

»Ich hab' gesagt, sie will David.«

»Was soll das heißen?«

»Genau das, was du denkst.«

»O Lilli«, rief Beth lachend. »Wie kommst du denn auf so was?«

»Sie hat's mir selbst gesagt.«

»Wie bitte?!«

»Sie hat mir erklärt, daß sie ihn will, daß sie vorhat, ihn zu heiraten. Sag jetzt bitte nicht, daß das ein Witz gewesen sein muß. Es ist ihr nämlich verdammt ernst.«

Beth schien plötzlich zu begreifen. »Also darum ging's an dem Nachmittag im Gymnastikkurs . . .«

»Ja, aber nicht erst an dem Tag. Die Geschichte läuft schon den ganzen Sommer. Seit unsrem Firmenpicknick. Der reinste Nervenkrieg. Ich fürchte bloß, *sie* hat von uns beiden die stärkeren Nerven.«

»Weiß David davon?«

Lilian nickte. »Ich mußte es ihm doch sagen.«

»Warum um Himmels willen?«

Lilian zuckte mit den Achseln. »Es mußte einfach sein. Wenn ich's nicht getan hätte, wär' ihr schon irgendwas anderes eingefallen, um ihn draufzustoßen. Sie scheint dauernd 'ne Ersatzstrategie in Reserve zu haben.«

»Na und? Wie hat David reagiert?«

Wieder zuckte Lilian ratlos mit den Schultern. »Ich weiß nicht recht. Ich glaub', zuerst war er halb verärgert, halb geschmeichelt. Aber inzwischen scheint's ihm ganz gut zu gefallen. Böse ist er jetzt bloß noch auf mich. Und ich weiß einfach nicht mehr, wie ich mit der ganzen Sache fertig werden soll.« Lilian stand auf und lief im Zimmer hin und her, so wie Lisa es zuvor getan hatte. »Ich bin mir in meinem ganzen Leben noch nie so wehrlos vorgekommen. Ich fühl' mich wie 'ne Maus, die in 'nem Irrgarten rumrennt und dauernd den falschen Weg erwischt. Ich bin völlig durcheinander. Ich weiß nicht mehr ein noch aus. Vielleicht hätte ich David gleich zu Anfang bitten sollen, mit ihr zu reden. Er hat's mir angeboten.« Sie blieb vor Beth stehen. »Aber das hätte mir auch nichts genützt. Ich kann mir genau vorstellen, wie sie reagiert hätte. Sie wäre ihm auf die ganz sanfte Tour gekommen, hätte geweint und beteuert, wie leid es ihr täte, wie peinlich es ihr sei, wie allein sie sich in Chicago fühle, wie sehr sie ihn bewundere, ihn, der all ihre Träume verkörpere. Sie hätte ihm genau das erzählt, was *ich* zu hören kriegte, als ich sie zur Rede stellte. Und David hätte dieses arme, sensible und so furchtbar verletzliche Mädchen angeschaut und gemerkt, daß sie nicht nur ausgesprochen schön ist, sondern daß sie ihn tatsächlich vergöttert, und ich würde immer noch dasitzen, ohne zu wissen, was ich tun soll. Wenn ich 'nen offenen Streit riskiere, steh' ich als eifersüchtige, mißtrauische Ehefrau da. Wenn ich's ignoriere, in der Hoffnung, daß sie von allein verschwindet, dann macht sie zwei Riesenschritte vorwärts. So oder so, das Ergebnis ist in beiden Fällen dasselbe.«

»Vielleicht auch nicht«, sagte Beth. »Mir scheint, du vergißt David. Seine Entscheidung spielt schließlich auch eine Rolle in dieser Geschichte.«

Lilian stand reglos da und starrte auf Beth Weatherby hinunter. »Ich vergesse David niemals«, erwiderte sie und kämpfte mit den Tränen. »Warum würde ich mir sonst solche Sorgen machen?« Hilflos kauerte sie sich neben Beth und spürte, wie ihr die Tränen über die Wangen liefen.

»O Lilli ...« Beth ergriff ihre Hände.

»Ich weiß, wie er ist, Beth. Ich war doch selber mal in dieser Lage, hast du das vergessen? Er liebt die Frauen. Das war mir klar, als ich ihn heiratete. Ich wußte es schon, als ich ihn kennenlernte, gleich im ersten Augenblick. Ein Mann, der aussieht wie David, braucht bloß mit dem kleinen Finger zu winken, und die Frauen liegen ihm scharenweise zu Füßen. Ich hab's ja miterlebt. Wenn wir auf 'ne Party gehen, steht er von Anfang an im Mittelpunkt. Die Frauen überschlagen sich geradezu. Sie verschlingen ihn mit den Augen. Sogar *ich* kann ihre Blicke deuten. Kannst du dir vorstellen, daß es mir manchmal so vorkommt, als sei ich gar nicht vorhanden? Sie ignorieren mich einfach, schauen durch mich hindurch. Und wenn sie Notiz von mir nehmen, ist's fast noch schlimmer. Denn dann lese ich diesen schockierten Ausdruck auf ihren Gesichtern, so als wollten sie sagen: Um Gottes willen, was fängt dieser wahnsinnig attraktive Typ mit so 'ner häßlichen Frau an ...«

»Lilli, bitte ...«

»Na schön, ich bin nicht direkt häßlich. Vielleicht hab' ich sogar 'ne gewisse Ausstrahlung. Ich bin eine charmante Frau,

ein wenig anders als die übrigen, sagen wir ungewöhnlich. Bestimmt gibt's keinen Grund, meinen Kopf unter 'ner Plastiktüte zu verstecken. Aber ich bin sicher keine Schönheit. Niemand würde mich unter die ersten zehn wählen, das weiß ich genau. Und David ist nicht blind, also weiß er's auch. Ich bin eine Frau mit 'nem Durchschnittsgesicht, die mit 'nem überdurchschnittlich gutaussehenden Mann verheiratet ist, und manchmal fühl' ich mich so ... minderwertig, ja, ich glaub', das trifft's ganz gut. Ich weiß, daß so und so viele Frauen meinem Mann schöne Augen machen, daß sie scharf auf ihn sind und mit ihm ins Bett gehn möchten. Und mir ist klar, daß er das genauso spürt. Tja, und dann kommt der Moment, wo ich mich frage, warum bleibt er bei mir? Wie lange kann ich ihn noch halten? Wann wird er sich wieder mit 'ner anderen einlassen? Und manchmal bin ich abends beim Schlafengehen so verdammt dankbar dafür, daß er neben mir liegt. Dann komm' ich mir vor wie 'n Glückspilz ...«
»David ist der Glückspilz, Lilli.«
Lilian lachte und wischte sich die Tränen ab. »Du redest wie meine Mutter.« Beth lächelte. »Ich hab' aber auch Glück gehabt«, setzte Lilian hinzu.
»Ja, das hast du. David ist sehr charmant. Ich hab' ihn immer gern gemocht.«
»Alle mögen ihn, das ist ja grade mein Problem.«
»Aber nicht alle sind mit ihm verheiratet«, warf Beth ein. »*Du* bist seine Frau.«
Lilian nickte. »Zwischen 'ner Ehefrau und 'ner Geliebten besteht ein himmelweiter Unterschied. Ich weiß, wovon ich spreche, schließlich kenn' ich beides aus eigener Erfahrung.« Sie starrte abwesend vor sich hin, so als suche sie nach den rechten Worten. »Eine Geliebte kriegt bloß die Schokoladenseite zu sehen, die romantischen Verstecke, die teuren, kleinen Restaurants mit Kerzenlicht und Zweiertischen, und sie ist so überwältigt, wenn er mal die ganze Nacht mit ihr verbringen kann, daß sie gar nicht merkt, ob er schnarcht oder ob

seine Füße stinken oder ob er ihr die Decke wegzieht. Alles an ihm ist aufregend. Sie liebt sogar seine Fehler, einfach weil sie nie sicher sein kann, wann sie ihn das nächste Mal sieht oder ob es überhaupt ein nächstes Mal geben wird. Es ist alles so ... dramatisch. Wie im Kino.« Sie machte eine Pause. »Als Ehefrau dagegen lernt man eher die komischen Seiten kennen, die allerdings meist mit 'nem tüchtigen Schuß schwarzen Humors gewürzt sind.« Lilian mußte selbst über ihren Vergleich lachen. »Plötzlich entdeckt man die unangenehmen Gerüche, die schlechten Gewohnheiten und, na ja, eigentlich passiert genau das, was in dem Kettenbrief stand, den du mir beim Picknick gegeben hast. Mein Gott, die Kette, ich hab' sie unterbrochen! Glaubst du, die Geschichte mit Nicole ist meine Strafe dafür?« Die beiden Frauen lachten leise. Lilian erhob sich und lief wieder im Zimmer auf und ab. »Die Ehefrau wird kaum je in eins dieser teuren, verschwiegenen Restaurants geführt. Und wenn's hin und wieder doch mal vorkommt, dann kriegt sie am Monatsende auch die Kontoauszüge präsentiert und muß sich das Gejammer darüber anhören, daß man zuviel Geld ausgibt. Dabei kann sie so 'n Essen in den seltensten Fällen mit ihm allein genießen. Meistens sind die Kinder dabei oder die Schwiegereltern oder irgendwelche Geschäftsfreunde. So sieht der Ehealltag aus. Und plötzlich kommt der Tag, an dem sie ihren Mann anschaut und ihn zwar immer noch liebt, aber nicht mehr mit dieser grenzenlosen Anbetung, die er früher in ihren Augen lesen konnte. Der Glanz ist erloschen, und der Mann vermißt ihn. Aber im Büro oder draußen auf der Straße begegnet er all diesen hübschen, bezaubernden Mädchen, die ihn mit schwärmerischen Blicken anhimmeln. Wie soll eine Ehefrau dagegen ankommen? Wie kann sie sich gegen den Alltag wehren?«

Es dauerte eine Weile, ehe Beth antwortete. »Hat David ... ist er schon mal ...?« Sie brach ab, so als fürchte sie, ihre Gedanken in Worte zu fassen.

»Ob er fremdgegangen ist?« brachte Lilian ihre Frage zu

Ende. Beth nickte. Lilian holte tief Luft. »Ich glaub' schon.«
Es war das erste Mal, daß sie ihren Verdacht aussprach. »Ich
hab's im Gefühl, daß er zumindest einmal ...« Wieder traten ihr die Tränen in die Augen, ihre Kehle war wie zugeschnürt. »Aber ich weiß es eben nicht genau. Das ist der
springende Punkt! Solange ich mir nicht sicher bin, kann ich
irgendwie damit fertig werden und brauch' keine Entscheidung zu treffen. Doch wenn ich wüßte, mit absoluter Sicherheit wüßte, daß David mit einer anderen Frau schläft, ich
weiß nicht, ob ich damit leben könnte? Also ich fürchte, es
gibt Dinge, die man einfach nicht verkraften kann. Ich weiß
nicht, was ich tun würde. Wahrscheinlich hab' ich deshalb so
viel Angst vor Nicole Clark, weil sie sich auf gar keinen Fall
damit zufriedengeben würde, heimlich eine Nacht mit David zu verbringen und stillschweigend wieder aus seinem
Leben zu verschwinden. Sie würde alles dransetzen, damit
ich dahinterkomme, und dann ... ich weiß einfach nicht
mehr ein noch aus.« Verzweifelt warf Lilian den Kopf zurück, schluchzte laut auf und wischte sich dann mit einer
ärgerlichen Handbewegung die Tränen vom Gesicht. »Verflucht noch mal.« Energisch richtete sie sich auf. »Ich rede ja
so, als ob ich ihn schon verloren hätte. Aber das stimmt doch
gar nicht. Und es wird auch nicht dazu kommen!«
Beth sprang auf. »So gefällst du mir.«
Lilian fiel der Freundin um den Hals. »Ich komm' mir so
dämlich vor«, sagte sie, zog ein Tempotaschentuch aus ihrer
Rocktasche und putzte sich die Nase. »Du hast so viel
durchzumachen, und ich komm' her und jammere dir wegen nichts und wieder nichts die Ohren voll.«
Beth Weatherby strich Lilian eine widerspenstige Locke aus
der Stirn. »Aber nicht doch«, widersprach sie sanft. »Du be-
klagst dich doch nie. Und bitte, mach dir um mich keine Sorgen, Lilli. Ich hab' jetzt keine Probleme mehr.« Ihre Stimme
war ganz leise. »Ich hab's getan, Lilli«, flüsterte sie. »Ich hab'
Al getötet. Ich hab' meinen Mann umgebracht.«

17

Lilian saß hinter dem Steuer ihres Wagens und betrachtete ihre zitternden Hände. Sie traute sich nicht, die Zündung einzuschalten und loszufahren, aus Angst, sie könnte das Auto nicht unter Kontrolle halten. Sie mußte erst ihrer Gefühle Herr werden, ehe sie sich mit diesem potentiellen Mordinstrument in den Verkehr wagen durfte. Mord, dachte sie. Ein paar Minuten lang saß sie reglos da und versuchte, ihre Gedanken zu ordnen, ihre zitternden Finger zu beruhigen und zu begreifen, was sie gerade gehört hatte. »Ich hab's getan, Lilli«, hörte sie Beths Stimme sagen. »Ich hab' Al getötet. Ich hab' meinen Mann umgebracht.« Einfach so. Geradeheraus. Kein Bedauern, kein hysterischer Zusammenbruch, keine Tränen. Nur eine nüchterne Feststellung des Tatbestandes. (»Nur die Fakten, Ma'am«, hörte sie Jack Webb brummen.) Beth hatte ihr keine Erklärung angeboten und Lilian war zu schokkiert gewesen, um danach zu fragen. Dann standen plötzlich Lisa und ihr Bruder Brian am Fuß der Treppe, Beth schloß langsam die Augen, und als sie sie wieder öffnete, war ihr Blick leer und ausdruckslos. Lilian spürte instinktiv, daß Beths Geständnis nur für ihre Ohren bestimmt war. Sie fühlte sich wie betäubt und hatte Mühe, Worte zu finden. Schließlich murmelte sie Lisa eine Entschuldigung zu und stolperte hinaus. Jetzt saß sie schon fast fünf Minuten hier draußen im Wagen und traute sich noch immer nicht loszufahren.

Sie starrte auf ihre Hände hinunter. Die Nägel waren alle unterschiedlich lang, keiner war ordentlich gefeilt, und auf einigen glänzten noch Splitter abgeblätterten Lacks. Sie hatte sich nicht die Mühe gemacht, ihn zu entfernen. Die Nagelhaut war rissig und entzündet, weil sie immer noch daran herumkaute. Sie hatte schon oft versucht, sich diese Unart abzugewöhnen, aber sie kam ebensowenig davon los wie ein Kind, das sich von seiner alten Lieblingspuppe trennen soll. Auf ihrem rechten Handrücken konnte man noch immer schwach die Narbe erkennen, die zurückgeblieben war, als sie als kleines Mädchen ein heißes Bügeleisen vom Tisch gezerrt und sich daran verbrannt hatte. Es waren starke, kraftvolle Hände. Ein Wahrsager hatte sie einmal begeistert in Augenschein genommen und versichert, er wüßte kaum, wo er anfangen sollte, solch eine Fülle von Eigenschaften ließen sich aus ihnen herauslesen. Dann hatte er ihr fröhlich erklärt, sie sei eine echte Exzentrikerin, ohne Zweifel erblich vorbelastet. Es gäbe doch bestimmt Geisteskranke in der Familie, oder? Könnten diese Hände töten? fragte sie sich.

Sie stellte sich vor, wie sie ihre Küchenschubladen nach einem Hammer durchwühlte. (Hatten sie überhaupt einen zu Hause?) Sie malte sich aus, wie sie danach griff, wie sie den Flur entlang zum Schlafzimmer schlich, wo David im Bett lag und schlief. Sie sah, wie sie den Arm hob, den Hammer hoch in der Luft schwang und ihn dann mit grausiger Geschwindigkeit auf Davids Kopf niedersausen ließ. Sie schloß die Augen, um das Bild loszuwerden. Nein, dachte sie, ich könnte nie das tun, wozu Beth Weatherby sich eben bekannt hat.

Lilian drehte sich um und betrachtete die graue Backsteinfront. Es kann nicht wahr sein, entschied sie und sah in Gedanken die sanfte Frau dort drinnen vor sich. Beth war einer solchen Tat nicht fähig, es sei denn, sie hätte einen schweren Nervenzusammenbruch erlitten und im Zustand geistiger Umnachtung gehandelt, wofür man sie schwerlich zur Verantwortung ziehen konnte. Aber sie wirkte doch so vernünftig, so ruhig und beherrscht. Das Ganze war einfach absurd. Lilian fand es unmöglich, Beths Geständnis für wahr zu halten. Beth Weatherby konnte ihren Mann nicht ermordet haben.

Als ihre Überlegungen so weit gediehen waren, ließ sie den Wagen an. Ohne sich noch einmal umzublicken, lenkte sie den grauen Volvo von der Bordsteinkante auf die Fahrbahn. Sie sah die gepflegten Vorortstraßen vorbeigleiten, während sie auf die Autobahn zusteuerte. Zum erstenmal seit Jahren bedauerte sie es, daß sie keine Vorlesungen halten mußte. Das Wintersemester begann erst in einigen Wochen, und auch die ihr sonst so verhaßten Vorbesprechungen des Kollegiums fingen erst nächsten Montag an. Sie wußte nicht, was sie tun sollte, und doch drängte es sie gerade jetzt, irgendein Ziel zu haben, etwas zu unternehmen, um sich von Beths Worten abzulenken, die unaufhörlich in ihrem Kopf widerhallten.

Als sie im Vorbeifahren eine Telefonzelle entdeckte, ging sie rasant in die Kurve, machte kehrt und kam direkt vor dem mit Graffiti übersäten Häuschen zum Stehen. Sie suchte in ihrem Portemonnaie nach Kleingeld. Während sie die Nummer wählte, stellte sie fest, daß ihre Hände immer noch zitterten. »Weatherby & Ross«, meldete sich die vertraute Stimme der Empfangsdame.

»Ich möchte David Plumley sprechen«, bat sie und überlegte, was sie ihm erzählen sollte.

»Hier Büro Mr. Plumley.«

»Diane?«

»Ja, ganz recht. Was kann ich für Sie tun?«

»Hier ist Lilian.«

Die Sekretärin schien überrascht. »Oh, das tut mir leid. Ich hab' Ihre Stimme nicht erkannt. Sie klingen so ... anders.«

Lilian bemühte sich, ruhig und deutlich zu sprechen. »Ist David da?«

»Ja, aber es ist ein Klient bei ihm.«

»Könnten Sie ihn bitte für 'nen Moment unterbrechen? Es ist dringend.« Warum sag' ich das? Hab' ich etwa vor, David von Beths Geständnis zu erzählen?

Dann hörte sie Davids Stimme. Er klang besorgt, ja sogar ängstlich. »Lilli? Geht's dir gut?«

»O ja; mir geht's prima. Ich dachte nur, wir könnten vielleicht zusammen zu Mittag essen. Weißt du, es ist doch gleich eins.«

»Um eins hab' ich 'ne Verhandlung«, antwortete er brüsk. Der besorgte Tonfall war verschwunden. »Hast du Diane deswegen meine Besprechung stören lassen?«

»Ich komm' grade von Beth zurück«, sagte Lilian.

»Na und?«

Lilian spürte, wie ihre Schultern absackten. »Nichts«, sagte sie. »Ich hab' den größten Teil der Unterhaltung bestritten.«

»Hör mal, können wir das nicht später bereden?«

Lilian nickte, ohne daran zu denken, daß er sie nicht sehen konnte. »In welchem Gerichtssaal ist deine Verhandlung? Vielleicht komm' ich vorbei und hör' dir zu.«

»Das halte ich nicht gerade für 'ne gute Idee«, wehrte er ab. »Es ist kein besonders interessanter Fall. Du würdest dich bloß langweilen. Entschuldige, aber ich muß mich beeilen. Ich ruf' dich später an.«

»Kommst du nach der Verhandlung gleich nach Hause?« Sie war noch mitten im Satz, als sie merkte, daß er aufgelegt hatte. »Na gut«, sagte sie in die tote Leitung. »Ruf mich später an.«

Sie wußte nicht genau, wieso sie ausgerechnet zu Rita Carringtons Gymnastikstudio gefahren war, aber als das schäbige, alte Gebäude plötzlich vor ihr auftauchte, da stellte sie den Wagen kurzentschlossen auf dem benachbarten Parkplatz ab und ging hinein. Sie befand sich immer noch in heftiger Erregung, ihr Puls jagte, das Herz klopfte ihr bis zum Hals, doch sie hoffte, daß ein paar Lockerungsübungen ihr helfen würden, sich zu entspannen.

Erst im Umkleideraum fiel ihr ein, daß sie ja gar kein Trikot bei sich hatte. »So 'n Mist«, seufzte sie niedergeschlagen und ließ sich kraftlos auf die Bank sinken.

»Tag«, rief eine muntere Stimme hinter ihr. »Ich hab' Sie ja schon seit Wochen nicht mehr gesehen.«

Lilian blickte sich um und erkannte Rickie Elfer, die schrecklich verschwitzt und bis auf ein lässig über die Schulter geworfenes Handtuch völlig nackt war.

»Ich bin in letzter Zeit ziemlich im Streß«, sagte sie leise und überlegte, ob Rickie wohl das Zeitungsfoto von Beth gesehen hatte und sie nun mit Fragen bombardieren würde.

»Geht mir nicht anders«, versicherte Rickie. »Haben Sie jetzt 'ne Stunde?«

»Kann nicht, hab' meinen Anzug vergessen.«

»Ist doch großartig. Dann können Sie ja mit uns zu Mittag essen. Ich bin mit zwei anderen aus meinem Kurs verabredet. Wir wollten uns in dem Lokal gegenüber treffen.«

Lilian lächelte. »Klingt verlockend«, sagte sie.

»Na prima. Ich geh' nur rasch unter die Dusche. Bin gleich zurück.«

Lilian sah Rickie Elfers ausladende Hüften wiegend hinter den Schließfächern verschwinden. Es ist ein merkwürdiges Gefühl, dachte sie, eine ungezwungene Unterhaltung mit einem vollkommen nackten Menschen zu führen, wenn man selber bis oben hin zugeknöpft ist. Sie schloß die Augen und versuchte, alles um sich herum zu vergessen und sich nur auf das bevorstehende Mittagessen zu konzentrieren. Wenn ich schon nicht Gymnastik machen kann, entschied sie, dann ist Essen die nächstbeste Medizin.

»Lilian, darf ich bekannt machen, Denise und Terri«, sagte Rickie Elfer, als sie und Lilian zu den beiden Frauen traten, die bereits an einem Ecktisch Platz genommen hatten.

»Puh, heute bin ich ganz schön geschafft«, rief Rickie und ließ sich auf einen Stuhl fallen. Lilian setzte sich neben sie und nickte den beiden anderen freundlich zu.

»Sie wird von Tag zu Tag strenger«, bestätigte die kleine Brünette, die auf den Namen Denise hörte. »Nicht mal in meiner alten Tanzschule war's so anstrengend.«

»Aber eins muß man ihr lassen, sie ist einfach fabelhaft in Form«, warf Lilian ein.

»Wer?« fragte Rickie. »Rita Carrington?« Lilian nickte.

»Na, das will ich auch hoffen«, lächelte Rickie und liebäugelte mit der Salatbar.

»Hmhm«, pflichtete Lilian ihr bei. »Stimmt schon, das kann man erwarten, wenn eine den halben Tag Gymnastikunterricht gibt.«

»Gymnastik? Soll das 'n Witz sein?« Rickie lachte. »Von Gymnastik allein kriegt keine solche Titten, wie die sie hat. Die schenkt einem entweder der liebe Gott oder 'n guter Chirurg. Und ich hab' erst neulich gehört, daß Rita Carrington nicht an Gott glaubt.«

»Chirurgen machen zwischen sich und Gott keinen Unterschied«, meldete sich Terri, eine zierliche, aber durchtrainierte Blondine. »Mein Mann ist nämlich Arzt«, setzte sie erklärend hinzu.

Die Frauen lachten. »Rita Carrington hat sich die Brust liften lassen?« fragte Lilian.

»Na klar, und den Bauch und den Po dazu«, verkündete Rickie Elfer. »Alles hochgezogen und gestrafft. Ist Ihnen denn nicht aufgefallen, daß ihre Titten nie wackeln, selbst dann nicht, wenn ihr ganzer Körper in Bewegung ist? Das ist 'n todsicherer Test. Sie dreht sich nach rechts, aber ihre Titten gucken starr geradeaus.«

»Mir hat man erzählt, sie hätte sich auch das Gesicht liften lassen«, sagte Denise.

»Was?« fragte Lilian ungläubig. »Aber sie ist doch noch so jung!«

»Ha, die ist garantiert über fünfundvierzig«, behauptete Rickie, als der Kellner an ihren Tisch trat.

Die Frauen gaben nacheinander ihre Bestellung auf und nahmen zusammen einen Liter Wein. Lilian entschied sich für Tomatensuppe und Salat. Es kostete die anderen nicht allzuviel Mühe, sie schließlich auch noch zu einem Nachtisch zu überreden.

»Einfach köstlich!« Rickie verschlang gierig die letzten Löffel Mousse au chocolat. »Ich sollte mit der Gymnastik aufhören. Nach so 'nem Kurs hab' ich einfach zuviel Appetit! Wie schmeckt Ihre Obsttorte?«

»Ausgezeichnet«, sagte Lilian. »Möchten Sie probieren?«

»Nur ein winziges Häppchen.« Und schon fuhr Rickies Gabel auf Lilians Teller.

Lilian nahm einen großen Schluck Kaffee und spürte, wie der Wein in ihrem Genick zu tanzen begann. Jedesmal, wenn sie die richtige Menge Alkohol erwischte – nicht zuviel und nicht zuwenig –, hatte sie das Gefühl ihr Nacken sei schwerelos, so als ob er sich selbständig mache und sich von ihrem Körper trenne. Dieses Gespräch unter Frauen war tatsächlich die richtige Medizin gewesen; es hatte sie abgelenkt und ihr mehr geholfen, als ein Mittagessen mit David oder ein Besuch im Gerichtssaal es vermocht hätten. Als sie sich den überfüllten Raum vorzustellen versuchte, da sah sie plötzlich Nicole Clark neben David sitzen. Wollte er mich deshalb heute nachmittag nicht dabeihaben? Ist mir Nicole Clark zuvorgekommen?

»Was ist eigentlich aus Ihrer Freundin geworden?« fragte Rickie plötzlich.

»Welche Freundin?«

»Na, die Dame, die anfangs mit Ihnen zusammen kam. Die letzten Male war sie nicht dabei.«

»Sie hat wahnsinnig viel um die Ohren«, erklärte Lilian.
Vielleicht las Rickie keine Zeitung.

»Ach du meine Güte, beinah' hätt' ich's vergessen!« Terri
faßte sich an den Kopf, schob ihren Nachtisch beiseite und
stürzte ihren Kaffee hinunter. »Ich muß nach Hause. Heut'
nachmittag stellen sich nämlich bei mir 'n paar Hausgehil-
finnen vor.«

»Na dann viel Glück.« In Denises Stimme hielten sich
Frustration und Mitgefühl die Waage.

»Kennen Sie den Spruch: Wenn eine Ihr Haus von alleine
findet, dann stellen Sie sie ein!« meldete sich Rickie Elfer.

»Was ist denn aus Gunilla geworden?«

»Aus wem?« fragte Lilian.

»Tja, sie heißt tatsächlich so«, versicherte Terri. »Ich weiß,
es hört sich nach einer von Aschenputtels bösen Stiefschwe-
stern an, aber sie ist Schwedin. 'n Mädchen von zwanzig. Ich
hab' sie vor sechs Monaten durch 'ne Agentur gekriegt. Sie
sollte mir bei der Hausarbeit helfen und sich um Justin und
Scotty kümmern. Vor 'ner Woche hat sie mir plötzlich
erklärt, sie wolle nicht mehr au pair arbeiten und sie habe
keine Lust, hinter 'nem zweijährigen und 'nem fünfjährigen
Kind herzuräumen. Ich hab' sie dran erinnert, daß sie in
ihrer Bewerbung ausdrücklich um eine Familie mit zwei
Kindern im Alter von zwei und fünf Jahren gebeten hatte.
Ich hab' zu ihr gesagt: ›Bei uns haben Sie doch genau das
gefunden, was Sie sich wünschten.‹ Aber sie meinte, es sei
eben nicht so, wie sie es sich vorgestellt habe.«

»Was ist im Leben schon so, wie man sich's vorgestellt hat?«
fragte Lilian.

»Na, jedenfalls hab' ich mich entschlossen, es diesmal mit
'ner Haushälterin statt mit 'nem Au-pair-Mädchen zu versuchen. Die erste hab' ich für drei Uhr bestellt, und 's ist
gleich soweit.«

»Du meine Güte«, rief Denise, zog rasch etwas Geld aus der
Tasche, legte es auf den Tisch und stand auf. »Ich hab' gar

nicht gemerkt, daß es schon so spät ist. Ich muß Rodney von der Schule abholen.«

»Wir sollten uns wohl auch auf den Weg machen«, sagte Lilian widerstrebend.

»Trinken Sie nur in Ruhe Ihren Kaffee aus«, entgegnete Rickie. »Ich kann noch 'n paar Minuten bleiben.«

Die beiden anderen verabschiedeten sich und gingen. Ehe Lilian sich's versah, hatte der Kellner ihr Kaffee nachgeschenkt. »Na, wie haben Sie sich entschieden?« wandte sie sich erwartungsvoll an ihr Gegenüber. »Lassen Sie sich sterilisieren, oder möchten Sie noch 'n Baby?«

»Die Vernunft hat gesiegt«, antwortete Rickie. »Paul läßt 'ne Vasektomie machen.«

Lilian war ehrlich überrascht. »Aber Sie haben doch gesagt Sie wollten nicht, daß Paul sich sterilisieren läßt, weil Sie dann keinen Seitensprung mehr riskieren könnten ...«

»Klingt wirklich nach mir«, gab Rickie zu. »Ich red' manchmal 'n ziemlichen Stuß zusammen.«

»Heißt das, Sie haben gar keine Affären?« Lilian war beinahe enttäuscht.

»Nein«, sagte Rickie, und ihre Stimme klang plötzlich ganz ernst. »Nicht, seit ich mit Paul verheiratet bin. In meinen früheren Ehen, da hab' ich's nicht so genau genommen. Aber wenn man endlich 'nen zuverlässigen Partner gefunden hat – und das ist Paul hundertprozentig, dann geht man kein Risiko ein. Ich bin schon zum drittenmal verheiratet, aber die Ehe mit Paul ist die erste, auf die ich ehrlich stolz bin. Können Sie das verstehen?« Lilian nickte. »Wenn man endlich den Richtigen gefunden hat, sollte man die Beziehung nicht leichtfertig aufs Spiel setzen. Ich bin für die Ehe. Ich glaube daran, na ja, muß ich ja wohl, wenn ich immer wieder heirate.« Lilian lächelte. »Nein, im Ernst.« Rickie schüttelte den Kopf. »Ich bin vielleicht nicht die hellste, aber ich bin auch nicht grade auf den Kopf gefallen, und so viel hab' ich immerhin kapiert: Wenn man 'n richtig guten Fisch an der Angel hat, dann läßt man ihn sich nicht wieder durch die Lappen gehen.«

Die beiden Frauen tranken ihren Kaffee aus und lächelten einander schweigend zu.

In dieser Nacht warf sich David unruhig von einer Seite auf die andere.

»Kannst du nicht einschlafen?« fragte Lilian. Sein ständiges Herumwälzen hatte auch sie wach gehalten.

»Ich fühl' mich wie erschlagen«, sagte er. »Mir tun alle Knochen weh.«

Lilian setzte sich auf und fuhr mit der Hand über seine Brust. »Soll ich dir den Rücken massieren?«

David schwieg einen Moment, dann drehte er sich vorsichtig auf den Bauch und murmelte: »Hmhm, tu das, vielleicht hilft's.«

Lilian hockte sich rittlings auf seinen Rücken und begann, seine Schultern zu bearbeiten.

»Au, das tut weh!« schrie er und stieß sie zurück.

»Ich hab' doch noch gar nicht richtig angefangen!« verteidigte sie sich.

»Laß meine Schultern zufrieden. Du sollst mir den Rücken massieren«, brummte David. »Und geh runter. Du bist ja saumäßig schwer.«

»Verbindlichsten Dank.« Sie ließ sich neben ihm auf die Knie nieder. »Wo tut's denn nun weh?« fragte sie.

»Einfach überall.«

»Sag mal, wie viele Runden Squash hast du denn gespielt?«

»Drei, aber es war Racketball und nicht Squash.«

»Also ich glaub', für jemand, der so aus der Übung ist wie du, hast du dich 'n bißchen übernommen.«

»Deine Schuld. Au … paß doch auf! Du hast mir Vorwürfe gemacht, weil ich soviel Beitragsgeld verschwende, na und da wollt' ich's wiedergutmachen.«

»Also ich bin schuld?«

»Genau.«

»Typisch.«

David warf sich herum. »Mensch, im Massieren bist du wirklich 'ne Niete«, sagte er lächelnd, legte den Arm um sie und zog sie an sich.

»Mit wem hast du denn gespielt?« fragte Lilian.

»Mit Pete Rogers«, antwortete David. »Das ist einer von den Studenten, das heißt, Studenten sind die Jungs die längste Zeit gewesen. In 'ner Woche kriegen sie ihre Zulassung. Mein Gott, ich bin total geschafft.« Er küßte sie auf die Wange. »Tut mir leid, daß ich dir dein Abendessen bei Kerzenlicht versaut hab'. Wär' bestimmt nett gewesen.«

»Aber du hast ja nichts davon gewußt.« Lilian zuckte mit den Schultern. »War so 'n plötzlicher Einfall von mir.«

»Trotzdem tut's mir leid, Spätzchen. Aber weißt du, ich mußte mich einfach mal austoben. Seit Als Beerdigung bin ich immer noch ganz durcheinander.« Er blickte seine Frau an. »Du hast mir noch nicht erzählt, was Beth gesagt hat.«

»Eigentlich nichts Besonderes«, log Lilian und fürchtete, er würde sie beim Schwindeln ertappen wie gewöhnlich. »Sie hat kaum gesprochen. Die meiste Zeit hab' ich geredet.«

»Sie muß aber bald auspacken«, sagte David abwesend. Wenn er mir nicht glaubt, dachte Lilian, dann läßt er sich's jedenfalls nicht anmerken. »Und was hast du heute nachmittag sonst noch gemacht?«

»Ich war in meiner Gymnastikschule. In dem Kurs ist 'ne Frau, die ich richtig gern mag ...«

»Na fein«, erwiderte David in einem Ton, den Lilian nur zu gut kannte und der besagte, er sei an dem Thema nicht interessiert.

»Sie stand vor der Entscheidung, sich sterilisieren zu lassen oder ein Baby zu bekommen«, wagte sich Lilian dennoch vor. David antwortete nicht. »Du«, flüsterte sie, »ich glaub', es wird Zeit, daß auch wir uns über diese Frage klar werden.«

»Wofür hat sich denn diese Frau entschieden, die du da kennst?« David schien plötzlich gespannt.

»Für Sterilisation ... aber bei ihrem Mann.« Lilian bedauerte es jetzt, das Thema überhaupt angeschnitten zu haben.

»Wär' ich auch nicht abgeneigt«, sagte David fast beiläufig.

»Mach keine dummen Witze, David. Ich mein's ganz ernst.«

»Ich auch.« Er wandte den Kopf, und sein Blick suchte den ihren. »Ich sag' dir das schließlich nicht zum erstenmal: Ich will keine Kinder mehr. Mir reicht's, einmal versagt zu haben, und das hab' ich ja wohl bei meinen beiden Kindern. Tut mir leid, Lilli«, setzte er hinzu, als er die Trauer in ihren Augen las. »Ich weiß, du wünschst dir 'n Kind, aber wenn wir realistisch sind, müssen wir doch beide einsehen, daß ich keinen besonders guten Vater abgebe. Und ich hab' weder die Kraft noch die Geduld ... noch den Wunsch, es ein drittes Mal zu versuchen.«

»Klingt ja ziemlich endgültig.«

»Es ist endgültig.«

»Und wo bleib' ich?« fragte sie zögernd.

»Wo möchtest du denn sein?«

Einen Augenblick lang schwieg sie. »Bei dir«, flüsterte sie schließlich mit fast unhörbarer Stimme.

»Na bitte, und da bist du doch, oder?« Er küßte sie auf die Stirn.

»Ich liebe dich«, sagte sie. Ihre Stimme wurde weich und zärtlich.

»Ich dich auch, mein Schatz«, antwortete er. »So, und jetzt laß uns endlich schlafen. Dreh dich um, dann halt' ich dich.«

Sie schlüpfte in seine Arme. Sie sehnte sich danach, in ihn hinein, unter seine Haut zu kriechen und Geborgenheit zu finden. Er hat also für mich mit entschieden, dachte sie und fühlte, wie Davids Beinmuskeln zu zucken begannen. Ich werd' keine Kinder kriegen. Sie schloß die Augen. Sie konnte David nicht einmal böse sein. Für ihn war diese Phase abgeschlossen, er hatte sie einmal durchlebt und wünschte sich keine Wiederholung. Er wollte eben nicht noch mal von vorne anfangen. Sie war nicht einmal überrascht. Sie hatte seine Entscheidung schon vorher gekannt.

Davids Arm bewegte sich unruhig. Dann machte er sich los und rückte von ihr ab. »Tut mir leid, Spätzlein«, murmelte er. »Aber ich lieg' auf der falschen Seite.«

Lilian machte Platz, damit David sich umdrehen konnte. Normalerweise hätten sie das automatisch gemeinsam getan, hätten sich ganz natürlich und ohne sonderliche Anstrengung zusammen eine bequemere Lage gesucht. Heute nacht aber verharrte sie eigensinnig auf ihrer Seite des Bettes und ihre Körperhaltung spiegelte ihr Empfinden wider: vereinsamt kam sie sich vor, blockiert und fast ohne Halt.

18

Sie fühlte sich schier überwältigt von dem Eindruck, genau dieselbe Szene schon einmal durchlebt zu haben: der lange Tisch, die unbequemen Stühle, die in Rauch gehüllten Köpfe, all das meinte Lilian schon gesehen zu haben. Ja, es kam ihr sogar vor, als habe sie die monotonen, mit müder Stimme vorgetragenen Reden Wort für Wort im Jahr zuvor gehört. (Ich begrüße Sie zum Beginn eines neuen akademischen Jahres. Das Wintersemester ist insofern das wichtigste, als es die Maßstäbe für das ganze kommende Jahr setzt. Besonders herzlich willkommen heißen möchten wir ... usw. usw.) Lilian ließ den Blick über den alten, verkratzten Tisch schweifen und betrachtete die Menschen um sich herum, die sich nicht sonderlich von den Fernsehleuten unterschieden, mit denen sie sich früher an ganz ähnlichen Tischen zu den wöchentlichen Programmkonferenzen getroffen hatte. Es verbanden sie gemeinsame Interessen; viele der Dozenten kamen genau wie sie aus der Praxis, hatten früher beim Radio oder beim Fernsehen gearbeitet. Und doch waren sie anders als ihre Kollegen von damals. Irgend etwas fehlt, dachte sie, während sie forschend in die Gesichter am Tisch blickte und in jedem den gleichen müden, gelangweilten Ausdruck entdeckte, den sicher auch das ihre widerspiegelte. Das Engagement fehlt, stellte sie fest, der persönliche Einsatz für ein gemeinsames Ziel. Hier versuchen wir bloß, den Tag irgendwie hinter uns zu bringen. Gewiß üben viele hier im Raum ihren Beruf mit echter Hingabe aus, aber sie tun es nicht mit dem engagierten Einsatz, den man seiner Arbeit in der Praxis widmet. Und genau das war es, was sie so schmerzlich vermißte: dieses Engagement, diesen ständigen Kampf um die Verwirklichung der eigenen Vorstellungen, das Ringen darum, ein Projekt durchzuziehen und auf den Bildschirm zu bringen. Lilian sah zu Boden. Sie wußte, daß sie große Schwierigkeiten haben würde, wenn sie schon jetzt, am ersten Tag dieses für das ganze akademische Jahr ausschlaggebenden Semesters, so dachte. Es war kein gutes Vorzeichen.

Der Anruf platzte mitten in Jack McCrearys langatmige Ausführungen zu den neuerlichen Etatkürzungen. Lilian hatte wirklich geglaubt, sie hörte der vertrauten, monotonen Stimme aufmerksam zu, und erst, als sie plötzlich die Hand auf ihrer Schulter spürte, merkte sie, daß sie in Gedanken weit fortgewesen war. Schuldbewußt fuhr sie zusammen. Eben noch hatte sie die Kollegen im Studio während einer hitzigen Programmdiskussion mit dem Scharfsinn und der Kühnheit ihres ausgefallenen Vorschlags überrannt, und jetzt fand sie sich in der bedrückenden Enge des überfüllten Seminarraums wieder, wo die Wirklichkeit hof hielt.

»Telefon für Sie«, flüsterte eine Institutssekretärin ihr ins Ohr und versuchte diskret, kein Aufsehen zu erregen. »Er sagte, es sei dringend.«

Fragend starrte Lilian sie an, doch die Frau bedeutete ihr mit einem ratlosen Schulterzucken, daß sie auch nicht mehr wüßte. Lilian blieb nichts übrig, als aufzustehen und der zierlichen Person ins Sekretariat zu folgen. Sie war höchstens einsfünfzig groß, und Lilian kam sich vor wie ein Riese, als sie hinter ihr herging. Warum schicken sie eigentlich immer so 'ne Kleine, wenn sie nach mir rufen? wunderte sie sich.

»Leitung drei«, erklärte die Sekretärin und nahm hinter ihrem Schreibtisch Platz.

Lilian nahm den Hörer ans Ohr und drückte auf den Knopf für den Nebenanschluß. »Ja bitte?«

»Jetzt sitzen wir ganz schön in der Scheiße«, sagte Davids Stimme anstelle einer Begrüßung.

»Wovon sprichst du?« fragte Lilian erschrocken.

»Beth hat grade gestanden.«

»Was?«

»Du hörst doch, Beth Weatherby hat gestanden ... sie behauptet, sie sei's gewesen ... sie hätte Al umgebracht.«

»Das glaub' ich nicht«, murmelte Lilian, tastete nach dem Stuhl hinter sich und hockte sich auf die Kante. Das Klappern der Schreibmaschinen war verstummt, die summende Geschäftigkeit des Büros ruhte, und keine der Sekretärinnen machte auch nur den geringsten Versuch, ihre Neugier zu verbergen. »Das ist doch verrückt!« flüsterte sie und hörte gleichzeitig Beths Stimme dicht an ihrem Ohr. »Ich hab's getan, Lilli. Ich hab' meinen Mann umgebracht.«

»Wart's ab, es wird noch verrückter«, fuhr David fort.

»Was hat sie denn noch gesagt?« Lilians Hand umspannte krampfhaft die Stuhllehne.

David räusperte sich. »Sie behauptet, es war Notwehr.«

»Notwehr? Du meinst, Al hat sie bedroht?«

»Nein, sie gibt zu, daß Al fest schlief, als sie auf ihn losging.«

»Das versteh' ich nicht.«

»Es kommt noch besser.«

»Red schon.«

David erstickte ein bitteres Lachen in der Kehle, ehe er weitersprach: »Stell dir vor, nach ihrer Version hat er sie die letzten siebenundzwanzig Jahre ständig mißhandelt. Und in der Mordnacht war er angeblich völlig betrunken, hat sie schrecklich zugerichtet und ihr vor dem Schlafengehen angedroht, am nächsten Morgen werde er sie endgültig fertigmachen.« Obwohl sie ihn nicht sehen konnte, spürte Lilian, wie David fassungslos den Kopf schüttelte. »Kannst du dir vorstellen, daß sie erwartet, irgend jemand werde ihr diesen Schwachsinn glauben?«

Lilian sah Al Weatherby vor sich, wie er auf Firmenfesten zärtlich mit Beth tanzte, über ihre Witze lachte und sie stolz seinen Freunden und Mitarbeitern präsentierte, wie er ihre Hand hielt und jede Gelegenheit nutzte, um an ihrer Seite zu sitzen, wie er sie in Schutz nahm, wenn sie beim Bridge einen Fehler machte. David hatte recht: Was Beth da behauptete, konnte einfach nicht wahr sein. Es war völlig unmöglich. »Sie muß total mit den Nerven runter sein«, sagte Lilian leise. »Ich nehme an, Don wird auf vorübergehende Unzurechnungsfähigkeit plädieren.«

»Keine Ahnung, was Don vorhat. Er ist genauso durcheinander wie alle anderen. Sie hat ihn vor ihrem Geständnis nicht mal eingeweiht. Hat ganz einfach 'ne improvisierte Pressekonferenz einberufen. Don hat's aus dem Radio erfahren. Nicht mal ihre Kinder wußten, was sie vorhatte. Sie hat alles im Alleingang gemacht. Die Kanzlei ist das reinste Irrenhaus, keiner kriegt was Vernünftiges zustande. Ich muß heut' abend wahrscheinlich länger bleiben.«

»Jason und Laurie kommen zum Essen«, erinnerte sie ihn rasch und wunderte sich, daß sie jetzt an solche Nebensächlichkeiten denken konnte.

»Scheiße«, fluchte er leise. »Na schön, ich versuch' mich zu beeilen.« Er machte eine Pause. »Du lieber Himmel, was wird eigentlich noch passieren?« fragte er schließlich düster.

»Sie hat's mir gesagt«, murmelte Lilian. »Aber ich wollte ihr nicht glauben.«

Einen Moment lang herrschte Schweigen, dann hörte sie Davids Stimme. »Was soll das heißen, sie hat's dir gesagt? Was gesagt? Wovon sprichst du überhaupt?«

Erst als sie die wachsende Besorgnis, ja den Ärger in der Stimme ihres Mannes spürte, merkte sie, daß sie laut geredet hatte. »Als ich sie vorige Woche besuchte«, antwortete sie leise und widerwillig, denn sie wußte, wie David dieses Geständnis aufnehmen würde.

»Was genau hat sie gesagt?« wollte David wissen.

»Kein Wort von Notwehr oder daß Al sie geschlagen hat«, versicherte Lilian eilig. »Bloß, daß sie ihn umgebracht hat«, setzte sie zaghaft hinzu.

»Bloß, daß sie ihn umgebracht hat«, wiederholte David höhnisch. »Und das schien dir nicht wichtig genug, es mir zu erzählen? Oder Don? Oder ihren Kindern? Besonders, nachdem sie dich doch extra um deine Hilfe gebeten hatten?!«

»Bitte, sei mir nicht böse, David«, flehte Lilian. »Ich war so durcheinander. Ich wußte nicht, was ich denken sollte. Ich dachte, vielleicht ...«

»Du hast überhaupt nicht gedacht, Punktum!« schrie er wütend. »Wie konntest du das für dich behalten, Lilli? Du wußtest doch, wie verzweifelt alle nach dem Mörder suchten!«

»Ich dachte, es stünde mir nicht zu, jemandem davon zu erzählen«, versuchte sie zu erklären. »Beth hat gesagt, sie brauche Zeit, um sich alles zu überlegen. Ich dachte, sie sei überdreht, die Nerven seien ihr durchgegangen ...«

»Klar, sie ist so verrückt wie 'n tollwütiger Hund«, fiel David ihr ins Wort. »Alles, was sie sich überlegen mußte, war diese lächerliche Geschichte. Du hast ihr 'ne ganze Woche Zeit gelassen, sie sich auszudenken. Jetzt braucht sie nichts weiter zu tun, als vorübergehende Unzurechnungsfähigkeit geltend zu machen, und dann kann man sie vermutlich noch nicht mal ins Gefängnis stecken. Und bis zur Urteilsverkündung hat sie genügend Zeit, Namen und Ansehen eines großartigen Mannes in den Dreck zu ziehen. Die verdammten Zeitungsfritzen werden sich vor Freude überschlagen. Das ist doch genau der Aufmacher, von dem Journalisten träumen: der berühmte Anwalt, der über 'n Vierteljahrhundert seine Frau mißhandelt hat. Für die ist das 'n gefundenes Fressen!«

»David, so beruhige dich doch ...«

»Wie konntest du das nur tun, Lilli?« Sie sah sein fassungsloses Gesicht vor sich. »Wenn du's schon den anderen verheimlicht hast, aber wie konntest du's *mir* verschweigen?«

Lilian schluckte. »Ich wollt's dir ja sagen«, fing sie an. »Ich hatte vor, es dir zu erzählen. Gleich am selben Tag hab' ich dich im Büro angerufen. Ich wollte mich mit dir treffen. Aber du hattest zu tun, und später, da brachte ich's einfach nicht mehr fertig. Es tut mir leid. Aber ich wußte, daß Beth sich ganz allein mir anvertraut hatte, und ich hätt's gemein gefunden, sie zu verraten. Die ganze Zeit über hab' ich gehofft, du würdest merken, daß ich dir was verheimliche, so wie du's sonst immer merkst, und würdest nachbohren und es aus mir rauslocken, wie damals die Sache mit ...« Sie stockte. Die Sache mit Nicole Clark, führte sie ihren Satz in Gedanken zu Ende. Was hat dich bloß so sehr beschäftigt, daß du nicht mal merktest, wie ich mich verstelle?

David klang wütend. »Lilli, ich weiß überhaupt nicht, wovon du sprichst! Willst du mir vielleicht einreden, es sei meine Schuld? Hätte ich etwa von selbst drauf kommen sollen, daß Beth dir diese Ungeheuerlichkeit gestanden hat? Hätte ich erraten sollen, daß du mir was verheimlichst?«

»Nein, natürlich nicht«, sagte sie und dachte: Ja, genau das meine ich. Du bist doch sonst immer von selbst drauf gekommen.

Es entstand eine lange, peinliche Pause. »Ich muß weg«, sagte David schließlich. »Ich hab' nur angerufen, um dir das mit Beth zu erzählen. Ich konnte ja nicht wissen, daß du die Geschichte längst kennst.«

»David ...«

Die Leitung war tot. Eine Weile blieb sie reglos sitzen. Dann legte sie den Hörer auf die Gabel, stand auf, übersah geflissentlich die neugierigen Blicke der Sekretärinnen und ging hinaus.

Die Stimmung beim Abendbrot machte alles nur noch schlimmer. David war genau in dem Moment heimgekommen, als Laurie und Jason sich über die Qualität irgendeiner Popgruppe in die Haare gerieten, und ein Blick auf sein mißmutiges Gesicht genügte, um Lilian klarzumachen, daß sie jetzt ruhig und gefaßt bleiben mußte.

»Kannst du die Kinder denn nicht bändigen?« fauchte er sie an, als er sich an den Tisch setzte. Sie erwiderte nichts, doch der erstaunte Blick, mit dem die Kinder seine Worte quittierten, war ihr nicht entgangen. Er hatte ihr gegenüber noch nie einen solchen Ton angeschlagen, jedenfalls nicht in ihrer Gegenwart. Sie ging schweigend in die Küche, nahm den Teller mit seinem warm gestellten Essen aus dem Mikrowellenherd und stellte ihn behutsam vor David hin.

»Was gibt's denn?« fragte er, ohne hinzuschauen.

»Schweinelende«, antwortete sie.

»Wieviel?«

»Wie meinst du das? Wieviel Pfund?«

»Wieviel hat's gekostet?« fragte er gereizt.

Verwirrt und ratlos starrte sie ihn an. »Ich weiß nicht mehr«, sagte sie, als sie sich hinsetzte. »Ich hab's schon seit 'ner ganzen Weile in der Kühltruhe.«

Davids Blick glitt über die Teller seiner Kinder. »Du jammerst dauernd darüber, daß sie nichts essen! Wozu kochst du so was Teures, wenn du schon vorher weißt, daß die Hälfte im Abfallkübel landet?«

»I-i-ich eß ja«, stammelte Jason.

»Ich hab' keinen Hunger«, flüsterte Laurie.

»Das macht nichts«, versicherte Lilian eilig. »Ich hab' auch keinen Appetit.«

David explodierte: »Na fabelhaft. Ich hab' 'ne großartige Idee. Wenn ihr beide das nächste Mal zum Essen kommt, dann verbrennen wir einfach 'n paar Geldscheine, wie findet ihr das?«

»Aber Vati!« rief Laurie.

»Komm mir bloß nicht mit deinem ›Aber Vati‹, mein Fräulein. Du siehst aus wie 'n wandelndes Skelett, und den

Anblick hab' ich gründlich satt. Du stehst mir nicht vom Tisch auf, ehe dein Teller leer ist.«

Lilian sah, wie Laurie die Tränen in die Augen stiegen. Das Mädchen senkte den Kopf und starrte auf seinen Teller. Minutenlang schienen alle den Atem anzuhalten. Dann griff Laurie langsam nach ihrer Gabel, spießte ein Stückchen Fleisch auf und führte den Bissen zum Mund. Doch im selben Augenblick ließ sie die Gabel fallen, sprang auf und rannte hinaus.

Lilian folgte dem Mädchen ins Schlafzimmer, ohne auf Davids energischen Einspruch zu achten. Laurie saß auf der Bettkante und starrte blicklos in den Spiegel, der vor ihr an der Wand hing. Ihre trotzig funkelnden Augen waren trokken, nur ihre Unterlippe zitterte verräterisch.

»Laurie . . .«, begann Lilian.

Doch das Mädchen fiel ihr brüsk ins Wort: »Würdest du mich gefälligst allein lassen?«

Lilian zögerte. »Ich wollte dir bloß sagen, daß er in Wirklichkeit gar nicht auf dich böse ist.«

»Sah aber ganz so aus«, schmollte Laurie.

»Weißt du«, erklärte Lilian sanft, »Erwachsene sind manchmal komisch. Sie sagen nicht immer, was sie denken, und sie schreien nicht immer den an, über den sie sich in Wirklichkeit ärgern. Sie wissen manchmal selbst nicht, warum sie wütend sind, und dann lassen sie ihren Frust am Nächstbesten aus, an dem, der ihnen grade in die Quere kommt. Und das warst heute abend zufällig du.« Laurie blickte weiter starr geradeaus. »Eigentlich ist dein Vater auf mich böse. Im Moment geschieht etwas, das uns alle ziemlich aus der Bahn wirft . . .« Sie versuchte, im Gesicht des Mädchens zu lesen, doch sie konnte nicht die mindeste Reaktion entdecken. »Du sollst nur wissen, daß es ganz ehrlich nicht das geringste mit dir zu tun hat.« Lilian wartete einige Augenblicke, dann ging sie zur Tür.

»Ich dank' dir«, flüsterte ihr die Stimme kaum hörbar vom

622

Bett aus nach. Überrascht drehte sich Lilian um, doch als sie sah, daß Laurie immer noch geistesabwesend in den Spiegel starrte, war sie nicht sicher, ob das Mädchen wirklich etwas gesagt hatte. Wortlos ging sie zurück ins Eßzimmer.

Jason und sein Vater saßen in eisigem Schweigen am Tisch. Jason war entweder tatsächlich hungrig gewesen, oder Davids Ausbruch hatte ihn eingeschüchtert, jedenfalls hatte er alles aufgegessen. Zum erstenmal, seit sie ihn kannte, schien der Junge wirklich froh, sie zu sehen.

»Na, wie war der erste Schultag?« fragte Lilian und ignorierte ihren Mann geflissentlich.

Jasons Gesicht trug plötzlich den gleichen mißmutigen Ausdruck wie das seines Vaters. »Langweilig«, sagte er. »E-echt langweilig.«

»Du meinst wohl ›ziemlich‹?« fuhr David dazwischen. »*Ziemlich* langweilig. Oder solltest du an einen kräftigeren Ausdruck gedacht haben, wie zum Beispiel ›höchst langweilig‹? Na, *wie* langweilig war es also? Ich darf dich bitten, dich in Zukunft etwas präziser auszudrücken, mir geht dieser kalifornische Slang nämlich *echt* auf die Nerven. *Ich find'* ihn *echt* langweilig.«

Jason starrte seinen Vater an, als hätte der Ärmste den Verstand verloren. »Ist dir nicht gut?« fragte er.

»Ich fühl' mich ausgezeichnet«, antwortete David.

»Wie schön«, mischte sich Lilian ein. »Dann können wir ja jetzt das Thema wechseln. Wer ist denn euer Klassenlehrer?« fragte sie Jason lächelnd.

»Mr. F-Fraser«, antwortete der Junge. »D-d-der is' okay.«

»Dein Wortschatz ist wirklich umwerfend«, bemerkte David sarkastisch.

Jason senkte den Kopf, und Lilian merkte, daß der Junge den Tränen nahe war. Angewidert legte sie ihr Besteck auf den Teller und fuhr David an: »Meinst du nicht, daß es für heute abend reicht? Seit wann bist du unter die Sprachlehrer gegangen? Wenn du mir immer noch böse bist, dann sag's.

Meinetwegen schrei mich an. Aber deine Kinder sind nicht hergekommen, um für dich 'nen billigen Sündenbock zu spielen. Mit deinem Getue hast du's geschafft, ein erstklassiges Essen zu ruinieren. Jetzt hockt ein Kind unglücklich im Schlafzimmer und das andere hier am Tisch. Bist du nun zufrieden, nachdem du deine schlechte Laune an uns allen ausgelassen hast?«

»Ich bin kein Kind«, stieß Jason ohne zu stottern hervor.

»Ach, halt die Klappe«, herrschte David ihn an. »Bist du denn zu dumm zu kapieren, daß sie dich verteidigt?«

»Ich kann mich selber verteidigen. Die da brauch' ich schon gar nicht dazu!« schrie Jason. Er stieß seinen Stuhl zurück und starrte Lilian wütend an. »Wer hat dich überhaupt nach deiner Meinung gefragt?« fuhr er aufgebracht fort. »Warum mußt du dich dauernd in unsere Angelegenheiten mischen?« Er stürzte aus dem Zimmer. Lilian stellte sich vor, wie die beiden Plumley-Kinder jetzt drinnen im Schlafzimmer nebeneinander auf der Bettkante hockten. Sie war sich nicht sicher, was sie am meisten überrascht hatte: Jasons wilder Ausbruch oder die Mühelosigkeit, mit der er plötzlich die Sätze herausgesprudelt hatte.

»Tja«, sagte Lilian und begann, den Tisch abzuräumen. »Klassischer Fall von Übertragung, was? Du bist auf mich böse, willst mich aber vor den Kindern nicht anschreien, also überträgst du deinen Ärger auf sie und brüllst die beiden an. Dann kriegt Jason 'ne Wut auf dich, hat aber nicht den Mumm, sich mit seinem eigenen Vater anzulegen, also sucht er sich das nächstbeste Opfer und geht auf die eklige Stiefmutter los. Eigentlich kannst du ganz zufrieden sein, schließlich hab' ich meine Abreibung doch noch gekriegt.« Sie trug einen Armvoll Geschirr in die Küche und stapelte es in die Spülmaschine.

David blieb ein paar Minuten reglos am Tisch sitzen, dann kam er zu ihr in die Küche. In der Hand hielt er seinen fast unberührten Teller.

»Ich hab' auch keinen großen Hunger«, sagte er und stellte ihn auf die Anrichte. Lilian antwortete nicht. »Vielleicht sollte ich rübergehen und mich bei den Kindern entschuldigen.«

»Keine schlechte Idee«, meinte Lilian und fragte sich, ob er auch sie um Verzeihung bitten würde.

»Tut mir leid«, fing er an. Hoffnungsvoll blickte sie zu ihm auf. Sie war bereit, sofort zu vergeben und zu vergessen. »Wegen des Essens, mein' ich«, setzte er hinzu, drehte sich um und verschwand im Flur.

Kurz nach acht klingelte es. Lilian saß allein im Arbeitszimmer und las die Kleinanzeigen in der Morgenzeitung (Gesucht: großer muskulöser Typ, Marke griechischer Gott, der mit mir durch den Regen tanzt und ein bißchen Französisch versteht). David hatte vor ungefähr fünfzehn Minuten das Haus verlassen, um die Kinder heimzufahren. Er kann unmöglich schon zurück sein, dachte sie, während sie in die Küche ging. Und wenn, dann würde er nicht klingeln. Er hat doch seinen Schlüssel dabei.

»Ja, bitte?« sagte sie in die Sprechanlage.

»Lill? Hier ist Don Eliot. Ist David zu Hause?«

Sie fühlte ihr Herz schneller schlagen. Ein unangenehmes Schuldgefühl kroch in ihr hoch und drohte ihr die Kehle zuzuschnüren. »Er bringt die Kinder heim. Sie sind grade erst weggefahren«, erklärte sie dem Strafverteidiger. »Aber es wird nicht lange dauern. Sie können hier auf ihn warten, wenn Sie wollen.«

»Gern«, sagte er. »Wir kommen rauf.«

Lilian drückte auf den Türöffner, ging hinaus in den Gang, machte die Wohnungstür auf, spähte den langen Korridor hinunter und lauschte auf das Summen des Aufzugs. Ob David nach unserem Gespräch heute nachmittag mit Don gesprochen hat? Ob er ihm von meinem sogenannten Betrug erzählt hat, davon, daß ich Beths Schuldgeständnis schon vorher kannte? Ob Don mich auch wie 'nen Verräter behandeln wird, wie einen ehrlosen Verbündeten, der ihrer aller Vertrauen mißbraucht hat?

Das vertraute Surren der Aufzugskabel unterbrach ihre bangen Gedanken. Sie hörte, wie sich die Lifttür am anderen Ende des Ganges öffnete und schloß, und dann drangen Stimmen an ihr Ohr. Erst als die beiden um die Ecke bogen und auf sie zukamen, begriff Lilian, was Don Eliot vor ein paar Minuten gesagt hatte: »*Wir* kommen rauf.« Die Worte dröhnten in ihrem Kopf. Wir, nicht ich.

»'n Abend, Don«, sagte Lilian freundlich und gab ihm die Hand, als er eintrat.

»Hallo, Lill«, grüßte er. Don war offensichtlich erregt über das, was heute geschehen war. Aber er wirkte nicht so aufgebracht, wie er es sicher gewesen wäre, hätte er schon mit David gesprochen. »Sie erinnern sich doch noch an Nicki?« fügte er hinzu.

Lilian beobachtete, wie Nicole Clark, die in einem rot und schwarz gemusterten Kostüm einfach hinreißend aussah, mit aufreizend langsamen Schritten ihre Wohnung betrat. Sie ist bei mir zu Hause, dachte Lilian und schluckte nervös, als sie merkte, daß Nicole alles um sich her mit den Augen verschlang. Sie dringt in mein Reich ein, schnüffelt an meinen Sachen rum, fällt schweigend ihr Urteil über meinen Geschmack, tastet, prüft und drückt meinem Eigentum ihren Stempel auf, wie 'n Hund, der an 'ne Laterne pinkelt und so sein Revier markiert, dachte Lilian und genoß den Vergleich. Schleicht sich in mein Privatleben ein wie ein Dieb in der Nacht. Ja, genau das ist sie, entschied Lilian, ein Dieb in der Nacht. Sie war mit der Metapher ausgesprochen zufrieden.

»Ganz bestimmt, erinnert sie sich an mich«, sagte Nicole zuversichtlich und ging mit einem freundlichen Lächeln an Lilian vorbei ins Wohnzimmer. Sie hatte schon Platz genommen und es sich bequem gemacht, als Lilian endlich den Mut fand, ihr und Don zu folgen.

19

Es dauerte fast eine halbe Stunde, bis David nach Hause kam.

Sobald sie ihn die Wohnungstür aufschließen hörte, erhob sich Lilian eilig aus einem der beiden Ohrensessel (Don saß in dem anderen, Nicole thronte zwischen ihnen auf dem Sofa) und lief in den Flur hinaus, um ihn vorzubereiten.

»Don ist hier«, flüsterte sie ihm entgegen, als er eintrat.

Er wartete keine weiteren Erklärungen ab, sondern ging wortlos an ihr vorbei ins Wohnzimmer und legte Brieftasche und Autoschlüssel auf die Stereoanlage. Da Lilian hinter ihm stand, konnte sie nicht sehen, wie er auf Nicoles unerwartete Anwesenheit reagierte. »Don, Nicki«, grüßte er ungezwungen. »Wie lange seid ihr denn schon hier?«

David ließ sich in Lilians Sessel fallen. Sie stand da und kam sich plötzlich in ihrer eigenen Wohnung wie eine Fremde vor. Sie wußte nicht recht, ob sie sich zu den drei Anwälten setzen oder sie allein lassen und sich wie eine brave, kleine Ehefrau ins Arbeits- oder ins Schlafzimmer zurückziehen sollte.

»Na, Lilli, was ist mit dir?« fragte David, als könne er ihre Gedanken lesen. »Willst du da Wurzeln schlagen, oder setzt du dich zu uns?«

Ihr war klar, daß sie nirgends Platz nehmen konnte, außer

neben Nicole auf dem Sofa. Wie auf dem Präsentierteller würden sie dasitzen und David dazu verführen, Vergleiche anzustellen. Sie wußte, daß sie mit ihren alten Jeans und den rosa Pantoffeln keine Chance hatte, neben Nicole Clark in ihrer eleganten Aufmachung zu bestehen.

»Ich koch' uns 'n Kaffee«, murmelte sie und zog sich in die Küche zurück.

»Wir sind vor 'ner halben Stunde gekommen«, hörte sie Don Eliot sagen. »Kurz nachdem du weggefahren bist.«

»Ich mußte die Kinder heimbringen«, erklärte David.

»Das hat Lilian uns schon erzählt«, meldete sich Nicole zu Wort. Lilian fand es unangenehm, ihren Namen aus dem Mund der anderen zu hören.

Eilig füllte sie Kaffeepulver und Wasser in die Maschine, schaltete ein und wartete. Nachdem sie in der letzten halben Stunde nichts als Belanglosigkeiten ausgetauscht hatten, brannte sie darauf zu erfahren, was die beiden von David wollten.

»Also, was gibt's?« hörte sie Davids Stimme. »Ist doch wohl nicht schon wieder was passiert?«

»Ich hab's abgelehnt, Beth Weatherby zu verteidigen«, sagte Don ernst.

»Und jetzt hat er deswegen Schuldgefühle«, erklärte Nicole rasch. »Ich hab' ihm vorgeschlagen, daß wir zu Ihnen kommen und gemeinsam darüber reden.«

Lilian spürte einen stechenden Schmerz in der Magengrube. Sie war sich nicht sicher, ob Dons Weigerung, Beth beizustehen, daran schuld war oder Nicoles Einfall, David zu besuchen.

»Ich bin froh, daß ihr hergekommen seid«, hörte sie David sagen. »Was ist denn vorgefallen?«

Als Lilian ins Wohnzimmer zurückkam, war Don eifrig dabei, Beths Geständnis zu zerpflücken. »Abgesehen von allem anderen«, seufzte er, »bin ich als Anwalt und als Freund der Familie entsetzt darüber, daß sie so was fertiggebracht hat ... ein öffentliches Geständnis abzulegen, ohne mich um Rat zu fragen ...«

»Sie ist völlig durcheinander«, unterbrach ihn Lilian gegen ihren Willen. Sie stellte das kleine Tablett mit den dampfenden Tassen, mit Milchkännchen und Zuckerdose auf den viereckigen Glastisch zwischen ihnen. »Ich hab' das Gefühl, sie weiß im Moment nicht, was sie tut.«

»Meiner Meinung nach weiß sie das ganz genau.« Im ersten Moment glaubte Lilian, David hätte das gesagt, doch im nächsten Augenblick wurde ihr klar, daß Nicole Clark gesprochen hatte. Widerwillig ging sie um Don Eliots Sessel herum und setzte sich neben Nicole aufs Sofa.

Don Eliot schien die Unterbrechung überhört zu haben. »Eins steht fest«, fuhr er fort. »Unter den gegebenen Umständen würde es mir auch dann nicht leichtfallen, sie zu verteidigen, wenn ich nie im Leben von einem Mann namens Al Weatherby gehört hätte. Aber wie die Dinge liegen, kommt noch erschwerend hinzu, daß sie öffentlich bekennt, einen meiner besten Freunde ermordet zu haben, und daß sie uns all diese Lügengeschichten über ihn auftischt, um ihre wahren Beweggründe zu verschleiern ...«

»Woher wollen Sie wissen, daß sie lügt?« fragte Lilian abermals, ohne es zu wollen, dazwischen.

»Aber Lill, ich bitte Sie, Sie können doch unmöglich glauben, was Beth da über Al erzählt?« Don schien fassungslos.

»Es fällt mir schwer, ihr zu glauben«, räumte Lilian ein. »Aber andererseits kann ich mir nicht vorstellen, daß Beth die ganze Geschichte erfunden hat. Im Moment weiß ich einfach nicht, was ich glauben soll.«

»Also für mich gibt's da gar keinen Zweifel«, sagte Don Eliot mit Nachdruck. »Ich verbürge mich dafür, Lill. Schauen Sie, ich kenne Al Weatherby ...« Er stockte und verbesserte sich dann: »Ich *kannte* Al Weatherby fast genauso lange wie Beth. Er war einer der freundlichsten und gütigsten Menschen, die mir je begegnet sind. Er brachte es fertig, eine Spinne in seinem Taschentuch ins Freie zu befördern, nur damit niemand sie zertreten konnte. Und Sie wollen mir einreden, ein solcher Mann sei fähig, seine Frau siebenundzwanzig Jahre lang zu mißhandeln?«

»Du darfst nicht vergessen, daß Lilli eng mit Beth befreundet ist«, erklärte David beschwichtigend. Dankbar für seine mitfühlende Unterstützung lächelte ihm Lilian zu, doch er blickte sie gar nicht an.

»Also gut, betrachten wir's mal von 'ner anderen Seite!« rief Don Eliot und rieb sich die Hände, als habe er plötzlich die Lösung des Problems gefunden. »Hat Sie Ihnen gegenüber in all den Jahren, seit Sie sich kennen, auch nur ein einziges Mal darüber geklagt, daß Al sie schlägt? Haben Sie auch nur ein einziges Mal blaue Flecken an ihr entdeckt? Hat sie je die Andeutung gemacht, sie gehöre zu der beklagenswerten Gruppe der mißhandelten Frauen?«

Lilian schüttelte den Kopf. »Nein.«

»Na und ...?« fragte Don erschöpft und überließ es ihr, seinen Satz zu Ende zu bringen.

»Könnte es nicht sein, daß sie jemanden deckt?« fragte Lilian. »Michael zum Beispiel ...«

»Michael kann mindestens hundert Sektenbrüder auftreiben, die bereit sind zu schwören, daß er Tag und Nacht mit ihnen zusammen war. Keiner von denen geht allein irgendwohin, wußten Sie das nicht? Die schlafen sogar alle miteinander auf dem Fußboden. Außerdem war Beths Nachthemd mit Als Blut verschmiert und nicht die flatternde Kutte von Michael. Auf dem Hammer haben sie ihre Fingerabdrücke gefunden. Sie war's, Lill. Und sie ist geständig. Ich fürchte, wir müssen uns damit abfinden.«

»Wie ist die Meinung unter den Kollegen?« wollte David wissen.

»Daß sie nicht zurechnungsfähig ist«, antwortete Nicole. »Sie denken, Beth hatte so 'ne Art Nervenzusammenbruch.

Na ja, jedenfalls glauben die meisten in der Kanzlei, daß sie übergeschnappt ist und einfach drauflosgeschlagen hat.«

»Und Sie?« wandte sich David unmittelbar an Nicole. »Was glauben Sie?«

»Warum sollte ich nicht genauso denken wie die anderen?« fragte sie zurück, und Lilian entdeckte ein seltsames Zwinkern in ihren Augen. Unbehaglich rutschte sie auf ihrem Sitz hin und her.

Ihr Mann sah an ihr vorbei und blickte Nicole unverwandt in die Augen. »Weil's eine zu leichte Erklärung wäre. Das ist zu einfach«, antwortete David. »Ich kann mir nicht vorstellen, daß eine Frau, die bisher völlig normal war, plötzlich über Nacht verrückt wird. Wenn ein Zusammenbruch droht, gibt es Alarmsignale, die man notfalls auch im nachhinein feststellen kann. In diesem Fall haben wir nicht das geringste Anzeichen, keinen Hinweis, der auf nervliches Versagen schließen läßt.«

»Ganz meine Meinung«, versicherte Nicole und nippte an ihrem Kaffee. »Ich glaube weder, daß sie 'nen Nervenzusammenbruch hatte, noch daß sie mißhandelt wurde. Meiner Ansicht nach hat sie zu viele Romane gelesen.«

»Was soll das heißen?« fragte Lilian erregt.

»Na, Sie müssen doch zugeben, daß diese Masche im Moment total in ist«, entgegnete Nicole mit einer kaum erkennbaren Spur von Überheblichkeit im Tonfall. »Man bringt den eigenen Mann um, behauptet hinterher, er habe einen seit Jahren mißhandelt, macht vorübergehende Unzurechnungsfähigkeit geltend und kommt ohne Strafe davon.«

»Aber wenn Al sie nicht zusammengeschlagen hat, wer dann?« fragte Lilian weiter. »Wie wollen Sie ihre Verletzungen erklären?«

»Ein paar hat sie sich selbst zugefügt«, behauptete Nicole spontan. »Die anderen hat sie vermutlich wirklich von Al. Ich denke mir das so: Als sie auf ihn einschlug, da wachte er auf und kämpfte um sein Leben.«

»Das klingt ganz so, als verträten Sie die Staatsanwaltschaft«, tadelte Lilian.

Nicole stellte ihre Tasse auf das Glastischchen zurück. »Jedenfalls wird's für die Anklage ein gefundenes Fressen.« Sie blickte von Lilian zu David. »Beth hat es nämlich abgelehnt, auf Unzurechnungsfähigkeit zu plädieren. Ihre Anwälte – übrigens, Bob Markowitz und Tony Bower vertreten sie – sind angewiesen, Notwehr geltend zu machen.«

»Was?« rief David überrascht.

»Sie behauptet, sie sei nicht verrückt, weder jetzt noch zur Tatzeit. Sie besteht darauf, für nicht schuldig zu plädieren. Denn nach ihrer Version hätte er sie ermordet, wenn sie ihn nicht vorher umgebracht hätte.«

»Obwohl er zum fraglichen Zeitpunkt tief und fest geschlafen hat«, höhnte Don Eliot bitter.

»Moment mal, was soll das?« fragte Lilian. Als auch sie ihre Tasse auf den Tisch stellte, verschüttete sie den Kaffee, und auf der Glasplatte bildete sich ein häßliches, braunes Rinnsal. »Ich kann's einfach nicht fassen, daß ihr als Juristen so redet.« Sie wandte sich direkt an David: »Hast du mir nicht immer wieder erklärt, daß ein Anwalt nicht das Recht hat, über seinen Klienten zu richten, sondern daß seine Aufgabe einzig und allein darin besteht, seinen Mandanten nach besten Kräften zu verteidigen? Und hast du nicht auch gesagt, in dem Augenblick, in dem Anwälte anfangen, sich als Richter und Geschworene aufzuspielen, bricht unser ganzes Rechtssystem zusammen?«

»Hier liegt der Fall aber doch ganz anders«, antwortete David gereizt.

»Sie haben durchaus recht, Lill«, meldete sich Don Eliot zu Wort. »Doch so seltsam es auch klingt, im Grunde sagen wir alle dasselbe. Ein Anwalt hat nicht das Recht, sich als Richter aufzuspielen. Für mich ist es nebensächlich, ob mein Klient schuldig ist oder nicht. Mein oberstes Ziel ist es, ihm die bestmögliche Verteidigung zu verschaffen. Doch genau das könnte ich in diesem Fall einfach nicht. Erst mal würde ich ganz persönlich in Konflikt geraten, weil der Mann, den sie umgebracht hat, mein Partner und Freund war. Aber ganz abgesehen davon, hab' ich den Eindruck, daß sie das Blaue vom Himmel runter lügt. Ihr bloßer Anblick ist mir zuwider.«

»Warum haben Sie dann 'n schlechtes Gewissen?« fragte Lilian.

»Dazu hat er wirklich keinen Grund«, antwortete Nicole an Dons Stelle. »Immerhin hat er Markowitz und Bower vorgeschlagen. Und die sind wirklich erstklassig. Sie haben's sogar geschafft, Beth auf Kaution freizukriegen.«

»Was halten ihre Kinder von der Sache?« wollte David wissen.

Nicole zuckte die Achseln. »Die denken, sie ist total ausgeflippt. Natürlich hoffen sie, daß sie Beth überreden können, auf vorübergehende Unzurechnungsfähigkeit zu plädieren, ehe der Fall zur Verhandlung kommt.«

»Das wird sie auch tun«, sagte David mit Nachdruck. »Und bis dahin ist dieser Blödsinn mit Notwehr und so 'n gefundenes Fressen für die Presse. Noch ehe die Verhandlung beginnt, wird jeder Geschworene, der lesen kann, überzeugt sein, daß sie spinnt.«

»Sie glauben also, Beth ist gar nicht verrückt?« fragte Nicole.

»O doch, so verrückt wie 'n tollwütiger Hund.« Er benutzte dieselben Worte, die er Lilian gegenüber morgens am Telefon gebraucht hatte. »Für mich ist es ganz klar, daß sie Al loswerden wollte ... weiß der Kuckuck, warum: Geld, oder vielleicht 'n anderer Mann. Na jedenfalls ging Al in der bewußten Nacht früh zu Bett. Da nutzte sie ihre Chance. Resultat: Ehemann tot, Frau schrecklich zugerichtet.« Er fing an zu lachen.

»Was ist denn so komisch?« kam Nicole Lilians Frage zuvor.

»Mensch, die Sache ist doch sonnenklar! Jeder, der Al kannte, weiß, daß er nie fähig gewesen wäre, die Dinge zu tun, deren sie ihn beschuldigt. Sie muß verrückt sein, wenn sie denkt, man würde ihr dieses lächerliche Märchen abnehmen! Tja, und damit stehen wir wieder ganz am Anfang, bei der übergeschnappten Dame.«

»Verrückt wie 'n tollwütiger Hund«, wiederholte Nicole, was David vorhin gesagt hatte, und schien damit sich und ihn als Einheit von den beiden anderen zu trennen. Lilian kam sich vor, als sei sie gerade unsichtbar geworden. Nicoles Worte wirkten auf sie wie ein Zauberspruch, der sie und Don Eliot einfach weggehext hatte, so daß nur noch ihr Mann und Nicole Clark übrigblieben. Sie war sich in ihrem ganzen Leben noch nie so überflüssig vorgekommen.

Lilian verfolgte mit verwundertem Staunen Nicoles Auftritt. Das Mädchen preßte doch tatsächlich eine echte Träne hervor, ehe sie den Kopf senkte und stockend weitersprach.

»Wenn man sich vorstellt, daß ein Mann wie Al Weatherby sterben mußte, so ist das schon furchtbar genug. Aber daß man auch noch seinen Namen und sein Andenken in den Dreck zieht, das ist so gemein.« Sie warf Lilian einen Blick zu, so als wollte sie auch sie ins Vertrauen ziehen. »Er hat mir so sehr geholfen, wissen Sie. Er hat mir immer beigestanden, mir Tips gegeben, mir gesagt, mit welchen Mitteln man den gewünschten Eindruck erzielt, wie man Ausdauer trainiert. Er war der Meinung, es fehle mir an Zähigkeit und Härte.« Sie lachte leise. Lilian mußte sich beherrschen, um nicht einzustimmen. »Er hat mir angeboten, in die Kanzlei einzutreten, sobald ich die Zulassung habe. Er wollte sogar diesen Freitag an der Feierstunde teilnehmen, weil mein Vater nicht herkommen kann.« Ihre Stimme brach. »Wie kann irgend jemand ihn für ein Ungeheuer halten, das über fünfundzwanzig Jahre lang die eigene Frau mißhandelt hat?!«

»Aber das tut ja niemand«, versicherte David, den Nicoles scheinbar spontaner Ausbruch offensichtlich gerührt hatte.

»Sogar ihre eigenen Kinder sind entsetzt und schockiert über ihre Anschuldigungen.« Auch auf Don Eliot hatte Nicoles Vorstellung gewirkt.

»Und Sie?« wandte sich Nicole an Lilian.

Gute Taktik, dachte Lilian, als sie begriff, daß ihre Antwort sie vollends von den anderen isolieren würde. »Ich weiß einfach nicht, was ich glauben soll«, antwortete sie. Im allerletzten Augenblick hatte sie sich dazu durchgerungen, lieber bei der Wahrheit zu bleiben, als sich ihre Zugehörigkeit zur Gruppe durch eine Lüge zu erkaufen. Außerdem hätte das auch gar nichts genützt. David hatte ihr wieder und wieder erklärt, daß ein Zeuge von dem Moment an erledigt sei, in dem er zu Lügen Zuflucht suche. Erst als sie in die drei verwirrten Gesichter blickte, wurde ihr bewußt, wo sie sich befand. Was hab' ich denn bloß für Gedanken im Kopf? fragte sie sich. Das ist mein Wohnzimmer, kein Gerichtssaal. Ich steh' nicht unter Eid. Ich bin hier nicht im Zeugenstand.

Ein paar Minuten lang sagte niemand ein Wort.

»Möchtet ihr vielleicht 'n Stück Schokoladentorte?« fragte Lilian in dem Bestreben, die Atmosphäre zu entspannen. »Ich hab' sie zum Nachtisch gebacken, aber wir sind heut' abend nicht dazu gekommen.«

Alle lehnten höflich ab.

»Wie alt sind Ihre Kinder, David?« fragte Nicole.

David mußte sich einen Augenblick besinnen. »Jason ist zwölf«, antwortete er schließlich. »Und Laurie ist vierzehn. Sie sind beide typische Teenager, ziemlich unausstehlich im Moment.«

Nicole lächelte verständnisvoll.

»Du bist zu streng mit ihnen«, sagte Lilian.

»*Einer* muß sie 'n bißchen hart anfassen«, gab David zurück.

»Ich stell' mir vor, es ist ziemlich schwer, den richtigen Ton zu finden«, sprang Nicole ihm bei.

»Haben Sie Kinder?« fragte Lilian wie aus der Pistole geschossen.

»O nein.« Nicole lachte. »Nicht mal jüngere Geschwister. Bloß 'ne zehn Jahre ältere Schwester. Der Abstand zwischen uns ist so groß, daß wir nie besonders engen Kontakt hatten.« Sie lachte wieder. »Nein, ich hab' keine Kinder.« Sie sah Lilian in die Augen. »Ich bin so altmodisch, daß ich zuerst einen Ehemann möchte.« Ihr Lächeln schien zu sagen: Sie sind am Zug.

Lilian nahm die Herausforderung an. »Das heißt also, daß Sie sich irgendwann Kinder *wünschen?*«

»Aber ja, auf jeden Fall«, antwortete Nicole prompt. »Meiner Meinung nach wird man erst durch ein Kind ganz zur Frau.«

»Kinder sind nicht dazu da, unseren Erfahrungshorizont zu erweitern«, tadelte Lilian.

Nicole hatte sofort eine Antwort bereit: »Nein, natürlich nicht. Das hab' ich auch gar nicht gemeint. Ich halte nur Schwangerschaft und Geburt für ein Erlebnis, das keine Frau missen sollte.«

Lilian schwieg zufrieden. Zum erstenmal an diesem Abend fühlte sie sich der anderen überlegen.

Don Eliot stellte seine Frage so unvermittelt, als hätte das Geplänkel zwischen den beiden Frauen gar nicht stattgefunden. »Sagen Sie mal, Lill, Sie sind doch eng mit Beth Weatherby befreundet. Kamen Sie sich denn da nicht irgendwie verraten vor, als Sie von ihrem Geständnis über den Rundfunk erfuhren, statt es von ihr selbst zu hören? Schließlich haben Sie doch versucht, ihr zu helfen. Sie waren bei ihr, haben mit ihr geredet ...« Lilian spürte, wie ihr das Blut ins Gesicht stieg. Sie wußte, daß sie rot wurde, und hoffte inständig, Don Eliot wäre zu sehr mit seinen Gedanken beschäftigt, um es zu merken.

»Stimmt was nicht?« erkundigte sich Nicole, der nichts entging.

»Sie wußte es schon«, sagte David leise.

»Was wußte sie?« fragten Don und Nicole wie aus einem Mund.

Lilian räusperte sich. »Als ich Beth vor einer Woche besucht hab', da hat sie mir gesagt, sie habe Al getötet.«

Einen Moment lang schwiegen die beiden Besucher bestürzt. Lilian starrte nervös auf ihre abgebrochenen Nägel. Die Geschworenen sind zurück, dachte sie. Ihr Urteil: schuldig im Sinne der Anklage. Die Strafe: Tod durch Erniedrigung.

»Ich versteh' das nicht«, hörte sie Nicole sagen.

»Ich auch nicht«, seufzte Don Eliot traurig.

»Da seid ihr nicht die einzigen«, versicherte David. Jetzt hat er die unsichtbare Grenze überschritten und sich auf ihre Seite gestellt, dachte Lilian. Und mich hat er allein im sinkenden Boot zurückgelassen.

»Es passierte, als ich grade gehen wollte«, versuchte Lilian zu erklären. »Sie hat mich völlig überrumpelt, und ich war fix und fertig, ehrlich.« Vergeblich forschte sie in ihren Gesichtern nach einem Funken Verständnis. »Sie hat nur gesagt, daß sie es war, nichts weiter. Sie hat mir nicht erklärt, wie oder warum. Und ich hab' nicht danach gefragt. Ich wußte nicht, was ich denken oder tun sollte. Tja und da hab' ich eben gar nichts getan. Ich hatte irgendwie das Gefühl, ich hätte kein Recht, drüber zu reden.«

Don Eliot schüttelte den Kopf. »Ich kann mir nicht helfen, ich begreif' das einfach nicht. Sie haben mich sehr enttäuscht, Lilian.« Zum erstenmal, seit sie ihn kannte, benutzte er nicht die Kurzform für ihren Namen, der dadurch plötzlich steif und förmlich klang.

David mischte sich ein. »Don, sie hat's nicht mal mir erzählt«, gab er zu bedenken.

»Ich bin sicher, Lilian hat sich aus falsch verstandener Loyalität so verhalten«, hörte Lilian die Stimme neben sich sagen. Rasch wandte sie sich nach rechts und blickte auf Nicole Clark, die gewandt ihre Verteidigung übernahm. »Beth ist schließlich 'ne enge Freundin von ihr. Und Lilian ist Dozentin, keine Juristin. Da ist es doch klar, daß sie nicht denselben Bezug zu dem Problem hat wie wir. Sie hatte das Gefühl, wenn sie das Gehörte weitergab, würde sie damit ihre Freundin und deren Vertrauen in sie verraten. Sie war in 'ner schwierigen Lage. Ich bin nicht sicher, ob ich an ihrer Stelle nicht genauso gehandelt hätte.«

Don Eliot stand auf und rückte seine schwarz-gelb gestreifte Krawatte zurecht. »Na ja, ihr Frauen findet wahrscheinlich immer 'nen Dreh, wenn's darum geht zusammenzuhalten. Wie dem auch sei, ich muß jetzt wirklich heim.«

Lilian saß da wie gelähmt. Nicoles wohlformulierte Schützenhilfe hatte sie völlig überrumpelt. Sie wußte selbst nicht, warum, aber es drängte sie, sich auf die andere zu stürzen und sie zu erwürgen. Sie spürte, wie das Sofa federte, und als sie aufblickte, sah sie, daß Nicole Clark aufgestanden war und mit Don Eliot hinausging. Eilig sprang sie auf und erreichte genau in dem Augenblick die Tür, als Nicole sich von David verabschiedete.

»Tut mir leid, daß ich unser Racketballspiel letzte Woche ausfallen lassen mußte«, sagte sie. »Ich hab' uns für Freitag um halb sechs eingetragen. Paßt Ihnen das?«

»Ich kann's sicher einrichten«, antwortete David.

Don Eliot war schon auf dem Weg zum Aufzug.

»Also bis morgen«, rief Nicole über die Schulter zurück. »Gute Nacht, Lilian. War nett, Sie wiederzusehen.«

Lilian sagte nichts. Sie fühlte, wie ihr die Galle hochstieg. Wenn ich mich bloß so lange zusammenreißen kann, bis der Lift runterfährt, dachte sie und ging zurück ins Wohnzimmer, während David an der Korridortür stehenblieb. Als er endlich hereinkam, räumte sie wütend die Kaffeetassen in die Spülmaschine. Er wollte an der Küche vorbei ins Schlafzimmer, doch ihre Stimme hielt ihn zurück.

»Wohin gehst du?« fragte sie.

»Ich dachte, ich zieh' mich aus und nehm' ein Bad, wenn du nichts dagegen hast«, bemerkte er spöttisch.

»Und ob ich was dagegen hab'!«

638

»Tja, dann kann ich dir auch nicht helfen. Ich hab' nämlich vor, es trotzdem zu tun«, antwortete er.

»Ich halte es für besser, wenn wir uns aussprechen.«

Sie knallte die Spülmaschinentür zu und lief David ins Schlafzimmer nach.

»Was gibt's da groß zu reden?« fragte er.

»'ne ganze Menge«, versicherte sie und merkte selbst, wie schrill ihre Stimme klang. »Du brauchtest Don nicht zu erzählen, daß ich das mit Beth schon vorher wußte! Du hattest keinen Grund, mich in so 'ne Lage zu bringen!«

»Was wolltest du denn tun? Ihn anlügen?«

»Warum denn nicht? Oder bist du der einzige in dieser Familie, der lügen darf?«

Der Abscheu, der sich in Davids Zügen malte, war gekonnt dosiert. »Wovon sprichst du eigentlich?«

»Von deinen Racketballspielchen mit Nicole Clark! Hast du schon vergessen, daß du mir weismachen wolltest, du würdest mit einem von den Studenten spielen?!«

»Schrei mich nicht an, Lilli«, warnte David. »Ich hab' mir heute schon genug von dir gefallen lassen.«

»Du hast mich belogen!«

Wütend drehte er sich zu ihr um. »Was hätt' ich dir denn sagen sollen? Ich kenn' doch deine Wahnvorstellungen über Nicki ...«

»Ich hab' keine Wahnvorstellungen! Die Frau ist hinter meinem Mann her. Sie hat's mir selbst gesagt!«

»O Lilli, um Himmels willen! Wann wirst du endlich aufhören, mir das vorzuhalten? Hast du ihr denn heut' abend nicht zugehört? Sie war auf deiner Seite, verdammt noch mal! Sie hat dich doch verteidigt!«

»Ich hab's nicht nötig, mich von diesem Biest verteidigen zu lassen!« schrie sie. Auf einmal begriff sie, warum Jason beim Essen auf sie losgegangen war. »Ich bin absolut imstande, mich selbst zu verteidigen. Ich lass' es mir nicht bieten, daß so 'n dahergelaufenes Gör über mich redet, als wär' ich gar nicht vorhanden, daß sie von mir in der dritten Person spricht und dabei noch so tut, als nähme sie mich in Schutz. Und warum? Bloß damit sie als die Faire und Großzügige dasteht! Sie würde alles tun, David, um sich bei dir einzuschmeicheln, und wenn sie mich gleichzeitig schlechtmachen kann, na, dann um so besser.«

Er zwängte sich an ihr vorbei und ging in den Flur hinaus.

»Ich hör' mir das nicht länger an«, sagte er.

Lilian lief hinter ihm her, während er zuerst ins Arbeitszimmer und dann durch die Eßecke zurück ins Wohnzimmer stürmte. »David, so hör mir doch zu! Glaubst du denn wirklich, es war Zufall, daß sie dieses Racketballspiel genau in dem Moment erwähnte, als ich dazukam? Merkst du denn nicht, daß sie's mit Absicht gesagt hat, damit ich's hören sollte?«

»Nein, das glaub' ich nicht«, widersprach er heftig. »Nicki denkt nicht so um die Ecke wie du.«

»Sie denkt nicht wie ich, soweit stimmt's! David, merkst du denn nicht, wie geschickt sie diese ganze Szene vorbereitet hat? Wie sie dich und mich manipuliert? Ja *fühlst* du das denn nicht?« Sie zögerte, als sie den Widerstand in seinen grünen Augen aufblitzen sah. »Oder ist es dir bloß gleichgültig?«

»Du benimmst dich einfach lächerlich.« Seine Stimme schwankte zwischen Trauer und Zorn. »Ich geh' 'n bißchen frische Luft schnappen.«

»O David, bitte bleib da«, flehte sie, als er die Tür öffnete.

»Ich komm' ja wieder«, antwortete er. Und dann war sie allein.

20

Zum viertenmal innerhalb von fünf Minuten schaute Lilian auf die Uhr. Es war genau elf Uhr fünfundvierzig. David war seit fast drei Stunden fort.

Sie wußte nicht, was sie tun sollte: auf ihn warten oder schlafen gehen. Schlafen ... was für ein komischer Gedanke. Ich könnte ins Bett gehen, aber ich würde dort genausowenig Ruhe finden wie hier.

Wo mochte er sein? Wo konnte er hin, ohne Autoschlüssel und ohne Brieftasche? Eine Stunde, nachdem er die Wohnung verlassen hatte, war sie in die Tiefgarage hinuntergeschlichen, um nachzusehen, ob sein Wagen noch da war. Als sie sich davon überzeugt hatte, daß er in der Parkbucht stand, ging sie wieder hinauf in die Wohnung. Seine Brieftasche mit sämtlichen Kreditkarten und Bargeld sowie die Autoschlüssel lagen immer noch auf der Stereoanlage. Er hatte sie achtlos dorthin geworfen, als er zurückkam, nachdem er Jason und Laurie heimgefahren hatte. Er wanderte also mitten in der Nacht zu Fuß durch Chicago. Wenn er 'nem Dieb in die Hände fällt und der merkt, daß David überhaupt nichts bei sich hat, dann wird er wütend und verprügelt ihn; wenn's 'ne ganze Bande ist, bringen sie ihn vielleicht sogar um. Der Gedanke allein genügte, um sie in Panik zu versetzen. Sie überlegte, ob sie die Polizei anrufen sollte. Doch sie wußte, daß man ihr lediglich raten würde, vierundzwanzig Stunden zu warten und sich dann gegebenenfalls wieder zu melden. Also rief sie statt dessen Davids Mutter an, in der Hoffnung, daß er vielleicht zu ihr gegangen sei. Aber nachdem sie ein paar Minuten übers Wetter geplaudert hatten, stand fest, daß er nicht dort war. Der Anruf brachte ihr nichts weiter ein als eine halbstündige Litanei von Klagen ihrer Schwiegermutter, die sich über alles und jedes beklagte, angefangen von der Inflation bis hin zum sozialen Wohnungsbau, der sich in ihrem Viertel breitzumachen drohte. Als es Lilian endlich gelang, sich zu verabschieden, wählte sie eilig die Nummer von Davids Schwester. Immerhin bestand die vage Chance, daß Renée und Norman wußten, wo er steckte. Doch auch dieser Versuch blieb ergebnislos. Davids Name tauchte in der Unterhaltung gar nicht auf, außer in der beiläufigen Frage: Wie geht's deinem Mann, meinem Bruder? Nach diesen beiden Fehlschlägen hielt sie die Leitung frei für den Fall, daß David in Schwierigkeiten war und sie anzurufen versuchte. Aber das Telefon blieb stumm.

In der vergangenen Stunde hatte sie unablässig an Nicole Clark gedacht. Lilian war sich nicht sicher, was sie schlimmer treffen würde: ein Anruf der Polizei, die berichtete, sie hätten die verstümmelte Leiche ihres Mannes gefunden, oder ein Anruf von Nicole, die ihr mitteilte, daß David die Nacht mit ihr verbrachte. Dieser Zweifel beunruhigte sie, aber Nicole Clark war schließlich auch ein beunruhigendes Mädchen. Vielleicht hätte ich einfach den Mund halten sollen, statt ihr auf den Leim zu gehen. Hätte drüber wegsehen sollen, daß David jetzt auch noch mit ihr Racketball spielt und mich angelogen hat. Aber nein, das könnte ich nicht. Wenn man sich einmal drauf einläßt, 'ne Lüge hinzunehmen, dann muß man auch die nächsten schlucken, ja so tun, als seien sie glaubwürdig. Wie nennen die Juristen das doch gleich? Vorschub leisten?

Und doch, was war damit erreicht, daß sie das Problem

angesprochen und auf eine Entscheidung gedrängt hatte? Sie hatte sich ihrem Mann nur noch mehr entfremdet, ihn müde und angewidert aus der Wohnung getrieben. Womöglich geradewegs in Nicole Clarks ausgebreitete Arme?

Ist er bei ihr?

Hör endlich auf damit! befahl sie sich. Es ist sinnlos, sich so zu quälen. Wenn er zu Nicole gegangen ist, kann ich jetzt nichts mehr daran ändern.

Den ganzen Tag hatte eine Katastrophe die andere gejagt, und die meisten davon hatte sie selbst heraufbeschworen. Wenn ich ihm bloß nichts von Beths Geständnis erzählt hätte. Ich hätte mir denken können, wie er darauf reagieren würde. Ich weiß doch, wie sehr er Al Weatherby liebte und bewunderte. Als sein eigener Vater starb, da hat er nicht eine Träne vergossen, aber bei Als Beerdigung hat er geweint. Warum mußte ich ihm dauernd meine Zweifel unter die Nase reiben? Wieso konnte ich mich nicht einfach mit den anderen auf den Standpunkt stellen, Al sei kein Monster gewesen, und ruhig abwarten, bis Beth auspackt? Natürlich hat David meine Skepsis persönlich genommen. Kann man was anderes von ihm erwarten?

Ruhelos lief sie im Flur auf und ab. Ich mute David zuviel zu, zwinge ihn ausgerechnet jetzt zu Auseinandersetzungen, wo er dringend ein bißchen Frieden und Geborgenheit bräuchte. Und 'ne Menge Unterstützung. Probleme hat er wahrhaftig genug: seine Exfrau, seine Kinder, die tägliche Schinderei im Büro, unsere ständigen Geldsorgen. In den letzten paar Monaten mußte er Als Tod verkraften, sich mit meiner Nörgelei über die Arbeit an der Uni rumschlagen und meine Eifersuchtsszenen über sich ergehen lassen. Heut' abend ist ihm endlich die Sicherung durchgebrannt. Kein Wunder, daß es ihn nicht nach Hause zieht.

Ich muß etwas dagegen unternehmen. Ich muß mir das verdammte Mißtrauen abgewöhnen oder es zumindest so unter Kontrolle kriegen, daß ich's für mich behalten kann und nicht jedesmal hochgehe, wenn er Nicoles Namen erwähnt. Was Al und Beth betrifft, so muß ich nachgeben und meine Zweifel wenigstens vorläufig für mich behalten. Ich werd' mir die bissigen Bemerkungen über Elaine verkneifen und mich weiter um die Freundschaft seiner Kinder bemühen. Irgendwie werd' ich's schon schaffen, sie auf meine Seite zu kriegen. Das, was tagsüber in der Kanzlei passiert, kann ich weder positiv noch negativ beeinflussen. Ich kann nur versuchen, unser Zuhause so attraktiv für ihn zu machen, daß Nicole Clark keine Versuchung mehr bedeutet.

Sie seufzte. Bleibt also nur noch das Problem mit meinem Job. Was soll's, ich muß mich eben auch damit abfinden. Es ist sinnlos, weiter darüber zu jammern. David hängt's bestimmt schon ebenso zum Hals raus, von meiner Langeweile zu hören, wie mir, mich zu langweilen. Ich muß eben diese Arbeit machen, basta. David trifft keine Schuld; er kann nichts dran ändern. Das neue Semester hat angefangen, und ich werd' mich bemühen, Spaß an der Uni zu finden.

Wenn er doch nur heimkäme ...

Das Telefon klingelte.

Sie schwankte unsicher, denn sie war gleich weit von beiden Apparaten entfernt und wußte nicht, wo sie abnehmen sollte. Doch schließlich rannte sie ins Schlafzimmer. Die Polizei kann's nicht sein, versuchte sie sich zu beruhigen. David hat all seine Papiere zu Hause gelassen. Sie warf sich übers Bett und langte nach dem Hörer. Selbst wenn er irgendwo tot im Graben liegt, könnte die Polizei ihn unmöglich so schnell identifizieren und mich benachrichtigen. Es sei denn, jemand auf dem Revier hätte ihn erkannt ...

»Hallo?«

»Lilli, ich möchte mich entschuldigen.«

»David, wo steckst du?«

»Im Büro. Hab' ich dich geweckt?«

»Mich geweckt? Machst du Witze? Ich hab' mich fast zu Tode geängstigt.«

»Tut mir leid, ehrlich.«

»Was machst du denn im Büro?«

Sie spürte, wie er mit den Schultern zuckte. »Weiß ich selber nicht. Ich bin spazierengegangen. Einfach drauflosgelaufen. Und als ich mich umschaute, da war ich auf einmal hier gelandet. Der Nachtwächter hat mich reingelassen. Ich hatte nämlich keinen Schlüssel dabei.«

»Ich weiß. Ich hab' mir die ganze Zeit den Kopf drüber zerbrochen, wohin du gegangen sein könntest.«

»Kannst du dir vorstellen, daß ich ohne einen Pfennig aus dem Haus gelaufen bin? Das hat man davon, wenn man sich aufführt wie 'ne Primadonna.«

»Ist wirklich alles in Ordnung?«

»Aber klar. Ich bin bloß hundemüde. Ich hab' übrigens heut' nacht 'ne Menge erledigt. War ja sonst kein Mensch da, und ich hatte endlich mal Ruhe zum Arbeiten. Ich hab' meine sämtlichen Prozeßlisten in Ordnung gebracht. Du weißt doch, was für 'ne eklige Arbeit das ist.« Einen Moment herrschte Schweigen in der Leitung, dann fragte er kleinlaut: »Du hast wahrscheinlich keine Lust, herzukommen und mich abzuholen? Ich weiß, das ist ziemlich viel verlangt, aber meine Füße tun so verdammt weh, und ich hab' kein Geld dabei und ...«

»Und?«

»Und ich möchte dich so gern sehen.«

»Ich bin in fünf Minuten da.«

Sie legte den Hörer auf, schnappte sich die Wagenschlüssel und rannte zur Wohnungstür. Jetzt würde alles wieder gut werden. Ganz gleich, welche Mätzchen Nicole sich noch ausdachte und welche Fallen sie ihr zu stellen versuchte, Lilian würde in keine mehr stolpern. Sie würde ihre Ehe aus

645

der Gefahrenzone raushalten und dafür sorgen, daß sie und David ein glückliches Leben führten, von nun an bis in alle Ewigkeit.

Gleich am nächsten Morgen stürzte das Kartenhaus ein. Zum erstenmal, seit sie verheiratet waren, hatte David verschlafen und war folglich bei seiner Morgentoilette in schrecklicher Eile. Doch da er seine Zeit im Bad brauchte, würde auch Lilian nicht rechtzeitig zur Uni kommen. Um zehn vor neun rief sie das Institut an und sagte im Sekretariat Bescheid, daß sie sich nicht wohl fühle und leider nicht pünktlich bei der Vormittagssitzung sein könne. Eigentlich war es ihr zuwider, Krankheit als Entschuldigung vorzuschützen. Ihre Mutter hatte einmal gesagt, das bringe Unglück.

»Kann ich dir was zum Frühstück machen?« fragte sie ihn, als er endlich aus dem Bad kam.

»Soll das 'n Witz sein? Ich komm' sowieso schon zu spät.«

»Na eben.«

Er zögerte. »Also schön, warum nicht? Macht Rührei zuviel Arbeit?«

»Überhaupt nicht«, antwortete sie, dankbar für die Gelegenheit, etwas für ihn tun zu dürfen.

Sie beugte sich über den Kühlschrank, als er nach dem Telefonhörer griff.

»Diane Buck, bitte«, sagte er energisch in die Muschel und wartete, während die Empfangsdame ihn mit seiner Sekretärin verband. »Diane, ich komm' erst in 'ner halben Stunde. Ich mußte mit 'nem Mandanten frühstücken, und es dauert etwas länger, als ich erwartet hatte. Richten Sie doch bitte Doug Horton aus, ich komme so bald ich kann. Okay? Danke.«

Lilian schlug die Eier über der Schüssel auf, gab etwas Milch dazu und rührte Salz und Pfeffer darunter. Es war ihr unangenehm, David lügen zu hören. Es schien ihm so mühelos von der Zunge zu gehen und klang so glaubwürdig.

646

»Toast?« fragte sie, während sie die Eier in die Pfanne gab.

»Warum nicht? Jetzt, wo ich mich drauf eingelassen hab', will ich's auch in vollen Zügen genießen.«

Ein paar Minuten später deckte Lilian in der Eßecke für David den Tisch. Sein Gesicht war im Wirtschaftsteil der Morgenzeitung vergraben. »Frühstück ist fertig«, sagte sie lächelnd.

Er blickte auf. »Oh, wunderbar. Dank' dir.« Er faltete die Zeitung zusammen und legte sie neben seinen Teller. »Riecht unheimlich gut.«

»Ich hoffe, es schmeckt auch so«, entgegnete sie aufrichtig und war selbst überrascht, daß es ihr gar soviel bedeutete, ihn zufriedenzustellen.

Er probierte das Rührei, sah sie an und lächelte: »Schmeckt großartig.« Sie seufzte erleichtert. »Ißt du denn nicht mit?« Sie blickte auf ihren Orangensaft hinunter. »Ich hab' mich entschlossen, 'ne Schlankheitskur zu machen«, sagte sie.

»Oh? Wozu denn das?«

»Ich dachte, es könnte vielleicht nicht schaden, wenn ich zwei, drei Kilo abnehme.«

David wandte sich wieder seiner Zeitung zu. »Wahrscheinlich hast du recht«, sagte er. »Aber paß auf, daß du mir nicht abmagerst.«

Lilian lachte nervös. Warum war sie nur so verkrampft?

»Ich glaub', da besteht keine große Gefahr«, antwortete sie und sah zu, wie es ihm schmeckte. »David ...?«

»Hmhm?« Er blickte von der Zeitung auf. »Was gibt's denn?«

»Ich wollt' dir bloß noch mal sagen, wie leid es mir tut, daß ich dir das mit Beth nicht gleich erzählt hab' ...«

»Ist schon gut.«

»Nein, bitte hör zu. Ich möchte nicht, daß diese Sache zwischen uns steht ...«

»Tut sie doch gar nicht.«

»Ich liebe dich.«

»Ich dich auch.«

Ein paar schier endlose Sekunden lang starrten sie einander an, und Lilian suchte in Davids Augen verzweifelt nach der Sicherheit, die sie selbst nicht aufbringen konnte. »Ich liebe dich so sehr«, flüsterte sie.

»Komm her«, sagte er zärtlich und streckte ihr beide Hände entgegen. Sie erhob sich rasch, lief zu ihm und schmiegte sich in seine ausgebreiteten Arme. Seine Hände umspannten ihren Kopf und preßten ihr Haar zu einem festen, runden Knäuel zusammen. »Auch ich muß mich entschuldigen. Ich hab' mich aufgeführt wie 'n Super-Chauvi.«

Mit tränenverschleierten Augen blickte sie zu ihm auf. »Solang's super ist, geht's ja noch«, flüsterte sie und schniefte.

Er war mit dem Frühstück fertig, und Lilian trug das Geschirr in die Küche. »Wird's heute ein anstrengender Tag für dich?« fragte sie.

»Ach, welcher Tag ist das nicht?«

»Ich dachte nur, vielleicht könnten wir heut' abend ins Kino gehen.«

»Heute? Ausgeschlossen. Ich ertrinke in Arbeit.«

»Aber du hast doch gestern nacht 'ne Menge erledigt.«

»Stimmt, aber leider stehn mir noch ganze Berge von Akten bevor. Ich fürchte, die nächsten Wochen wirst du mich nicht allzuoft zu Gesicht kriegen. Weißt du, bis ich das aufgeholt hab', was . . .«

»Was ist mit Freitag abend?«

»Wieso?«

»Na, das Essen bei meinen Eltern«, sagte sie. »Sie haben uns letzte Woche eingeladen . . .«

»O Spätzlein, das tut mir leid«, rief er, legte den Wirtschaftsteil beiseite und kam zu ihr in die Küche. »Ich hab's verschwitzt. Ich kann am Freitag nicht.«

»Vor acht wird nicht gegessen. Ich könnte dich im Büro abholen«, schlug sie vor.

»Darum geht's nicht.« Er machte eine unheilvolle Pause. Lilian wußte instinktiv, daß er ihr etwas Unangenehmes zu sagen hatte. »Bitte versteh mich nicht falsch«, begann er. Sie hatte Mühe zu atmen. David suchte nach Worten, was ihr Angst einjagte, da sie wußte, wie selten das bei ihrem Mann vorkam. »Ich weiß nicht, wie ich's dir beibringen soll. Schließlich weiß ich ja, daß sie sowieso schon 'n rotes Tuch für dich ist ...«

»Wer?« fragte Lilian, obwohl sie die Antwort kannte.

»Nicole Clark«, murmelte er.

»Was ist mit ihr?« Ihre Stimme klang dumpf und fremd.

»Sie kriegt am Freitag ihre Zulassung.«

»Und sie hat dich gebeten dabeizusein?«

»Ihr Vater kann nicht kommen. Sie hat sonst niemanden.«

»Was ist mit ihrem Freund, Chris Wie-hieß-er-doch-gleich, der Typ, den sie damals zu den Eliots mitgebracht hat ...«

»Das ist nur 'n Bekannter. Er bedeutet ihr nichts.«

»Und mit dir ist das anders?«

Lilian hielt den Atem an.

»Anscheinend«, sagte er leise. »Lilli, bitte hör mir zu. Das ist das letzte Mal, daß ich mich von ihr überreden lasse. Ich versprech's dir. Also, meiner Ansicht nach tust du Nicki zwar Unrecht. Ich halte sie nach wie vor nicht für die berechnende, raffinierte Frau, die du in ihr siehst. Aber ich müßte entweder blind oder blöd sein, wenn ich nicht inzwischen gemerkt hätte, daß sie tatsächlich in mich verliebt ist, und ich bin weder das eine noch das andere. Doch für mich ist sie in erster Linie eine ausgezeichnete junge Juristin, auch wenn ich sehe, daß sie darüber hinaus ein sehr süßes und einsames Mädchen ist. Aber das ist auch alles ... Daran wird sich nichts ändern. Das versprech' ich dir.« Er senkte den Blick. »Aber es wär' nicht fair Nicki gegenüber, und erst recht nicht dir gegenüber, wenn ich's zuließe, daß sie weiterhin in mir ihren Traummann sieht. Es ist schmeichelhaft für mich, daß ein schönes, junges Mädchen wie Nicki sich in mich verknallt hat, aber das ist auch *alles*. Nichts weiter. Weder jetzt noch in Zukunft. Also ...« Er holte tief Luft. »Von nun an wird's keine Besuche im Gerichtssaal mehr geben, keine gemeinsamen Mittagessen, keine Racketball-spiele. Ich werd' am Freitag zu ihrer Examensfeier gehen, weil ich's versprochen hab'. Ich fühl' mich dazu verpflichtet. Aber damit ist Schluß.« Forschend blickte er Lilian in die Augen. »Einverstanden?«

Sie wandte sich ab. Sie hätte ihm gern die Antwort gegeben, die er hören wollte, doch sie konnte einfach nicht die richtigen Worte finden. Statt dessen sagte sie: »Ich hatte keine Ahnung, daß sie solche Feierstunden neuerdings auf den Abend verlegen.«

»Tun sie auch nicht«, erwiderte er. »Die Urkundenverleihung ist nachmittags.«

»Gehst du danach mit ihr essen?« fragte sie.

Er zögerte einen Moment lang mit der Antwort. »Nicht ich allein. Zusammen mit fünf oder sechs Kollegen. Um ihr zu gratulieren, verstehst du, und um ihren Eintritt in die Firma zu feiern.«

»Das ist sehr nett von euch.« Ihre Stimme klang leer und hohl.

»Lilli, bitte versuch mich doch zu verstehen. Es ist nichts zwischen uns. Es ist nie was gewesen. Und nach Freitag wird's sogar noch weniger sein.«

»Wie kann etwas weniger sein als nichts?« fragte sie. David sah zu Boden. »Tja, was soll ich noch sagen? Ich bin ganz ehrlich zu dir gewesen. Ich hab' dir alles erzählt, was es zu sagen gab. Mehr kann ich nicht tun. Alles weitere liegt bei dir. Vielleicht verlang' ich zuviel, wenn ich erwarte, daß du verstehst, wie ...«

»Ja, das *tust* du, du verlangst zuviel«, sagte sie, und auf einmal fühlte sie sich alt und müde. »Aber ich werd' versuchen, damit fertig zu werden«, setzte sie hinzu.

David nahm sie in die Arme und drückte sie fest an sich.

»Ich liebe dich«, sagte er.

»Ich dich auch.«

Er sah auf seine Armbanduhr. »Ich bin schrecklich spät dran. Doug Horton ist bestimmt schon unheimlich sauer, weil ich ihn so lange hab' warten lassen.«

»Du kannst ja sagen, es war meine Schuld«, rief sie ihm nach, als er zur Tür eilte.

»Du, vielleicht mach' ich das.« Er hatte schon die Hand auf der Klinke. »Ruf mich nachher mal an.« Die Tür fiel hinter ihm ins Schloß.

Ein paar Minuten lang stand Lilian in ihrer winzigen Küche und grübelte über das nach, was sie in der letzten halben Stunde erfahren hatte. Mehrmals wiederholte sie in Gedanken Davids Rechtfertigungen. Sie ließ seine Erklärungen ablaufen wie ein Tonband: einschalten und zuhören, zurückspulen, wieder von vorne laufen lassen. Seine wohltönende, einschmeichelnde Stimme war voller Mitgefühl für das, was sie durchmachte. Ich hab' gemerkt, daß sie in mich verliebt ist, so hatte er sinngemäß gesagt. Lilian fragte sich, wann David wohl diese Erleuchtung gekommen war. Gestern abend hier bei uns im Wohnzimmer? Oder schon früher ... vielleicht bei einem ihrer gemütlichen Mittagessen zu zweit? Sie schüttelte den Kopf. Der Zeitpunkt spielt keine Rolle, versuchte sie sich einzureden. Wichtig ist nur, daß David Nicoles Katz-und-Maus-Spiel ein Ende setzt. Wenn der Freitag vorbei ist, dann wird die Last der Welt endlich nicht mehr auf meinen Schultern ruhen. »Wenn der Freitag vorbei ist«, wiederholte sie laut. Das wird 'ne lange Woche werden, dachte sie. Einer plötzlichen Eingebung folgend, griff sie nach dem Telefonhörer.

Es klingelte dreimal, dann hob jemand ab.

»Hallo?«

»Beth?«

»Nein, hier spricht Lisa. Sind Sie's, Lilian?«

»Ja. Wie geht's Ihnen, Lisa? Und was macht Ihre Mutter?«

»Meiner Mutter geht's gut, danke. Aber wir sind völlig fertig.«

»O Lisa ...«

»Ich nehme an, Sie haben auch von ihrem Geständnis gehört.«

»Ja.«

»Dann wissen Sie ja, was sie von meinem Vater behauptet.«

»Ja.«

»Na und ... was halten Sie davon?« Ein hysterisches Schluchzen drohte die Stimme der jungen Frau zu ersticken.

»Ich ... ich weiß einfach nicht, was ich glauben soll.« Die Stimme des Mädchens war plötzlich gedämpft und leise, so als fürchte sie, jemand im Haus könne sie hören. »Sie sagt, er hätte sie geschlagen, hätte sie gequält und mißhandelt, und das seit dem ersten Tag ihrer Ehe. Sie will meinen Vater als Verrückten hinstellen. Sie macht ein Monster aus ihm und behauptet, sie habe ständig um ihr Leben gezittert. Lilian«, flehte sie erregt, »es ist einfach unmöglich! Neunzehn Jahre war das hier mein Zuhause. Hätte ich denn so lange mit einem Ungeheuer unter demselben Dach leben können, ohne etwas davon zu merken? Wie hätten meine Geschwister und ich hier aufwachsen können, ohne mitzukriegen, was sich da abspielte, selbst wenn nur ein Bruchteil von dem, was sie sagt, wahr ist? Es ist ganz unmöglich! Drei Kinder sind in diesem Haus großgeworden. Nicht einer von uns hat je etwas von dem gesehen oder gehört, was sie da beschreibt! Ich habe sie nachts nie schreien hören, habe nie blaue Flecken oder Kratzer an ihr gesehen. Nichts. Ich erinnere mich nur an einen warmherzigen, liebevollen Ehemann und Vater, dem nicht mal dann die Hand ausrutschte, wenn wir was angestellt hatten. Und ich versichere Ihnen, es gab Zeiten, da waren wir echt unausstehlich. Aber er hat nie die Beherrschung verloren. O Gott, Lilian, was sie erzählt, kann einfach nicht wahr sein!«

»Ist es leichter für Sie, Ihre Mutter als Lügnerin zu sehen?«
fragte Lilian.

Sie hörte einen gequälten Aufschrei. »Nein!« schluchzte das
Mädchen verzweifelt. »Ich kann mir nicht erklären, warum
sie das alles behauptet, es sei denn ...«

»Es sei denn, sie ist verrückt«, ergänzte Lilian ruhig.

»Sie *muß* ganz einfach den Verstand verloren haben«, sagte
Lisa mit Nachdruck. »Es gibt keine andere Erklärung. Ich
kenne meine Eltern. Mein Vater hätte es ebensowenig fertiggebracht sie zu schlagen, wie meine Mutter ...« Sie
stockte betroffen.

»... ihn hätte umbringen können«, beendete Lilian ihren
Satz.

»Es sei denn, sie war nicht bei Sinnen«, stammelte Lisa
unter Tränen. »Aber ich kann einfach nicht glauben, daß sie
wahnsinnig ist! Ich bin völlig am Ende. Da lebt man mit
Menschen zusammen, glaubt, sie zu kennen, alles über sie
zu wissen, und plötzlich stellt sich heraus, daß man null
Ahnung von ihnen hatte. Zack, einfach so! Was bedeutet
das für mich? Für mein Leben?«

»Was sagt denn Ihre Mutter dazu?«

»Warum fragen Sie sie nicht selbst?« erwiderte Lisa dumpf.
»Sie ist grade reingekommen.«

Lilian hörte, wie Lisa den Hörer übergab. »Lilli?« meldete
sich Beth.

»Mir ist nie aufgefallen, daß Lisas Stimme deiner so ähnlich
klingt«, sagte Lilian.

»Ja, wir werden am Telefon oft verwechselt.« Lilian spürte,
wie Beth lächelte. »Wie geht's dir?«

Lilian lachte. »Mir? Danke, ich kann nicht klagen. Aber was
ist mit dir?«

»Hab' mich nie besser gefühlt«, antwortete Beth. »Aber ich
wette, euch hab' ich alle ganz schön in Rage gebracht.«

»Also du hast wirklich 'ne Art an dir ...«

»Na, dich hab' ich doch immerhin vorgewarnt.«

»Vielen Dank.«

Die beiden Frauen lachten.

»Also raus damit«, begann Beth. »Was glaubst du? Bin ich verrückt? Oder 'ne Lügnerin?«

Lilian kam es vor, als sei Beths forschender Blick direkt auf sie gerichtet. »Wieso sagt mir mein Gefühl, daß du weder das eine noch das andere bist?«

Die Antwort kam ohne Zögern: »Weil du meine Freundin bist.«

»Ich würd' gern zuhören, wenn dir nach Reden zumute ist«, schlug Lilian vor.

»Wie wär's mit heut' abend?« Lilian hatte keine so prompte Einladung erwartet. »Wenn du was vorhast, können wir uns natürlich auch 'n andermal zusammensetzen. Es muß ja nicht unbedingt heut' abend sein.«

Lilian überlegte einen Augenblick. David würde länger arbeiten und bestimmt nicht vor zehn zu Hause sein. Es gab nichts, was sie zurückhielt, außer ihrer Angst. Aber wovor fürchtete sie sich? Was Beth auch erzählen mochte, ihr konnte das doch nichts anhaben. »Heut' abend paßt's großartig«, sagte Lilian.

21

Als Lilian ihren grauen Volvo in die Einfahrt lenkte, stand
die Haustür der Weatherbys schon offen. Sie stieg aus und
warf sich den Pullover über die Schultern. In der vorigen
Woche war eine Kaltfront über die Stadt hereingebrochen;
wie ein ungebetener Hausgast, der plötzlich und unange-
meldet mit seinem Gepäck auf der Schwelle steht und sich
auf einen längeren Besuch einrichtet. Lilian rannte über den
Kiesweg auf den Eingang zu. Beth erwartete sie in der Halle.
»Ich freu' mich ja so, dich zu sehen«, rief sie und nahm
Lilian in die Arme.
Lilian küßte Beth auf die Wange. »Du siehst gut aus«, stellte
sie fest.
»Jedesmal, wenn ich zugeb', daß ich mich gut fühle, sehen
die Leute mich so komisch an, als wollten sie sagen, das sei
das letzte, was sie von mir erwartet hätten. Aber lassen wir
das. Komm erst mal rein.« Lilian trat in die Halle, und Beth
schloß die Tür hinter ihr. »Lisa wartet im Wohnzimmer. Sie
hat uns Tee gekocht.« Beth zwinkerte verschwörerisch.
»Tee muß so 'ne Art intellektueller Variante von Hühner-
suppe sein. Ein Schluck, und alle Probleme lösen sich in Luft
auf.«
»Wär' das nicht schön?«
»Was macht David?« fragte Beth, als sie Lilian ins Wohnzimmer führte. Lisa erhob sich eilig, um sie zu begrüßen.

»Er arbeitet heute länger. 'n Abend, Lisa. Wie geht's?«

»Danke, gut«, brachte das Mädchen mühsam hervor.

»Ich höre, Sie haben Tee gemacht.« Lisa nickte. »Ich hätt' schrecklich gern 'ne Tasse.«

Lisa ging zu dem ziselierten Tischchen, auf dem sie das Teegeschirr bereitgestellt hatte. »Wie möchten Sie ihn?«

»Schwarz. Ich bin nämlich grad' beim Abnehmen.«

»Um Himmels willen, wozu denn das?« fragte Beth.

»Oh, du bist 'ne *echte* Freundin«, lachte Lilian. Lisa brachte ihr eine dampfende Tasse.

»Mammi?«

»Ja, gern. Mit Milch und Zucker, Liebes.«

Minuten später saßen sie wieder genauso beieinander wie vor einer Woche: Lilian und Beth auf dem Sofa, Lisa im Sessel gegenüber. Ob ich auch so nervös wirke wie Lisa? überlegte Lilian und versuchte, sich auf Beth zu konzentrieren.

»Ich hab' Lisa erzählt, daß du heut' abend herkommen würdest, um dir meine Version vom Zusammenleben mit ihrem Vater anzuhören. Das meiste davon kennt sie zwar schon, aber sie besteht darauf, die Geschichte noch einmal zu hören. Die Details sind ihr neu. Die wollte ich eigentlich nur dir anvertrauen. Meinem Kind hätte ich schmutzige Einzelheiten gern erspart.« Sie zögerte. »Aber das hab' ich ihr Leben lang getan. Und jetzt besteht sie darauf, daß ich sie wie eine Erwachsene behandle, also ist es wohl an der Zeit, daß sie die ganze Gruselgeschichte erfährt.« Sie sah sich um. »Brian ist oben. Er will von alledem nichts wissen. Er zieht es vor, mich für verrückt zu halten.« Ihr Blick kehrte zu Lilian zurück. »Willst du sie wirklich hören?« fragte sie.

»Ja, das will ich«, antwortete Lilian.

»Ich werd' ganz am Anfang beginnen, damals, vor achtundzwanzig Jahren, als ich Al kennenlernte. Manches von dem, was ich zu erzählen habe, weißt du schon, Lilli. Du mußt entschuldigen, wenn ich mich wiederhole, aber das hilft mir, die Reihenfolge einzuhalten, verstehst du, all die einzelnen, scheinbar unbedeutenden Vorfälle in Zusammenhang zu bringen.« Sie machte eine Pause, trank einen Schluck Tee und stellte die Tasse auf das Tischchen zurück.

»Wie du weißt, war ich noch sehr jung, als wir heirateten. Grade achtzehn geworden. Al war zwölf Jahre älter. Wir lernten uns in 'ner Bank kennen. Ich war dort Kassiererin, er Kunde. Er kam ein-, zweimal die Woche; war immer schick angezogen. Er ist mir gleich aufgefallen. Er war zu allen so freundlich. Hatte für jeden ein Lächeln. Alle mochten ihn. Tja, daran hat sich nie was geändert. Die Menschen, mit denen Al zu tun hatte, haben ihn immer gemocht.« Sie hielt inne und holte tief Luft. »Auch ich mochte ihn. Gleich von Anfang an. Wenn ich mich unbeobachtet glaubte, lächelte ich ihm insgeheim zu. Aber eines Tages drehte er sich ganz plötzlich um und ertappte mich dabei. Und von da an kam er immer an meinen Schalter.

Ich war verrückt nach ihm. Ich fand ihn unheimlich charmant. Und dann war er natürlich so viel älter als ich. Und er war Rechtsanwalt. Ich war vielleicht beeindruckt, als er mir das erzählte. Aber das Erstaunlichste an der ganzen Sache war, daß er sich anscheinend wirklich für mich interessierte. Ausgerechnet für mich ... Und dabei hatte ich nicht mal 'nen High-School-Abschluß! Al hat sich immer geniert wegen meiner geringen Schulbildung, aber damals, als ich jung war, steckte meine Familie in Geldschwierigkeiten, und für meine Eltern war mein Verdienst wichtiger als meine Ausbildung. Ich hatte mir vorgestellt, daß ich wieder zur Schule gehen könnte, wenn wir verheiratet wären, aber dann kamen ziemlich bald die Kinder, und Al ... Tja, wir haben den Leuten einfach vorgeschwindelt, ich hätte als Gasthörerin mein Examen gemacht, als die Kinder noch klein waren. Al hatte sich das ausgedacht. Er wollte nicht, daß man mich für ungebildet hielt. Ich wollte ihn glücklich machen, und da ihm so viel dran zu liegen schien, hab' ich eben mitgespielt. Aber es hat mich immer belastet. Ich hatte ständig Angst, jemand könnte mir mal 'ne Frage stellen, auf die ich keine Antwort wüßte, und dann käme alles raus, und ich stände als Schwindlerin da. Also versuchte ich aufzuholen: ich las alles, was mir in die Finger kam, und sorgte dafür, daß ich in puncto Tagesthemen stets auf dem laufenden war. Na jedenfalls . . .« Sie brach ab, als sie merkte, daß sie zu weit vorgegriffen hatte. »Er lud mich ein, und wir gingen von da an öfter miteinander aus«, nahm sie den Faden ihrer Geschichte wieder auf. »Ich konnte mein Glück gar nicht fassen. Alle fanden's großartig, bis auf meine Mutter. Sie war entschieden gegen unsere Heirat. Als sie starb, ließ Al mich nicht mal zu ihrer Beerdigung gehen! Meine Brüder haben seitdem kein Wort mehr mit mir gesprochen. Nicht mal jetzt hab' ich von ihnen gehört.

Ich bin mir nicht sicher, aber vielleicht hat sie's geahnt. Möglich, daß sie die Brutalität, die Grausamkeit in ihm spürte. Ich dagegen, ich sah nichts als diesen charmanten, klugen Mann, der so voller Selbstvertrauen war, immer gut aufgelegt, ausgeglichen und unbekümmert. Puh! Da sieht man, was der erste Eindruck wert ist!

Wir haben geheiratet. Es war eine stille Hochzeit. Meine Familie kam nicht zur Trauung. Al hatte keine Verwandten mehr. Zwei seiner Studienfreunde waren unsere Trauzeugen. Nach dem Standesamt gingen wir zum Essen. Nichts Aufwendiges. Ich weiß noch, daß ich mich darüber wunderte, denn ich hatte mir vorgestellt, Al würde an diesem Tag das Beste grade gut genug finden. Aber es machte mir nichts aus, denn ich war Mrs. Alan Weatherby, und das allein zählte. Ich war nicht enttäuscht, weder wegen meiner Familie noch über das Restaurant, auch nicht darüber, daß wir uns keine Hochzeitsreise leisten konnten. Ich war mit dem Mann meiner Träume verheiratet, wie wir damals sagten, und alles andere war unwichtig.

Der Alptraum begann in unserer Hochzeitsnacht.

Ich war natürlich noch Jungfrau. Bevor ich Al kennenlernte, war ich kaum mit Jungens ausgegangen. Und er bestand darauf, daß wir bis zur Hochzeit warteten. Mir war's egal. Ich hätte alles getan, was er von mir verlangte. Aber er wollte warten, und so warteten wir eben. Ich weiß nicht genau, was ich mir eigentlich vorstellte, aber ich nehme an, ich hatte so ziemlich die gleichen Erwartungen wie alle anderen jungen Mädchen. Ich war schon drauf gefaßt, daß es ein bißchen weh tun würde, aber danach, malte ich mir aus, würde es ganz wunderbar werden. Er würde mich in die Arme nehmen und küssen, würde zärtlich und verständnisvoll sein und mich sehr, sehr liebhaben. Doch es kam ganz anders. Es gab keine Umarmung, keine Küsse, nicht die Spur von Zärtlichkeit. Es war einfach grauenvoll. Ich kam mir vor, als sei ich mit einem völlig Fremden im Bett. Binnen einer Stunde hatte er sich total verwandelt. Er schenkte mir nicht mal ein Lächeln, und er war alles andere als zärtlich. Er war roh, ja sogar gemein. Er kniff mich, tat mir weh, und als ich versuchte, mich loszuwinden, da wurde es nur noch schlimmer. Grob war er, nicht zärtlich. Er stieß einfach brutal in mich hinein und machte es, ohne mich zu beachten. Und als er fertig war, da drehte er mich um und verhaute mir den Hintern, als wär' ich ein ungezogenes, kleines Mädchen. Er schlug unerbittlich zu, es tat weh, und ich fing an zu weinen. Ich versuchte aufzustehen, wegzulaufen, aber das brachte ihn erst recht in Wut. Er verdrehte mir den Arm, bis ich dachte, er sei gebrochen. Ich flehte ihn an, mir zu erklären, was das alles zu bedeuten hätte. Da tobte er und schrie mich an, ich hätte ihn belogen, es sei ganz klar, daß ich schon mit 'ner Menge Männer geschlafen hätte. Ich versuchte, ihn zur Vernunft zu bringen. Statt einer Antwort schlug er mich ins Gesicht. Ich wußte mir keinen Rat. Ich hatte tatsächlich das Gefühl, alles sei meine Schuld. Ich dachte, ich hätte alles falsch gemacht. Also entschuldigte ich mich. Und das hab' ich immer wieder getan. Dauernd war ich es, die sich entschuldigte. Es war so 'ne Art Ritual zwischen uns.

Jedesmal, wenn wir uns liebten – komischer Ausdruck –, schlug er mich. Anfangs mit bloßen Händen. Nach 'ner Weile ging er zu Haarbürsten über, später nahm er Gürtel. Als die Kinder groß genug waren, meine Schreie zu hören, da steckte er mir einen Knebel in den Mund und fesselte mir die Hände auf dem Rücken. Er war sehr vorsichtig und achtete immer darauf, daß ich nur da was abbekam, wo man's nicht sah; es sei denn, man konnte es als Unfall hinstellen. Ich wurde unfallgefährdet, wie man so schön sagt. Ständig stieß ich mich an irgendwas, verbrannte mich und so. Jedenfalls hatte ich meistens irgendwo 'ne Schramme oder 'nen blauen Fleck. Aber die Leute erinnern sich nicht mehr dran. Ist ja auch ganz verständlich, schließlich hat jeder mal 'nen Kratzer oder so. Meistens kann man's ja auch durch die Kleidung verdecken. Und wenn man zum Beispiel zur Gymnastik geht ...« Sie sah Lilian in die Augen. »Na, dann zieht man sich eben schon vorher um. So geht man unangenehmen Fragen aus dem Weg. Ich entwickelte ein solches Talent darin, auffallende Verletzungen mit 'nem Scherz zu bagatellisieren, daß die Mitarbeiter in der Kanzlei 'ne ganze Weile ihren Spaß dran hatten, mich zu foppen. ›Was haben Sie mit Ihrem Bein gemacht?‹ fragte einer, und die anderen grinsten erwartungsvoll. ›Ach, Sie kennen mich doch‹, antwortete ich leichthin. ›Ich bin wieder mal gestolpert.‹

Ich stolperte, weil Al mir ein Bein stellte. Ich verbrannte mir den Finger, als er meine Hand über den Toaster hielt. Ich schnitt mich, als mein Mann mir ein Messer in die Hand stieß, weil ich bei 'ner Bridgepartie 'nen Großschlemm verpaßt hatte ...«

Lilian rang nach Luft. Beschämt senkte sie den Kopf. Sie hatte es die ganze Zeit geahnt. Sie hatte sich davor gefürchtet, genau das zu hören und zu wissen, daß Beth die Wahrheit sagte.

»Als ich merkte, daß ich mit Brian schwanger war«, fuhr Beth fort, »da faßte ich wieder Mut. Weiß der Himmel, warum, aber ich war wahnsinnig aufgeregt. Wahrscheinlich hoffte ich, Al würde weicher, umgänglicher werden, würde sich auf den Sohn freuen, von dem ich annahm, daß er ihn sich wünschte. Und ich dachte, er würde jetzt aufhören, mich zu schlagen. Einer schwangeren Frau würde er nichts tun, und schon gar nicht seinem Baby.

Er hat mich nie so brutal zugerichtet wie in der Nacht, in der ich ihm sagte, daß wir ein Kind bekämen. Er kriegte einen Tobsuchtsanfall. Ich weiß nicht mehr, was er mir alles an den Kopf geworfen hat. Ich erinnere mich nur an die Schläge. Die meisten in den Bauch. Er warf mich sogar die Treppe hinunter, als krönenden Abschluß sozusagen. Damals glaubte ich wirklich, er würde mich umbringen. Und ich denke, er hatte es auch vor.

Ich kann mir nicht vorstellen, wie Brian diese Tortur überlebt hat. Aber irgendwie haben wir's beide geschafft, obwohl Al mich weiter so verprügelte wie zuvor. Ein paar Jahre später kam Lisa zur Welt. Und fünf Jahre danach wurde Michael geboren. Davor hatte ich 'n paar Babys verloren. Alles in allem waren's vier Fehlgeburten.

Jetzt wird die Geschichte 'n bißchen eintönig. Siebenundzwanzig Jahre sind eine lange Zeit. An dem, was ich euch erzählt habe, hat sich im Laufe meiner Ehe nicht viel geändert. Mit Als Kanzlei ging's aufwärts. Er machte eine sagenhafte Karriere, genau wie er es immer vorausgesagt hatte. Wir zogen jedes Jahr in ein größeres Haus. Alle hielten ihn für 'ne Art Zauberer und dachten, ich hätte das große Los gezogen.

Ich hab' nie aufgehört, mich darüber zu wundern, wie er es fertigbrachte, sich von einer Minute zur anderen von Dr. Jekyll in Mr. Hyde zu verwandeln. In der Öffentlichkeit war er der charmanteste, liebenswürdigste Mensch der Welt. Ich wußte, wie sehr ihn alle bewunderten, und ich erinnerte mich noch gut daran, wie sehr *ich* ihn früher bewundert hatte. Ihr könnt euch nicht vorstellen, wie stark er war, trotz seiner schmächtigen Figur. Aber er war eben Gewichtheber. Und das war 'n gutes Training.« Sie brach plötzlich ab und lachte bitter. »Letzten Endes läuft alles darauf hinaus. Das ist die Wurzel unserer Sorgen, unserer Ängste. Die simple Tatsache, daß Männer uns physisch überlegen sind. Selbst für 'nen weniger kräftigen Mann ist es nicht sonderlich schwer, 'ne Frau in die Knie zu zwingen, ganz gleich, wie stark sie ist. Da fangen alle Ungerechtigkeiten, alle Lügen an. Gleicher Lohn, bessere Arbeitsplätze, Gleichberechtigung, das sind die Ziele, für die wir Frauen zu kämpfen glauben. In Wirklichkeit kämpfen wir gegen die bloße körperliche Überlegenheit der Männer. Das ist die Quelle jeglicher Unterdrückung.« Beth räusperte sich und setzte ihren Bericht dann ohne weitere Abschweifungen fort.

»Mit der Zeit begann ich mich zu fürchten, wenn Al in der Öffentlichkeit nett zu mir war. Denn je charmanter er sich vor den Leuten gab, desto brutaler mißhandelte er mich, wenn wir nach Hause kamen. Je fürsorglicher er sich vor anderen zeigte, desto gemeiner war er später daheim. Erinnerst du dich noch an den Kettenbrief, Lilli? Und wie er drüber gelacht hat? Als wir allein waren, fand er ihn nicht mehr so komisch. Nein, ganz im Gegenteil. Für diesen harmlosen Scherz hat er mich windelweich geschlagen.

Er verbot mir, Freundschaften zu schließen. Du, Lilli, warst die einzige wirkliche Freundin, die ich hatte. Dir fühlte ich mich von Anfang an verbunden. Es war gar nicht nötig, daß wir uns oft trafen und miteinander sprachen; wir schienen bei jeder Begegnung mühelos an dem Punkt anzuknüpfen, wo wir aufgehört hatten. Al war machtlos dagegen. Und ich glaubte, er spürte, daß es gefährlich gewesen wäre, etwas gegen diese Freundschaft zu unternehmen.

Ich kann gar nicht beschreiben, was ich durchgemacht habe, solange die Kinder zu Hause wohnten. Ich lebte ständig in der Angst, sie könnten dahinterkommen, was bei uns los war, oder daß Al sich eines Tages nicht mehr damit zufriedengeben würde, mich zu schlagen, und auf die Kinder losgehen könnte. Ich hab' in all den Jahren mit keinem Wort aufbegehrt. Ich hatte nur den einen Wunsch, die Kinder zu beschützen. Vor ihnen hab' ich immer so getan, als seien wir einer Meinung. Und wenn ich's doch mal wagte, meine Ansicht zu vertreten, konnte ich sicher sein, daß er mich später dafür bestrafen würde. Ich machte meinen Mann zum Mittelpunkt meines Lebens, und natürlich ist das alles, woran die Kinder sich heute erinnern. Darum fällt es Lisa und Brian so schwer, die Wahrheit zu glauben.« Sie starrte auf das tränenüberströmte Gesicht ihrer Tochter. »Nicht wahr, Lilli, Lisa hat dir doch bestimmt erzählt, daß es zwischen ihren Eltern nie Unstimmigkeiten gab, und schon gar keine handfesten Auseinandersetzungen, wie sie in anderen Familien vorkommen. Ja, sie hat recht. Ich wagte nie zu widersprechen, wir hatten nie Streit.« Beth schwieg gedankenverloren. »Mit Michael war's anders«, fuhr sie schließlich fort. »Ich hatte immer den Verdacht, daß Michael ahnte, was sich in Wirklichkeit bei uns abspielte. Ich bin mir zwar nicht sicher, was er rausgekriegt hat, aber ich hatte immer das Gefühl, daß auch ein vages Wissen um den Zustand unserer Ehe eine Rolle spielte, als er sich plötzlich entschloß, von der Schule abzugehen und in diese Sekte einzutreten ...« Ratlos brach sie ab.

»Als die Kinder endlich alle aus dem Haus waren, wurde es zwar noch schlimmer, aber ich war trotzdem erleichtert. Ich hatte die drei in ihrem Vorhaben bestärkt, Chicago zu verlassen, heimlich natürlich, ohne daß Al etwas davon ahnte. Wenn er dahintergekommen wäre, hätte er mich umgebracht. Aber mir lag alles daran, sie so weit wie möglich von ihm fortzubringen. Ich wollte sie aus diesem Haus raushaben. Dann brauchte ich mir ihretwegen wenigstens keine Sorgen mehr zu machen. Doch Al hatte danach sozusagen freie Hand. Er mußte sich vor niemandem mehr in acht nehmen. Er benahm sich wie ein Halbstarker, der plötzlich ohne Aufsicht ist. Sturmfreie Bude bei den Weatherbys.«

Lilian wollte etwas fragen, doch Beth kam ihr zuvor. »Ich kann's mir schon denken, du möchtest wissen, warum ich ihn nicht verlassen habe«, sagte sie. Lilian nickte. »Alle fragen mich das. Ist ja auch ganz natürlich. Ich hab' mir weiß Gott oft genug diese Frage gestellt. Vielleicht kann das nur eine Frau verstehen, die selbst so was durchgemacht hat. Aber einiges kann ich dir wohl doch erklären: Erst mal war ich so jung, als wir heirateten, und so unerfahren. Dieser Mann bedeutete die ganze Welt für mich. Anfangs war ich mir nicht mal sicher, ob's nicht in jeder Ehe so zugeht, ob Frauen Mißhandlungen nicht einfach als so 'ne Art Schicksal hinnehmen. Ich dachte, das gehöre eben zum Sex. Und ich hatte so einen unbändigen Stolz! Wie konnte ich denn zugeben, daß meine Mutter doch recht gehabt hatte? Sollte ich denn nach all dem Theater, das ich aufgeführt hatte, um meinen Willen durchzusetzen, einfach wieder zu Hause aufkreuzen? Er schwor mir, er würde mich finden, wenn ich je versuchen sollte wegzulaufen. Und dann würde er mich umbringen. Mittlerweile hatte ich panische Angst vor ihm! Na ja, und außerdem glaubte ich, es sei alles meine Schuld. Ich sah diesen großartigen Mann, den jeder gern hatte und der zu allen so charmant war, außer zu mir. Mußte ich denn da nicht annehmen, daß mit mir irgendwas nicht stimmte? Ich hab' mich Gott weiß wie angestrengt. Ich wurde eine fabelhafte Köchin. Ich hab' Al von vorn und hinten bedient. Aber es gelang mir nie, es ihm recht zu machen. Und dann die Kinder, Al ließ keine Gelegenheit aus, mir vorzuwerfen, daß ich als Mutter 'ne Versagerin sei. Er drohte, sie mir wegzunehmen, wenn ich's mir in den Kopf setzen würde, ihn zu verlassen. Er sagte, ich hätte vor Gericht nicht die geringste Chance, denn niemand würde mir meine Geschichte glauben.« Ihre Augen wanderten blicklos durch den Raum. »Und natürlich hat er recht behalten. Mir glaubt tatsächlich keiner.«

Lilian schluckte. »Ich glaub' dir«, sagte sie leise.

»Ich auch«, flüsterte Lisa, lief auf ihre Mutter zu und warf sich schluchzend in ihre Arme. Beth Weatherbys Augen füllten sich mit Tränen. Sie zog ihre Tochter fest an sich und wiegte sie wie ein Baby im Arm. Ohne Lisa loszulassen, streckte sie die freie Hand nach Lilian aus. Lilian ergriff sie, drückte sie und hielt sie fest. Ohne ein Wort zu sagen, saßen die drei Frauen minutenlang so da. Als Beth schließlich wieder zu sprechen begann, da klang ihre Stimme fester, sicherer. Von der Verzweiflung, die zuvor in jedem ihrer Worte mitgeschwungen hatte, war nichts mehr zu spüren. »Die Nacht, in der ich Al getötet habe, war eigentlich genau wie viele andere zuvor. Nur daß er diesmal 'n paar Gläser getrunken hatte, was bei ihm 'ne Ausnahme war. Er brauchte weiß Gott keinen Alkohol, um ausfallend zu werden.

Es war an einem Freitag. Ich machte grade das Abendessen. Er rief aus einer Bar an, tobte und fluchte und warf mir vor, ich sei eine nutzlose Last für ihn, eine schlechte Mutter, eine saumäßige Bridgespielerin ... Er überschüttete mich mit Gemeinheiten. Und dann sagte er, er sei auf dem Heimweg. Ich wußte, er würde mich wieder schlagen. Seit Michael ausgezogen war, nahm er sich immer mehr raus, erfand ausgefallenere Quälereien. Er wurde unvorsichtig, log Sachen zusammen, die leicht auffliegen konnten. So wie damals, als er dir weismachen wollte, ich hätte Kummer, weil Lisa auf 'nen verheirateten Mann reingefallen sei. Es schien ihm nicht mehr soviel auszumachen, ob jemand dahinterkam, was bei uns gespielt wurde. Fast schien er die Leute herauszufordern, sein Geheimnis zu entdecken. Ich war außer mir vor Angst, weil ich fürchtete, er würde mich töten! Da rief ich dich an.«

Wieder senkte Lilian beschämt den Kopf. Beth löste sich sanft von ihrer Tochter und sah Lilian in die Augen.

»Komm, mach dir bitte keine Vorwürfe. Wie hättest du's denn erraten sollen? Schau, genau den Fehler hab' ich während meiner ganzen Ehe gemacht. Ich suchte die Schuld bei mir statt bei ihm. Das war die eigentliche Mißhandlung, und die werd' ich Al nie verzeihen können. *Darum* hab' ich ihn in der Nacht getötet. Nicht, weil er mich all die Jahre geschlagen hat, sondern weil er meine Seele zerstört hat. Weil ich dauernd in schierer Panik leben mußte. Weil er mich so erniedrigt und weil er meine Menschenwürde zertreten hat. Weil er mir Schuldkomplexe einredete und mir das Gefühl gab, ich sei nicht mehr wert als die Zeitung von gestern. Ich bedeutete niemandem etwas, am wenigsten mir selber. Und das Gefühl hatte ich nicht nur zu Anfang. Das blieb auch später so, selbst dann noch, als ich ein bißchen mehr Erfahrung hatte und wußte, daß es mit unserer Ehe nicht stimmte, und zwar nicht meinetwegen, sondern weil mit Al was nicht in Ordnung war ... Aber als ich das begriff, da war's schon zu spät. Mir war alles egal, und darum konnte ich mich nicht aufraffen, ihn zu verlassen, nicht mal, nachdem Michael ausgezogen war. Ich blieb nicht nur, weil ich Angst vor Al hatte und wußte, daß er mich finden und töten würde. Nein, es lohnte nicht wegzugehen, weil einfach nichts mehr von mir übrig war. Könnt ihr das verstehen? Meine Seele war tot.

Als Al an jenem Abend heimkam, da saß ich bloß so da und wartete auf ihn. Er verlor keine Zeit, sondern schlug gleich auf mich ein. Diesmal war es schlimmer als je zuvor. Mir war klar, daß er mich umbringen würde. Er drückte mir mit den Händen den Hals zu und würgte mich. Die Vorhänge waren nicht zugezogen, aber es schien ihm gleich zu sein, ob ihn jemand beobachtete oder nicht. Ich geriet in Panik und versuchte zum erstenmal, mich zu wehren. Aber das schien ihn erst recht auf den Geschmack zu bringen. Mein sinnloser Widerstand amüsierte ihn. Dann zerkratzte er mir das Gesicht. Schließlich brach ich auf dem Fußboden zusammen. Er trat mich in die Seite, als sei ich ein Haufen dreckiger Wäsche. Dann hörte er ganz plötzlich auf ... Er sagte, er sei müde. Er ginge jetzt zu Bett, aber morgen würde er mich fertigmachen.

Er torkelte nach oben. Ich blieb lange am Boden liegen, ohne mich zu rühren. Mein ganzer Körper war wund. Endlich raffte ich mich auf. Ich wollte hinauf ins Bett und versuchen, ein wenig zu schlafen. Vielleicht wußte ich da schon, daß ich ihn töten würde. Wenn es so war, dann erinnere ich mich jedenfalls nicht mehr daran. Ich weiß nur noch, daß ich dachte, er würde bestimmt bis zum Morgen durchschlafen, und dann hätte er's sicher vergessen, wenigstens für eine Weile. Also ging ich nach oben, zog mich aus, streifte mein Nachthemd über und legte mich tatsächlich zu Al ins Bett. Ich war bereit zu sterben, wenn er es denn so wollte.

Aber als ich im Dunkeln lag und auf den Schlaf wartete, da geschah etwas Seltsames. Ich merkte auf einmal, daß ich trotz allem noch Lebenswillen in mir hatte. Mir wurde klar, daß ich seine Schläge nicht länger hinzunehmen brauchte. Es war mir gleich, ob man mir glauben würde oder nicht. Ich konnte ihn nicht verlassen, das wußte ich. Er würde seine Drohung wahr machen, würde mich finden und mich umbringen. Unfälle passieren jeden Tag, pflegte er zu sagen. Ich hatte nur dann eine Chance zu überleben, wenn ich aufstand und ihm zuvorkam. Ich mußte ihn töten. Aus Notwehr. Und das hab' ich getan.

Von dem Augenblick an kann ich mich nicht mehr recht auf die Einzelheiten besinnen. Ich holte den Hammer und schlug auf Al ein. Ich erinnere mich, wie ich das Blut an meinem Nachthemd sah und wußte, daß er tot war. Alles, was ich spürte, war ... Erleichterung. Ich weiß nicht mehr,

daß ich den Hammer im Lüftungsschacht versteckt hab',
aber es muß wohl so gewesen sein. Ich kann mich auch nicht
erinnern, wie ich nach draußen gekommen bin. Ich weiß
bloß, daß ich auf der Straße war, als die Polizei mich fand.«
Beth Weatherby schüttelte den Kopf. »Die Anwälte setzen
mir zu, auf vorübergehende Unzurechnungsfähigkeit zu
plädieren. Sie behaupten, in der Nacht, als ich meinen Mann
tötete, müsse ich verrückt gewesen sein. Vielleicht haben sie
recht.« Sie zögerte, blickte von Lilian zu Lisa und wieder zu
Lilian zurück. »Aber ich glaub's einfach nicht. Um die
Wahrheit zu sagen, Lilli ... Lisa, mein Liebling, bitte verzeih mir«, unterbrach sie sich. Dann fuhr sie mit ruhiger
Stimme fort: »Ich bin der festen Überzeugung, daß ich die
letzten siebenundzwanzig Jahre nie so klar bei Verstand war
wie in der Nacht, als ich Al ermordete.«

22

Lilian mußte sich beeilen, wenn sie noch rechtzeitig zur Uni kommen wollte. Sie war schon an der Tür, als das Telefon klingelte.

»Typisch«, murmelte sie, lief zurück in die Küche, nahm den Hörer ab und warf einen Blick auf die Uhr. Es war schon halb elf. In einer halben Stunde begann ihr Kurs, und wenn sie nicht in fünf Minuten losfuhr, würde sie zu spät kommen. Heute war erst der zweite Vorlesungstag, da würde Unpünktlichkeit einen schlechten Eindruck machen. Dabei hatte sie sich doch vorgenommen, dieses Semester richtig anzugehen, mit wirklichem Arbeitseifer und Einsatzbereitschaft. »Hallo?« fragte sie ungeduldig. Wahrscheinlich irgend so 'n Institut für Haushaltsprüfung oder ein Vertreter, der mir 'n Illustrierten-Abonnement aufschwatzen will.

»Lilli?«

»Ja. Wer spricht denn da?«

»Hier ist Irving. Irving Saunders. Beinah hätt' ich deine Stimme nicht erkannt. Du klingst so gestreßt.«

»Bin ich dienstags immer. Wie geht's dir denn? Wie war's in Afrika?«

»Ach, immer dasselbe. Überall Unruhen, und 'ne Hitze wie im Brutkasten. Du, ich hab' was für dich. 'ne ganz große Sache.«

»So?« Lilian umklammerte krampfhaft den Telefonhörer.

Ihr war, als würde jeden Moment der Boden unter ihren Füßen wegrutschen.

»Willst du denn gar nicht wissen, worum sich's dreht?«

»Also was gibt's?« fragte sie dumpf.

»Wir starten 'ne neue Sendung«, begann Irving. Lilian holte tief Luft und hielt den Atem an. »Es handelt sich um 'n einstündiges Nachrichtenmagazin«, fuhr er fort. »Weißt du, 'n bißchen in der Richtung von ›Sechzig Minuten‹. Skandale, Enthüllung von Korruptionsfällen und so, auch überregional, versteht sich, aber im wesentlichen auf Themen gestützt, die speziell unsere Stadt tangieren. Die Show soll ›Chicagos Stunde‹ heißen. Ich find' das 'nen großartigen Titel, einfach weil's so vieldeutig klingt und Assoziationen anbietet, einerseits sachliche Zeitangabe, andererseits dieses Mitschwingen von Schicksalhaftem, Bedeutungsvollem ... Na ja, so war's jedenfalls gedacht. Bist du überhaupt noch dran?«

»Ich bin ganz Ohr.«

»Prima. Wir brauchen dich.«

»Was?!«

»Tja, die Sache hat allerdings 'nen Haken, das heißt eigentlich zwei, um genau zu sein.«

»Du willst mich wirklich dabeihaben?«

»Ja.«

»Abgemacht.«

Irving Saunders lachte laut. »Lilli, ich mag dich. Du bist so herzerfrischend direkt!«

»Wann soll ich anfangen?«

Einen Moment lang war es still in der Leitung. »Wart mal 'nen Augenblick. Ich hab' dir doch gesagt, es sind 'n paar Haken dabei. Die sollten wir erst mal besprechen, sie sind nämlich nicht ganz ohne.«

Lilian fühlte, wie ein Unbehagen in ihr hochstieg. Ihr Herz klopfte heftig. Sie hatte nur den einen Wunsch, das Glücksgefühl, das sie noch vor ein paar Sekunden durchströmt

hatte, festzuhalten. Er brauchte sie! Er bot ihr eine Stelle an!
Sie schluckte. Mit ein paar Haken, die nicht ohne waren.

»Also was ist faul?« fragte sie.

»Na, zuerst mal handelt sich's nur um ein Pilotprojekt. Wir
machen 'ne Probesendung und warten ab, wie die Fernsehanstalt drauf reagiert und wie's beim Publikum ankommt.
Aber das brauch' ich dir ja nicht groß zu erklären. Wenn
alles klappt, kommen wir Mitte der Saison ins reguläre
Programm. Momentan kann ich dir also nichts weiter anbieten als 'nen einmaligen Versuchsballon mit der Aussicht auf
längerfristige Beschäftigung; allerdings ohne Garantie.«

»Ich verstehe.«

»In zwei Wochen fangen wir mit den Probeaufnahmen an,
das heißt, ich brauch' bald 'ne endgültige Entscheidung von
dir.«

»Ich hab' mich schon entschieden«, sagte sie fest.

»Und was ist mit der Uni?«

»Die sind ganz scharf auf Mitarbeiter mit Praxisbezug. Ich
kann mir nicht vorstellen, daß sie was dagegen haben.
Schließlich geht's ja bloß um 'n paar Wochen. Aber das ist
mein Problem. Damit werd' ich schon fertig.« Ängstlich
warf sie einen Blick auf die Uhr und seufzte. »Wieso hab' ich
das komische Gefühl, das dicke Ende kommt noch?«

»Weil's so ist, nehm' ich an.«

»Und du hast dir den eigentlichen Haken bis zum Schluß
aufgehoben?«

»Wie gewöhnlich. Glaubst du, du kannst ihn verkraften?«

»Die können mir nicht soviel zahlen wie früher?«

»Nein, darum dreht sich's nicht. Ich bin sicher, daß wir uns
über die finanzielle Seite einig werden.«

»Wie gewöhnlich«, äffte Lilian ihn nach. »Also raus damit,
um was geht's?«

»Um das Thema.«

»Wie bitte?«

»Na, das Thema, das du bearbeiten müßtest.«

»Und das wäre?«

Er schwieg einen Augenblick. »Frauenmißhandlung«, antwortete er schließlich.

Lilians Begeisterung erhielt einen tüchtigen Dämpfer. »Frauenmißhandlung?«

»'n Bericht über die Verbreitung dieser ehelichen Tugend in Chicago«, sagte Irving trocken. »Statistiken, Hintergründe, juristische Konsequenzen.« Nach einigem Zögern setzte er hinzu: »Beispiele.« Abermals herrschte Schweigen. »Sieh mal, Lilli«, fuhr er endlich wieder fort, »es ist kein Zufall, daß ich diesen Bericht grade von dir möchte. Im Gegenteil, das hat den Ausschlag gegeben. Ich will ganz offen sein. Der Sender hat kein Interesse an freien Mitarbeitern. Der Etat ist hier ebenso knapp wie anderswo. Aber ich hab' mir was einfallen lassen, um die Bonzen rumzukriegen. Ich weiß doch, wie gern du zurückkommen möchtest. Und mir wär' nichts lieber, als wieder mit dir zu arbeiten. Na, und als der Plan für diese Sendung entstand, da hab' ich natürlich gleich an dich gedacht. Dann kam dieser Weatherby-Mord, und als die Frau auspackte, da wußte ich, das ist der Knüller für dich. Dein Mann arbeitet in der Kanzlei! Du kanntest den Kerl! Und seine Frau hast du sicher auch mal getroffen. Das heißt, du könntest an die Fakten ran, die einem Außenstehenden nicht zugänglich wären. Aber selbst wenn du das nicht schaffst, die leitenden Herren im Sender hab' ich jedenfalls damit rumgekriegt. Ich hab' denen klargemacht, daß du die einzige bist, die für diesen Bericht in Frage kommt, weil niemand anders so viel Einblick in den Fall Weatherby und in die Juristerei hat. Es hat geklappt, die da oben sind einverstanden.«

Sie schwiegen beide. »Beth Weatherby ist meine Freundin«, flüsterte Lilian endlich.

»Lilli, versteh mich nicht falsch«, sagte Irving schnell. »Die Dokumentation braucht sich nicht auf Beth Weatherby zu konzentrieren. Ich bin mehr an den rechtlichen Folgen in-

teressiert. Aber natürlich müßte man die Weatherbys erwähnen, entweder als Aufhänger oder vielleicht als 'ne Art
Rahmen für den ganzen Beitrag. Im einzelnen können wir
das noch während der Programmdiskussionen festlegen.
Doch um eins kommen wir nicht rum: Durch den Fall
Weatherby kriegt dieser Stoff erst den Relevantheitsgrad,
auf den es uns ankommt. Beth Weatherbys Klage auf Notwehr statt eines Plädoyers für vorübergehende Unzurechnungsfähigkeit, das ist der Clou. Ist es juristisch vertretbar,
ihre Tat als Notwehr zu bezeichnen? Wäre andererseits
vorübergehende Unzurechnungsfähigkeit ein legitimerer
Entlastungsgrund? Würde ein Freispruch für Beth Weatherby bedeuten, daß man allen Frauen in ihrer Lage quasi
das Recht zu töten einräumt?«
»Gibt eine Heiratsurkunde einem Mann das Recht zu töten?« fragte sie statt einer Antwort.
Es entstand eine Pause. Schließlich sagte Irving zufrieden:
»Ich wußte es, du bist die Richtige für diesen Job. Glaubst
du, daß du's hinkriegst?«
»Ich weiß es nicht«, erwiderte sie zurückhaltend. »Unter
den gegebenen Umständen wär's David bestimmt nicht
recht, wenn ich die Sendung mache.«
»Das ist mir klar. Darum geb' ich dir auch 'n paar Tage Zeit,
um dir die Sache in Ruhe zu überlegen.« Sie schwieg.
»Wenn du ablehnst, Lilli, dann weiß ich nicht, wie lange es
dauert, bis ich dir wieder 'n Angebot machen kann.« Lilian
war auf diesen Nachsatz gefaßt.
»Ich verstehe«, sagte sie niedergeschlagen.
»Ruf mich Donnerstag nachmittag an.«
»Mach' ich.«
»Tschüs.«
»Auf Wiederhören.« Sie legte den Hörer auf und starrte
unbeweglich auf den gekachelten Fußboden. Wieso gerate
ich bloß immer wieder so in die Klemme? Sieht fast so aus,
als hätten's die Komplikationen auf mich abgesehen. (Da,

das ist Lilian Plumley. Um Gottes willen, die scheint volle zwei Tage in Ruhe und Frieden gelebt zu haben! Groß-alarm! Fußangeln ... Angriff!) David würde das ganz und gar nicht gefallen. Wenn es nach ihm ginge, müßte sie sich in der Öffentlichkeit aus allem raushalten, was den Fall Weatherby und die damit verbundenen rechtlichen Folgen betraf. Und Beth selbst? Wie würde sie dazu stehen?

Und wenn ich nein sage? Irving hatte nicht damit hinter dem Berg gehalten, was sie mit einer Ablehnung aufs Spiel setzte. Sie würde keine weiteren Angebote bekommen, je-denfalls vorläufig nicht. Das ist meine Chance, die Gelegen-heit, auf die ich gewartet hab'. Ich kann sie wahrnehmen oder kneifen. Seit jenem ungewöhnlichen Abend in der letzten Woche hatte sie nicht mehr mit Beth Weatherby gesprochen. Sie hatte noch keine Gelegenheit gehabt, sich mit David über Beths Geschichte zu unterhalten. Er hatte jeden Tag bis spät in die Nacht gearbeitet. Nur an dem Abend, an dem er Nicole Clark nach ihrer Examensfeier zum Essen ausgeführt hatte, war er etwas früher nach Hause gekommen. Selbst das Wochenende hatte er im Büro verbracht.

Lilian brauchte ein paar Tage, um das, was Beth ihr anver-traut hatte, zu verarbeiten und um mit sich ins reine zu kommen. Es hatte erst dann Sinn, mit David zu sprechen, wenn sie selbst sich über ihre Gefühle völlig im klaren war. Und zur Zeit bot sich sowieso keine Gelegenheit für eine ausgiebige Unterhaltung mit ihrem Mann.

Ich muß mit beiden reden, dachte sie, mit David und mit Beth. Irving hatte ihr bis Donnerstag nachmittag Bedenk-zeit gegeben. Sie mußte sich also so schnell wie möglich mit beiden in Verbindung setzen.

Sie schreckte auf und blickte zur Uhr. Es war zwanzig nach elf! Wie lange hab' ich denn bloß telefoniert? Und wie lange bin ich dagestanden und hab' Löcher in den Fußboden gestarrt?

Sie rannte zur Tür. Wenn ich Glück hab' und unterwegs in keinen Stau gerate, dann komm' ich auf dem Campus an, wenn mein erster Kurs zu Ende ist.

Er war ebenso verblüfft über ihr Aussehen wie sie selbst.

»Was hast du denn mit deinem Gesicht gemacht?« fragte er und erhob sich hinter seinem Schreibtisch.

»Ich war bei Saks. Die hatten da heute 'ne Sonderberatung in der Kosmetikabteilung. Mit Mr. Claridge höchstpersönlich. Er hat mir gezeigt, welches Make-up vorteilhaft für mich ist.« Lilian lachte verlegen unter den prüfenden Blicken ihres Mannes. »Tja, weißt du, sie schminken einen gleich da im Kaufhaus. Na, wie findest du's? Ist es zu auffallend?«

David ging um seine Frau herum. Dann betrachtete er ihr Gesicht so eingehend, als hätte er ein seltenes Kunstwerk vor sich. »Aber nein, ganz und gar nicht. Du weißt doch, daß ich's mag, wenn du dich schminkst. Ich bin bloß nicht an so viel Make-up bei dir gewöhnt, das ist alles.«

»Also findest du's *zuviel*?«

»Nein«, lachte er. »Ich find's genau richtig. Für meinen Geschmack hat Mr ...«

»Claridge.«

»Also Mr. Claridge hat erstklassige Arbeit geleistet. Es ist bloß so ungewohnt, wo du dich doch sonst überhaupt nicht schminkst. Aber mir gefällt's.«

»Er hat mir beigebracht, wie man's aufträgt.«

»Freut mich.« Er beugte sich vor und küßte sie. »Und du bist vorbeigekommen, um mir dein neues Gesicht vorzuführen?«

»Na ja ...« Sie zögerte. »Das war einer der Gründe. Um vier war ich mit meinem letzten Kurs fertig, dann hab' ich bei Saks reingeschaut, und da ich schon mal in der Nähe war, hab' ich mir gedacht, ich spring' schnell vorbei und führ' dir die Verwandlung vor. Vielleicht kann ich bei der Gelegenheit meinen stets blendend aussehenden Mann dazu überreden, seine frisch renovierte Frau zum Essen einzuladen.«

»O Lilli ...«

»Bitte, David, sag nicht nein. Wir könnten zu Winston gehen, das ist doch gleich gegenüber. Es wird bestimmt nicht lange dauern.«

»Aber Lilli, schau dir bloß mal meinen Schreibtisch an. Siehst du denn nicht, daß ich förmlich in Akten ertrinke?«

»Auf deinem Schreibtisch herrscht doch immer das reinste Chaos.«

»Es geht nicht, Spätzlein. Tut mir leid, aber ich schaff's wirklich nicht.«

»David, es ist wichtig. Ich muß unbedingt mit dir reden.«

Es klopfte, gleich darauf öffnete sich die Tür, und herein trat Nicole Clark, schön wie eine Filmreklame. »Oh, Verzeihung«, wandte sie sich hastig an David. »Ich dachte, Sie wären allein. Wie geht's Ihnen, Lilian?«

Plötzlich brannte das Make-up auf ihrer Haut wie eine Säure und Lilian kam sich vor wie der ausgediente Clown, den man gewaltsam aus der Manege drängt, sobald die Große Nummer angesagt ist. Von Davids neuer Kollegin könnte Mr. Claridge noch was lernen, schoß es ihr durch den Kopf, ehe sie sich einen Ruck gab und mit gespielter Munterkeit Nicoles Gruß erwiderte.

»Danke, ich fühl' mich ganz ausgezeichnet. Ich möchte Ihnen noch nachträglich zu Ihrem Examen gratulieren und natürlich zu Ihrem Eintritt in die Firma.«

»Oh, vielen Dank«, sagte Nicole herablassend. »Ich war wahnsinnig aufgeregt. Wie gut, daß Ihr Mann dabei war, ich hatte seinen Beistand wirklich nötig.«

»So 'n Rückhalt tut uns allen gut«, lächelte Lilian. Sie wollte noch etwas hinzufügen, doch David kam ihr zuvor. Sie war von seinen Worten nicht wenig überrascht.

»Meine Frau und ich gehen schnell mal weg zum Essen«, erklärte er der Jüngeren. »Dauert höchstens 'ne Stunde.

Müssen Sie was Dringendes mit mir besprechen, oder hat's Zeit bis morgen? Das heißt, falls Sie noch im Büro sind, wenn ich zurückkomme, könnten wir auch heut' abend ...«
Lilian war darauf gefaßt, daß Nicole antworten würde: »Ich bin bestimmt noch da.« Doch statt dessen hörte sie, wie die andere sagte: »Nein, ich geh' heim. Ich bin müde, und das hier kann warten. Ist sowieso nichts Wichtiges. War nett, Sie wiederzusehen, Lilian. Guten Abend.«
David hatte also wirklich Wort gehalten und mit ihr gesprochen. Das war der Beweis. Ich hätte gleich anfangs zustimmen sollen, als er sie zur Rede stellen wollte, dachte Lilian, als David ihren Arm nahm und sie aus dem Büro führte. Das hätte mir monatelange Sorgen erspart.

Sie saßen sich gegenüber und stocherten in ihrem Salat herum.
»Also nun aber raus damit«, sagte David energisch. »Wir haben jetzt alles besprochen, vom Wetter über Mr. Claridge bis zu deinen Studenten. Willst du mir nicht endlich verraten, was los ist? Ich meine, du hattest 'nen interessanten Tag, zugegeben«, fuhr er lächelnd fort. »Aber was du mir bis jetzt erzählt hast, würde ich denn doch nicht als wichtig bezeichnen.« Er langte über den Tisch und griff nach ihrer Hand. »Das soll natürlich nicht heißen, ich fände es unwichtig, dich zu sehen, im Gegenteil. Ich bin froh, daß ich mich bezirzen ließ, mit meiner verführerischen Frau zu essen.«
Lilian lächelte glücklich. Dieses Make-up war doch 'ne gute Idee. Auch wenn sie das Gefühl hatte, mit dem Gesicht einer anderen herumzulaufen. Es war immerhin ein Gesicht, das David zu gefallen schien.
»Irving hat mich angerufen«, sagte sie und spießte ein paar Salatblätter auf die Gabel.
»Oh! Und was hat er gewollt?« Das Interesse klang echt.
»Die Anstalt startet 'n neues Nachrichtenmagazin. Vorläu-

fig nur 'ne Pilotsendung. Aber wenn's ankommt, nehmen sie's Mitte der Saison fest ins Programm.«

»Und was ist das für 'ne Sendung?«

»So 'ne Art lokaler Variante von ›Sechzig Minuten‹. Soll ›Chicagos Stunde‹ heißen. Wegen der Assoziationsmöglichkeiten.«

»Sehr gut ausgedacht.«

»Ja, nicht? Ich glaub' die einzelnen Beiträge sollen sich fast ausschließlich mit Chicago befassen. Jedenfalls hab' ich den Eindruck, denn er sagte, es sei 'ne Sendung über Chicago und die Probleme in unserer Stadt und so ...«

»Aber warum bist du denn so nervös? Was traust du dich nicht, mir zu sagen?« fragte er amüsiert. »Klingt doch großartig! Du könntest tun, was dir Spaß macht, ohne viel rumreisen zu müssen. Ich find's phantastisch!« Er bemerkte ihre besorgte Miene und stutzte. »War ich etwa zu voreilig? Sie wollen dich doch haben, oder?«

Sie nickte. »Ja, das wollen sie.«

»Na wunderbar. Warum ziehst du dann so 'n Gesicht?«

Sie griff nach dem Wasserglas. Der aufmerksame Kellner räumte die Salatschüsseln ab und trug den Hauptgang auf. Sie starrte auf ihren Teller. Sie hatten Huhn in Ingwer bestellt, das hier – Spezialität des Hauses – auf grünen Nudeln serviert wurde. Sie nahm die Gabel zur Hand und begann gedankenverloren, die Nudeln, die *al dente* zubereitet waren, aufzuwickeln. »Ich liebe dieses Restaurant«, sagte sie. »Kannst du dich noch erinnern, wie oft wir früher herkamen?«

»Ja, ich erinnere mich. Hast du meine Frage nicht gehört?«

»Doch«, sagte sie. »Ich bin mir bloß nicht sicher, ob ich sie beantworten soll.«

»Lilli, was verlangen sie denn so Schreckliches bei diesem Programm? Sollst du nachts arbeiten?«

Sie lachte. Ihre Gabel verschwand mittlerweile unter einem dicken Nudelberg. »Ich weiß nicht, wie ich's dir sagen soll,

außer ich platz' einfach damit raus«, sagte sie. »Ich hab'
sowieso schon zuviel Wind um die Sache gemacht. Ich bin
sicher, du wirst nichts dagegen haben. Ich stell' mich bloß
an, das ist alles.«

»Lilli ...«, bat er mit wachsender Ungeduld.

»Der Beitrag, den ich produzieren soll, beschäftigt sich mit
Frauenmißhandlung.« Sie sah sofort, wie seine Augen
schmal wurden. »Um genau zu sein, sie sind nicht einfach
an dem Thema als solchem interessiert, sondern konkret an
dem Fall Beth Weatherby. Sie haben den Eindruck, ihr
Entschluß, auf Notwehr zu plädieren, müßte eine ganze
Reihe interessanter juristischer Möglichkeiten eröffnen, die
den Stoff für eine ebenso interessante Fernsehsendung liefern könnten.«

»Ach, haben sich die Herren das so gedacht?« spottete
David. »Und da sind sie zufällig auf dich gekommen.«

»Nein, sie haben mich ganz bewußt dafür ausgesucht. Daran hat Irving keinen Zweifel gelassen.«

»Na, und wie hat er auf deine Absage reagiert?«

Lilian legte die Gabel hin, doch sie hielt den Blick unverwandt darauf gerichtet. »Ich hab' nicht abgesagt«, antwortete sie. »Ich hab' ihm versprochen, mir sein Angebot zu
überlegen.«

»Was gibt's denn da zu überlegen?« wollte er wissen.

»So einfach ist das nicht, David. Der Auftrag könnte meine
letzte Chance sein.«

»Red keinen Quatsch! Es findet sich immer 'ne neue Gelegenheit. Das weißt du genausogut wie ich.«

»Und wenn ich nun annehme, was wär' denn daran so
falsch?«

»Alles!« Er schrie fast, und Lilian war überrascht über die
Heftigkeit seines Tons. »Du würdest deine Freundschaft mit
Beth ausnutzen, würdest Als Andenken in den Dreck ziehen, und du würdest auch mich benutzen, Herrgott noch
mal!«

»Wieso denn dich?«

»Wenn ich nicht gewesen wäre, hättest du Al Weatherby nie getroffen!«

»Du scheinst zu vergessen, daß ich Al auf dieselbe Weise kennengelernt hab' wie dich, durch meine Arbeit.«

»Und das ist alles, was für dich zählt, oder?« fragte er aufgebracht. »Weder ich, noch Beth, noch Al. Es ist dir völlig gleich, wen du verletzt!«

»Wer sagt denn, daß ich überhaupt jemanden verletzen würde?«

»Lilli, um Himmels willen, du bist doch kein Kind mehr. Du weißt genau, daß du anderen weh tun mußt, wenn du diese Reportage machst. Wozu brauchtest du sonst Bedenkzeit?«

»Weil ich der Meinung war, ich müßte zuerst mit dir und Beth darüber sprechen.«

»Na, jetzt weißt du, wie ich dazu stehe. Ich finde, die Sache stinkt zum Himmel! In meinen Augen ist jedes Unterfangen entwürdigend, das diesen empörenden Behauptungen von Beth auch nur die geringste Glaubwürdigkeit verleiht, und ich würde mich aufs schärfste dagegen verwahren, daß meine Frau in irgendeiner Weise mit solchen Machenschaften zu tun hat. Und was Beth angeht, was glaubst du denn, wie sie reagiert, wenn sie erfährt, daß du ihre Freundschaft ausgenutzt hast, um wieder beim Fernsehen unterzukommen?«

»Ich hab' mich nicht um diesen Auftrag gerissen, David. Die sind damit zu mir gekommen.«

»Wenn du annimmst, spielt das wohl kaum eine Rolle, oder?«

»Ich kann mir nicht vorstellen, daß Beth sich ausgenutzt fühlen würde«, sagte sie.

David schüttelte den Kopf. »Nein, wahrscheinlich nicht. Vielleicht paßt es ihr sogar gut in den Kram. Dir ist natürlich klar«, fuhr er nach einer kurzen Pause fort, »daß kein Anwalt der Welt sie in dieser Sendung auftreten lassen würde.«

»Aber sicher«, gab Lilian hastig zu. Sie war froh und erleichtert, daß sie wenigstens in einem Punkt übereinstimmten. »Das würde ich auch nie verlangen. Wenn ich Irving richtig interpretiere, dann soll sich der Schwerpunkt des Beitrags ohnehin auf die moralischen und juristischen Gesichtspunkte der Tat konzentrieren und den Blickwinkel auf Beths Motiv für den Mord richten.«

»Wird ja immer schöner«, murmelte David sarkastisch. Lilian merkte auf einmal, daß sie beide ihr Essen nicht angerührt hatten. »Wie ich sehe, hast du dich schon entschieden.«

Lilian schüttelte den Kopf, doch David ließ ihr keine Zeit zu widersprechen.

»Wem willst du eigentlich was vormachen, Lilli? Dein Entschluß stand doch schon fest, bevor du zu mir ins Büro kamst. Und wenn du das Gegenteil behauptest, dann betrügst du dich nur selbst.« Er schob seinen Teller zur Seite. »Es ging dir gar nicht drum, meine Meinung zu hören. Was du willst, ist Absolution. Wenn's nach dir ginge, sollte ich sagen: Los doch, benutze mich und meine Kanzlei und all unsere Bekannten. Nur zu, ruiniere auch noch den letzten Funken guten Rufs, der einem ehrenhaften Mann geblieben ist. Was du auch tust, ich steh' hundertprozentig hinter dir. Aber das kann ich nun mal nicht. Ich bin dagegen, und ich möchte nicht, daß du da mitmachst.«

Über den Tisch hinweg starrten sie sich an. Als Lilian endlich sprach, kam ihre Stimme von weit her. »Und wenn ich mich nun doch dafür entscheide?« fragte sie. »Ich meine, ich bin fest davon überzeugt, daß ich's fertigbrächte allen Beteiligten gegenüber fair zu sein, und bestimmt würde ich Als Andenken nicht beschmutzen ...«

»Wach doch auf, Lilli«, herrschte David sie an. »Hör endlich auf, dir was vorzumachen!«

»Aber das tu ich doch gar nicht«, protestierte sie.

»Tja, wenn das so ist, dann bist du vielleicht zu naiv fürs

Fernsehen.« Er stand auf. »Aber wie dem auch sei, du wolltest wissen, was passiert, wenn du's trotzdem tust. So ähnlich war doch die Frage, nicht wahr? Nun, die Antwort lautet: Wir müßten beide lernen, mit dieser Entscheidung zu leben.«

»Was soll das heißen?«

»Genau das, was ich gesagt hab'«, antwortete er und blätterte drei Zehndollarscheine auf den Tisch. »Du, ich muß zurück ins Büro. Es hat keinen Sinn, noch länger über die Geschichte zu streiten. Laß dir Zeit und iß in Ruhe fertig. Ich komm' heut' abend später.« Er beugte sich zu ihr hinunter und küßte sie auf die Stirn. »Du brauchst nicht aufzubleiben«, sagte er.

Lilian blieb sitzen und starrte auf ihren Teller. Ihr war der Appetit vergangen.

»Schmeckt es Ihnen nicht?« erkundigte sich der Kellner nach einer Weile.

»Doch, doch, das Essen ist ausgezeichnet«, versicherte sie. »Aber ich fühl' mich nicht ganz wohl.«

»Oh, das tut mir aber leid«, sagte der Kellner mit aufrichtigem Bedauern. »Möchten Sie vielleicht Tee?«

Lilian schüttelte den Kopf. »Nein, vielen Dank«, erwiderte sie.

23

Lilian hätte nicht mit Bestimmtheit sagen können, zu welchem Zeitpunkt ihr klargeworden war, daß ihr Mann eine Affäre mit Nicole Clark hatte. Sie wußte lediglich, daß es so war und daß sie damit leben mußte.

In der Pause zwischen ihren beiden Vormittagskursen saß sie im Aufenthaltsraum und versuchte, sich auf die Morgenzeitung zu konzentrieren. In einer Pension hatte man zwei Männer und drei Frauen erstochen aufgefunden. Die Polizei vermutete, daß die Opfer aus der Drogenszene stammten. Ein Mann hatte seine Frau und seine beiden Kinder umgebracht. Bei der Vernehmung behauptete er, Christus habe ihm in der Nacht zuvor im Traum den Befehl zu der Tat gegeben. Ein Ehemann, dessen Eifersucht an Wahnsinn grenzte, hatte seine Frau erschossen, weil er glaubte, sie hätte dem Postboten zu freundlich zugelächelt. Lilian blätterte um. Eine Frau war zu zwei Jahren Haft verurteilt worden, weil sie ihrem Baby den Schädel eingeschlagen hatte. Ein Ehepaar, dessen drei Kinder unter mysteriösen Umständen ums Leben gekommen waren, sagte vor Gericht aus, sie hielten sich für ausgezeichnete Eltern und hätten die Absicht, so lange Kinder in die Welt zu setzen, wie Gott ihnen welche schenke. Angewidert faltete Lilian die Zeitung zusammen und warf sie auf das niedrige Tischchen vor sich. Ihr war heute nicht nach Kleinanzeigen zumute. Heiratsannoncen interessierten sie erst recht nicht. Ihr Mann schlief mit einer anderen Frau.

Sie war wach gewesen, als er sich letzte Nacht neben sie legte. Sie hatte sich nur schlafend gestellt, doch er hatte es nicht gemerkt, hatte aber auch nicht versucht, sie zu wecken oder sich an sie zu kuscheln und seinen Körper an ihrem zu wärmen. Sie hörte, wie er sich ruhelos von einer Seite auf die andere warf und versuchte, eine bequeme Lage zu finden. Nach ein paar Minuten gelang es ihm, und er versank in tiefen Schlaf. Sie hörte, wie sein Atem ruhig und gleichmäßig wurde. Sie setzte sich auf und blinzelte nach dem Wecker. Es war fast ein Uhr. Vor nicht mehr als zehn Minuten hatte sie gehört, wie er die Wohnungstür aufschloß. Er war gleich ins Schlafzimmer gekommen, hatte sich eilig ausgezogen und ins Bett gelegt. Und doch roch er so sauber, oder vielleicht nach gar nichts, daß sie mit Sicherheit wußte, er hatte sich große Mühe gegeben, irgendeinen verdächtigen Körpergeruch loszuwerden. Zum Beispiel den einer anderen Frau, dachte sie. Als sie aufs Kissen zurücksank, da erinnerte sie sich plötzlich, daß ihr dieser undefinierbare, hygienische Duft vor einigen Wochen schon einmal an ihm aufgefallen war; damals, in der Nacht, als er sie aus seinem Büro angerufen und so liebevoll gebeten hatte, sie möge ihn abholen. Und auf einmal war ihr alles klar: ihre Nervosität am nächsten Morgen, ihr Herumgerenne und die krampfhaften Bemühungen, ihm eine Freude zu machen. Jetzt wußte sie, daß sie versucht hatte, den Geruch seines Betrugs mit dem Duft von Rührei und Toast zu vertreiben und die Gewißheit, daß er mit Nicole geschlafen hatte, von ihrem Bewußtsein fernzuhalten.

Die letzten paar Wochen waren also eine einzige Kette von Lügen gewesen. Gestern im Büro hatten die beiden ihr eine einstudierte Komödie vorgespielt. (»Müssen Sie was Dringendes mit mir besprechen, oder hat's Zeit bis morgen? Das heißt, falls Sie noch im Büro sind, wenn ich zurückkomme, könnten wir auch heut' abend ...« – »Nein, ich geh' heim.

Ich bin müde, und das hier kann warten.«) Alles war genau geplant und verabredet. Er machte die gleiche Art von Überstunden wie früher in seiner Ehe mit Elaine. Die angebliche Arbeit ist dieselbe geblieben, bloß die Partner haben gewechselt, dachte sie träge und wunderte sich, daß die Entdeckung sie so wenig überraschte.

Sie gähnte, stand auf und ging zum Telefon am anderen Ende des Raums. Langsam wählte sie die Nummer und wartete. Beim dritten Klingeln meldete sich jemand.

»Hallo?«

»Mutter, bist du's?«

»Lilli? Was ist los?«

Sie lächelte. »Aber hör mal, Mutter, du willst mir doch nicht erzählen, daß du mir an der Stimme anmerkst, ob was nicht in Ordnung ist.«

»Aber sicher. Eine Mutter spürt so was. Sag mal, von wo rufst du an?«

»Vom Institut. Ich bin im Aufenthaltsraum.«

»Jetzt weiß ich, daß was nicht stimmt. Du rufst mich doch nie während der Arbeit an. Also was ist los? Ist was mit David?«

Lilian seufzte. »Vielleicht sagst du's mir.«

»Unsinn, nun erzähl schon. Was ist denn passiert, mein Kind?«

Lilian blickte sich um und versuchte, die Tränen zurückzuhalten. »Ich bin bloß 'n bißchen deprimiert, Mutter, das ist alles. Ich weiß selbst nicht, warum.«

»Möchtest du darüber sprechen?«

»Ich weiß nicht recht.«

»Warum kommst du nicht heut' abend zum Essen vorbei? Dein Vater geht in den Klub zum Kartenspielen, und ich bin allein. Ich würde mich freuen, wenn du mir Gesellschaft leistest. David arbeitet doch zur Zeit abends immer recht lange, nicht?«

»Ja«, flüsterte Lilian.

»Dacht' ich mir's doch. Dann kommst du also?«

»Um wieviel Uhr?«

»Wie wär's mit halb sieben?«

»Prima.«

»Also bis später, Liebes.«

»Danke.«

»Tschüs, mein Herz.«

Lilian legte auf und überlegte, was sie ihrer Mutter eigentlich erzählen wollte. Soll ich ihr sagen, daß sie die ganze Zeit recht gehabt hat? Daß David, dem es nichts ausmachte, seine erste Frau zu betrügen, jetzt auch keine Skrupel hat, seine zweite zu hintergehen? Daß alles genauso gekommen ist, wie sie's mir schon vor Jahren prophezeit hat? O Gott, sind die Männer denn wirklich so? Handeln sie alle nach irgend 'ner höheren Gesetzmäßigkeit, so wie der aus der Zeitung, der behauptet, Christus hätte ihm befohlen, seine Familie umzubringen? Ist denn die ganze Welt verrückt geworden? Lilian blickte auf und suchte in den vertrauten Gesichtern ringsum nach den Spuren einer Veränderung. Oder hat's bloß mich erwischt, fragte sie sich, als sie den Aufenthaltsraum verließ und zu ihrem Hörsaal ging.

»Hast du schon gehört, was mit Sarah Welles passiert ist?« fragte ihre Mutter, als sie die Tür öffnete und Lilian hereinließ.

»Nein, was ist mit ihr?« erkundigte sich Lilian. Sie sah den jungen Leinwandstar vor sich, Sarah Welles, Hollywoods neuester Versuch, einen Star mit der magischen Anziehungskraft einer Marilyn Monroe aufzubauen.

»Sie ist tot! Hörst du denn kein Radio? Die haben doch den ganzen Tag Sondermeldungen gebracht.«

»Bin nicht dazu gekommen. Was ist denn passiert? War's Mord oder Selbstmord?«

»Weder noch. 'n ganz idiotischer Unfall. Sie hat sich im Waschbecken die Haare gewaschen, und als sie den Kopf hob, ist sie anscheinend gegen den Hahn gestoßen. Das Ding war aus massivem Gold, und durch den Aufprall hat sie das Bewußtsein verloren.«

»Und sie war gleich tot?«

»Nein, daran ist sie nicht gestorben. Sie ist ertrunken! Kannst du dir das vorstellen? In ihrem eigenen Waschbecken! Sie fiel vornüber mit dem Gesicht ins volle Becken und ist darin ertrunken! Sie war erst sechsundzwanzig! Also ich versteh' das nicht! Wenn eine schon Wasserhähne aus massivem Gold hat, dann sollte sie sich's doch leisten können, zum Friseur zu gehen.«

»Das ist ja furchtbar«, sagte Lilian, als sie ihrer Mutter in die Küche folgte. Sie versuchte, ihre Gedanken zu ordnen. »Was mich am meisten an der Sache erschreckt«, begann sie, »sind die Folgerungen, die wir daraus ziehen müssen. Dieses Unglück beweist doch, daß wir nicht selbst über unser Leben bestimmen können. Da ist diese junge Frau, der anscheinend die ganze Welt zu Füßen liegt und was passiert? Sie wäscht sich die Haare, und 'ne Minute später ist sie tot. Fast wie Janet Leigh in der Szene mit der Dusche in ›Psycho‹.«

Ihre Mutter blickte sie forschend an. »Außer daß Janet Leigh nie in dieser billigen Absteige gelandet wäre, wenn sie nicht zu Anfang das Geld gestohlen hätte. Also haben wir unser Leben bis zu einem gewissen Grad doch in der Hand, mein Schatz. Es gibt Unfälle, gewiß. Tragische Unglücksfälle. Doch das gehört zum Leben. So, jetzt aber Schluß mit Mutters Vorlesung. Hast du Hunger?«

Lilian lächelte. »Und wie.«

»Freut mich. Ich hab' uns 'nen leckeren Eintopf gemacht. Komm, nimm dir 'nen Stuhl.«

Lilian setzte sich an den runden Tisch in der gemütlichen, großen Küche, in der sie als Kind so gern gesessen hatte.

»Hast du eigentlich nie dran gedacht, diese Tapete zu wechseln?« fragte sie, als ihr Blick auf die Uhren und Feldblumen fiel, die in Grün- und Brauntönen über die Wände verstreut waren. So lange sie denken konnte, hatten ihre Eltern diese

Küchentapete gehabt. Erstaunlich, daß sie immer noch so gut erhalten war.

»Die ist doch neu«, sagte ihre Mutter und stellte einen dampfenden Teller vor sie hin. »Wir haben erst letztes Jahr tapeziert.«

»Und du hast dasselbe Muster genommen?« fragte Lilian ungläubig.

»Ja, stell dir vor, sie hatten's immer noch auf Lager! Ist wahrscheinlich so 'ne Art Klassiker.« Mrs. Listerwoll lachte und setzte sich Lilian gegenüber. »Nimm dir 'ne Scheibe Brot.« Sie deutete auf das Körbchen in der Mitte des Tisches.

»Wieso habt ihr wieder dasselbe Muster gekauft?« fragte Lilian verwundert.

»Weil's deinem Vater gefällt«, antwortete ihre Mutter schlicht.

»Und das ist der einzige Grund?«

»Mir genügt er«, sagte Mrs. Listerwoll.

Lilian seufzte, legte die Gabel beiseite und schaute ihrer Mutter forschend ins Gesicht. »Wie lange seid ihr verheiratet?« fragte sie.

»Im Januar werden's achtunddreißig Jahre«, erwiderte Mrs. Listerwoll.

»Achtunddreißig Jahre«, wiederholte Lilian. »Das ist 'ne lange Zeit.«

»Na ja, wie man's nimmt. Die Jahre vergehen ja so schnell.«

»Bist du glücklich?« wollte Lilian wissen. Die Frage war zu allgemein gestellt, das war ihr klar, doch sie wußte nicht, wie sie sie hätte anders formulieren sollen.

Ihre Mutter zuckte mit den Achseln. »Na ja, es heißt, die ersten fünfundzwanzig Jahre seien die schwersten.« Die beiden Frauen lächelten sich an. »Was soll ich dir antworten? Du kennst doch den Spruch: Ein Paar behauptet, sie führten die ideale Ehe, aber kein Mensch mit klarem Verstand möchte mit ihnen tauschen. Verstehst du, was ich sagen will? Man muß schauen, daß man mit den Schrullen des anderen leben kann. Und mit der Zeit lernt man's dann auch. Manchmal ist man glücklich, manchmal ist man's nicht. Tja, und es gibt Zeiten, da fühlt man sich richtiggehend elend. Doch man übersteht die schlechten Phasen, denn man weiß, wenn's früher geklappt hat, dann wird's auch wieder klappen. Alles dreht sich im Kreis. Manche Jahre sind besser als andere. Das wichtigste ist, daß man in schweren Zeiten nicht den Glauben an den eigenen Instinkt verliert, sondern sich sagt, ich muß 'nen Grund gehabt haben, gerade ihn zu heiraten! Und gewöhnlich fällt's einem dann auch wieder ein, selbst wenn's 'n bißchen Mühe kostet. Man sagt sich, ich hab' diesen Mann einmal so sehr geliebt, daß ich seine Frau werden wollte. Von dieser Liebe muß doch noch was da sein! Tja, und gewöhnlich findet man sie dann auch wieder, man muß sich bloß 'n bißchen anstrengen.«

»Und du kannst von der Liebe leben?« fragte Lilian ironisch, und es klang wie ein Musical-Schlager.

»Aber natürlich nicht«, antwortete ihre Mutter. »Du bist alt genug, um zu wissen, daß eine Partnerschaft nur dann funktioniert, wenn außer der Liebe auch ein hohes Maß an Toleranz, an Respekt voreinander und gegenseitiger Achtung vorhanden ist. Und Glück«, setzte sie hinzu. »Schau dir doch bloß deinen Bruder an. Als er und Emily heirateten, da war er zwanzig und sie siebzehn. Die beiden sind jetzt seit sechzehn Jahren zusammen, und sie können's immer noch nicht lassen, sich in aller Öffentlichkeit zu betatschen. Diesen Winter wollen sie nach Aspen zum Skilaufen. Ich versteh' das nicht«, sagte sie kopfschüttelnd. »Im Sommer fahren sie dahin, wo's heiß ist, und im Winter dahin, wo's kalt ist. Da komm' ich nicht mehr mit. Wo war ich stehengeblieben?«

»Du hast gerade erzählt, daß Stephen und Emily sich ständig betatschen«, erinnerte Lilian.

»Ach ja, richtig. Manchmal ist es regelrecht peinlich.« Sie sah Lilian in die Augen. »Aber körperliche Anziehungskraft ist nicht die Hauptsache. Es mag mit ein Grund dafür sein, daß zwei Menschen heiraten, aber es sollte nicht der einzige Grund sein. Zu einer Ehe gehört mehr als Sex. Was heißt es schon, wenn ein Mann gut aussieht? Es gibt 'ne Menge gutaussehender Männer. Was bedeutet es, wenn er gut im Bett ist? Das sind viele andere auch. Verrat deinem Vater nicht, daß ich das gesagt hab'.« Sie lächelte. »Zu einer guten Ehe gehört mehr. Und selbst in einer guten Ehe gibt's 'ne Menge schlechter Phasen. Man muß sich für das entscheiden, was einem selbst am wichtigsten ist. Man muß wissen, wieviel man um der Ehe willen aufgeben, wieviel man für sie opfern kann. Manchmal verlangt ein Partner aber auch zuviel.« Sie zögerte und fragte schließlich fast widerstrebend: »Lilli, sag mir, erwartet David zuviel von dir?« Sie nahm den Kopf ihrer Tochter in beide Hände und bettete ihn an ihre Brust.

»Ich weiß es nicht«, stöhnte Lilian. Haltsuchend preßte sie sich an den warmen Körper ihrer Mutter. »Ich weiß es nicht.«

Lilian rief Beth Weatherby von ihrer Mutter aus an und fragte, ob sie auf einen Sprung vorbeikommen könnte. Beth war sofort einverstanden, und um neun hielt Lilian vor dem ihr mittlerweile vertrauten grauen Backsteinhaus. Sie blieb noch einen Augenblick im Wagen sitzen, denn in ihrem Kopf drehte sich alles, und die Worte ihrer Mutter hallten in ihrem Gedächtnis wider. (»Hör doch endlich auf, dich als kleine Miß Niemand zu betrachten, die wie durch ein Wunder das große Los gezogen hat! Du bist intelligent; du bist schön; dir stehn alle Wege offen. *Du* bist das große Los! Lach nicht. Ich sag' das nicht nur, weil ich deine Mutter bin. Schau dir doch dein sogenanntes großes Los mal genauer an. Er mag ja ganz attraktiv sein und auch recht charmant, aber was hat er denn für dich getan? Laß *mich* die Frage stellen: Bist du glücklich?«) Lilian schloß die Augen, und sofort stieg das Bild eines engumschlungenen Paares vor ihr auf. Ihr Mann und Nicole Clark tanzten über ihren Kopf, ihre Füße verfingen sich in Lilians Haar, aber sie stolperten nicht, sondern tanzten immer weiter und weiter. Ihre achtlosen Füße rissen ihr die Haare aus, doch die beiden merkten nicht, daß sie ihr weh taten, oder sie kümmerten sich nicht darum.

Lilian öffnete die Augen und stieß die Wagentür auf, doch sie stieg noch nicht aus. Die Füße schon auf dem Bürgersteig, blieb sie noch ein paar Sekunden im Auto sitzen. Wieso war nur alles schiefgelaufen? Sie war weder dumm noch hilflos. Sie war kein alberner, kleiner Hohlkopf, dessen ganzes Glück darin bestand, sich einen Mann zu angeln. Oder jedenfalls war sie das früher nicht gewesen. Sie war als aufgewecktes, selbstsicheres Mädchen ins Leben getreten, das sich zu einer intelligenten, selbstbewußten jungen Frau entwickelt hatte. Sie war unabhängig gewesen, begabt und voller Pläne. Zu dem Zeitpunkt, als sie heiratete, hatte sie sich als reife Frau betrachtet, die alle Fallstricke des Lebens kannte und ganz gewiß nicht die gleichen Fehler machen würde wie die anderen. Doch nun war sie mit ihrer Eifersucht in die erstbeste Falle getappt.

Warum geraten wir Frauen nur so oft in eine solche Lage? Oder in eine noch schlimmere, dachte sie, als ihr Blick auf Beth Weatherbys Haus fiel und sie über das nachsann, was Beth im Lauf der Jahre durchgemacht hatte. Warum sind wir nur so willige Opfer? Ob Beth am Ende recht hatte? Liegt die Wurzel allen Übels tatsächlich in der physischen Überlegenheit des Mannes? Sind unsere Rollen denn wirklich von Kindheit an festgelegt? »Mist, verdammter«, sagte sie laut und versuchte, die grüblerischen Gedanken abzuschütteln. Und wenn sie bis zum Morgengrauen hier sitzen bliebe und sich den Kopf mit Überlegungen, Analysen und Theorien zermarterte, es würde doch immer wieder auf das eine hinauslaufen: sie wollte David. Sie würde alles tun, um ihn zu halten. Sie war bereit, sich zu ändern, ja sogar aufzugeben, nur um ihn nicht zu verlieren. Ich kann versuchen, Nicole zu übertrumpfen, und wenn das unmöglich sein sollte, dann kann ich immer noch abwarten, bis er sie satt hat. Und genauso die, die vielleicht nach ihr kommen. Wenn David sich zu Hause unglücklich fühlt, dann ist das zum Teil auch meine Schuld. Ich werd' mich ändern.

Lilian stieg aus und schlug die Tür hinter sich zu. Sie hoffte, die Nachtluft würde ihren Kopf kühlen und die ungebetenen Phantasiegestalten verscheuchen, die sie so beharrlich verfolgten und allem Anschein nach die Absicht hatten, sie um den Verstand zu bringen. Sarah Welles war beim Haarewaschen ertrunken. Nichts ergab mehr einen Sinn. Die ganze Welt schien irgendwie absurd. Warum sollte da ausgerechnet mein Leben eine Ausnahme sein?

Beth war sofort mit der Fernsehsendung einverstanden gewesen. (»Nimm den Auftrag an, Lilli«, hatte sie gesagt. »Es ist wichtig. Gib das, was ich dir erzählt habe, an die Zuschauer weiter. Mach diese Reportage. Vielleicht wird sie ein paar Leute aufrütteln.«)

Durch Beths bereitwillige Zustimmung verschärfte sich das Problem nur noch. Auf dem Weg vom Wagen zur Haustür hatte Lilian sich dazu durchgerungen, Irving abzusagen, falls Beth ebenso ablehnend reagieren würde wie David. Sie redete sich ein, daß David vermutlich recht hatte; Irving würde sie wieder anrufen, wenn nicht in diesem, dann eben im nächsten Jahr. (»Nimm den Auftrag an, Lilli«, hatte Beth gesagt ohne irgendwelche Fragen zu stellen. »Es ist wichtig. Mach diese Reportage.«)

Lilian parkte ihren Volvo neben dem freien Platz, der für Davids Mercedes reserviert war. Sie sprang aus dem Wagen und eilte zum Aufzug. Die Schlüssel hatte sie sich so zwischen die Finger geschoben, daß sie von weitem wie ein Schlagring wirkten. Damit könnte ich mir schon 'nen Ganoven vom Leib halten. Sie hatte eigentlich nicht den Verdacht, daß jemand ihr auflauern würde, aber schließlich war Sarah Welles auch nicht darauf gefaßt gewesen, in ihrem Waschbecken zu ertrinken.

Ohne Zwischenfall erreichte sie ihre Wohnung. Obwohl sie wußte, daß David nicht zu Hause war, enttäuschte es sie, die Wohnung leer zu finden. Sie ging rasch von einem Zimmer ins andere und knipste überall das Licht an. Dann warf sie sich im Schlafzimmer aufs Bett.

Sie zog das Telefon zu sich heran und wählte Davids Privatnummer im Büro. Es war halb elf vorbei. Was werd' ich ihm erzählen? Komm nach Hause ... ich hab' mich entschlossen, dem Sender abzusagen. Alles, was du willst, nur bitte, mach Schluß mit Nicole und komm wieder zu mir zurück.

Niemand nahm ab. Lilian ließ es zehnmal läuten, legte auf und wählte noch einmal Davids Nummer. Nach weiteren zehn Klingelzeichen gab sie auf. Vielleicht ist er schon auf dem Heimweg, dachte sie, schleuderte ihre Schuhe von sich und legte sich aufs Bett zurück. Vielleicht existierte die ganze Geschichte auch bloß in ihrer Einbildung, und sie hatte sie nur erfunden, um wieder ein bißchen Aufregung in ihr Leben zu bringen, das zu eintönig zu werden drohte. Schließlich gab es keine Beweise dafür, daß ihr Mann ein Verhältnis mit Nicole Clark hatte. Sie besaß keinerlei Belastungsmaterial, wie David das nennen würde. Und wenn er nun tatsächlich Nacht für Nacht arbeitet, wie er's mir gegenüber behauptet hat? Es stimmt zweifellos, daß es in der Kanzlei seit Als Tod drunter und drüber geht. Ich hab' die riesigen Aktenstöße auf seinem Schreibtisch doch selbst gesehen. Es ist verständlich, ja sogar lobenswert, daß er sich verpflichtet fühlt, bis spät in die Nacht so hart zu arbeiten, um aufzuholen. Mein ungerechtfertigter Verdacht stützt sich auf nichts als eine Menge übereilter Vermutungen und Schlußfolgerungen. David hat nichts getan. Er ist unschuldig. Ich red' mir mein Unglück bloß selber ein.

Neben ihr klingelte das Telefon. Als sie den Hörer abnahm, fühlte sie sich seltsam schwach.

»Hallo?«

Davids Stimme klang sanft und weich. »Grüß dich, Liebes. Hab' ich dich geweckt?«

»Ich muß eingenickt sein«, sagte sie, räusperte sich und wandte den Kopf ab, um ihre Augen vor dem hellen Licht der Deckenlampe zu schützen.

»Entschuldige, Spatz. Ich wollt' dir bloß sagen, daß ich mich jetzt auf den Heimweg mache.«

»Wo bist du?« fragte sie.

»Na wo schon?« entgegnete er verwundert. »Im Büro natürlich.«

»Da hab' ich vorhin angerufen«, sagte sie und schaute auf die Uhr. »Vor 'ner halben Stunde.« Sie richtete sich auf.

»Ach, wirklich?« fragte er. »Also da mußt du dich verwählt haben.«

»Ich hab's zehnmal läuten lassen. Dann hab' ich aufgelegt und es ein zweites Mal probiert.«

»Tja, es hat aber nicht geklingelt ... Oh, Scheiße, Moment mal. Ich hatte das Telefon umgestellt. So, jetzt ist's wieder in Ordnung. Wie dumm von mir. Heute nachmittag hab' ich meine Gespräche auf Dianes Apparat gelegt, damit ich nicht dauernd gestört werde. Das hatte ich ganz vergessen. Entschuldige, Spätzchen.«

»Macht nichts, war nicht so wichtig«, sagte sie, und eine Träne rollte über ihre Wange. »Bis gleich.«

Sie legte auf und blieb ein paar Minuten unbeweglich auf der Bettkante sitzen. Sie sah David vor sich, wie er in einem fremden Zimmer mit bunt zusammengewürfelten Möbeln saß. Im Hintergrund tauchte Nicole Clark auf und bewegte sich schmachtend auf ihn zu. Jetzt stand sie neben David, der immer noch den Telefonhörer in der Hand hielt. Zweifel und Schuldgefühle malten sich auf seinen Zügen und verdüsterten sein schönes Gesicht. Sie sah, wie Nicoles Hand sich sanft und ermutigend zugleich auf Davids Schulter legte, sah, wie er diese Hand ergriff und zärtlich streichelte. Er blickte auf und lächelte sie traurig an. Genauso, wie er es vor ungefähr sechs Jahren getan hatte, als sie an Nicoles Stelle gestanden und er dieselben Worte zu Elaine gesagt hatte wie vorhin zu ihr.

694

24

Sie überprüfte ihr Make-up im Spiegel, einmal, zweimal und noch ein drittes Mal, und versuchte, sich an alles zu erinnern, was Mr. Claridge ihr erklärt hatte. Mit hellem Lidschatten die Augenringe abdecken, ein bißchen Glanz unter die Brauen, nur einen Hauch Wimperntusche, die Wangenknochen kräftig mit Rouge betonen, die Lippen mit einem farblosen, schimmernden Stift betupfen. Warum hab' ich nur das Gefühl, ich müßte mir das Gesicht waschen?

Sie hörte ihn die Korridortür aufschließen und rannte zum Spiegel zurück, um sich noch einmal von Kopf bis Fuß zu betrachten. Sie trug ein neues Negligé. Es war sündhaft teuer und paßte überhaupt nicht zu ihr. Seit ihrer Kindheit hatte sie keine zartrosa Spitze mehr getragen. Sie hatte sich damals nicht darin wohl gefühlt und heute erst recht nicht. Doch David hatte einmal von fließenden, damenhaften Gewändern geschwärmt, also war es einen Versuch wert, auch wenn sie an Armen und Beinen fror und wesentlich lieber einen Pullover und ein Paar dicke Socken übergezogen hätte. Entschlossen warf sie die Schultern zurück und bemühte sich, ihren Busen in dem tief ausgeschnittenen, mit zarter Spitze gesäumten Dekolleté zur Geltung zu bringen. Als sie hörte, wie David die Tür hinter sich schloß, holte sie tief Atem und ging aus dem Schlafzimmer in den Flur.

David Plumley trifft auf die Inkarnation der Weiblichkeit, dachte sie und kam sich vor wie eine schlechte zweite Besetzung für die erkrankte Raquel Welch. Warum tu ich das alles? fragte sie sich. Warum trag' ich diesen Fummel, laufe mit diesem Gesicht herum und benehme mich so albern? Ich versuche, meinen Mann zurückzugewinnen, antwortete ihre innere Stimme. Und wenn dieser Aufzug nichts nützt, nun, so kann er auch nicht schaden, schließlich tut's ja nicht weh.

»'n Abend«, sagte er, als sie auf ihn zukam. »Warum bist du denn noch auf? Es ist doch schon schrecklich spät.«

»Grade Mitternacht«, antwortete sie mit kehliger Stimme.

»Du brauchtest wirklich nicht auf mich zu warten.« Er war schon auf dem Weg zur Küche, um die Post durchzusehen.

»Bloß 'n Haufen Rechnungen«, gurrte sie, trat hinter ihn und legte die Arme um seine Hüften.

Er tätschelte flüchtig ihre Hände. »Was riech' ich denn da Gutes?« fragte er.

»Oh ...« Lilians Herz begann wie wild zu klopfen. »Ich hab' grade ein Bad genommen und 'n neues Badeöl ausprobiert ...«

»Nein, das mein' ich nicht. Riecht nach Schokolade.«

»Ach so, ich hab 'n Kuchen gebacken«, erklärte sie hastig.

»Duftet verlockend.« Er ging hinüber in die Eßecke und setzte sich an den Tisch. »Krieg' ich 'n Stück?«

»Klar«, sagte sie und fragte sich verwundert, warum er auf einmal Appetit auf Schokoladenkuchen hatte, statt auf dem schnellsten Weg mit ihr ins Bett zu gehen. Er konnte ihr Negligé doch nicht einfach übersehen haben; das Make-up und ihr Parfum mußten ihm doch aufgefallen sein. Er hatte bestimmt gemerkt, warum sie aufgeblieben war. Sie hatten seit Wochen nicht mehr miteinander geschlafen. Er mußte doch verstehen, was sie ihm zu sagen versuchte.

Sie holte den Kuchen vom Regal und schnitt zwei große Stücke ab.

»Möchtest du Kaffee dazu?« fragte sie.

»Nein«, rief er über die Schulter. »Der würde mich bloß wach halten, und ich sehne mich nach nichts weiter als Schlaf. Ich trink 'n Glas Milch.«

Ich sehne mich nach nichts weiter als Schlaf, wiederholte sie seine Stimme in ihrem Kopf. Da hast du's, er hat alles sehr wohl bemerkt, dein Gesicht, dein Negligé, deine ganze lächerliche Maskerade. Und das ist seine Reaktion darauf. Sie fröstelte, so sehr hatte die erlittene Demütigung sie getroffen. Doch dann raffte sie sich auf, marschierte ins Bad, drehte den Heißwasserhahn auf und rubbelte ihr Gesicht ab, bis die Haut zu prickeln begann. Sie eilte ins Schlafzimmer, holte einen dicken Pullover aus der Kommode, warf ihn sich über die Schultern und kramte in der obersten Schublade nach einem Paar handgestrickter Socken. Sie streifte sie über, fuhr in ihre ausgetretenen Pantoffeln und zog sich den Pullover über den Kopf. So kehrte sie in die Küche zurück, wo sie ihrem Mann sein Glas Milch einschenkte. Sie stellte alles auf ein Tablett und ging zu David hinüber.

»Danke«, murmelte er abwesend, als sie ihm Kuchen und Milch serviert hatte. »Ich dachte, du wolltest abnehmen«, sagte er mit einem winzigen Lächeln, als sie sich einen großen Bissen in den Mund schob. Falls ihr verändertes Aussehen ihm aufgefallen war, so ließ er sich jedenfalls nichts anmerken.

Lilian hob die Schultern. Sie hatte sich geirrt, als sie glaubte, es könnte zumindest nicht weh tun, sich hinter Make-up und zarten Spitzen zu verstecken. Es tat sogar verdammt weh. Sie nahm noch einen Happen Schokoladenkuchen.

»Schmeckt prima«, sagte er mit vollem Mund.

»Danke«, gab sie zurück und dachte: Liebe geht durch den Magen, wie wahr ...

»Also, warum bist du aufgeblieben?«

»Weil ich dich sehen wollte«, antwortete sie wahrheitsgemäß. Sie blickte in seine tiefgrünen Augen, betrachtete sein

Gesicht, das so schön war wie eh und je und dessen Anblick auf sie so erfrischend wirkte wie ein kühles Getränk. Ob sich das nie ändert? Jedesmal, wenn ich ihn ansehe, überläuft mich ein Freudenschauer.

»Das war lieb von dir, Spätzlein, aber wirklich nicht nötig. Du siehst müde aus, und ich bin weiß Gott heut' abend zu kaputt, um 'nen guten Gesellschafter abzugeben.«

Lilian starrte vor sich auf den Tisch und versuchte, seine Bemerkung über ihr abgespanntes Aussehen zu ignorieren.

»Hast du 'ne Ahnung, wie lange das noch so weitergehen wird?« fragte sie tonlos.

»Nicht mehr lange, hoff' ich.«

»Mir scheint, es wird eher noch schlimmer.«

»Mir paßt das ebensowenig wie dir. Mensch, ich bin den ganzen Tag wie zerschlagen.«

»Bist du zu müde, um dich zu mir zu legen?« fragte sie und versuchte, so verführerisch zu klingen wie möglich. Er antwortete nicht. »Wir waren schon 'ne ganze Weile nicht mehr zusammen«, fuhr sie zärtlich fort.

»O Lilli, bitte fang jetzt nicht davon an«, unterbrach er sie stirnrunzelnd. »Siehst du denn nicht, daß ich mich zur Zeit kaum noch auf den Beinen halten kann?!«

Und ist das etwa meine Schuld, du Mistkerl? schrie sie ihn in Gedanken an. Laut sagte sie: »Sei mir nicht böse. Aber du fehlst mir so sehr.«

Seine Züge entspannten sich wieder. »Du mir auch, Spätzchen.«

Sie verdrückte den Rest ihres Kuchens.

»Nun mal raus damit«, sagte David. »Was hast du Irving geantwortet? Heute mußtest du dich doch entscheiden, oder?«

»Ja.«

»Na und?«

Sie schwieg. Plötzlich wünschte sie, sie wäre früh zu Bett gegangen.

»Du hast angenommen«, stellte er nach einer Pause fest.

»Ja«, antwortete sie.

David verschränkte die Hände hinter dem Kopf. »Tja, was soll ich dazu sagen?«

»Ich hab' mit Beth gesprochen«, erklärte sie. »Sie steht ohne Einschränkung hinter mir.«

»Kann ich mir lebhaft vorstellen.«

»Sie möchte, daß ich die Sendung mache. Sie findet, es ist 'n wichtiges Problem, auch für die Öffentlichkeit.«

»Aus ihrer Sicht bestimmt.«

»Auch aus meiner, David.«

»Das merk' ich.« Er stand auf.

»Da wir das Thema nun einmal angeschnitten haben, möcht' ich's auch mit dir zu Ende diskutieren.«

»Lilli, du kennst meine Einstellung. Mehr hab' ich dazu nicht zu sagen.«

»Aber ich«, begehrte sie auf.

David setzte sich wieder an den Tisch. »Na schön, schieß los.«

»Ich möchte, daß du verstehst, warum ich ja gesagt hab'.«

»Nein«, fiel er ihr ins Wort. »Um mich geht's dir dabei nicht. Du selbst willst es verstehen.«

»Bitte leg mir nichts in den Mund! Ich weiß, was ich sagen will. Ich bin durchaus imstande, für mich selbst zu sprechen.«

»Schau, Lilli, ich bin ehrlich hundemüde. Erzähl mir einfach, was du auf dem Herzen hast, wenn du meinst, daß du's loswerden mußt, und dann laß mich schlafen gehen. Du weißt doch, daß ich deine Entscheidung nie begreifen werde.«

Sie schluckte. »In den letzten paar Wochen hab' ich Beth mehrmals getroffen. Sie hat sich ziemlich gut erholt. Ihre Verletzungen sind fast verheilt. Ihre Rippen schmerzen immer noch 'n bißchen, aber alles in allem sieht sie recht gut aus.«

»Jedenfalls bestimmt besser als Al«, warf David ein, und seine Stimme triefte vor beißendem Spott.

»Ich glaube ihr«, sagte sie schlicht.

Eine Weile herrschte Schweigen. Er betrachtete sie mit seltsam forschendem Blick und schien abzuwägen, ob es ratsam sei, sich in die Defensive zurückzuziehen. Er spürte, daß sie im Begriff war, ihm etwas Unangenehmes zu sagen.

»Was glaubst du?« fragte David, ohne den Blick von ihr zu wenden.

»Ich glaube, daß Beth die Wahrheit sagt.« Und nach kurzem Schweigen setzte sie hinzu: »Ich hab' mit ihr gesprochen. Ich hab' ihr ernsthaft zugehört. Und jetzt glaub' ich ihr.«

»Was glaubst du? Was? Daß Al sie geschlagen hat? Daß die Frau so lange mißhandelt wurde, bis sie durchdrehte?«

»Sie hat nicht durchgedreht. Sie sagt, sie war nicht verrückt, noch nicht mal zur Tatzeit. Und ich bin ganz ihrer Meinung, ich halte sie nicht im geringsten für geistesgestört. Ich glaube, sie tat nur, was sie tun mußte. Sie hatte keine andere Wahl. Sie kämpfte schließlich um ihr Leben!«

David sprang so heftig auf, daß sein Stuhl umkippte und zu Boden fiel. »Was?« brüllte er. »Ich glaub', ich hör' nicht recht!«

Auch Lilian erhob sich. Sie war hin- und hergerissen zwischen dem Wunsch, David zu beruhigen, und der Notwendigkeit, ihren Standpunkt zu vertreten. »David, ich will nicht, daß wir deswegen streiten, aber ...«

»Was ist bloß in letzter Zeit mit dir los? Vielleicht bist du diejenige, die an vorübergehender Unzurechnungsfähigkeit leidet!«

»David ...«

»Was meinst du eigentlich genau damit, wenn du sagst, du glaubst ihr?« fragte er aufbrausend.

»Ich glaube, daß Al all die Dinge getan hat, deren sie ihn beschuldigt.«

»Welche Dinge *genau*?« beharrte er und betonte gereizt das letzte Wort.

»Was willst du von mir hören? Ich bemüh' mich wirklich,
deine Fragen zu beantworten, aber du schreist mich bloß
an.« Sie begann nervös im Zimmer auf und ab zu laufen.
»Um Himmels willen, Lilli, so nimm doch Vernunft an! Du
hast Al gekannt, und das nicht nur flüchtig. Wir haben mit
ihm Karten gespielt, er war wer weiß wie oft bei uns zum
Essen. Du hast gesehen, wie rührend er sich um Beth
bemühte ...«
»In der Öffentlichkeit, ja.«
»Willst du damit sagen, daß er vor anderen den zärtlichen,
liebevollen Ehemann spielte, während er sich zu Hause als
Monster gebärdete?«
»Das behauptet Beth. Ich hab' nur gesagt, daß ich ihr glau-
be.«
»Noch vor ein paar Wochen wußtest du überhaupt nicht,
was du glauben solltest.«
»Damals hab' ich's noch nicht verstanden.«
»*Was* nicht verstanden?«
»Na das mit Al! David, wozu soll das gut sein? Wir drehen
uns doch ständig im Kreis.«
»Du hast gesagt, du möchtest, daß ich deine Beweggründe
verstehe. Also gut! Erklär sie mir. Das ist deine große
Chance. Bring mich dazu, dich zu verstehen. Mach mir klar,
wie Al es fertiggebracht hat, über fünfundzwanzig Jahre
lang alle Welt an der Nase rumzuführen. Mach mir begreif-
lich, wieso meine Frau den Geschichten einer ausgekochten,
hinterhältigen Mörderin mehr glaubt als ihren eigenen Augen und Ohren.«
Lilian blieb mitten im Zimmer stehen. Sie versuchte, sich zu
beherrschen und ihre Stimme unter Kontrolle zu halten.
»Ich hab' ihr zugehört, David, wirklich zugehört. Sie hat
sich das alles nicht einfach ausgedacht. Sie hat nicht gelogen
Kein Mensch könnte sich so gut verstellen.«
»Ach was, jeder kann das, wenn sein Leben auf dem Spiel
steht.«

David kam um den Tisch herum und blieb dicht vor ihr stehen. »Hast du dir klargemacht, was es heißt, wenn sie tatsächlich die Wahrheit sagt? Das würde doch bedeuten, daß sie dir vorher, solange du sie kennst, Theater vorgespielt hat.« Lilian antwortete nicht. Sie versuchte, den Sinn seiner Worte aufzunehmen. »Wenn sie's geschafft hat, dich vier Jahre lang zu täuschen, warum sollte es ihr jetzt auf einmal nicht gelingen?« Lilian wollte ihm widersprechen, doch in ihrem Kopf wirbelte alles durcheinander. »Warum hat sie sich dir nicht früher anvertraut? Menschenskind, warum hat sie ihn nicht einfach verlassen?«

Lilian ließ sich auf einen Stuhl fallen. »Sie hatte panische Angst. Sie dachte, er würde sie finden und umbringen. Sie hatte nicht mehr die Kraft ...«

»Kam sie dir jemals verängstigt vor? Hast du sie je bedrückt gesehen?«

Lilians Gedanken wanderten die vier Jahre ihrer Freundschaft mit Beth zurück. »An dem Abend, als wir bei den Weatherbys Bridge spielten«, antwortete sie schließlich.

In Davids Augen spiegelte sich Verwirrung. Dann hellte sich sein Gesicht auf, er hatte die Antwort gefunden: »Da war sie in Sorge um Lisa, weil die sich mit 'nem verheirateten Mann eingelassen hatte. Al hat uns das doch erklärt ...«

»Ja, Al hat's erklärt. Er hatte immer eine Erklärung bei der Hand. Nur war's erlogen. Der verheiratete Freund existiert gar nicht. Al selbst war schuld an der ganzen Aufregung. David, Beth hat sich an dem Abend nicht geschnitten, das hat Al getan!« David wollte sie unterbrechen, doch sie ließ ihn nicht zu Wort kommen. »Jetzt, im nachhinein, verstehe ich so vieles, was mir vorher seltsam vorkam. Bei dem Picknick im Sommer hat Beth mir mit 'n paar Tabletten ausgeholfen, und dabei erwähnte sie, daß sie seit Jahren Magengeschwüre hat ...«

»Ach du meine Güte, nun klammere dich doch nicht an Strohhalme!«

»Ich glaube ihr, David.«

»Das tun ja nicht mal ihre eigenen Kinder!«

»Lisa schon.«

David mußte einen Augenblick überlegen. »Wenn Lisa sich wirklich dazu durchgerungen hat, ihrer Mutter zu glauben, dann doch nur, weil sie das, was geschehen ist, anders nicht verkraften kann.«

»Vielleicht glaubt sie ihr aber auch, weil sie spürt, daß Beth die Wahrheit sagt.«

»Ach Lilli, laß doch den Unsinn. Ich hör' mir das nicht länger an!«

»Warum mußt du auch alles so persönlich nehmen? Es hat doch überhaupt nichts mit dir zu tun.«

»Und ob es was mit mir zu tun hat! Al Weatherby war mein Freund, mein Berater, mein Kollege. Ich hab' ihn verehrt, verdammt noch mal! Und ausgerechnet meine eigene Frau, die ihn selbst kannte und die ihn mochte, ist plötzlich bereit, jede dreckige Verleumdung zu glauben, die man ihm anhängt. Aber damit nicht genug, nein! Du redest ja, als fändest du, er hätte seinen Tod verdient.«

»Aber nein, ich mein' doch nur . . .«

»Wenn du Al für das Ungeheuer hältst, als das seine Frau ihn ausgibt, und das tust du doch, oder nicht?«

»Ich glaube . . .«

»Ein schlichtes Ja oder Nein genügt.«

»David, hör auf damit. Ich bin doch hier nicht im Zeugenstand.«

»Antworte mir.«

»Ich glaube Beth.«

»Daß Al ein Monster war?«

»Du legst mir schon wieder was in den Mund!«

»Findest du, daß man das, was Beth getan hat, rechtfertigen kann?«

»Meiner Meinung nach hatte sie keine andere Wahl.«

»Konnte sie nicht einfach zum Telefon gehen und die Polizei anrufen?«

»David, du weißt doch selbst am besten, wie machtlos die Polizei solchen Fällen gegenübersteht ...«

»Du meinst also, sie hatte das Recht, sich selbst zum Richter aufzuschwingen?«

»Bitte schrei nicht so.«

»Du sollst meine Frage beantworten! Bist du der Ansicht, daß es richtig von ihr war, das Recht selbst in die Hand zu nehmen?«

»Es war Notwehr!«

Sprachlos vor Verwunderung starrte David seine Frau an. »Ich glaub', ich hör' nicht richtig.«

»David, es ist schon oft genug vorgekommen, daß ein Mann seine Frau mit bloßen Fäusten zu Tode geprügelt hat.«

»Al hat geschlafen!«

»Im Wachen hätte sie sich nicht gegen ihn wehren können! Er hätte sie umgebracht. Ihr blieb keine Wahl.«

»Wir haben alle 'ne Wahl. Das ist einer der Faktoren, die uns zu Erwachsenen machen.«

Er wandte sich ab und starrte aus dem Fenster auf das erleuchtete Häusermeer der Stadt. Lilian wartete ein Weilchen, dann trat sie zu ihm und strich ihm mit der Hand über den Rücken.

»Bitte laß das«, sagte er, ohne sie anzusehen.

»David, wir brauchen doch deswegen nicht miteinander böse zu sein ...«

Heftig wandte er sich zu ihr um. »Merkst du denn nicht, was du anrichtest?«

Unwillkürlich trat sie ein paar Schritte zurück. »Nein, was meinst du?«

»Du machst meine ganze Lebenseinstellung zum Gespött.«

Lilians Verwirrung war echt. »Ich versteh' dich nicht! Wodurch sollte ich das denn tun?«

»Ich bin Anwalt! Du willst mir einreden, daß alles, woran ich glaube, alles, wofür ich gearbeitet habe, nur eine Farce ist; daß es ganz in Ordnung ist, wenn die Leute das Recht selbst in die Hand nehmen ...«

»Ich hab' doch nur gesagt, daß ich Beths Geschichte glaube. David, woher nimmst du nur diese verdammte Sicherheit? Kannst du nicht wenigstens die Möglichkeit gelten lassen, daß Beth die Wahrheit sagt?«

»Aber ich kannte den Mann!«

»Du hast nicht mit ihm zusammengelebt.«

»Das brauchte ich auch nicht!«

»Und du hast nicht mal ein winziges Körnchen Zweifel?«

»Nicht ein Jota! Al war ein gütiger und anständiger Mensch. Das steht für mich außer Frage. Aber selbst wenn es Zweifel gäbe, ja selbst wenn ich bereit wäre, diese haarsträubenden Lügen für die Wahrheit zu halten, dann hätte das immer noch nichts mit dem Wesentlichen zu tun.«

»Und was ist das Wesentliche?«

»Daß Beth Weatherby ihren Mann kaltblütig ermordet hat.«

»Wenn es aber doch Notwehr war!«

David blickte wieder zum Fenster hinaus, dann drehte er sich um, ohne Lilian anzusehen, und ging an ihr vorbei zur Tür. Lilian folgte ihm schweigend mit den Augen. Er zögerte, die Hand auf der Klinke. »Ich geh' 'n Weilchen an die frische Luft.«

»O David, bitte nicht ...«

»Tut mir leid, Lilli, aber ich kann jetzt nicht in der Wohnung bleiben. Mir dreht sich der Kopf. Ich bin müde und wütend, sehr wütend sogar, und ich muß 'n bißchen allein sein.« Plötzlich lachte er auf. »Ich glaub', ich werd' einen trinken gehen, ich hab's nötig.«

Lilian versuchte, ihre innere Erregung niederzukämpfen, damit ihre Stimme sie nicht verriet. »Bitte geh jetzt nicht weg, David. Komm, leg dich ins Bett und ruh dich aus. Ich lass' dich in Frieden, ich versprech's dir.«

»Ich kann nicht, Lilli. Ich hab' einfach keine Ruhe. Ich muß raus. 'n bißchen rumlaufen, irgendwas tun.«

»Wo willst du denn hin? Du kannst doch nicht nach Mitternacht zu Fuß durch Chicago laufen.«

»Dann nehm' ich eben den Wagen«, erwiderte er kurz und ging in den Flur hinaus.

»Darf ich mitkommen?«

»Nein.«

»David, ich bitte dich, du kannst doch nicht jedesmal davonlaufen, wenn wir eine Auseinandersetzung haben! Können wir uns denn nicht darauf einigen, daß wir verschiedener Meinung sind?«

Er öffnete die Tür. »Wenn du das nächste Mal mit deiner feinen Freundin sprichst, dann sag ihr, daß sie vor Gericht 'ne wesentlich bessere Chance hat, wenn sie auf vorübergehende Unzurechnungsfähigkeit plädiert.«

Ohne sich umzudrehen, zog er die Tür hinter sich ins Schloß.

Lilian spürte, wie ihr die Tränen in die Augen stiegen, doch sie unterdrückte das Weinen, ging zurück ins Zimmer, stellte den umgefallenen Stuhl auf und ließ sich darauf fallen. Warum artet in letzter Zeit jede Unterhaltung in Streit aus? Wieso lerne ich nicht endlich, meine große Klappe zu halten? Gedankenverloren langte sie nach Davids Teller und aß auf, was er übriggelassen hatte. Dann ging sie in die Küche und verputzte noch ein riesengroßes Stück Schokoladenkuchen.

Lilian wälzte sich im Bett herum und versuchte krampfhaft, eine bequeme Lage zu finden. Es war sinnlos. Sie konnte sich einfach nicht entspannen. Sie richtete sich auf, knipste das Licht an und blinzelte nach der Uhr. Es war schon zwei vorbei. David war noch immer nicht nach Hause gekommen.

Sie spürte, wie es in Armen und Beinen zu kribbeln begann, wie die Angst in ihr hochkroch und ihr die Luft abzuschnüren drohte. Nur jetzt nicht den Kopf verlieren, ermahnte sie sich und wünschte, sie hätte eine von Beths weißen Tabletten, die so scheußlich nach Kalk schmeckten. Leg dich wieder hin, befahl sie sich, es wird alles gut.

Ihr Körper gehorchte ihrer inneren Stimme, sie legte den Kopf aufs Kissen, atmete mehrmals tief durch und versuchte, sich zu entspannen. Locker, ganz locker. David würde bestimmt gleich kommen. Wahrscheinlich war er sinnlos betrunken, aber er würde sie um Verzeihung bitten. Er wird nicht die ganze Nacht wegbleiben. Bitte, bitte, lieber Gott, laß ihn nicht die ganze Nacht wegbleiben.

Auf einmal verkrampfte sich ihr Körper wieder. Das Kribbeln in den Fingerspitzen und in der Magengrube kehrte zurück. Locker, ganz locker, wiederholte sie. Er wird heimkommen. Er wird's nicht so weit treiben, die ganze Nacht ... Nein, er würde mich nicht so verletzen. Er macht 'ne schwierige Phase durch, und ich helfe ihm nicht grade, damit fertig zu werden. Aber er wird drüber wegkommen. Wir werden beide drüber wegkommen. Er wird nicht die ganze Nacht fortbleiben. Er muß doch wissen, daß ich hier liege und mich quäle, weil ich nicht aufhören kann, an jene Nacht zu denken, damals, vor Jahren, als er nach einem anderen Streit ein anderes Haus verließ und betrunken und hilfesuchend vor einer anderen Tür auftauchte. Meiner Tür.

Ihr Atem kam kurz und stoßweise. Sie riß die Augen auf und hob den Kopf. Es hatte keinen Sinn, sich noch länger etwas vorzumachen. Sie konnte sich nicht entspannen, und sie würde auch keinen Schlaf finden.

Sie stand auf, ging hinüber ins Arbeitszimmer und schaltete den Fernseher ein. Der Bildschirm flackerte einen Moment, und dann blickte sie in Cary Grants jungenhaftes Gesicht. Sie erkannte den Film sofort: »Ich war eine männliche Kriegsbraut.« Ein wundervoller, ein lustiger Streifen. Sie rannte ins Schlafzimmer, zog den dicken Pullover über, lief zurück und ließ sich in den unförmigen Ledersessel fallen. Mit angezogenen Knien verlor sie sich in einer Welt, in der selbst bewaffnete Soldaten Unschuldslämmer waren, in der die grellen Farben der Realität ihre Wirkung verloren und verblaßten vor der klaren Schwarz-Weiß-Trennung des Scheins.

Sie versuchte mit aller Macht, sich auf Cary Grant und Ann Sheridan zu konzentrieren, und wehrte sich nach Kräften dagegen, die Gestalt zu beachten, die schemenhaft im Hintergrund auftauchte, allmählich klarer wurde, bis sie schließlich mitten im Bild stand und alle anderen Figuren überschattete, so als hätte der Kameramann unvermittelt eine Großaufnahme eingeblendet. Unfähig, sich abzuwenden oder die Automatik zu bedienen und umzuschalten, saß Lilian da und sah zu, wie das Bild langsam Wirklichkeit wurde.

Sie beobachtete Nicole Clark, die schlafend im Bett lag. Die andere drehte sich um und vergrub den Kopf im Kissen, das noch nach David roch. Lilian spürte, daß Nicole träumte, so wie sie selbst damals, in jener Nacht, als eine Kapelle mit Marschmusik durch ihren Traum gezogen war. Die Trommler schlugen einen lauten Wirbel, so laut, daß sie erschreckt die Augen öffnete. Sie kam langsam zu sich, merkte, daß sie wach war, doch das Trommeln hielt an.

Jetzt wechselte das Bild. Nicole erhob sich vom Bett, ging zur Tür und verwandelte sich auf einmal in Lilian, die ans Fenster taumelte. Was war los? Wer lärmte da draußen auf der Straße? Es war kalt. Es war mitten in der Nacht!

Auf einmal mischten sich andere Geräusche mit den Trommelschlägen. Ein wütendes Kläffen. Der große Dobermann bellte aufgeregt, und eine schrille Frauenstimme schrie dazwischen: »Was ist da los? Scheren Sie sich weg, oder ich hol' die Polizei!«

David rief ihren Namen. »Lilli!« verlangte er. »Wo ist Lilli?«

»Hauen Sie ab, oder ich ruf' die Polizei, haben Sie verstanden?!« brüllte ihre Wirtin durch die Tür.

»Nein, bitte warten Sie!« rief Lilian und rannte die Treppe hinunter. »Das ist für mich.«

»Aber nicht um drei Uhr morgens!«

»Bitte, Mrs. Everly, merken Sie denn nicht, daß er betrunken ist? Wir können ihn doch in dem Zustand nicht fortlassen.«

»Er hat ja auch allein hergefunden, oder?«

»Allerdings, das hat er«, antwortete Lilian mit erstaunlich fester Stimme. »Und er wird hierbleiben. In meiner Wohnung. Es tut mir aufrichtig leid, daß er sie geweckt hat. Es wird bestimmt nicht wieder vorkommen. Aber ich lass' ihn jetzt rein.«

Ihre Wirtin zog sich mit dem Hund zurück, der immer noch drohend knurrte. Erst als sie die Tür hinter sich schloß, sah Lilian, daß Mrs. Everlys rechte Hand eine Flinte umklammerte.

»Sie hätte dich erschießen können«, jammerte Lilian, als sie David eilig ins Haus zog und die Tür hinter ihm verriegelte. Erst jetzt fiel ihr ein, in welch fürchterlichem Zustand sie war. Sie hatte Fieber, ihr Gesicht glühte, ihre Haare waren verklebt, und ihr Körper in dem gräßlichen Flanellnachthemd war schweißüberströmt. Warum mußte er ausgerechnet in dieser Nacht kommen?

»Ich wollte nachsehen, wie's dir geht«, sagte er und streckte die Arme nach ihr aus. Als er sie an sich zog, roch sie den Alkohol und spürte, wie sein blondes Haar sanft über ihre feuchte Stirn strich. Ich halte ihn in meinen Armen, war alles, was sie denken konnte.

»Ich muß grauenhaft aussehen«, flüsterte sie.

»Du bist so schön«, murmelte er gleichzeitig.

Es war kalt im Flur, und sie fröstelte in seinen Armen. »Schaffst du's bis oben?« fragte sie, unfähig, sich von ihm zu lösen. Er antwortete nicht, und sie merkte, daß er sich schwankend auf sie stützte. »Kannst du gehen?« drängte sie. Wortlos ließ er sich von ihr führen. Sie bewegten sich langsam, stolperten gegen die Wand, stützten sich auf das Geländer, aber endlich gelangten sie die Treppe hinauf und in Lilians Wohnung. David brach auf dem Fußboden zusammen. »David?«

Er sah zu ihr auf. Sie kam sich vor wie eine Riesin.

»Du bist so schön«, wiederholte er lallend.

»Ich mach' dir 'nen Kaffee«, sagte sie. Er nickte. »Ich setz' Wasser auf. Aber ich hab' bloß Pulverkaffee, macht das was?« Er lächelte nur. Sie rannte in die Küche, ließ kaltes Wasser in den Kessel laufen und stellte ihn auf die elektrische Kochplatte. Dann gab sie einen reichlichen Löffel Kaffeepulver in eine Tasse. Er war hier bei ihr; David war wirklich und wahrhaftig hier. Es spielte keine Rolle, daß sie ihn die ganze Woche nicht gesehen und daß er sie nicht besucht hatte, obwohl sie mit Grippe im Bett lag. Sie vergaß, daß sie ausgemacht hatten, Abstand zu gewinnen, und daß sie sich deswegen elend gefühlt hatte. Nichts machte ihr mehr etwas aus, weder daß es mitten in der Nacht war noch daß ihre Wirtin sie wahrscheinlich am nächsten Morgen auf die Straße setzen würde oder daß seine Frau sich wahrscheinlich zu Tode ängstigte, weil er so lange ausblieb. Er war hier, es war kein Traum, das allein zählte. Wahrscheinlich weiß er gar nicht, *wo* er ist, schoß es ihr durch den Kopf. Sie rannte ins Zimmer zurück. »David, bist du wach?« fragte sie und kniete sich vor ihn hin. Er öffnete die Augen.

»Ja«, sagte er.

»Weißt du, wo du bist?« fragte sie weiter.

»In deiner Wohnung«, erwiderte er schlicht.

»Weißt du auch, wer ich bin?« Sie hielt den Atem an.

»Du bist das schönste Mädchen, das ich je gesehen hab'«, lallte er.

Sie lächelte und fuhr sich mit der Hand durchs Haar. Warum muß ich ausgerechnet heut' nacht so furchtbar aussehen? »Weißt du, wie ich heiße?«

Sein Mund öffnete sich zu einem breiten Grinsen. »Ich bin vielleicht betrunken«, stammelte er, »aber ich bin nicht verrückt. Du bist die Frau, die ich liebe! Du bist Lilli«, fügte er zärtlich hinzu.

»Ich mußte mich einfach vergewissern.« Sie weinte vor Glück. »Du erzählst mir immerfort, wie schön ich sei. Da war ich mir nicht sicher, ob du noch grade gucken kannst!«

»Kann ich auch nicht, aber du bist trotzdem schön.«

»Du darfst nicht da auf dem Boden liegenbleiben«, besann sie sich. »Du wirst dich erkälten. Komm, stütz dich auf mich, ich bring' dich ins Bett.«

Sie faßte ihn unter die Achseln und versuchte, ihn aufzurichten. Er war schwer wie ein nasser Zementsack. »David, glaubst du, du könntest ein wenig mithelfen ...«

Er lächelte sie unschuldig an. »Was soll ich denn tun?« fragte er.

»Bloß deinen Hintern 'n bißchen hochbringen«, keuchte sie. »Versuch mal, ob du auf die Beine kommst.«

»Oh, kein Problem ... ich bring' ihn prima hoch, da drin bin ich ganz groß«, lallte er. Lilian lachte.

»So ist's gut«, lobte sie, als er versuchte, ihre Anweisungen zu befolgen. Sie schaffte es, ihn hochzuziehen, und gemeinsam stolperten sie aufs Bett zu. »Das hätten wir«, seufzte sie. »Jetzt laß los.«

»Ich denk' nicht dran«, sagte er und zog sie mit sich hinunter.

Mit angehaltenem Atem lag sie in Davids Armen. Es ist kein Traum, wiederholte sie in Gedanken immerfort. Bitte, lieber Gott, mach, daß es nicht wieder bloß ein Traum ist. Sie lagen ganz still, David, weil er zu betrunken war, sich zu regen, Lilian, weil sie Angst hatte, er könnte aufstehen und verschwinden.

Es dauerte ein paar Minuten, da merkte sie, daß sie allmählich keine Luft mehr bekam. Ihre Nase war völlig verstopft, und ihr war furchtbar schwindlig. Wir geben 'n feines Pärchen ab, dachte sie und mußte unwillkürlich lachen. Er öffnete die Augen und wälzte sich herum. Suchend fuhr er mit der Hand übers Kissen und legte sie ihr auf den Mund. Na fabelhaft, dachte sie, jetzt hat er mir den einzigen Atemweg blockiert, der noch funktioniert.

Sanft und mit großer Vorsicht versuchte sie, seinen Arm wegzuschieben. Sie berührte seine Finger, fühlte die weichen Haare auf seinem Handrücken und befreite zentimeterweise ihr Gesicht aus seinem Griff. David merkte es nicht. Sie setzte sich behutsam auf, ängstlich bemüht, ihn nicht durch eine abrupte Bewegung zu erschrecken. Warum ist er gerade jetzt gekommen? Und warum hat er sich so betrunken?

Vielleicht hat er Krach mit Elaine, überlegte sie. Aber worüber haben sie gestritten? Sie zog ein Papiertaschentuch unter dem Kopfkissen hervor und putzte sich so geräuschlos wie möglich die Nase. Doch es verschaffte ihr keine Erleichterung. Die Nase blieb so verstopft wie zuvor. Und wahrscheinlich ist sie so rot wie 'n Feuermelder, dachte sie. Und pellt sich. Warum mußtest du grade heute nacht kommen? fragte sie ihn stumm. Vielleicht ist's 'n Glück, daß du so betrunken bist. Aber etwas mußte doch passiert sein. Er war bestimmt nicht ohne Grund in den Alkohol geflüchtet. Ob es aus ist mit Elaine? Der Gedanke beschwingte sie. Sie erhob sich zu rasch, und er setzte sich mit einem Ruck im Bett auf. O nein, dachte sie. Bitte steh nicht auf, bitte geh nicht heim.

»Wo willst du hin?« fragte er. Sie merkte an seiner Stimme, daß er nicht vorhatte, zu gehen.

»Das Wasser kocht.« Sie brachte nur noch ein heiseres Flüstern zustande. »Ich bin so durcheinander, daß ich nicht mal mehr weiß, ob du Milch und Zucker nimmst.«

»Ich fürchte, ich komm' nicht ganz mit«, sagte er lächelnd.

»Am besten trinkst du ihn schwarz«, entschied sie, schlurfte in die Küche und blickte noch einmal zurück, um sich zu vergewissern, daß er noch da war. Sie machte seinen Kaffee zurecht und goß sich einen Tee auf. Der heiße Dampf stieg ihr in die Nase, und erleichtert fühlte sie, wie ihre Atemwege frei wurden, wenn auch nur für einen Augenblick.

Sie hörte ihn im Nebenzimmer herumgehen. Rasch nahm sie die Tassen und eilte hinüber.

»Wo willst du hin?« fragte sie. Er war schon an der Wohnungstür, doch sein Jackett lag noch zerknüllt auf dem Bett.

»Ins Bad«, murmelte er.

»Das Bad ist da drüben!« Da sie beide Hände voll hatte, deutete sie mit dem Kinn die Richtung an. Er torkelte lächelnd auf sie zu und küßte sie auf den Mund. Sie spürte, wie ihre Knie nachgaben und fürchtete, sie würde die Tassen einfach fallen lassen, wenn sie sie nicht absetzte. Wie in Zeitlupe ging er Schritt für Schritt zurück zur Wand.

»Mein Gott, bist du süß«, sagte er. Dann blickte er verwirrt um sich. »Wo ist das Bad?« fragte er.

»Da drüben«, sagte sie und stellte die beiden Tassen neben dem Bett auf den Fußboden. »Wie geht's dir? Schaffst du's allein?«

»Seit meinem dritten Lebensjahr geh' ich allein aufs Klo«, antwortete er.

»Auch wenn du betrunken bist?«

Er lachte, tastete sich schwankend vorwärts und verschwand aus ihrem Blickfeld. Sie hörte, wie er das Licht anknipste und die Tür hinter sich schloß. Er bleibt hier, dachte sie. Er bleibt wirklich hier. Sie hockte sich auf die Bettkante, bückte sich nach der Tasse, setzte sie an die Lippen und schlürfte in kleinen Schlucken ihren Tee. Der Dampf öffnete ihre Poren, ihr Gesicht glühte wieder, und sie spürte, wie ihr der Schweiß übers Gesicht rann. Sie trank den Tee aus, entschloß sich zu einer zweiten Tasse und lief in die Küche zurück. Das ist heller Wahnsinn, dachte sie. Es ist bald vier Uhr morgens, und ich sollte im Bett liegen und schlafen, statt in der Wohnung herumzurennen und mir den Kopf zu zermartern. Aber sie konnte ihre Gedanken nicht abschalten. Sie grübelte über die Möglichkeit nach, daß er seine Frau für immer verlassen haben könnte. Elaine mußte doch ahnen, daß er mit einer anderen zusammen war. Wie konnte sie damit leben, ohne ihn zur Rede zu stellen? Wenn ein Mann die ganze Nacht fortbleibt, so ist das nicht bloß ein harmloser Seitensprung. Es bedeutet, daß er nicht länger bemüht ist, Elaines Gefühle zu schonen. Jetzt kann er mich nicht mehr vor seiner Frau verheimlichen. Es macht ihm vielleicht gar nichts mehr aus, ob sie von uns erfährt.

Ihr Blick fiel auf die Badezimmertür. David war schon seit einer ganzen Weile da drin. Sie hoffte, daß ihm nicht schlecht geworden war, obwohl es ganz den Anschein hatte. Als sie sich die zweite Tasse Tee eingoß, erblickte sie ihr Spiegelbild im Toaster. Mein Gott, ich seh' einfach grauenhaft aus. Sie eilte in die Diele und kramte in ihrer Handtasche nach einer Bürste. Mit einem flüchtigen Blick auf die Badezimmertür rannte sie in die Küche zurück und versuchte, ihr Haar in Ordnung zu bringen. Doch je heftiger sie bürstete, desto fettiger fühlte es sich an. Ihre Augen waren geschwollen und ebenso rot wie die Nase. Ihr Blick glitt an dem verschwitzten Flanellnachthemd hinunter und blieb auf ihren dicken Wollsocken hängen. Sie zuckte angewidert zusammen. Ich kann Gott danken, daß er so betrunken ist, dachte sie. Ich sollte mal nachsehen, ob er zurechtkommt.

»David?« rief sie leise und klopfte zaghaft an die Badezimmertür. »David, geht's dir gut?« Er gab keine Antwort. »David? Kannst du mich hören?« Sie legte die Hand auf die Klinke und spürte, daß sie nachgab. Er hatte nicht abgeschlossen. »David, darf ich reinkommen?« Von drinnen war kein Laut zu hören. »Ich mach' jetzt auf, David«, rief sie so laut sie konnte. Sie versuchte, die Tür zu öffnen, brachte sie aber nur einen winzigen Spalt weit auf, weil von drinnen etwas dagegen stieß. Sie bekam Angst. Sie stemmte sich mit der Schulter ans Holz und drückte mit aller Kraft dagegen. Als die Tür endlich ein paar Zentimeter nachgab, sah sie drinnen Davids blonden Kopf auf den Fliesen liegen. »Mein Gott«, schrie sie auf. »David, was ist mit dir?« Ob er gefallen ist, oder hat er sich einfach dahin gelegt? Ob er sich weh getan hat? Ist er vielleicht sogar ohnmächtig? »David, bitte, kannst du dich aufsetzen?« Mit verzweifelter Anstrengung gelang es ihr, die Tür noch einen Spalt breit aufzustoßen. David hatte die Augen geschlossen. Es sah aus, als schliefe er. Sie konnte keine Schramme oder Beule entdecken. Er schien nicht zu bluten. Sie steckte die Hände durch den Türspalt und versuchte unbeholfen, ihn aufzurichten. Schließlich gelang es ihr, sich durch die schmale Öffnung zu winden und mit dem Gewicht ihres Körpers die Tür vollends aufzudrücken. David rollte wie ein lebloses Bündel gegen die Badewanne.

Lilian hockte sich auf den Boden, drehte ihn auf den Rücken und suchte sein Gesicht und seinen Hinterkopf nach Verletzungen ab. Sie konnte nichts entdecken, was darauf hindeutete, daß er gefallen und irgendwo aufgeschlagen war.

Ratlos blickte sie sich in dem winzigen Bad um und überlegte, was sie tun sollte. Ich könnte ihn in die Wanne legen und den Wasserhahn aufdrehen. Dann wird er schon nüchtern werden. Nein, das geht nicht, da könnte er ertrinken. Besser, ich stelle ihn unter die Dusche. Jedenfalls kann er nicht die ganze Nacht hier auf den Fliesen liegenbleiben.

Sie legte seinen Kopf sanft auf den Boden zurück, stand auf und stellte die Dusche an. Sie regulierte das Wasser, bis es lauwarm war. Das wird ihn aufwecken, wenigstens so weit, daß ich ihm den Kaffee einflößen kann. Das größte Problem war freilich, ihn unter die Dusche zu bringen.

Sie beugte sich nieder und sah auf ihn hinunter, wie er schlafend auf dem Fußboden lag, der attraktivste Mann, den sie je gesehen hatte. Bleich und blond und makellos. Er ist alles, was ich mir mein Leben lang gewünscht habe, dachte sie. Als sie ihn küßte, schien er sich zu regen. Ihre Augen wanderten an seinem Körper hinunter. Ich werd' ihn ausziehen müssen.

Es wurde stickig in dem kleinen Raum. Das Prasseln des Wassers hallte in ihren Ohren wider. Sie knöpfte sein blaßblaues Hemd auf und strich mit der Hand über das helle Haar auf seiner Brust. Es kam ihr alles so unwirklich vor, jeden Augenblick fürchtete sie, aus einem Traum zu erwachen. Doch das Verlangen, das ungeachtet der Schwäche und des Fiebers in ihr hochstieg, war echt. Als sie endlich auch den letzten Knopf aufgebracht hatte, schob sie das Hemd beiseite, beugte sich über ihn und küßte seine entblößte Brust. Wieder regte er sich, legte mechanisch die Arme um sie und ließ sie im nächsten Augenblick kraftlos auf den Boden zurückfallen. Sie löste seine Manschettenknöpfe und zerrte erst den einen, dann den anderen Ärmel herunter. Der Wasserdampf und ihre Anstrengung hatten sie erneut ins Schwitzen gebracht. Sie fühlte sich müde und schwach, und doch war sie fast übermütig vor Erregung.

Sie hockte sich ihm zu Füßen und zog ihm eilig Schuhe und Strümpfe aus. Schau her, Mutter, dachte sie, seine Füße riechen nicht mal. Einfach alles an diesem Mann ist schön.

»Außer seinem Ehering«, hörte sie die Stimme ihrer Mutter antworten. Unwillkürlich fiel Lilians Blick auf den schmalen Goldreif. Ach was, der sieht nicht sonderlich beständig aus, dachte sie und machte sich daran, seinen Gürtel aufzuhaken. Dann öffnete sie den Reißverschluß an seiner Hose und zog sie mit einem Ruck bis zu den Knien hinab. Darunter trug er einen gewöhnlichen Baumwollslip.

Er stöhnte, und seine Augen öffneten sich zu schmalen Schlitzen.

»Du mußt unter die Dusche«, versuchte sie ihm klarzumachen. »Verstehst du mich?«

Er brummte etwas, blieb jedoch bewegungslos am Boden liegen.

»Ich versuch' dich auszuziehen. Kannst du nicht 'n bißchen mithelfen? Probier mal, ob du aufstehn kannst.« Wieder packte sie ihn unter den Achseln und stützte ihn. Er hielt sich mit einer Hand an ihr und mit der anderen an der Klinke fest und zog sich mühsam hoch. Sein Hemd lag zerknittert am Boden, seine Hose war ihm bis auf die Füße heruntergerutscht. Schwankend befreite er sich davon und stand in Shorts vor ihr.

Lilian betrachtete seinen Körper. Er war voll jugendlicher Kraft, aber nicht knabenhaft. Sie fand, er sei in Wirklichkeit noch aufregender als in ihrer Erinnerung. Schlank, fest und sinnlich. Ihr Verlangen nach ihm war so stark, daß sie kaum wagte, ihn zu berühren. »Kannst du dir die Unterhose allein ausziehen?« Er blickte schläfrig an sich hinunter, zog die Shorts mit einer einzigen, erstaunlich geschmeidigen Bewegung bis zu den Füßen, stieg heraus und warf sie beiseite. Lilian, die versuchte, ihn nicht anzuschauen, trat hinter ihn und schob ihn auf die Wanne zu. »Jetzt rein, heb die Füße«, mahnte sie. Er gehorchte, brachte jedoch das Bein nicht hoch genug und stieß mit dem Knie gegen den Wannenrand. Er schrie auf. »Versuch's noch mal«, ermunterte sie ihn, führte sein Bein mit der Hand und spürte, wie ihre Schulter naß wurde. Als sie ihn endlich in der Wanne hatte, schubste sie ihn gegen die Wand und richtete den Strahl voll auf seinen Kopf. Er keuchte und schnappte nach Luft. Zuerst stützte er sich mit dem Rücken gegen die Kacheln, doch dann stellte er sich mitten unter den Wasserstrahl, warf den Kopf zurück und riß die Augen weit auf.

Sie beobachtete ihn ängstlich, hoffte, er würde nicht hinfallen, und fühlte sich matt vor Müdigkeit und schwach vor Verlangen. Als er merkte, daß sie ihn betrachtete, beugte er sich plötzlich vor, packte sie an beiden Armen und zerrte sie zu sich heran. Sie stieß mit den Beinen gegen den Wannenrand und fiel vornüber. Sie spürte, mit welcher Wucht das Wasser auf ihr Haar prasselte. Ihr Nachthemd war im Nu völlig durchnäßt. Er richtete sie auf und zog sie in die Wanne. Sie war zu verblüfft über seine unerwartete Kraft, um sich zu wehren. Das Wasser lief ihr in Nase und Mund. Sie schloß die Augen und fühlte, wie seine Hände über ihren Körper glitten. Sie schienen überall gleichzeitig zu sein. Endlich fand er den Reißverschluß ihres Nachthemds, versuchte vergeblich, ihn aufzuziehen, und riß ihr schließlich ungeduldig den nassen Flanell vom Leib.

»Du bist so schön.« Er sprach undeutlich, seine Augen waren immer noch nicht ganz klar.

»Ich komm' mir so lächerlich vor«, jammerte sie, und plötzlich mischten sich Tränen mit dem Strahl der Dusche. »Ich steh' mit diesen blöden Socken in der Badewanne, und ich hab' ganz nasse Haare!« Plötzlich lachte und weinte sie gleichzeitig, denn ihr war der Gedanke gekommen, wie sie auf eine versteckte Kamera wirken mußten: David pudelnaß, sinnlos betrunken und kaum imstande, aufrecht zu stehen, sie selbst fiebrig, mit verstopfter Nase, triefenden Haaren und nackt bis auf ein Paar weiße Wollsocken, die an ihren Füßen klebten.

David kniete sich hin und versuchte, ihr die Socken auszuziehen. Sie stützte sich haltsuchend gegen die Wand, während er zerrte und riß, bis er endlich die nasse Wolle von ihren Füßen gelöst hatte. Achtlos warf er die tropfenden, weißen Ungetüme neben die Wanne. Plötzlich spürte sie seine Hände auf ihrem Hintern. Das Wasser prasselte unaufhörlich auf sie nieder, und er vergrub sein Gesicht in ihrem nassen Schamhaar. Das kann nicht wahr sein, dachte sie und krallte die Nägel in seine Schultern. Den harten Wasserstrahl fühlte sie nicht mehr. Zentimeter um Zentimeter erkundete Davids Zunge ihren Körper, seine Hände umspannten ihre Brüste, und er fing mit dem Mund das Wasser auf, das von ihren Brustwarzen tropfte. Ihre Lippen trafen sich, und er küßte sie so wild, als wolle er sie in sich aufsaugen. Sie taumelten und fielen, ohne daß ihr klar war, ob sie das Gleichgewicht verloren oder ob er sie gestoßen hatte. Jedenfalls lagen sie auf einmal in der Wanne, und er glitt in sie hinein, leicht und mühelos. Dann setzte er sich auf, schlang die Beine um ihren Leib, beugte sich vor und hob ihre Beine auf seine Schultern. Sie glaubte, sie hätte ihn noch nie so tief in sich gespürt, und die ganze Zeit über prasselte das Wasser auf ihre nackte Haut. Für den Bruchteil einer Sekunde fürchtete sie, sie könnten vor dem Orgasmus ertrinken, doch dann gab sie sich einfach der Absurdität des Augenblicks hin. Nicht einmal in ihren wildesten Phantasien hätte sie sich das ausmalen können, was jetzt mit ihr geschah, und wenn es auch nicht ganz so bequem war, wie sie es sich gewünscht hätte, so würde sie jedenfalls eines Tages ihren Enkeln eine tolle Geschichte erzählen können. Später trockneten sie sich gegenseitig mit Lilians blauem Handtuch ab, taumelten erschöpft ins Bett und schliefen sofort ein.

Am Morgen erwachte er zuerst, setzte sich mit einem Ruck auf, blickte sich mit klaren Augen um und sah dann auf sie hinunter. Sie blinzelte schlaftrunken, strich sich die feuchten Strähnen aus der Stirn und bedeckte ihr Gesicht unwillkürlich mit den Händen. »O Gott, wie seh' ich bloß aus«, stöhnte sie.

Mit sanfter Gewalt zog er ihr die Hände weg und küßte sie. »Nicht doch«, murmelte er, »du bist schön.« Trotz der zugezogenen Vorhänge merkte sie, daß draußen die Sonne schien. »Wie spät ist es?« fragte er.

Lilian richtete sich auf und langte nach dem Radiowecker auf dem Nachttisch. »Kurz nach sieben«, seufzte sie.

Er kratzte sich den Kopf und schien unschlüssig, was jetzt zu tun sei. »Ich geh' wohl besser«, sagte er schließlich, stand auf und blickte sich suchend um. »Weißt du zufällig, wo meine Sachen geblieben sind?« fragte er lächelnd.

»Ich glaub', im Badezimmer«, antwortete sie, entschlossen, ihm alles weitere zu überlassen. Ob er sich überhaupt an das erinnert, was heute nacht passiert ist? überlegte sie, während sie sich vorsichtig aufsetzte und die Schultern vor- und zurückrollte, um die Verspannung zu lösen. Sie war nicht sicher, was sie tun sollte: aufstehen und Kaffee kochen, oder einfach liegenbleiben. Sie entschloß sich für das letztere. Was wird er wohl Elaine sagen? Wird er versuchen, es ihr zu erklären? Oder sie belügen? Ob Elaine ihm glauben wird? Ach, mach dir doch nichts vor, wenn sie ihn behalten will, wird sie alles glauben, was er ihr erzählt. Lilian begriff auf einmal, daß sich im wesentlichen nichts geändert hatte. Es werden ein paar Lügen dazukommen, das ist alles. Sie sind 'n bißchen größer, und das macht's vielleicht ein wenig schwieriger, sie aufzutischen, und wohl auch etwas härter, sie zu schlucken. Aber sie wird sie schlucken. Die letzte Nacht war ebensowenig eine Unabhängigkeitserklärung wie all die anderen Nächte zuvor. Er ist bloß später gekommen, also geht er auch später. Es hat sich nichts geändert dadurch, daß Elaine neben einem leeren Bett schlafen mußte. Ihre Augen sind geschlossen, aber das werden sie bestimmt auch bleiben.

David kam zurück ins Zimmer. Er war vollständig angezogen.

»Möchtest du Kaffee?« fragte sie.

»Ich sollte wohl besser gehn«, erwiderte er. Sie nickte. Er setzte sich zu ihr aufs Bett. »Wie fühlst du dich?« fragte er und strich ihr über die Wange.

»Ganz gut«, log sie.

Er zog ihr die Decke zurecht. »Du solltest heute liegenbleiben. Ich fürchte, letzte Nacht hab' ich dich nicht viel zum Schlafen kommen lassen.«

Sie blickte ihn forschend an. »Kannst du dich überhaupt an was erinnern?« fragte sie.

Er lächelte, beugte sich vor und küßte sie. »Ich weiß nur, wie schön du bist«, sagte er und gab ihr noch einen Kuß. Im nächsten Augenblick war er verschwunden.

Lilian öffnete die Augen. Er war nicht mehr da. Cary Grant hatte sich in der Nacht verloren. David beugte sich hinunter und schaltete den Fernsehapparat aus. Er hatte sich umgezogen.

»Entschuldige, bitte«, sagte er. »Ich hab' heut' nacht im Hotel geschlafen. Ich weiß, es war dumm von mir, aber ich mußte einfach allein sein. Hoffentlich hast du dir keine allzu großen Sorgen gemacht.«

»Nein, ist schon gut.« Ihre Stimme war so leblos wie der grauverhangene Morgenhimmel vor dem Fenster.

»Ich muß jetzt ins Büro«, sagte er.

»Sicher, geh nur«, antwortete sie, ohne ihn anzusehen.

»Ich versuch' heut' abend früher nach Hause zu kommen.«

»Das wär' nett.«

Sie hörte, wie die Tür hinter ihm zufiel. Es war ihm also gar nicht schwergefallen, die Lüge aufzutischen. Sie schluckte kräftig. Und dann schloß sie die Augen, so wie Elaine es damals getan hatte.

26

Sie sah Laurie gleich, als sie das Lokal betrat, zwängte sich hastig an all den Bekannten vorbei, die die Bar umlagerten, und eilte zu dem Tisch, an dem das junge Mädchen auf sie wartete. »Tag, Laurie«, grüßte sie atemlos. »Tut mir leid, daß ich zu spät komme. Diese Programmdiskussionen ziehen sich manchmal ewig hin. Ich hatte schon Angst, ich würd's überhaupt nicht mehr schaffen. Die da drin engagieren sich wie besessen für ihr Projekt und können sich schon nicht mehr vorstellen, daß es Leute gibt, die ab und zu auch mal was essen müssen. Wartest du schon lange?«

»Erst 'n paar Minuten«, sagte Laurie. Doch Lilian sah, daß sie rot wurde, und wußte, daß sie nicht die Wahrheit sagte. Sie schlüpfte aus dem Mantel und warf ihn über die Stuhllehne. Dann setzte sie sich und holte tief Atem.

»Ich freu' mich wirklich, daß wir zusammen zu Mittag essen können«, sagte Lilian und musterte mit einem kurzen, prüfenden Blick die Gestalt des Mädchens. Ihre Arme waren nur noch Haut und Knochen, und der rot-weiß gestreifte Nicki hing auf ihren Schultern wie auf einem Kleiderständer. »Habt ihr heute keine Schule?«

»Heut' ist doch AFT.«

»AFT? Was ist 'n das?«

»Angeblich 'n Akademischer Fortbildungstag. Kriegen die Lehrer einmal im Monat. Aber Mammi sagt, die wollen bloß 'n freien Tag extra. Sie glaubt nicht dran, daß die Pauker da Lehrgänge mitmachen und so 'n Zeug. Sie sagt, das ist alles bloß vorgeschoben.«

Lilian mußte unwillkürlich lachen. Sie konnte sich lebhaft vorstellen, mit welchem Eifer Elaine den Lehrberuf kritisierte. »War's schwer, herzufinden?«

Laurie schüttelte den Kopf. »Meine Mutter hat mich mit dem Auto hergebracht. Sie fand das Lokal ziemlich zwielichtig.«

»Zwielichtig?« fragte Lilian und blickte sich in dem überfüllten Raum um. Eines der Skriptgirls nickte ihr zu, und sie winkte zurück. »Es ist das Stammlokal der Fernsehleute. Schon weil's so günstig liegt, weißt du, gleich gegenüber dem Studio. Mit ist es nie zwielichtig vorgekommen.«

»Mir gefällt's«, kam ihr Laurie entgegen.

»Prima, mir auch. War die Bedienung schon da?«

»'n Kellner, aber ich hab' ihm gesagt, daß ich auf dich warte.«

Lilian blickte sich um und versuchte vergeblich, die Aufmerksamkeit des Kellners auf sich zu lenken. »Ich glaube, die leiden alle an derselben Krankheit«, sagte sie nach einer Weile. »Chronische Blickfeldverengung, weißt du.« Sie lächelte Davids Tochter an, die sich offensichtlich hier wohl fühlte. »Na, und wie schmeckt dir die Schule?«

»Ist schon in Ordnung.«

»Was ist denn dein Lieblingsfach?«

Das Mädchen zögerte. »Englisch«, sagte sie schließlich unerwartet.

»Wirklich?« Lilian war ehrlich überrascht. »Das war auch meins. Ich hab' am liebsten Erlebnisaufsätze geschrieben ...«

»Oh, die hass' ich«, fiel Laurie ihr ins Wort.

»Ach ...«

»Ich find's so langweilig. Außerdem weiß ich nie, worüber ich schreiben soll. Ich lese lieber.«

723

»Was liest du denn so?«

Laurie griff nach ihrem Wasserglas und nahm einen großen Schluck, ehe sie Lilians Frage beantwortete. »Am liebsten sind mir die Nancy-Drew-Bücher.«

Endlich erschien der Kellner mit den Speisekarten. »Möchten Sie einen Aperitif?«

»Ja, für mich 'ne Bloody Mary«, sagte Lilian. »Wie ist's mit dir, Laurie? Möchtest du 'n Cola oder 'nen Saft?«

»Nein, danke«, antwortete sie. »Wasser genügt mir.«

Lilian nahm die Karte zur Hand und tat so, als studiere sie eingehend die angebotenen Gerichte, obwohl sie sie in Wahrheit auswendig kannte. Sie hoffte, daß Laurie etwas essen würde. Das war einer der Gründe für ihren Vorschlag gewesen, sich in einem Lokal zu verabreden. Das Treffen an sich hatte Laurie angeregt. Während Lilian und David sich im letzten Monat mehr und mehr auseinanderzuleben schienen, waren sie und Davids Tochter einander auf unerklärliche Weise nähergekommen. Zwar waren sie noch weit davon entfernt, sich offen miteinander auszusprechen, aber an die Stelle der kühlen Distanz, die früher zwischen ihnen herrschte, war eine gewisse Herzlichkeit getreten. Besonders seit Lilian wieder angefangen hatte, fürs Fernsehen zu arbeiten, schien Laurie ihre Feindseligkeit zu begraben, und selbst Jason begegnete ihr mitunter freundlich. Als David vor ein paar Wochen in letzter Minute wegen einer dringenden Sitzung sein Versprechen, sie alle drei ins Kino einzuladen, nicht wahr machen konnte, da waren die Kinder bereitwillig mit Lilian allein gegangen. Nach dem Film hatten sie noch stundenlang zusammengesessen und über seinen tieferen Sinn diskutiert. Wenn das keine Ironie ist, dachte Lilian, als sie die Speisekarte hinlegte, jetzt, wo ich David verliere, gelingt es mir endlich, seine Kinder für mich zu gewinnen.

Sie räusperte sich. »Kann ich dir was empfehlen, oder weißt du schon, was du möchtest?« fragte sie.

Laurie schüttelte den Kopf. »Bestell du für mich mit.«

»Was hältst du von Steak auf Toast?« fragte Lilian. Sie hatte das ausgesucht, was ihr die meisten Kalorien zu haben schien. »Dazu gibt's hier 'ne Riesenportion Pommes frites.«

»Klingt gut«, antwortete Laurie. Unter ihrem Nicki zeichnete sich das Brustbein ab. Lilian versuchte, ihr Erstaunen über Lauries bereitwilliges Eingehen auf ihren Vorschlag zu verbergen.

»Wie wär's mit 'ner Suppe als Vorspeise? Die haben hier 'ne köstliche Gemüsesuppe. Hausgemacht, weißt du.« Sie fürchtete schon, sie sei zu weit gegangen, doch Laurie nickte lächelnd. Ihr früher so hübsches, volles Gesicht war blaß und hager, die Augen lagen tief in den Höhlen. Ob Elaine nicht merkt, wie ihre Tochter sich verändert? Warum unternimmt sie denn nichts? Lilian erinnerte sich an Rickie Elfers düstere Erklärung: nervöse Anorexie. Ob sie am Ende recht gehabt hatte? Hungerte Laurie sich vielleicht wirklich zu Tode?

»Einverstanden. Ich nehm' auch 'ne Suppe.«

»Und zum Fleisch 'nen Salat?« wagte Lilian sich vor. Wieder nickte Laurie. »Na fein, ich nehm' dasselbe«, entschied Lilian und sah im Geiste den ungeheuren Kalorienberg vor sich. »Wenn du Lust hast, können wir uns hinterher noch 'nen Nachtisch aussuchen.«

Laurie blickte sich im Restaurant um. Sie schien fasziniert von all den Fernsehfritzen. Lilian gab die Bestellung auf. Lieber Gott, mach, daß sie wirklich ißt, flehte sie innerlich mit einem Blick auf Laurie. Und wenn sie's nicht tut? Wenn sie wie gewöhnlich nur in ihrem Essen rumstochert, was dann? Wieder ein Vortrag? Noch 'ne tränenreiche Szene? Oder wieder eine von diesen Mahlzeiten, bei denen ich wegschaue und so tue, als gäbe es das Problem gar nicht? Was ist nur mit ihrer Mutter los? fragte sich Lilian wütend. Oder meinetwegen auch mit ihrem Vater. Deren Aufgabe wäre es, dafür zu sorgen, daß das Kind in Behandlung kommt. Und was ist mit ihren Lehrern? Wieso hat von denen keiner was gemerkt? Sie lächelte Davids Tochter über den Tisch hinweg zu. Ihre Lehrer werden akademisch fortgebildet, erinnerte sie sich und dachte, daß dieser AFT ein guter Aufhänger für eine bildungspolitische Sendung werden könnte, falls »Chicagos Stunde« die Probephase überstehen sollte.

»Hast du mal was von Nancy Drew gelesen?« fragte das Mädchen.

»Ob ich was von Nancy Drew gelesen hab'?!« Lilian lachte. »Ich hab' alle ihre Bücher *verschlungen*. Am liebsten mochte ich ›Die verborgene Treppe‹.«

Lauries Augen leuchteten auf, und um ihren Mund spielte ein Lächeln. »Ich auch«, gestand sie. »Und am zweitbesten gefällt mit Judy Blume.«

»Wer?«

»Judy Blume. Sie schreibt für Teenager. Ich hab' alles von ihr gelesen.«

»Nein, die kenn' ich nicht«, sagte Lilian. Und doch kam ihr der Name irgendwie bekannt vor.

»Na ja, du zählst ja auch nicht mehr ganz zu den Teenagern«, kam die Antwort.

»Da hast du leider recht«, seufzte Lilian, während der Kellner ihre Bloody Mary servierte. »Ich werd' nicht jünger. Zum Wohl!«

»Zum Wohl«, echote Laurie und hob ihr Wasserglas. »Erzähl mir was über deinen neuen Job«, bat sie eifrig.

Lilian stellte ihr Glas auf den Tisch. »Tja, also vorläufig kann man's eigentlich noch nicht als neuen Job bezeichnen. Es ist noch nichts Festes, weißt du. Es hängt alles davon ab, wie die Probesendung ankommt. Ich bin erst mal bloß für 'n paar Wochen hier, dann muß ich zurück an die Uni und abwarten, wie sich der Sender entscheidet.«

»Was machst du *genau*?« bohrte Laurie nach. Anscheinend interessierte es sie wirklich.

»Also paß auf«, begann Lilian zu erklären. »Da sind erst mal diese Programmdiskussionen, von denen ich gesprochen hab'. Da versuchen wir festzulegen, über welche Themen wir berichten wollen und wie der Ablauf der Sendung auszusehen hat.«

»Und wie geht's da zu, bei so einer Programmdiskussion?« Lilian freute sich über Lauries unerwartetes Interesse. Erst jetzt fiel ihr auf, daß David sie noch nicht ein einziges Mal nach ihrer Arbeit gefragt hatte, seit sie wieder beim Fernsehen war. »Du mußt dir das so vorstellen: Der Redakteur, die Korrespondenten, die Journalisten und die wissenschaftlichen Mitarbeiter, die die Hintergrundforschung betreiben, setzen sich zusammen, und jeder versucht, die anderen für sein Konzept zu begeistern. Und du kannst mir glauben, manchmal muß man ganz schön kämpfen, um seinen Plan durchzukriegen. Man stellt also den Entwurf für einen Beitrag vor, den man gern produzieren möchte, und zwar muß man ihn so anbieten, daß er fürs *Fernsehen* lukrativ erscheint. Man muß beweisen, daß die Sendung ein breites Publikum ansprechen wird und daß man sie so aufbereiten kann, daß sie sich gegebenenfalls auch fürs Familienprogramm eignet. Es kommt auf die *Wirkung* an, die das Thema auf dem Bildschirm hat. Das klingt vielleicht 'n bißchen nach Vernebelung, aber du mußt bedenken, daß Fernsehen in erster Linie ein visuelles Medium ist. Kannst du mir soweit folgen?« Laurie nickte. »Na schön«, fuhr Lilian fort. »Nehmen wir also an, der Journalist, in dem Fall ich, verkauft dem Sender seine Idee für 'n Feature. Dann hat man in der Regel ungefähr drei Wochen Zeit, den Beitrag zusammenzustellen. Als erstes wird einem ein Assistent zugeteilt, und in der Regel kann man drauf wetten, daß sie einen mit demjenigen zusammenspannen, den man am wenigsten riechen kann oder mit dem man die größten Schwierigkeiten hat. Diese Recherchiertypen verbringen die meiste Zeit am Telefon. Ihre Aufgabe ist es, das nötige Hintergrundmaterial zusammenzustellen. Als nächstes wird der ›Aufhänger‹ für ein Thema bestimmt; mit anderen Worten, was will man dem Zuschauer vermitteln, und wie kann man's am wirksamsten anbringen. Damit beschäftigen wir uns grade bei dem Projekt, an dem ich arbeite.« Sie hielt inne, und unwillkürlich wanderten ihre Gedanken zu Beth Weatherby. »Stell dir vor«, sagte sie, bemüht, sich wieder auf Laurie zu konzentrieren, »es handelt sich um 'ne Reportage über Leute, die versuchen, mit Hilfe dieser Bekanntschaftsanzeigen in der Zeitung 'nen Partner zu finden. Dann wäre der erste Schritt, den Blickwinkel zu bestimmen, aus dem man die Sache aufziehen will. Angenommen, man stellt diese Typen nicht als pervers oder sexbesessen oder so was dar, sondern schlicht als 'ne Gruppe einsamer Menschen, die sich nach Liebe und Zweisamkeit sehnen. Dann würde sich als Aufhänger ein glücklich verheiratetes Paar anbieten, das sich durch so 'ne Anzeige kennengelernt hat. Und um die rum arrangiert man dann den Bericht. Zum Beispiel könnte man mit den einschlägigen Eheanbahnungsinstituten Kontakt aufnehmen, Single-Kneipen besuchen, vielleicht sogar die Parkbänke abgrasen. Man könnte auch selbst auf so 'ne Annonce antworten. Auf jeden Fall muß man *präzise* vorgehen. Man braucht als Ausgangspunkt ein handfestes Beispiel, auf das man sich stützen kann. Und dann ist es enorm wichtig, dem Zuschauer ein möglichst anschauliches Bild von der Situation zu vermitteln. Solche Reportagen werden deshalb grundsätzlich nicht im Studio, sondern wenn möglich immer an Originalschauplätzen gedreht. Tja, und dann kann man nur noch beten, daß man keine Interviewpartner mit 'nem Strafregister erwischt, denn sonst wäre die Glaubwürdigkeit der ganzen Sendung beim Teufel.«

Der Kellner erschien mit zwei dampfenden Suppentassen.

»Danke schön«, sagte Lilian und beobachtete erstaunt, wie Laurie ohne zu zögern draufloslöffelte. »Schmeckt's dir?« fragte sie nach einer Weile.

»Und wie«, antwortete das Mädchen. »Mach doch weiter, erzähl mir noch mehr von deiner Arbeit. Was kommt nach den Dreharbeiten?«

»Dann geht's an die Redaktion«, sagte Lilian. Sie kostete ihre Suppe und fuhr fort: »In mancher Beziehung ist das der lohnendste Teil, aber zugleich auch der frustrierendste. Jetzt zeigt sich, was für Fehler man gemacht hat, falsche Kameraeinstellungen, weißt du, oder ungünstige Entfernungen oder einfach 'n defekter Film«, erklärte Lilian und stellte befriedigt fest, daß Laurie ihre Suppe schon fast ausgelöffelt hatte. »In der Phase tut man sich mit dem zuständigen Redakteur zusammen und erklärt ihm, auf welche Sequenzen man Wert legt und welche man lieber rausschmeißen möchte. Gemeinsam sucht man nach den Passagen mit der größten Aussagekraft. Es kommt darauf an, Einstellungen zu finden, die ... ja, wie soll ich das ausdrücken, ohne daß es kitschig klingt? Weißt du, man pickt sich die Szenen raus, die was ausstrahlen, in der Hoffnung, daß sie zur Erhellung des Problems beitragen. Du mußt dir vorstellen, man sitzt in einem abgedunkelten Raum, kriegt fast keine Luft und starrt stundenlang auf 'nen winzigen Bildschirm oder hängt pausenlos am Schneidetisch. Heute fühlt man sich glücklich, weil man glaubt, 'n irrsinnig gutes Feature im Kasten zu haben. Aber morgen schaut man sich den Streifen noch mal an und findet ihn womöglich grauenvoll. Das ist 'ne aufreibende und doch sehr anregende Arbeit. Wenn alles glattgeht, schafft man's in zwei Tagen *und* zwei Nächten. Man ist buchstäblich achtundvierzig Stunden lang pausenlos auf den Beinen.«

Der Kellner wartete, bis Lilian mit ihrer Suppe fertig war, dann räumte er den Tisch ab und servierte die Steaks mit wahren Bergen von Pommes frites. Auf dem Tischchen war kaum noch Platz für die Salatteller. Wieder griff Laurie ohne besondere Aufforderung zur Gabel und futterte drauflos.

»Schmeckt prima«, verkündete sie begeistert. »Aber erzähl doch weiter. Kannst du alles brauchen, was du aufgenommen hast?«

Lilian lachte. »Aber nein! Das wär' das reinste Wunder. In der Regel verwendet man etwa ein Sechstel des gefilmten Materials. 'n richtiger Experte bringt's vielleicht auf 'n Drittel, doch so weit bin ich längst noch nicht.«

»Aber du bist doch gut«, sagte Laurie.

»Ja«, antwortete Lilian. »Ich *bin* gut.« Sie lächelte strahlend und war mächtig stolz darauf, daß dieses Essen so erfolgreich verlief. Vielleicht hab' ich die ganze Zeit einen Fehler gemacht. Vielleicht hätte ich Laurie schon längst mein Interesse dadurch beweisen sollen, daß ich sie an *meinem* Leben teilnehmen lasse, statt immer nur krampfhaft nach den richtigen Fragen über sie und ihre Probleme zu suchen. Das ist es: Ich muß sie wie eine Erwachsene behandeln und nicht wie 'nen aufmüpfigen Teenager. Lilian führte einen großen Bissen Steak zum Mund. »Also, um's kurz zu machen«, fuhr sie beinahe selbstgefällig fort, »in dem Stadium werden die Texte zusammengestellt, und dann geht's ans Mischpult. Das ist 'ne Arbeit, die ich hasse, zieht sich meistens hin wie Kaugummi.«

»Und was wird da gemacht?«

»Tja, erst mal muß ich 'nen Sprecher auswählen, der meinen Text vorträgt. Dann braucht man Musik und Geräuschkulisse fürs Ambiente. Weißt du, was das ist?« Das Mädchen stopfte sich gerade eine Gabel voll Salat in den Mund und schüttelte nur stumm den Kopf. »Atmosphäre«, erklärte Lilian. »Und dann hat man noch die Bänder mit den Interviews. Alles ist auf verschiedenen Tonspuren und wird zusammengeschnitten. Im Grunde kommt es darauf an, Bild und Ton miteinander zu vermählen.« Sie hielt inne und sah zu, wie Laurie es sich schmecken ließ. »Klingt gut«, sagte Lilian und wiederholte in Gedanken ihre eigene Formulierung. »So, das wär's. Die Sendung steht.«

»Hört sich echt aufregend an«, sagte Laurie mit vollem Mund.

Lilian lachte glücklich. »Nein, aufregend ist eigentlich nicht das richtige Wort«, widersprach sie und suchte nach einem treffenderen Ausdruck. »Es hat mehr was mit erlebtem Geschehen zu tun«, entschied sie schließlich. »Wer solche Reportagen macht, kommt viel rum. Wir gehn gern mit den Kameraleuten und dem technischen Team zu den Außenaufnahmen und nutzen jede Gelegenheit, um irgendwas Neues aufzuschnappen. Das mach' ich am liebsten. Zum erstenmal seit langer Zeit hab' ich wieder das Gefühl, daß sich was tut, daß etwas geschieht! Kannst du dir das vorstellen?«

Laurie tunkte mit den letzten Toastbrocken die Soße auf. »Ich glaub' schon«, sagte sie und schob ihren leeren Teller weg.

»Magst du 'n Nachtisch?« fragte Lilian.

»Gibt's hier Eis mit heißer Schokoladensoße?«

»Möchtest du eins?« Laurie nickte begeistert. Lilian winkte dem Kellner. »Bitte einmal Eis mit Schokoladensoße«, sagte sie und wandte sich wieder ihrem Teller zu, während der Kellner Lauries Gedeck abräumte.

»Du hast meinen Vater bei einer von deinen Reportagen getroffen, nicht?«

Lilian war auf diese Frage nicht gefaßt.

»Ja«, antwortete sie ruhig.

»Und er hat dir gefallen.« Laurie machte eine Pause. »Und dann hast du ihn dir geangelt.«

Lilian legte ihre Gabel beiseite. Der plötzliche Themenwechsel gefiel ihr ganz und gar nicht.

»Laurie«, begann sie vorsichtig, »ich hab' die Ehe deiner Eltern nicht zerstört, wenn du das meinst. Dein Vater war unglücklich in seiner Beziehung, lange bevor er mich kennenlernte ...«

»Meine Mutter ist aber ganz anderer Meinung. Sie sagt, alles war in Ordnung, bis du ...«

»Wenn alles in Ordnung gewesen wäre«, versuchte Lilian sich zu verteidigen, »dann hätte dein Vater nicht ...« Sie stockte. Sie hatte sagen wollen, daß David in dem Fall keinen Blick auf sie verschwendet hätte. Aber das stimmte nicht, und sie wußte es nur zu genau. David riskierte immer einen Blick und sogar ein bißchen mehr, wenn sich ihm die Gelegenheit dazu bot. Wenn sie ihn nicht zu einer Entscheidung gezwungen hätte, dann wäre er vielleicht heute noch mit Elaine verheiratet und hätte nebenher seine Affären und flüchtigen Abenteuer. »Es stimmt, was du sagst, zum Teil wenigstens«, gab sie zu. Der Kellner stellte einen riesigen Eisbecher vor Davids Tochter hin und verschwand.

Sprachlos vor Staunen starrte Laurie sie an. Dann nahm sie ihr Eis in Angriff, und ohne etwas zu sagen, löffelte sie den ganzen Becher leer.

»Hat's dir geschmeckt?« fragte Lilian, die ihren Augen nicht traute.

»Es war prima.«

»Das freut mich.« Lilian wußte nicht recht, was sie sagen sollte, doch sie spürte, daß das Mädchen auf eine Erklärung wartete. »Laurie, ich ... weißt du, als ich deinen Vater kennenlernte, da wußte ich nicht, daß er verheiratet war. Ich dachte, er lebe von deiner Mutter getrennt ...«

»Wie kamst du denn darauf?«

Sie brachte es nicht fertig zu sagen: »Weil dein Vater mir das erzählt hat.« Aufrichtigkeit ist ja schön und gut, dachte sie, aber so eine Wahrheit kann ich doch einer Vierzehnjährigen nicht zumuten. »Ich weiß nicht mehr. Aber es ist sowieso egal, denn ich hab's sehr bald rausgekriegt ...«

»Und wie?«

»Er hat's mir gesagt. Dein Vater hat's mir gesagt. Aber da war's dann schon zu spät. Ich war bis über beide Ohren in ihn verliebt, und ich brachte es einfach nicht fertig, ihn aufzugeben. Ich hab's versucht. Wir haben's beide versucht.

Λir wollten niemandem weh tun, weder dir noch deinem Bruder oder deiner Mutter ...«

Der Kellner räumte den Tisch ab, Lilian hatte kaum die Hälfte gegessen. »Aber ihr habt's doch getan, oder etwa nicht?« fragte das Mädchen. »Ihr habt uns allen weh getan.«

»Ja, das haben wir«, gab Lilian ruhig zu. »Und es tut mir leid.«

Laurie zuckte die Achseln. »Mammi läßt die Couchgarnitur im Wohnzimmer neu polstern«, verkündete sie, ohne zu ahnen, welchen Schluß Lilian daraus ziehen würde.

Sie lächelte unwillkürlich. »Warum auch nicht«, erwiderte sie nachdenklich.

Lilian blickte auf ihre Armbanduhr. Schon fast zwei Uhr. Wenn Laurie nicht bald von der Toilette zurückkam, würde sie sich verspäten. Sie ließ ein fürstliches Trinkgeld für den Kellner zurück – vielleicht hatte er auf irgendeine geheimnisvolle Weise zu diesem überraschenden Erfolg beigetragen –, erhob sich und steuerte zielbewußt auf die Tür zu, hinter der Laurie vor mehr als zehn Minuten verschwunden war. Als sie sich an der dichtumlagerten Bar vorbeidrängte, grüßte sie flüchtig nach rechts und links.

Der Geruch schlug ihr entgegen, sobald sie die Tür öffnete. »Um Gottes willen, Laurie, was ist mit dir?« rief sie und stürzte auf die offene Kabine zu. Laurie kniete mit wachsbleichem Gesicht auf dem Boden und umklammerte mit beiden Armen die Kloschüssel.

»Ich hab' wohl zuviel gegessen.« Sie kämpfte mit den Tränen.

»Es ist meine Schuld«, seufzte Lilian. Sie hockte sich neben das Mädchen und fuhr ihr sanft durchs Haar. Dabei hatte sie das merkwürdige Gefühl, daß der Kopf des Kindes beim geringsten Druck ihrer Hand aufplatzen würde. »Warum nörgele ich auch immer an dir rum, weil du zuwenig ißt.« Sie hastete zum Waschbecken, tränkte ein Papierhandtuch

mit kaltem Wasser, lief damit zu Laurie zurück und legte es
ihr auf die Stirn.

»Es tut mir leid, Lilian. Alles hat so gut geschmeckt.«

»Laß nur, ist schon in Ordnung.«

Sie kniete neben dem Mädchen und stützte ihren zarten
Körper, bis Laurie sich ein wenig besser fühlte und aufstehen konnte. Langsam verließen sie dann das Restaurant und
traten hinaus an die frische Luft. Sie fröstelten im kühlen
Wind des Oktobertages und hüllten sich fest in ihre Mäntel.

»Kann ich dich 'nen Augenblick allein lassen?« fragte Lilian.
Laurie nickte. »Ich bin gleich wieder da. Rühr dich nicht
vom Fleck.«

Lilian verschwand eilig in einer Buchhandlung an der nächsten Ecke. Als sie nach ein paar Minuten wieder auftauchte,
hielt sie ein Paperback in der Hand. »Für dich«, sagte sie.
Laurie blickte auf den Umschlag. »›Wifey‹«, las sie laut.

»Hast du's etwa schon?« fragte Lilian. Laurie schüttelte den
Kopf und blätterte das Bändchen flüchtig durch. »Ich hab'
das Beste von Judy Blume verlangt. Und das hat der Buch-
händler mir gegeben.«

»Ist bestimmt spannend.« Laurie war immer noch schrecklich blaß.

»Glaubst du, du schaffst es allein bis nach Hause, wenn ich
dich in ein Taxi setze?« fragte Lilian.

»Hmhm«, nickte Laurie und blickte dabei sehr skeptisch
drein.

Lilian zwang sich, das Thema anzuschneiden, das ihr am
Herzen lag. »Laurie, du brauchst Hilfe«, sagte sie geradeheraus. Laurie blickte ihr forschend in die Augen.

»Du mußt jemanden aufsuchen, der dir wirklich helfen
kann ...«

»Einen Psychiater?« fragte Laurie leise.

»Ja«, antwortete Lilian. Sie winkte einem vorbeifahrenden
Taxi, das auch prompt wendete und neben ihnen am Straßenrand hielt. »Es ist nicht gesund, daß du monatelang

hungerst und dich dann plötzlich vollstopfst, bis du brechen mußt. Es ist nicht normal, und du bist gescheit und sensibel genug, um das zu begreifen. Ich möchte dir helfen, Laurie, aber ich weiß nicht, wie. Ich versteh' zuwenig davon. Deshalb rate ich dir dringend, geh zu jemandem, der die nötige Erfahrung hat.« Der Taxifahrer öffnete die Wagentür und schaute die beiden erwartungsvoll an. Sie rührten sich nicht. »Du bist krank, Laurie. Es gibt sogar 'nen Namen dafür«, fuhr Lilian fort. »Glaub mir, du bist nicht die einzige mit diesem Problem. Es gibt 'ne Menge Mädchen in deinem Alter, die sich in dieselbe Situation manövrieren wie du, weil sie mit ihrer Umwelt nicht zurechtkommen. Ich hab' mich kürzlich eingehend damit beschäftigt ...«

»Vielleicht machst du mal 'ne Sendung darüber«, sagte Laurie und versuchte zu lächeln.

Lilian beugte sich zu ihr hinunter und drückte das junge Mädchen an sich. Überrascht spürte sie, wie heftig Laurie ihre Umarmung erwiderte. »Vielleicht«, sagte Lilian. »Denk über meinen Vorschlag nach. Versprichst du mir das?«

Laurie nickte, machte sich los und schlüpfte in das Taxi. Lilian sah zu, wie der Wagen sich in eine Fahrspur einfädelte und im Verkehrsstrom verschwand. Dann wandte sie sich um und schlug den Weg zum Studio ein. Sie fühlte sich auf einmal seltsam beschwingt. »Es geschieht wieder etwas«, sagte sie laut. »Es geschieht wirklich wieder etwas.«

27

Das Geräusch hallte minutenlang in ihren Ohren wider, ehe
sie ganz wach war.

»Was ist los?« fragte David schlaftrunken neben ihr.

Sie öffnete die Augen und blinzelte nach dem Wecker. Es
war acht Uhr an einem Samstagmorgen. Der Lärm war
verstummt. Doch während sie noch überlegte, ob sie beide
nur geträumt hätten, begann er von neuem: ein abgehacktes
Klingeln, das sich in kurzen Stakkatos wiederholte.

»Das ist die Klingel.« Lilian erkannte den Ton erst in dem
Moment, als sie sprach.

»Die Klingel? Wer zum Teufel ...« Aber sie war schon aus
dem Bett gesprungen und rannte in die Küche. Kurz darauf
kam sie ins Schlafzimmer zurück und ging zum Schrank.

»Du solltest dich anziehen«, rief sie ihrem verdutzten Mann
über die Schulter zu. »Elaine ist da. Sie kommt rauf. Sie
klang nicht grade freundlich.«

Sie zog sich ein bodenlanges Frotteekleid über den Kopf und
warf David seinen blausamtenen Bademantel aufs Bett.

»Ach du Scheiße«, brummte David. »Was will die denn
hier?«

»Hat sie nicht gesagt«, erwiderte Lilian. »Vielleicht kann sie
den Verschluß von der Orangensaftflasche nicht allein auf-
schrauben.«

»Sehr lustig«, fauchte David gereizt und fuhr sich mit der

Hand durch das zerzauste Haar. Er stand auf und warf den Bademantel über seinen nackten Körper. Lilian sah, daß er eine Erektion hatte, und eine Welle des Verlangens überlief sie. Im letzten Monat hatten sie nur zweimal miteinander geschlafen.

Es klopfte laut und energisch an die Korridortür.

»Ich glaub', sie ist da«, sagte sie und zog eine Grimasse. David verharrte unschlüssig neben dem Bett.

»Wir könnten ja so tun, als hätte uns beide der Schlag getroffen.« Lilian hoffte vergeblich, ein Lächeln auf Davids finsteres Gesicht zu zaubern. »Ich mach' ihr auf«, erbot sie sich schließlich. David antwortete nicht.

Als Lilian zur Tür lief, kam ihr der Einfall zu fragen, wer denn draußen sei. Doch da Elaine vorhin über die Sprechanlage ganz den Eindruck erweckt hatte, als stünde ihr der Sinn ebensowenig nach Humor wie dem Mann, den sie sich einmal geteilt hatten, entschloß sie sich, sofort zu öffnen.

Elaine stürmte wütend an ihr vorbei und rauschte geradewegs ins Wohnzimmer. »Wie können Sie es wagen!« fauchte sie Lilian an, als die ihr folgte.

»Guten Morgen, Elaine«, sagte Lilian gelassen. »Wollen Sie nicht eintreten?«

»Kommen Sie mir ja nicht auf die Tour«, brauste Elaine erbittert auf. »Wie können Sie es wagen?!« wiederholte sie bebend vor Wut.

Lilian versuchte, die Ruhe zu bewahren. Sie wollte David nicht den Anblick zweier hysterischer Frauen zumuten. Wo zum Teufel steckte David bloß? »Wenn Sie die Freundlichkeit hätten, mir zu erklären, *was* Sie mir vorwerfen?« fragte Lilian.

»Hören Sie gefälligst auf, die Unschuld vom Lande zu spielen«, fuhr Elaine sie an und fuchtelte wild in der Luft herum. »Ich dachte, die Rolle hätten Sie abgelegt, als Sie damals Ihren Ehebruch eingestanden!«

»Au Backe!« Lilian nahm Zuflucht zu einem Lieblingsausdruck aus längst vergangenen Tagen, der angesichts Elaines Rückgriff auf die Vergangenheit durchaus passend schien. Sie ließ sich in einen ihrer ausladenden Ohrensessel fallen. Elaine lief ziellos vor ihr auf und ab und fuchtelte pausenlos in der Luft herum. Lilian erkannte, daß sie ein Buch in der Hand hatte. Plötzlich blieb sie abrupt stehen und hielt es Lilian drohend unter die Nase. »Kommen Sie mir nicht zu nahe.« Lilian merkte selbst, wie schrill ihre Stimme klang.

»Warum haben Sie meiner Tochter alles erzählt!« schrie Elaine.

»Wovon reden Sie überhaupt?« wollte Lilian wissen.

Elaine schleuderte das Bändchen auf den Glastisch. Es landete mit der Titelseite nach oben auf dem Teppich. WIFEY stand auf dem Umschlag und darunter *Von Judy Blume*.

»Das ist das Buch, das ich Laurie geschenkt hab'«, sagte Lilian.

»Ich weiß verdammt gut, was das ist! Ordinärer Schund, den nicht mal 'n Erwachsener lesen sollte, geschweige denn ein vierzehnjähriges Kind ...«

»Ja, sind Sie denn übergeschnappt?« fragte Lilian, bückte sich nach dem Paperback und hob es auf. »Laurie hat mir erzählt, daß Judy Blume ihre Lieblingsautorin ist. Sie schreibt Bücher für Teenager.« Während Lilian die ersten Seiten überflog, wandte Elaine sich nach David um, der eben ins Zimmer trat.

»Was geht hier vor?« Beide Frauen wußten, welches Alarmzeichen seine trügerisch ruhige Stimme bedeutete.

»Deine jetzige Frau«, begann Elaine mit aggressiver Direktheit, »also diese Schlange verdirbt unsere Tochter mit ordinärem Schund.« Jedes Wort saß wie ein Peitschenhieb.

»Das Ganze ist ein Mißverständnis«, sagte Lilian. Sie konnte sich ein Lächeln nicht verkneifen, als sie sich erhob und auf Elaine zuging. »Ich konnte doch nicht wissen ...«

»Was gibt's da zu grinsen?« herrschte Elaine sie an.

»Es tut mir leid«, entschuldigte sich Lilian und senkte den

Kopf, da sie das Lächeln nicht zu unterdrücken vermochte.
»Aber ich versichere Ihnen, ich wußte wirklich nicht ... Es
ist ein Mißverständnis, glauben Sie mir.« Sie wandte sich an
David. »Ich dachte, Judy Blume schreibt ausschließlich Ju-
gendbücher. Na ja, das hier ist offensichtlich nicht für junge
Mädchen gedacht.« Sie grinste breit.
»Was gibt's da zu feixen?« fragte David vorwurfsvoll.
Lilians Lächeln war wie weggeblasen. Sie schaute Elaine
bittend an und sagte versöhnlich: »Verzeihen Sie mir,
Elaine. Natürlich ist es meine Schuld. Aber glauben Sie mir,
ich hab's in bester Absicht getan.«
»Und als Sie meiner Tochter geraten haben, zum Psychiater
zu gehen, geschah das auch in bester Absicht?!« wechselte
Elaine aufgebracht das Thema, sobald sie merkte, daß ihr
erster Angriff ins Leere ging.
»Was?!« rief David erstaunt.
Lilians Blick wanderte zwischen den beiden zorngeröteten
Gesichtern hin und her.
»Zum Kuckuck, Lilli, wovon redet sie?« fragte David unge-
duldig. »Was soll dieser Unsinn von wegen Laurie und
Psychiater?«
»Ich halt' es nicht für unsinnig«, erwiderte Lilian ruhig.
David war sprachlos vor Staunen.
»Also geben Sie's zu!« triumphierte Elaine.
»Ja, ich geb's zu«, schrie Lilian zurück. Verblüfft starrte die
andere sie an. »Ich finde, es ist höchste Zeit, daß sich jemand
um das Mädchen kümmert.«
Elaine kochte vor Wut. »Wie können Sie es wagen ...«,
wiederholte sie ihren Eröffnungssatz.
»Aber so verstehen Sie doch«, bat Lilian kleinlaut, »ich will
Ihnen ja gar nicht unterstellen, Sie liebten sie nicht oder es
sei Ihnen gleichgültig, was mit ihr passiert. Ich bin sicher,
Sie sorgen sich um Laurie. Aber ich auch, und ich denke, ich
hab' das Recht einzugreifen, wenn ich merke, daß da was
schiefläuft.«

»Laurie ist meine Tochter, und was sie angeht, haben Sie nicht das mindeste Recht«, ereiferte sich Elaine.

»Was läuft denn deiner Meinung nach schief?« mischte David sich ein.

Lilian wandte sich beschwörend an ihren Mann: »David, du brauchst dir Laurie doch bloß anzuschauen. Sie ist nur noch ein Schatten ihrer selbst.« Davids Blick verdüsterte sich. Ein gelangweiltes Lächeln huschte über sein Gesicht. Lilian spürte, daß er ihr nicht glaubte, nicht glauben wollte.

»Ach, Lilli, das Thema haben wir doch weiß Gott lange genug durchgekaut. Sie ist eben in der Pubertät, das ist alles.«

»Sie ist 'n typischer Fall von Anorexie«, beharrte Lilian.

»Was?« fragte Elaine entgeistert.

»Anorexie«, wiederholte Lilian. »Das ist eine Krankheit, die in der Regel junge Mädchen ...« Doch ehe sie ihre Erklärung zu Ende bringen konnte, fiel Elaine ihr ins Wort.

»Das interessiert mich nicht! Behalten Sie Ihre verrückten Meinungen für sich! Und unterlassen Sie es gefälligst, meine Tochter zu verderben und ihr solchen Unsinn einzureden!« Lilian stand stumm da, während Elaine sich in eine regelrechte Hysterie hineinsteigerte. »Was wollen Sie mir eigentlich noch alles wegnehmen? Ich hab' Ihnen meinen Mann abgetreten! Wollen Sie jetzt auch noch mein Kind? Warum? Kriegen Sie selber keine? Ist das Ihr Problem? Sind Sie unfruchtbar? Müssen Sie sich deshalb an den Kindern anderer Leute vergreifen? Wenn Sie eigene hätten, dann würden Sie vielleicht begreifen, was es heißt, Mutter zu sein. Aber Laurie und Jason sind *meine* Kinder, lassen Sie also gefälligst Ihre dreckigen Hände von ihnen und behalten Sie Ihre verrückten Ideen für sich. Haben Sie mich verstanden?«

Lilian war wie betäubt. Jedes Wort von Elaines haßerfüllter Tirade hatte sie getroffen wie ein körperlicher Schlag, doch sie war so benommen, daß sie keinen Schmerz empfand –

noch nicht. Ich hab' Ihnen meinen Mann abgetreten, hallte es dumpf in ihrem Kopf wider, und dazwischen dröhnten Worte wie unfruchtbar und verderben. Worte aus dem Mittelalter, dachte sie apathisch, oder vielleicht nur die Worte einer Frau im mittleren Alter? Es gab keine Möglichkeit, Elaine zur Vernunft zu bringen, das spürte sie. Hilfesuchend blickte sie zu David auf. Steh mir bei, dachte sie, ich bin doch deine Frau.

»Elaine hat recht«, sagte er statt dessen. »Diese Sache geht dich wirklich nichts an. Laurie ist *unser* Kind«, fuhr er zu Elaine gewandt fort, »und wir werden uns um sie kümmern.«

Seine Worte wirkten wie ein gutgezielter Schlag in die Kniekehlen. Lilian taumelte nach vorn, klammerte sich an einen Sessel und sackte darin zusammen.

»Aber um die Rechnungen für ihren Psychiater wirst du dich schon allein kümmern müssen, mein Lieber«, rief Elaine im Hinausgehen. »Laurie ist ganz wild auf so 'ne Behandlung. Wahrscheinlich glaubt sie, daß sie sich damit in der Schule interessant machen kann. Na, jedenfalls werden wir die Rechnungen an dich weiterleiten.« Sie öffnete die Tür. »Wiedersehen, Lilian. War nett, mit Ihnen zu plaudern.«

Lilian hörte, wie die Tür ins Schloß fiel und Elaines Schritte im Korridor verhallten. Sie spürte, daß David dicht hinter ihrem Sessel stand, doch sie hielt den Blick starr auf den weißen Teppich zu ihren Füßen gerichtet. Wenn ich ihn anschaue, fuhr es ihr durch den Kopf, dann möcht' ich ihn vielleicht umbringen. Der Gedanke machte ihr Angst.

»Tja, da hast du wirklich was angerichtet. Als ob wir finanziell nicht schon genug Probleme hätten ...«

»Ich finde, Geldsorgen sind unser geringstes Problem«, gab Lilian ruhig zurück.

David schien sie gar nicht gehört zu haben. »Mensch, Lilli«, fuhr er aufgebracht fort. »Ein Psychiater! Meinst du nicht, du bist da 'n bißchen weit gegangen?«

»Welche Stellung hab' ich eigentlich in dieser Familie, David?« flüsterte Lilian mit zitternder Stimme.

»Was soll denn das nun wieder?« fragte er gereizt. »Wovon sprichst du überhaupt?«

»Von dem, was sich gerade hier abgespielt hat; davon, wie du mich als Frau Niemand behandelt hast.«

»Verdammt noch mal, Lilli, red endlich vernünftig.«

Zum erstenmal, seit er Elaines Partei ergriffen hatte, blickte sie ihm ins Gesicht.

»Du begreifst nicht mal, was du angerichtet hast«, stieß sie verärgert hervor.

»Was *ich* angerichtet hab'?! Hab' ich etwa meiner Tochter 'n Pornobuch in die Hand gedrückt? Oder ihr den Floh mit 'nem Psychiater ins Ohr gesetzt?«

»Es war weiß Gott kein Pornobuch. 'n bißchen gewagt der Roman, zugegeben, aber mehr auch nicht. Außerdem hab' ich lang und breit erklärt, daß das Ganze ein Mißverständnis war, und ich hab' nicht vor, mich noch mal dafür zu entschuldigen. Viel wichtiger, ja das *einzig* Wichtige an der Sache ist deine Einstellung dazu, dein Verhalten mir gegenüber.«

»Mein Verhalten?«

»Genau.« Sie fühlte wieder Kraft in den Beinen und erhob sich. »Was soll ich hier eigentlich, David?« fragte sie eindringlich. »Ich bin deine Frau. Ich nahm an, damit sei ich ein Mitglied deiner Familie, zu der auch deine beiden Kinder gehören. So 'ne Ausgangssituation entsprach zwar vielleicht nicht grade meiner Traumvorstellung, aber ich hab' deine Kinder von Anfang an akzeptiert. Denn für mich sind sie ein Teil von dir, ihr drei gehört sozusagen zum selben Paket. Ich hatte mir vorgestellt, daß ich eines Tages auch dazugehören würde. Und du hast mich weiß Gott immer einbezogen, wenn's darum ging, sie zu bekochen oder das Wochenende mit ihnen zu verbringen oder den Chauffeur für sie zu spielen oder sie zu unterhalten, wenn du beschäf-

tigt warst ... wenn du Überstunden machtest.« Sie stockte. »Aber jetzt fang' ich an zu begreifen, daß ich hier immer nur als Haushälterin betrachtet wurde. Ich darf mich um ihr leibliches Wohl kümmern, aber alles, was darüber hinaus mit den Kindern geschieht, geht mich 'nen Dreck an.«
»Lilli, nun übertreibst du aber ...«
»Nein, ich übertreibe *nicht*! Mich hat grade 'ne Meisterschützin umgelegt, und mein Mann stand dabei und reichte ihr die Munition. Elaine hat mir 'n paar hundsgemeine Sachen an den Kopf geworfen. in so 'nem Fall findet man's eigentlich selbstverständlich, daß der Partner einen verteidigt. Aber was macht mein Mann? Er steht seelenruhig da und sagt: ›Elaine hat recht.‹ Elaine hat recht«, wiederholte sie fassungslos. »Ich werde aufs gemeinste erniedrigt, und mein Mann steht dabei und merkt's nicht mal. Und warum? Weil du nur ein Interesse hast: allen Schwierigkeiten aus dem Weg zu gehen!« Sie holte tief Luft. »Ich denke, mehr gibt's nicht zu sagen. Man hat mir unmißverständlich klargemacht, wo mein Platz ist. Und jetzt, da ich weiß, wie ich dran bin, geh' ich wohl am besten in die Küche und bereite dem Hausherrn sein Frühstück.« Sie drehte sich um und wollte hinausgehen.
David hielt sie am Arm zurück. »Lilli, du führst dich auf wie ein Kind! Kein Mensch behandelt dich als Dienstboten, und das weißt du!«
»So? Was bin ich denn dann?« Ihre Stimme klang jetzt ebenso laut und schrill wie vorhin Elaines. »Ich bin keine Mutter, weder echt noch in Vertretung, darüber hat man mich heute morgen überdeutlich aufgeklärt. Und ich bin nicht mal mehr 'ne Ehefrau.«
»Aber Lilli ...«
»Hab' ich etwa nicht recht? Leben wir denn noch wie Mann und Frau? Wir schlafen nicht mehr zusammen, wir reden nicht mehr miteinander. Wir sehen uns ja kaum noch.«

»Das kommt alles bloß von dieser verdammten Fernsehshow«, warf David ein.

»Damit hat es absolut nichts zu tun!« widersprach sie wütend. »Wie kannst du's wagen, so was zu behaupten?!« ereiferte sie sich und stockte befangen, als ihr bewußt wurde, daß sie unwillkürlich Elaines Ausdruck benutzt hatte. »Ist dir eigentlich klar, daß du mich noch nicht ein einziges Mal gefragt hast, wie wir mit der Sendung vorankommen oder ob mir die Arbeit Spaß macht?«

»Du kennst doch meine Gefühle in dieser ...«

»O ja!« unterbrach sie ihn heftig. »Ich kenne *deine* Gefühle. Was ich wissen möchte, ist, ob du eine Ahnung hast, was *ich* empfinde!«

David schwieg eine Weile. »Ich kann kein Interesse heucheln, das ich nicht empfinde«, sagte er schließlich. »Ich hasse ganz einfach das Thema dieser Reportage, Lilli. Um die Wahrheit zu sagen, ich glaube, du hast dich nur dazu hergegeben, um dich an mir zu rächen.«

Lilian sah David fest in die Augen. Sie waren schön wie immer, grün und unergründlich, aber die Wimpern zuckten nervös unter ihrem forschenden Blick. Ihr Mut sank, doch sie wußte, daß sie der Wahrheit jetzt nicht mehr ausweichen konnten. »An dir rächen, für was?« erkundigte sie sich zögernd.

David war auf die Frage nicht gefaßt. Sie brachte ihm erst den tieferen Sinn seiner eigenen Worte zum Bewußtsein. Stumm wandte er sich ab.

»David, es hat doch keinen Zweck mehr zu lügen«, sagte sie. Allmählich wich die Betäubung von ihr, aber sie versuchte, verzweifelt, sich gegen die aufsteigenden Empfindungen zu wehren. In den nächsten Minuten schien das Geschehen in Zeitlupe abzulaufen. Erst vernahm sie jedes Wort in ihrem Herzen, bevor es ausgesprochen wurde, und danach hallte es in ihrem Kopf wider.

Sie beobachtete, wie David sich aufs Sofa setzte. Ängstlich

wich er ihrem Blick aus. Es tut mir leid, Lilli. Ich hatte gehofft, es würde längst vorbei sein. »Es tut mir leid, Lilli«, brachte er in heftiger Erregung hervor. »Ich hatte gehofft, es würde längst vorbei sein.« Es tut mir leid, Lilli. Ich hatte gehofft, es würde längst vorbei sein.

Ihre Augen füllten sich mit Tränen. »Und ist es das nicht?« fragte sie, obwohl sie die Antwort kannte. Es ist nicht vorbei. Es ist nicht vorbei. Es ist nicht vorbei.

»Nein«, sagte er und wagte immer noch nicht, sie anzusehen. Nein. Nein. Nein. »O Lilli, wenn du wüßtest, wie leid es mit tut. Ich kann mich selbst nicht ausstehen, so mies komm' ich mir vor, aber ich kann einfach nicht dagegen an. Ich liebe dich. Ich will dich nicht verlieren. Ich bin sicher, das mit Nicki ist nichts weiter als ein Rausch. Sie ist jung, sie ist schön. Sie gibt mir das Gefühl ich sei der Größte, ich ...«

»Es interessiert mich einen Dreck, was für Gefühle sie in dir weckt!« kreischte Lilian. Sie stürzte sich auf ihren Mann und trommelte mit beiden Fäusten gegen seine Brust. »Scher dich zum Teufel, du gemeiner Hund!«

Ehe sie sie daran hindern konnte, versetzte sie ihm eine schallende Ohrfeige. Im nächsten Augenblick hielt er ihre beiden Handgelenke umklammert. Sie versuchte sich zu wehren, doch er war stärker. Sie fühlte sich schrecklich hilflos; nicht einmal durch Schreien konnte sich ihr rasender Zorn mehr Luft machen, denn die Tränen erstickten ihre Stimme. Ihre Nase lief, und sie versuchte verzweifelt, eine Hand aus Davids eisernem Griff zu befreien. Aber statt dessen preßte er seinen Körper gegen den ihren, umfing sie mit beiden Armen, wiegte sie tröstend, hielt sie und versuchte, sie zu beschwichtigen.

»Lilli, mein Liebstes«, flüsterte er ihr ins Ohr. »Bitte wein doch nicht.«

Langsam ließ er ihre Hände los, beugte sich hinunter und bettete seinen Kopf an ihre Brust. Sie hob die Arme, wollte ihn schlagen, seinen Rücken mit den Fäusten bearbeiten, aber ihre Hände gehorchten nicht. Sie klammerten sich an seine Schultern wie die einer Ertrinkenden an einen Rettungsring. Haltsuchend zog sie ihn fest an sich. Im nächsten Augenblick hatte er ihr das Frotteekleid über den Kopf gezerrt, war aus dem Bademantel geschlüpft und zog sie mit sich auf den Teppich. Sie liebten sich mit jener Heftigkeit, die in Verzweiflung wurzelt, in der Tränen den Schweiß und Furcht und Schuld die Leidenschaft ersetzen. Sie wußten es beide, und als es vorbei war, machten sie sich keine Illusionen.

»Was nun?« fragte sie, als er sich den Bademantel wieder anzog. »Was soll jetzt werden?«

»Ich weiß es nicht«, antwortete er.

»Wie möchtest du denn, daß es weitergeht?« drängte sie. »Weißt du das wenigstens?«

»Ich wünschte, alles würde wieder so wie früher«, sagte er nach einer Weile ruhig.

»Früher?«

»Na, bevor dieser ganze Mist anfing. Bevor Beth Al umbrachte. Bevor du diesen idiotischen Auftrag angenommen hast ...«

Lilian traute ihren Ohren nicht. »Bevor Beth Al ermordete! Bevor ich zum Fernsehen zurückging! David, merkst du eigentlich, was du tust? Du hast dich grade jeglicher Verantwortung für diese Geschichte entzogen. Was ist mit Nicole?! Was ist mit der Rolle, die ihr beide in dieser ganzen Sache spielt?«

»Ich behaupte ja gar nicht, daß mich keine Schuld trifft. Ich versuche dich nur auf die mildernden Umstände hinzuweisen, um dir verständlich zu machen, warum ich grade an diesem Punkt meines Lebens empfänglich war für Nicoles ...«

»Ach red doch keinen Stuß, man kann für alles mildernde Umstände finden! Du willst mir einreden, du möchtest, daß alles wieder wird wie früher; als Al noch lebte und ich an der

Uni Kurse gab. Darf ich dich daran erinnern, daß deine Romanze mit Nicole anfing, bevor sich irgend etwas an unserem Leben änderte? Es begann nicht wegen Al oder wegen meiner Arbeit, sondern weil die aufregende Globetrotterin, die du geheiratet hattest, sich allmählich in 'ne langweilige, kleine Ehefrau verwandelte, die zu Hause rumhockte und ...«

»Ich fand dich nie langweilig!«

»Ach komm, ich hab' mich ja selber halb zu Tode gelangweilt. Wie hätte ich dir da nicht auf den Wecker fallen sollen?!«

David lief unruhig im Zimmer auf und ab. »Tut mir leid, Lilli, aber ich seh' das anders. Ich kann mir nicht helfen, ich hab' nun mal das Gefühl, unsere ganzen Schwierigkeiten fingen erst an, als die Fernsehfritzen dich zu dieser Sendung überredeten.«

Lilian schloß die Augen. »Wir haben ja noch nicht mal über meine Arbeit gesprochen. Sogar jetzt kann ich nicht mit dir darüber reden.« Ihre Stimme klang, als käme sie von weit her.

»Darum dreht sich's gar nicht. Du weißt doch genau, was ich meine.«

»Ja, das weiß ich«, räumte sie ein. »Du willst, daß ich beim Fernsehen aussteige.«

David blieb abrupt stehen. »Das kann man nicht so vereinfachen. Ich bin mir selbst nicht mehr sicher, was ich will. Ich hab' nichts dagegen, daß du fürs Fernsehen arbeitest, und das weißt du auch. Aber ausgerechnet diese Sendung über Beth Weatherby ...«

»Das ist keine Sendung über Beth Weatherby«, widersprach sie. »Aber das ist ja eigentlich nebensächlich, oder?«

»Und was ist deiner Meinung nach die Hauptsache?«

»Nun, ich denke, der springende Punkt ist, daß meine Karriere dich nicht stört, solange du bestimmen kannst, wann ich wo bin und was ich mache. Darum dreht sich's doch,

David, oder etwa nicht? Ich bleibe in Chicago, mache meinen Achtstundentag und lasse hübsch brav die Finger von Themen, die dir anstößig erscheinen oder dir aus irgend'nem anderen Grund nicht in den Kram passen ...«

»Lilli, ich bitte dich ...«

»Na schön.« Ein paar Sekunden lang standen sie sich stumm gegenüber. Dann wiederholte sie: »Na schön. Du hast gewonnen. Ich mach's. Ich laß die Reportage sausen. Was jetzt? Deine erste Forderung wär' akzeptiert. Was weiter?«

»Weiter?« fragte David verwirrt. Er schien die plötzliche Wendung der Dinge nicht zu begreifen.

»Also ich finde, wir sollten unsere Karten offen auf den Tisch legen, meinst du nicht auch? Ich möchte endlich wissen, wie ich dran bin. Was ist mit Kindern?«

Lilian sah, wie David den Kopf senkte. »Lilli, bitte, du weißt doch, wie ich drüber denke. Du weißt, ich hab' das Gefühl ...«

»Na gut, einverstanden. Keine Kinder. Abgemacht.« Sie zögerte. Dann nahm sie all ihren Mut zusammen und zischte das Wort heraus, das drohend zwischen ihnen schwebte: »Nicole.«

Er schwieg eine Weile. Endlich fragte er: »Was willst du von mir hören, Lilli?«

»Was glaubst du, will ich hören?«

»Daß ich mit ihr Schluß mache«, antwortete er nach einigem Zögern.

»Du hast's erraten«, sagte sie und wartete.

»Ich kann nicht«, brachte er endlich mühsam hervor. Lilian spürte, wie ihre Füße in dem dicken, weißen Teppich versanken. Genau wie letzten Sommer bei dem Picknick von Weatherby & Ross, dachte sie. Da bohrten sich meine Absätze in den Rasen, und ich war bewegungsunfähig genau wie jetzt. »Du kannst nicht«, wiederholte sie erstarrt. Ihre Augen blitzten vor Zorn. »Du erwartest von mir, daß ich alles, aber auch alles aufgebe: meine Karriere, den Wunsch nach 'ner eigenen Familie, ja sogar auf meinen Mann soll ich verzichten, wann immer er den übermächtigen Drang nach mildernden Umständen verspürt. Aber das ist noch längst nicht alles, nein, du verlangst von mir, daß ich mich aus der Erziehung deiner Kinder raushalte, erwartest aber gleichzeitig, daß ich mich mit um sie kümmere. Ich soll deine Exfrau mit all ihrem pseudomütterlichen Getue ertragen, muß mich von ihr in meiner eigenen Wohnung beleidigen lassen, für die ich nach wie vor die Miete zahle ... Und das alles, während du deine Zeit und dein Geld zwischen deiner Exfrau und deiner derzeitigen Geliebten aufteilst. Kein Wunder, daß die Kleine dich für den Größten hält! Aber weiß sie auch, daß dein Postament aus 'nem Stapel unbezahlter Rechnungen besteht?!«

»Ich glaube nicht, daß uns das weiterbringt«, sagte er mit aufreizender Gelassenheit.

»So, glaubst du das nicht?« fuhr Lilian ihn an. »Tja, das ist schade, denn ich bin da ganz anderer Meinung. Ich finde, wir sind dabei, unsere Beziehung endlich im richtigen Licht zu sehen.« Sie dachte über die letzten fünf Minuten nach. »Ich hab' grade all deine Bedingungen akzeptiert. Ich bin bereit, mit deinem Zeitplan zu leben und mit deinen Schulden, mit deinen Kindern, ja sogar mit deiner Exfrau. Ich bin bereit, auf meinen Beruf zu verzichten und den Wunsch nach eigenen Kindern aufzugeben. Ich bin bereit, alles zu tun, was du von mir erwartest, ja so zu werden, wie du es verlangst. Wenn's sein muß, würde ich mich total ändern, nur um dich nicht zu verlieren. Und für all das bitte ich dich nur auf eine einzige Sache zu verzichten. Die Affäre mit Nicole Clark. Und da hast du die Stirn, mir zu sagen, du kannst es nicht!« Fassungslos schüttelte sie den Kopf.

»Ich kann dich doch nicht belügen, Lilli«, seufzte er. »Wär's dir lieber, wenn ich dich belügen würde?«

»Warum denn nicht?« fauchte sie ihn an. »Wieso kannst du auf einmal nicht mehr lügen? Du hast doch weiß Gott genug

Übung darin!« Sie begann zu weinen. »Warum hast du plötzlich Gewissensbisse?« schluchzte sie verzweifelt.

»Es tut mir unendlich leid.« Als er den Arm um sie legen wollte, stieß sie ihn zurück. »Ich wünschte, ich könnte dir sagen, was du hören möchtest. Ich wünschte, ich könnte dir versichern, daß sie mir nichts bedeutet, daß ich mich ganz einfach von ihr trennen werde. Aber ich kann nicht. Obwohl ich dich liebe, und ich liebe dich wirklich, Lilli, komm ich nicht von Nicki los. Noch nicht.«

»Wann?« fragte sie.

»Was meinst du?«

Lilian schluckte die Tränen hinunter. »Noch nicht bedeutet, irgendwann wird's möglich sein. Wie lange wird das dauern?« Er schüttelte den Kopf. »Ich weiß es nicht«, sagte er.

»Und du verlangst von mir, daß ich hier sitze und auf dich warte?« So wie ich mich jetzt fühle, dachte sie, muß Sybil Burton sich vorgekommen sein, als sie Richard nach Jahren stummer Qual endlich wegen seiner Seitensprünge zur Rede stellte.

Die Aufrichtigkeit seiner Antwort überraschte sie. »Ich würd's mir wünschen«, sagte er. »Aber ich weiß, daß ich kein Recht habe, das von dir zu verlangen.«

Seine Gelassenheit entfachte ihren Zorn aufs neue. »Nein, dazu hast du weiß Gott kein Recht!« schrie sie. »Ist dir eigentlich klar, daß ich's dir heimzahlen könnte? Und zwar gesalzen, mein Lieber«, fuhr sie fort und wunderte sich selbst mehr über ihren plötzlichen Ausbruch als ihr Mann. »Ich könnte dir alles das abknöpfen, was Elaine sich noch nicht unter den Nagel gerissen hat. Ich geb' zu, das ist nicht grade viel, aber es dürfte reichen, um der kleinen Nicole klarzumachen, wie die Wirklichkeit aussieht!« Erschöpft brach sie ab. Erst jetzt wurde ihr bewußt, wieviel Bitterkeit sich in ihr aufgestaut hatte.

Lange schwiegen sie beide. Keiner war bereit, den ersten Schritt zu machen.

»Du mußt tun, was du für richtig hältst«, flüsterte David endlich. »Es ist dein Leben. Du hast das Recht, es nach deinen Wünschen zu gestalten. Wenn du die Scheidung willst, bitte, ich werd' dir nichts in den Weg legen. Und wenn du mich finanziell ruinieren willst, ja, dann tu's eben. Ich kann dich nicht dran hindern. Du bekommst alles, was du verlangst.«

»Ich will dich«, sagte sie mit brechender Stimme.

»Nein«, tönte es ihr klar und hart entgegen. »Die Frau, die da grade zu mir gesprochen hat, will eine ganze Menge, aber ich gehör' nicht dazu.« Er drehte sich um und ging hinaus.

»O nein, David, bitte…« Sie lief ihm nach. »Ich hab's nicht so gemeint, als ich sagte, ich würde dir alles abknöpfen. Du weißt, daß ich das nie tun würde. Bitte, David, verzeih mir.«

Er verschwand im Bad und schloß sich ein. Lilian sank vor der Tür in die Knie und lehnte die Stirn gegen das Holz, an dem ihre Tränen hinunterliefen wie farblose Lacktropfen. »Verzeih mir«, wiederholte sie wieder und wieder, während sie drinnen die Dusche rauschen hörte. »Bitte verzeih mir.«

28

»Mann, ist das 'ne Kälte draußen!« rief Irving, als er in den kleinen Vorführraum stürmte. »Na, wie steht's?« fragte er und zog den Mantel aus.

Bei seinem Eintritt waren die Anwesenden erwartungsvoll verstummt, doch nun klang Lilian von allen Seiten wieder munteres Stimmengewirr entgegen. Die altvertrauten Klagen über das miserable Chicagoer Novemberwetter waren das aktuelle Gesprächsthema. Ein paar Minuten lang hörte Lilian zu, wie Irving der kleinen Versammlung erklärte, daß der wichtigste Sponsor aufgehalten worden sei und man die Vorführung bis zu seinem Eintreffen verschieben müsse. »Stellt euch vor, es fängt tatsächlich an zu schneien!« war das letzte, was sie vernahm, ehe ihr Blick auf die riesige, leere Leinwand zurückkehrte.

Die Tür hinter ihr öffnete und schloß sich wiederholt, immer mehr Leute trafen ein, und bald würde jeder Platz in dem engen Zuschauerraum besetzt sein. Aber nicht nur mit unbedeutenden, kleinen Randfiguren wie sie, sondern mit Spitzenkräften wie den Repräsentanten der Fernsehanstalt und den Sponsoren, den Leuten also, von denen es abhing, ob »Chicagos Stunde« ihre ersten sechzig Probeminuten überleben würde oder nicht.

Ich sollte nervös sein, dachte sie. Glücklich. Ängstlich. Ärgerlich. Verwirrt. Irgendwas. Doch sie empfand von alledem ebensowenig, wie sie spürte, daß es draußen kalt und drinnen warm war, oder wie sie den Unterschied zwischen Lärm und Stille, zwischen Tag und Nacht wahrnahm. In den letzten drei bis vier Wochen war sie herumgegangen, als sei sie in den Körper einer Fremden geschlüpft. Sie fühlte sich wie ein welkes Herbstblatt, dessen Farben erloschen waren, in dem niemand die frühere Leuchtkraft vermutet hätte und das zusammengeschrumpft und unansehnlich nur noch darauf wartete, daß ein Rad darüber hinrollte, damit die Winde seine verdorrten Reste der Vergessenheit anheimgeben könnten. Die verdorrten Reste meiner Seele, dachte sie und fröstelte.

»Na, was hältst du davon?« fragte er.

»Wovon?« Lilian blickte sich nach Irving um, der sich auf die Rückenlehne ihres bequemen Sessels stützte. »Entschuldige, hast du mit mir gesprochen?«

»Ich sagte, der November traf Chicago mit der Kraft eines gefrorenen Schneeballs, der gegen eine Windschutzscheibe prallt«, wiederholte er. »Wie findest du das?«

»Was denn?« fragte Lilian. Sie merkte, daß sie lächelte, und ihr wurde bewußt, daß sie das schon lange nicht mehr getan hatte.

»Ich hab's mir auf dem Weg ins Studio ausgedacht, das mit dem November, der wie ein Schneeball trifft. Ich fand's direkt poetisch.« Lilians Lächeln sprang auf ihre Augen über.

»Geht's dir gut?« fragte er.

»Aber klar doch«, antwortete sie.

»Machen sie dir Schwierigkeiten an der Uni?«

Sie schüttelte den Kopf. »Nein. Ich hab' ihnen erklärt, wie wichtig diese Vorführung ist und daß ich dabeisein muß.«

»Wie kommst du denn jetzt dort zurecht?«

»Es geht so«, sagte sie gleichgültig.

Er klopfte ihr auf die Schulter. »Paß nur auf, daß es nicht zu gut geht. Ich hab' das Gefühl, daß unsere Sendung den allgewaltigen Herren gefallen wird und du die heiligen Hallen der Wissenschaft endgültig mit der Welt vertauschen kannst, in der Sex und Gewalt immer noch 'n Thema sind. Was ist los mit dir, Lilli?« fragte er übergangslos.

»Nichts«, sagte sie. »Ich bin bloß 'n bißchen übermüdet.«

»Na, dann bestell diesem hübschen Burschen, mit dem du verheiratet bist, er soll dich mal richtig ausschlafen lassen.« Lilian wandte sich wieder der leeren Leinwand zu und starrte auf die weiße Fläche, auf der Davids Gesicht erschien. Er füllte sie leicht und mühelos, die Ausstrahlungskraft seiner Augen und die Wärme seines Lächelns wurden nur noch verstärkt durch die Übergröße ihrer imaginären Projektion. Plötzlich wußte Lilian, daß nichts und niemand und keine Zeit dieser Wirkung, die er auf sie hatte, etwas anhaben konnten. Es würde immer so bleiben, daß schon sein Anblick genügte, um ihre Knie zum Zittern zu bringen und ihr das Gefühl zu geben, sie sei linkisch und unbeholfen: das Mauerblümchen, das nervös die Tür öffnet und unverhofft dem umschwärmten Idol der ganzen Schule gegenübersteht.

Das Bild ihres Mannes war wie ein Magnet, der sie unwiderstehlich anzog. Sie wollte darauf zu laufen, sich hineinwerfen, darin untergehen, doch sie wußte auf einmal, daß das Bild bei der leisesten Berührung zerspringen oder von der Leinwand verschwinden würde. Sie würde mit leeren Händen und zerschunden auf der anderen Seite zurückbleiben und erkennen, hinter der Leinwand – dem Gesicht? – war nichts.

Sie saß wehrlos da, während diese Gedanken auf sie einstürmten. Den letzten Monat über war es ihr irgendwie gelungen, die Wirklichkeit von sich fernzuhalten. Alles schien plötzlich stillzustehen. Wie über die Prinzessin im Märchen, die sich an ihrem fünfzehnten Geburtstag an einer Spindel sticht und in einen todesähnlichen Schlaf versinkt, war auch über Lilian ein Zauber gelegt, der jedes

Gefühl für Zeit, Raum und das Geschehen um sie her auszulöschen schien. Wie eine Schlafwandlerin tastete sie sich durch den Tag und wartete auf den schönen Prinzen, dessen Kuß sie erwecken sollte. Zwischen dem Stich in den Finger und dem Kuß des Prinzen gähnte nur schwarze Leere. Die Spindel und der Prinz, dachte sie und lachte unwillkürlich laut auf.

Sie tat so, als versuchte sie, einen Hustenanfall zu unterdrücken, blickte sich verstohlen um und sah, daß inzwischen nur noch vier Plätze frei waren. Die Luft in dem kleinen Raum wurde stickig, besonders, da jetzt die meisten rauchten. Damals, als sie und David frisch verheiratet waren, hatte er oft darüber geklagt, daß ihre Kleider und ihr Haar nach solchen Sitzungen tagelang nach Rauch stanken. Sie bezweifelte, daß er es heute überhaupt noch merken würde.

Er war in letzter Zeit kaum zu Hause, sondern teilte seine Zeit zwischen der Kanzlei und Nicole, und wenn er wirklich einmal daheim übernachtete, dann schlief er vor Erschöpfung sofort ein. Das Verlangen war erloschen. Selbst die Verzweiflung hatte sich in ein schemenhaftes Abstraktum verwandelt. Sie war für ihn wie eine Boje im Wasser, ein vertrautes Zeichen, an dem man sich orientieren konnte. Was hatte er doch gleich gesagt? Ich kann kein Interesse heucheln, das ich nicht empfinde? Lilian schloß die Augen und versuchte, die Gedanken zu verdrängen. Doch es gelang ihr nicht. Es ist alles meine Schuld, grübelte sie, während sie sich tief in ihrem Sessel vergrub und den Kopf zurücklehnte. Ich hab' ihn unter Druck gesetzt, wollte mit aller Gewalt eine Entscheidung erzwingen. Jetzt geht's mir wie Dornröschen, ich kann nichts tun als darauf hoffen, daß David sich einen Weg durch die Dornen zu mir zurückbahnt.

Irgendwo klingelte ein Telefon. Sie öffnete die Augen und sah, wie Irving den roten Hörer abnahm, sah, wie er die Lippen bewegte, doch sie wehrte sich dagegen, irgend etwas zu hören. Erst als sie merkte, daß der Raum sich allmählich leerte, kam sie mit einem Ruck wieder zu sich.

»Na los, beweg dich«, sagte Irving, der sich über sie gebeugt hatte. »Ich lade dich zum Essen ein.«

»Was ist passiert?« fragte sie.

»Mistwetter«, antwortete er und griff nach seinem Mantel. »Sobald im Winter die ersten Schneeflocken fallen, bricht der Verkehr zusammen. Einer von der Prominenz hat auf der Autobahn 'nen Unfall gehabt. Nichts Ernstes, ihm ist zum Glück nichts passiert. Aber vor sieben wird er nicht hiersein.«

Lilian zog ihren Mantel an und ließ sich von Irving über den langen Korridor hinaus in die Kälte führen.

»Wie macht sich deine Stieftochter?« erkundigte er sich, als sie auf dem Weg zu Maloney die Straße überquerten.

»Laurie?« fragte Lilian zurück, als sie schon vor der Tür des Restaurants standen. Sie fühlte, wie der Wind ihr ins Gesicht peitschte. Es war geradeso, als hätte Lilian eine Überdosis Rauschgift genommen und müsse wieder zum Leben erweckt werden. »Mit ihr geht's aufwärts«, erklärte sie. »Sie ist zwar immer noch dünn wie 'ne Bohnenstange, aber sie sucht jetzt zweimal die Woche 'nen Spezialisten auf – übrigens zusammen mit ihrer Mutter –, und ich glaub', sie packt's, ja wirklich.«

»Klingt nach 'nem interessanten Stoff für 'ne Dokumentation.« Irving grinste verschmitzt.

Lilian lachte. »Genau das hat Laurie auch gesagt.« Sie erinnerte sich, wie Laurie vor etwa einem Monat an derselben Stelle gestanden und diese Bemerkung gemacht hatte. Dabei fiel ihr unwillkürlich der Vater des Mädchens ein. Sie konnte sich lebhaft vorstellen, wie er auf diese neue Idee reagieren würde. »Du, hör mal«, sagte Lilian, einer plötzlichen Eingebung folgend, »bist du mir böse, wenn ich nicht mit zum Essen komme? Ich würde lieber noch 'n bißchen an der frischen Luft bleiben.«

»Aber es wird bald dunkel, und außerdem ist's saukalt hier draußen!«

»Ist doch halb so schlimm«, widersprach sie aufgeräumt. »Und ich verspreche dir, daß ich mich an die gutbeleuchteten Straßen halten werde.«

»Wie du willst, solange ich nicht mitgehen muß«, sagte er. Lilian hielt ihm die Tür auf. »Also dann bis sieben«, rief Irving und verschwand im Restaurant. »Und sei vorsichtig!«

Lilian blieb einen Moment lang unschlüssig stehen. Erst als sie sich zum Gehen wandte, merkte sie, *wie* kalt es war. Warum ist mir das vorhin denn nicht aufgefallen?

Sie wußte nicht, wohin. Unschlüssig überquerte sie die Straße. Der Wind peitschte ihre Wangen und drückte ihr den Kragen fest in den Nacken. Ihre Augen brannten vor Kälte, und ihre Nase lief. Auch das noch, dachte sie und wischte sich die Nase mit der behandschuhten Rechten. Geh weiter, befal sie sich und vergrub beide Hände tief in den Manteltaschen. Beweg dich!

Was hab' ich überhaupt bei dieser Vorführung zu suchen? Ich hab' David doch versprochen, daß ich beim Fernsehen Schluß mache. Nein, das stimmt nicht ganz. Sie hatte ihr Versprechen unter der Bedingung gegeben, daß er Nicole aufgeben würde. Und darauf hatte er sich nicht eingelassen. Ich weiß immer noch nicht, was aus uns werden soll, darum bin ich hier. Und was ist, wenn den Sponsoren, den Auftraggebern und der Intendanz die Sendung gefällt? Wenn sie mir wieder einen Posten anbieten? Was dann? Soll ich denen antworten: Ich kann mich noch nicht entscheiden, ich muß erst abwarten, ob mein Mann sich von seiner Geliebten trennt?

Und wenn er sie nun wirklich aufgibt, wenn er heute abend zur Tür hereinkommt und erklärt, daß ich ihm mehr bedeute als Nicole, mehr als jede andere Frau auf der Welt, was dann? Wie würde ich reagieren? Mein Gott, kann ich wirklich auf alles verzichten? Schaff' ich es, weiter bis zum Hals in Frust und Vorwürfen zu stecken, nachdem ich den rettenden Anker in Reichweite hatte und leichtfertig daran vorbeigegangen bin? Soll ich mich wirklich hundert Jahre lang in einen Elfenbeinturm einsperren lassen, bloß, weil mich einmal ein Prinz geküßt hat?

Sie bog in die State Street ein und ging eilig an den erleuchteten Schaufenstern vorbei.

»Chicagos Stunde« war gelungen. Sie wußte, daß es eine gute Sendung war. Meine Reportage ist möglicherweise die beste, die ich je gemacht hab'. Sie hatte das Thema mißhandelter Frauen, die sich an ihren Männern rächen, von allen Seiten beleuchtet, und wenn sie letztendlich auch keine einfachen Antworten bieten konnte, so würde sie jedenfalls beunruhigende und provozierende Fragen über den Äther schicken. »Diese Sendung handelt von der Angst«, hörte sie die Stimme des Sprechers intonieren. »Es geht um die Angst Tausender mißhandelter Ehefrauen und um Männer, die ihnen Leid zufügen und die nun erleben müssen, daß ihre Frauen zurückschlagen, oft mit tödlichen Folgen. Und um die Angst vieler, die befürchten, daß diese unerwartete Entwicklung dem alten Spruch, Frauen könnten morden, ohne überführt zu werden, eine völlig neue Bedeutung verleiht.«

Lilian seufzte zufrieden. Plötzlich fühlte sie etwas Nasses auf ihren Wangen. Als sie aufblickte, sah sie Schneeflocken in der Dunkelheit tanzen. Einem kindlichen Impuls folgend, öffnete sie den Mund und fing ein paar Flocken mit der Zunge. Sie schmolzen sofort. Überrascht stellte sie fest, daß sie sich auf den Winter freute, obgleich sie diese Jahreszeit immer am wenigsten gemocht hatte. Vielleicht kaufe ich mir dieses Jahr ein Paar Schlittschuhe. Sie erschrak über ihren eigenen Gedanken, denn ihre Versuche, Schlittschuhlaufen zu lernen (und der letzte lag immerhin schon zwanzig Jahre zurück), hatte sie mit zwei gebrochenen Handgelenken bezahlt. (»Man hätte dir erklären sollen, daß man nicht auf den Händen Schlittschuh läuft«, hatte Beth Weatherby irgendwann einmal zu ihr gesagt.)

Sie dachte an Beth, während sie gegen den Nordwind ankämpfte und auf die Michigan Avenue zustrebte. In letzter Zeit war sie so sehr mit sich selbst beschäftigt gewesen, daß sie ihre Freundin vernachlässigt hatte. Als sie auf der anderen Straßenseite eine Telefonzelle entdeckte, rannte sie blindlings über die Fahrbahn, gefolgt von einem wütenden Hupkonzert. Doch sie blickte sich nicht um. Sie zog es vor, nicht zu wissen, wie knapp sie dem Tode entkommen war. In den letzten Wochen hatte sie einen sträflichen Leichtsinn entwickelt. Es war fast, als wollte sie die Entscheidung über ihr Leben absichtlich anderen überlassen. Sie fischte etwas Kleingeld aus ihrer Tasche und wählte Beths Telefonnummer. Es klingelte zweimal, dann meldete sich Beth.

»'n Abend, Beth. Wie geht's dir?«

»Lilli?«

Lilian nickte, doch dann fiel ihr ein, daß Beth sie nicht sehen konnte. »Ja«, antwortete sie eine Spur zu laut. »Es tut mir leid, daß ich dich so lange nicht mehr angerufen hab'. Aber ich hatte einfach zuviel um die Ohren.«

»Ich weiß«, sagte Beth. »Was macht eure Sendung?«

»Danke, sie ist wirklich gut geworden. In 'ner Stunde machen wir 'ne Probesendung für die Leute von der Intendanz und für die möglichen Sponsoren. Wir haben insgesamt drei Beiträge. Meiner kommt zuletzt dran. Die beiden anderen untersuchen Betrugsaffären in der Sozialfürsorge und diesen Skandal um die Freie Bühne in Second City.«

Beth lachte. »Du bist also zufrieden?«

»Ja«, sagte Lilian. »Dein Name wird überhaupt nicht erwähnt. Du kommst nur als ein ›Fall aus der jüngsten Vergangenheit‹ vor«, erklärte sie und betonte das Zitat.

»Wie schnell das doch geht. Kaum ist's geschehen, und schon ist man ein Fall aus der Vergangenheit«, lächelte

Beth. »Aber sicher macht's das leichter für David«, setzte sie hinzu.

Lilian antwortete nicht. Auch Beth schwieg.

»Glaubst du, du wirst es durchstehen?« fragte Lilian schließlich.

»Tja, nachdem ich's bis jetzt geschafft hab', werde ich doch nicht so kurz vor dem Ziel schlappmachen.«

»Steht der Termin für die Verhandlung schon fest?«

»Donnerstag in drei Wochen.« Beth seufzte hörbar.

»Bist du nervös?«

»Nein«, erwiderte Beth. »Na ja, vielleicht ein bißchen. Aber mein Anwalt ist das reinste Nervenbündel. Er versucht immer noch, mich zu überreden, meine Verteidigung zu ändern. Aber ich halte an meinem Recht auf Notwehr fest. Du, übrigens, ich bin direkt 'ne Berühmtheit in der Frauenbewegung geworden. Von allen Seiten gehen Geldspenden ein, ich krieg' laufend Unterstützungsangebote und Briefe von Prominenten.« Sie machte eine Pause. »Stell dir vor, Michael ist nach Hause gekommen.«

»Oh?«

»Ich weiß noch nicht, ob er hierbleiben wird«, fügte Beth eilig hinzu. »Er trägt immer noch diese komische Kutte, und vor unserem Haus treiben sich 'ne Menge merkwürdiger Typen rum. Aber . . . ich hab' mich nicht getäuscht, Lilli. Er hat wirklich was gemerkt. Anscheinend hat er in den letzten paar Jahren mehrmals mit angesehen, wie Al auf mich losging. Doch da ich gefesselt und geknebelt war, hielt er natürlich das Ganze für übertriebene Sexspielereien. Es war ihm schrecklich peinlich, und er genierte sich, darüber zu sprechen. Ihm mußte es ja so vorkommen, als sei seine Mutter pervers.« Sie stieß ein nervöses Lachen aus. »Mein armer Kleiner, kein Wunder, daß er sich zu diesen Betbrüdern geflüchtet hat.« Sie zögerte. »Er will vor Gericht für mich aussagen. Die Staatsanwaltschaft wird's bestimmt so hinstellen, als sei alles mit meiner Einwilligung geschehen, schließlich sei ich ja mündig und erwachsen, und wahrscheinlich hätten mir diese Spielchen auch noch Spaß gemacht. Jedenfalls kannst du dich auf einiges gefaßt machen. Mein Fall wird noch 'ne ganze Weile ein heißes Thema sein.«

»Macht dir das was aus?«

»Nein«, antwortete Beth schlicht. »Was auch immer die Leute jetzt über mich reden, es berührt mich nicht. Am schlimmsten für mich war die Woche, in der ich versuchte, mit mir und mit dem, was ich getan hatte, ins reine zu kommen. Die Entscheidung darüber, wie ich mich verhalten und was ich sagen sollte, ist mir furchtbar schwer gefallen. Schließlich wußte ich ja, wie viele Menschen die Wahrheit verletzen mußte. Und ich wußte auch, daß mir kaum einer glauben und daß ich vielleicht den Rest meines Lebens hinter Gittern verbringen würde. Aber komisch, wenn man sich endlich zu einem Entschluß durchgerungen hat, dann ist der Rest relativ einfach. Wenn man schließlich die Entscheidung trifft und dazu steht ... na ja, dann geht's schon irgendwie weiter.« Nach einer Pause fuhr sie eindringlich fort: »In Panik gerät man nur, solange man nicht weiß, was man zu tun hat. Sobald die Entscheidung gefallen ist, kommt man zur Ruhe.«

»Ist es wirklich so einfach?« fragte Lilian, die genau wußte, daß Beth all das um ihretwillen gesagt hatte.

»Nein.« Beth lachte. »Aber es klingt doch gut, oder?«

Lilian stimmte in das Lachen der Freundin ein. »Ich muß jetzt Schluß machen.«

»Ruf mich wieder an.«

»Mach' ich. Bis bald.« Lilian legte auf, trat aus der Telefonzelle und bog in die »Prachtmeile« ein. Ohne sonderlich auf die Auslagen in den eleganten Läden zu achten, wechselte sie von einer Straßenseite auf die andere und wanderte eine Weile ziellos umher. Nur der Schnee, der ihren roten Mantel weiß färbte, und die zunehmende Dunkelheit ringsum erinnerten sie daran, wie die Zeit verstrich. Der Verkehrslärm nahm zu. Die Autofahrer schienen aggressiver als gewöhnlich, drückten ständig auf die Hupe und kämpften mit heulenden Motoren einen sinnlosen Kampf gegen die hereinbrechende Nacht. Es dauerte ein paar Minuten, ehe sie begriff, daß das beharrliche Hupsignal ihr galt. Sie wandte sich nach dem beige und braun glänzenden Seville um, erkannte jedoch weder das Auto noch seinen Fahrer.

»Ich bin's, Sie Fitness-Freak!« schrie eine Frauenstimme. Als Lilian näher kam und angestrengt ins Wageninnere blinzelte, wurde das getönte Seitenfenster heruntergelassen. »Ich fahr' schon 'ne Ewigkeit hinter Ihnen her. Wo zum Teufel wollen Sie denn bloß hin? Wissen Sie nicht, daß es gefährlich ist, nachts auf der Straße rumzulaufen?«

Lilian erkannte Rickie Elfer an der Stimme, ehe sie ihr Gesicht sehen konnte. Sie lächelte erfreut. »Was machen Sie denn hier?«

»Tja, wissen Sie, wenn ich mich nicht bei Rita Carrington abrackere, dann führe ich meine Brieftasche spazieren. Haben Sie Zeit für 'ne Tasse Kaffee?«

»Wie spät ist es denn?« fragte Lilian zurück.

»Zehn vor sieben«, antwortete Rickie.

»Ach du meine Güte!« rief Lilian. »Ich muß um sieben im Studio sein! Ich hab' gar nicht gemerkt wie die Zeit verging.«

»Na, dann steigen Sie ein. Ich bringe Sie hin«, erbot sich Rickie.

»Großartig.« Lilian ging um den Wagen herum, öffnete die Tür und ließ sich auf den Beifahrersitz fallen. Sie erklärte Rickie den Weg und beschrieb dann in ein paar Sätzen die Reportage, die sie gemacht hatte.

»Oh«, lächelte Rickie vielsagend. »Klingt ja wie die Geschichte von dem Anwalt, der neulich dran glauben mußte.«

Lilian nickte stumm. »Wie wird Ihre Freundin denn mit der Sache fertig?« überrumpelte Rickie sie.

Ein Lächeln flog über Lilians Gesicht. »Sie hält sich tapfer«, sagte sie ruhig.

»Ich wünsch' ihr Glück, richten Sie ihr das aus.«

»Mach' ich«, versprach Lilian und blickte sich um. »Das ist vielleicht 'n Schlitten!« rief sie, um das Thema zu wechseln.

»Gefällt er Ihnen?«

»Der ist einfach umwerfend.«

»Paul hat ihn mir geschenkt.«

»Alle Achtung! Geburtstag oder Hochzeitstag?«

»Schlechtes Gewissen«, antwortete Rickie lächelnd. »Ich hab' ihm in letzter Zeit ziemlich häufig was vorgejammert. Die üblichen Klagen der Ehefrau. Schließlich hatte Paul es satt, und er fragte mich in diesem typisch männlichen Ton, Sie wissen schon, was ich meine: ›Also raus damit, was *willst* du?‹ Darauf sagte ich: ›Ich will, daß du dich mehr um mich kümmerst, daß du zärtlicher bist und daß du mehr Zeit für mich hast.‹ Und er antwortete: ›Könnte ich dir nicht einfach was Hübsches kaufen?‹« Sie lachte und wies mit einer Handbewegung auf die luxuriöse Ausstattung des Wagens. »Muß man einen solchen Mann nicht einfach lieben?«

Sie hielten vor dem Studio. »Das ging aber schnell«, rief Lilian und öffnete die Tür. »Vielen Dank, Rickie.«

»Hören Sie mal ...« Rickie beugte sich vor. »Hätten Sie und Ihr Mann nicht Lust, demnächst zu uns zum Essen zu kommen? Oder vielleicht könnten wir auch mal zu viert ins Kino gehen?«

»Fänd' ich wahnsinnig nett«, log Lilian. »Wir sehn uns ja bald bei der Gymnastik, dann machen wir was aus.« Sie schlug die Wagentür zu.

Rickie hupte ausgelassen und fuhr los. Lilian sah dem neuen Seville nach, bis die Dunkelheit ihn verschluckte. Dann drehte sie sich um und betrat das Gebäude.

»Diese Sendung handelt von der Angst«, hörte sie den Sprecher sagen und beobachtete, wie die Fotos verletzter, geschlagener Frauen aufeinanderfielen wie erstarrte Leichname. Dann wurde der Ton auf einmal unscharf, und die Bilder waren verschwommen. Ob der Film nicht richtig eingelegt ist? Oder ob sie 'ne falsche Spule erwischt haben? schoß es Lilian durch den Kopf. Ich hab' Beth Weatherby doch gar nicht interviewt; und meine Mutter und Rickie Elfer auch nicht; und schon gar nicht Elaine oder Laurie. Und doch sah sie all diese Frauen vor sich auf der großen Leinwand. Ihre Gesichter wechselten unaufhörlich, ihre Stimmen waren übereinandergeblendet, flossen ineinander, bis sie alle mit einer einzigen Stimme zu sprechen schienen. Ja, es war, als seien sie alle ein und dieselbe Person. Was heißt das schon, wenn er gut im Bett ist? fragte die Stimme. Das sind viele andere auch. Ein Paar behauptet, sie führten die ideale Ehe, aber kein Mensch mit klarem Verstand möchte mit ihnen tauschen. Bestimmte Dinge im Leben muß man einfach akzeptieren. Sarah Welles ist in ihrem Waschbecken ertrunken. Das Leben ist zu kurz. Die Gesichter waren so stark vergrößert, daß sie die ganze Leinwand ausfüllten. Sie reagierten mit wechselndem Mienenspiel auf jede neue Bemerkung. Schock wurde mühelos zu Vergnügen, das sich ebenso leicht in Besorgnis wandelte. Die Gesichter trennten sich und stritten miteinander, flossen wieder zusammen und stimmten überein. Plötzlich näherte sich schemenhaft die Gestalt eines Mannes, wurde deutlicher und wuchs, bis sie die Gesichter auf der Leinwand fast völlig überschattete. Du möchtest wissen, warum ich ihn nicht verlassen habe, ertönte der Chor der Frauen wieder, während Lilians Augen von der neuen Erscheinung magisch angezogen wurden. Du darfst nicht vergessen, daß ich lange Zeit glaubte, es sei alles meine Schuld. (Lilian vernahm ihre eigene Stimme im Chor der anderen. Es tut mir leid, David, flehte sie.) Ich redete mir ein, es läge an mir. (Ich hab's nicht so gemeint, David. Bitte, verzeih mir.) Erst verliert man seinen Stolz, dann seinen Realitätssinn. (Es tut mir so leid, David. Bitte sei mir nicht böse.) Dann dauert es nicht mehr lange, und auch deine Seele stirbt. Er hat meine Seele getötet. (Lilian sah, wie die Fetzen ihrer Seele, welken Blättern gleich, über Davids Kopf schwebten.) Was gibt es da zu verzeihen? fragten die Stimmen zornig. Verdammt noch mal, warum entschuldige ich mich eigentlich dauernd?! überlegte Lilian.

In diesem Augenblick verschwanden die Gesichter. Auf der Leinwand blieben nur die eindringlichen Fotos zurück, Zeugen eines übermächtigen Hasses. Mein Gott, was Menschen einander antun können, dachte Lilian. Auf einmal begriff sie, daß sie genauso zerschunden war wie die übel zugerichteten Frauen auf diesen Bildern. Der einzige Unterschied ist, daß man meine Verletzungen nicht sehen kann.

Was will ich denn eigentlich? fragte sie sich ärgerlich. Was erwarte ich vom Leben? Sie rutschte unruhig auf ihrem Sessel hin und her, schlug ein Bein über das andere und wechselte gleich darauf wieder in ihre vorige Stellung. Ich weiß, was ich *nicht* will, schoß es ihr auf einmal durch den Kopf. Kerzengerade richtete sie sich auf.

Ich will nicht werden wie Elaine, so zerfressen von Verbitterung und Rachegefühlen. Ich will nicht enden wie Beth, die über jedes erträgliche Maß hinaus litt, bis sie schließlich gezwungen war zu töten, um zu überleben. Ich will das Gute, das es in meiner Ehe *gab*, nicht zerstören, denn damit würde ich doch nur meinen Mann und mich treffen. Ich will nie so dem Haß verfallen wie diese Frauen. Ich will weder meinen Mann hassen müssen noch mich selbst. Trotz allem, was geschehen ist, glaube ich immer noch an die Ehe, aber ich kann nicht länger untätig dasitzen und zuschauen, wie mein Leben abläuft. Ich weiß, was ich will. Ich will aufhören, mich schuldig und unsicher zu fühlen. Ich will meinen Stolz zurück. Ich will meine Seele retten.

In stillem Einverständnis schaute Lilian sich das Ende des Beitrages an. Als der Abspann lief, sah sie flüchtig ihren Namen aufleuchten, bemerkte zu spät, daß sie nicht darauf geachtet hatte, ob Lilian Listerwoll oder Lilian Plumley dastand, und stellte fest, daß es ihr eigentlich gleichgültig war. Sie nahm die Glückwünsche der Umstehenden entgegen, erkannte an dem unverbindlichen Lächeln der potentiellen Sponsoren, daß die endgültige Entscheidung noch nicht gefallen war, und fand das ganz in Ordnung. Alles zu seiner Zeit. Sie umarmte Irving herzlich und verließ das Studio.

Nicole Clark wohnte in einem relativ neuen Apartmenthaus in einem ruhigen Viertel. Lilian brauchte nur zehn Minuten für den Weg und halb so lange, um einen Parkplatz zu finden. Sie zerrte die beiden Koffer vom Rücksitz. Das Packen hatte mehrere Stunden gedauert. Es war schon sehr spät. Das Haus hatte keinen Pförtner, nur eine erleuchtete Sprechanlage. Während Lilian sich noch bemühte, das komplizierte System zu entziffern, kam ein älteres Paar nach Hause und ließ sie hinein. Sie nahm das Gepäck auf und wankte in die Halle. Apartment 815, wiederholte sie in Gedanken, während sie zu dritt den Aufzug betraten. Die beiden Alten stiegen im vierten Stock aus. Die Türen schlossen sich hinter ihnen, und der Lift brachte Lilian lautlos an ihr Ziel in der achten Etage.
Sie wandte sich nach rechts, merkte an den Nummern auf den Eingangstüren, daß sie die falsche Richtung eingeschlagen hatte, und kehrte um. Die Koffer wurden ihr auf einmal schwer, so als würde sie sich erst jetzt ihres Gewichts bewußt. Sie setzte sie ab, um zu verschnaufen. Plötzlich überfiel sie eine panische Angst. »In Panik gerät man nur, solange man nicht weiß, was man zu tun hat«, hörte sie wieder Beths Stimme. »Sobald die Entscheidung gefallen ist, kommt man zur Ruhe.« Sie wußte, daß es nicht so

einfach war. Sie brauchte bloß daran zu denken, wie sie nachher in ihre leere Wohnung zurückkehren würde, mit der Gewißheit, daß David endgültig fort war. Aber so wie jetzt durfte es nicht bleiben.

Sie hob die Koffer auf und machte sich entschlossen auf die Suche nach Apartment 815. Als sie die Nummer gefunden hatte, blieb sie stehen, setzte das Gepäck wieder ab und überlegte, was sie sagen sollte, wenn man ihr die Tür öffnete. Vielleicht brauche ich gar nichts zu sagen. Wenn sie die Koffer sehen, werden sie schon wissen, weshalb ich gekommen bin.

Ich könnt's ja mit Humor versuchen, dachte Lilian benommen. Ihr schwindelte. Hallo, ihr beiden. Hab' gehört, hier ist 'ne Mordsstimmung. Na, und da dachte ich mir, zieh doch rüber.

Und wenn David nun schon auf dem Heimweg ist? Angenommen, er hat grade mit Nicole Schluß gemacht, und wir beide sind da draußen unbemerkt aneinander vorbeigefahren? Fremde in der Nacht, dachte sie.

Sie drückte auf den Klingelknopf. Drinnen rührte sich nichts. Dann, endlich, öffnete sich die Tür.

In einem weißen Velours-Bademantel, ein Handtuch um den Nacken geschlungen, stand Nicole Clark auf der Schwelle. Wassertropfen schimmerten in ihrem Haar. Eine Siamkatze strich scheu um ihre Beine. »David ist unter der Dusche«, sagte sie nach einigem Zögern und stieß die Katze mit dem Fuß in die Wohnung zurück.

Lilian spürte, wie ihr Hals sich zusammenschnürte und ihre Nase zu jucken begann. (»Ich bin Nicole Clark. Ich will Ihren Mann heiraten.«) »Hier sind die meisten von Davids Sachen«, erklärte sie leise und kämpfte gegen den Niesreiz an. »Den Rest kann er sich morgen abholen. Ich werde den ganzen Tag außer Haus sein. Mein Anwalt wird sich in den nächsten Tagen mit ihm in Verbindung setzen«, sagte sie und überlegte krampfhaft, wer um alles in der Welt ihr

Anwalt war. »Es wäre mir lieber, wenn David mich nicht persönlich anruft.«

Die beiden Frauen tauschten einen langen, forschenden Blick.

Sie sieht sogar ohne Make-up gut aus, dachte Lilian. Die Katze hatte sich wieder herangeschlichen und leckte gierig an Nicoles feuchten Beinen. Nicoles zweiter Zeh ist länger als der große, und genau unterm Nagel hat sie 'n Mordshühnerauge, stellte Lilian erfreut fest. Sie hat häßliche Füße! Sie sah auf in Nicoles verwirrtes Gesicht und lächelte. Zum erstenmal entdeckte sie einen Leberfleck genau unter der Unterlippe der Jüngeren. Vielleicht war er schon immer dagewesen. Aber vielleicht war er auch erst in der letzten Zeit erschienen, um dadurch die Sterblichkeit der anderen zu bezeugen.

»Ich versteh' nicht«, stammelte Nicole. »Sie geben auf?« Sie zögerte und schaffte im Geiste die Koffer in ihr Apartment. »Heißt das, ich hab' gewonnen?«

Lilian straffte die Schultern. Sie spürte, wie ihr Hals frei wurde. Sie konnte wieder ungehindert atmen, und auch der Niesreiz war verschwunden. »Ich denke, das kommt ganz drauf an, was Sie unter Gewinnen verstehen«, antwortete sie, machte kehrt und ging mit schnellen Schritten zum Aufzug zurück. Obwohl sie wußte, daß Nicole ihr nachblickte, war sie zum erstenmal seit vielen Monaten sicher, daß sie nicht über ihre eigenen Füße stolpern würde.